U0568966

天带你
搞定传播学 默写本

主 编 ◎ 冯尚钺　　参 编 ◎ 彭乐怡　张　帆　张　毅　袁如月

中国人民大学出版社
·北京·

学好传播学的路线图

敲下这几行字的时候，我的眼前浮现出了一幅场景。当然，我看到的，并不是夏威夷的海滩，或者层层叠叠的群山。我看到的，是一场大雪，和雪中背着包走路的人们。

那是在我出版这本书的十年前，参加研究生考试时的画面。考试那段时间，长沙下了一场南方罕见的大雪，断断续续将近一周。厚厚的雪层盖住了校园的道路，踩上去会发出吱吱的声音。我们这些参加考研的学生，背着书包，穿着长且厚实的大衣，拿着临时背诵的资料，清早从宿舍奔赴位于另一个校区的考场，几乎是一场沉默的雪中行军。到了教学楼，大雪仍然没有停的意思，我们就在大雪里开考，中午在考场旁的小餐馆里吃饭，休息，下午又接着去考。就这样，我们考完了可能是一生中最重要的一次考试。

每次回想起这个场景，我都会感觉记忆里有一段奇怪的空白。按理说，那时候的长沙，既没有暖气，也没有空调，应该是很冷的，但是我居然几乎没有任何和冷相关的回忆，甚至当时一同参加考试的人也是如此（有人甚至回忆不起来当时还有下雪这回事）。唯有一点细节还记得，就是当时怕手冻僵带了两片"暖宝宝"，想着考试的时候可以用来暖手，不过最终因为担心违规没有拿出来——在那一刻，也可能已经顾不得冷不冷了。

现在回想起来，这也许就是梦吧。

时过境迁，十年后，我已经读完了研究生，干了记者，读了博。我们的"传播学考研必读"公号和"传播学考研就找瓦洛佳"的微博也在考生中有了不小的名气，但当时那个场景仍然时时刻刻浮现在我眼前。如今的考研同学同我当年一样，仍然有梦，有热忱。但很多事情也发生了变化：好的一面是，如今的同学考试时有了空调，备考时有了方便的社交媒体和海量资料，他们的平均学术水平比十年前可以说高了好几个档次；但另一方面，如今的考试要求、考试难度要比原来高得多，这不仅是因为考研尤其考新闻传播学研究生的学生数量比原来多得多，也因为题目涉及的理论广度，答题的逻辑要求比原来变得深且高了许多。这无疑让考研的路比我们当年的雪路更加艰难。

在这种情况下，我有了写一本书的想法，这本书不仅仅是笔记或者知识点的总汇，而是要帮助同学们从各个方面提升自己的应试能力，同时也帮助大家养成良好的学习习惯。于是，在经过我和团队、同学们交流之后，有了这本书——《60天带你搞定传播学》。

这本书旨在解决三个层面的问题：规划、背诵、应用。

第一是规划问题。对于考研的人来说，最大的问题是什么？对于失败的人来说，他们失败的原因是什么？答案可能众说纷纭。但是最大的问题，也是最普遍的问题，我认为是缺乏规划。帮助考研的同学们规划学习进度，是这本书的第一目标。或许很多同学看到这个"60天"会有疑惑：为什么要限定60天？为什么前面要做一个表格？为什么不按照其他的方式进行排布？原因其实在于很多同学在复习的时候是缺乏规划和目标细化的。不知道自己看了多少，不知道自己掌握了多少，也不知道自己接下来看什么。他们会执着于一些奇怪的量化指标，比如看了几遍书，甚至在教室里坐了几个小时。许多人会花一个小时看一页书，还会以此为荣，认为自己看扎实了；也有人读了数遍书，但仍然抱怨什么也没有记下来。他们会这样问："我为什么学不懂传播学呢？"其实，他们的问题不是学不懂传播学，而是没有掌握正确的学习方法。

正确的学习方法首先是要规划，明白自己学了什么，将要学什么。这个规划还有一个前提，就是要细化甚至量化你的学习任务。这种细化不能止于"章节""小标题""页数"这样的模糊概念，而要直入本质，追溯到每个可能考察的知识点。

为了应对这个问题，本书的第一个特点就是将学习进度确定为60天固定的学习任务，每一天的学习任务会具体分为若干的知识点，每个知识点又包括若干小点，最后又把这些知识点细化到三种不同的学习层次："基本理解"指的是你能够完整理解这个知识点的含义；"熟练掌握"指的是你可以整体背诵这个知识点，可以填写出答案本中画横线的内容；而最后的"运用自如"，则是指你不仅能够了解这些知识点，还知道如何在做题时运用它们。同学们可以一开始尝试着参照我们的练习册进行简单的自我评估，看看自己究竟有多少知识点达到了"基本理解"的水准，又有多少能够做到"熟练掌握"和"运用自如"，这样基本上就能够了解自己对知识的掌握处于什么样的水平上了。

当然，如果是刚刚开始复习的同学，或许在评估后会发现自己的知识体系有很多漏洞，但其实这是非常好的事。考试如同战场，只有知己知彼才能百战百胜。例如你可以记下某个知识点在 6 月 5 日达到了"基本理解"的程度，当你在 6 月 15 日能够熟练背诵之后，就可以在熟练掌握一栏再标注"6.15"。随着时间的推移，你会发现你的知识领域不断扩展，你的自信心会也越来越足。

归根结底，漫无目地读书自然会导致效率的低下，进而导致心态的焦虑。相反越是能够将自己的问题细化的人，越能够找到弱项有的放矢，学习效果自然也事半功倍。

第二是背诵问题。长期以来，新闻传播学专业需要复习的内容极多，而不少同学的背诵效率却很低，背了又忘忘了又背是常态。还有的同学背了的内容只在脑内循环，感觉自己什么都会，但是真正答题时却发现脑中一片空白。

这又是什么原因呢？首先是背练分离，用默记代替书写。背诵分为不同的层次，如果以媒介技术的理论来看，脑内记忆与口说背诵，以及最后的做题训练，是完全不同的三种模式，其中最靠不住的就是脑内记忆。脑内记忆缺乏肌肉和声音的参与，同时欠缺时间维度；而背诵则是需要一定时间的行为。如果仅仅是在脑内简单"扫描一遍"，往往会在不经意的地方出现漏洞。另一个原因就是背诵时使力不均。很多同学背了许多遍书，记忆却总在来回打转。他们背诵时总是下意识地背自己熟悉或者感兴趣的部分，而对于自己不熟悉的部分，要么就是赶快拿书看，要么就是干脆在脑内下意识地跳过。这样虽然背了三遍五遍，但真正不熟悉的部分实际上一点没背，更别说真正记住了。

本书的第二个特点就是针对背诵问题的：首先，背练合一，背是为了练，练是第一，把本书定义为一本练习册而非背诵手册，让你在模拟的解题答题中发现自己背诵中缺失的部分，然后带着需求回归背诵——带着那种"搜索枯肠""呼之欲出"的感觉去看答案，效果最好。在此基础上我们将记忆部分进一步细化，分不同部分帮助同学们定位自己真正的记忆难题，并将连接词删去，帮助同学们能把精力集中在最重要的记忆点上。

不过这里要特别说明的一点是：各校传播学考研题目具有一定差异性，因此并不需要所有同学将本书全部内容都背诵下来并运用，大家可以根据自己学校的考试范围灵活调整。例如传播学内容中较艰深的批判学派人物和媒介经济学部分，一些学校的考纲还未涉及，考这些学校的同学就不必背诵，仅作为拓展知识理解即可。同样，对于一些学术议题，不同老师观点也有差异，因此参考答案如果与本校参考书的内容有较大出入，也可以酌情调整。

第三是运用问题。运用问题可以说是复习过程中真正的"老大难"问题。传播学与新闻学及其他社会科学学科最大的不同之处在于此：仅仅学习理论还不行，还要学会如何运用；不能孤立地运用单一理论，而是要运用多个理论进行综合分析。因此，我们在每个章节的最后增加了"本章指南"来讲解应用方法，希望能够帮助你进一步了解如何运用这些知识点。

关于这个话题，我们提出了运用传播理论进行研究生考试的十个层次，同学们可以对号入座，找到自己的问题。

第一层：学会理论。

这是最初的层次，也是最基本的层次。要注意的是在新闻传播学考研中，学会理论不仅仅意味着理解理论，也意味着背诵理论。因为当下的新传考研竞争空前激烈，如果答题时只是大概类似地作答而不是精确作答，得到的分数往往不高。因此这个层次考查的其实就是背诵能力。

第二层：分析现象。

学会理论之后，能够在答题中运用是应试的第二个层次，一般可以分为四步：（1）理论申明，"根据 X 理论"，这部分要放在前面，方便提醒阅卷老师你用了什么理论。（2）理论的简单概述。（3）X 理论如何被应用于 Y 事件，也就是分析的核心部分。（4）如果可能，举出一个例子以更好地说明理论。

应该说，这个层次也不难，但是也有一些要注意的地方：首先是同学们平时就要思考、积累运用理论的方法，把它作为理论的一部分来记忆。其次，要弄清理论的适用范围和背景。例如用批判学派的一些学者针对西方国家国情的批判来套中国现状就会有问题。最后，分析现象的时候切忌以"分析"为主体，过多过长的理论概述与案例分析都是赘余的。

第三层：多面分析。

传播现象是复杂多面的，例如"假新闻"这个现象，从新闻的角度看是新闻伦理失范问题；从传播媒介的角度看是媒介转型引起的传播失调，也有社交媒体"后真相"的推波助澜；从传播受众的角度，部分假新闻扩散也有受众媒介素养不高的因素……任何一道大题都会涉及不同的层面。那么这个阶段，就需要去运用多个新闻和传播理论从多层面、多角度综合分析。

达到这个层次的同学往往已经到了复习中期，有了一些理论积累，答题时思维非常活跃，觉得什么理论都可以用，只要是相关的都想拿来尝试一下。因此，这个阶段的答题往往会"东一榔头西一棒子"，写了很多点，但是每个点都不深入；有亮点，但是常被掩盖在一堆散乱的分析里；点与点之间也几乎没有逻辑联系。如果你有这样的问题，就应该进阶到下一步了。

第四层：逻辑框架。

多面分析的下一步就是找到逻辑框架。框架的实质就是按照一定的结构去进行思考。好比说房间里东西摆放没有秩序，就很难记清楚东西的位置在哪里。而如果把它们按照一定的分类放到柜子、箱子、盒子里，那么只要记住整体的箱子、柜子所在的位置即可。解题框架的作用和这个例子类似，例如我们的 5W 理论框架为什么这么好用？就是因为它将种类繁多的大众传播理论划分成了五个部分，我们要找理论的时候不用去一个一个想，只需要从五个方面思考即可。这五个层面关系紧密，环环相扣，完整全面地概括了大众传播现象的本质。

我们答题实际上也需要有这样的框架感。5W 框架应用虽广，但也有局限性，例如新媒体中传播者和传播受众很多时候是难以区分的，除此之外，针对一些只涉及其中一个 W 的议题（例如受众变化），用 5W 框架解释也有点力不从心。因此我们学到后期也需要其他的框架，例如针对某一类型题目的框架（因果题、对策题），或是针对某一议题的框架（例如媒介融合等），再不断运用新的理论资源完善补充已有框架。这样，在遇到特定题目的时候能熟练调用相关的框架，就可以大大节省时间，同时体现你的逻辑思维能力。

第五层：层次细分。

许多同学学到了第四层，会认为完全可以应付答题，但其实有了框架以后，才进入到应试真正的高难部分。近年来，大部分研究生招生学校都在"反押题、反模板"，因为框架太死，容易导致答案千篇一律，没有变化。因此当你有了框架以后，就需要通过进一步思考去找到更好的答题方法。

最简单的拓展方法就是对传播现象进行不同层次的细分。比如我们大多数理论都是对现象做中观层次的分析，但是如果能够向微观和宏观拓展，则又是一片新的天地。在微观层面我们强调细分，譬如表情包，彭兰老师在《网络传播概论》（第四版）中已经给出了完整的定义和分析，看起来已经无处拓展。但是从微观上看，每个表情包都是不同的，有些表情包是用于社交交友，强调简明、易懂、通用性；有些表情包则属于情绪甚至观点表达，强调对某一内容立场的解构、嘲弄。这样分层，就又可以找到探讨的空间。而从宏观上看，可以强调整体本质，表情包属于网络文化这个更大范畴，体现了网络文化的草根性、参与性，当然也有商业化的可能。这样，就又可以进行更多的探讨。

第六层：环境交汇。

任何传播现象都不是孤立的，而是在特定的社会环境、历史环境中进行的。很多时候环境决定了传播现象的动因、过程，以及暗示了最终的解决方案。例如，网络舆论问题的表象是网络赋权造成的鱼龙混杂，但是根本原因还是要追溯到环境上：其一，网络舆论乱象是传统媒体定调、协调的功能缺失所导致的，而传统媒体这部分功能缺失的原因是传统媒体的衰落，这种衰落既有 20 世纪 80 年代后全球媒体因市场化、垄断化、商业化而失去信用的原因，又有新媒体环境下传统媒体渠道失灵、内容滞后的问题。其二，网络舆论乱象在中国也有改革进入"深水区"，阶层、地域发展不平衡，社会诉求多元化的社会背景。其三，技术层面看，社交媒体的"关注—分享"设置也可能会促使各群体内部的意见极化，加深各群体之间的意见冲突，而相对应的缓和机制、筛选机制却发展缓慢，从根源上说又与互联网社交平台的商业属性有关：一切看重流量，而对公共服务几乎没有考量。

或许你会感到这三个点用来分析一个问题有些"小题大作"，但是其实用分析环境的方式解题不仅是最深入的，也是最省力的：因为大部分的题目的内容不确定，需运用的理论不确定，题目中传播现象发生的时间却是确定的，因此，这些环境背景其实也是通用的。

第七层：画龙点睛。

再往上走一层，需要的就是"画龙点睛"，也就是使用更加深入的理论，尤其是技术学派的理论、批判学派的理论，以及少量社会学、文艺学理论使得自己的答案更有亮点。由于本书仍然以基础为主，这一层次我们会在靠后的内容中进一步深入讲解。不过这里要注意的是，不要为了有深度而有深度，更不要纯粹"炫技"，否则容易弄巧成拙。

第八层：反思思辨。

运用理论达到前七个层次的同学，可以说对理论的掌握已经十分充分了。但是近几年的学界研究其实更强调对传统理论的反思和发展。如果能够在应用理论的基础上指出传统理论的问题，并且结合环境提出自己的新想法，就是更加优秀的解题方式。回顾近几年的考题，会发现这种题目其实并不少见：例如"新媒体环境下 XX 理论的发展""新媒体环境下 XX 结论是否还成立"等。另外在一些名校的论述大题中，如果能够勇敢地超出既有的惯性框架，体现自己的思想，就会非常吸引阅卷老师的目光。不过，在初试中运用反思思辨很有风险（因为复试你还有和老师交流探讨的机会），只适合那些理论基础扎实、有一定深度思维能力的同学。即使是这类同学，在真的进行反思的时候，也需要有老师的既有文献观点作为支撑。

第九层：精雕细琢。

我们上面讲了八个层次，大概完整地给出了同学们答题的努力方向，但谈的都是整体思路，没有落实到具体输出的细节。细节和思路其实同样重要。例如，你答题时能不能准确地分段分点？你每个段落的逻辑层次如何？你的答案是否有足够的"亮点意识"？你有没有总结和应用重要论述和"金句"的习惯？你的案例是不是合适且充分？这些问题，解决起来不是一朝一夕的，需要长期的练习。只有这样，才能拟定一个从思路到细节都挑不出毛病的"完美"答案。

第十层：返璞归真。

到了最后这个层面，我估计，你已经考上了研究生，或者离研究生的录取资格不远了，到这个层面我们其实就不会再说考题了 —— 永远不要忘记，我们要学做题才能有"入门"的资格，但传播的本质不是为了解决考题，而是为了解决问题。学术不是一种在书斋里的"玻璃球游戏"，也不是我们试图找到的"答题秘诀"。现实生活是不可预测的，是充满神奇和不确定性的，这才是我们学习传播的真正意义。

写到这里，这篇序也应该结束了。希望你能够用好这本书，真正征服考试，入门传播，在传播的世界里尽情遨游。

祝你：乘风破浪会有时，直挂云帆济沧海！

冯尚钺

2022 年 3 月

目录
CONTENTS

第 1 天　传播的相关概念 / 001

第 2 天　信息与相关概念 / 008

第 3 天　符号的定义与分类 / 014

第 4 天　符号学的相关理论 / 022

第 5 天　人内传播 / 031

第 6 天　人际传播 / 037

第 7 天　群体传播 / 043

第 8 天　集合行为与谣言 / 049

第 9 天　组织传播和其他传播 / 056

第 10 天　网络中的人际、群体与组织传播 / 061

第 11 天　传播模式 / 070

第 12 天　定量研究方法 / 078

第 13 天　统计学基础概念 / 086

第 14 天　定性研究方法 / 093

第 15 天　大众传播概念与功能 / 100

第 16 天　传播制度与制度控制 / 108

第 17 天　传播组织目标、形态与控制方式 / 118

第 18 天　新闻生产社会学 / 128

第 19 天　新媒体环境下的新闻组织变革 / 134

第 20 天　新闻专业主义与媒介伦理 / 141

第 21 天　把关与把关变革 / 148

第 22 天　人类传播历史与发展 / 154

第 23 天　现代传播的媒介特征 / 161

第 24 天　新媒体、移动媒体、社交媒体特征 / 168

第 25 天　细分新媒体（微信、微博）特征 / 177

第 26 天　细分新媒体（短视频、直播、VR）特征 / 184

第 27 天　媒介融合与全媒体 / 190

第 28 天　智能媒体与相关发展 / 200

第 29 天　技术与社会的关系、英尼斯 / 209

第 30 天　麦克卢汉 / 216

AD ASTRA PER ASPERA

第 31 天　纽约学派 / 223

第 32 天　其他的技术学派成员及思想 / 231

第 33 天　传播内容 / 242

第 34 天　新媒体的传播内容的新发展 / 252

第 35 天　传播受众与受众观 / 259

第 36 天　受众理论与受众权利 / 269

第 37 天　新媒体环境下的用户变革 / 281

第 38 天　传播效果理论概述与分类 / 294

第 39 天　早期传播效果研究（魔弹论与其衰落）/ 301

第 40 天　宣传研究 / 306

第 41 天　两级传播论与传播流、效果流、创新扩散 / 312

第 42 天　说服与态度改变 / 322

第 43 天　适度效果论、使用与满足 / 330

第 44 天　议程设置理论 / 338

第 45 天　涵化与文化指标 / 347

第 46 天　强大效果论与沉默螺旋 / 354

第 47 天　知识沟与数字鸿沟 / 362

第 48 天　第三人效果与媒介暴力 / 369

第 49 天　传播效果理论的其他发展 / 376

第 50 天　传播学史（经验学派与批判学派）/ 384

第 51 天　传播学史（芝加哥学派、李普曼）/ 393

第 52 天　传播学史（四大奠基人）/ 403

第 53 天　传播学史（施拉姆与其他重要经验传播学者）/ 412

第 54 天　法兰克福学派 / 419

第 55 天　文化研究学派 / 430

第 56 天　政治经济学派 / 444

第 57 天　其他批判学派学者 / 458

第 58 天　国际传播 / 473

第 59 天　其他各类传播 / 482

第 60 天　媒介经济基础 / 490

结语　　　/ 499

第 1 天
传播的相关概念

【学习导语】

恭喜你开始了学习传播学的第一步！千里之行，始于足下，我们的传播学大厦，就要从今天开始搭建第一块砖了。我们第一天学习的内容，是传播学中的核心概念——传播。或许你会觉得，传播有什么好说的，不就是信息从 A 传到 B 吗？实际上并不是这样，仅仅从传播这个概念出发，就有很多可以讲的东西。让我们赶快开始学习之旅吧！

【本章我的掌握情况】

	基本理解	熟练掌握	运用自如
1.1 传播的基本概念			
1.2 信息与社会信息			
1.3 传播的定义和特点			
1.4 人内、人际、群体、组织传播的特点			
1.5 大众传播定义与特点			
1.6 社会信息系统的特点			
1.7 双重偶然性			
1.8 传播障碍和传播隔阂			
1.9 传播的六种话语			

知识点 1：传播的基本概念

传播，即＿＿＿＿＿＿＿＿＿＿＿＿＿＿＿＿＿＿＿＿＿＿＿＿＿＿。

传播概念的演变历程与发展历史

提出时间	提出者	提出定义
14-15 世纪	日常公众的总结	人类传递或交流信息观点的活动
1909 年	库利《传播》	传播指的是人与人的关系赖以成立和发展的机制，包括一切精神象征及其在空间中得到传递，在时间上得到保存的手段
1911 年	皮尔士《思想的法则》	观念或意义（精神内容）的传递过程，其中符号具有重要作用
1940 年	阿耶尔《什么是传播》	传播是信息的传递

知识点 2：信息与信息社会

信息是物质的普遍属性，是一种客观存在的物质运动形式。_____
_____。广义来说一切"表述"（或反映）事物的内部或外部互动状态或关系的东西都是信息。

社会信息，指的是_____，它伴随着人的精神活动。

无论信息与社会信息，都体现为一定的物质讯号，这些讯号以可视、可听、可感的形式作用于人的感觉系统，经神经系统传递到大脑得到处理并引起反馈。

社会信息是物质载体和精神内容的统一、主体和客体的统一、符号和意义的统一。

知识点 3：传播的定义和特点

（1）社会传播是一种_____，具有_____的性质。

（2）社会传播是在_____中进行的，又是_____的体现。通过传播，人们
_____。

（3）从传播的社会关系性而言，它又是一种双向的社会互动行为。传播必然伴随着信息的传受和反馈。

（4）传播成立的重要前提之一，是传受双方必须要有共通的意义空间。因此 a. 传播也是一个_____的过程。b. 符号化即人们在进行传播之际，将_____。c. 符号解读指的是信息接收者对传来的符号加以阐释、理解其意义的活动（也被称为编码和解码）。

（5）传播_____，____强调传播是以人为主体的活动，在此基础上_____。____强调传播的动态和运动机制，考察_____。系统强调把社会传播看做是一个复杂的"过程的集合体"，要考察各种传播过程的相互作用及其所引起的总体发展变化。

知识点 4：人内、人际、群体、组织传播的特点

传播类型	定义	具体特点
人内传播	_____ _____	_____
人际传播	_____所形成的新的信息系统	保持人类个体的_____ ____的关系
群体传播	不同个体系统的有机结合，这种结合还产生了新的输出物——_____	产生_____，帮助个人实现社会化，改变个人的社会态度和社会行为
组织传播	组织的特点是具有明确的组织目标，其结构和分工都是为有效地实现这一目标而设置的，因此组织本身就是_____	实现特定的组织目标

知识点 5：大众传播的定义与特点

大众传播是伴随着近现代印刷、电子传播技术的发展而产生的一种特殊的社会信息系统。

它具有如下的特点：

(1) 大众传播是_____；

(2) 传播对象是_____；

(3) 采用现代化技术手段_____；

(4) 传播内容是公开的，有别于私下或内部传播活动；

(5) 大众传播也有_____，但这种反馈一般是滞后的，受众对传播过程缺乏即时的干预能力。

知识点 6：社会信息系统的特点

(1) 社会信息系统是一个_____系统，主要功能是_____
_____的信息，由此保证社会的正常运行和发展。

(2) 社会信息系统是由_____而构成的整体，每个子系统既具有相对独立的结构和功能，与其他子系统互为环境，又与其他子系统相互交织、相互作用。

(3) 社会信息系统是一个具有双重偶然性的系统。_____
_____。

(4) 社会信息系统是一个_____的系统。

知识点 7：双重偶然性

双重偶然性是德国社会学家_____提出的概念，指的是传播的双方都存在着不确定性，因此，通过传播所作出的选择有受到拒绝的可能性。_____
_____，这与它是以人为主体的活动有关。双重偶然性的存在说明，社会信息系统是一个多变量的系统，这些变量如果处理不当，便会引起传播障碍和传播隔阂。

知识点 8：传播障碍和传播隔阂

传播障碍包括_____障碍，如传播制度是否合理、传播渠道是否畅通、信息系统的各部分的功能是否正常等；

传播隔阂则包括＿＿＿＿＿＿＿＿，＿＿＿＿＿＿＿＿＿＿＿＿＿＿＿＿＿＿＿＿＿＿＿
＿＿＿＿＿＿＿＿＿＿＿＿＿＿＿＿＿＿＿＿＿的隔阂等。

由于社会信息系统的参与者——无论是个人、群体还是组织——都是具有＿＿＿＿＿＿＿＿
＿＿＿＿＿＿＿＿＿＿＿的主体，这里的传播隔阂，既＿＿＿＿＿＿＿＿＿＿＿＿＿＿＿＿＿＿。

传播障碍和传播隔阂的存在是社会信息系统的一个必然现象。换言之，社会信息系统与其他社会系统一样，永远处于平衡与不平衡、矛盾产生与克服的辩证运动的过程当中。

知识点 9：传播的六种话语

（1）传播是传递（传播是信息的位移，强调传播内容的客观性，但是忽视了传播的社会意义和解码编码的复杂性，带有浓重的传者本位色彩）。

（2）传播是控制（传播是社会控制的工具，指出了传播的社会作用，是传播效果的理论基础，但忽略了受众的主动性，难以建立真正的良性关系）。

（3）传播是游戏（传播是一种有规则的、超越功利的自愿活动，重视受众的自愿参与和传播感受，但过于理想化，忽视了传播内部的控制机制）。

（4）传播是权力（强调传播中隐含意识形态控制和无意识的不平等关系，但大多数这类研究忽视受众的主观能动性）。

（5）传播是撒播（与后现代主义有关，强调传播内容的多义性和受众的能动性，反对传者中心主义，但在传播研究中并不现实）。

（6）传播是共享和互动（强调传播应当让人们平等双向地共享，使人们逐渐理解对方）。

【相关真题】

1. 传播隔阂（陕西师范大学 2022 名词解释；南宁师范大学 2022 名词解释）
参考答案：
传播隔阂包括个人之间的隔阂，个人与群体的隔阂，成员与组织的隔阂，群体与群体、组织与组织、世代与世代、文化与文化之间的隔阂等。传播隔阂的存在是社会信息系统的一个必然现象。由于社会信息系统的参与者——无论是个人、群体还是组织——都是具有特定利益、价值、意识形态和文化背景的主体，这里的传播隔阂，既包括无意的误解，也包括有意的曲解。

2. 谈谈社会信息系统中的双重偶然性（郑州大学 2022 简答题）

参考答案：

社会信息系统是一个开放性系统，由各种子系统相互联结、相互交织而构成，其主要功能是保持社会内部的联系与协调，保证社会的正常运行和发展。

社会信息系统是一个具有双重偶然性的系统。双重偶然性是德国社会学家鲁曼提出的概念，指的是传播的双方都存在着不确定性，因此，通过传播所作出的选择有受到拒绝的可能性。双重偶然性是人类社会信息系统所特有的属性，这与它是以人为主体的活动有关。双重偶然性的存在说明，社会信息系统是一个多变量的系统，这些变量如果处理不当，便会引起传播障碍和传播隔阂。

【本章指南】

对传播学来说，传播自然是最基础也是最重要的概念。这部分概念考查概率不大，但是构成了我们答题思路的基础。当你学到后面就会发现，很多更加复杂的传播概念，最终都可以追溯到这些知识点上，它好比是房子最基础的框架结构，虽然不起眼，却是整个房子的核心。

可能很多同学会有这样的疑问，传播的概念为什么会这么复杂？这就是传播学的一个特点：它鼓励你按照不同方式去看问题。比如说，我们对别人挥手寒暄，从行为看这是一次主动的传播行为（从这个角度你可以分析我们的意图，即为什么寒暄能够表示友好？）；从过程看，我们挥手寒暄，相当于我们同时通过肢体和语言给别人释放符号，然后这个符号又被别人做了特定解读；从系统看，这是人际交往行为，因此属于人际传播系统，但同时它又属于社会系统（礼貌、文化、习俗）——一个简单的现象，就被这样拆解为许多不同的理论。

传播的六种话语也可以这样拆解：（1）传播是传递，核心就是我们认知最多的线性的传播观。在这种传播观下，我们要注意噪声和解码，换句话就是大众传播过程中可能产生的干扰和误读问题。那么这样一看，传播之前需要做受众调查，同时在传播过程中及时获取反馈，防止出现错漏问题。（2）传播是控制，这提示我们，传播尤其是大众传播可以对社会产生影响，可以具体到传播功能、传播效果等理论。（3）传播是游戏，这一点突出了传播的非功利性和带给受众的愉悦，这在新媒体时代展现得更为明显。喻国明老师也曾经提到未来的传播是"游戏的传播"。（4）传播是权力。这一点最为明显的就是揭露了传播背后的不平等和压迫，例如传播可以歪曲少数群体形象、进行意识形态压迫、使受众缺乏参与权等，都可以和批判学派相连接。（5）传播是撒播，强调受众的互动性和解读的多义性，在分析受众主动性时可以用到。（6）传播是共享和互动，可用来研究新媒体环境中的传受关系，包括媒介事件等非单向传播等。

国际传播也可以从这六种角度来分析——传递观（注意国际传播讯息的准确性，尤其是别国的受众是否会误解）、控制观（国际传播如何服务于国家的外交战略，宣传本国的文化及意识形态）、游戏观（国际传播如何利用公共事件进行宣传）、权力观（文化帝国主义、文化全球化）、撒播观（传播的多义性，由于受众的文化差异，会对传播内容作出不同解释，需要传播者注意）、共享和互动观（新媒体环境下的国际传播，去中心化）。我们在做题的时候，如果能够想到这些不同的角度，那么答案自然就会深入许多。

在复习的第一天，或许你看到这些内容，会有些"懵"。不过没关系，这一天的内容是常看常新的，当你把 60 天的内容全部看完之后，再回头读第一天的内容，或许会有更多更深入的体会。

第 2 天
信息与相关概念

【学习导语】

通过前文我们知道了：传播是信息的传递或流动，那么问题来了，信息是如何传递，如何流动的呢？有哪些和信息相关的重要概念需要我们掌握呢？今天的内容，就是帮助你理解这些问题的。

【本章我的掌握情况】

	基本理解	熟练掌握	运用自如
2.1 反馈			
2.2 前馈			
2.3 噪声			
2.4 冗余			
2.5 渠道容量			
2.6 信息爆炸			
2.7 信息超载			
2.8 信息浪费			
2.9 构筑反信息侵略的万里长城			

知识点 1：反馈

（1）定义，传播学认为，反馈就是＿＿＿＿＿＿＿＿＿＿＿＿＿＿＿＿＿＿，即＿＿＿＿＿＿＿＿＿＿＿＿＿＿＿＿。如报纸的发行量、广播的收听率、电视的收视率等。

(2) 反馈是控制论的核心概念，指＿＿＿＿＿＿＿＿＿＿＿＿＿。系统可据此决定控制策略，达到系统功能。分为＿＿＿＿＿＿＿。反馈概念由维纳在＿＿＿＿＿＿＿提出，引起了传播模式的巨大变革。

(3) 从传播者的角度看，可以＿＿＿＿＿＿，传播者据此调查和规划＿＿＿＿＿＿＿＿＿＿＿＿＿＿＿＿。从受众角度看，反馈是＿＿＿＿＿＿＿＿＿＿＿＿＿＿，受众可以据此更主动地介入传播活动中，积极主动地搜集信息。

(4) 反馈可以分为两种反馈：一种是＿＿＿＿，即反馈的信息肯定了现存模式，＿＿＿＿＿＿＿＿＿＿＿＿＿＿；另一种是＿＿＿＿，即反馈的信息推翻了原有信息，导致系统进一步调整，＿＿＿＿＿＿＿＿＿＿。负反馈是更重要的反馈。

(5) 缺点：迟滞于传播行为之后，影响传播系统的控制功能，因此需要增加前馈，以改进传播效果。

知识点 2：前馈

(1) 威尔伯·施拉姆最早在《传播学概论》中提出前馈的概念，认为前馈就是＿＿＿＿＿＿＿＿＿＿＿＿＿＿＿＿＿＿＿＿＿＿＿＿＿＿＿＿＿＿＿＿＿＿，从而改进传播，增强针对性，提高传播效果。

(2) 前馈的提出改变了＿＿＿＿＿＿＿＿＿＿＿＿＿＿＿＿＿＿的功能。

知识点 3：噪声

(1) 不是信源有意传送而附加在信号上的任何东西。噪声增加了＿＿＿＿＿＿＿＿＿＿。噪声可以通过增加＿＿＿信息来抵消。

(2) 一位好的编辑，所要做的主要就是处理好＿＿＿＿＿之间平衡的艺术，即在＿＿＿＿＿＿＿＿＿＿达到平衡。

知识点 4: 冗余

(1) 冗余信息指信息中可预测的部分, 语义性冗余是指_____的那部分消息。

(2) 冗余信息之所以不必要, 是因为如果它被遗漏, 消息仍是基本完整或可以被补充完整的。

(3) 冗余信息可以用来_____。关键或重要的消息在传播过程中需要重复以确保经过_____传送时这些消息仍然能被清晰地收到。

(4) 消息中冗余越多, _____, 但有时增加冗余, 可以增加传播系统的效力。为达到有效的传播, _____, 以抵消传播渠道中的噪声。

知识点 5: 渠道容量

(1) 不是指一个渠道能传送的符号的数量, 而是指_____, 或者说, 渠道传送信源产生的信息数量。

(2) 所有渠道容量均有上限。例如在一定时间内人类眼睛所能分辨并传送的信息大大多于大脑能处理及储存的信息。

(3) 所有传播都是由其系统链组成的, 它们的强度不会超过_____。

(4) 渠道容量还受制于_____, 以及接受新闻者用于媒介上的时间。

知识点 6: 信息爆炸

信息爆炸, 又称信息饱和, 是指_____
_____。它是人们对当代社会大量出现并加速增长的各种信息现象的一种形象化描述。它主要反映在四个方面: _____
_____。

知识点 7：信息超载

这是指_____
_____。它表现为：受传者_____；大众媒介中的____
_____；大量无关的没用的_____严重干扰了受
众_____。

知识点 8：信息浪费

信息作为一种特殊的资源，人类应该予以很好地开发和利用，但由于真正有价值的信息被大量的无用信息所淹没，求知的人不得不耗费大量的时间和精力来对待信息洪水，这种大海捞针式的搜寻，经常无奈地让一些有用信息与大量无用信息一起从身旁流走，从而造成了信息浪费。同时，这也浪费了为传播和搜集信息而付出的大量人力、物力和财力资源。

知识点 9：构筑反信息侵略的万里长城

（1）要健全和强化大众传播法制，对信息的品质、级次和传播范围、比例等作出严格规定。

（2）要加强思想文化建设，用正确思想和理论武装人民群众，使其能自觉抵御外来的信息侵略，提高辨别力和免疫力。

（3）要发展和完善本国的传播体系，形成自己的传播优势和传播特色，从而增强竞争力。

（4）要深入挖掘中华民族文化的资源，积极弘扬优秀的中华民族文化、东方文化和世界文化，向受众提供适合其需要的健康精神食粮。

（5）要创立和发展本国的跨国传播网络，团结第三世界国家，与各媒介强国展开全方位的立体传播竞争，切实改变以往那种消极被动的局面。

【相关真题】

1. 反馈（中南大学 2020/2022 名词解释）

参考答案：

传播学认为，反馈就是受传者在接收信息后作出的各种反应，即受传者回传给传播者的信息。如报纸的发行量、广播的收听率、电视的收视率等。反馈概念由维纳在控制论中提出，引起了传播模式的巨大变革。从传播者的角度看，可以检验传播效果，传播者据此调查和规划现在和未来的传播行为，以调整传播系统的运行。从受众角度看，反馈是受众态度、需要、意见等信息的流动方式，受众可以据此更主动地介入传播活动中，积极主动地搜集信息。反馈可以分为正反馈和负反馈，而负反馈是更重要的反馈。

2. 以前是人找信息，现在是信息找人（武汉大学专硕 2020 辨析题）

答题思路：

这句话讨论的是受众信息获取方式的改变："以前是人找信息"指的是在传统媒体时代受众通过主动接触媒介的方式获取信息；"现在是信息找人"一方面指的是新媒体时代媒介和信息不再稀缺，受众的注意力更为重要，另一方面则表明媒介的应对是通过算法渠道和社交渠道主动将信息推送给受众，而不是个人去搜索信息。

答案可以在开头点明题目的含义和重点，然后分别论述两句话成立的表现和原因，在这个题目里面就是先论证以前的人怎么找信息，为什么是人找信息（即什么样的传统媒体环境特点导致这样的信息获取方式），然后再论证现在为什么是信息找人（即信息的海量性和受众注意力的稀缺性），信息如何找人（即什么样的网络媒体环境 / 算法推荐技术特点让信息找人成为可能），最后可以简要谈谈"信息找人"也不能完全取代"人找信息"，人仍然有获取重要信息的渴望。

【本章指南】

昨天，我们讲述了什么是传播，并且指出传播是信息的流动或传递。但信息是如何流动，如何传递的呢？它对于我们之后的学习有什么作用？这就是我们今天要学习的内容。首先，信息的流动或传递必须在一定的信道之内，因此会遇到信道容量的问题，其次，在信道内流动的不仅仅是信息，还包括噪声，为了抵消噪声，还必须留出一部分重复的余量（冗余）。尽管在大多数情况下我们需要更多的信息，但是随着新媒体时代到来，信息由匮乏转向过量，因此产生了信息爆炸、信息超载、信息浪费的局面。在特定时刻，我们还需要思考如何抵御外来的不良信息，建立反信息侵略的万里长城。

信息论、控制论与其相关概念一直以来是属于比较冷门的知识点，近几年直接考查也很少（除了反馈）。然而，信息论和传播属于传播研究中的最抽象的层面，这就使得它适合任何类型的题目。

就以反馈为例。反馈在我们答题时真可以说是无处不在。反馈告诉我们所有的传播都是双向的，因此不仅要注意从传播者出发影响受众的一面，也要注意受众运用传播的一面——舆论工作一定要关注引导和舆论监督，国际传播不仅要关注对其他国家的传播，也要关注如何对待其他国家的传播。而在新媒体环境下，由于传受互动，反馈这个特点会体现得更明显。

反馈的另一个作用更重要，就是它会增大效果。当你需要在答题中论及传播效果增加时，都要注意"随时了解和收集受众反馈"这一条，在新媒体环境下，还要注意通过大数据、人工智能甚至神经工具挖掘、分析受众反馈的情况。

另外，反馈还有一个比较隐藏的应用，就是媒介本身也可以看作是一种反馈。对于整个社会的运作而言，媒介提供的反馈是重要渠道，媒介一旦提供了错误的反馈，将会对社会运作造成严重的负面后果。这提示我们要关注新闻媒体的客观中立性，体现了保护舆论监督的意义。

再简单说一下前馈，我们平常看到的媒体在节目播出之前做的受众调查，乃至对受众需求的挖掘分析，都可以看作是前馈。

除了反馈和前馈以外，这一节其他知识点也有很多用处。噪声和冗余，适合用于分析传播中容易产生歧义和外在干扰的状况（例如在国际传播中的运用）。在新媒体时代，信息过量、信息超载已经成为常态，同时外部的不良信息也造成了严重的社会问题。这么看，今天学习的内容并不冷门，反倒是绝对的"热门"呢。

第3天
符号的定义与分类

【学习导语】

符号是传播的基石，也是信息的载体。符号部分的经典问题来自如何区分我们认知的"符号"和抽象意义的"符号"。我们认知的符号就是我们所说的标点符号、图像、图画，而抽象意义的符号对应的则是整个社会的符号体系，以及人类社会如何通过符号体系传递信息，构建文化与其他社会形态；如果进一步抽象，则是符号的价值、符号带给人类社会的变化等等。我们认识符号，除了背诵以外，更需要掌握从符号出发解答问题的方法。

在本章学习中，希望同学们能带着一个开阔的视野进入符号的世界。

【本章我的掌握情况】

	基本理解	熟练掌握	运用自如
3.1 符号的定义与特性			
3.2 信号和象征符			
3.3 语言符号			
3.4 非语言符号			
3.5 符号的功能			
3.6 编码与解码			
3.7 语言符号误区			
3.8 意义			
3.9 符号互动论			

知识点 1：符号的定义与特性

符号是_____；是_____

_____。其功能，便是_____。

一个符号_____

_____。能指和所指具有任意性，是人们在长期社会过程中约定俗成的。符号是传播过程中的中介物，是信息的外在形式或物质载体。_____，由符号组成的符码或语言，是传播赖以进行的基础。

符号的特性：

第一，指代性：_____。简言之，符号与它所指代的事物之间没有必然联系。

第二，社会共有性：人类社会需要一定的_____，需要一定程度上的共同内涵性意义来维持社会的、正常的、和谐的生产生活。但个人可能有所不同。

第三，发展性：_____。所谓的发展包含了两层含义：_____；另一层是指_____，有的保持了原有的符号形式，但被赋予新生意义，有的保持了原有的意义但却更换了新的符号形式。

知识点 2：信号和象征符

（厄内斯特·卡西尔）_____，_____。

（S.K. 兰格尔）_____。

（1）信号的特点：a._____（天阴是下雨的信号、冒烟是着火的信号，一切自然符号都是信号）。b._____。

（2）象征符的特点：a. 必须是_____，是人类社会的创造物。b._____

_____。 c.不是通过基因遗传的，是通过_____。
d._____。体现在：与其指代的事物之间不需要有必然的联系，它们的关系是随意的。象征符超出了知觉的层次，具有表象和概念功能；一种对象可以用多种象征符表示，一种象征符也可以表达多种事物。e._____，同一个象征符在不同社会里有不同的解释。

（3）象征符又可以分为"示现型象征符""论述型象征符""认知型象征符"和"价值型象征符"等（这点了解即可）。

知识点 3：语言符号

语 言 是_____
_____。

语言符号特点：（1）_____。（2）_____。（3）发音的经济性。
（4）能动性和创造性。

知识点 4：非语言符号

（1）_____。

（2）非语言符号的特点：_____。 非语言
符号_____。 非语言交流中有三种暗示：
_____。 与身体相关的非语言传播包括：_____
_____。

（3）非语言符号的功能：a._____。非语言符号能够比较真实全面地反映一个人的文化素养和精神面貌，给他人留下良好的印象，有利于人际关系的进一步发展。
b._____。 c._____。 d._____
_____。 e._____。

知识点 5：符号的功能

(1)＿＿＿＿＿＿＿＿：人与人之间的传播的目的是精神内容的交流，而精神内容本是无形的，＿＿＿＿＿＿＿＿＿＿＿＿＿＿＿＿＿＿＿＿＿＿＿＿＿＿＿＿＿＿＿。因此，人与人之间的传播活动是一种编码与解码的过程。

(2)＿＿＿＿＿＿：＿＿。

(3)＿＿＿＿＿：＿＿＿＿＿＿＿＿＿＿＿＿＿＿＿＿＿＿＿＿＿＿＿＿＿＿＿＿。

知识点 6：编码与解码

(1) 编　码：＿＿＿＿＿＿＿＿＿＿＿＿＿＿＿＿＿＿＿＿＿＿＿＿＿＿＿＿。
＿＿＿＿＿＿＿＿＿＿＿＿＿＿＿＿＿＿＿＿＿＿＿＿。

(2) 编码好坏直接影响传播效果。而＿＿＿＿＿＿＿＿＿＿＿＿＿＿＿＿＿＿＿＿＿
＿＿＿＿＿＿。根据普通语义学的成果，人们在编码过程中会遇到一些问题（参看下面的语言符号误区）。

(3) 解　码：＿＿＿＿＿＿＿＿＿＿＿＿＿＿＿＿＿＿＿＿＿＿＿＿＿＿＿＿＿＿
＿＿＿＿＿＿＿＿＿＿。解码过程受以下因素影响：
a.＿＿＿＿＿＿＿＿＿＿＿＿＿＿＿＿＿＿＿＿＿＿＿＿。
b.＿＿＿＿＿＿＿＿＿＿＿＿＿＿＿＿＿＿＿＿＿＿＿＿。

(4)＿＿＿。

知识点 7：语言符号误区

(1)＿＿＿＿＿＿＿＿：它指语言被捆死在某一条抽绎水平线上，使人难以理解。

(2)＿＿＿＿＿＿＿＿：这是指传播者在发表某种看法时，实际上在不知不觉、没有意识到的心理状态下将自己个人的深层态度加进了对事物的评价。

(3)_____：这是指语言的使用忽视了同一范畴或同一类别中各个分子之间的差异和区别，把它们视为同一，混为一谈。

(4)_____：这是指语言的使用者在观察和描述事物时采用了"非此即彼"的、排斥中间层次的极端语言。好像世界上的一切事物只能两者择其一，不能有中间的事物。

(5)_____：指传播中不看具体实际，只看符号本身，或只在语言领域里去推定其含义。

(6)_____：人们在使用语言时经常根据符号推论出事实，虽然大多比较准确，但也有推论与事实不符的，从而造成了推论与事实的混淆。

知识点 8：意义

1. 意义的定义

是_____

_____。

2. 意义的分类

(1)_____： _____ ； _____

_____。

(2)_____： _____ ； _____

_____。

(3)_____： _____

_____ ； _____。

(4)_____： _____

_____。

(5)_____： _____

_____。 所谓____(在传播学中叫传播情境)，_____

_____。 它包括具体传播活动进行的场景、时间、地点、有

无他人在场等等，在广义上也包括传播行为参与人所处的群体、组织、制度、文化等较大环境。

知识点 9：符号互动论

(1) 符号互动论产生于 20 世纪初，其代表学者有美国社会心理学家＿＿＿＿＿＿＿＿＿

＿＿＿＿＿＿＿＿＿＿。＿＿＿＿＿＿＿＿＿＿＿＿＿＿＿＿＿＿＿＿＿＿＿＿＿＿＿

＿＿＿＿＿＿＿＿＿＿＿＿＿＿＿＿＿＿＿＿＿＿＿＿＿＿＿＿＿＿＿＿＿＿＿＿＿＿＿

＿＿＿＿。

(2) 符号互动论的＿＿＿＿＿＿＿＿＿＿＿＿＿＿＿＿＿＿＿＿＿＿＿＿＿＿。它有三个基

本前提：a.＿＿＿＿＿＿＿＿＿＿＿＿＿＿＿＿＿＿；b.＿＿＿＿＿＿＿＿＿＿＿＿＿＿

＿＿＿＿；c.＿＿＿＿＿＿＿＿＿＿＿＿＿＿。

(3) "意义" "社会互动" 和 "解释" 是象征性互动理论的三个主概念，也是考察社会传播的重要视角。

【相关真题】

1. 符号在人类传播中的作用（中南大学 2021/2022 简答题）/ 符号在传播过程中的本质功能是什么（武汉大学 2022 简答题）

参考答案：

符号是用来指称和代表其他事物的象征物；是信息意义的外在形式或物化载体，是事物表述和传播中不可缺少的一种基本要素。其功能是携带和传达意义。没有符号，人类的一切传播活动和社会交往都无从进行，由符号组成的符码或语言，是传播赖以进行的基础。

符号在人类传播中的功能包括：

(1) 表达和理解功能：人与人之间传播的目的是精神内容的交流，而精神内容本是无形的，传播者只有借助符号进行表达，而传播对象也只有凭借符号才能理解意义。因此，人与人之间的传播活动是一种编码与解码的过程。

(2) 传达的功能：作为精神内容的意义需要转换为具有一定物质形态的符号，才可以在时间和空间中得到传播和保存。

(3) 思考的功能：思考是人与外部信息相联系的内在意识活动，是内在信息的处理过程。

2. 符号互动论（兰州大学专硕 2021 名词解释；同济大学 2022 名词解释）

参考答案：

符号互动论产生于 20 世纪初，其代表学者有美国社会心理学家米德、布鲁默、西布塔尼等人。这种理论把人类看作是具有象征行为的社会动物，认为象征活动是人类创造文化的一

种活力，研究象征行为不仅能够揭示人的本质，而且有助于理解现实的社会生活。

符号互动论的核心问题是考察以符号为媒介的人与人之间的互动关系。它有三个基本前提：

（1）人是根据"意义"（对事物的认识）来行动的；

（2）意义是在"社会互动"过程中产生的；

（3）意义是由人来"解释"的。

"意义""社会互动"和"解释"是象征性互动理论的三个主概念，也是考察社会传播的重要视角。

【本章指南】

恭喜你完成了符号这一章节的初步学习！

符号这一章说简单也简单，说难也难。说简单，是因为这一章节虽然考查内容不少，但是对比下一章节并不难理解。而说难，则是因为它牵扯的知识点非常多。

本章节围绕一个主轴来谈，这个主轴就是"编码—互动／反馈—解码"的过程，而其中每个环节都可以牵扯出很多相关的观点和理论。从编码者的角度看，我们需要思考编码者的背景（社会文化、群体规范、个人特征）、选择的符号类型、选择符号所希望达成的功能等。从解码者的角度看，我们除了考虑个人因素、群体因素、意识形态因素（后面我们会学到，编码解码理论和选择性理解的区别就体现在每一次的解码不仅是表面意思的理解，更是意识形态的一次交锋），还要考虑到更多的解码情境因素（例如上下文语境、之前的传播等等）。

那么问题来了，每一个因素背后其实都藏着一个理论，为什么有些人题目答得很干瘪？原因在于不擅长找题目背后预设的因素。例如，我们在解答国际传播、对外传播相关题目的时候，会觉得这些题目能写的理论往往都很单一，千篇一律的都是"文化帝国主义"。但是如果你考虑到解码中的不同文化因素，就可以结合跨文化传播的角度来进行分析。例如面对如爱德华·霍尔所说的"低语境"文化，需要强调内容的明晰直白；面对权力中心的文化，需要强调内容的权威。而另一方面，如果我们的传播面对的是不同阶层的受众（例如面对不同阶层进行主流意识形态传播），一是要考虑教育和文化背景，二是要考虑不同的意识形态背景。如果媒介内容不能贴近特定阶层的诉求，那么很有可能会被这些阶层的受众作出抵抗性解码（比如 b 站"后浪"广告引发的争议就是例证）。而情境同样也是可以考虑的重要因素，例如传播者之间的关系亲疏远近，甚至传播媒介的特点等等，这些因素都可以影响到传播的形态。这样看来，光从编码—解码角度，我们就可以把整个传播学理论梳理一遍了。但是这还没完，如果只从这个角度，体现的只是静态单次传播的情况，在解题中我们还可以考虑互动这一层。受众对于符号的解读不是一成不变的，例如其他人如果对我们有偏见，进行与我们意愿违背的解码，我们是可以通过不断传播的情况反馈来进行矫正的。例如在传播中，如果面对有偏见的受众（比如国际传播的西方受众），我们可以通过强调双方的平等交流逐渐化解偏见。根据符号互动论，传播本身也会形成新的符号，或形成对符号意义的新共识，那么在一些传播（比如仪式传播）中，我们还可以去思考分析仪式传播中形成的新符号或围绕符号形成的新群体。如果你能考虑到所有这些因素，符号这块你就算"学精"了。

第4天
符号学的相关理论

【学习导语】

今天要学习的这些理论，可能一开始你会觉得比较好背，可背完你还要问一下自己真的懂了吗？能不看书介绍一下什么叫结构主义吗？为什么它叫结构主义？如果真的理解了，后边你会学得很轻松，背得也很快，如果不理解硬背，就会比较"痛苦"。所以这一章的学习，一定要慢下来——现在慢以后就快啦。

符号学的代表人物不同参考书上列举的都差不多，索绪尔、皮尔士、罗兰·巴特，他们的理论除了本身有可能成为名词解释或简答题之外，也可以应用在论述题的答题视角中，更不用说研究方法中的文本分析法也来源于此，所以重要性不言而喻。

学习之前，想问同学们一个问题，你是如何理解"营销把钻石变成符号"这句话的？带着这个问题，我们正式进入符号的世界。

【本章我的掌握情况】

	基本理解	熟练掌握	运用自如
4.1 符号学			
4.2 特伦斯·霍克斯			
4.3 索绪尔			
4.4 皮尔士			
4.5 罗兰·巴特			
4.6 卡西尔			
4.7 符号文化与现代社会			
4.8 表征			

知识点 1：符号学

符号学是＿＿＿＿＿＿＿＿＿＿＿＿＿＿＿＿＿＿＿＿。

它研究的具体对象包括：＿＿＿＿＿＿＿＿＿＿＿＿＿＿＿＿＿＿＿＿＿
＿等。一般来说符号学分成＿＿＿＿＿＿＿＿＿＿＿＿＿＿＿＿三大类。

符号学的创立者有两位，一位是＿＿＿＿＿＿＿＿＿＿＿，另一位是＿＿＿＿＿＿＿＿＿＿。
＿＿＿＿＿＿＿＿＿＿＿＿＿＿＿＿＿＿＿。

在当代，符号学＿＿＿＿＿＿＿＿＿＿＿＿，＿＿＿＿＿＿＿＿＿＿＿＿＿＿＿＿＿
＿＿＿＿＿，＿＿＿＿＿＿＿＿＿＿＿＿＿＿＿＿＿＿＿等。

知识点 2：特伦斯·霍克斯

特伦斯·霍克斯对符号的定义是：＿＿＿＿＿＿＿＿＿＿＿＿＿＿＿＿＿
＿＿＿＿＿＿＿＿＿＿＿＿＿＿＿＿＿＿。

符号——形式——媒介关联物。
对象——指称——对象关联物。
解释——意义——解释关联物。

这个定义说明了三点：
(1)＿＿＿＿＿＿＿＿＿＿＿＿＿＿＿＿＿。
(2)＿＿＿＿＿＿＿＿＿＿＿。
(3)＿＿＿＿＿＿＿＿＿＿＿＿＿＿＿＿＿＿＿＿＿。

知识点 3：索绪尔

费尔迪南·德·索绪尔是瑞士语言学家，符号学的创始人，把语言看作一个封闭的系统，认为语言理论必须重视语言系统中各要素之间的相互依赖、相互制约的关系，必须重视语言内在结构的研究。

他的主要观点如下：

1._____

_____

_____。

2._____

语言（langue）：_____，如英语、汉语、法语等等。

言语（parole）：_____。

（区分这个概念是为了延展符号学的研究，不再局限于具体个体的言语研究，而从更宏观的视角研究语言。）

3._____

下面看看《普通语言学教程》中界定的能指和所指。

能　指：_____

_____。

所指（也称意指）：_____（意义）。

例如：国歌的歌词和乐曲即为能指，而国歌所代表的国家历史和民族精神是所指。

索绪尔对于符号与语言的研究，对_____造成巨大影响，有力地促进了 20 世纪中叶以巴黎为中心的符号学运动。索绪尔和皮尔士是符号学的创始人。

知识点 4：皮尔士

符号学的另一源流始于美国的逻辑学家皮尔士。

（1）皮尔士具体区分了三种符号：_____。_____

_____；_____；_____。

（2）另外他还提出"外延"和"内涵"的概念。_____

_____；_____。

（3）皮尔士的语义三角：皮尔士将其分为_____。_____

_____

_____。

皮尔士对符号学的贡献是巨大的，另外他的理论还被认为是后现代主义思想的重要渊源之一。

知识点 5：罗兰·巴特

法国_____罗兰·巴特，结构主义思想家、著名作家、文艺批评家、符号学家，对符号学理论颇多建树。主要著作有：《神话学》（又译《神话修辞术》）、《符号帝国》、《符号学原理》。其主要观点如下：

（1）可写性文本与可读性文本：罗兰·巴特在评价巴尔扎克短篇小说《萨拉西尼》时提出，_____；
_____。

（2）表面意义与引申意义：罗兰·巴特区分了符号第一层和第二层的表意，他把它们分别称为表面意义和引申意义。

_____
_____
_____。因而，如果要成功地解读符号的引申意义，就必须拥有对特定文化价值和信仰的认识。

（3）神话：由于_____
_____。由此，符号的引申意义常常试图通过文化的方式建构社会权力关系，比如阶级和性别等，让它们看上去自然、普遍和不可避免。

（4）作者已死：罗兰·巴特的代表性观点，"作者已死"不代表作者真的死了，而是当__
_____，换言之，作者在作品完成后不再拥有对其所创作的文本的权威解释。

按照这种逻辑延伸，巴特关于引申意义、神话和意识形态的论辩同样可以用来分析媒介直接展示的形象，即媒介在某些时刻通过引申意义进行的意识形态化的传播。

知识点 6: 厄内斯特·卡西尔

(1) 卡西尔在其《符号形式的哲学》中，致力于创建有别于形而上学的_____。

(2) 他认为，_____；_____
_____。"符号化的思维和符号化的行为是人类生活中最富有代表性的特征，并且，人类文化的全部发展都依赖于这些条件。"

(3)_____——语言、神话、宗教、艺术、科学、历史、哲学，_____。显然，他也认为，语言不等于符号，它只是符号系统中的一个子系统。

知识点 7: 符号文化与现代社会

(1)_____帮助人们摆脱了自然束缚，极大地提高了人类的精神生产力和传播效率。然而它也_____。

(2)_____
_____。

(3) 另一方面，_____
_____。

(4)_____
_____。

(5) 让·鲍德里亚指出_____
_____
_____
__ : _____。

(6) 文化的象征化并不仅局限于消费领域，政治、经济生活也是如此。原因如下：
a._____。

b._____

_____。

但另一方面我们也应该认识到，_____

_____。

知识点 8：表征

(1)_____

_____。表征是用象征符号对事物的替代和再现，不仅包括书写文字，还包括声音、图像、客体等所有象征性形式。

(2) 索绪尔发现了能指和所指之间的任意关系，为表征研究铺平道路。索绪尔发现，____

_____

_____

_____。

(3) 巴特揭示出_____

_____

_____。

(4)_____

_____

_____

_____。

(5)_____

_____

_____。正因为这种权力没有中心且无处不在，对它的反抗只有通过突破这些话语的限制，追求另类的生活，进行微观政治的反抗。

文化研究也可被视为是这种反抗实践的一种形式，通过对表征中神话的分析与揭露，促进多元文化发展，寻找思想解放的可能性。

【相关真题】

1. 神话（北京邮电大学学硕 2021 名词解释）

参考答案：

神话由结构主义学者罗兰·巴特提出，他在区分了表面意义与引申意义的基础上指出：表面意义是形象或能指——也就是形象中包含了什么。而引申意义不仅使用了第一层表意规则——能指和所指，还加上了二次符号化的所指意义。第二层表意是从渗透于符号系统中的文化意义发散出来的。因而，如果要成功地解读符号的引申意义，就必须拥有对特定文化价值和信仰的认识。

由于文化意义如此深入地渗透于引申意义之中，因而巴特认为引申意义有意识形态的意味，是他所说的社会的"神话"。由此，符号的引申意义常常试图通过文化的方式建构社会权力关系，比如阶级和性别等，让它们看上去自然、普遍和不可避免。

2. 索绪尔说"能指和所指中的意指过程是任意的"，你怎么理解？（武汉大学 2021/2022 简答题）

参考答案：

索绪尔在《普通语言学教程》中界定了能指和所指。能指也称意符，通常表现为声音或图像（符号的外形），能够引发人们对特定对象事物的概念联想。所指（也称意指），指意符所指代或表述的对象事物的概念（意义）。能指和所指之间的关系不是唯一的，也不是固定不变的。

一方面，不同的能指能够指向相同的所指，如"水""water""H_2O"的所指都是可以饮用的无色无味的液体，故能指和所指的意指过程存在多对一的关系。

另一方面，相同的能指也能够指向不同的所指，如"苹果"的所指可以是一种水果，也可以是苹果手机，能指和所指的意指过程也存在一对多的关系。

此外，能指和所指的意指关系可能会在人们日常生活的使用当中发生改变，如"孔雀"原本的所指是会开屏的美丽的动物，后来的所指变为自作多情的人。所以能指和所指的意指过程因为变化而充满不确定性。

因此，索绪尔认为能指和所指的意指过程是任意的。

【本章指南】

恭喜同学又拿下了一章！这一章同样也是讲符号，但是它的内涵和上一章主要探讨符号及单次传播中符号的意义有所差别，主要讲的是关于社会的符号体系，以及符号体系与社会，尤其是整个社会的意识形态之间的关系。

其实我们可以看到，从皮尔士和索绪尔开始，符号理论就已经超越符号本身了。索绪尔看似研究的是符号的规律，实际上他认为符号本身并没有太大的意义，最重要的是符号的差异与符号的系统。这就打破了社会给符号笼罩的神秘感，而将符号正式纳入社会的博弈斗争中。他们表面研究的是符号，实际上是研究社会的符号体系和社会背后的意识形态之间的关系，例如罗兰·巴特、鲍德里亚以及文化研究学派都是借助符号学对资产阶级意识形态进行批判，揭穿常见符号背后的政治控制手法，把潜在的政治观点通过中立性的符号植入每一个人的认知体系里。（当然，罗兰·巴特后期也逐渐意识到，符号的意义与个人的解读密切相关，因此他离开了早期的神话观，走向了另一个极端，不过这些是后话了）

符号学的研究思路其实可以看成"以小见大"，我们在解题的时候也可以使用这一思路。最为典型的就是找到题目中涉及的特定概念或符号，分析它背后体现出了何种意识形态。例如，常见的文艺作品中，经常会有衣着不得体但淳朴的农民工和衣着精致但是过于冷漠的城里人的二元对立。这种现象就很有意味：农民工有很多不同的类型，但是在作品中为什么普遍会以穿迷彩服、戴安全帽的工人形象出现？为什么一定要把他们的行为表现得缺乏素质？为什么很多情况下总是突出他们对于城里人的莫名羡慕？高素质的新时代农民工形象，和低收入市民的形象是不是缺失了？为什么缺失？这些都是可以进行举例和分析的。

另一种关于符号的常见分析就是讨论符号与消费主义。在第二次世界大战后，西方社会的物质极度充裕，人们已经不仅仅满足于追求物质的享受，还希望通过对物质享受的详细分级来凸显自身的身份（也就是鄙视链）。同时迅速发展的大众媒介和公关部门也投其所好，大肆渲染商品的某种特殊精神和文化价值，鼓吹特定生活方式，甚至将消费和人的能力、性格结合起来，鼓励人们以"物"识人。其本质目的，就是为了让资本家获得更多的产品溢价，以在不增加实际生产成本的情况下赚取更多的利润，同时也让人们养成不断求新求变的习惯，加快资本的周转。这样做的结果，就是在符号体系中造就了一堆非真非假的符号怪胎。我们只要看一看城市的楼盘名称就知道了："左岸香颂""奢品华府""英伦春天"……它们究竟是什么意思？真的把世界名城都搬过来了吗？其实这些名字既不指向外国，也不指向中国，只是不断在人们脑海中缝合出"高贵""品质"的形象。还有一个经典案例就是 Supreme 出的数千元一块的红砖，这些红砖和普通的红砖没有任何不同，只是上面多了几个字，就突然唤起了你许多抽象的印象——时尚、潮流、嬉皮等等，但其实也只不过是一种符号把戏而已。到这个阶段，符号已经失去了它指示某物的作用（甚至符号的创作者也根本不知道符号指向何方），只剩下了"能指的狂欢"。

简单地说，在分析西方媒介中的符号的时候，我们可以指出它背后的资产阶级意识形态，而对于国内某些现象，我们同样可以分析媒介符号内容中的消费主义和商业化问题，例如过度追逐商业化造成的符号混乱等。

不过，由于传播学考试中直接涉及具体传播符号的题目较少，所以涉及这么深层次讨论的情况还并不多。我们可以先简单了解这些知识，然后在后期涉及批判学派的时候再行回顾。除此之外，考四川大学的同学要特别注意一下符号学相关的内容，尤其是赵毅衡老师的相关研究。

第 5 天
人内传播

【学习导语】

从今天开始，我们将开始学习五种传播类型。回想一下你是否有过这样的经历：气馁时，对着镜子里的自己说话，给自己加油打气——这就是人内传播的一种表现。但其实人内传播不仅是"自己跟自己说话"，也跟个体的社会实践活动有关系，同时它还是一切社会传播活动的基础。

【本章我的掌握情况】

	基本理解	熟练掌握	运用自如
5.1 人内传播的定义及特点			
5.2 米德的"主我与客我"理论			
5.3 布鲁默的"自我互动"理论			
5.4 内省式思考			
5.5 基模理论			
5.6 信息处理过程模式			
5.7 "详尽分析可能性"理论			

知识点 1：人内传播的定义及特点

（1）人内传播（intra-personal communication），也称＿＿＿＿＿＿＿＿＿＿＿，指的是个人接受外部信息并在＿＿＿＿＿＿＿＿＿＿的活动。

（2）人内传播虽然是人体内部的信息处理过程，但这个过程不是孤立的。它本质上是＿＿＿＿＿＿＿＿＿＿＿＿＿＿＿＿＿＿＿＿＿＿＿＿＿。它是其他一切传播活动的基础。

知识点 2：米德的"主我与客我"理论

（1）美国社会心理学家____最早从传播的角度对人的自我意识及其形成过程进行了系统研究，他发现自我意识对人的行为决策有着重要的影响。自我可以分解成相互联系、相互作用的两个方面：

（2）一方_____，它通过个人围绕对象事物从事的行为和反应具体体现出来；另一方是_____，它是自我意识的社会关系性的体现。

（3）米德认为，_____，"主我"_____（由行为反应表现出来），"客我"是____（体现了社会关系的方方面面的影响）。人内传播是一个"主我"和"客我"之间_____的社会过程。

知识点 3：布鲁默的"自我互动"理论

_____在 1969 年出版的《符号互动论》一书中提出了这样一个观点：人能够与自身进行互动——_____。他认为，人是拥有自我的社会存在，人在将外界事物和他人作为认识对象的同时，也把自己本身作为认识的对象。因此，"自我互动"在本质上来说_____，也就是_____。

知识点 4：内省式思考

（1）内省是_____，也是一种重要的_____。内省可以分为两种，一种是日常的、长期的自我反思活动；一种是_____的自我反思活动，称为"内省式思考"（reflective thinking）。

（2）横向来看，内省式思考的过程_____，而是与周围的社会环境、与周围的他人有着密切的联系，是_____。

（3）纵向来看，是将_____，对它们的意义重新进行_____，在此基础上创造出与新的状况相适应的新的意义和行为。

知识点 5：基模理论

（1）基模（schema）是瑞士心理学家让·皮亚杰在研究儿童成长和认知发展过程之际提出的概念，指的是＿＿＿＿＿＿＿＿＿＿＿＿，或者叫＿＿＿＿＿＿＿＿＿＿＿＿＿＿＿＿＿。

（2）基模的特点：a. 是人与生俱来的＿＿＿＿＿之一，但是随着人的成长可以＿＿＿＿＿＿。b. 基模是一种知识分类体系，呈层化结构，具有＿＿＿＿＿＿分层的结构特点。c. 基模是＿＿＿的集束或有机的联合，也包含着＿＿＿＿＿。d. 基模还有＿＿＿＿＿功能。

知识点 6：信息处理过程模式

1973 年，美国学者＿＿＿＿＿＿＿＿＿＿在＿＿＿＿＿＿＿＿＿＿＿＿＿＿＿一文中提出了一个＿＿＿＿＿＿＿＿＿＿＿＿。当我们接触到一个新的事件或者信息时，便会触及头脑中的相关基模。如果吻合时，便会＿＿＿＿＿＿＿。当不吻合时，我们会＿＿＿＿＿＿＿＿＿＿＿＿＿＿。处理结果也会＿＿＿＿＿＿＿＿＿＿，对它进行＿＿＿＿＿＿。

知识点 7："详尽分析可能性"理论

由社会心理学家＿＿＿＿＿＿＿提出，该理论认为，每个人都会以两种不同方式处理信息，一种是以详尽的方式，＿＿＿＿＿＿＿＿＿＿＿＿＿＿＿＿＿，另一种是＿＿＿＿＿＿＿＿＿＿＿＿＿＿＿＿＿＿＿＿，而选择哪种路径的概率与＿＿＿＿＿＿＿＿＿＿＿＿。

【相关真题】

1. 人内传播（中南大学 2022 名词解释）

参考答案：

人内传播也称内向传播、内在传播或自我传播，指的是个人接受外部信息并在人体内部进行信息处理的活动。人内传播虽然是人体内部的信息处理过程，但这个过程不是孤立的。它本质上是对社会实践活动的积极能动的反映，具有鲜明的社会性和实践性。它是其他一切传播活动的基础。

2. 简述米德的"主我与客我"理论（上海师范大学 2021 简答题）

参考答案：

美国社会心理学家米德最早从传播的角度对人的自我意识及其形成过程进行了系统研究，

他发现自我意识对人的行为决策有着重要的影响。自我可以分解成相互联系、相互作用的两个方面：一方是作为意愿和行为主体的"主我"（I），它通过个人围绕对象事物从事的行为和反应具体体现出来；另一方是作为他人的社会评价和社会期待之代表的"客我"（me），它是自我意识的社会关系性的体现。

米德认为，人的自我意识就是在这种"主我"和"客我"的辩证互动的过程中形成、发展和变化的，"主我"是形式（由行为反应表现出来），"客我"是内容（体现了社会关系的方方面面的影响）。人内传播是一个"主我"和"客我"之间双向互动的社会过程。

3. 简述布鲁默的自我互动理论（辽宁大学 2021 简答题）

参考答案：

布鲁默在 1969 年出版的《象征互动论》一书中提出了这样一个观点：人能够与自身进行互动——自我互动。他认为，人是拥有自我的社会存在，人在将外界事物和他人作为认识对象的同时，也把自己本身作为认识的对象。因此，"自我互动"在本质上来说是与他人的社会互动的内在化，也就是与他人的社会联系或社会关系在个人头脑中的反映。

布鲁默的"自我互动"理论有助于我们理解社会传播与个人的、自我的关系。人不但与社会上的他人进行传播活动，而且与自己本身进行传播活动，即自我传播活动。自我传播同样具有社会性，它是与他人的社会传播关系在个人头脑中的反映。

4. 认知基模（西南大学 2021 名词解释，中国农业大学 2021 名词解释、吉林大学 2021 简答题）

参考答案：

基模（schema）是瑞士心理学家皮亚杰在研究儿童成长和认知发展过程时提出的概念，指的是人的认知行为的基本模式，也叫心智结构、认知结构、认知导引结构等。

基模的特点：

（1）是人与生俱来的行为模式之一，但是随着人的成长可以发展和改造。

（2）是一种知识分类体系，呈层化结构，具有由较抽象向较具体分层的结构特点。

（3）是知识的集束或有机的联合，也包含着价值甚至情感倾向。

（4）还有预算和控制功能。

【本章指南】

本章说难不难，但有几个知识点，同学经常有疑问。主我、客我、镜中我、内省式思考、自我互动其实应该合在一起来进行理解。人的互动产生了"镜中我"，我们通过镜中我来认识自己，了解他人对我们的社会期待。长期的互动之后，镜中我终于逐渐重叠出了一个稳定的自我认识和社会角色，这就是"客我"。我们的日常行为就是通过客我和主我进行互动，即通过自我互动来实现这种社会期待的。然而，自我互动并不是一蹴而就的，需要不断地反思、深化，同时是能动的，会改变。一言以蔽之，自我互动实际上是"与他人的社会互动的内在化，也就是与他人的社会联系或社会关系在个人头脑中的反映"。人内传播不可能与社会传播相脱离。

另一个难点是基模和框架的关系，很多人容易把基模和框架搞混，实际上基模属于认知心理学范畴，框架属于社会心理学范畴。两者描述的现象类似，但是出发点不同，结果也不同。很多人还容易把基模和刻板印象搞混，实际上基模解释的是基本的认知原理，而刻板印象描述的是一个认知现象，两者是不一样的。

人内传播这部分内容看起来和心理学交集很多，和其他传播学分支差距较大，这为我们的理解造成了一定难度。但其实我们理解人内传播时抓住一个主轴即可，就是"人内传播的本质也是对社会实践活动的积极能动的反映，它具有鲜明的社会性和实践性"。从主我客我、自我互动到内省思考，根本上都在说明这个"反映"的过程。而另一方面，基模和一系列的认知模式，则是在说明这种反映并不是简单地照搬全收，而是一种选择性的、"能动"的反映。

传播学主要是研究大众传播，因此人内传播似乎不是很重要，但是它在考试中仍然有一定概率会出现。首先由于人内传播和芝加哥学派密切相关，而芝加哥学派又是传播学史中最重要的考查内容之一，几乎每一年都会出几个名词解释。其次，则是如何在论述题中运用人内传播理论，这里我们需要认识一点，人内传播描述的是人的信息处理过程，因此所有的传播最终都必须以人内传播作为中介。例如，个人的社会化要实现客我的建立，因此说到社会化的时候都可以分析客我（例如，青少年在网络中接触了不良的伙伴，对他产生了负面的反馈，那么他形成的"客我"就可能是有问题的），而在说到宣传或传播效果的时候，则可以考虑大众媒介如何对受众基模产生影响，进而增强传播效果。例如大众媒介为什么要抢新闻首发？因为第一个报道的媒介对此事的定性，往往能够非常有效地影响大众脑海中对此事的认知基模，这就是首因效应。

因此，人内传播可能看上去应用范围很窄，考查可能性不高，但它可以作为其他很多理论的基础，所以我们也可以在分析运用其他理论的时候将关于人内传播的小概念、小技巧用出来。

第 6 天
人际传播

【学习导语】

人际传播是一种最典型的社会传播活动，出现在我们生活的方方面面。希望在学习完这章的内容后，你可以运用理论对日常生活中的人际传播现象进行分析，也能在人际交往中更好地表达自我。

【本章我的掌握情况】

	基本理解	熟练掌握	运用自如
6.1 人际传播的定义及特点			
6.2 人际传播的动机			
6.3 镜中我			
6.4 约哈里之窗			
6.5 成本—效益理论 / 社会交换理论			
6.6 社会化			
6.7 强连接与弱连接			

知识点 1：人际传播的定义及特点

人际传播（personal communication）是＿＿＿＿＿＿＿＿＿＿＿＿＿＿，也是由＿＿＿＿＿＿＿＿＿＿＿＿＿＿＿＿＿＿＿＿＿＿，主要是指在两者或两者以上之间进行的＿＿＿＿＿＿＿＿＿＿＿＿＿＿＿＿＿，包括利用电话、书信等媒介协助进行的传播。

人际传播具有以下特点：

(1) 传递和接收信息的_____；

(2) 信息的意义更为_____；

(3)_____；

(4) 与组织传播和大众传播相比，属于一种_____的传播，主要指传播关系的成立上具有自发性、自主性和非强制性。

知识点 2：人际传播的动机

(1) 人际传播的首要动机和目的就是_____。个人生活在自然环境和社会环境当中，要保证个人的生存和发展，就必须及时了解环境的变化，并据此不断调节自己的行为以适应新的变化。

(2)_____。社会协作是广泛的，既包括一般意义上的角色分担，也包括各种活动中的行动协调。

(3)_____。个人要与他人建立有效的社会协作关系，一个基本前提是既要了解自己，又要了解他人，还要让他人也了解自己。

知识点 3：镜中我

(1) 1902 年，库利在《人类本性与社会秩序》一书中提出"镜中我"概念，认为人的行为很大程度上取决于_____，而这种认识主要是_____形成的，他人对自己的评价、态度等，是反映自我的一面"镜子"，个人透过这面"镜子"认识和把握自己。

(2) 人的自我是在与他人的联系中形成的，这种联系包括三个方面：a. _____；b. _____；c. _____。

(3) 库利认为，传播特别是_____中的人际传播，是形成"镜中我"的主要机制，一般来说，传播活动越活跃，越是多方面，个人的"镜中我"就越清晰。

知识点 4：约哈里之窗

由美国社会心理学家＿＿＿＿＿＿＿＿＿＿＿＿＿＿＿＿＿＿＿提出，把人们＿＿＿＿＿＿＿＿的内容分为四个部分：＿＿＿＿＿＿＿＿＿＿＿＿＿＿＿＿。扩大人际间的信息交流就是＿＿＿＿＿＿＿＿＿＿＿＿＿＿＿＿＿＿＿。这一过程不仅展现自身沟通信息，也使个体更加认识了自身。

知识点 5：成本—效益理论 / 社会交换理论

(1)＿＿＿＿＿＿＿＿＿＿＿＿＿＿＿＿时，我们就倾向于终止这份关系；相反，如果＿＿＿＿＿＿＿＿，这份关系就会持续发展下去。这些回报包括感受到自我价值、感受到个人的成长、感受到更多的安全感、感受到完成任务后的成就以及处理问题能力的提高等。

(2) 美国西北大学传播系教授迈克尔·P. 罗洛夫在《人际传播社会交换论》中提出，人在进行社会交换时，主要交换六种资源：＿＿＿＿＿＿＿＿＿＿＿＿＿＿＿＿＿＿＿＿。

知识点 6：社会化

所谓社会化，指的是一个人出生后由一个＿＿＿＿＿＿＿＿＿＿＿＿＿＿＿＿＿。个人角度指的是＿＿＿＿＿＿＿＿＿＿＿＿＿＿＿＿＿等等以适应社会环境的过程；从社会角度而言，它指的是＿＿＿＿＿＿＿＿＿＿＿＿＿＿＿＿＿＿＿＿＿＿＿＿＿＿＿＿＿＿＿＿的过程。个人观念的社会化包括两个方面：一是＿＿＿＿＿＿的形成，二是＿＿＿＿＿＿的形成。

知识点 7：强连接与弱连接

由美国社会学家＿＿＿＿＿＿＿＿＿＿提出，＿＿＿＿＿＿＿＿＿＿＿＿属于强连接，而＿＿＿＿＿＿＿＿＿＿＿＿＿＿属于弱连接。可以通过互动频率、感情力量、亲密程度、互惠交换四个维度进行区分。强连接在相似个体内部发展而来，容易成为封闭的系统，强连接内部成员往往＿＿＿＿＿＿＿＿＿。弱连接则在社会经济特征不同个体间发展而来，提供不同信息，充当信息桥梁的作用，能够＿＿＿＿＿＿＿＿＿＿＿＿＿＿＿＿＿＿＿＿＿＿。

【相关真题】

1. 镜中我（南昌大学 2022 名词解释、广东外语外贸大学 2022 名词解释）

参考答案：

1902 年，库利在《人类本性与社会秩序》一书（一说为 1909 年在《社会组织》一书）中提出"镜中我"概念，认为人的行为很大程度上取决于对自我的认识，而这种认识主要是通过与他人的社会互动形成的，他人对自己的评价、态度等，是反映自我的一面"镜子"，个人透过这面"镜子"认识和把握自己。

人的自我是在与他人的联系中形成的，这种联系包括三个方面：（1）关于他人如何"认识"自己的想象；（2）关于他人如何"评价"自己的想象；（3）自己对他人的这些"认识"或"评价"的情感。

库利认为，传播特别是初级群体中的人际传播，是形成"镜中我"的主要机制，一般来说，传播活动越活跃，越是多方面，个人的"镜中我"就越清晰。

2. 请用微信朋友圈互动来解释"镜中我"理论（上海大学 2021 简答题）

参考答案：

1902 年，库利在《人类本性与社会秩序》一书（一说为 1909 年在《社会组织》一书）中提出"镜中我"概念，认为人的行为很大程度上取决于对自我的认识，而这种认识主要是通过与他人的社会互动形成的，他人对自己的评价、态度等，是反映自我的一面"镜子"，个人透过这面"镜子"认识和把握自己。

库利认为，传播特别是初级群体中的人际传播，是形成"镜中我"的主要机制，一般来说，传播活动越活跃越多面，个人的"镜中我"就越清晰。微信朋友圈一般属于强关系的交际圈，个体可以透过朋友圈来掌握对自我的认识，从而采取某种行为。通过发布朋友圈，个体可以获取朋友的点赞和评论，在这种社会互动的过程中，个休会收获朋友对自身的评价和态度，从而增强自己对自己的认知。

比如，某个人在朋友圈中发布自己的生活照，会获得朋友的反馈——或是赞美，或是客观评论，或是一些交流与建议。在社会互动的过程中，他会获得他人认识自己和评价自己的认知。一般来说，积极发布朋友圈的人，能获知更多朋友的评价和态度，对于自我的把握也就越准确。

3. 如何理解人际传播过程中的每个人所具有的多媒体特征（南开大学 2021 论述题）

参考答案框架：

（1）解释人际传播的定义及特点。

（2）简述人际传播过程中每个个体所具有的多媒体特征（语言、姿态、外观形象与自我表达)。

　　(3) 简述这些多媒体特征给人际传播带来的意义。

　　(4) 简述个体应该如何更好地进行人际传播。

【本章指南】

　　总的来说，各所学校针对人际传播这一章节的考查差异性很大，有些学校对人际传播非常重视，比如专门给出一本人际传播参考书的上海交通大学；但大多数学校对人际传播的关注相对来说没有大众传播多。因此除了"镜中我"，人际传播部分的知识点几乎都是冷点。但是随着新媒体时代的到来，人际传播和大众传播的结合越来越紧密，这个状况正在发生改变。可以肯定的是，在未来，人际传播的重要性和考查分值会逐渐升高，理论考查会越来越多。

　　为什么在互联网时代人际传播受到重视呢？这至少有三方面的原因。第一方面就是对传播的研究逐渐从以大众媒介为中心转到以人为中心，这就意味着我们在传播研究中会越来越关注人的情感、人的交往、人的生活。那么人际传播作为人基础的沟通方式，当然会获得更多的关注（比如近年来对身体的重视）。第二方面则是社交媒体引发了对于虚拟时代人际传播的研究。比如近年来出现的以音频视频、VR 等等为载体的不同类型的交往方式，它们会造成哪些与现实不同的传播行为？各有什么样的影响（比如自拍等）？这些都有可能成为考题。最后一方面，也是我们最需要认真注意的一点，就是人际传播对大众传播，尤其是新媒体时代的大众传播具有非常重要的增效作用。其实在传统大众传播时代，人际传播就以两级传播的形式对大众传播有增效作用。在新媒体尤其是社交媒体时代，这一作用不仅更明显，而且性质也发生了转变。随着公众的第一信息渠道转为社交媒体，大众媒介的广泛传播必须以足够数量用户的转发为前提，而我们在做网络传播相关题目的时候，也应该考虑到如何融入人际传播理论的要素，讨论其对传播效果的增强作用。

　　例如，强连接和弱连接这个知识点，原来很少在传播学书籍中出现。但是随着"三微一端"成为趋势，对它的考查也越来越多。我们需要考虑当前的社交媒体中哪些是强连接，哪些是弱连接。微博属于公开的弱连接，传播信息的速度很快，但是情感纽带薄弱使得它劝服力可能没有那么强，因此微博适合传递一般性的信息。而微信呢，由于它的传播具有社交关系的背书（想想你在朋友圈看到的内容），因此非常适合进行具有明确目的的说服动员等工作。

　　最后，在人际传播这一节里我们提到了社会化理论，这个领域也较为重要，有可能出大题。我们探讨社会化的时候主要是从这几个方面展开的：初级群体的社会化（初级群体的重要性、人际传播与社会化）、大众传播与社会化（媒介的社会遗产功能、媒介的涵化效果、童年的消逝、媒介暴力等）、新媒体与社会化（新媒体的互动性与无界性扩大青少年的社会交往范围、缺乏把关人容易使青少年受到影响）。

第 7 天
群体传播

【学习导语】

每个人都不是一座孤岛，我们身边有家人、朋友、同事，甚至有许多线上素未谋面的网友，他们都"丰富"着我们的生活。不过反过来，有时候群体也会让我们失去理智，作出连我们自己都难以预测的行为，接下来我们将一起学习这些群体传播行为。

【本章我的掌握情况】

	基本理解	熟练掌握	运用自如
7.1 群体传播与群体意识			
7.2 初级群体和次级群体			
7.3 参考群体（参照群体）			
7.4 群体规范			
7.5 群体压力与趋同心理			
7.6 群体极化			
7.7 群体动力论			

知识点 1：群体传播与群体意识

（1）岩原勉认为，所谓群体，指的是"具有特定的共同目标和共同归属感、存在着互动关系的复数个人的集合体"。_____，即群体传播，就是_____
_____。

（2）群体传播在_____的形成中起着重要的作用。所谓群体意识，就是_____
_____。它包括_____；_____。

(3) 群体意识是在群体信息传播和互动过程中形成的。一般来说，_____，意味着信息覆盖面广，_____，群体意识中的合意基础好。在_____的群体传播中形成的关于群体目标和群体规范的合意更统一，群体感情和群体归属意识更稳固。

知识点 2：初级群体和次级群体

(1) 美国社会学家库利根据_____，将群体分为初级群体和次级群体。

(2) 初级群体，指_____的社会群体，主要是指家庭、邻里和儿童游戏群伙等，亦称_____。初级群体是指_____的群体。这些群体是人们的自我观念发展的摇篮，在人的_____发挥着重要作用。

(3) 初级群体的特征主要有_____，有限定的群体规模以保证彼此能够有足够机会接触和交往，人与人之间的关系的_____，靠_____维持的群体控制。

(4) 次级群体：又称作_____，是_____而建立起来的。一般说来，次级群体规模比初级群体要大，成员较多，有些成员之间_____，群体内人们的联系往往通过一些中间环节来建立。次级群体既是个人步入社会所必须加入的群体，也是_____的标志。

知识点 3：参考群体（参照群体）

(1) 由美国社会心理学家_____提出，指_____的群体。参照群体主要执行两种基本功能：

规范功能：参照群体对个人施加压力，推动个人按照群体规范行动。_____：借助于比较功能，个人对自己、别人、社会事件进行比较、评价。

(2) 参照群体的规范可以成为个人的_____，成为个人的_____、对_____形成的基本标准，在个人的社会化以及个性发展过程中起着重要作用。

(3) 相比于人们日常生活所接触的群体，互联网打破地域，既允许更多的人通过互联网直接参与虚拟群体的交流，也提供了更多参考群体的范例，使得人们可以模仿这些群体的行为举止、生活方式。这使得人们受到的群体影响变得更加复杂化了。

知识点 4：群体规范

（1）群体意识的核心内容是群体规范。群体规范指的是＿＿＿＿＿＿＿＿＿＿＿＿＿＿＿

＿＿＿＿＿，在广义上也包括群体价值，即群体成员关于是非好坏的判断标准。一般认为，群体

规范的功能包括＿＿＿＿＿＿＿＿＿＿＿＿＿＿＿＿＿＿＿＿＿＿＿＿＿＿＿＿＿＿＿＿＿

＿＿＿＿＿＿＿＿＿＿＿＿＿＿＿＿＿＿＿等。

（2）在群体传播中，群体规范的主要作用在于＿＿＿＿＿＿＿＿＿＿，将群体内的意见分歧

和争论限制在一定范围之内，以保证＿＿＿＿＿＿＿＿＿＿＿＿＿＿。群体规范的保持通过＿＿＿

＿＿＿＿＿＿＿＿来保证。

（3）群体规范不仅对群体内的传播活动起着制约作用，而且对＿＿＿＿＿＿＿＿＿＿＿＿＿

＿＿＿＿＿＿＿＿＿具有重要的影响。成员的＿＿＿＿＿＿＿＿越强，对＿＿＿＿＿＿＿＿＿就会越高，因而对

与群体规范不相容的宣传也就越能表现出较强的抵制态度。

知识点 5：群体压力与趋同心理

（1）群体压力，是指＿＿＿＿＿＿＿＿＿＿＿＿＿＿＿＿＿＿＿＿＿＿＿＿＿＿＿，或是群体中的＿＿

＿＿＿＿＿＿＿＿＿＿＿＿＿＿＿＿＿＿＿＿＿＿＿＿＿＿。群体为保持其共同活动顺利进行和关

系状态的稳定，会形成一些共同的价值观念和行为规范，违反者会遭受排挤，被孤立甚至被

驱逐，这种意见对个体所形成的压力过程为四个阶段：＿＿＿＿＿＿＿＿＿＿＿＿＿＿＿＿＿＿。

（2）人为了进行有效的社会合作，需要对多数人的意见做出一定程度的妥协和让步，其

原因有两个：＿＿＿＿＿＿＿＿＿＿，指的是一般人在通常情况下会认为多数人提供的信息，其正确

性概率要大于少数人，基于这种信念，个人对多数意见会保持较信任的态度。＿＿＿＿＿＿＿＿＿＿，

也叫做遵从性，指的是个人希望与群体中多数意见保持一致，避免因孤立而遭受群体制裁的

心理。

知识点 6：群体极化

由＿＿＿＿＿＿＿＿＿＿＿＿＿＿＿＿＿＿＿＿＿＿＿＿＿＿＿＿＿＿＿＿＿＿＿＿＿＿＿

提出，指的是＿＿＿＿＿＿＿＿＿＿＿＿＿＿＿＿＿＿＿＿＿＿＿＿＿＿

＿＿＿＿＿＿＿＿＿＿＿＿。群体极化原因在于群体讨论中大部分观点与主导型观点一致，而同类观点表述的越多，被认同程度就越高。另外，一旦他人对自己观点持支持态度，他们就会变得更加自信。

知识点 7：群体动力论

库尔特·卢因（又译勒温）提出的＿＿＿＿＿＿＿＿＿＿＿＿＿＿，对于群体传播研究而言意义重大。"场"在卢因的理论中是一个核心概念，它指的是"被察觉到的作为相互依存的协同存在的事实的总体"。应用到人类社会中，一个群体就形成了一个场，处于这个群体中的个体，＿＿＿＿＿＿＿＿＿＿＿＿＿＿＿＿＿＿＿＿＿＿。这个观念也影响了传播研究。

二战期间卢因进行了＿＿＿＿＿＿＿＿＿＿＿＿＿＿＿＿，这个实验及以后一些后续实验，证明了＿＿＿＿＿＿＿＿＿＿＿＿＿＿＿＿＿＿＿＿，原因多半在于＿＿＿＿＿＿＿＿＿＿＿＿＿＿

＿＿＿＿＿＿＿＿＿＿＿＿。

这个结论不仅影响了各种说服活动，如政治宣传、健康传播、广告传播等利用群体来作为改变的工具，也影响了当代社会的管理观念和管理行为。

【相关真题】

1. 群体传播（东北师范大学 2021 名词解释）

参考答案：

岩原勉认为，所谓群体，指的是"具有特定的共同目标和共同归属感、存在着互动关系的复数个人的集合体"。群体与成员间的传播互动机制，即群体传播，就是将共同目标和协作意愿加以连接和实现的过程。

群体传播在群体意识的形成中起着重要的作用。所谓群体意识，就是参加群体的成员所共有的意识。它包括关于群体目标和群体规范的合意，以及群体感情和群体归属意识。

2. 群体动力论（浙江大学 2022 名词解释）

参考答案：

卢因提出的"场论"和"群体动力论"，对于群体传播研究而言意义重大。"场"在卢因的理论中是一个核心概念，它指的是"被察觉到的作为相互依存的协同存在的事实的总体"。应用到人类社会中，一个群体就形成了一个场，处于这个群体中的个体，其行为往往不是由个人控制，而是受到群体的深刻影响的。这个观念也影响了传播研究。

二战期间卢因进行了劝导人们改变饮食习惯的实验，这个实验及一些后续实验，证明了群体共识对于人们决策和行为的影响是极大的，原因多半在于人们希望与自己所属或希望从属的群体保持一致。这个结论不仅影响了各种说服活动，如政治宣传、健康传播、广告传播等都会利用群体来作为改变的工具，也影响了当代社会的管理观念和管理行为。

3. 简述群体规范的功能（南京林业大学 2021 简答题）

参考答案：

群体意识的核心内容是群体规范。群体规范指的是成员个人在群体活动中必须遵守的规则，在广义上也包括群体价值，即群体成员关于是非好坏的判断标准。一般认为，群体规范的功能包括协调成员的活动、规定成员角色和职责以促进群体目标的达成、保证群体的整体合作、维持群体的自我同一性等。

在群体传播中，群体规范的主要作用在于排除偏离性的意见，将群体内的意见分歧和争论限制在一定范围之内，以保证群体决策和群体活动的效率。群体规范的保持通过群体内的奖惩机制来保证。

群体规范不仅对群体内的传播活动起着制约作用，对来自群体外的信息或宣传活动的效果也具有重要的影响。成员的群体归属意识越强，对群体的忠诚度就会越高，因而对与群体规范不相容的宣传也就越能表现出较强的抵制态度。

【本章指南】

群体传播在不同传播类型中考查可能性最大，是在围绕互联网传播的考题中也常遇到的一种传播类型。对于群体传播意义和价值的考查，可以分为三类：

（1）考查群体传播的分类，如初级群体（发挥重要的社会化作用）、参考群体（群体规范会影响个人行为，也包括对媒介内容的选择）。

（2）考查群体传播对大众传播的影响，如群体规范、群体压力对个人的影响，这种影响会增强或削弱大众传播的力量。

（3）考查群体传播的失衡、特殊的群体传播形式等，如群体感染、群体暗示、谣言，以及互联网引起的群体事件等。

对于群体传播来说，传统媒体时代我们的关注点主要在群体传播如何影响大众传播。在做涉及传播效果的题目时，一定要强调了解受众的想法和意见，一定要写"在大众传播之前，必须先做好受众调查，了解受众的群体规范，才能进行更有效的传播"，还可补充说明大众媒介不一定会被动地受到群体规范影响，也可以同时提示甚至影响某些特定群体的群体规范和群体认同的形成，即社会认同理论方面的内容。

但是在互联网时代，这些情况又发生了新的变化，曾经的群体传播只是对大众媒体的信息进行把关筛选，仍是被动的，现在随着网络时代的到来，虚拟群体变得更为强大和主动，甚至可以说成为网络生态的核心。

涉及当下的虚拟群体至少又有三种不同的考查重点：其一是虚拟社群的生产。虚拟社群不仅仅是信息接受者，也是信息的生产者，还可以交换知识、提供服务、输出文化，类似于饭圈、亚文化群体等都是近几年考查的对象。其二是虚拟社群之间的联系，如社交媒体和智能媒体造成的信息茧房效应。某些圈子和群体内部观点高度一致，日益极端化，而圈子和群体之间则观点意见互相隔绝，甚至彼此敌对，产生"信息巴尔干化"，这会破坏社会凝聚力，危害社会稳定。其三则是虚拟群体对个人的心理、行为的影响，例如虚拟认同、群体助长等等。这三个方面都可能出大题，是我们要认真领会的。

第 8 天
集合行为与谣言

【学习导语】

前面一章我们讨论了社会中一些常态的群体传播行为，但其实还存在一些非常态的群体行为，比如集合行为。这些非常态的群体行为不仅伤害个人利益，还可能会对社会秩序造成严重后果。学好这些传播机制，就能更好地解答涉及社会治理等方面的题目。

【本章我的掌握情况】

	基本理解	熟练掌握	运用自如
8.1 集合行为的定义及其基本条件			
8.2 群体暗示与群体感染			
8.3 群体模仿			
8.4 匿名性原理			
8.5 流言及其特征			
8.6 互联网流言的产生			
8.7 流言公式			
8.8 集合行为中的"信息流"			

知识点 1： 集合行为的定义及其基本条件

（1）集合行为，指的是_____。集合行为多以_____的形态出现，往往会造成对正常的社会秩序的干扰和破坏。集合行为是_____出现，集合行为中的传播属于非常态的群体传播。

（2）集合行为的条件：a. _____，例如社会上普遍存在着_____

____。 b. _____。集合行为一般都是由_____引起的。 c. 正
_____。信息传播贯穿于集合行为的始终。
集合行为容易引发破坏性的社会后果，治理集合行为的根本，在于消除它产生的温床或发生
的条件。

知识点 2：群体暗示与群体感染

（1）暗示指的是一种传播方式，即_____使
人接受某种观点或从事某种行为。集合行为通常是大量人群_____，人们保
持着_____，参加者通常处于_____的精神状态，因而对周围的信息_____
_____，表现为一味的盲信和盲从。

（2）群体感染指的是_____
_____。主要原因是由于_____，成员失去理性的自控能力，而对来
自外部的刺激表现出_____。

知识点 3：群体模仿

（1）模仿是法国社会心理学家加布里埃尔·塔尔德提出的概念，他在 1890 年出版的《模
仿律》一书中认为，社会上的一切事物不是发明就是模仿，而"模仿是最基本的社会现象"。

（2）群体模仿是解释集合行为中的传播机制的另一种理论。集合行为中的模仿更多地表
现为_____。在人们面临_____时，用常规方法很难应付
局面，反应一般_____进行，而最简单省力的反应莫过于_____，于是便
出现了相互模仿。

知识点 4：匿名性原理

一些非理性的模仿的发生基于匿名性原理，因为集合行为使人_____，_____
_____，这种状态使他失去社会
责任感和自我控制能力，在一种_____心理的支配下，做出种种宣泄原始的本能冲动
的行为。

知识点 5：流言及其特征

（1）美国心理学家＿＿＿＿＿＿＿＿＿＿＿＿＿＿＿＿＿＿为流言下了一个定义，所谓流言，是＿＿＿＿
＿＿＿＿＿＿＿＿＿＿＿＿＿＿＿＿＿＿＿＿＿＿＿＿＿＿＿＿。

（2）流言的特征：总是以"传播真相"的形式出现，其目的是＿＿＿＿＿＿＿＿＿＿＿＿
＿＿＿＿＿＿＿＿＿＿＿＿＿＿＿＿；流言传播的渠道主要是＿＿＿＿＿＿＿＿；内容往往涉及＿
＿＿＿＿＿＿＿＿＿＿＿＿＿＿，这些事件或话题容易＿＿＿＿＿＿＿＿＿＿＿＿＿＿＿＿＿；＿＿＿＿＿
＿＿＿＿＿＿＿＿，或者说至少在其流行期间缺少可靠的证据。

知识点 6：互联网流言的产生

＿＿＿＿＿＿＿＿＿＿＿＿＿＿＿＿＿＿＿＿＿＿，使人们更难判断信息的可靠性；＿＿＿＿＿＿＿＿＿＿＿＿
使得流言传播速度达到实时程度；同时，＿＿＿＿＿＿＿＿＿＿＿＿＿＿＿＿＿＿＿＿＿＿＿＿＿＿＿
＿＿＿＿＿＿＿＿＿＿＿＿＿＿＿＿＿＿＿＿，使流言有了同时大面积传播的可能。

知识点 7：流言公式

（1）＿＿＿＿＿＿＿首先提出了一个著名的流言流通量公式。他认为，在一个社会中，"流言的
流通量"与问题的重要性和涉及该问题的证据暧昧性之乘积成正比，即：＿＿＿＿＿＿＿＿＿＿＿＿＿＿
＿＿＿＿＿＿＿＿＿＿＿＿＿＿＿＿＿＿＿＿＿＿＿＿＿。目前考察流言的发生与传播的公式为：＿＿＿＿＿
＿＿＿

（2）"关联度"指的是＿＿＿＿＿＿＿＿＿＿＿＿＿＿＿＿＿＿＿＿的关联程度，人们与该问题关系越
密切，越有卷入流言传播的可能，而且在通常情况下，流言是从关系最密切的群体中滋生和
蔓延开来的。"不安感"强调的是＿＿＿＿＿＿＿＿＿＿＿＿＿＿＿＿＿＿＿，其中包含对事件未来发展的解
释或忧惧。"不确定性"既是指＿＿＿＿＿＿＿＿＿＿＿＿＿，也是指＿＿＿＿＿＿＿＿＿＿＿＿＿＿＿＿＿＿＿
＿＿＿＿＿＿＿＿＿＿＿＿＿。

知识点 8：集合行为中的"信息流"

（1）美国社会学家布鲁默认为，集合行为的初步形成是"循环反应"，所谓循环反应，即
一方的刺激成为另一方的反应，而另一方的反应又反过来成为这一方的刺激的循环往复过程。

(2) 集合行为中的"信息流"的特点：

a. _____。在集合状态下，流言的散布大多以"演讲"的形式进行，使流言信息连同它携带的情绪以异常速度弥漫到人群当中。

b. _____。同一条流言在经过若干人的传递之后，又重新传回它的发布者那里，而这时_____，连发布者也很难辨认它的原貌，于是往往会把它作为新的信息加以接受。

c. _____。谣言_____，在集合状态下，人们不再具备识别谣言的能力，而谣言则能随着流言快速扩散，不断把人群的行为引向极端，直至造成破坏性的后果。

【相关真题】

1. 群体感染和群体暗示（河海大学 2021/2022 名词解释）

参考答案：

群体感染指的是某种观念、情绪或行为在暗示机制的作用下以异常的速度在人群中蔓延开来的过程。主要原因是由于在现场亢奋的氛围中，成员会失去理性的自控能力，对来自外部的刺激会表现出一种本能的反应。

暗示指的是一种传播方式，即不是通过直接的说服或强制，而是通过间接的示意使人接受某种观点或从事某种行为。集合行为通常是大量人群聚集于狭小的物理空间，人们保持着高密度的接触，参加者通常处于亢奋、激动的精神状态，因而对周围的信息失去理智的分析批判能力，表现为一味地盲信和盲从。

2. 奥尔波特流言流通公式（湖南大学学硕 2022 名词解释）

参考答案：

奥尔波特首先提出了一个著名的流言流通量公式。他认为，在一个社会中，"流言的流通量"与问题的重要性和涉及该问题的证据暧昧性之乘积成正比，即：$R = I \times A$（流言的流通量 = 问题的重要性 × 证据的暧昧性）。目前考察流言的发生与传播的公式为：$R = I \times A \times U$（流言流通量 = 与问题的关联度 × 社会成员的不安感 × 环境的不确定性）。

"关联度"指的是社会成员与流言信息所涉及问题的关联程度，人们与该问题关系越密切，越有卷入流言传播的可能，而且在通常情况下，流言是从关系最密切的群体中滋生和蔓延开来的。"不安感"强调的是流言发生和传播的心理条件，其中包含对事件未来发展的解释或忧惧。"不确定性"既是指环境的不稳定状态，也是指由权威信息渠道不畅通或公信力缺失所导致的信息紊乱。

3. 集合行为中信息流的新特点（中南民族大学 2021 简答题）

参考答案：

集合行为中的"信息流"的特点：

（1）流言信息的快速增殖。在集合状态下，流言的散布大多以"演讲"的形式进行，使流言信息连同它携带的情绪以异常速度弥漫到人群当中。

（2）流言信息的变形和奇异回流现象。同一则流言在经过若干人的传递之后，又重新传回它的发布者那里，而这时由于流言已经增添了许多新的内容，连发布者也很难辨认它的原貌，于是往往会把它作为新的信息加以接受。

（3）流言中伴随着大量的谣言。谣言是有意凭空捏造的消息或信息，在集合状态下，人们不再具备识别谣言的能力，而谣言则能随着流言快速扩散，不断把人群的行为引向极端，直至造成破坏性的后果。

4. 用"集合行为中的特殊传播机制"分析新冠肺炎疫情期间民众恐慌心理的由来以及与媒介的关系。（上海师范大学 2021 论述题）

参考答案框架：

总起段简要介绍新冠肺炎疫情的基本情况，民众恐慌心理的一些表现，集合行为中的特殊传播机制包括：群体暗示、群体感染、群体模仿和"匿名性"原理等。

1. 突发公共卫生事件中的民众恐慌

（1）过度连接：社交媒体中的群体暗示与群体感染。

（2）突发事件：因危及生命健康而采取的模仿行为。

（3）谣言散布：互联网匿名性成为谣言的温床。

2. 媒体失责加重民众恐慌

（1）主流媒体反应较慢，未及时疏导民众情绪。

（2）自媒体缺乏媒介伦理，谣言漫布影响网络生态。

3. 主流媒体与自媒体合力维护社会稳定

（1）主流媒体及时发声，把握舆论导向。

（2）坚持正面宣传与舆论监督相统一，宣扬抗疫正能量。

（3）完善网络治理法规，打击多媒体形式的谣言。

（4）自媒体发挥专业优势，对民众进行"接地气"科普。

总结段重申集合行为对社会的消极影响，提出治理网络集合行为的重要性。

【本章指南】

如果看过真题就会发现，集合行为和谣言部分内容被考到的频率非常高，甚至基本上每所学校在每一年都会考至少 1～2 次与集合行为和谣言相关的知识点。

不过，以往这类题目虽然多，但是解决起来并不难，方法可以称为"三板斧"：政府信息公开＋媒介及时报道＋公众提升媒介素养。第一，政府要加强信息公开，从根本上通过信息公开减少公众对于信息的不确定，从而消灭谣言和集合行为背后的心理诱因，从根本上铲除集合行为的土壤。第二，传统媒体要加强辟谣工作，尤其强调时效性，传统媒体应在第一时间迅速介入，对事件进行及时充分报道和准确定性，抚平民众情绪。除了大众媒介以外，还需通过舆论领袖来控制和引导事件走向。第三，要提高公众媒介素养，令公众自觉抵制谣言。在这三点之外，从长远看来，还可强调要从根本上解决社会环境中的矛盾问题，加强媒介的监督机制，对潜在的舆论及时发现与引导，大众媒介自身应当保持公信力，这样才能够起到舆论的定海神针作用等。

这"三板斧"一直以来是非常奏效的答题思路，但在互联网时代出现了新的问题：如今集合行为和谣言出现的频率更高，性质也更为复杂。第一，网络的互动性、即时性、无界性、人际传播与大众传播相结合等特性极大地增加了集合行为和谣言传播的范围和影响力。第二，在社交媒体的后真相时代，随着真相的消解，舆论环境的情绪化与碎片化，谣言在内容上更加复杂（例如在新冠肺炎疫情中出现的真信息和假信息混合的"信息疫情"），形态也更加丰富，更有欺骗性（例如短视频谣言的出现）。第三，也是最重要的，当下公众往往不再是因为"缺乏知识"而相信谣言，而是因为表达情绪、标示立场而相信谣言（或者是呈现出某些群体行为），这种特殊的集合行为对于传统的治理模式具有天生的免疫性。第四，就是传统的辟谣主体，即主流媒体面临公信力下降的客观现实，辟谣工作难度加大。而传播渠道的私有化使得铲除谣言也变得更困难。因此，如今要解决集合行为和谣言问题，就需要完整考虑各方面的因素，尤其是要做到政府、媒体、平台、个人的共同努力。互联网的谣言管理需要综合各个平台方的力量，政府需要对谣言进行法律规范，涉及违法要及时惩处；平台方需要对谣言进行监控，对一些造谣传谣的自媒体社交账号进行禁言处理；受众除了提升媒介素养自觉抵制谣言外，大 V 应当起到辟谣中心点的作用，以发挥网络媒体的自净功能。

　　最后一点要提醒的是，需注意群体暗示、群体感染和群体模仿的区别。前两者认为集合行为来自特定观点的传播，这种传播不一定经过严谨思考，而是互相影响的行为，因此可以通过暂时性的隔绝群体影响来减少这种现象的发生。而群体模仿则认为集合行为来自小范围人群中的相互模仿，其产生的主要原因是人们在恐惧中感到茫然无措，因此应该从解决人们的焦虑感着手，或提供新的行为范本加以平息。

第9天
组织传播和其他传播

【学习导语】

与非组织群体不同，组织是一个结构秩序更为严密的社会集合体，能够通过明确的目标和制度管理松散的个人，从而完成生产和社会活动。这章的知识点比较琐碎，需要结合图表记忆。虽然考查频率相对不高，但仍然不可以忽视。

【本章我的掌握情况】

	基本理解	熟练掌握	运用自如
9.1 组织及组织传播的定义			
9.2 组织内传播的正式渠道			
9.3 组织内传播的非正式渠道			
9.4 组织外传播			
9.5 组织传播的理论与流派			

知识点 1：组织及组织传播的定义

(1)_____，都可以称为组织。组织的结构特点是：专业化的部门分工；职务分工和岗位责任制；组织系统的阶层制或等级制。

(2) 组织传播是_____，是为_____。要素有：a. 信息；b. 相互依赖；c. 网络；d. 过程；e. 环境。从组织传播的界定来看，它应该包括两个方面的传播：一个是_____，另一个_____。组织内传播的过程，也是组织维持其内部统一实现整体协调和整体运作的过程。就沟通的渠道来看，有_____两种传播方式。

（3）组织中的传播过程：包括社会化过程、行为控制、决策制定、冲突管理、压力与社会支持、多元化管理等。外部传播过程则包括协调组织关系、创立维护组织形象、为顾客提供服务等。

知识点 2：组织内传播的正式渠道

（1）组织内正式渠道的传播，是指_____，是一种与组织的正规角色、地位网络相联系的，严格按照_____等进行的交流活动。根据信息的流向，其传播的形式又可分为两种：_____。

（2）横向传播_____；纵向传播则具有_____的特点，又分为_____。现代组织加强管理手段、提高工作效率的一个主要措施就是减少传播渠道的环节和层次。

知识点 3：组织内传播的非正式渠道

（1）非正式渠道的组织传播，是_____，是一种与组织的正规结构等级和交流网络不相对应的信息交流活动。

（2）非正式渠道的传播有更多_____的内容，是组织成员沟通感情的纽带，是_____。非正式的传播可以在组织内部营造一个_____，增进成员的一体感和向心力。

（3）非正式渠道传播的另一种功能是形成_____，它具有_____等特点。这种传播常采用小群体交叉传播，多向性、交叉性强，覆盖面以几何级数增长；人们出于多种不同的心态注意保存信息的原样，因此_____都很高。

知识点 4：组织外传播

（1）组织外传播的过程，是_____，包括_____两个方面。

（2）信息输入，是_____。

（3）_____都带有信息输出的性质，组织体有目的、有计划地开展的信息输出活动，就是_____，主要分为三种类型：_____。

知识点 5：组织传播的理论与流派

（1）古典学派：侧重于_____，如等级结构秩序，权力集中管理等，传播内容主要与工作有关，传播流向是沿着组织层级结构等级链自上而下垂直流动。而在传播渠道中书面传播方式最为普遍。

（2）人际关系学派：重视员工的_____，关注组织中非正式社会因素和管理风格的变化，把员工看成需要关系、社会互动和个人成就的人。在传播流向上更强调_____，在传播渠道上，强调_____。

（3）人力资源学派：开始于 20 世纪 50 年代，把员工看成一连串具有复杂人性需求的个人，组织的智力和体力的贡献者，强调参与管理来满足员工对归属和尊重的需要。把员工_____。总体来说，人力资源学派对组织的比喻是团队，传播渠道包括所有方向和各种不同特点的传播渠道。

（4）系统学派：认为组织是一个_____。系统内部相互依存，彼此进行信息交换，并且具有可渗透的边界以进行信息的输入及输出。

（5）文化学派：分为两种观点，一种认为_____。如迪尔和肯尼迪认为强势文化可以保证组织的成功。具体而言强势文化可能包括价值观、英雄、礼仪习俗。另一种认为_____。

（6）批判学派：将组织视为_____，揭露组织结构和过程中的基本权力失衡现象，促使社会阶层和团体从中解放出来，该学派关注_____。

【相关真题】

1. 组织传播（湖北大学专硕 2021 名词解释、西南财经大学专硕 2021 名词解释、湖北大学 2022 名词解释）

参考答案：

任何由若干不同功能的要素按照一定的原理或秩序相组合而形成的统一的整体，都可以称为组织。组织传播是由各种相互依赖关系结成的网络，是为应付环境的不确定性而创造和交流信息的过程。从组织传播的界定来看，它应该包括两个方面的传播：一个是组织内传播，另一个是组织外传播。组织内传播的过程，也是组织维持其内部统一，实现整体协调和整体运作的过程。就沟通的渠道来看，有正式结构和非正式结构两种传播方式。组织传播的功能是：内部协调、指挥管理、决策应变、达成共识。

2. 如何理解组织传播的非正式渠道（湖南师范大学 2021 简答题）

参考答案：

非正式渠道的组织传播，是发生于组织内部的制度性组织以外的传播，是一种与组织的正规结构等级和交流网络不相对应的信息交流活动。

非正式渠道的传播有更多充满人情味的内容，是组织成员沟通感情的纽带，是"组织关系的黏合剂"和"组织功能的润滑油"。非正式的传播可以在组织内部营造一个积极、健康、活跃的人文环境，增进成员的一体感和向心力。

非正式传播的另一种功能是形成"葡萄藤"传播，它具有速度快、精度高、信息量大、反馈广等特点。这种传播常采用小群体交叉传播，多向性、交叉性强，覆盖面以几何级数增长；人们出于多种不同的心态注意保存信息的原样，因此准确度和信息量都很高。

【本章指南】

组织传播考查的部分比较少，并且在可以预见的未来应不会成为传播学考查的重点，其根本原因是：组织这个概念在新媒体时代面临冲击和变革，组织正在逐渐走向灵活、扁平、流动化，那么传统意义上的组织传播自然也要发生变化和调整。这种变化使得它不太可能成为考查重点，但是有可能会作为"地雷"被一些喜欢出偏题的老师选择。

到这里，我们就将除了大众传播以外的传播类型讲完了。总的来说，这部分的题目类型纷繁复杂，对于运用和记忆都是考验，但总体上看，在如下两个层面运用得比较多：

（1）传播对个人的影响。从人际传播来说，传播改变人的认知基模，在人们不了解的事情上尤其如此；同时舆论领袖也可以进行二次传播，比大众传播更能改变人的态度。从群体传播而言，初级群体潜移默化地塑造人的价值观和性格，而其他群体（参考"群体和虚拟群体"）尽管与人的关系并不是那么紧密，也会通过群体压力、群体规范甚至群体极化制约影响人的行为。在组织传播中则有更加明确的组织规则和组织文化。因此对传播者来说，就需要深入思考应如何了解受众，如何利用人际、群体、组织的这些渠道进行传播，不站在传播的反面。另外还有比较特殊的形态，就是集合行为和谣言。集合行为和谣言其实也可以从如何利用人际、群体、组织的力量进行正常传播、抵消错误传播的角度去看待，例如可以通过舆论领袖及针对群体共识专门辟谣等。

（2）个人如何运用传播，即个人如何运用特定的传播方式进行社会互动。这种题目出现得比较少，但也要加以了解并思考。在人际传播渠道中，个人行为是一种表演，要符合社会剧本的规范（拟剧论），给他人留下特定的印象（印象管理），包括处理争议和矛盾。这种表演最终不仅会促成某些社会活动的完成，也会形成一定的社会连接（可能是强连接或弱连接）、累积社会资本。这些社会资本和社会连接又可以推动社会的进一步发展。另一方面，这些连接及其形成的群体也能满足个人的心理需求，例如产生认同感、陪伴感，从而推动人们进一步投身其中。但群体组织得过于严密，又可能会造成对群体外部的人的关注减少，导致社会分裂。因此作为传播者，需要思考如何在利用传播来满足个人需求的同时，提高社会的凝聚力，促进社会发展。

我们在答题的时候，可以通过以上这两条逻辑线索，把传播类型部分的知识串联起来应用。

第 10 天
网络中的人际、群体与组织传播

【学习导语】

前面我们已经学习了几种基本的传播类型，它们也存在于网络中，构成网络传播的基本形态。近几年随着新媒体的不断发展，网络传播的基本形态成为必须掌握的考点，也是我们解题的关键。另外，人内传播真正的传播媒介是人的神经系统，网络只是一种辅助性的手段，所以本章不将人内传播作为网络传播的基本形态进行探讨。

本章的主要内容来自彭兰老师的《网络传播概论》（第四版）。

【本章我的掌握情况】

	基本理解	熟练掌握	运用自如
10.1 网络人际传播的特征			
10.2 网络人际传播的需求与动力			
10.3 网络人际传播中的表演和印象整饰			
10.4 网络人际互动的优势与问题			
10.5 网络人际传播与大众传播			
10.6 网络群体传播及其特点			
10.7 网络下的群体极化			
10.8 网络社群			
10.9 网络环境下的组织外传播			

知识点 1: 网络人际传播的特征

(1) 传播渠道具有＿＿＿＿＿＿＿＿＿＿，平台和技术影响着人际交流的手段、广度、深度。人际传播的范围也从＿＿＿＿＿＿。

(2) 交流对象的＿＿＿＿＿＿，大大扩张了人们的交流网络，同时允许人们对交流时机进行选择、控制。

(3) 传播手段上＿＿＿＿＿＿＿＿＿＿。但也有独特的符号体系，例如表情包等构成独特的交流门槛。而网络直播则＿＿＿＿＿＿＿＿＿＿。

(4) 环境上＿＿＿＿＿＿＿＿＿＿＿＿＿＿＿，个人的交流技巧重要性得到凸显。

(5) 在网络人际传播环境之中，人们会＿＿＿＿＿＿＿＿＿＿，甚至扮演自己希望扮演的社会角色。

知识点 2: 网络人际传播的需求与动力

(1)＿＿＿＿＿＿。社会支持也就是获得他人在情感上或行动上的帮助，或者获取有利于其发展的社会资本。社会交换理论由美国社会学家乔治·C.霍曼斯提出，包括六个命题: 成功命题、刺激命题、价值命题、剥夺－满足命题、攻击－赞同命题、理性命题。

(2)＿＿＿＿。网络人际交流对象的广泛性与可选择性、交流手段的可控性，以及身份的可匿名性，使得这些交流具有一定的＿＿＿＿＿，可以帮助人们释放某些方面的情绪。

(3)＿＿＿＿。网络中的人际传播在对象上可以有更多自主选择，通常人们会倾向于选择那些可以带来积极的自我认知的交流对象。

知识点 3: 网络人际传播中的表演和印象整饰

(1) 作为社会互动的一种主要方式，在人际传播中，人们总是会有意无意地进行表演。美国社会学家＿＿＿＿＿在＿＿＿＿＿＿＿＿中提出了＿＿＿＿＿，认为＿＿＿＿

_____

_____

_____也是戈夫曼提出的概念，指_____

_____，也就是对自我形象的管理。

（2）戈夫曼认为，人们表演的区域有_____之分。前台是人们正在进行表演的地方，后台则是为前台表演做准备的、不想让观众看到的地方。

（3）网络人际互动中，为了_____

_____，人们会进行网络角色扮演，管理自己留给他人的形象。这种可以体现在_____中，也可以体现在_____。

知识点 4：网络人际互动的优势与问题

1. 优势

网络人际传播通常比现实世界的人际传播更轻松，更容易_____。网络空间中个体可以体现为_____，扮演不同的角色与不同的人进行交流，_____

_____，成为紧张的现实生活的_____。

2. 问题

（1）网络人际传播形成的社会关系_____，网络交流的方式不一定适合现实人际传播，网络交流有时会让人们_____。

（2）匿名性：除严格实行实名制的社交媒体外，网络人际传播具有匿名性。匿名性可能会_____。

（3）缺乏社交线索：网络对话中，人们不必顾虑自己和对方的社会地位、经济收入、宗教信仰、种族、性别、年龄、职业和形象气质等社会现实生活中无法回避的因素。人们可以进行无心理负担的、比较单纯的非功利性对话。但缺乏这些社交线索，人们会_____

_____，更容易对对方的语言_____，也更不容易对对方产生_____，进而拉大了人际交往中的心理距离。

（4）虚拟身份认同：在网络上长期使用同一个代号以后，环绕着这个代号，会凝聚生成一个人际关系网络，人们会自然而然地对这个网络上的化身产生认同，更新原有的自我认同，成为自我认同的一部分。但网络虚拟身份认同的_____，又使得这种认同是十分脆弱的。

知识点 5: 网络人际传播与大众传播

（1）网络人际传播可以形成一个巨大而复杂的社会网络，不仅凝聚个体的社会能量，而且成为_____。

（2）_____：网络人际传播可以兼顾大众和群体传播渠道，使得信息呈几何级数地进行传播。

（3）_____：网络人际传播在_____的传播方面具有强大的力量，因而在_____方面具有重要作用。

（4）网络人际传播是_____的重要渠道。

知识点 6: 网络群体传播及其特点

（1）社会结构模式：在传统的 Web1.0 时代，群体传播依托于_____，而在 Web2.0 时代，群体传播由封闭社区向以自我为中心的_____。这一模式_____，但不易像传统社区一样有较强的群体认同感。

（2）成员关系：网络成员间_____，会依据个人交流的信息量、影响力等形成新的秩序和地位，进而形成_____。

（3）群体认同和群体承诺：群体认同是指人们对群体产生的认同，群体承诺一般指个人认同并卷入一个群体的程度。对于网民而言，_____会比工具性和规范性承诺更强。

（4）网络群体传播的特点：
a. 网络本身即是现实个体借以展现自我、满足自我需求的载体，因而个体对群体的要求更高，_____；

b. 时空分离带来的"缺席的在场"，使得网络群体的_____；

c. 借助网络传播的作用，扩大了主体因网结缘的弱关系，同时也增强了主体在现实社会中本来就存在的强关系，从而能_____；

d. 网络群体传播是_____。作为个体的力量是微乎其微的，但在群体中会逐渐得到应和、支持，情绪也不断叠加，最终通过蝴蝶效应所展示出来的"微力量"则异常惊人；

e. 网络群体传播较现实的群体传播而言，_____体现得更加明显，群体成员的身份被人群淹没，松散的群体机制又无法对每一个成员进行管理。相较于网络人际传播，_____。因此，网络群体传播往往是_____。

知识点 7：网络环境中的群体极化

（1）_____在网络环境中重申了群体极化的概念，他指出：由于_____，个人接触到的意见都是和自己类似或一致的意见，这让人看不到异议。除此之外，由于观点一致，网络群体更容易_____。

（2）其他造成群体极化的原因：

a. _____：算法侦测网民的倾向，高频率推送同质信息，影响受众的价值选择和价值判断，推动极化的形成。

b. _____：社交媒体出现后，受众越来越呈现出碎片化和小群体化特征，群体越分越细，人们对社群日渐依赖。

c. _____：在感性色彩大于理性色彩的舆论环境当中，个体害怕受到群体孤立，迫于舆论压力会主动调整自身的认知，在言行上与群体保持一致。

d. _____：舆论中，人们会强调所有人或多数人持有的信息，而忽略少数人或一人持有的信息。

（3）群体极化会造成_____。

应对网络环境中的群体极化，应该：官方媒体发声以稳定网民情绪，屏蔽非理智化和暴力化的言论；优化信息推荐算法的逻辑，将"编辑算法"和"推荐算法"有机结合；加强媒体自律，促进公众媒介素养提升。

知识点 8：网络社群

（1）网络社群较群体＿＿＿＿＿＿＿＿＿＿＿＿＿＿＿，不仅是生活共同体，还是＿＿＿＿＿＿＿，他们会＿＿＿＿＿＿＿＿＿＿＿＿＿＿＿＿＿＿＿＿＿＿＿＿＿＿＿。

（2）今天的社群更多地出现在"社群经济"这一语境下，目前主要有三种指向：一是将社群作为＿＿＿＿＿＿＿＿＿＿＿＿＿；二是＿＿＿＿＿＿＿＿＿＿＿＿＿；三是＿＿＿＿＿＿＿＿＿＿＿来进行共同创造或经营活动。

知识点 9：网络环境中的组织外传播

（1）组织通过网络传播可以更好地＿＿＿＿＿＿＿＿＿＿，发布能力、发布数量、发布范围、发布渠道都可以由组织来掌握。

（2）组织在网络中宣传活动的效果取决于＿＿＿＿＿＿＿＿＿＿＿。

（3）＿＿＿＿＿＿＿＿＿＿＿＿＿＿＿＿开始淡化。

【相关真题】

1. 拟剧理论（中央民族大学 2021 名词解释、华侨大学 2021 名词解释）
参考答案：

作为社会互动的一种主要方式，在人际传播中，人们总是会有意无意地进行表演。美国社会学家欧文·戈夫曼在《日常生活中的自我呈现》中提出了"拟剧理论"，认为在我们的日常交往和生活中，人人都是表演者：在特定的情境、不同的舞台上认识到别人对我们行为的期待以及我们对他人思想、感情和行动的期待，不断根据自己身处的舞台以及交往的对象调整自己的行为。

戈夫曼认为，人们表演的区域有前台和后台之分。前台是人们正在进行表演的地方，后台则是为前台表演做准备的、不想让观众看到的地方。

2. 网络人际传播（宁夏大学专硕 2021/2022 名词解释）

参考答案：

网络人际传播在传播渠道上具有特定的技术平台依赖性，在交流对象上具有广泛性与可控性，在传播手段上多种手段并存，以文字交流为主。由于没有现实场景的阻碍，网络人际传播通常比现实世界的人际传播更轻松，更容易把握付出与报偿。网络空间中个体可以体现为多面性，扮演不同的角色与不同的人进行交流，释放自己现实中被压抑的自我与愿望。但同时，网络人际传播存在社会关系未必稳定持久、缺乏社交线索、虚拟身份认同脆弱等问题。

3. 简述网络群体传播的特点（扬州大学 2021 简答题）

参考答案：

网络群体传播的特点：

（1）网络本身即是现实个体借以展现自我、满足自我需求的载体，因而个体对群体的要求更高，结群的目的更明确。

（2）时空分离带来的"缺席的在场"，使得网络群体的结群效率更高，结群的成本更低。

（3）借助网络传播的作用，扩大了主体"因网结缘"的弱关系，同时也增强了主体在现实社会中本来就存在的强关系，从而能为主体带来更大的社会资本。

（4）网络群体传播是个体能量的凝聚器与放大器。作为个体的力量是微乎其微的，但在群体中会逐渐得到应和、支持，情绪也不断叠加，最终通过蝴蝶效应所展示出来的"微力量"异常惊人。

（5）相较现实中的群体传播而言，网络群体传播缺乏把关人，匿名性体现得更加明显，群体成员的身份被人群淹没，松散的群体机制又无法对每一个成员进行管理。相较于网络人际传播，网络群体传播范围更广，不确定性更强。因此，网络群体传播往往是谣言的温床。

4. 虚拟社群的含义、它与互联网技术平台的关系，以及与传统文化社群的区别（同济大学 2021 简答题）

参考答案：

虚拟社群更接近社会学意义上的"群体"，较一般群体更具有群体意识和归属感，不仅是生活共同体，还是生产共同体，会为特定的目标贡献自己的能量，促进网络亚文化的形成。

社群离不开一个基本特征——社交平台上人群的紧密聚合与深度互动。因此虚拟社群产生于互联网技术平台之上，特别依赖于社交媒体上的虚拟社区。虚拟社区是网络中相当多人展开长时间的讨论后出现的一种社会聚合，成员之间具有充分的人情，并在电脑空间形成了人际关系网络。当这种社会聚合建设成具有稳定关系、有群体意识的社区，就产生了社群。

虚拟社群与传统文化社群的区别在于：

（1）社会结构模式：在 Web2.0 时代，社会结构模式由封闭社区向以自我为中心的开放式（链式）社会网络拓展，后者更加松散、灵活，也更为多元，但不易像传统社区一样形成较强的群体认同感。

（2）成员关系：网络成员间具有特定的权力关系，会依据个人交流的信息量、影响力等形成新的秩序和地位，进而形成群体压力。

（3）群体承诺：群体承诺属于人们对群体的卷入程度。对于网民而言，虚拟群体的情感性承诺会比工具性和规范性承诺更强。

（4）网络本身即是现实个体借以展现自我、满足自我需求的载体，因而个体对群体的要求更高，结群的目的更明确。

（5）时空分离带来的"缺席的在场"，使得网络群体的结群效率更高，结群的成本更低。

（6）借助网络传播的作用，扩大了主体因网结缘的弱关系，同时也增强了主体在现实社会中本来就存在的强关系，从而能为主体带来更大的社会资本。

【本章指南】

关于网络中的人际传播、群体传播，我们已经回顾了其中最基础、最重要的内容。在当下的考试中，网络人际传播其实是人际传播最重要的考点，甚至比人际传播的概念还要重要。下面这几个特点也可以用来解题：

（1）技术平台依赖性使得网络人际传播必须依赖于特定的平台，也就是说网络媒体形态（比如微博、微信、短视频）的特性（比如微博的公开性）会影响到网络人际传播的特性。我们分析人际传播的时候就可以直接用这些特性。

（2）可控性或者说互动性，增加了人际传播选择，有助于建立起基于共同目标的网络社群。但另一方面它也增加了人际传播的风险，人们选择和自己同样观点的人进行互动，可能陷入信息茧房。

（3）传播手段上的多媒体性，这里可以强调音频和影像的作用。因为音频和影像比纯文字具有更强的感染力，也能够在一定程度上弥补缺乏社交线索的问题。

（4）缺乏现实场景，这是一个老问题，但因社交媒体对个人信息披露得越来越多，如今的网络人际传播真实性已经大大增强。但另一方面这也造成了"再中心化"，引发了交流不平等的问题。

（5）表演性渗透于网络人际传播的种种现象之中，例如包括微博、微信朋友圈等等绝大部分的社交媒体都设有个人主页，其根本目的就是满足个人的表演性；交流中大量运用的表情包体现的也是表演性；网络恶搞、形成规模的网络暴力，其实也具有表演性（扮演"正义者"，释放自己被压抑的个性）。总之涉及网络人际传播的问题多数都与表演性有关。

（6）除此以外，还有隐私泄露、网络暴力等问题，也常常被出为考题。

这部分内容主要有两种考查方法。一种是直接考查，也就是出简答题，这种题目近年来很多。而另一种，则是我们要在网络传播现象中发掘人际传播、群体传播因素，比如题目是网络粉丝文化，一般的逻辑当然是从大众传播的文化效果着手，但是如果再进一步思考会发现人际传播和群体传播其实也扮演了重要作用。例如虚拟粉丝群体本身比较脆弱，为了加强凝聚力，就必须不断"洗脑"以加强情感纽带，但这种情感纽带势必又会强化群体内部的极化效应，拒绝任何的怀疑声音。这样一来，粉丝凝聚力会更强，对偶像也更加狂热，但同时也造成了党同伐异、网络暴力等问题。

网络中的人际传播和群体传播还有一个理解重点，就是应当尽量注意到它们和所在平台的媒介特点之间的关联性。把握住了网络平台特点，你就掌握了该平台人际传播和群体传播的特点。例如从整体上看，网络人际传播和网络群体传播的特点（互动性、即时性、无界性），就是网络传播不同以往传播形式的表现；而如果进一步细分也可以看出，如微博人际传播会更加松散（因为微博更加强调基于兴趣和关注的关系），而微信人际传播的特点就会更加偏向于线下实际存在的社会关系，知乎人际传播的特点会更加偏向于围绕知识生产者进行的连接等等，即不同平台体现的人际传播特点是有差异的。另外，算法也是一种隐性的平台，喻国明老师已经指出，正是由于算法聚合了特定的内容和对内容感兴趣的个体，使得群体传播的"趣缘"特色体现得更加明显。这些都可以成为我们答题时有用的工具。

第 11 天

传播模式

【学习导语】

今天我们来了解传播的过程以及几种主要的传播模式。相信经过前面的学习，你对传播学的基本概念都有所了解了，但是传播的过程究竟是怎么发生的？有什么影响因素？读完本章内容，你会有更深入的理解。

【本章我的掌握情况】

	基本理解	熟练掌握	运用自如
11.1 传播模式的定义			
11.2 传播过程的直线（线性／单向）模式			
11.3 "5W" 模式／拉斯韦尔程式			
11.4 香农—韦弗模式			
11.5 传播过程的循环和互动（控制论）模式			
11.6 奥斯古德和施拉姆的循环模式			
11.7 施拉姆的大众传播过程模式			
11.8 德弗勒的互动过程模式			
11.9 韦斯特利—麦克莱恩模式			
11.10 系统论传播模式			
11.11 赖利夫妇的传播系统模式			
11.12 马莱茨克的系统模式			
11.13 田中义久的大众传播过程图式			

知识点 1: 传播模式的定义

传播实际上就是由_____的信息流动过程。所谓模式，是科学研究中_____的一种方法。不少学者采用建构模式的方法，对传播过程的结构和性质做了各种各样的说明。

知识点 2: 传播过程的直线（线性 / 单向）模式

即以拉斯韦尔模式、香农－韦弗模式为代表的线性传播过程模式。直线（线性 / 单向）模式的缺陷有两点：

（1）容易把_____，没有_____。一方只能是传播者，另一方只能是受传者，不能发生角色的转换。

（2）将传播过程视为非_____，即传播过程只是内部发生的活动，不考虑_____，同时不与传播所生存的环境进行任何交换，忽视了_____。

知识点 3: "5W" 模式 / 拉斯韦尔程式

（1）1948 年，美国学者_____在一篇题为_____。

（2）这个模式为人们理解_____提供了具体的出发点，但它属于一个_____，虽然拉斯韦尔考虑到受传者的反应，却_____。

知识点 4: 香农—韦弗模式

（1）1949 年，美国两位信息学者_____和_____在_____一文中提出了一个过程模式，称为传播过程的_____。它的第一个环节是____，由____发出讯息，再由_____将讯息转为可以传送的信号，经过传输，由_____把接收到的信号还原为讯息，将之传递给____。在这个过程中，讯息可能受到____的干扰，产生某些衰减或失真。

(2) 香农－韦弗模式将传播学者的认识提高了一步，使人们能够_____。但他们未能在模式中更多地顾及_____，忽视了_____。

知识点 5：传播过程的循环和互动（控制论）模式

(1) 控制论的基本思想便是运用_____来_____，达到预期的目的。这种方法突破了传统的线性模式研究传播过程的局限，因而将_____过程称为_____，即带有反馈回路的闭路循环控制系统。由于控制论模式引入了_____，使得传播过程变成了双向交流的环路，增强了自我调节能力。

(2) 然而控制论模式也有自身的缺陷：认为传播过程既然是双向环路，就构成了_____。而现实中的传播过程，尤其是大众传播过程却少有平衡对等。它认为传播过程是一个_____运动过程，即传播过程是独立于社会的自我运行的系统过程，忽视了传播过程的_____。

知识点 6：奥斯古德和施拉姆的循环模式

(1) 查尔斯·E. 奥斯古德和施拉姆的循环模式由_____首创，1954 年，_____一文中，受奥斯古德观点的启发，提出了一个_____，在这一模式中传受双方都作为传播行为的主体，通过讯息的传播与接受处于你来我往的相互作用之中。参与传播过程的每一方在不同阶段都依次扮演着_____的角色，并_____着这些角色。

(2) 该模式强调了社会传播的_____，把传受双方都看做是传播行为的主体，但缺陷在于，它把传受双方放在_____关系中，与社会传播的现实情况不符；这个模式能够体现_____的特点，却不适用于_____的过程。

知识点 7： 施拉姆的大众传播过程模式

（1）施拉姆的大众传播过程模式充分体现了_____的特点，构成传播过程的双方分别是_____，这两者之间存在着_____的关系。作为传播者的大众传媒集_____和释码者于一身，与一定的____相连接，又通过大量复制的讯息与作为传播对象的受众相联系。受众是_____，又分属于各自的_____；个人与个人、个人与群体之间都保持着特定的传播关系。

（2）该模式在一定程度上揭示了社会传播过程的_____，初步具有系统模式的特点，标志着传播模式研究从一般传播过程模式走向_____，标志着将大众传播看作_____的趋向。

知识点 8： 德弗勒的互动过程模式

（1）梅尔文·德弗勒的互动过程模式是在香农－韦弗模式的基础上发展而来的，它克服了后者单向直线的缺点，明确补充了_____，使传播过程更符合人类传播互动的特点。与此同时，这个模式还_____的概念，认为噪声不仅会对讯息产生影响，而且也会对传达和反馈过程中的_____产生影响。不仅如此，这个模式的_____，包括大众传播在内的各种类型的社会传播过程。

（2）该模式的缺陷在于，影响传播过程的_____，并不是一个简单的"噪声"概念就能说明的。

知识点 9： 韦斯特利—麦克莱恩模式

（1）1957 年，美国传播学者_____整理当时已有的研究成果，提出适用于大众传播研究的系统模式。

（2）在本模式中，_____（在模式中标示为 A）_____（在模式中标示为 X）处选择重要的信息，经由_____（在模式中标示为 C）的_____，再传播给____（在模式中标示为 B）。因此，受众 B 既可以对媒介组织或个人 C 进行反馈，也可以对传播者 A 进行反馈。

（3）该模式的意义：a. 说明了大众传播过程中的_____；b. 它指出了__
_____；c. 它引入了第二种传播者 C_____的概念。

（4）该模式的不足：a. 它认为三个参与者之间是_____，整个系统完全_____
__。但传播过程中三个参与者之间很少是平衡的；b. 它夸大了_____，
而现实中，每一方都会追求各自不同的目标；c. 它过分强调了_____。

知识点 10：系统论传播模式

任何一个单一的传播过程都不是在真空中进行的，其性质和结果也并不仅仅取决于过程
的内部机制，许多_____都会对过程本身产生重要的影响。单一的过程也不是孤立
的，必然与其他过程保持着_____的关系。于是学者开始运用____
_____来考察社会传播，提出系统论传播模式。

知识点 11：赖利夫妇的传播系统模式

（1）赖利夫妇的传播系统模式由_____从社会学角度提出，1959 年，赖利夫妇在____
_____一文中，提出一个_____。

（2）该模式认为任何一种传播过程都表现为一定的系统的活动，而_____是社会传播
系统的本质特点。传受双方即传播者和受传者都作为一个_____，从事着_____；个体
系统与其他系统相互连接，形成_____；而个体系统分属于不同的群体系统，因而存在__
_____；群体系统的运行又是在_____进行的，与_____
_____保持相互作用。

（3）该模式表明社会传播系统的每个系统既具有_____，又与其他系统处于____
_____之中。每一种传播活动，每一个传播过程，除了受到其内部机制的制约之外，
还受到_____的广泛影响。

知识点 12：马莱茨克的系统模式

（1）马莱茨克的系统模式由德国学者_____于 1963 年在_____
中提出，该模式把大众传播看作包括_____交互作用的"场"，

这个系统的每个主要环节都是这些因素或影响力的集结点。具体因素有：_____
_____。

（2）该模式表明社会传播是一个极其复杂的过程，评价任何一种传播活动，解释任何一个传播过程即便是单一过程的结果，都不能简单地下结论，而必须对涉及该活动或过程的各种因素或影响力进行_____分析。其缺陷在于，没有对具体因素的_____
_____进行分析。

知识点 13：田中义久的大众传播过程图式

（1）田中义久的大众传播过程图式由_____于 1970 年提出，他从马克思和恩格斯的_____出发，把人类的交往分为三种类型：一种是与人的体能相关的_____；一种是与人类社会的物质生产相联系的_____；一种是与精神生产相联系的精神交往，即_____。

（2）符号（信息）交往过程也就是传播过程，它是建立在前两种交往的基础之上的，与_____保持着普遍联系和相互作用的关系。在阶级社会中，社会传播还是一定的_____的体现。传受双方都有着一定的日常社会条件或环境的背景，而每一方的传播活动都受到_____。

【相关真题】

1.5W 模式（西北政法大学 2022 名词解释）

参考答案：

1948 年，美国学者拉斯韦尔在一篇题为《传播在社会中的结构与功能》的论文中，首次提出了构成传播过程的五种要素，即"5W"模式或"拉斯韦尔程式"。5W 分别是：Who（谁）、Says what（说了什么）、In which channel（通过什么渠道）、To whom（向谁说）、With what effect（有什么效果）。这个模式为人们理解传播过程的结构和特性提供了具体的出发点，但它仍然是一个单向直线模式，虽然拉斯韦尔考虑到受传者的反应，却没有提供一条反馈渠道，没有揭示人类社会传播的双向和互动性质。

2.马莱茨克的系统论模式（北京工商大学 2021 简答题）

参考答案：

马莱茨克的系统论模式由德国学者马莱茨克于 1963 年在《大众传播心理学》中提出，

该模式把大众传播看作包括社会心理因素在内的各种社会影响力交互作用的"场"，这个系统的每个主要环节都是这些因素或影响力的集结点。具体因素有：传播者和受传者的自我形象、个性结构、社会环境、媒介的压力和约束等。

该模式表明社会传播是一个极其复杂的过程，评价任何一种传播活动，解释任何一个传播过程即便是单一过程的结果，都不能简单地下结论，而必须对涉及该活动或过程的各种因素或影响力全面、系统地进行分析。较之赖利夫妇模式，马莱茨克模式添加了更多的附加成分，它既指出了传播过程的社会制约性，也指出了其中的心理变量。马莱茨克的分析较以往的研究更为系统、全面，且更具社会性。其缺陷在于，没有对具体因素的作用强度或影响力的大小差异进行分析。

3. 奥斯古德和施拉姆循环模式的意义和缺点（湖南师范大学 2021 简答题）

参考答案：

奥斯古德和施拉姆的循环模式由奥斯古德首创，1954 年，施拉姆在《传播是怎样运行的》一文中，受奥斯古德观点的启发，提出了一个"循环模式"，在这一模式中传受双方都作为传播行为的主体，通过讯息的授受处于你来我往的相互作用之中。参加传播过程的每一方在不同阶段都依次扮演着译码者（执行接收和符号解读功能）、释码者（执行解释意义功能）和编码者（执行符号化和传达功能）的角色，并相互交替着这些角色。

该模式的意义在于，强调了社会传播的互动性，把传受双方都看做是传播行为的主体。

缺陷在于，它把传受双方放在完全对等或平等的关系中，与社会传播的现实情况不符；这个模式能够体现人际传播特别是面对面传播的特点，却不能适用于大众传播的过程。

【本章指南】

传播模式这个部分的知识点比较琐碎，属于基础考查范畴，近几年考得越来越少，但是越来越难，田中义久、马莱茨克等"冷门"模式都纷纷出现了。在这个部分同学们需要特别注意这些"冷门"模式。

除此之外，在记忆的时候，除了注意提出者、模式优势劣势以外，还要多画图。你多画几遍图，就会发现书上冗长的叙述其实可以归入画图的顺序中。例如施拉姆的大众传播过程模式与韦斯特利－麦克莱恩模式，看起来非常难背，但如果你按照文字描述的顺序画一遍，就会发现看着图可以自然地把文字写出来，比背诵文字记忆得更快更扎实。至于考试时候画不画图，倒是没有统一原则，得看题目是否明确要求以及时间是否充裕。

　　对于应用而言，传播模式可能是所有传播学基础知识中除了研究方法以外最为独立的一个章节，因为大多数情况下我们都不会使用除了 5W 以外的传播模式来做题。但是不是说这部分内容就不能用来解题了呢？其实不是。你完全可以把传播模式当作一种现成的框架，让它来给你提供更多的理论灵感。例如，我们在分析资本主义社会大众文化这样一个复杂现象的时候，可能会感到"老虎吃天，无从下手"，但我们可以用田中义久的"科学技术、生产关系和意识形态"这三个维度来破题：科学技术，体现为大众文化的技术层面，还可以联系到技术学派，例如多伦多学派和纽约学派都提到的技术与媒介内容的特点；生产关系，可以从媒介经济学和政治经济学角度分析，例如媒介的垄断化造成的文化商业化、娱乐化问题；最后，可以用法兰克福学派、文化研究学派的理论分析大众文化背后的意识形态问题。这样你的解答自然就比别人更进一步了。

第 12 天
定量研究方法

【学习导语】

你们在看研究方法这一章节的时候，一定有那么一个瞬间想跟出卷老师赌一把：我的考卷上没有研究方法的题！有的人可能还真的赌成功了，回过头来以研究生学长学姐的身份告诉你"不用看了，不考的"。然而你有没有想过，一旦考卷上出现一道研究方案设计题，你可能直接就"明年见"了，因为这类题的分值实在太高了。因此，这部分要学，而且要学好！

【本章我的掌握情况】

	基本理解	熟练掌握	运用自如
12.1 定量研究的基本概念			
12.2 调查研究的基本过程			
12.3 信度与效度			
12.4 调查法			
12.5 几种抽样方法			
12.6 内容分析法			
12.7 实验法			
12.8 控制实验法与自然实验法			
12.9 个案研究法			

知识点 1：定量研究的基本概念

定量研究方法：又称量化研究方法、实证研究方法。_____

_____。

传播学常用的量化研究方法包括＿＿＿＿＿＿＿＿＿＿＿＿＿＿＿＿＿＿＿＿＿＿＿。

知识点 2：调查研究的基本过程

(1)＿＿＿＿＿＿＿＿＿＿＿＿＿＿＿＿＿＿。

(2)＿＿＿＿＿＿＿＿＿＿＿＿＿＿＿＿＿＿。

(3)＿＿＿＿＿＿＿＿＿＿＿＿＿＿＿＿＿＿＿＿＿＿＿＿＿。

知识点 3：信度与效度

信度：即可靠性，＿＿＿＿＿＿＿＿＿＿＿＿＿＿＿＿＿＿＿＿＿＿＿＿

＿＿＿＿＿。

效度：即有效性，＿＿＿＿＿＿＿＿＿＿＿＿＿＿＿＿＿＿＿＿＿＿。

知识点 4：调查法

由＿＿＿＿＿＿＿＿＿引入传播学研究（伊里县调查）。

实地调查法包括＿＿＿＿＿＿＿＿＿＿＿＿＿＿三大部分。

1. 抽样调查设计

(1)＿＿＿＿＿＿＿＿＿＿＿＿＿＿＿＿＿＿＿＿＿＿＿＿＿＿＿＿＿＿

＿＿＿＿＿＿＿＿＿＿＿＿＿＿＿＿＿＿＿。

(2) 以被研究对象的全部单位为"总体"，从＿＿＿＿＿＿中抽取出来的、实际进行调查研究的那部分对象所构成的群体称为＿＿＿＿＿＿。说明总体数量特征的叫＿＿＿＿＿＿＿，从样本的统计计算中得到的指标叫＿＿＿＿＿＿＿。

(3) 基本程序：界定调查总体—编制抽样框（对总体进行编号）—设计和抽取样本—评估样本代表性。

2.问卷设计

（1）问卷设计要包含两部分内容：_____（即调查对象的特征指标）和_____（调查对象的意见、态度、行为倾向等）。

（2）问题形式有三种：开放式问题（关于某个问题，你是怎么看的）、闭合式问题（你是否赞同某某事）、混合式问题（你是否赞同某某事，说说你的理由）。

（3）注意事项：设计要强调_____。调查法的最大特点，是它以广大受传者为研究对象，强调"实地性"考察，基本不受人为控制因素的影响，比较客观、准确和全面。但是它对现实生活中大量现象的复杂的相关性，特别是起主要作用的因果相关的概括仍显得不尽如人意。

3.统计分析

（1）_____；然后，_____，最后_____
_____。

（2）分析的类型可以分为：描述性分析：对统计结果进行初步归纳、描述，以找出这些资料的内在规律——集中趋势和分散趋势；推断性分析：研究总体与样本的关系；相关分析，分析两事物之间是否存在一定的关联；因果分析，判断两事物之间的因果关系。

知识点 5：几种抽样方法

（1）_____：保证每个对象总体中的每个单位都有被选中的同等概率机会。

（2）_____（等距抽样）：随机排列对象总体，然后随机选取第一个样本，其他样本按一定的间隔加以抽取即可。

（3）_____：_____，分别进行随机抽取。

（4）_____：_____，再把_____
__划分为若干个更小的单位，称为_____，照此继续下去划分出更小的单位，依次称为__
_____等。然后分别按随机原则逐阶段抽样。

(5)_____：先随机选择一些被访者并对其实施访问，再请他们提供另外一些属于所研究目标总体的调查对象，根据所形成的线索选择此后的调查对象。

知识点 6：内容分析法

1. 内容分析法简介

_____。案例：李普曼分析美国报纸对于俄国布尔什维克革命的报道、拉斯韦尔分析一战的宣传技巧和二战的军事宣传品。

2. 内容分析法的步骤

(1)_____：即该内容分析要统计什么，包括关键词、专门术语、主题、特质、段落、篇目。

(2)_____：通过某一标准来对媒介的信息内容进行分类统计。

分类标准的科学性要满足：完备性（涵盖所有分析单元，每个单元都能找到自己的位置）、互斥性（不同分类单元不能同时划入不同的类别）、一致性（确保不同的人都以同样的标准为分析单元归类）。

(3)_____：抽取媒介样本，从大量媒介中选择有代表性的媒介样本；抽取日期样本，根据具体研究的目的和假设，选取特定日期，并抽取样本；抽取内容样本，对特定的内容进行抽取。

3._____

常用的_____指标有绝对数（频次）、百分比、平均数、相关系数等。统计方法主要有两类：一是对某种分析单元出现的频次进行计量；二是对某种分析单元在媒介中出现的形式、位置、篇幅等进行加权处理，并在加权赋值的基础上进行计量。

4._____

根据统计分析结果，对假设进行验证，分析和推断可能的结论与关系。

知识点 7：实验法

(1) 实验法包括_____和_____
_____。案例：美国佩恩基金会资助的"电影对青少年的影响研究"

是传播实验的雏形，其他还有卢因研究小团体人际关系、卡尔·霍夫兰一系列态度与说服的实验。

（2）步骤：a. 建立研究假设；b. 简化众多影响因素，确立自变量、因变量；c. 选择测试对象，建立"控制组"和"实验组"；d. 事前测试；e. 实施实验刺激；f. 事后测定；g. 分析和确立自变量和因变量之间的关系；h. 同时在不影响实验结果的前提下，为了研究伦理，一般会选择在实验结束后告诉被测者研究目的。

（3）实验法最大限度地排除不确切变量的影响，通过考察最重要的变量的作用而得出明确的结论；不受自然环境的变量限制，可用于推测一般人的行为，对于因果判断尤其有说服力。

知识点 8: 控制实验法与自然实验法

（1）控制实验指在某种＿＿＿＿＿＿＿＿＿＿中进行的实验。这一类型的实验可以进行比较严格的高水平实验控制，比较容易操作。＿＿＿＿＿＿＿＿＿＿＿＿＿＿。能够控制大部分外来变量，＿＿＿＿＿＿＿＿，可以比较准确地判断变量间的因果关系。实验室实验的＿＿＿＿＿＿＿，＿＿＿＿＿＿＿＿。

（2）自然实验是指＿＿＿＿＿＿＿＿＿＿＿。这种类型的实验由于涉及现实环境，因此不太容易对实验进行严格的高水平的控制。自然实验一般比较难操作，＿＿＿＿＿＿＿＿＿＿＿＿＿＿＿＿＿＿＿＿＿。由于对外来变量的控制比较困难，因此，＿＿＿＿＿＿＿＿＿＿＿＿＿＿＿＿，即实验结果＿＿＿＿＿＿＿＿＿＿。

（3）自然实验里只有部分自变量被控制，研究者的控制程度没有实验室实验那么高，这既是优势也是缺陷。

优势在于，实验环境更接近现实的自然环境，具有＿＿＿＿＿＿＿＿；实验操作具有＿＿＿＿＿＿＿＿，能容纳更多变量；控制实验只适用于检验假设发展理论，而自然实验具有＿＿＿＿＿＿＿＿，可以用来解决实际问题。

缺陷在于，更多的变量意味着研究者在实验现场会碰到＿＿＿＿＿＿＿＿，实验操作可能会碰到障碍；有些自变量没有得到控制，＿＿＿＿＿＿＿＿＿＿＿＿＿＿，内在效度比较低；对研究对象随机分组，能够有效降低实验结果的误差，而自然实验里，实验主体的自主性比较高，研究者对实验主体的控制少，随机分组并不容易实现。

知识点 9: 个案研究法

（1）个案研究法＿＿＿＿＿＿＿＿＿＿＿＿＿＿＿＿＿＿＿＿＿＿＿＿＿＿

_____。案例：怀特把关人研究。

（2）个案研究是社会调查中的一个类型，是与统计调查相对而言的。当研究者希望了解或解释某个现象时，常运用个案研究法。

（3）能从个案的详细描述与分析中，发现影响事物的主要因素（变量）及其作用，从而导致假设的形成，并找出群体或类型的详细资料。

（4）在很多场合下，个案研究也被认为是完成一个正式研究的必要的结束手续，即研究的结果可以用个案研究印证是否准确。

（5）它的最大优点是能够对个案的社会背景进行深入全面的把握，这是其他研究方法无法做到的。

【相关真题】

1. 控制实验（北京大学 2020 名词解释、广东外语外贸大学 2022 名词解释）

参考答案：

控制实验指在某种严格指定与控制的环境中进行的实验。代表性的控制实验有卢因关于小团体人际关系的实验、霍夫兰一系列态度与说服的实验等。这一类型的实验可以进行比较严格的高水平实验控制，比较容易操作，所需时间较短，费用相对较低，同时也能够控制大部分外来变量，内在效度较高，可以比较准确地判断变量间的因果关系。但由于实验室实验的控制是在严格的高强度的操纵之下，导致其外部有效性较低，其对现实的指导意义不如自然实验。

2. 列出定量研究的三个方法并简述（成都理工大学 2022 简答题）

参考答案：

传播学常用的定量研究方法包括实地调查法、内容分析法与实验法。

实地调查法：

拉扎斯菲尔德在伊里县调查中将实地调查法引入传播学研究。实地调查法包括抽样调查设计、问卷设计、统计分析三大部分。调查法的最大特点，是它以广大受传者为研究对象，强调"实地性"考察，基本不受人为控制因素的影响，比较客观、准确和全面。但是它对现实生活中大量现象的复杂的相关性，特别是起主要作用的因果相关的概括仍显得不尽如人意。

内容分析法：

内容分析法是用系统的方法分析传播的讯息内容的研究方法。代表性的研究有李普曼分析美国报纸对于俄国布尔什维克革命的报道、拉斯韦尔分析一战的宣传技巧等。内容分析法的步骤包括：确定分析单元、制定分类标准和抽取分析样本。其分析结果一般以频次、百分比等图表进行描述。内容分析法应用广泛，成为研究信息资料的有效手段，但内容分析的研究者主观因素容易影响它结果的客观与准确。

实验法：

实验法包括控制实验法和自然实验法。代表性的研究有美国佩恩基金会资助的"电影对青少年的影响研究"、卢因研究小团体人际关系、霍夫兰一系列态度与说服的实验。实验法最大限度地排除不确切变量的影响，通过考察最重要的变量的作用而得出明确的结论；不受自然环境的变量限制，可用于推测一般人的行为，对于因果判断尤其有说服力。

【本章指南】

　　研究方法可以说是近几年考查重要性提升最为明显的部分。曾经的研究方法题目主要集中在名词解释上，基本不会出大题，出也是"定性研究方法和定量研究方法的区别"这样类型的题目。但是现在至少对于名校来说，研究设计题已经屡见不鲜，简答题也开始深挖研究的具体操作方法，名词解释也开始纳入研究方法的新发展（网络民族志）以及统计学里的小概念。在可以预见的未来，随着整个学科对于研究方法的重视，这部分只会越考越深。

　　为什么我们这么重视研究方法？因为研究方法最核心的就是讲科学、讲验证、讲逻辑——不要以为这非常简单，我们的思维习惯往往容易重感性、重立场而不重逻辑，很多人往往学会了理论，却不理解理论的来源和背后的思维方法，更不用说自己批判或建构理论了，这就像是引入了产品却没有生产线。不过只会照搬方法也不行，还需要搞懂方法背后的逻辑，也就是方法论。未来方法论一定会成为新的考查重点。

　　再举例说说方法。比如定量方法，它的核心关键词只有一个：数据。所谓的方法基本上都是用于搜集数据的。那么就要分析搜集的是人的数据还是物的数据。我们要调查人的数据，就是公众的态度、立场、行为，就要使用调查法分发调查问卷来获得。进一步细分，关于人的数据也要探讨是关于客观行为的数据（使用频率、观看内容、观看范围等），还是关于特定态度的数据（对某个概念的了解与否、赞同与否）。前者可以简单地通过题目测量，后者则可能要通过不同级别的量表来解决。最后还要获取关于被调查人基本情况的数据（年龄、性别、经济收入、教育文化水平等）。获得了不同的数据之后，我们有时还要分析它们之间的相关性（例如教育文化水平是否会影响到对疫情谣言的信任程度）等等。

　　调查物的数据，就是通过量化数据调查和评估媒体内容的类型、倾向。例如重视程度（某个报纸就某一内容给出的版面数量、版面序号和版面大小）、态度倾向（某个内容中表现支持、中立、反对态度的比重）、表现类型（相同内容会有哪些不同类型的报道呈现）等。收集这些数据的过程，就是内容分析的过程。

　　那么实验法呢？前面获取的数据更多是静态的，但是我们有时候需要的是动态的数据，要体现自变量和因变量之间明确的因果关系。这种时候就需要运用实验法。例如孩子上网时间长和孩子学习不好之间有没有因果关系？多数人的直观感觉可能会是"上网时间长导致学习不好"，但会不会是孩子因为学习不好失去自信才上网打发时间？有没有可能以前学习不好的孩子上网之后反而学习还好了一点？这些复杂的情况，就需要运用实验法，通过尽可能控制其他的潜在干预变量，彻底证明是不是"只有 A 影响 B"，得到一个明确的结论。

　　如果能搞明白这些逻辑问题，那么其实你的研究设计也就解决了一半了。先分析你要什么样的数据（而不是先思考"用什么方法"），再思考如何得到这些数据，再思考在获取数据时如何尽量避免误差。这样一来，你会发现解题思路自然就通了。

第 13 天
统计学基础概念

【学习导语】

　　严格来说，本章的内容不属于传播学，而属于统计学的范围，那么为什么要选择它作为一个章节呢？很简单，因为要考。信度与效度、量表这些概念已经不止一次出现在名词解释中，除此之外，如果你不了解这部分内容的话，答研究方案题时对于研究怎么设计根本无从下手。因此，别偷懒，我们把它学起来！

【本章我的掌握情况】

	基本理解	熟练掌握	运用自如
13.1 测量			
13.2 定量研究测量与定性研究测量的不同			
13.3 误差与偏见			
13.4 变量及类型			
13.5 指数和量表			
13.6 信度与效度			

知识点 1：测量

　　(1) 测量_____。

　　(2) 测量是收集资料的一种手段，它指示我们如何记录和观察研究对象，并且提示我们如何解释这些资料。_____，如受众、信息、大众传播等，测量_____。

　　(3) 测量分为：_____，而且不同的数字可以用

来对测量结果进行比较，如身高 183cm；定性式测量：测量结果不使用有意义的数字，＿＿＿
＿＿＿＿＿＿＿＿＿＿＿，如身高很高（矮）。

（4）在传播研究中，我们测量的往往都是测量对象的某种特征或属性，并非测量对象
本身。

知识点 2: 定量研究测量与定性研究测量的不同

（1）＿＿＿＿＿＿＿＿＿＿＿＿＿＿＿＿＿＿＿＿＿＿＿＿＿＿＿，即使用到，也不会
对数字进行数学运算。

（2）定量研究在研究设计阶段就完成了测量方案，＿＿＿＿＿＿＿＿＿＿＿＿＿＿＿＿＿＿＿
＿＿＿＿＿＿＿＿＿＿＿＿＿＿＿＿＿＿＿＿＿＿＿＿＿＿，许多问题只有研
究者进入研究现场之后才能研究或回答，＿＿＿＿＿＿＿＿＿＿＿＿＿＿＿＿＿＿＿＿＿＿＿
＿＿＿＿＿＿＿＿。

（3）定量研究在研究设计阶段首先形成概念，而后再设计和选择测量手段，测量手段影
响了哪些数据能够被收集和分析；而定性研究在测量活动中发展出抽象概念，收集而来的经
验资料和研究者从中得出的抽象概念之间是双向互动关系，研究者要对二者进行多方对比和
持续的相互印证。

知识点 3: 误差与偏见

（1）误差：误差＿＿＿＿＿＿＿＿＿＿＿＿＿＿＿＿＿＿＿＿＿＿＿（一般用量的真值或约定量值
来表示）。在社会学科的研究中又分为测量误差和机会误差。

（2）＿＿＿＿＿＿＿＿＿＿＿＿＿＿＿＿＿＿称为测量误差，它只能被缩小，无法完全消除；＿＿＿
＿＿＿＿＿＿＿＿＿＿＿＿＿＿＿＿＿＿＿＿＿＿＿＿＿＿＿＿＿＿＿，被称为机
会误差。

（3）误差无法完全消除，最终的测量结果是：＿＿＿＿＿＿＿＿＿＿＿＿＿＿＿＿＿＿＿＿
＿＿＿＿＿＿＿＿＿＿＿＿＿。

知识点 4：变量及类型

(1)_____。

(2) 按作用分，变量有以下几种类型：

a. _____：_____，也称实验刺激变量或实验处置变量。

b. _____：_____，它是研究者试图解释的对象。

c. _____：_____，它是自变量造成的结果，也是造成因变量出现或改变的原因。

d. _____：_____。在实验中需要严格排除。

(3) 按性质分，变量有以下几种类型：

a. _____：_____，研究者往往能够预先知道并且在研究问卷上列出这些明确的取值，如性别、是否单身等等。

b. _____：_____，如家庭收入等。

(4) 按测量级别分，变量有以下几种类型：

a. _____：_____
_____。在测量定类变量时，所划分的类别应该相互排除且互不交叉重叠，并且各个类别是等价的，同时各个类别还应当穷尽变量的特征，避免出现无法归类的特例。即互斥性、等价性、穷尽性。

b. _____：_____
_____。定序测量可以将研究对象进行程度上的区分，如教育程度、态度等等。

c. _____：_____
_____。定距测量可以用数字来表示某一个类别和另一个类别相差多少。

　　d. _____ : _____

_____。这个零点一般用平均值来表示。

　　（5）指标与操作化：指标就是_____，同
一个概念可能会对应着多个不同的指标；操作化，_____
_____，通过操作化，我们可以对抽象概念所指涉的研究对象进行测量。

　　知识点 5：指数和量表

　　（1）由于变量构成的复杂性，在传播研究中很难用单一的指标进行测量，因此我们常常
用到指数和量表这些复合测量手段。

　　（2）指数：一个变量可以有多个指标来代表它，每个指标都对应着一定的数值，将这些
数值相加得到一个累加数值，就是这个_____。它体现的往往是被访问者的态度、立场、
程度和所属群体等，因此指数的功能在于将研究对象进行分类。

　　（3）量表：量表是有关研究变量的强度、方向、程度、层次或趋势的复合测量手段，____

_____

_____。量表有以下几种：

　　a. _____ : 由美国社会心理学家伦西斯·李克特提出，是问卷调查中最常用的定序
或定距量表，也叫总加量表。_____
_____，对每一个陈述以 4 ～ 8 级记分的方式来对被调查者的回答进行分类，最终再将每一
个调查者的陈述所得分数相加得总分。李克特量表经常用于测量_____，
其优点在于_____，而且可以对量表进行信度分析。

　　b. 瑟斯顿量表：由美国心理学家路易斯·瑟斯顿在李克特量表的基础上发展而来，是一
种用来测量对特定概念的态度的定距量表。也称为间隔均等出现量表。舍史东量表_____
_____，但编制_____，在传播
研究中应用较少。

　　c. 哥特曼量表：哥特曼量表也叫累积量表，由路易斯·哥特曼发明，它是单维度量表，

各种陈述之间存在着由强变弱或者由弱变强的逻辑顺序，如果被调查者同意某种陈述，那么他也会同意该陈述之前或之后的所有陈述，因此_____

_____。哥特曼量表可看成是一种定序量表或定距量表，它的缺点在于对一组陈述具有单维度的假设是有局限的，选择某种陈述进入量表完全依赖研究者的个人判断，没有什么共同遵循的准则，所以有时可能会遗漏某些重要的陈述。通常情况下会跟李克特量表结合在一起，共同测量。

d. 语义差别量表：这一量表是心理学查尔斯·家奥斯古德首先提出的。其目的在于测量人们对特定概念、对象或群体的看法和感受。_____

_____。为了避免被调查者随意回答的情况，研究者不能把含义正面的形容词都放在量表的一侧，应该对某些形容词进行负向处理。语义差别量表编制使用简单，能够清楚有效地描绘和比较两个不同的事物或概念，因此使用广泛。

知识点 6： 信度与效度

1. 信度
即可靠性，_____。
我们可以从三个方面来分析测量信度。

(1)_____：_____

_____，其做法就是针对同一组被调查者，在一个时间点进行一次测量，然后在另一个时间点再进行一次测量，计算这两次测量结果的相关系数。相关系数越接近 1，说明测量结果越趋于一致，稳定性越好。

(2)_____：_____
具有信度的测量意味着不同的指标都能够给出同样的测量结果，同质性分析主要包括_____

_____

_____。

(3) 等价性分析：_____

_____

_____。如果检测结果具有等价性，那么测量工具就是可信的。

2. 提高测量信度的方法

_____来测量概念，尽可能_____。

在正式大规模测量开始之前进行_____，以此来检测自己的测量工具是否可信，并做出改进。在研究设计阶段_____。

3. 效度

即有效性，_____。

效度分为内在效度和外在效度：

（1）_____：_____

_____。研究具有内在效度，说明其研究过程没有内在误差，其他变量不能解释研究结果；没有内在效度，说明研究设计里的误差足以影响研究结果，这时就需要改进研究设计和测量工具。对内在效度的威胁主要来自三个方面：_____

_____。

（2）外在效度：_____

_____。研究具有外在效度，说明其结果可以推广到其他情境内；研究没有外在效度，则其结果不具有概括性。外在效度的威胁主要来自三个方面：_____。

【相关真题】

1. 信度与效度（上海大学学硕 2021 名词解释）

参考答案：

信度即可靠性，它指的是采取同样的方法对同一对象重复进行测量时，其所得结果相一致的程度，对信度的分析主要有三个方面：稳定性分析、同质性分析、等价性分析。提高信度可以通过使用多种指标、尽可能使用更高级别的测量指标、小规模的试测等方式来达成。

效度即有效性，它是指测量工具或手段能够准确测出所需测量的事物的程度，它分为内在效度和外在效度。内在效度指的是特定研究的结果是否准确，它考察的是一个研究过程能否就研究现象得出准确结论。外在效度指特定研究的结果是否具有推广性，它考察的是关于特定现象、特定时空范围、特定群体所得出的研究结果能否应用到其他现象、时空范围、群体身上。

2. 离散变量（北京大学财经新闻 2021 名词解释）

参考答案：

变量是用来表示被测量对象的特征的。离散变量是只能取有限的取值的变量，研究者往往能够预先知道并且在研究问卷上列出这些明确的取值，如性别、是否单身、学历等等。

离散变量被广泛用于定类，即将被调查者分类到某一群体，因此离散变量要注意互斥性；还应当穷尽变量的特征，避免出现无法归类的问题。

【本章指南】

> 关于这部分的总评可能是我们写得最短的了。因为统计学知识不太可能去考具体应用，更多题目是名词解释和简答，难点在于背诵。这部分内容较多，且知识点比较分散，对于部分文科同学来说甚至可能根本没有听说过。建议同学们先理解，能用自己的话描述。对于难以理解的知识点，可以结合具体的案例〔在陈阳老师的《大众传播学研究方法导论》(第二版) 以及王锡苓、刘昊老师的《新媒体研究方法》中均有非常丰富的案例可以参考〕来加深理解。

第 14 天
定性研究方法

【学习导语】

这一部分相对于定量研究方法来说步骤性的内容少了一些，背诵压力会小很多，但是理解性的内容更难。毕竟量化最后展现出来的结果是用数据说话，相对客观，而定性研究方法更难把握。所以同学们千万不要图省事直接背下原文，一定要去理解内容，而只有理解了的内容才能背得更轻松。

【本章我的掌握情况】

	基本理解	熟练掌握	运用自如
14.1 定性研究方法			
14.2 民族志学法			
14.3 网络民族志			
14.4 深度访谈法			
14.5 焦点小组访谈法			
14.6 投影技法			
14.7 文本分析			
14.8 话语分析			

知识点 1：定性研究方法

（1）定性研究方法_____

_____

_____。

（2）定性研究方法不仅应用于人文科学领域，也应用于社会科学领域，代表性的研究方法有_____等。

知识点 2：民族志方法

（1）民族志方法源自文化人类学，也称田野调查法或者是人种学方法。_____

_____

_____。

（2）民族志学的研究方法有三个原则：a._____

_____。b._____

_____。c._____。如果从研究

的历时性来考察，它是一个循环的过程，主要包括以下几个方面：_____

_____

_____。民族志的案例：戴维·莫利家庭日常情境的电视收看行为。

知识点 3：网络民族志

（1）网络民族志方法，_____

_____。（罗伯特·V. 库兹奈特）

（2）网络民族志的几个注意事项：
a. 网络民族志的核心方法是_____。

b. _____。

c. _____

_____。

d. _____，从单一网站、游戏、社

区、论坛等中跳脱出来，勾连更为广阔的社会文化背景。

e. _____。

知识点 4：深度访谈法

(1) 深度访谈_____

_____。

(2) 深度访谈是一种无结构的、直接的、个人的访问，在访问过程中，访问员深入地访问被访者，以揭示其对某个或者某些问题的潜在动机、信念、态度和感情。

(3) 深度访谈具有以下特点：a. _____；b. _____；
c. _____；d._____；e._____；f. _____
_____；g._____；h. _____。

(4) 深度访谈优点：资料丰富详尽、能够更深入地探询被访者内心思想和看法、更自由明确地交换信息、了解其他方法难以涉及的话题和对象。

(5) 深度访谈难点：费用昂贵、依赖个人技巧、容易将自己的态度传达给被访者，样本小，不能得出普遍性结论等。

知识点 5：焦点小组访谈法

(1) 焦点小组访谈法_____。由_____和_____引入传播学。

(2) 它通常由一位训练有素的主持人组织，引导_____的一个小组针对某一主题展开自由讨论。

(3) 焦点小组访谈包括在特定情境下收集有关调查对象情境定义的资料。这种方法通常采用一种开放式的提问，以便得出有关研究的媒介信息的高度自主的资料。

(4) 访谈一般以_____为中心，然后这些假设被用作访谈的焦点，_____，由深入细致的、自由性的访问引起，帮助回忆，然后用通过调查或实验而获得的更加量化的资料加以检验。

（5）作为一种研究技巧，焦点小组访谈法曾在二战期间用于研究宣传的效果。然而其后在很长一段时间内，它都被用来进行市场研究。直到 20 世纪 80 年代至 90 年代，大众传播学开始关注意义的生成和媒介内容与技术的阐明时，这种方法才得以在传播学领域中复兴。

知识点 6：投影技法

投影技法_____，其主要特点有：（1）_____ __；（2）_____；（3）_____ _____；（4）_____；（5）_____ _____。

类似心理咨询分析患者的心理，分析被访者所投射的态度。

知识点 7：文本分析

（1）文本分析法_____。_____ _____，很少使用数字和统计手段来呈现研究结果。用文本分析法研究媒介内容，也经常被称为"解读"媒介内容。

（2）文本分析在量化的内容分析之外，开辟了理解大众传播内容的另一个方向。具体而言，文本分析的特点和作用在于：

a. 分析了复杂符号运作的各种方式，_____，也为反思文化生产的基本规律打下基础。

b. 揭示了大众传播内容的_____，有助于剖析_____，并有助于进一步探索受众对此的解读。

c. 文本分析法采用_____，不能从个案推断总体，也不能统计特定意义在某个时期内所出现的频率和变化趋势，跟能够处理大样本的内容分析法比较，其研究结果的_____。

知识点 8：话语分析

（1）话语分析是一种_____的定性研究方法，它包含三个分析层次。

（2）话语的最基本元素是不同形态的_____。

（3）语言可以在传播者之间建立一种_____，使双方都处在沟通状态中，引入并发展某些主题，同时关闭某些话语空间。

（4）在"话语"层面上，各种语言范畴都可以被看做是一个连贯的结构，是一个带着讯息、可被诠释的文本。对于这个文本可以进行多层次的分析，_____。

（5）总之，在人文科学定性研究的视野中，大众传播既是社会现象，又是话语现象。符号是人类与真实互动的主要模型。

【相关真题】

1. 话语分析（电子科技大学专硕 2022 名词解释、厦门大学 2022 名词解释）

参考答案：

话语分析是一种人文科学的定性研究方法，它包含三个分析层次。话语的最基本元素是不同形态的发音和陈述。语言可以在传播者之间建立一种"互动"模型，使双方都处在沟通状态中，引入并发展某些主题，同时关闭某些话语空间。在"话语"层面上，各种语言范畴都可以被看作是一个连贯的结构，是一个带着讯息、可被诠释的文本。对于这个文本可以进行多层次的分析，以此指出并说明某种隐于其中的社会特性。总之，在人文科学定性研究的视野中，大众传播既是社会现象，又是话语现象。符号是人类与真实互动的主要模型。

2. 简述定性方法和定量方法的区别（浙江传媒学院 2021 名词解释）

参考答案：

体系层面：定性方法操作的是概念体系，定量方法操作的是量化事实体系。

哲学层面：两者都承认社会科学的本意是求真（即事物的因果和相关关系），通过自然科学的研究方法，严格控制经验事实的情境便可以达到对经验事实的了解；真相来源于人的经验与主观建构，因此主张以长期第一手观察的形式，近距离观察社会及文化层面的运作。

技术操作层面（卜卫）：

（1）研究重点：定量研究强调建立通则，定性研究主张理解。

（2）研究视角：定量研究强调客观视角，而定性研究强调当事人视角。

（3）研究环境：定量研究多在人工控制的环境中进行，定性研究多在自然环境中进行。

（4）研究策略：定量研究以假设演绎为主，定性研究以归纳分析为主。

（5）研究类型：定量研究为非体验式调查与实验法，定性研究为体验式观察和访谈。

（6）研究者和被研究者的关系：定量研究排除二者互动，而定性研究接受二者互动。

3. 网络民族志（广州大学 2021 名词解释）

参考答案：

网络民族志方法是一种专门的民族志方法，库兹奈把它定义为"应用于当前以计算机为中介的社会世界中可能发生的一切事情"。

网络民族志的核心方法是参与观察，但是网络的匿名性让互联网民族志研究者很难确认被研究者的身份，这也就意味着网民行动的社会情境及其社会政治经济特征等关键信息的缺失，因此最好与线下访谈结合。由于网络情境的分众化、多元化，网络民族志者最好进行多点研究以勾连更为广阔的社会文化背景。

现在网络空间的发展让网络民族志有了更大的驰骋空间，但由于网络环境的特殊性，网络民族志要面对更加复杂的伦理问题。

【本章指南】

有关研究方法的内容到这里就告一段落了。总体上来看，这部分内容以背诵为主，但是复习时以下这几点是我们需要特别注意的：

其一，是要研究往年的真题，了解各学校对于研究方法的考查深度和标准，因为各个学校的差异度很大。有些学校可能只考定量和定性，而有的学校（例如中山大学、上海大学等）却可能深入考到定性研究中研究者和研究对象的关系这种层次。在分析各个学校真题、明确复习重点之后，还要比考查深度更进一步做准备，以避免突然出现冷门的名词解释等。

其二，定量和定性不可偏废。定性研究方法考查概率不高这种想法可以说是"过时"了。纵观近几年真题，定性研究方法和定量研究方法所占比重已经是四六开，再往后恐怕会五五，甚至定性内容会占上风。因此，要重视定性研究方法，至少有关民族志和深度访谈的内容是必须要掌握的。

其三，要关注研究方法的更新。经典教科书上的研究方法在这里介绍完毕了，但在真实的研究中并非只局限于运用这些经典方法，尤其是现在互联网这么发达，统计软件越来越智能，许多经典传统的研究方法已经慢慢地过时了，新的研究方法正在不断出现，其他学科的方法也被逐渐运用于新闻传播学研究。这些新的研究方法很有可能会成为考点，例如社会网络分析法、网络民族志、互联网调查、大数据研究方法等。近几年一些书里已经有了混合研究方法和智能研究方法的相关内容，这也是我们需要注意的。

第 15 天
大众传播概念与功能

【学习导语】

本章是重点中的重点，因为大众传播这个概念几乎贯穿了我们所有的知识点（我们这个专业以后主要从事的其实就是与大众传播相关的工作），但是仅仅记住书本上的内容远远不够，时代的变迁又让大众传播有了与传统媒体时代不太一样的内涵。当这个概念与网络、新媒体结合起来的时候，你能结合热点进行分析吗？带着这个问题，让我们开始本章的学习。

【本章我的掌握情况】

	基本理解	熟练掌握	运用自如
15.1 大众传播的基本概念及特征			
15.2 新媒体时代大众传播媒介的变迁			
15.3 功能主义			
15.4 大众传播功能发展历程			
15.5 大众传播的隐性功能（重点）			
15.6 大众媒介的负功能			
15.7 大众媒介的功能（胡正荣《传播学总论》）			
15.8 大众媒介的功能（邵培仁《传播学》）			

知识点 1：大众传播的基本概念及特征

大众传播是_____

_____

_____。

大众传播具有以下的特征：

(1) 大众传播的_____；

(2) 大众传播是_____；

(3) 大众传播的_____；

(4) 大众传播的信息既具有_____，又具有_____；

(5) 大众传播的过程具有很强的_____；

(6) 大众传播是一种_____。

知识点 2：新媒体时代大众传播媒介的变迁

(1)_____：在现代信息时代，大众传播正从受众被动走向受众主动。

(2)_____：传播者不再是职业集团，信源呈现多元化，普通受众也能够接触新闻源，掌控和发布社会信息，"去中介化"日益常见。

(3)_____：媒介电子化、数字化，各种媒介技术走向融合。

(4)_____：讯息大量复制逐渐向个人化、个性化的定制内容发展，由线性转向非线性和层次性。

(5)_____：可以实现同步实时传播，传播者也可以及时得到反馈，调整传播策略，媒介和受众关系日益平等。

知识点 3：功能主义

(1) 功能主义_____
_____。后经_____将其发扬光大，_____

_____。

(2)_____
_____。但功能主义暗示了保守的世界观，这被视为肯定现状的资产阶级意识形态，另一方面这一理论过于抽象，缺乏历史感，目前功能主义已经逐渐被实证的效果研究所取代。

知识点 4：大众传播功能发展历程

1. 三功能说

_____首先《传播在社会中的结构与功能》中提出大众传播的三个功能：_____
_____。

2. 四功能说

查尔斯·赖特在拉斯韦尔的基础上又增加了_____。

3. 二功能说

心理学家_____于_____中将传播分为_____
____，前者是为了_____，后者是_____。

4. 隐性功能

_____提出大众传播的三个隐性功能：社会地位赋予、社会规范强制以及麻醉精神功能。

5. 施拉姆的功能说

施拉姆提出，大众传播有四个功能，分别是：(1)_____，环境监测；(2)_____
____；(3)_____；(4)_____。

除此之外还有_____和_____，其中政治功能包括：a._____——收集情报；b._____——解释情报，制定、传播和执行政策；c.社会遗产、法律和习俗的_____
__。（展江老师认为政治功能包括：a.民主政治的推动者；b.公共事务的渠道；c.舆论监督的工具）经济功能包括：a._____；b._____
_____；c._____。（展江老师认为经济功能包括：a.报道与评论经济信息；b.传播广告信息；c.促进知识经济的发展）

一般社会功能包括：a._____；b. _____

_____，行使社会控制；c._____；d.___

____——消遣活动、摆脱工作和现实问题。

　　大众传播的功能是最重要、出现频率最高的知识点之一。这体现在可以使用大众传播的功能来分析和认识大众媒介的行为。例如，如何分析大众传播在疫情暴发期间的作用？大众媒介首先进行社会监测，让公众了解关于疫情的信息；然后促进社会协调，将公众舆论下情上达，进而促进抗疫政策的制定和调整；最后传播的民众抗疫措施，从而保证抗疫工作的顺利进行。不过现在再看，这种分析方式确实过于粗略，这也是为何它会被更新的传播效果理论所淘汰的原因。

　　知识点 5：大众传播的隐性功能（重点）

　　提出者：_____和____；补充者：_____和_____。

　　(1)_____：_____。大众媒介可以使个人和集体的地位合法化，从而提高其权威性。

　　(2)_____

_____。_____。拉扎斯菲尔德等人认为，这弥合了"个人态度"和"公共道德"之间的差距。

　　(3)_____：_____

_____。

　　(4)_____：霍顿和沃尔提出了大众媒介（主要是电视）具有准社会关系或准社会互动的功能，_____

_____。我们常会像谈论某位朋友或邻居一样谈论某位名人，在看到某些主持人时会有一种亲切感，这些都是准社会互动的表现。

　　知识点 6：大众传播的负功能

　　(1)_____：媒介接触使人们满足于间接的了解方式，逐渐远离现实，被传播者左右，不再积极地参与事件，而是变成消极旁观。

(2)_____：信息过量淹没了有用信息，使受众对信息感到麻木、冷淡。

(3) 互动减少：受众过多地依赖媒介带来的间接交流，人际交往、互动减少，与社会、群体逐渐疏远，从而产生了_____。

(4)_____：大众传播中的低级趣味内容降低了受者的平均审美水平和鉴赏力，甚至诱发了许多偏离或违背社会规范的行为。

(5)_____：跨文化传播中的国家主权问题。大众传播给一些国家特别是给第三世界国家带来了文化、思想、政治冲击，对社会制度构成威胁。

知识点 7：大众传播媒介的功能（胡正荣《传播学总论》）

(1)_____：连续不断地向受众传递大量信息是_____。（媒介工作者作为"社会雷达"和"守望者"，目的在于协助人们认识复杂的环境事物，使他们能进行充分调适。）

(2)_____：媒介报道决定大多数人议论的内容，决定其对这些问题的看法及要采取的应对措施。_____

_____。

(3)_____：传播知识、科技等，传承了文化遗产，促进成员_____。

(4)_____：更多的人选择以大众媒介为娱乐的主要工具和手段。

知识点 8：大众传播媒介的功能（邵培仁《传播学》）

(1)_____：是指传播活动所具有的对个人身心发展的作用，或者须由信息传播的参与者个人去完成的任务。它包含两个方面：_____。

(2)_____：媒介组织所具有的能力和作用或应该完成的任务，就叫组织功能。包括：a.告知功能；b.表达功能；c.解释功能；d.指导功能。

(3)_____：a. 政治功能；b. 经济功能：是经济变革的"扩大器"，是经济发展的"推动者"；c. 教育功能：拥有巨大的教育价值，可以在某些方面起到等同于学校的部分作用；可以创造一种重视教育、具有强烈教育意识的社会环境，使社会大众争相吸收和享用文化知识；通过持续不断的信息传播逐步夹带和积累知识；直接传播知识。

(4)_____：a. 承接和传播文化；b. 选择和创造文化；c. 积淀和享用文化。

【相关真题】

1. 大众传播的麻醉功能（山东师范大学 2022 简答题）

参考答案：

拉扎斯菲尔德和默顿认为，现代大众传播具有明显的负面功能，它将现代人淹没在表层信息和通俗娱乐的滔滔洪水当中；人们每天在接触媒介上花费大量的时间和精力，降低了积极参与社会实践的热情；人们在读、在听、在看、在思考，但是却把这些活动当作行动的代替物。结果，广大群众在政治上冷漠和迟钝，把大量时间用在阅读、收听收看、思考大众媒体提供的信息中，而不是投入到有组织的实际行动中。拉扎斯菲尔德和默顿把这种现象称为大众传播的"麻醉作用"，认为过度沉溺于媒介提供的表层信息和通俗娱乐中，就会不知不觉地失去社会行动力，而满足于"被动的知识积累"。

2. 大众传播（长安大学 2021 名词解释、武汉理工大学 2022 名词解释）

参考答案：

大众传播是一个过程，在这个过程中，职业传播者利用机械媒介广泛、迅速、持续不断地发出讯息，目的是使人数众多、成分复杂的受众分享传播者所要表达的含义，并试图以各种方式影响他们。

大众传播的传播者是从事信息生产和传播的专业化媒介组织，运用先进的传播技术和产业化手段大量生产、复制和传播信息；其对象是社会上不定量多数的一般大众；大众传播生产的信息既具有商品属性，又具有文化属性。

总而言之，大众传播是一种单向性很强的制度化社会传播。

【本章指南】

从今天起，恭喜你进入到了传播学真正的核心部分，这就是大众传播，而其中最重要、解题时最有用的恐怕就是今天的内容了，因为分析传播功能是最基础和最直接的解题逻辑。这个部分包括两种基本的解题思路：一种是用传播功能来对题目进行分析，即"某个传播功能＋在该事件中的体现＋举特定的案例"。例如论述"大众媒体在疫情传播中的表现"，实际上就可以这样作答：

"拉斯韦尔曾经在《传播在社会中的结构与功能》中指出，媒介具有三项基本功能：环境监视、社会联系与协调、社会遗产传承。这三者在抗击新冠肺炎疫情中都有体现。以环境监视功能为例，媒体应当帮助公众获取信息，进而了解、把握并适应内外环境的变化（联系到特定事件）。在疫情这样的突发事件中，大众媒介的这一功能显得尤为重要。具体可以分为两个部分：在疫情暴发之前要及时准确地向社会提示风险，而在疫情暴发后，要随时向公众提供疫情发展状况及与抗疫相关的信息，在满足公众信息需求同时，防止公众产生恐慌情绪。"

以上要结合题意进行阐述并要与理论阐述相结合，要时刻不忘理论。

不过，这种解题思路实际上过于简单，属于"保底"的答法。我们需要在此基础上进一步拓展，用另一种更进一步的思路。这一思路又可细分为几种拓展的解题方式：

（1）"传播功能＋特定的传播理论（尤其是传播效果理论）"形成段落叙述。

一般来说传播功能比较宏观，缺乏具体、微观的分析，因此只谈传播功能会显得比较单薄，这时传播效果理论就可以用来很好地补充从微观出发的答题角度。

比如：在新冠肺炎疫情中，媒介起到了如拉斯韦尔所言的监测环境的作用（这里需答上监测环境的定义），具体而言（这个词很有用，可以把答题重点从传播功能顺畅转换至传播效果），传播媒介可通过议程设置使公众关注某一特定事件，或是关注这一特定事件中的特定方面，也可以通过影响人群中的意见领袖进行两级传播，使特定事件引起更广泛的社会注意，进而督促相关部门调整、改进，维护社会正常运转。

（2）"传播功能＋新媒体环境下的发展"形成段落叙述。

当下，大多数题目的背景都设定在新媒体环境下。因传统的传播功能在新媒体环境下发生了新变化，我们在答题时要将新媒体的变化也考虑在内。

比如：在新冠肺炎疫情中，媒介起到了如拉斯韦尔所言的监测环境的作用。传统环境下，这一功能主要通过主流媒介的议程设置来进行，大众媒体通过重点宣传报道与疫情相关的议题，来提升受众对这一议题，或者这一议题中特定方面的关注度。不过，在新媒体时代，传播者已经逐渐泛化。不仅主流媒体，舆论领袖甚至普通公众也可以成为议程设置的主体。例如在疫情报道中，武汉封城期间的一些民生问题，就是由普通市民自发报道出来，继而引起社会广泛关注的。

（3）"传播功能＋特定的社会环境因素"形成段落叙述。

如果再往深挖，我们还可以考虑传播功能和特定社会环境之间的互动关系，答到这里需要你掌握的就不仅仅是新闻传播学的相关知识了。

比如：在新冠肺炎疫情中，媒介起到了如拉斯韦尔所言的监测环境的作用。传统环境下，这一功能主要通过主流媒介的议程设置来进行，大众媒体通过重点宣传报道与疫情相关的议题，来提升受众对这一议题，或者这一议题中特定方面的关注度。疫情期间媒介这一功能的发挥，不仅关系到公众的知情权，更关系到疫区人民的生命财产安全。相反，如果媒介试图进行掩盖，那么损害的不仅是媒介的公信力，也会严重影响公众对疫情的警惕性，对防疫工作造成阻碍。

仅仅一个传播功能，就会有这么多的"变化"，可见这部分内容有多重要。

第 16 天
传播制度与制度控制

【学习导语】

传播制度这一章节特别容易出名词解释和简答题，而且因为分类比较多，很多同学容易记混。在背的时候要注意把握重点，比如先把不同制度的理论核心、背景、局限把握住了，再去记一些分支。另外在本章开始之前，先问大家一个问题：传播制度与社会制度的关系是什么？带着这个问题，开始今天的学习吧！

【本章我的掌握情况】

	基本理解	熟练掌握	运用自如
16.1 传播制度			
16.2 集权主义传播制度			
16.3 自由主义传播制度			
16.4 社会责任论			
16.5 社会主义传播制度（党报理论）			
16.6 发展中国家的传播制度			
16.7 民主参与论与媒介接近权			
16.8 阿特休尔的批判			
16.9 威廉斯的四种模式			
16.10 比较媒介模式（中传重点）			

知识点 1：传播制度

（1）传播制度就是_____

_____, 传播制度体现了全部社会结构和社会关系的复杂性, 更体现了上升到统治地位的规范体系。

(2) 传播制度总是与社会制度相适应的, _____。传播制度对社会制度的能动作用包括: _____ ; _____ ; _____。

知识点 2: 集权主义传播制度

(1) 出现在_____世纪 (15 世纪印刷术在欧洲出现, 到 16、17 世纪早期报纸出现, 文艺复兴至启蒙运动初期)

(2) 理论背景: 理论来源于柏拉图、马基雅利、黑格尔等, 他们主张_____ _____。

(3) 主要内容: a. _____ ; b. _____ _____ ; c. _____ _____ ; d. _____ _____。 实行集权主义传播制度的国家主要是封建君主专制的国家与军人独裁的国家以及法西斯主义国家。

知识点 3: 自由主义传播制度

(1) 社会基础: _____。

(2) 理论基础: _____。核心: 以权利、自由为主体的_____ _____。产生时间: 17、18 世纪_____。代表人物: _____等。代表作品: 美国_____等。

(3) 重要观点: _____。

(4) 基本主张: a. _____ ; b. _____ _____ ; c. _____。

(5) 缺陷：a. _____的传播业以追求经济利益为第一要旨，不可能提供_____；b. 真理也不可能靠自身的力量达到自我修正，因为人们_____，只有通过健全的社会制度，良好的教育引导和鼓励人们向善，_____。

(6) 早期的自由主义理论对打破集权主义专制制度和等级支配观念，确立自由、平等和民权思想起到了巨大的作用。但自由主义理论的根本是与资本主义的政治和经济制度结合在一起的，保障的是_____的利益。随着资本主义发展到垄断阶段，自由主义理论本身也发生了改变，_____。在全球信息化的今天，则进一步演变成为个别传播大国推行_____的理论。

知识点 4：社会责任论

(1) 19 世纪末、20 世纪初，_____；传播业_____。

(2) 西方资本主义国家社会责任理论的最早论述见诸_____于 1947 年发表的研究报告_____。随后，相应的著作相继问世。

(3) 社会责任理论_____，是对自由主义理论的一种修正。现代社会责任理论大体包括以下几项基本原则：
a. 大众传播具有很强的_____，因而媒介机构必须对社会和公众承担和履行_____；

b. 媒介的新闻报道和信息传播应该符合_____；

c. 媒介必须在_____，不能煽动社会犯罪，不得传播宗教或种族歧视的内容；

d. _____，且这种干预是正当的。

(4) 确保社会责任的措施：
a. _____。国家和政府制定法律、法规以及有关的规章、纪律条文，要求传播业必须在国家法律及有关的各项规定范围内活动。

b. _____。
但不能封锁正常消息，剥夺新闻机构合法的报道权。

c. _____。媒介需要_____，制定各种自愿遵守的职业行为
规范，加强教育、提高传播者的责任意识和能力。

（5）评价：社会责任论是一种历史进步，但是，_____
条件下，传播业根本无法摆脱_____，社会责任理论及期望建筑于
其上的传播制度还是未能完全被实践所接受。

（6）社会责任论的拓展：有关社会责任的讨论在自由至上与媒介负责、消极自由和积极
自由之间来回争斗，含糊不清。实质上是_____之间的冲突。_____
_____
_____。

（7）社会责任论的结束：由媒体垄断导致的跨国传媒集团根据其商业利润在全球进行新
闻传播和报道，不仅公众无法对它们进行制约，甚至政府控制也无法影响这些传媒巨头。社
会责任论成为一纸空文。

随着互联网技术的兴起，社会环境和媒介生态发生了巨大的变化。公众开始逐渐摆脱对
大众传媒的依赖，通过网络更易于自我表达、更快捷地展开互动，但这些表达更难以监控和
管理，自律更是成为"天方夜谭"。

知识点 5：社会主义传播制度（党报理论）

（1）社会主义传播制度是在_____的基础上产生的。

（2）理论基础：马克思主义的辩证唯物主义和历史唯物主义理论。

（3）现实基础：_____
_____

_____。

（4）基本观点：新闻及传播_____；新闻的_____；传播业

的_____ ；_____

_____，是物质关系的反映，_____。社会主义传播业包括_____

_____。

（5）我国社会主义传播制度的基本原则包括：_____

_____。

知识点 6： 发展中国家的传播制度

（1）发展中国家的传播制度由英国学者_____总结，归纳出以下几个方面：

a. _____ ；

b. _____， 这种自由必须在经济优先的原则和满足社会需求的原

则下_____ ；

c. _____ ；

d. _____

_____ ；

e. _____

_____。

（2）为了抵御来自少数传播大国的_____，不少发展中国家在维护_____

的口号下，从制度上采取了保护和发展民族文化的措施，并加强了对外来信息的自主管理。

知识点 7： 民主参与论与媒介接近权

（1）民主参与论，是 20 世纪 70 年代以后_____背景下产生的一种新的

媒介规范理论。

（2）该理论主张：a. ＿＿＿＿＿＿＿＿＿＿＿＿＿＿＿＿＿＿＿＿＿＿＿＿ ；
b. ＿＿＿＿＿＿＿＿＿＿＿＿＿＿＿＿＿＿＿＿＿＿ ；c. ＿＿＿＿＿＿＿
＿＿＿＿＿＿＿＿＿＿＿＿＿＿＿＿＿ ；d. ＿＿＿＿＿＿＿＿＿＿＿＿＿＿
＿＿＿＿＿ ；e. 民主参与论的核心价值是＿＿＿＿＿＿＿＿＿＿＿＿＿＿＿＿＿ 。在
信息已经成为一种核心基础资源的今天，受众唯有行动起来才能争取到自身的传播权和媒介
接近权。

（3）媒介接近权：美国法学学者杰罗姆·巴隆认为媒介接近权是由＿＿＿＿＿＿＿＿＿
＿＿＿＿＿＿＿＿＿＿＿＿＿＿＿＿＿＿＿＿＿＿＿＿ 。学者刘行芳认为
传媒接近权是指＿＿＿＿＿＿＿＿＿＿＿＿＿＿＿＿＿＿＿＿＿＿＿＿＿＿＿
＿＿＿＿＿＿＿＿＿＿＿＿＿＿＿＿＿＿＿＿＿＿＿＿ 。

（4）媒介接近权具有消极和积极两种意义。按照中国台湾学者郑瑞城的解释：消极意义
是指＿＿＿＿＿＿＿＿＿＿＿＿＿＿＿＿＿＿＿ ，如电视收视不良地区要求设立中转站。积极意义是
指＿＿＿＿＿＿＿＿＿＿＿＿＿＿＿＿＿＿＿＿＿ ，如媒介刊登新闻当事人的更正函等。

（5）媒介接近权在三个方面已经产生了普遍的影响：第一个方面是＿＿＿＿＿＿＿＿＿
＿＿＿＿＿＿＿＿＿＿＿＿＿＿＿＿＿＿＿＿＿＿＿＿＿＿＿ ，对此，
美国联邦法院已有众多支持反论权的判例；第二个方面是＿＿＿＿＿＿＿＿＿＿＿＿＿＿＿
＿＿＿＿＿＿＿＿＿＿＿＿＿＿＿＿＿＿＿＿＿＿＿＿＿＿＿ ；
第三个方面体现在多频道有线电视领域，一些国家基于媒介接近权原理，在发放有线电视系
统经营许可证之际，以附加条件规定必须开设允许受众自主参与的"开放频道"。

知识点 8：阿特休尔的批判

（1）美国传播学者赫伯特·阿特休尔在《权力的媒介》中对《报刊的四种理论》（又译
《传媒的四种理论》）进行了批判。主要观点：＿＿＿＿＿＿＿＿＿＿＿＿＿＿＿＿＿＿＿＿＿
＿＿＿＿＿＿＿＿＿＿＿＿＿＿＿ ，根本不可能成为所谓的独立的"第四阶层"；＿＿＿＿＿＿＿＿＿
＿＿＿＿＿＿＿＿＿＿＿＿＿＿＿＿＿＿＿＿＿＿＿＿＿＿ ，＿＿＿＿＿＿＿＿＿＿＿＿
＿＿＿＿＿＿＿＿＿＿＿＿＿＿＿＿ 。

（2）阿特休尔总结了媒介与社会的依存关系：在所有的新闻体系中，新闻媒介都是＿＿＿
＿＿＿＿＿＿＿＿＿＿＿＿＿＿＿＿ ；媒介＿＿＿＿＿＿＿＿＿＿＿＿＿＿＿＿ ；＿＿＿＿＿＿＿＿＿＿＿＿＿＿

_____；_____

_____。

（3）阿特休尔总结了三种模式的媒介体系：

a. 西方媒介体系：这是_____。新闻事业的目的是，_____

_____；_____；_____；

公正地为大众服务，支持现存的资本主义制度；但媒介本身又是监督政府的工具。

b. 东方媒介体系：这是_____。在这一体系中，新闻事业的目的

是_____；_____。

c. 南方媒介体系：这是指_____。_____

_____，具有雄壮有力、变革创新的特点。

知识点 9：雷蒙·威廉斯的四种模式

（1）独裁体制：_____，传播的首要任务是传达统治集团的

指令和任务，媒介直接受制于统治集团。

（2）家长制体制：_____。__

_____。该体制可以作出一定的妥协，但不能影响其核

心价值观。

（3）商业体制：在法律范围内，_____

_____。

（4）民主体制：_____

_____。

知识点 10：比较媒介模式

由美国学者丹尼尔·C.哈林和意大利学者保罗·曼奇尼提出，他们从媒体与政治的关系

角度细分了欧美的媒介制度。

（1）自由主义模式：又称北大西洋模式，其代表包括英国、美国、加拿大、爱尔兰等国，

_____。

（2）民主法团模式：又称北欧模式，其代表包括大部分北欧国家，这些国家大众报纸发展较早，_____。

（3）极化多元模式：其代表为法国、希腊、意大利、葡萄牙、西班牙等，_____

_____。

【相关真题】

1.《报刊的四种理论》（浙江大学学硕 2021 名词解释）

参考答案：

《报刊的四种理论》（又译《传媒的四种理论》）由传播学者施拉姆等人所著，这本书将传播制度模式分为集权主义传播制度、自由主义传播制度、社会责任论和社会主义新闻传播制度，对其中各个模式的核心理念做了详细的介绍比如集权主义传播制度的新闻控制、自由主义传播制度的意见的公开市场和真理的自我修正、社会责任论对绝对自由的限制以及社会主义新闻传播制度的党报理论。

《报刊的四种理论》对各个制度的核心原则总结具有重要的启发意义，但是由于冷战时期意识形态的偏见，作者未能客观地评介社会主义新闻传播制度及原则，遭到以阿特休尔为代表的学者的批判。

2. 简述民主参与论（中南财经政法大学 2021/2022 简答题）

参考答案：

民主参与论是 20 世纪 70 年代以后在社会信息化和媒介垄断背景下产生的一种新的媒介规范理论。该理论主张：（1）任何受众个体和社会群体都有知晓权、传播权、媒介接近权等权利；（2）要求大众传播媒介向一般受众开放，允许受众个体和受众群体参与；（3）媒介应该主要为受众存在，而非为媒介组织、广告赞助商而存在；（4）社会各群体、组织、社区都应该拥有自己的媒介；（5）民主参与论的核心价值是多元性、规模性、双向互动性、传播关系的平等性。在信息已经成为一种核心基础资源的今天，受众唯有行动起来才能争取到自身的传播权和媒介接近权。

【本章指南】

> 这一章中对于传播制度有很多不同的分类，也有不同的分法，但逻辑都是差不多的，可以先记住一个框架（提出者、理论基础、主要内容、政府干预方式、所在国家等）再套入内容，或者把分类方法设计成表格，这样背诵压力会小一些。
>
> 从这一章开始，我们开始涉及有关传播者的内容。关于这一部分，可能刚开始看的同学认为只是简单地围绕传播者介绍一些相关理论，但其实这部分与其说是介绍传播者，不如说是介绍"对传播者的控制"，这一点我们也可以从它的另一个名称"控制研究"看出来。
>
> 控制什么？为什么要控制？答案显而易见：大众媒介是社会信息传播的枢纽，控制了大众传播组织就控制了整个社会的信息流通，因此社会中各种不同的力量都会想办法来控制影响媒介组织的倾向，而媒介组织又会通过内部控制机制影响媒介从业者个人的立场，个人立场则会最终体现为媒介产品。这种控制可以分为不同的层次：
>
> 第1层：最基本的传播制度对媒介的控制。
> 第2层：传播制度以外的政治、经济、社会力量对媒介组织的控制。
> 第3层：媒介组织对媒介从业者个人的控制。
> 第4层：媒介从业者工作规范对媒介从业者的控制。
> 第5层：媒介从业者对媒介内容的把关与生产。
>
> 这个模型太有用了，从正面来说，如果你要分析"媒介传播特定内容的原因"，就可以用这五个层面进行层层深入地分析。就第1层而言，我们可以拿奥运报道来举个例子。
>
> 同样是奥运报道，国内的报道更偏向于宣传中国健儿夺冠带来的民族自豪感，而西方媒体则更热衷于强调某个特定的体育明星，这与双方背后不同的传播制度有着密切关系。我国实行的是社会主义传播制度，大众传播媒介和传播资源是国家的公有财产，必须为人民服务，必须接受共产党的思想和组织领导。我国的大众媒介必须遵循马克思主义新闻观、社会主义的意识形态和价值体系来传播信息、教育群众，在服务社会总体目标的同时应满足广大群众的愿望与需求。当然，具体到媒介制度来看，我国目前奉行的是"一元体制、二元运作"，虽然也注重市场效益和商业因素，但相比之下处于次要地位。而西方国家奉行的是资本主义（或者说自由主义）传播制度，社

会责任往往被看作是对自由主义的补充（在涉及资产阶级、垄断集团根本利益的情况下则另当别论），政府无法直接控制大部分媒介，因此媒介的政治宣传色彩及职能较弱，同时也较容易受到资本控制。体育明星在西方是文娱产业的主要"产品"之一，承载着大量的关注度和商业利益，当然会受到媒介的追捧，这也造成了一定程度的娱乐化、庸俗化报道倾向。

当然，以上只是比较粗略的分析，实际情况肯定会更加复杂（例如西方在意识形态控制方面也同样是密不透风）。如果我们能够意识到凡事背后都有制度动因，就可以把简单的内容逻辑进一步深化、细化。

第 17 天
传播组织目标、形态与控制方式

【学习导语】

本章开始涉及 5W 模式中的"Who"。需要注意一点，大部分经典教科书都是以 5W 为框架编撰的，而除了刘海龙老师的《大众传播理论：范式与流派》，绝大多数的传播学经典教科书都以控制分析作为 5W 的开始，所以本章主要从控制角度来解读。上一章节介绍了传播制度以及制度控制，那么除了制度还有哪些方面能够控制传播行为？同学们可以自己先思考一下。学过了本章，对于传播行为的控制，你就能有一个更明确的概念轮廓了。

【本章我的掌握情况】

	基本理解	熟练掌握	运用自如
17.1 传播者			
17.2 传播者的权利、责任以及影响因素			
17.3 媒介组织概念、属性、目标			
17.4 媒介组织与信源、受众的关系			
17.5 传播控制的类型			
17.6 媒介体制的三种类型			

知识点 1：传播者

（1）传播者指的是＿＿＿＿＿＿＿＿＿＿＿＿＿＿＿＿＿＿＿＿＿＿＿＿＿＿＿
＿＿＿＿＿＿＿。传播者处于传播过程的首端，对信息的内容、流量和流向以及受传者的反应起着重要的控制作用。

（2）＿＿＿＿＿＿＿＿＿＿＿＿＿＿＿＿＿＿＿＿＿＿＿＿＿＿＿＿＿＿＿＿＿
＿＿＿，从其生产规模的巨大性和受传者的广泛性而言，我们又把它们称为＿＿＿＿＿＿，或称为_____。

知识点 2：传播者的权利、责任以及影响因素

1. 传播者的权利

（1）_____：_____

____。

（2）_____：_____。

（3）_____：_____。

（4）_____：又叫新闻来源守密权，是指_____（姓名、单位、职务、住宅以及提供的文件、资料等）_____。

（5）_____。

2. 新闻传播者的契约性责任

这是新闻传播者对自己服务的新闻媒介以及在内部组织中所应承担的类似于合同性质的一系列责任。最重要的方面是有集体荣誉感。

（1）新闻传播者的责任：_____；_____；_____；_____；_____；_____。

（2）_____：传播者要对信息公开传播后在社会上所产生的结果负责。

（3）_____：传播者必须承担与权利相应的法律责任。

（4）_____：跨国传播不能干预别国内政，不能做失实报道、战争宣传等。

3. 传播者的影响因素

（1）_____：传播者具有使受众相信、听从的力量、威望和地位。传播者权威性越高，越容易受到公众的喜爱与信赖。

（2）＿＿＿＿：传播者可以让受众认可和相信，传播者越可信，越容易产生传播效果。

（3）＿＿＿＿：传播者在信仰、民族、个性上与受众越接近，越容易产生好的传播效果。

（4）＿＿＿＿：传播者增加与受众接触的次数和信息互动的频次，可以产生熟人印象，形成亲近倾向。

（5）＿＿＿＿：传播者的形象会影响传播内容的吸引力。

知识点 3：媒介组织的概念、属性、目标

1.媒介组织
就 是＿＿＿＿＿＿＿＿＿＿＿＿＿＿＿＿＿＿＿＿＿＿＿＿＿＿＿＿＿＿＿＿＿＿＿＿＿
＿＿＿＿＿。＿＿＿＿＿＿＿＿＿＿＿＿＿＿＿＿＿。

2.媒介组织的两重性
依据性质的不同，媒介组织可以分为两类，从＿＿＿＿＿＿＿＿＿＿＿＿＿＿＿＿＿＿＿＿
＿＿＿＿＿＿＿＿＿＿＿＿，而从社会功能上看，＿＿＿＿＿＿＿＿＿＿＿＿＿＿＿＿＿＿＿＿＿。

（1）作为商业主体的媒介组织，特别是大型垄断媒介公司，主要有以下几个特点：高度集中的所有权、以营利为目的、最大规模地生产媒介产品，机构内部等级森严、实行严格的科层制度，经常为符合市场需要而改变媒体的制作内容。

（2）作为社会结构的媒介组织，媒介机构发挥着以下一些社会机能：构建社会的文化机理、分享并且强化社会的整体价值观、协调社会的文化价值。

3.媒介组织的三大目标
（1）经营目标：＿＿＿＿＿＿＿＿＿＿＿＿＿＿＿＿＿＿＿＿＿＿＿＿＿＿＿＿＿＿＿。
传媒的经济收益主要来自两个方面：一是＿＿＿＿＿＿＿，二是＿＿＿＿＿＿＿＿＿＿＿。这意味着，传媒面对的市场压力同样主要来自两个方面，即＿＿＿＿＿＿＿＿＿＿＿＿＿＿＿＿＿。

这二者之间既相互联系又相互矛盾：＿＿＿＿＿＿＿＿＿＿＿＿＿＿＿＿＿＿＿＿＿＿
＿＿＿＿＿＿＿＿＿＿＿；＿＿＿＿＿＿＿＿＿＿＿＿＿＿＿＿＿＿＿＿＿＿＿

_____。并且传媒组织还面临着市场变化和激烈的同业竞争的压力。这些特殊和复杂的市场压力关系及其处理方式，是形成各种传媒组织不同特点和倾向的重要因素之一。

(2) 宣传目标：_____
_____。大众传媒的宣传目标主要通过两种活动得到实现：一是_____，二是_____
___。_____
_____。此外，_____的选择和提供活动，_____。任何大众传媒都有其政治、经济和意识形态背景，它们必须为特定的利益服务。

(3) 公共性与公益性：大众传媒的活动，在更大程度上受_____的制约。其原因是：

a. 大众传媒是现代社会必不可少的_____，在满足社会的普遍信息需求方面起着一种公共服务的作用；

b._____
____，这种影响力涉及普遍的社会秩序和社会公共生活；

c. 大众传媒_____
_____。

这种公共性和公益性，是大众传媒的权利基础：_____
_____。另外，_____
_____。

4. 三大目标的平衡

中国与西方面临不同的难题。中国媒介组织目标过去一直为单一的_____，主要负责上情下达和下情上达，_____。改革开放后，_____同时并存容易影响媒体报道的独立性（公关、政府因素），管理中缺乏一以贯之的标准，给腐败提供了可乘之机，公共服务也遭到了挤压。西方国家面临经济问题，_____
_____

_____。

知识点 4: 媒介组织与信源、受众的关系

1. 媒介组织与信源的关系

(1) _____。传播者具有很大的独立性，与信源之间相距遥远，或不常联系或分属不同党派，从信源处得到信息，但又不依赖信源，他们对新闻价值的认识也各不相同。

(2) _____。虽然传播者和信源分属不同的社会系统，而且代表不同的机构，但是他们在传播上所扮演的角色却是可以相互合作的。传播者与信源往往互相利用、互相帮忙，共同达成彼此认可的目标。

(3) _____。传播者与消息来源所处的体系是完全相同的，他们所扮演的角色也不再各自独立，而且对新闻价值和媒介功能的看法完全相同。信源对传播者具有完全的支配权，而传播者也是信源体系或党派中的一分子。

2. 媒介组织与受众的关系

(1) _____。是指传播者根据自己的目标或意图将思想、观点或信息强行灌输给特定受众的传播情境。

(2) _____。疏离关系中的传播者将其与受众的关系看得很淡，往往缺乏为受众而采集信息、传播信息的意识。他们主要是为自己、为知音、为获奖、为政治、为私利而写作和传播。

(3) _____。圈层关系意味着作为个体的传播者有意愿将自己的目的与部分受众的需求、兴趣相投合，愿意将人际传播和群体传播中那种关系引进大众传播的态势。

(4) 服务关系。服务关系要求大众传播者将受众看作是服务对象。

知识点 5: 传播控制的类型

传播控制除了 _____ 以外还有三种类型：_____（政治）、_____（经济）、_____。

1. 国家政府控制

（1）规定传媒组织的所有制形式。

_____。采用什么样的所有制

形式，主要取决于国家的_____等。在西

方资本主义国家，媒介所有制主要有_____（公营媒介，不是中国的公有制）两种

形式。

（2）对媒介进行法制和行政管理。

对传媒的创办进行_____；_____（如广播）；对媒介活动进行多方面的____

____；对媒介经济活动进行_____；_____某些信息内容的传播。

（3）实行扶持与援助等。

积极地指导和扶持，为传播事业的发展制定优惠政策。

国家和政府的政治控制是媒介控制的主要方面。这种控制的目的，_____

_____

_____。

2. 利益集团控制

_____。一般社会群体的传播权利无法得

到保障。

垄断资本控制传播事业的方式主要有三种：（1）_____

____，对大众传播事业的主要部分_____；（2）通过_____对公

营传播媒介的活动进行干预；（3）通过_____其他中小媒介的

活动。

在控制权高度集中的今天，垄断已经成为资本主义国家大众传播事业的最大特征。

在中国，利益集团的控制主要体现为_____导致_____。而近

年来_____，这引

发了媒介伦理的丧失；在西方，主要体现为_____，尤其是在解除管制

之后，_____，同时与特定的政治、社会团体

结合，干预各国的内政。_____

_____，可谓是万恶之源。

3. 受众

受众的媒介控制主要有以下几种：

(1)_____。这是一种最常见的受众监督方式。

(2)_____，以群体运作方式对媒介活动施加影响。

(3)_____。如果媒介提供的虚假报道或广告直接损害了受众的实际利益，或媒介内容侵犯了公民的名誉权或隐私权等等，公民可以向法律机构提出诉讼，要求对传播媒介的违法行为给予法律制裁和补偿自己的损失。

(4)_____。对那些性质恶劣的媒介或信息产品，受众可以采取拒买、拒看、拒听行为，这也是受众对媒介活动发挥控制影响的最后手段。

知识点 6：媒介体制的三种类型

按照所有制，可以大致将传媒业分为三种类型：

(1)_____：即传媒业是纯私人企业，不受政府干预，_____。

私有制媒介_____

____。内容_____

_____。

(2) 国家媒介产业模式：即资本是国家的，但媒介独立运作，按企业经营与管理，类似于公营制，如英国的 BBC。

公有制的_____

_____。同时_____

_____。

（3）国家机构模式：媒介属于国家所有，_____

_____。因此，相对而言我

国的媒介制度是世界上最独特的_____。

国有制的_____

_____。同时政府对媒介的掌控

容易_____。

【相关真题】

1. 新闻体制（上海师范大学学硕 2021 名词解释）

参考答案：

新闻体制是有关新闻事业各个方面新闻体系和制度的总称。它取决于国家的政治制度和经济制度、历史文化等。

按照所有制划分，新闻体制大致可以分为三种模式：市场化模式，代表国家有美国；国家媒介产业模式，代表是一些欧洲国家；国家机构模式，代表国家是中国。

新闻体制对于新闻传播活动、新闻价值取向以及该体制下的新闻理论都有着十分重要的影响。

2. 大众媒介组织活动影响和制约因素（山东大学专硕 2021 简答题）

参考答案：

大众媒介组织活动的影响和制约因素包括传播制度、国家政府控制（政治）、利益集团控制（经济）和受众影响等多个方面。

（1）传播制度就是直接或间接对大众传播起着控制和制约作用的社会传播规范体系，或社会制度中对大众传播活动间接或直接起制约和控制作用的部分，传播制度体现了全部社会结构和社会关系的复杂性，更体现了上升到统治地位的规范体系。

（2）国家和政府的政治控制是媒介控制的主要方面。这种控制的目的，是通过规定大众传播体制（传媒组织的所有制形式），制定有关法律、法规和政策，来保障媒介活动为国家制度、意识形态以及各种国家目标的实现服务。

（3）利益集团通过经济控制媒介组织的活动。在资本主义国家，媒介的控制权主要掌握在垄断资本手中，一般社会群体的传播权利无法得到保障。在中国，利益集团的控制主要体现为广告商和流量至上导致媒介娱乐化、商业化。

（4）受众对大众媒介组织活动的影响和控制主要包括：信息反馈、结成受众团体以群体运作方式对媒介活动施加影响、诉诸法律，以及通过影响媒介的销售市场来制约媒介活动。

【本章指南】

恭喜你学过了一个重要章节，本章节的内容很少作为名词解释或者简答题单独考，但不意味着它不重要。

本章的重要之处在于它描述了媒介行为的逻辑，及其背后的"内在动力和外在推力"。媒介的目标是媒介行为的内在动力，而社会中政治、经济与受众的力量，则是它的外在推力。许多媒介行为都取决于外在推力和内在动力之间的博弈。

任何传播都是在这样的层级下进行的，任何传播者都有内在动力和外在推力。例如媒介组织报道奥运会，内在动力是完成政治任务，吸引眼球赚取广告费等，外在推力则是由传播制度（如宣传动力、商业动力等）和媒介控制（政府的鼓励和把关、商业组织的广告赞助、受众的喜好等）共同决定的。

这样一来，我们可以看懂很多媒介行为，尤其是一些原本我们看起来似乎有问题的行为，其实是各种力量共同影响的结果。面临不同国家、不同情况、不同事件，媒介的动力和推力都是不一样的，要具体问题具体分析。

或许有人会想：媒介行为的内在动力和外在推力感觉差不多，干脆合在一起可以吗？答案是"不可以"。还以媒介对奥运会的报道为例：看起来媒介的外部推力如宣传动力、政府的鼓励和支持等等，和其内在动力，即完成政治任务的目标有重合之处，但却会影响到其商业目标的实现。因为从政治宣传的角度，会期望媒体更多地宣传获得奖牌或突破性的成绩对民族自尊心的提升、个人和团队的奋勇争先团结拼搏对民众信心的提振，而不会聚焦于明星的娱乐化和商业化报道。同样道理，过度娱乐化会削弱更高更快更强的体育精神，也会消解媒介的宣传动力，削弱政府的鼓励和把关等。

媒体就是要对这些方面做权衡和选择，内部外部因素此消彼长，就会让媒介的行为有所改变。假如爆发了食品安全的负面事件，可能会有部分媒体因为自己收过出现问题的食品厂商的广告费而选择不去报道相关内容，但是这种压力并不意味着这种新闻永远不会出现。部分媒体因为怀有强烈的新闻理想，有明确的公共性和公益性追求，因此会勇于报道；有些时候则可能是报道这件事能够吸引大量的受众，获得不菲的广告收入，因此顶着压力也要报道；有些时候可能是受众的集体呼吁，甚至以长期停购为威胁，让媒介不得不进行报道。不同的压力或推力，结合上面我们说的媒介制度的差异，基本就解释了 80% 的媒介动因。

当然，在传统媒介环境下，受众的力量是比较弱的，一般来说我们从政治和经济两个方面考虑就够了。但是新媒体时代情况又有所改变。现在互联网大大拉近了媒介与受众的距离，互动性使得受众可以通过弹幕、社交媒体留言的方式迅速形成舆论声浪，改变媒介的决策。但另外一方面，受众的媒介素养不足导致其发表的意见常常偏离正常批评讨论的轨道，干预媒介正常的工作节奏。过分追逐、迎合受众的口味可能影响媒介提升受众精神生活水平的公共职能。另外，由于网络传播的碎片化，常有一些媒介内容被断章取义，也可能会造成受众对媒介的偏见和误解。

我们不需要对每一题都这样详细分析，但是对于重要的传播事件，深挖出它背后的博弈的原因，而不是仅仅停留在"缺乏伦理"一类浅显的"指控"上，可以说是得高分的钥匙。每一个传播行为都是各种利益权衡、几方势力斗争之后所呈现的结果，能够写出控制每个传播行为背后的动因，你才算真正学懂这一章。

第 18 天
新闻生产社会学

【学习导语】

本章将以社会学视角分析新闻生产，以及新闻生产背后的动因、控制及其行为成因。但是社会学的视角不仅仅停留在新闻生产上，还要用于观察研究传播的效果、媒介的演进、伦理规范等等。《传播学教程》（第二版）中将传播学称为一个"站在十字路口的学科"，讲的就是这个特性。很多同学担心跨专业难考新传研究生，其实大可不必，因为新传是一个欢迎跨专业考生的学科，比如你要是本科学的社会学，本章学起来反而轻松多了。请跨考的同学们放下这份担忧，开始今天的学习。

【本章我的掌握情况】

	基本理解	熟练掌握	运用自如
18.1 新闻职业角色与决策模式			
18.2 新闻生产惯例（重要）			
18.3 媒介逻辑与媒介文化			
18.4 信源依赖			
18.5 潜网			
18.6 媒介伪事件			
18.7 媒介事件			

知识点 1：新闻职业角色与决策模式

（1）职业角色：伯纳德·科恩认为媒介存在＿＿＿＿＿＿＿两种不同的角色。中立者意味着记者应该客观报道新闻，事实与观点分开，科学实证地反映事实，内容应当保持平衡。鼓吹者兴起于美国的进步主义运动，他们希望参与到社会的变革之中，成为某个政策的拥护和宣传者，通过大众媒体鼓吹改革和变革。

（2）决策模式：媒介正常与异常：媒介内部会对正常和异常进行界定。丹尼尔·哈林把媒介分为三个领域：＿＿＿＿＿＿＿＿＿＿＿＿＿＿＿＿＿＿＿＿＿。一致同意的领域没有风险，合理争议的领域与既有价值观冲突，记者会采用双方观点，但以不触犯现有体制为前提。异常领域则是媒介放弃中立立场，可以任意揭露、谴责和忽视。这一类型往往使得一些重要的群体在媒介呈现上出现偏差。

知识点 2：新闻生产惯例

（1）在 20 世纪 70 年代的一波研究中，新闻常规（也被译为新闻生产惯例）受到密切关注。新闻常规并无严格定义，被宽泛地用来指新闻组织在日常工作中发展出来、记者在新闻工作中重复出现的习惯性社会实践。

（2）＿＿＿＿＿＿＿＿＿＿＿＿＿＿＿＿＿＿，以促使媒介工作者达到组织的预期目标；＿＿＿＿＿＿＿＿＿＿＿＿＿＿＿＿＿＿＿＿＿＿＿＿＿。新闻工作常规包含甚广，既包括＿＿＿＿＿＿＿＿＿＿＿＿＿＿＿＿＿＿＿，也包括微观层面上＿＿＿＿＿＿＿＿＿＿＿＿＿＿＿＿＿，后者也叫报道常规，指采编人员发现、判断、采访和写作新闻等具体内容。

（3）媒体中的惯例来自三个方面：＿＿＿＿＿＿＿＿＿＿＿＿＿＿＿＿＿＿＿＿＿＿＿＿＿。惯例既包括倒金字塔结构、"5 W"等写作模板，客观平衡、故事化、戏剧化等写作技巧，新闻价值、平衡版面等工作原则，也包括像新闻价值、客观报道、注重故事化形象化等为了照顾受众的接受习惯而形成的惯例。

知识点 3：媒介逻辑与媒介文化

（1）媒介逻辑，＿＿＿＿＿＿＿＿＿＿＿＿＿＿＿＿＿＿＿＿＿＿＿＿＿＿＿＿＿＿＿＿＿＿。它会按照特定的格式和惯例去建构某一类别的事件，会以一种熟悉的格式和范例去处理某一类型的新闻事件。

（2）媒介逻辑喜欢某些特殊的特征，例如＿＿＿＿＿＿＿＿＿、明快简短等。它也可以引导媒介内容朝向＿＿＿＿＿＿＿＿的方向偏离。在媒介与现实关系日渐密切的今天，媒介逻辑会反过来影响现实生活中的这些行为，产生类似于"媒介化"的效果。

知识点 4: 信源依赖

(1) 对新闻媒介来说,_____
_____。

(2) 被访问或引述的消息来源主要有三种类型: 一是_____
_____。由于总是依赖一些共同而且较集中的消息源网络,_____
_____, 新闻媒体促成了一种对传统智慧的系统化集中, 从而_____
_____。

(3) 为了在激烈的媒介竞争中第一时间获得权威的、从其他渠道难以获得的信息,_____
_____
_____。

(4) 消息来源为组织消息的记者提供信息, 这样的活动造成如下影响: 首先,_____
_____。媒介机构必须要有
一些确定的信息来源, 以满足其自身的需要, 但信息的供应是预先计划好的, 那么有关媒介
能够反映真实的想法就遥不可及了。其次,_____
_____: 有些信源由于其自身地位、对市场的控制力或本身所具有的市场价
值, 从而比其他信源拥有更大的影响力和讨价还价的能力。最后,_____
_____。记者与消息来源之间为了共同利益而
存在的合作关系上升到一定程度, 就会倒向某些个人或组织利益, 使媒介受到信息的压迫或
操纵。

(5) 除此之外,____也在影响着媒介的内容倾向。

知识点 5: 潜网

(1) 美国学者_____中描述了报社中存在的微妙和强劲
的_____。

(2) 这个网络一方面_____, 另一方面_____
_____。这种媒介组织网络其实是_____

_____，引申到普遍意义的群体和组织方面。

（3）_____是群体传播的主要控制机制。

知识点 6：媒介伪事件

1961 年由美国学者_____提出，指_____。布尔斯廷认为伪事件具有以下特征：

（1）不是自发产生的，而是事先计划、安排和主动引发的。

（2）它的主要目的（但不绝对如此）是为了被立即报道或复制，因此被安排得便于媒体报道。

（3）事件与现实之间的关系是暧昧多义的。正因为如此，它既可以吸引媒体和公众（具有新闻价值），同时又能被用来实现组织的利益。

（4）伪事件通常是一个"自我实现的预言"。

知识点 7：媒介事件

（1）媒介事件：为了避免布尔斯廷对伪事件的简单否定，_____提出"媒介事件"的概念。他们把那些_____，称为媒介事件。根据具体内容又可以被概括为_____三种模式。

（2）以这三种模式为代表的媒介事件具有以下特点：由电视直播；中断了日常生活和日常的电视节目；事件预先策划，按脚本进行；观众规模巨大；具有非看不可的强制性；直播解说中充满着虔诚与敬畏；事件的功能是促进社会整合；典型的功能是提供安慰与调和。

（3）戴扬和卡茨认为，_____
_____
_____。

【相关真题】

1. 新闻生产中为什么会形成惯例？（北京大学汇丰商学院专硕 2022 简答题）

参考答案：

新闻惯例，又称新闻常规。它并无严格定义，被宽泛地用来指新闻组织在日常工作中发展出来、记者在新闻工作中重复出现的习惯性社会实践。

对于传媒组织，常规是一套控制机制，可以促使媒介工作者达到组织的预期目标；对于传媒内容生产者，常规是他们工作时所依循的脉络。新闻工作常规包含甚广，既包括传媒组织的一整套日常工作规程，也包括微观层面上从业者个体重复性的新闻采制规范，后者也叫报道常规，指采编人员发现、判断、采访和写作新闻等具体内容。

媒体中的惯例来自三个方面：受众（消费者）、媒介组织（生产者）、消息来源（供应者）。惯例既包括倒金字塔结构、5 W 等写作模板，客观平衡、故事化、戏剧化等写作技巧，新闻价值、平衡版面等工作原则，也包括像新闻价值，客观报道，注重故事化、形象化等为了照顾受众的接受习惯而形成的惯例。

2. 媒介事件（北京邮电大学 2021 名词解释）

参考答案：

媒介事件的概念由戴扬和卡茨基于布尔斯廷媒介伪事件的概念提出，他们把那些在电视上进行现场直播的国家级历史事件，称为媒介事件。根据具体内容又可以被概括为"竞赛""征服""加冕"三种模式。

媒介事件具有中断日常生活和日常电视节目、事件预先策划、观众规模巨大、非看不可的强制性以及直播解说中充满虔诚与敬畏的特点，戴扬和卡茨认为，这种大型事件的电视直播，可以看做是全民参加的仪式，与其说它是在描绘现实，不如说是在唤起传受双方的核心价值与集体记忆。这一仪式过程不单纯是传播者的意识操纵，它的最终意义也是接受者与传播者共同协商的结果。

【本章指南】

　　总体上来说，今天的知识点除了少数在考试中会涉及麦奎尔《大众传播理论》内容的学校，其他学校考查可能性不大，多数同学理解即可。不过这部分知识点不仅和新闻相关，也和传播相关，还是值得一看的。

　　如果说前两章在讲述社会中各种力量如何影响媒介，那么这一章主要讲的就是媒介如何影响其从业者。可能有同学会有疑问，说我在新闻学里面看到了类似的内容，但是怎么和这部分不一样呢？这是因为传播学所关注的是"控制研究"。控制研究不仅要告诉你规则，还要告诉你规则背后的控制体系。例如在新闻学中我们奉为圭臬的"权威信源"，在传播学中就要看到这种对信源的信赖本身也可能是社会控制体系的一部分：试想，如果信源都来自社会中上层，那么无论媒介本身有什么观点，客观上其内容肯定是符合中上层阶级利益的。又例如，某些国家习惯报道重大的媒介事件，可是重大的媒介事件必然需要庞大的社会资源才能组织和运作，这又让聚光灯再一次照向了富裕人群和统治阶级。总之，不知不觉中，统治阶级通过种种看似合情合理的方式完成了对媒介和传播的掌控，这正是媒介生产社会学想要告诉我们的。

第 16、17、18 这三天的内容加起来，从整体的传播制度到社会中其他力量对媒介组织的压力、到媒介组织对从业者的控制，完整解释了媒介内容为什么会有特定的倾向。学过之后，我们就能够了解媒介背后的行为逻辑是什么，如果我们要分析题目里的媒介行为，就需要从这些方面去思考和理解。另外，有两个问题一定要重点准备：一是如何看待西方媒介商业化、娱乐化、个人化、戏剧化的报道倾向，二是如何看待西方媒介在新闻自由的幌子下输出意识形态。

第 19 天
新媒体环境下的新闻组织变革

【学习导语】

如果同学们是在 10 年前考研，了解基础书目上的知识再稍微做下拓展，就能在考试中得到一个很不错的分数。但是现在，互联网彻底颠覆了原有的传播格局，原先参考书目中关于新闻组织的描述已经过时，与此同时，传统媒体的收入断崖式下跌，变革成了唯一的出路。怎么变革？如何创新？这些就有可能成为各大院校的热门考题。

本章内容依托于彭兰老师的《网络传播概论》（第四版），死记硬背的知识点没有，但是论述题几乎每年必考。我知道有的同学答这种题有模板，甚至在考场上都能现凑出来几个答题点，但是人人都这么写，凭什么你拿高分？或者大家都拿高分，凭什么你上岸？所以在千篇一律的答案中需要写出点不一样的东西，而这个能力来自知识的积累，所以不要小看这章。我们也给大家补充了更前沿的知识，同时也提醒大家不要"死读书"，像"传统媒体的转型"这类题目，经典参考书里是不会有答案的。

【本章我的掌握情况】

	基本理解	熟练掌握	运用自如
19.1 大众门户与个人门户			
19.2 网络媒体的演变——主体扩展			
19.3 网络媒体的演变——业务形态			
19.4 网络媒体的演变——分发方式			
19.5 网络媒体的演变——政策管理			
19.6 网络媒体的未来趋势			

知识点 1: 大众门户与个人门户

（1）Web1.0 时代大众门户模式：_____

_____。

（2）Web2.0 时代个人门户模式：_____

_____

_____。

知识点 2: 网络媒体的演变——主体扩展

（1）新的内容生产者的介入：_____

_____。

（2）新的内容生产方式的改变：_____

_____

_____。

（3）在多元主体的介入下，专业媒体未来要发挥自己的_____

_____。

知识点 3: 网络媒体的演变——业务形态

1. 定时—及时—实时—全时：网络新闻时间观的发展

_____

_____。

2. 粘贴—整合—解读：网络新闻编辑方式的发展

早期靠的是_____，后期_____，目前，

_____。

3. 单媒体—多媒体—融媒体：网络新闻手段的丰富

早期的新闻报道主要呈现为_____，后期_____（多媒

体), 目前, 出现了_____。

4. 单向—互动—共动: 网络新闻受众观的变化

_____; 从单向到互动, 是受众观的第一次变革, _____, 但互动过程中, 传播者仍然是占据主导地位的, 受众仍然是接受者与相对被动的反馈者; 现在_____

_____。

知识点 4: 网络媒体的演变——分发方式

1. 整合类平台: 多元聚合 + 人工分发

_____

_____。如新闻客户端。

2. 搜索引擎: 多元搜索 + 算法调度

_____

_____。

3. 社会化媒体: 人际渠道 + 大众传播

_____

_____。

4. 个性分析 + 算法匹配

_____

_____。

5. 视频和 VR/AR 平台: 临场体验 + 社交传播

_____

_____。

6. 服务类平台: 生活场景 + 新闻推送

_____

_____。

7.未来新闻分发平台媒体的"必修课"

无论何种平台，对有志于成为未来新闻分发平台的媒体，必须做到：(1)_____；
(2)_____；(3)_____；(4)__
_____；(5)_____；(6)_____
_____。同时，对于无法提供新闻分发渠道的媒体，
话语权可能越来越小，因此必须强化自己的内容优势，和平台合作实现自己的价值转化。

知识点 5：传统媒体的演变——政策管理

1._____

媒体的数字化趋向带来的必然结果是媒介融合，但如果传统媒体没有本质上的变革，新
老媒体的"融合"恐怕是难以实现的。

2._____

传统媒体有自己的一套价值体系，但网络赋予公众更多的判断与检验传统媒体及其产品
价值的权利，由此带来了新的评价体系，传统媒体的某些价值坐标需要重新考量。

3._____

在网络时代，传统媒体开始形成一种观念，那就是要将内容转变为产品来认识，将受众
转变为用户来看待。

4._____

在网络时代，各种类型的壁垒都会被打破，开放、合作或融合将成为体制变革的基本
取向。

知识点 6：网络媒体的未来趋势

1. 从黄金时段到碎片时间：移动互联网改变的时间观

_____
_____
_____，但碎片化也可能损害人们的专注能力，导致信息焦虑症、信息依赖症等。

2.从"广播"到"LBS"：移动互联网改变的空间观

LBS_____。它一方面导致_____

_____；另一方面使得____

_____。

3.场景：移动时空描述的新维度

_____

_____。

4.大数据驱动媒体生产方式变革

大数据_____，其特点为

"4V"：_____

_____。IBM 网站用真实性（veracity）替代了价值。大

数据技术应用在新闻传播领域，会带来：（1）_____；（2）_____：

由主要依赖记者们的观察变为依赖数据分析；（3）_____，即依赖

算法技术，针对每个特定用户提供的数据来进行个性化定制和新闻服务；（4）_____

____：数据本身的价值即可用来变现；（5）_____。

5.智媒体时代的到来

媒体发展的另一个未来趋向是媒体的智能化，其特征有：万物皆媒、人机合一、自我进

化。从信息生产角度看，智能化媒体将带来以下几方面的可能：（1）_____

_____；（2）_____；（3）_____

_____；（4）_____。

6.互联网推动虚拟世界与现实世界融合

主要体现在三个方面：（1）_____。随着网络与现实社会

互动层次的深入，人们意识到，网络并不是超脱于现实世界的世外桃源，它是现实社会的镜

像，也是现实社会的一部分，实名制在网络社会的重要性愈发凸显，现实关系越来越成为信

息传播的底层结构。（2）_____。移动互联网中基于 LBS 的社交应用，

将地理位置作为社交关系启动的一个要素，这也促进了现实空间与虚拟技术的互动，在某些

时候，两者出现同一化的可能，即"缺席的在场"和"在场的缺席"。（3）通过_____

_____可以对现实世界进行更真实的还原。

【相关真题】

1. 大数据对新闻生产的影响（陕西师范大学 2022 简答题）

参考答案：

大数据是基于相当大的量级的数据进行数据收集、分析、挖掘与应用的技术，其特点为"4V"：多样性（Variety）、体量（Volume）、速度（Velocity）、价值（Value），即多样化的数据来源、巨大的数据量、快速的处理和丰富的数据价值。

大数据技术应用在新闻传播领域，会驱动新闻生产方式变革，主要包括：（1）预测性新闻的增加：大量案例表明，通过大数据分析来预测一个事物的变化过程，揭示其发展趋势是可行的。物联网和大数据技术的结合，可以进一步拓展预测性新闻的范围。（2）深度报道模式的改变：由主要依赖记者们的观察变为依赖数据分析，报道的深度将得到有效的提升。（3）个性化新闻与信息服务水平的提升：依赖算法技术，针对每个特定用户提供的数据来进行个性化定制和新闻服务。

2. 论述传统媒体和数字媒体其媒体与受众关系的变化（广东外语外贸大学专硕 2021 论述题）

答题思路：

谈关系变化的切入角度有很多，但指向的问题核心都是单向的传受关系变成双向的互动，再到相互影响互为主体的"共动"。早期传播格局是单向的，用户几乎没有反馈空间；从单向到互动，是受众观的第一次变革，受众与传播者之间的交流方式与通道越来越多，但互动过程中，传播者仍然是占据主导地位的，受众仍然是接受者与相对被动的反馈者；现在网民除了是接受者与反馈者之外，也可能是新闻生产者，能够在一定程度上影响网络新闻传播者的传播意向和行为，互动关系进一步演化为"共动"关系。上述思路在分析的过程当中结合具体案例即可拿高分。

【本章指南】

自 2015 年以来，网络媒体可以说已经替代大众媒体成为考试中最重要的内容。本章正好接续了前面的内容，告诉我们网络专业媒体具有哪些新的特点；这些内容加上后面传播媒介部分的内容又完整勾勒出了网络专业媒体的发展特点、生产流程及未来趋势。熟悉了本章知识，对任何网站的分析都不在话下。反过来，对于传统媒体如何发展新媒体，是追求平台化还是个性化，是内容为王还是渠道为王，都可以用这个思路来加以解答。

　　不过同学们要注意两个问题：一是要熟悉近年来出台的一系列互联网信息服务法规、条例及规章制度；二是本章的知识点一定要结合案例来进行理解，因为所出的相关题目绝大多数都比较抽象，并不容易理解，因此必须要有案例配合进行分析阐述。

第 20 天
新闻专业主义与媒介伦理

【学习导语】

从这一章开始，我们会发现经典教科书的内容已经不太"够用"了。在经典参考书中，新闻专业主义和媒介伦理可能只用了几页的篇幅来介绍，但如果考的是"网络时代的媒介伦理失范"这种题目，仅仅答参考书上的内容是不够的，因为许多参考书诞生的年代网络还没有这么发达。因此，千万不要因为知识点不是书上的，就觉得是拓展内容不用背。对这一章节内容的考查，已经很少有学校只在传统参考书中找考点了，新的内容才是最容易出题的考点，所以同学们一定要重视起来！

【本章我的掌握情况】

	基本理解	熟练掌握	运用自如
20.1 新闻专业主义			
20.2 对新闻专业主义的反思与社会顺从理论			
20.3 新闻专业主义 2.0（吴飞）			
20.4 液态新闻专业主义			
20.5 媒介伦理			
20.6 媒介伦理失范及其成因			
20.7 网络媒体的虚假新闻陷阱			
20.8 后真相			
20.9 信息茧房			

知识点 1: 新闻专业主义

新闻专业主义, 是_____之后在新闻同行中发展起来的_____。

(1) 它是_____。在理论上具有一种_____。

(2) 它强调的是新闻从业者与新闻工作的_____: 它是一种意识形态, 是与_____和_____相区别的, 以公众服务和公众利益为目的、以实证科学原则为基石的意识形态。

(3) 它也是一种_____, 是与市场控制、政治控制相区别的_____的专业控制模式。

(4) 西方新闻专业主义的核心: 媒介为_____, 服务于_____; 新闻从业者是社会观察者。新闻人是信息流通把关人, 依据_____, 亲自以实践理性发现事实、_____。新闻人受制于以上的规范, 此外不接受任何控制。

知识点 2: 对新闻专业主义的反思与社会顺从理论

1. 对新闻专业主义的反思
(1) 大众传播媒介具有_____, 并且通过议程设置得以发挥。

(2) 大众媒介作为霸权机制, 形成_____, 维持_____。

(3) 大众媒介是_____之一, 支持现有的意识形态与制度。

(4)_____与_____只是资本主义社会掩盖意识形态色彩的伎俩。

2. 社会顺从理论
(1) 社会顺从理论由社会学家_____和____提出。主要观点是认为在当今社会, _____已经占据了主要地位, 而在此体制下的_____。媒介中的____

和_____都体现了这一支持。

（2）社会顺从不仅通过_____表达出来，而且，更重要的是，通过_____
____表达出来。_____
_____。

知识点 3：新闻专业主义 2.0

（1）由吴飞提出，认为新闻专业主义不再是一个行业性的专业精神，而是_____
_____。新闻专业主义就是个体交往的基本规
则，即：_____
_____。

（2）对当下的媒体而言，应当做到以下三点：a._____，客观、独立、公
正、平衡，对严肃新闻应当遵守底线。b._____，整合和判断信
息碎片，筛选失实内容，运用数据和机器辅助手段，更好地对事物进行判断与解读。c.____
_____，体现人文关怀，不用照片吸引流量博取眼球等。

知识点 4：液态新闻专业主义

（1）潘忠党认为，在新技术主导的以社交平台和公共参与为重要特征的新传播形态下，
新闻逐渐变得"液态"，_____。

（2）"策展"意指_____
_____。在新闻领域，有人运用这一概
念强调新闻的_____，着眼记者和编辑对不同新闻来源信息进行的阅读、选
择、排除、组织和集中呈现。与"把关"不同，这是一个互联网时代的_____，
一个_____。

知识点 5：媒介伦理

（1）_____。
它既是一种_____，也是一种_____。

（2）媒介伦理内化于新闻传播主体的品格、习性和意向之中，又通过其言行表现出来，是新闻传播活动中＿＿＿＿＿＿＿＿＿＿＿＿＿＿。媒介伦理不仅包括＿＿＿＿＿＿＿＿＿＿＿＿，同时也是＿＿＿＿＿＿＿＿＿＿。在受众和媒介区分越来越小的自媒体时代，它还意味着受众使用媒介过程中，同样应该体现出的伦理原则。

知识点 6：媒介伦理失范及其成因

（1）媒介伦理失范的表现：＿＿＿＿＿＿＿＿＿＿＿＿＿＿＿＿＿＿＿＿＿＿＿＿＿＿。

（2）媒介伦理失范原因：

a. ＿＿＿＿＿＿＿＿＿。媒介观念的偏差体现在两点，首先是错误的商业伦理观，媒介＿＿＿
＿＿＿＿＿＿＿＿＿＿＿＿＿＿＿＿＿＿＿＿＿＿＿＿＿。例如为了收视率和广告收益，大量低俗庸俗的节目盛行。

b. 错误的新闻伦理观。＿＿＿＿＿＿＿＿＿＿＿＿＿＿＿＿＿＿＿＿＿＿＿＿
＿＿＿＿＿＿＿。

c. ＿＿＿＿＿＿＿＿＿。压力主要来自两方面：传媒组织的＿＿＿＿＿和同行的＿＿＿＿＿。即便部分新闻从业者不愿从事违背媒介伦理的行为，但在严酷的就业压力下不得不屈从所谓的潜规则，否则就有在竞争中出局的危险。

d. ＿＿＿＿＿＿＿＿＿＿＿＿＿＿＿＿＿＿＿＿＿＿也是造成媒介伦理失范的重要原因。
＿＿＿＿＿＿＿＿＿＿＿＿＿＿；＿＿＿＿＿＿＿＿＿＿＿＿＿＿＿＿＿＿＿＿＿＿＿，甚至广告商影响新闻业务；＿＿＿＿＿＿＿＿＿也容易鼓励记者编辑突破伦理底线、放弃伦理考量。

e. ＿＿＿＿＿＿＿＿＿＿＿＿＿＿＿＿＿。

f. ＿＿＿＿＿＿＿＿＿。媒介习惯于服从他律，没有自律意识。从组织上看缺乏行业的媒介自律组织。

知识点 7：网络媒体的虚假新闻陷阱

（1）＿＿＿＿＿：网络传播对媒体人的信息核查能力提出更高要求，网络信息良莠不齐，判断其来源和准确性是鉴别信息真伪的关键。

（2）_____：网络旧闻可能成为新闻，时间压力可能使得新闻失实，对网络本身时效性的过分强调也可能让人只获得部分而非全部真相。

（3）_____：专业领域知识缺乏容易带来报道失实。

（4）_____：冲突性事件中，媒体人的情感容易偏向某一方，同时给新闻对象贴标签、定框架也会制造错误新闻。

（5）_____：网络事件推手、公关营销人员制造虚假热度，引诱新闻从业者进行报道。

知识点 8: 后真相

（1）后真相是 2016 年年度词语，指的是_____
_____。

（2）后真相现象与社会化媒体传播机制不无关系，社会化媒体_____，____
_____。在这种个人参与的传播机制中，_____，人们在传播中还会不断加上有个人情绪色彩的评论，_____
__。这种带有情绪色彩的事实真相又会衍生出不同版本，使得寻找真相日益困难。

（3）后真相时代，人们需要重新高举真相的大旗，不被民意裹挟，切实提供冷静、客观的另一种声音。

知识点 9: 信息茧房

（1）信息茧房意味着_____
_____。这会_____
_____。

（2）对于社会而言，这会_____
_____。

（3）在信息茧房中，_____

_____。

【相关真题】

1. 信息茧房（中南大学 2022 名词解释、辽宁大学专硕 2022 名词解释、电子科技大学学硕 2022 名词解释）

参考答案：

信息茧房意味着人们使用社会化媒体只关注符合自己需要的信息，或与自己观点类同的信息，这会使得他们接触信息的多元化和多样性大大减少，局限于与自己观点意见相同的小圈子里。对于社会而言，这会使得公共信息传播、社会意见整合、社会共识达成变得更难，各个圈子之间相互隔绝，态度变得更加极端，最终会造成社会撕裂，即所谓"网络巴尔干化"。在信息茧房中，信息和想法会因为共鸣而变得更强和更极端，这被叫作"回音壁效应"或者"同温层效应"。这也可以用群体极化来解释。

2. 根据案例，分析新媒体时代媒介伦理失范的表现（西南大学专硕 2021 简答题）

答题思路：

（1）虚假新闻：即时性传播解构真实性原则。

（2）后真相：社会化传播下情感对事实的僭越。

（3）信息茧房：个性化推荐下多元群体的日益撕裂。

（4）低俗化内容：商业利益驱动下媒介伦理的沦丧。

【本章指南】

新闻专业主义、媒介伦理以及媒介伦理失范考名词解释、简答题的概率很高，除此之外，网络媒体失范这一知识点更是重点中的重点，因为，与"政府立法、提高媒介素养"一样，大多数媒介问题的对策方案中都可以用到新闻专业主义和媒介伦理。但是归根结底，很多同学对这两个概念的指向仍然不了解。这里我们简单地把线索梳理一下。

前文我们已经说到，媒介和记者会受到来自政治、经济等多方的推力和压力，而传统的媒体人面对这样的推力、压力，并不是完全被动的，新闻专业主义和与之相关的媒介专业主义正是因此而生。新闻专业主义不仅仅给了新闻人一个专业的身份，更是通过专业身份在一定程度上去寻求自己的决策权和专业自治权。新闻人相信自己属于专业人士,把握着社会的"公器"(对新闻的生产和解释的垄断),因此他们(一定程度上)有了不服从"老板"的底气。新闻人相信自己的公众属性,因此虽然面临压力,仍然能够排除困难为自己心中的新闻理想发声。可以说新闻专业主义虽然有诸多问题,但是某种程度上它为新闻人撑起了一小片至少是精神独立的天空,也帮助记者这个行业获得了公众的赞誉。

但是随着新媒体时代的到来,新闻专业主义遭受到了诸多挑战,"人人都有麦克风",因此记者对新闻生产的"垄断"已经不复存在。同时记者生产内容的质量也在遭到质疑。首先,传统媒体衰落,内容质量下降,许多人已经不再相信媒体能够生产好新闻;其次,新闻生产不断加速,面对互联网中一系列新因素的影响,记者疲于奔命,难以用高质量报道支撑起新闻人的自信;最后,就是经济压力造成的媒介伦理失范越来越严重,失去公信力的记者自然也不可能再有公信力的自觉。

否定了新闻专业主义,人人皆记者看上去是一条诱人的道路,然而事实远没有这么美好。如果人人都可以对新闻进行阐释,没有了好与坏、真与假的区分,也没有了中立的必要,这看起来"民主"了,可也正是一系列问题的源头。例如自 2016 年美国大选开始,整个西方社会就饱受社交媒体对传统新闻的破坏之苦,尤其是其导致的后真相和信息茧房等问题。因为它威胁到了西方社会所谓的"立国之本"——多元民主理论。在西方社会,社会群体的多元化能够通过中立的媒介达成共识,这是实现西方的民主制度的先决条件。但离开了新闻专业主义,内容生产者依据自己的偏好生产信息,使得受众陷于后真相的泥潭,无法接触到准确、中立的消息以帮助决策;而信息茧房和回音壁效应则使得受众群体互不理解,难以形成社会共识;更不用说阴谋论、虚假信息大行其道,对舆论环境造成了严重破坏。目前,重建新闻专业主义已是西方新闻界的"共识",但究竟是从面向大众普及新闻素养,让每个人都有作为记者的自觉?还是让少数记者带领内容生产者结合民主性与专业性从事新闻生产,推行所谓的"液态新闻专业主义"?还是新闻记者逐渐让出一般新闻的领域,专注深度新闻报道?这些争论至今仍然没有答案。这也正是你要回答的问题。

以上就是围绕新闻专业主义的一条简单而重要的"主轴"。这条主轴中很多议题都是以前以及未来要被考查的重点内容,无论和新闻学专业还是传播学专业都关系密切,同学们一定要注意!

第 21 天
把关与把关变革

【学习导语】

今天学习的是关于第一个"W"的最后一个章节，前面部分我们研究了传播者受到哪些因素的影响，今天我们来看看这些因素又是如何通过把关影响公众看到的媒体内容的。另外需要注意的是，在互联网时代，把关又具有了一些新的时代特征。大家再加把劲，马上就要搞定一个"W"了！

【本章我的掌握情况】

	基本理解	熟练掌握	运用自如
21.1 把关与把关人			
21.2 三种把关模式			
21.3 资本主义大众媒介的把关因素			
21.4 网络传播中的把关机制			
21.5 算法把关			
21.6 社交把关			
21.7 网络把关的问题			

知识点 1：把关与把关人

（1）把关是指＿＿＿＿＿＿＿＿＿＿＿＿＿＿＿。把关人，又称守门人，＿＿＿＿＿＿＿＿＿

＿＿＿＿＿＿＿＿＿＿＿＿＿＿＿＿＿＿＿。

（2）帕克曾经提出把关雏形，但正式把关概念的提出者是卢因。

（3）把关使信息精粹，＿＿＿＿＿＿＿＿＿；但也可能＿＿＿＿＿＿＿＿＿＿＿，造成信息流通环节不畅。

（4）把关产生的原因有：a.＿＿＿＿＿＿＿＿＿。客观世界信息繁多复杂，必然要对其进行筛选和过滤。b.＿＿＿＿＿＿＿＿＿＿＿＿＿。传播者的行为都是在一定目的支配下进行的，必然会根据其传播目的进行信息选择。c.＿＿＿＿＿＿＿＿＿＿＿。受众的需要、心理相去甚远，选择不同的信息才能满足不同受众的不同需要。d.＿＿＿＿＿＿：＿＿＿＿＿＿＿＿＿＿＿＿＿＿＿＿＿＿＿＿＿＿＿＿。

知识点 2： 三种把关模式

1. 怀特模式

大卫·怀特通过与地方报纸编辑合作，研究输入信息与输出信息的对比，考察在＿＿＿＿＿＿＿＿＿＿＿＿＿＿＿＿＿＿＿＿＿＿＿＿＿＿＿＿＿＿＿＿（个案研究法）。怀特提出公式：＿＿＿＿＿＿＿＿＿＿＿＿＿＿＿＿＿＿＿＿＿＿＿＿＿。

怀特把关模式的意义：＿＿＿＿＿＿＿＿＿＿＿＿＿＿＿＿＿＿＿＿＿。由怀特研究所引发的一系列修正完善的把关学说，既充实了传播学的学科内容，也深化了人们对把关问题的认识。

怀特模式的不足：他把把关人看作一个＿＿＿＿＿＿＿＿＿来考察，过分强调了把关人的独立权限，而忽略了与其相关的社会因素对把关活动的制约。

2. 麦克内利模式

麦克内利模式是对怀特单一把关模式的修正与发展。学者约翰·T. 麦克内利试图描述在＿＿＿＿＿＿＿＿＿＿＿＿＿＿＿＿（如报纸的读者）＿＿＿＿＿＿＿＿＿＿＿＿＿＿＿＿＿＿＿＿＿＿。一系列把关人相继处在新闻事件与新闻受众之间，对经过他们的大量信息一层一层地加以＿＿＿＿＿＿＿＿＿＿＿＿＿＿＿＿＿＿＿＿＿＿＿＿＿＿＿＿＿＿＿＿＿＿＿＿。

麦克内利模式的意义：纠正了怀特把关模式的单一化缺陷，＿＿＿＿＿＿＿＿＿＿＿＿＿＿＿＿＿＿＿＿＿＿＿＿＿＿＿＿＿＿＿＿＿。

麦克内利模式的不足：他把每个把关人及其作用都等同起来，＿＿＿＿＿＿＿＿＿＿＿＿＿＿＿＿＿＿＿＿＿＿＿＿＿＿＿。

3. 巴斯双重行动模式

"双重行动模式"是对麦克内利把关模式的完善。与传播媒介的把关作用相比，其他的把关环节都处于次要地位。亚伯拉罕·Z.巴斯把传播媒介的把关活动分为前后两个阶段，即他所说的"双重行动"。

第一阶段是新闻采集，这里的把关人主要是＿＿＿；第二阶段的把关是＿＿＿＿＿＿，这里的把关人主要是＿＿＿，＿＿＿＿＿＿＿＿＿＿＿＿＿＿＿＿＿＿＿＿。

＿＿＿＿＿＿＿＿＿＿＿＿＿＿＿＿＿＿＿＿＿＿＿＿＿＿＿＿＿＿＿＿＿＿＿＿＿＿＿

＿＿＿＿＿＿＿＿＿＿＿＿＿＿＿＿＿。当人们自以为通过报纸、杂志、广播、电视等传播媒介看到了生活的现状及发展时，其实不过是看到了经过记者与编辑选择加工、层层把关之后给出的现实画面。

知识点 3： 资本主义大众媒介的把关因素

现代资本主义传媒所采用的主要方法就是通过＿＿＿＿＿＿＿＿＿＿＿＿＿＿＿＿＿＿＿＿＿

＿＿＿＿＿＿＿＿。这主要表现在：

（1）在传播内容中极力夸大资本主义社会的繁荣、民主和自由，制造"幸福生活"印象，灌输资产阶级价值观，以求增强社会成员对资本主义制度的向心力。

（2）通过无休止地刺激人们的享受欲望和把他们引向娱乐领域的方法，来转移社会成员对政治制度和社会制度问题的注意力。

（3）把资本主义社会的基本矛盾——劳动与资本的对立变形为抽象、暧昧的"我们与他们""市民对官僚"的对立和冲突，抹煞阶级统治关系，抑制劳动阶级意识的成长。

（4）它们以传播通俗文化为名，实际上主要是片面地选择通俗文化中落后的、对统治阶级有利的内容进行夸大并加以传播。而对基于社会主义思想传统的先进文化则持歪曲和排斥态度。

知识点 4：网络传播中的把关机制

网络传播中，把关人仍然存在，只是主体变得多元，把关方式出现一定的变化。

（1）_____：专业媒体或信息平台会对自媒体内容进行筛选，同时按照特定标准进行版面安排和位置筛选，设置榜单来吸引人们的注意力，实现议程设置。

（2）_____：用户、技术扮演的角色越发重要，_____
_____
_____。

（3）信息循环的把关：搜索、数据库和技术屏蔽可以防止人们二次阅读过去的信息。

知识点 5：算法把关

（1）算法的出现改变了信息内容的生产方式，传统视阈下把关理论的基本范式面临结构性转型。

（2）具体而言，算法把关有如下变化：把关主体_____；把关关系_____；把关机制_____；把关内容_____。

（3）算法把关范式也带来一系列的结构性问题：a. 失去主体性的算法把关_____；b. 基于用户画像的算法把关_____；c. 不可见的算法把关_____；d. 基于量的积累的算法把关_____。

（4）算法把关范式需要进行结构性治理：a. 算法新闻的_____；b. 算法新闻的_____；c. 算法新闻的_____；d. 算法新闻的_____。

知识点 6：社交把关

（1）社交媒体时代，每一个节点都是一个传播中心，同时扮演着_____
_____。把关人的角色及其把关效果也随之改变。

（2）社交媒体中把关人的变迁：a. 用户＿＿＿＿＿＿＿＿＿＿＿＿＿＿＿＿＿＿＿＿＿＿＿＿＿＿＿；b. 用户的把关一方面可以通过信息生产直接把关（如公民新闻），另一方面也可以通过对信息进行＿＿＿＿＿＿＿＿＿＿＿＿＿＿＿＿＿＿＿＿。

（3）社交媒体中的把关问题：a. 把关标准个性化＿＿＿＿＿＿＿＿＿＿；b. 把关人多样化＿＿＿＿＿＿＿＿＿＿＿＿；c. 缺乏专业主义素养＿＿＿＿＿＿＿＿＿＿＿＿＿＿。

知识点 7：网络把关的问题

（1）网络技术降低了信息发布的门槛，一方面使得传播变得＿＿＿＿＿＿＿＿，但另一方面，也造成了＿＿＿＿＿＿＿＿。

（2）缺乏把关人的问题：a. ＿＿＿＿＿＿＿＿＿＿＿＿＿；b. ＿＿＿＿＿＿＿＿＿＿＿＿＿；c. ＿＿＿＿＿＿＿＿。在人工智能和社交媒体出现之后，这一问题更加凸显出来。

【相关真题】

1. 简述网络把关跟把关机制（大连理工大学 2022 简答题）

参考答案：

网络传播中，把关人仍然存在，只是主体变得多元，把关方式出现一定的变化：（1）信息生产与发布的把关：专业媒体或信息平台会对自媒体内容进行筛选，同时按照特定标准进行版面安排和位置筛选，设置榜单来吸引人的注意力，实现议程设置。（2）信息扩散的把关：用户、技术扮演的角色越发重要，社交范围内人们在阅读过程中的分享实际上是对社交圈信息进行把关，算法平台则会根据人们的阅读量和阅读记录来筛选一些最适合阅读的内容。管理者会对所有的信息内容进行删减以防止出现法律风险。（3）信息循环的把关：搜索、数据库和技术屏蔽可以防止人们二次阅读过去的信息。网络技术降低了信息发布的门槛，一方面使得传播变得即时和无界，但另一方面也造成了把关人失位。缺乏把关人会带来网络内容的低俗、谣言的泛滥成灾、信息过量等问题。在人工智能和社交媒体出现之后，这一问题更加凸显出来。

2. 把关人（北京师范大学专硕 2021 名词解释、华南理工大学 2022 名词解释）

参考答案：

把关人，又称守门人，指对信息进行搜集、选择、整理、过滤、加工、再次传播的人。帕克曾经提出把关雏形，但正式的把关概念提出者是卢因。

把关使信息精粹，减少冗余信息；但也可能使一些信息被迫丢失，造成信息流通环节不畅。

由于信息、传播者传播目的和受众的差异性，把关人的存在是一种必然，但是把关人并非绝对自由，要受诸多因素控制和影响，这些因素包括：政治、法律、经济、社会、文化、技术、传播组织、传播者个人、传播受众、信息等。

【本章指南】

在解题中，把关也是一个"万能"的知识点，因为新闻传播内容生产本身就是一个把关、筛选的过程。即使在互联网中，看似"把关人缺失"，实际上仍然有大量如网络平台的管理员、网站的编辑、网站算法的设计师，甚至包括你关注的网络大 V，都在决定或影响你获取的信息。我们经常提到的"把关人缺失"，其实是指具有专业素养、遵守媒介伦理的把关人（类似传统媒体的编辑记者）地位下降。新的信源渠道尽管也有信息筛选机制，但是这种筛选往往出于个人立场和商业利益，难以对内容质量进行真正意义上的去粗取精，这也是网络中看似处处有管理，但谣言和假新闻仍然泛滥的原因。

不过，具体到题目中去分析把关，就不仅仅要分析把关人，还要分析"为什么把关"，哪些因素影响了把关过程。这些因素，来自我们此前学习的政治、经济、受众等各方面，这些不同层级的压力和动力彼此纠葛、互相冲突，最终通过把关决定了媒介产品的立场倾向，也呈现出了我们眼前的媒体世界。

现在，你可以再一次回顾有关传播者的整个部分的逻辑线索了。再次提醒同学们，针对传播者的内容不仅仅是研究传播者本身，还往往与传播的动机、原因有关，也就是"传播特定的内容是因为受到了来自特定因素的影响"中的"特定因素"。这些特定因素在现象中往往混合在一起，需要同学们根据题目自行分析。比如分析西方社会的传播问题，就可以剖析其社会制度的弊病，指出资本主义制度下媒体不可能拥有绝对的新闻自由。当分析新媒体时，可以就把关、商业利益控制的问题深入展开，分清主次。如果能够在答题中结合特定的社会背景就更好了。

第 22 天
人类传播历史与发展

【学习导语】

传播贯穿了整个人类社会的发展演变历程。在今天的内容中，我们将一起回顾传播所走过的数千年的历史，以及传播媒介在人类历史不同阶段中发挥的作用和影响。

【本章我的掌握情况】

	基本理解	熟练掌握	运用自如
22.1 动物传播			
22.2 人类传播的发展进程			
22.3 互联网的演进			
22.4 信息社会			
22.5 其他形态的社会			

知识点 1：动物传播

人类传播与动物传播的区别：人类传播具有_____。动物仅仅利用外部自然界，简单地通过自身的存在在自然界中引起变化，而人_____
_____。

动物传播的形式： 气味、发光、超声波、动作、声音（了解即可）。

动物传播的局限性：

(1)_____。

(2)_____。

知识点 2：人类传播的发展进程

发展阶段	时期	意义
口语传播时代	从人类开口说话到用手写字这一时期	人类拥有了一个其他动物都没有的语义世界，可以对一切命名，可以归纳和分类，可以把握事物的性质和规律；但口语只能近距离传递和交流，且记录性差，难保存
文字传播时代	文字出现，人类开始使用文字传播信息	可以长久保存信息，且能传递到很远，为后人留下了文献和资料；但文字的传播在这一时期依赖手抄，效率低、规模小、成本高
印刷传播时代	印刷术的发明和大规模使用；蔡伦改进造纸术；唐代出现雕版印刷；宋代毕昇的活字印刷、古登堡印刷术的出现	标志着人类掌握了复制文字信息的技术原理，大规模信息传播使得信息解读和传播不再是一种垄断的权力，思想启蒙就此萌芽
电子传播时代	电报、广播、电视的发明，实现了信息的远距离快速传播	形成了人类体外化的声音信息系统和影像信息系统，使得经验的积累和文化传承的效率和质量产生了新的飞跃

知识点 3：互联网的演进

1._____：互联网的诞生

互联网的雏形阿帕网于 1969 年诞生于美国，最初的阿帕网只有 4 台计算机相连，解决的是计算机与计算机之间的连接问题，实现机器间的信息传输与共享。

2._____：互联网走向"媒体化"

这一阶段互联网进入大众领域，开始商业化应用阶段。这一时期网络信息呈几何级数增长，大众信息检索需求增长使得满足大众信息检索需求的搜索引擎应运而生。如百度、谷歌、雅虎等。

3._____：Web2.0 与社会化媒体兴盛

Web2.0 时代允许用户广泛参与网站内容建设，交互技术发达，网络不仅是"可读"的，也变得"可写"，因此 Web2.0 整体指由用户主导生成内容的互联网应用模式，具有强烈的交互性、个性化的特征，代表平台有微信、微博、SNS 等。

4._____：移动互联网时代到来

随着手机通信网络的升级，以及互联网的迅猛发展，二者汇流形成了移动互联网。移动互联网的基本特征包括终端的随身性与私人性，信息传播与服务的流动性、个性化与场景化。

5._____：物联网与互联网融合

目前的互联网信息传播，主要是以人为中介的。而人的信息处理能力有限，影响了信息的采集与利用的水平。物联网等技术将改变这一状况，它可以实现物与物、物与人的连接，信息传播的模式将在某些方面发生深层改变。

知识点 4：信息社会

1. 信息社会

指的是_____

_____。

2. 代表人物和观点

尼葛洛庞帝_____，贝尔_____。

3. 信息社会的特点

(1)_____

_____；

(2)_____；

(3)_____；

(4)_____。

知识点 5: 其他形态的社会

1. 液态社会

"液态社会"的提出者是当代著名社会学家与哲学家齐格蒙特·鲍曼。他以"液态"比喻现代社会的个人处境。鲍曼这样写道:"在液态现代社会,不再有永恒的关系、纽带,人际间互有牵连,但不再着重紧密扣紧,在于可以随时松绑。"在传统社会,人们的观念、行为方式、制度,所有的东西都是固态的,就像一块磐石。而互联网和全球化两大力量的来袭,让原有的固态的社会形态正以越来越快的速度式微乃至消失。曾经固若金汤的磐石社会崩解了,构成世界的基底变成了瞬息万变的"流沙"。我们已置身于一个流体的世界中。鲍曼所提出的"液态现代性"理论体系影响了 20 世纪后期以来的人类社会研究。借用"液体"这个比喻,他准确而又形象地抓住了高度个体化、全球化的当代社会那种流动性强、变动不居的特征。鲍曼还用"不确定性""流动""没有安全感""瞬间生活"这样的词汇,来描述这个现代化的世界。

2. 平台化社会

由著名传播学者胡泳提出,认为互联网平台已经深深嵌入社会的每个领域,形成了"平台化社会"。平台化社会具有如下核心特征:数据化、商品化、多元化和集中化、个性化,以及全球化。其中,数据化特征体现在之前未被量化的社会的许多层面逐渐被量化为数据。比如过去打车只要在街头招手,无关乎数据,而现在打车平台将打车行为数据化成司机评价、出行路径等数据。商品化是指从数据流中创造经济价值,爱彼迎就是通过建立信息平台,产生新的商业和盈利模式的典型例子。多元化和集中化即通过平台组织开展多边的市场关系。个性化指的是通过算法将内容、服务与广告予以个性化。而全球化指建立全球性的通信和服务基础设施。

3. 微粒社会

微粒社会由库克里克提出,认为由于算法和数据时代的到来,个人的属性被无限细分,反而更难像传统的群体一样找到可靠的归属群体。面对精确数据带来的归属感的丢失和安全感的缺乏时,被解析成微粒的个体会本能地寻求新的连接方式和连接结构,变得更加主观和感性。因此,共情或者说情感共振成为新的连接方式,通过经历相同的情感体验来形成共同体。在中国,微粒社会表现得更加明显,这是因为市场化浪潮的汹涌加速了国有企业的消解和转型,人口频繁的流动改变了原先相对固化的交往结构,脱离了组织依附关系的个体开始处于游离和松散状态,自由度增加的同时,不确定性也随之增多。有学者认为,原子化的个人最明显的感受是奋斗的孤独与无穷尽的斗争压力,缺乏安全感且日益焦虑,对于年轻人而言尤其如此。

4. 后疫情社会

新冠肺炎疫情深深地改变了整个社会，也使得媒介与社会的关系发生了变化。后疫情社会具有如下特征：

（1）生活方式向"云端"化加速。疫情进一步加速了社会生活的在线化、云端化进程，随着社会生活进一步被迁移到网络中，虚拟社会和现实社会的结合程度将更加紧密，社会媒介化程度会进一步加深，"服务"而不仅仅是内容将成为未来媒介发展的重点。

（2）全球格局发生转折，去全球化趋势可能加剧。疫情使得人们看到全球化带来的全球危机，美国引领的全球体系在走向动荡，而网络中的后真相和极化环境可能使得国与国之间的误解、分歧和矛盾逐渐增多。在一个时期内，去全球化趋势可能加剧，尽管长期看来，新的全球化模式正在浮现。

（3）经济模式亟待转型，贫富差距进一步拉大。疫情对大多数国家造成沉重的经济打击，探索新经济模式将是大多数国家的当务之急。除此之外，疫情会进一步拉大已经存在的贫富差距，社会矛盾、舆论风险将会持续增多。

（4）对社会成员情感、心理、精神状态的抚慰和传播将成为社会治理的重要部分。疫情之后，面临快速变化的社会格局和新媒体技术的冲击，人们的心态共处、社会安全感、社会性思想关怀以及社会共识重建等议题将成为社会治理研究要面对的重要内容。正面、积极、抚慰、共鸣将成为未来传播的主要价值。

【相关真题】

1. 信息社会（西安工业大学专硕 2021 名词解释、西安工业大学 2022 名词解释）
参考答案：

信息社会指的是信息成为与物质和能源同等重要甚至比之更加重要的资源，整个社会的政治、经济和文化以信息为核心价值而得到发展的社会，代表著作有尼葛洛庞帝的《数字化生存》、贝尔的《后工业社会的到来》、托夫勒的《第三次浪潮》等。

在信息社会中，社会经济的主体由制造业转向以高新科技为核心的第三产业，即信息和知识产业占据主导地位；劳动力主体不再是机械的操作者，而是信息的生产者和传播者；交易结算不再主要依靠现金，而是信用；贸易不再局限于国内，跨国贸易和全球贸易将成为主流。

2. 电子媒介和电子传播的里程碑意义（宁波大学 2022 简答题）

参考答案：

电子媒介和电子传播的里程碑意义包括以下几个方面：

（1）电子媒介和电子传播最重要的贡献之一就是实现了信息的远距离快速传输，为人类传播带来了空间和速度上的突破。

（2）电子媒介形成了人类体外化的声音信息系统和影像信息系统。这两个体外化信息系统的形成，使人类文化的传承内容更加丰富，感觉更加直观，依据更加可靠，使人类知识经验的积累和文化传承的效率和质量产生了新的飞跃。

（3）电子技术的发展推动了计算机即电脑的诞生，电脑开始执行人脑的部分功能。电脑的出现，意味着人的大脑这一信息处理中枢也开始了体外化的进程，这个革命性变革为人类传播所开创的可能性是无限的，其意义怎么评价都不过分。

（4）电子技术的发展特别是数字技术的发展，开创了人类传播媒介大融合的时代。数字技术把分散发展的文字、声音、画面、影像媒介都整合到一个有机互联的传播系统中，迎来了多媒体传播的新时代。

总的来说，电子传播技术的发展，使人类进入了一个前所未有的信息社会；在模拟电子技术基础上发展起来的数字技术，则进一步推动着人类迈入高度信息化社会的崭新阶段。

【本章指南】

今天学习的是比较简单的一章，多数学校对这部分知识的考查也比较单一，一般是就特定的历史阶段来进行分析，或者问你人类的媒介如何演变、信息社会是什么，比较简单，背熟就行了。

但是，如果要考的是名校，尤其是在考试中注重媒介技术、媒介与社会内容的学校，建议你在有时间的情况下要进一步深挖这部分的知识，补足大部分同学答案中最缺的两个"加分项"，这就是纵深感和背景感。答题的纵深感是指你能够看到单一媒介现象背后的历史趋势，而背景感则体现为你能看到媒介现象背后的社会整体的大背景、大结构。这两点一定程度上构成了我们平时说的"答题深度"。

先说纵深感，最直接的体现就是在答题中增加历史这一维度。例如我们一般面对"媒介和社会变迁"这样的题目都会采用例如发展传播学、创新扩散论等领域的知识点，再进一步可能会答出"传播功能和传播效果"的内容。但是如果你对媒介史有比较深入的了解，就可以把媒介发展历程也加入进来，即不同形态、不同发展阶段的媒介确实促进了人类社会的变迁。例如声音语言（也是一种媒介）促进了人类思维的深度开发，用语言交流可以传承文化、建立共同体，表达抽象的、形而上的概念，是复杂社会结构产生的前提。文字使得短暂的思考得以保存和传播，促进了社会精神文化的发展，但也造成了知识文化的垄断等现象。这些都是媒介如何影响社会最好的例证。如果你能结合这些历史事实，在答题中涉及如技术学派的观点，甚至加入一定的技术哲学思辨（例如社会组织与技术的复杂辩证关系），那么你的答案当然就会比别人更加亮眼。

　　除此之外就是背景感。本章节有关信息社会的内容，包括吉登斯的现代性与脱域、鲍曼的流动社会、卡斯特的网络社会、斯科特·拉什的自反性现代化等更深层的理论概念，往往涉及一种整体的社会结构描述，又复杂又宏观，看似很少直接考查，但却是我们分析的社会现象所在的整体背景。例如流动社会、信息社会等概念都指出这样一个趋势：传统社会结构瓦解，在当下社会中个体之间关系疏离，表面上其发展有了更多的可能性，但也有了更多的不确定性，内心会更加渴望社会支持和自我认同。比如，许多离开家乡来到大城市的青年，往往会感到寂寞、空虚、孤独，渴望通过虚拟交往来填补情感空白，这就直接促进了社交媒体和虚拟社群的发展。而且越是贴近真实的社会交往，例如直播、音频、短视频等，就越会受到追捧。同时，自我认同的缺失也造成了许多人更渴望加入团体以确认自己的身份，这也导致虚拟的亚文化、粉丝文化甚至地域文化等纷纷出现。答题时这些都可以派上大用场。

第 23 天
现代传播的媒介特征

【学习导语】

在前一天的学习中我们了解了传播媒介的发展史，接下来将学习现代传播的媒介特征。大众传播的产生是人类传播技术和社会发展的结果。近代大众传播的起点，应该以 19 世纪 30 年代大众报刊的出现为标志。下面我们将按照媒介发展的顺序，介绍报纸、广播、电视的媒介特征及其改革措施。

【本章我的掌握情况】

	基本理解	熟练掌握	运用自如
23.1 报纸媒介			
23.2 报纸媒介的改革			
23.3 广播媒介			
23.4 广播媒介的改革			
23.5 电视媒介			
23.6 电视媒介的改革			

知识点 1：报纸媒介

（1）报纸是以刊载新闻和新闻评论为主的公开发行的定期出版物，包括报纸的版面和文体两部分。其代表性事件是"人人都看的报纸"——廉价"便士报"的出现。

（2）特点：a. _____；b. 适合传达_____，属于_____；c. 报纸具有_____，公众对报纸信息的真实性和准确性认可度较高。

（3）缺点：要求受众_____，限制了受众范围；感染力____

_____；报纸_____。

知识点 2：报纸媒介的改革

（1）_____。提高来自读者订阅收入的比例，减少对广告的依赖，借助_____等各种数字营销手段，维持和不断扩展线上线下核心读者群，以此为依托，创建新的经营模式。（成功案例：《金融时报》）

（2）_____。可以预计，不管是主动的还是被迫的，将会有更多的纸媒或迟或早选择这一条道路。（成功案例：《赫芬顿邮报》）

（3）_____。成功案例如《珠江时报》社区报，其运营资金来源基本上是社区政府机构支持、社会赞助和市场经营各占三分之一，商业广告并非其主要的收入来源。《珠江时报》社区报与街道社区合作、扎根社区的模式可以说代表了我国新型社区媒体的一种独特发展模式，而其创办"媒体性服务业"的报业理念也值得借鉴思考。

知识点 3：广播媒介

（1）广播是_____，主要包括声音符号、节目和传输方式。

（2）特点：a. _____。b. 声情并茂，_____，受众_____，具有_____。

（3）缺点：_____。

知识点 4：广播媒介的改革

（1）_____。现在的世界是数字的世界，传播也已经进入数字传播时代。广播业也不能故步自封，应该积极利用新技术，抢占数字化先机。除了数字广播外，广播业也可以向网络市场、手机市场进军，如网络广播、手机广播。

（2）_____。对广播业而言，发展之路在于必须要锁住受众，为其量身定做节目，从而形成自身的特色，使其具有竞争的不可替代性。媒体本身开始出现相对过剩，而内容开始出现稀缺，具有竞争力的内容资源，以及能够适应新的传播渠道的内容形态，将成为未来一段时间内左右中国传媒产业竞争格局的关键力量。

（3）_____。媒介融合时代会催生各种新的传输平台，相应地也会需要新的内容和节目，因此，为了适应环境，有效竞争，作为传统媒体的广播业必须进行内部改革，转换经营机制，并把产品经营朝向外部市场。

（4）_____。广播业的相关产品开发，可以有前端的接收工具，以及后续的图书、音像制品、商品授权和咨询服务等。这样就既能带来额外利润，又可以加强品牌建设，从而赢得更多受众，吸引更多广告主，创造更多价值。

知识点 5：电视媒介

（1）电视是_____，是大多数人接收新闻和娱乐信息的主导媒介。

（2）特点：a. _____。b. _____。

（3）缺点：_____。

知识点 6：电视媒介的改革

（1）要从制作和播出机构，转向_____，也包括渠道的扩张。

（2）面对新媒介的挑战，改变以往的观念，主动出击，_____，同时由宣传性媒介向_____。变单一的节目播出_____，发挥电视的最大潜力。

（3）内容战略：尽管面临着新媒体的强势挑战，但电视台由于传统的垄断，拥有着无可比拟的_____的优势，这使得电视台在内容生产上仍然占据着牢固的位置，尤其在例如影视、娱乐、体育和纪录片等领域。电视应当牢牢坚持_____的原则，以_____为第一要务，以优秀的品质吸引受众。

（4）平台战略，就是要走_____的路线。电视上网是大势所趋，能给观众提供更多选择，整合传统媒体的内容资源进入网络也能够获得更广阔的发展空间。电视与网络合作，通过多个平台、多种渠道宣传推广自己，也有利于提高其已有的线性传播模式的点击率，达到电视与网络的双赢。

（5）业务流程再造是电视台转型的基础，是最核心的部分。不管是传统媒体还是新媒体，最后的业务流程是一样的，都是由内容制作到发布内容再到传输分发，最后是用户的营销和推广。现在我们可以不按媒体类型去划分组织，而是_____。电视台要发展新媒体业务，应该以三项业务为主：_____。

【相关真题】

1. 简述广播媒介的伴侣功能（浙江大学 2021 简答题）

参考答案：

广播是通过电子技术向广大地区传送声音符号的传播媒介／传播手段，主要包括声音符号、节目和传输方式。具有时效性强、选择性弱、保存性弱、声情并茂、感染力强、覆盖面广、受众无文化要求等特点。

广播媒介的伴侣功能主要体现在其伴随性和人际传播特性。伴随性指的是受众在与广播媒体接触的过程中可以"非专注地"接收信息，由于广播是一种听觉媒介，受众可以在从事非专注活动的过程中同时收听广播节目。这种收听广播可与其他行为相伴而互不影响的特性是其他任何媒介形式所无法比拟的。另外，广播媒介具有较强的接近性，声音善于传情，富有感染力，听众在收听广播时产生参与感，与广播主持人产生接近于面对面人际交流的感觉。

2. 数字电视的发展方向（武汉理工大学 2022 简答题）

参考答案：

数字电视的发展方向有：

（1）从制作和播出机构角度，要转向以内容生产集成和服务为主要业务的机构，也包括渠道的扩张。

（2）面对新媒介的挑战，改变以往的观念，主动出击，抓住数字化这一机遇实现向新媒体的转型，同时从宣传性媒介向服务性媒介转型。变单一的节目播出机构为多种多样的信息、资讯平台，发挥电视的最大潜力。

（3）内容战略：尽管面临着新媒体的强势挑战，但电视台由于传统的垄断，拥有着无可比拟的技术、人才、受众群和公信力的优势，这使得电视台作为内容生产商仍然占据着牢固的位置，尤其在例如影视、娱乐、体育和纪录片等领域。电视应当牢牢地坚持内容为王的原则，以打造品牌为第一要务，以优秀的品质吸引受众。

（4）要走全媒体平台的战略路线。电视上网是大势所趋，能给观众提供更多选择，整合传统媒体的内容资源进入网络，就能够获得更广阔的发展空间。电视与网络合作，通过多个平台、多种渠道宣传推广自己，也有利于提高现在线性传播模式的点击率，达到电视与网络的双赢。

（5）业务流程再造是电视台所有转型的基础，是最核心的部分。不管是传统媒体还是新媒体，最后的业务流程是一样的，都是由内容制作，到发布内容，再到传输分发，最后是用户的营销和推广。现在我们可以不按媒体类型去划分组织，而是按业务流程和要素重构组织结构。广播电视台要发展新媒体业务，应该以三个业务定位为主：一是内容制作中心，二是渠道播出中心，三是整合营销中心。

3. 新冠肺炎疫情期间，收视率调查显示大量观众重回电视机前，电视收视率显著上升，请谈谈你对这一现象的理解（四川大学 2021 简答题）

参考答案：

电视是运用电子技术手段传输图像和声音的现代化大众传播媒介，是大多数人接收新闻和娱乐信息的主导媒介。其特点有视听合一、时效性较强、选择性较弱、保存性较弱、覆盖面广、受众广泛等。缺点是不适合传递深度信息。

疫情期间电视收视率显著上升的原因是：

（1）突发社会公共卫生事件下对信息的需求。电视媒介覆盖面广，受众广泛，并且具有视听合一、时效性较强等特点，新冠肺炎疫情是突发的社会公共卫生事件，公众十分关注自身健康，因此迫切需要获取疫情相关信息。电视媒介对受众并无文化水平要求，对于公众来说是一个及时获取疫情信息的适合渠道。

（2）满足公众娱乐需求。新冠肺炎疫情期间，公众需自行在家隔离无法外出，长期的隔离使公众产生娱乐需求，电视作为大多数人接收娱乐信息的主导媒介，能够有效地满足受众居家隔离的娱乐需求。

（3）居家场景适配。家庭一般是居家休闲娱乐，与家人共度时光的场合。疫情期间公众居家隔离时间长，与家人相处时间也随之加长，电视受众广泛，收看固定时间段的电视节目也成为家人的固定日程，导致电视收视率上升。

【本章指南】

　　尽管许多传播学基础参考书上并没有包含传统媒体的特征与变革这部分内容，但是考查这一章节知识的概率非常高。自从 2013 年以后，媒介改革和媒介融合就已经成了每年必考的题目，只不过之前考查纸媒改革等内容较多，近几年开始逐渐向电视、广播倾斜，所以这部分内容是必须掌握的。媒介改革是个很大的课题，需要从体制、平台，具体至内容、人才等方面综合分析，今天也只是开了一个头，后面我们还要继续探索。

　　关于这部分内容，考查纸媒的概率最大。这基于两个原因：首先，纸媒（特指主流媒体）是媒体中发展历史最为悠久、内容最具深度、可信度最高的媒体，也是绝大多数新闻传播学专业的老师接触最多的媒体，在大众传播中发挥了中流砥柱的作用；其次，纸媒发展在近几年断崖式的下滑引起人们的高度重视。除了纸媒的改革以外，"两微一端一抖"建设、横向整合与纵向聚合（例如纸媒集团化、多产品线经营）等与媒介融合相关的内容同样应该引起同学们的重视。

　　广播媒介考查概率较小，但是广播的伴随性、个人化的特征使其非常适合当下的移动化场景，除了数字广播之外，还出现了播客这样新类型的广播媒介。广播媒介的特征几乎与纸媒完全相对，例如时效性（广播强、纸媒弱）、保存性（纸媒强、广播弱）、受众文化（广播要求低、纸媒要求高）、传递深度（广播浅、纸媒深）、感染力（广播强、纸媒弱）等。

　　电视媒介是这两年考查的重头戏（前提是所报考的学校有与电视相关的专业或方向），因为前几年纸媒的衰退正发生在电视媒介身上。对于这部分内容，首先要了解近年来电视媒体领域发生的一系列改革，及其面向新媒体的调整。除此之外，对于电视衍生出的互联网电视，以及新的网综、网剧、网络大电影、网络真人秀等都应该予以重视。

　　传统媒介特征这部分的知识点还有一个重要的应用：在论述题中，它能帮助我们将答案进一步细化，尤其是对那些需要为传播特定内容"出谋划策"的题目，例如要求你对健康传播、科学传播等提出建议，一般回答这种题目都会想到传播效果理论，但其实也可以从不同的传播媒介方面着手。不同的传播媒介在传播上各有优劣势：报纸适合传达具有一定深度的、具权威性和需要进一步理解思考的信息，但对缺乏文化素养的人群传播的效果就不太好，同时传播速度慢也使得纸媒更适合做信息的详细解释而不是迅速提醒；广播正好相反，传播范围广、传播速度快、对设备要求低，但难以详细说明问题；电视和互联网传播的内容丰富，但设备要求高，在许多群体（如流动人口、边远地区人口）中普及率有限，在自然灾害中（地震等）也会受到巨大影响。所以面对这样的考查，你要根据题目针对不同的媒介设计最好的传播方案。

第 24 天
新媒体、移动媒体、社交媒体特征

【学习导语】

互联网诞生以来，对传媒行业产生了举足轻重的影响。对于新传考研学生来说，互联网也逐渐成为最重要的考点之一。今天我们将学习新媒体、移动媒体、社交媒体的特征，这是我们掌握网络传播的基础知识点。夯实基础，就可以运用这些知识举一反三，分析其他网络传播事件。

【本章我的掌握情况】

	基本理解	熟练掌握	运用自如
24.1 网络媒介定义及其特性			
24.2 互联网的问题			
24.3 互联网的传播特征			
24.4 移动媒体定义及其特性			
24.5 移动互联网重新定义大众传播			
24.6 社会化媒体定义及其特征			

知识点 1：网络媒介定义及其特性

互联网：借助国际互联网这个信息传播平台，以_____为主要信息载体，综合_____等形式来传播信息的一种_____的传播媒介。包括几乎所有媒介形式，_____。

网络媒介特性：

（1）_____：传受平等，_____，每个人都可以是传播内容的生产者。

(2)_____：互联网使得媒介的_____不复存在，任何内容都可以即时得到传播。

(3)_____：互联网抹掉_____，通过互联网形成一个_____

_____的信息传播网，促进了_____的产生也使得文化交流变得更为频繁。

(4)_____/ 超文本性：互联网的容量是一般媒介难以企及的，同时超文本将线状的文

本变为____，进一步改变了人们接收和发布信息的方式。

(5)_____：包含了_____等多种传播符号的有机结合，结合了不

同的媒介优点，是_____的基础。

(6)_____：网络传播具有开放性，任何人都可以改变其中的内容，传播参与者空前复

杂，内容不断更新，甚至会在传播中进行_____。

(7)_____：除社交媒体外，网络传播一般而言具有匿名性，_____

_____。

(8)_____：受众根据_____，_____。

(9)_____：在互联网条件下，_____进一步发展，受众的需求得到最大限度的满足，

每个人可以定制自己的内容。

(10)_____：数字化是网络媒介存在的前提，也是它最基本的传播特点。

(11)_____

_____。

(12)_____：传播方式包含_____，从_____

_____，在社交媒体上还可能出现_____。

知识点 2：互联网的问题

(1)_____：网络的内容生产由_____，参与者也空前多元，因

而无论参与者和内容都逐渐向草根化方向发展，这一方面象征_____，但另一方面导致_____等问题。

(2)_____：_____。另外，_____也推动网络内容逐渐朝向碎片化方向发展。

(3)_____：网络内容的_____使其成为最佳的娱乐媒介。

(4)_____：缺乏把关人造成_____。同时也造成了_____的问题。

(5)_____：对于网络媒介和新媒介的使用造成了新一轮的数字鸿沟，_____。

(6)_____：网络造成了大量的信息安全问题，_____等问题层出不穷。

(7)_____：新媒介无孔不入，_____。"低头族""宅男"群体出现，其中部分人_____。

(8)_____：新媒介造成了传统意义上的_____，大量信息涌入会_____。

(9)_____：网络给予_____导致人们_____，造成了_____。

知识点 3：互联网的传播特征

(1)_____（传播既可以是"点对面"的，也可以是"点对点""面对点"的；可以是一级传播，也可以是多级传播；可以是同步传播，也可以是异步传播）、_____（图像、声音、视频等）、_____、_____（允许个体进行意见表达的公开场所、将弱小的个体的声音汇聚成强大的集体意见)。

(2)_____，受众间形成社会关系。

(3)_____：格局开放性，参与者_____；传播过程_____，各环节都处于开放状态。

(4)_____：互联网传播是_____的组合，信息往往经过多级。

(5)_____，个人也是重要的网络节点。

知识点 4：移动媒体定义及其特性

狭义的移动媒体基本指_____
_____，以及与之相关联的信息内容、信息展示平台、信息传播者、信息受众之间_____。

移动媒体的特性：
(1)_____。任何人利用手机都可以进行_____的信息传播，将时间与地点的阻碍减少到了最低。当然另一方面，这也使得人_____
_____。

(2)_____。手机是个人与社会关系的衔接平台。手机实现了公共领域的知识与个体化需求之间的连通。通过手机传播的信息因而更加直接影响着人们的决策，往往比传统媒体更加容易形成_____。

(3)_____。手机作为一种通信工具的背景，决定了它天生就具有_____的属性。而新媒体 Web2.0 时期的基于个体关系的多项应用，更是使得手机的这一属性得到了极大发挥。过去大众传播所忽视的传播者与受众的"关系"变得十分重要，网上和现实的友邻关系也渐渐融合。

(4)_____。由于手机的屏幕大小以及其带宽、技术的限制，手机尚不能够像别的终端那样完整呈现信息的原貌。但它可以作为一个平台"触发"人们对于其他媒介的信息需求。同

时，碎片化体现在内容上，在于手机的信息不以深度取胜，而胜在_____。但这容易造成__

_____。

（5）_____。作为移动媒体，手机拥有多方面的功能。它既是一个通信工具，同时又是__

_____。它在_____方

面发挥重要作用，也可以成为_____的入口。从消费方面，手机既可以消费_____，又

可以与特定的线下场景结合，_____。社会活动中，个人可以运用手

机，随时随地_____。

知识点 5：移动互联网重新定义大众传播

（1）从时间上看：用户接触和使用网络时间碎片化，_____。时间

的重要性下降，_____。但碎片化_____

_____。

（2）从空间上看：_____成为传播的新要素，也成为区分受众的新要素，

而新闻生产空间更多转移到_____，如直播令受众直接转入现场，放大了事件的影响力，

提高了受众的参与度。

（3）从场景上看：场景主要指_____

_____，场景分析的最终目标意味着提供_____。

知识点 6：社会化媒体定义及其特征

社会化媒体是_____

_____。彭兰老师则定义为：互联网上基于用

户社会关系的内容生产与交换平台。

它具有如下特征：

（1）_____。"5C"，即_____（媒体内容的创作主体为普通大众，而非专业媒体机构）、

_____（既包括内容的加工，还包括添加关键词，以及将内容推荐到特定网站主页）、_____

__（既有大众传播，更有人际推送、转发）、_____（社会化媒体内容的生产群体与消费群体

重合度很高，消费过程表现出明显的社区化倾向）和_____（用户随时随地发表评论不仅丰

富了社会化媒体的内容，还促进了发布者、评论者、浏览者三方之间的交流，塑造了一种多向的交流空间）。

（2）_____。这一特征是平民性的延伸和功能体现。社会化媒体不是单向的、一对多的舆论宣传型媒体，而是_____。其对话模式不仅包括媒体机构与普通大众之间的纵向联系，还包括普通大众内部的横向结构。

（3）_____。从系统论角度来看，社会化媒体是一个_____的社会性信息系统，由于社会化媒体内的_____，所以_____。媒体生态整体上处于普利高津所说的_____状态，即处于有序和无序之间的状态，其中各种热点事件的产生与发展是一种系统涌现，难以进行事前预测和事后控制。

（4）_____。社会化媒体内的网络虚拟社区多种多样，这些社区既可能由用户的现实社会关系联结而成，也可能由纯粹的网络联系联结而成。在加入网络虚拟社区后，用户创作和发表的目的不仅为了自我传播，更为了维护和拓展人际关系网络，树立个体形象和强化社区地位。

（5）_____。相较于第一代的网络媒体的强匿名性而言，社交媒体是基于人与人的关系的网络，带有_____，它既是虚拟又是实在的，因此需要更高的真实性。例如 SNS 要求用户实名制、微博要求用户认证等，都在提升社交网络的信任程度。这有效地减少了_____，但也会造成_____。

（6）_____。社交媒体的平台性包含两个方面的内涵，其一是_____，社交媒体不仅仅只是一个关系平台，还包含了大量的第三方应用或商业渠道，甚至衣食住行功能一应俱全，成为一个小社会似的网络现实社会。其二是_____，基于关系的信息传播方式，人对人的认可程度，促使社交媒体也逐渐从虚拟走向真正社会意义上的公共平台。

【相关真题】

1. 互联网传播的特点是什么（北京外国语大学专硕 2022 简答题）
参考答案：
互联网传播的特点包括：

（1）复合性：形态与形式上的复合性（传播既可以是"点对面"的，也可以是"点对点""面对点"的）；可以是一级传播，也可以是多级传播；可以是同步传播，也可以是异步传播）；多媒体融合（图像、声音、视频等）、功能多重性；公共空间和私人空间的统一性（允许个体进行意见表达的公开场所、将弱小的个体的声音汇聚成强大的集体意见）。

（2）连通性：结构上互相连通，信息上彼此关联（网状），传受上协作互动，受众间形成社会关系。

（3）开放性：格局是开放性的，参与者多元复杂；传播过程也是开放性的，各环节都处于开放状态。

（4）多级性：互联网传播是大众传播、群体传播和人际传播的组合，信息往往经过多级。

（5）网状化：传播路径的网状化，个人也是重要的网络节点。

2. 新闻概念在社交媒体时代的变化（陕西师范大学 2021 论述题）

参考答案框架：

总起段：简述社会化媒体定义（是以互动为基础，允许个人或组织进行生产内容的创造和交换，依附并能够建立、扩大和巩固关系网络的一种网络社会组织形态。彭兰老师则定义为：互联网上基于用户社会关系的内容生产与交换平台）以及新闻概念的新变化。

1. 媒介技术催生新闻的新形态

（1）强调互动与沉浸感的新闻（新闻直播）；

（2）打破线性叙事的新闻（VR 新闻）；

（3）定制化的服务性新闻（物联网、传感器新闻）。

2. 社交媒体平台改变新闻的生产流程

（1）生产主体平民化；

（2）传播内容泛娱乐化；

（3）大数据精准分发。

3. 社交媒体给新闻生产带来的挑战

（1）内容质量良莠不齐；

（2）用户容易陷入信息茧房；

（3）把关程序滞后；

（4）沉浸式新闻冲击新闻伦理。

总结段结合第三部分所写的挑战，简要谈谈应对措施。

【本章指南】

在传播学考研中，本章可以说是出题最多的了。互联网是 2011 年后考查媒介相关内容的核心，而互联网的特征与现象则是互联网内容考查的核心，所有的网络媒介现象几乎都是从互联网的特征衍生出来的。而通过互联网特征分析网络媒介现象也是我们回答这部分考题的基本思路。

在网络的特征中，互动性、即时性、无界性、数字化是核心。即时性、互动性延伸出海量性（不断生产出新的信息），互动性引发开放性和草根性（媒介内容制作权下放，传播者逐渐草根化），数字化产生多媒体性（通过信息对不同媒介编码），草根性和多媒体性产生娱乐性（大众热爱娱乐）。互动性还会引发个性化，产生了虚拟群体（个人可以选择自己喜欢的内容，与喜欢的人交往），虚拟群体的特征则包括人际传播与大众传播相结合、公共领域与私人领域被打通、传播的匿名性等。

另一方面，以上特征针对不同的问题会交叉体现。像缺乏把关人这一问题，在人工智能和社交媒体出现之后尤为明显。缺乏把关人造成了信息过量，同时会导致内容质量下降，并引发过度娱乐化、谣言的产生等，还会造成负面信息泛滥，引发网络犯罪和网络诈骗，而在缺乏把关的情况下对人工智能和社交媒体的依赖还会形成回音壁现象。

其次是互联网赋权问题。互联网为受众赋权，但赋权后的受众与传统意义的传播者差别巨大，在理性程度、媒介素养、媒介伦理意识上均有所不足。这种草根化造成了信息良莠不齐、网络暴力等问题，对受众来说，也更容易受到媒介影响，造成媒介依赖。

此外互联网还引发了新的不平等，发达国家与不发达国家、发达地区和欠发达地区之间产生了数字鸿沟，发达国家还会通过网络无界性进行意识形态传播，造成了信息主权问题。

在互联网核心特点的基础上，诞生了不同性质的新媒体／新媒体应用，它们又有不同的特征，例如移动媒体更强调个人化、移动化和消费性，其中微博又强调公共属性和裂变性，微信则强调私密性和媒体平台性等。总体上应当在记住互联网共性的同时，学习不同媒体的个性。

基本的解题公式是：互联网环境下的传播事件＝传统环境下的传播事件的特征－传统环境的媒介特征＋互联网或特定互联网应用的媒介特征。

以谣言为例：互联网谣言＝传统环境下的谣言（人际与大众皆有）－传统的媒介特征（人际渠道难以控制但传播能力弱、大众渠道传播能力强但接触者少因而范围可控）＋互联网的特征（互动性强、人人可以发声、传播能力强且即时、缺乏把关人、出现了除了文字以外的图片影像造谣、也有一定的自净能力）。

再次强调，这一章节的内容是回答所有互联网、新媒体相关问题的基础，我们要把握住的正是这里谈到的一些"共性"，包括传播特征和存在的问题。不难发现，12个特性加9个问题是必掌握的知识点，在后面的移动媒体、社交媒体部分多少会有所重复。这提示我们不一定要死记硬背，而应在掌握共性的基础上，记忆媒介的特殊点，比如社交媒体的涌现性、社交性等。这样，无论拿到什么题目，你都能快速地拆分题干，在框架中找到解题所需的理论。

第 25 天
细分新媒体（微信、微博）特征

【学习导语】

　　微信、微博是我们最常用的社交软件，看看你的手机统计的软件使用时间排行，想必日常都围着这两个软件打转。许多考题也是从这两个社交媒体平台出发的，所以大家务必掌握今天学习的核心内容。

【本章我的掌握情况】

	基本理解	熟练掌握	运用自如
25.1 微信的定义及其特点			
25.2 微信平台价值			
25.3 微信与人际传播			
25.4 微信与朋友圈			
25.5 微信群的特征			
25.6 微信公众平台的传播特点及局限性			
25.7 微博的特点			
25.8 微博的局限性			

知识点 1：微信的定义及其特点

　　(1) 微信是腾讯公司于 2011 年推出的社交媒体软件，从传播学角度来看，微信传播_____为主。微信传播的内容具有_____，传播范围主要在自己的微信朋友之间，传播的内容只有好友能看见，陌生人难以看见。

　　(2) 尽管微信公共账号的出现增强了微信的大众传播能力，但由于以下原因，终端对大规模传播能力产生了限制：a. 微信目前仅用于_____，_____的局限，决定了在小屏幕上多人沟通内容很容易被实时信息覆盖，用户体验差。b. 微信公共账号主要是_____，且_____，因此大众传播能力比之微博仍然有限。

(3) 微信特点：a. _____。通过社交关系、电话绑定等，微信与个人有着密切的关系。b. _____。陌生人无法看到信息，更重视强关系的维护，大众传播能力薄弱。社交关系以_____为主。

知识点 2：微信平台价值

(1) 作为社交平台的价值：与微博相比，微信更适合_____，对于用户比微博有更长久而持续的吸引力。

(2) 作为媒体的价值：与微博相比，微信提供了_____。

(3) 作为营销平台的价值：微信可以提供_____等一系列服务，同时能够完成线上与线下的连接。

(4) 作为互联网入口的价值：微信不仅是社交入口，而且_____，能够连接多种服务，连接_____等，微信是一切连接的核心。

(5) 作为互联网连接的价值：在_____形成智能连接。

知识点 3：微信与人际传播

(1) 传播主体：_____，其圈子性的传播，比起微博更注重_____。

(2) 传播介质：链接_____，同时使用丰富的_____。

(3) 传播内容：_____，但也使得内容在多样性上不如微博。

(4) 传播效果：_____。

知识点 4：微信与朋友圈

（1）微信本身不仅是网络通信工具，更是一个全方位的社交平台。与微博相比，微信具有_____，是一个较为私密的纽带。虽然在终端的呈现上，微信是交流的工具，但实质上，它提供的是_____。人们更喜欢_____，尤其是微信朋友圈，呈现为一种新型的虚拟社区。

（2）微信朋友圈对_____。网络本身就是一种能力，它不仅能使人们_____，而且能_____，从而使人们拥有更广泛的信息来源、支持资源、兴趣和利益。

（3）微信朋友圈突破了时空限制，为人们之间_____。互联网将现实生活中的社会网络扩展到虚拟空间，使那些具有共同兴趣的人们实现全球范围的互动。事实上，作为虚拟社区的微信朋友圈不仅促进了在线关系，而且增强了线下关系。与微博相比，微信朋友圈_____，但_____。

知识点 5：微信群的特征

（1）多半为_____；（2）_____传播方式，话题焦点难以突出；（3）除了文字、图片、语音外，_____是常见的社交方式；（4）微信群中具有_____，也有人会始终边缘化；（5）一些群会有_____以维护群内认同感；（6）_____，意见表达需要考虑多方面因素，自由度低。

知识点 6：微信公众平台的传播特点及局限性

（1）传播特点：顺应懒用户的_____模式；_____（明确的受众预期）；信息超载时代的减法思维；三种信息圈的关联效应，_____。

（2）局限性：_____的冲突；_____难以维系；_____有限；_____受限；系统_____；_____的冲突；_____的发布机制；_____的难度相对较大。

知识点 7: 微博的特点

(1)＿＿＿＿＿＿＿。"微"的特点使个体＿＿＿＿＿＿＿＿＿＿＿＿＿＿＿＿，人们可以随时记录自己的所见、所想，信息发布的频率通常比博客要高。

(2)＿＿＿＿＿＿＿。微博允许通过手机进行访问、更新，因此，在信息传播的＿＿＿＿＿＿＿＿＿＿＿＿＿＿＿＿＿＿＿＿＿。

(3)＿＿＿＿＿＿＿＿。微博既能保证＿＿＿＿＿＿＿＿，又可以＿＿＿＿＿＿＿＿＿＿＿＿＿，更容易形成持续刺激，使人们处于兴奋状态。微博的＿＿＿非常简单、方便，使具有公共价值的新闻可以轻易地实现＿＿＿＿＿＿＿＿。微博的开放性吸引了更多的专业人士参与信息传播，进一步丰富了其内容构成。

(4)＿＿＿＿＿＿。微博在内容上的"微"与信息发布上的移动性，都使得它呈现出更多的碎片化的特点。

(5)＿＿＿＿＿＿＿＿＿。微博是＿＿＿＿＿＿＿＿＿＿＿＿＿＿＿＿＿＿＿＿＿＿＿＿＿＿＿＿。微博以＿＿＿＿＿＿＿为传播网络，＿＿＿＿＿＿＿＿＿＿＿＿＿＿＿＿＿，因此容易"引爆"话题，以病毒式的扩散路径传播，迅速成为公共话题。

知识点 8: 微博的局限性

(1)＿＿＿＿＿＿＿＿：微博的简便性与大众化（终端丰富，而且设定密码就可以登录）、碎片化的写作方式，虽然＿＿＿＿＿＿＿＿，但也造成＿＿＿＿＿＿＿＿＿＿＿＿＿＿＿＿，使得人们为了争夺眼球放弃了公共话题，或采取炒作的形式，或进行"名人崇拜"，降低了微博本来的公共性。

(2)＿＿＿＿＿＿＿＿：微博凭借其传播效果裂变的优势，比一般的大众传播＿＿＿＿＿＿＿＿＿＿＿＿。有些微博主＿＿＿＿＿＿＿＿＿＿＿＿＿＿＿＿＿＿＿，以达到个人的某种目的，哗众取宠，发布充斥暴力、隐私、色情及危害社会稳定的内容，＿＿＿＿＿＿＿＿＿＿＿＿，引发诸如侵犯著作权、名誉权和个人隐私权等一系列社会问题。

(3)＿＿＿＿＿＿＿＿：与博客相比，微博用户发表信息所处的环境更具＿＿＿＿＿＿＿＿＿＿＿

__，内容更加碎片化，这在一定程度上鼓励微博成为一种个人化的而非公共讨论的媒介，大部分内容都是个人的生活私语。这限制了它作为一种公共领域的潜力。其次，与网络媒体如影随形的_____在微博上体现得更为突出，大量微博为了引诱转发，以庸俗、刺激的内容作为卖点，甚至严肃的公共讨论也经常会被娱乐化、漫画化，这对其构建公共领域其实是很不利的。

（4）_____：沈浩老师指出微博的核心是中心节点，也就是拥有众多粉丝关注的舆论领袖。因为人们的注意力有限，更因为微博本身的特征就是_____
_____，使得越连接越强大，越强大越被连接。舆论领袖往往又与现实地位相重合，但这种_____很可能会危害草根博主的话语权，甚至出现只有少部分的舆论领袖而不是广大民众参与讨论的场面，事实上这是和微博构建的初衷相违背的。

（5）_____：尽管目前还没有对于微博使用者身份的详细调查和统计，但现阶段微博使用者参与主体依然以城市居民中的年轻人为主。网民不等于公民，这标示着微博舆论主体的比例失衡，_____，却丧失了言语的主动权，这是_____在微博时代的又一表现。

【相关真题】

1. 微信公众号的局限（宁夏大学专硕 2022 简答题）

参考答案：

微信公众号的局限性主要表现为以下几方面：

（1）有限的推送次数与媒体时效性的冲突。当信息推送次数受到严格限制时，某些时候的传播就会遇到障碍，特别是当突发事件发生时。

（2）用户黏性难以维系。尽管有些微信公众号是靠粉丝的忠诚来维系的，但是真正能够获得死忠粉的公众号数量极为有限。

（3）点开率有限。尽管微信公众号的信息可以百分之百到达其订阅者那里，但是却无法保证信息百分之百被点开阅读。

（4）表现形式受限。公众号的内容主要表现形式是图文组合，某些时候，一些传播的创意无法实现。

（5）系统相对封闭。与微博等平台相比，微信公众号内容的反馈较弱，且其内容向微信之外的平台扩散相对困难。

（6）深度阅读与移动阅读间的冲突。微信公众号的文章本身没有容量限制，因此很多人更愿意通过微信公众号来发布或阅读长文章，但微信阅读往往是在移动终端、碎片时间里进行的。因此，真正的深度阅读仍然难以实现。

（7）覆水难收的发布机制。微信公众号的发布机制类似于传统报纸，内容一旦发布，就不能随意更正（对更正有严格的字数限制），也不能撤回，那些有问题的文章只能带着错误越传越广。

（8）获得粉丝的难度相对较大。关注公众号的操作相对隐蔽，很多人可能难以注意到，在微信平台进行公众号推广的手段也有限。

2. 结合平台传播特点，简述微博微信在虚假新闻现象的传播上有何异同？（西北大学 2021 简答题）

参考答案：

微信和微博对虚假新闻传播的相同之处在于：两者都属于社交媒体，人际传播中的劝服作用加剧了虚假新闻的传播速度和覆盖范围；在社交媒体平台上传播的虚假新闻大多与公众切身利益相关，引起公众的广泛关注；微信和微博都属于新媒体平台，虚假新闻的表现形式为多媒体形式，图片、视频形式的虚假新闻危害更大，辟谣难度增大。

微信和微博在虚假新闻的传播不同之处在于：

（1）微信的用户关系多为强关系，其内容多样性不如微博，虚假新闻的传播多见诸微信群、朋友圈等强关系社交网络之中，人际传播特性更强，相比微博传播速度慢，覆盖范围小；

（2）微博的用户关系多为弱关系，呈裂变式传播特点，虚假新闻更快速地扩散和蔓延，覆盖范围大；

（3）微信虚假新闻的主题内容同质化程度更高，微博中传播的虚假新闻内容更多样。

【本章指南】

　　微信和微博应该是最常见的新媒体了，尽管你很少看到题目中直接出现对微信和微博的考查（因为已经过了它是最热门考点的时期），但是实际上在答热点事件、舆论事件、新闻伦理事件、网络谣言甚至媒介改革、媒介融合等相关题目时，都少不了涉及微信和微博的特点。

　　从生产看，尽管微信微博都允许普通人进行内容生产，但是由于微信公众号比长微博应用更广，因此微信更适合内容完整度高的内容，微博则更适合传播碎片化信息；同时微信的内容生态更加完整丰富，但互动性相比微博弱。

从传播看，二者都具备的互动性、无界性、即时性等特点，它们都是当下信息传播的首选渠道，起到新闻舆论事件的"引爆点""放大器"的作用。而社交媒体的例如重社交性、碎片化等特性，又使之有重情感、轻理性等问题。但细究起来，微博最核心的特点是传播的公开性，所有人都可以看到微博内容，它可以短时间穿透所有的圈层和群体，传播范围最广；但是微信相对微博具备强关系的特征，其内容往往拥有社会关系的背书与加持，因而尽管传播范围可能不如微博来得广泛，但在某一特定群体内动员效果要比微博强得多。二者正好互补。

从内容获取看，微信和微博也是各有千秋。微博强调马太效应，无论是认证、热搜还是点赞机制（点赞更多的意见排前），都使得大众广泛的注意力能够被集中在少数议题和少数观点上，这无疑推动了整体传播极化，强化了"沉默螺旋"。而微信围绕着强关系和公众号构筑生态，这使得用户很难接触到和自己想法观点不同的内容，也增强了信息茧房效应。

了解了微信和微博的差异之后，我们在分析网络舆论时就可以针对题目中涉及的情况来分析究竟是微博还是微信导致了特定的问题。另外，我们也可以在需要设计传播方案、提出传播建议的时候，分析究竟是微博还是微信更适合某些特定内容的传播。

最后，我们在学习这一章节内容的时候，要把自己从日常生活中抽离出来，不要用想当然的心态去学习，尽量让自己对日常熟悉的事物"陌生化"。另外，平台和软件一直在更新，同学们需要敏锐地观察到平台上的新功能，以及针对这些平台的新政策，学会分析，一步步完善这一部分的知识点。

第 26 天
细分新媒体（短视频、直播、VR）特征

【学习导语】

随着新媒体技术的发展，短视频、直播和 VR 也成为重要的传播载体，衍生出相应的新闻产品形态。虽然它们同属新媒体，但却有各自的传播特点和优劣，同学们需要在掌握新媒体共性的基础上，了解和熟悉不同新媒体的具体个性。

【本章我的掌握情况】

	基本理解	熟练掌握	运用自如
26.1 短视频的传播特征			
26.2 直播的传播特征			
26.3 直播的在场、表演与陪伴			
26.4　VR、AR 的定义及其基本特征			

知识点 1：短视频的传播特征

（1）_____：相较传统视频而言，短视频_____
_____，迎合了受众快速消费内容的阅读习惯，也降低了视频制作的门槛。

（2）_____：相较视频而言，短视频内容创作者_____，从中调整、提炼观者的接收习惯和喜好，在有机互动中，透过影像信息完成高效传播。

（3）_____：短视频提供了较文字内容_____，除了影像视频外，还拥有滤镜、声音处理、模板元素等，它既可以作为社交娱乐的工具，也可以作为新闻素材的来源。

（4）_____：移动短视频的便利使其_____。它既是一个独立的文本，又是开放的关系链中的一个部分，既可以作为视频自媒体被生产和消费，又可以

连接微博、微信和其他媒介，是一个多用途的媒介。

知识点 2：直播的传播特征

（1）_____：继文字、视频之后，移动直播使得直播也不再成为电视媒体的专利，任何人都可以使用直播软件对任何事件进行直播。直播如同微博一样，将视频生产的权利交到了普通大众手中，报道内容也_____。但也造成了_____。

（2）_____：直播的内容特征是_____，具有_____，较剪裁好的视频具有更多的想象空间和实境感。吸引受众兴趣的同时，也使得受众_____。原生性导致的问题在于不可控性对直播者要求更高，也使得其_____。

（3）_____：网络直播的商业模式包含打赏、广告、付费观看等，_____。由于直播的真实属性，也可以成为_____。

（4）_____：相对于传统直播以事件为中心，直播则以直播者为中心，_____。在内容上，直播是最接近于现实中的_____的媒体形式。

知识点 3：直播的在场、表演与陪伴

（1）在场：移动互联网时代，用户不仅需要视觉体验，还要_____，移动新闻直播_____。移动直播不经修饰，刻意披露一些新闻操作中的"幕后"过程，反而带来了更强的在场感。

（2）表演和陪伴：社交性直播通过使得_____。对于主播而言，通过直播获得关注，同样体现了_____。

知识点 4: VR、AR 的定义及其基本特征

1. 定义

（1）VR 技术是_____，其主要特点_____，并令其使用者能够对他们无法置身其内的时空（真实或虚拟的）进行身临其境的"体验"，甚至与其进行交互。

（2）AR 技术亦即_____，是_____，将虚拟的信息应用到真实世界，并_____。

2. 基本特征

（1）_____：_____。因此，相比使用传统新闻媒体，受众通过沉浸式新闻能够获得更多的认知细节。近距离地观察新闻主角和场景，并亲自从画面中捕捉细节，将大大减少传统传播路径中信息流失的现象。

（2）_____：传统媒体的内容由生产者进行引导，但 VR 新闻的视角叙事逻辑将受众代入_____的位置；让受众与开放文本中的元素进行_____；文本的解读方式_____；传统媒介的_____消失了。

（3）_____：虚拟现实的拟真性能在观众与人物和事件之间_____。这种报道方式特别适合_____，比如有关难民的报道，利用新技术可以引发读者的同情和关注。

【相关真题】

1. VR、AR（广西大学专硕 2021/2022 名词解释）

参考答案：

VR 技术是一种建立在计算机模拟和沉浸式多媒体技术基础之上的新型科技，其主要特点在于高度仿真地模拟现实情境，并令其使用者能够对他们无法置身其内的时空（真实或虚拟的）进行身临其境的"体验"，甚至与其进行交互。

AR 技术亦即增强现实技术，是通过计算机系统提供的信息增加用户对现实世界感知的技术，将虚拟的信息应用到真实世界，并将计算机生成的虚拟物体、场景或系统提示信息叠

加到真实场景中，从而实现对现实的增强。

2. 移动短视频兴起的原因和影响（广西大学 2021 简答题）

参考答案：

短视频兴起的原因：

（1）中国社会处于转型期，人们工作、生活压力变大，节奏加快，短视频短平快的特点符合人们对信息的碎片化需求。

（2）移动互联网、智能手机等媒介技术的发展，使得移动短视频有了坚实的技术基础，未来 5G 技术的发展，将极大提升传播速率，扩大覆盖范围，更有利于短视频行业的繁荣。

（3）新媒体技术为受众赋权，使得受众不仅拥有传播的权利，也拥有生产内容的权利。短视频平台主打草根内容，符合受众需求，成为许多过往失声的边缘群体发声的渠道，因此受到大众欢迎。

短视频的影响：

（1）短视频成为人们的日常表达方式。如今短视频生产与传播的门槛几乎为零，加上其嵌入性等特点，使得短视频等视觉表达成为人际互动的日常交流方式。

（2）短视频的泛娱乐化内容使受众变为"单向度的人"。短视频平台背后有资本力量的运作，为博取流量丧失新闻伦理，传播低俗化甚至媚俗化的内容，而过分娱乐化的内容麻醉受众，久而久之受众变为马尔库塞所说的"单向度的人"。

（3）良莠不齐的短视频对青少年的社会化进程产生负面影响。如今短视频平台的未成年人模式尚未成熟完善，未成年人可能通过平台接触一些低俗、色情等不良内容，甚至出现打赏等行为，这都会对心智尚未成熟的未成年人造成负面影响，影响他们的社会化进程。

3. 评述网络直播带货现象（武汉大学 2021 论述题）

参考答案框架：

总起段可以结合新冠肺炎疫情谈谈网络直播带货兴起的现象，举一些例子。

1. 直播技术催生电商带货新形式

（1）直播平台的发展为电商带货提供技术支持；

（2）直播的人际互动特点满足用户的服务需求；

（3）线下零售与线上电商的式微催生带货新形式。

2. 正能量直播带货助攻经济发展

（1）主流媒体与自媒体合力，利用直播带货扶贫（"小朱配琦"等例子）；

（2）艺人助力直播，为疫情下的经济回暖做贡献。

3. 良莠不齐的直播带货仍需改善

（1）直播带货质量未得到保证，消费者权益受损；

（2）主播利用带货打擦边球，危害网络清朗环境；

（3）直播技术尚未成熟，用户购物体验受影响。

结尾段可根据第三部分提到的问题简要写应对措施，并对未来直播带货的发展进行展望。

【本章指南】

影音媒体近年日渐火热，甚至造成了人们传播习惯的"音视频转向"，原因是社交媒体中凸显的人际传播特性，使得人们在利用社交媒体时相较文字更青睐影像和声音。而技术的发展、终端的增多又降低了影音媒介的生产成本和观看难度。几方面因素共同宣告一个"影音时代"的来临。其中短视频、直播、VR 最为令人瞩目。

具体而言，短视频的核心在于其碎片化和嵌入性。短视频类似于视频中的微博，有碎片化特征，因此生产门槛降低，能够为普通人所用，更容易被引入人际传播网络，引发裂变式的传播。但是短视频本身作为媒介，更适合短时间的娱乐消费而不是长时间的知识或文化输出，也难以找到好的商业模式。不过，近年来短视频的范围已经大大拓宽，强调自我表达的 Vlog、强调互动模仿的抖音和快手短视频、强调公共传播的政务和新闻短视频都逐渐繁荣起来。

直播则是在新闻直播的基础上，强调去修饰化、草根视角和互动体验，满足了受众的心理窥视欲和陪伴需求。直播还有很多有意思的考查点，例如相对于其他传播媒介更强调"身体的在场"，这就让它可以和福柯的身体理论等有一定联系。这部分也可以参考彭兰老师的《网络传播概论》（第四版）的相关内容。另外直播内容良莠不齐，有可能会考查对直播的监管规制，要注意。

VR 强调沉浸感，虚拟空间和现实空间合二为一，大大延伸了人们互动的自由，带给人们更丰富更细腻的内容消费体验。但另一方面，这也意味着媒介内容的操控变得更加隐蔽，资本技术对于新闻内容的影响力变得更大。鼓励人们参与新闻而不是观看新闻，这大大提升了传播的吸引力，但如果内容出现问题，这样大的吸引力和传播范围反而会对舆论生态和受众身心造成更大的破坏，需要媒体做好自律，政府做好引导。

这一部分的知识点是近年的高频考点，在当下尤其以直播和短视频为多，且随着这些新媒介技术发展得越来越成熟，考查的频率会更高。我们要认识到，这几类媒体本质上都是新媒体，所以会带有前面章节所说网络媒介的 12 个特性 +9 个问题，但同时它们各自有非常突出的特点，比如短视频的嵌入性、直播的原生态、VR 的沉浸感，这些特点正在改变新闻生产的生态。在答题的时候，如果你能写出这些突出的特点，一定会使答案更亮眼。

第 27 天
媒介融合与全媒体

【学习导语】

网络平台、新媒介技术等的发展为多种媒体的整合传播提供了可能，媒介融合也是近年来媒体改革的一个重要方向。2020 年，中共中央办公厅和国务院办公厅印发了《关于加快推进媒体深度融合发展的意见》，媒介融合的重要性不言而喻。

【本章我的掌握情况】

	基本理解	熟练掌握	运用自如
27.1 媒介融合的定义			
27.2 媒介融合的路径			
27.3 融媒体			
27.4 融媒体的具体操作			
27.5 媒介产业融合			
27.6 "中央厨房"及其特征			
27.7 "中央厨房"的价值与问题、提升之道			
27.8 四全媒体			
27.9 四全媒体的实现			

知识点 1：媒介融合的定义

在新技术的发展下，媒介融合的洪流无法阻挡，已经成为一种无所不在、影响巨大的现象。这个概念最早由_____提出。

在发展的过程中，由于媒介这个概念的多义性，媒介融合有了两个层面的含义：一种__
_____，尤其在新闻
采集发布上联合行动，最大限度地减少人力、资金、设备等的投入，如设立大采编室。美国
新闻学会媒介研究中心主任安德鲁·纳齐森（Andrew Nachison）将"融合媒介"定义为
"印刷的、音频的、视频的、互动性数字媒体组织之间的战略的、操作的、文化的联盟"，他
强调的"媒介融合"_____。另一种则_____
_____，即媒介融合_____
_____。

知识点 2：媒介融合的路径

1. 从业务形态上_____

（1）多媒体化更多是指信息整合的具体方式，或者说报道形态。它是将多媒体素材集成
于一篇报道中，运用相关手段，将它们整合成为一个有机体。多媒体报道是各种传统的单媒
体的内容汇聚到一个平台后的自然结果，是对单媒体业务的继承与革新。

（2）全媒体化则是指_____，即运用所有媒体手段和平台来构
建大的报道体系。_____
_____
_____。报纸、广播、电视与网络是这个报道体系的共同组成部分。

2. 从体制上
_____。媒介融
合意味着打破传统媒介所习惯的旧有模式与利益格局，参与全媒体实验的各方就应该忘记原
来的"自己"，真正融为一个新的共同体，并且以这个新共同体的利益与发展目标为追求，根
据新的业务需要，来进行业务流程再造。

3. 从产品上
_____。媒介融合意味着各种媒体产品有了共同的平台基础，也就是
说多种媒体的产品集中到一个共同的渠道有了可能。_____
_____。此时，为了满足
受众的需要，最重要的就是提高媒介融合时代的产品的丰富性，要充分利用数字化所赋予的

产品组合的灵活性。各个媒体的内容应该视需要实现相互嵌入。这不仅可出现在同类产品之间，也可出现在不同类产品之间，例如，在电子报纸中嵌入电视台的节目。跨地域的产品组合也将成为可能。产品的组合策略，应该成为全媒体业务策略中的一个重要方面。

知识点3：融媒体

1._____

融媒体是指充分利用媒介载体，把广播、电视、报纸等既有共同点又存在互补性的不同媒体，在人力、内容、宣传等方面进行全面整合，_____
_____。

2._____

融媒体是以信息技术和通信技术的发展、应用和普及为支撑，在跨媒体的基础上通过媒介融合形成的，它真正体现了_____，它可以是_____
_____。

3._____

融媒体以生产对象的专门化，即受众的信息认知为起点来组织媒体内容生产，它不仅仅是一种媒介形态，更像是一个资源平台，在这里各类存贮的信息资源不断组合，_____
_____。

4._____

融媒体通过媒介形态、内容生产、媒介营销手段的整体融合，形成一个_____
_____。它包括_____
_____，包括报纸、网站、移动互联网产品以及社交媒体平台在内的_____
____传播系统，_____的分发系统，_____等新技术。

知识点4：融媒体的具体操作

1._____

人是融媒体时代新闻生产及媒体营运的起始点，也是终极目标。融媒体_____
_____，针对用户需

求开发个性化的媒介产品。

2._____

在打破了媒介界限的专业媒体机构，需要建立一_____，对这些开放状态中的信息进行筛选、判断。而这一综合指挥中心的基础是_____

_____，全权统领用户管理、内容管理、线索管理、选题管理、任务管理和数据库管理，并使之一体化运行。

3._____

融合媒体应该_____。首先，媒体可以_____

_____；其次，_____，寻求内容的最大价值；最后，_____，在流通领域寻找发展空间。

知识点 5：媒介产业融合

（1）媒体融合的路径构成了我国传媒集团发展的重要思路：应着力_____

_____。应建立能够辐射全国的网络型市场结构体系，鼓励媒介集团跨界合作尤其与互联网企业合作，整合渠道优势，互利共赢。

（2）相关传媒企业进行媒体融合的过程中，要注重优势互补和资源整合，_____

_____，营造大开放、大合作的开放式融合格局。

知识点 6："中央厨房"及其特征

基于以上媒介融合的思路，"中央厨房"成为重要的改革方向——_____

_____。各地的"中央厨房"实践不尽相同，但_____是基本共识。

特征：

（1）_____：统一技术平台支撑。在集团层面建立一个共享技术平台，核心内容包括

_____。

（2）_____：传统媒体与新媒体混编，成立大编辑部，改变过去集团内各家媒体单兵作战的做法，实现集中采访，采访稿件统一上平台，统一审稿。但子媒编辑部也可以根据自身媒介特点向"中央厨房"提出定制需求。

（3）_____：由信息员统一调度，最终生成纸媒、互联网、微信、微博、App、客户端等多元产品，在集团拥有的所有媒体平台上发布。

（4）_____：传统媒体集团尤其是纸媒集团成立"中央厨房"后，打破了过去"每天刊发一次"的惯例，实现了网络、移动终端等所有新媒体 24 小时滚动发布。

知识点 7："中央厨房"的价值与问题、提升之道

1."中央厨房"对于传媒转型的价值
（1）"中央厨房"通过集中采购、集约生产能_____；

（2）"中央厨房"对新闻生产流程进行再造，_____
_____；

（3）"中央厨房"集中生产集中发布，_____
_____；

（4）"中央厨房"能够_____。

2."中央厨房"的问题
（1）"中央厨房"报道模式所带来的是新闻生产效率的提升，但部分中央厨房_____
_____不仅无法提升质量，还可能让传统媒体内容更加同质化，进一步丧失内容竞争力；

（2）各地媒体纷纷建设"中央厨房"，_____，最终往往被长期搁置，无法发挥"中央厨房"的核心价值；

（3）"中央厨房"虽然有利于新闻实践的专业化，但_____
_____；

（4）编辑缺失对新闻事实的第一手信息，难以做到＿＿＿＿＿＿＿＿＿。因此，"中央厨房"仍然没有从根本上解决＿＿＿＿＿＿＿的问题。

3."中央厨房"的提升之道

（1）＿＿＿＿＿＿＿＿＿："中央厨房"不仅是一种内容共享、节约生产成本的报道模式，更是新闻在产品生产与分发中实现媒介特色的个性化制造过程。应保持不同媒介形态的特色与优势，强调对同一新闻素材的多元化生产与发布；建立工作室制度，打破现有部门设置，实现人员"跨部门"组织。

（2）＿＿＿＿＿＿＿：改造生产流程，进一步整合采编力量。改变考核机制，剔除简单的重复劳动评价，重视内容的创新价值，促进"中央厨房"稿件的优胜劣汰。

（3）＿＿＿＿＿＿＿。

知识点 8：四全媒体

2019 年 1 月 25 日上午，中共中央政治局就全媒体时代和媒体融合发展举行＿＿＿＿＿＿＿＿＿＿＿＿。习近平总书记在主持学习时强调，全媒体不断发展，出现了＿＿＿＿＿＿＿＿＿＿＿＿＿＿＿＿＿＿＿＿＿＿。"四全媒体"的提法，为我们目前的媒体发展指明了方向。

（1）全程媒体：其内涵主要包括两个方面：一是＿＿＿。

（2）＿＿。

全息媒体是＿＿＿。

（3）全员媒体主要是指＿＿＿。它既是一种独立的、全新的传播方式，

也可以作为主流媒体生产和传播新闻的辅助渠道，能够弥补主流媒体在信源上的天然不足，真正实现"人人都是新闻记者，个个都有麦克风"的全员媒体图景。

(4) 全效媒体是指_____

_____。除此之外，全效还意味着_____，包含金融、电商、社交等多效用，及从内容属性到社交属性，再到服务属性和金融属性等多种属性。

知识点 9：四全媒体的实现

目前的主流媒体距离四全媒体还有不小差距，主要体现在：
(1)_____，难以形成整合传播能力。

(2)_____，难以_____。

(3)_____。

(4)_____。

如何打造四全媒体？目前看有以下措施可以采用：
(1)_____，构建"全程媒体"。

(2)_____，打造"全息媒体"。

(3)_____，推动"全员媒体"。

(4)_____，打造"全效媒体"。

(5) 利用_____促进"四全媒体"。例如_____，有利于全程媒体；_____，有利于全息媒体；
_____，则有利于全员媒体；____
_____有利于"全效媒体"。

【相关真题】

1. 中央厨房（华东师范大学 2022 名词解释、中南大学 2022 名词解释）

参考答案：

中央厨房是媒介融合的重要的改革方向，即通过内容的集约化制作实现信息的多级开发，以提高传播效果，节约传播成本。各地的"中央厨房"实践不尽相同，但"新旧融合、一次采集、多种生成、多元发布"是基本共识。中央厨房的特征包括：（1）统一平台：在集团层面建立一个共享技术平台，核心内容包括数字存储系统及统一发稿、审稿系统。（2）统一采制：传统媒体与新媒体混编，成立大编辑部，实现集中采访，采访稿件统一上平台，统一审稿。（3）多元呈现：由信息员统一调度，最终生成纸媒、互联网、微信、微博、App、客户端等多元产品，在集团拥有的所有媒体平台上发布。（4）滚动发布：中央厨房打破了过去"每天刊发一次"的惯例，实现了网络、移动终端等所有新媒体 24 小时滚动发布。

2. 媒介融合对新闻行业的影响（北京邮电大学 2021 简答题）

参考答案：

第一，从业务形态上：呈现多媒体化和全媒体化。多媒体化更多的是指信息整合的具体方式，或者说报道形态。它是将多媒体素材集成于一个报道中，运用相关手段将素材结合成为一个有机体。多媒体报道是各种传统的单媒体的内容汇聚到一个平台后的自然结果，是对单媒体业务的继承与革新。全媒体化则是指一种业务运作的整体模式与策略，即运用所有媒体手段和平台来构建大的报道体系。单一报道仍然可以是单媒体、单平台、单落点的，但是它们会共同组成一个大的报道系统，所以从总体上看，报道便不再是单落点、单形态、单平台的，而是在多平台上进行多落点、多形态的传播。报纸、广播、电视与网络是这个报道体系的共同组成部分。

第二，从体制上：根据多媒体内容采集与生产的需要，进行生产流程的改造，重新进行分工规划。媒介融合意味着打破各个机构所习惯的旧有模式与利益格局，参与全媒体实验的各方就应该忘记原来的自己，真正融为一个新的共同体，并且以这个新共同体的利益与发展目标为追求，根据新的业务需要来进行业务流程再造。

第三，从产品上：集中化市场，个性化满足。媒介融合意味着各种媒体产品有了共同的平台基础，也就是说多种媒体的产品有了集中到一个共同渠道的可能。业务形态的整合也将使各种不同媒体的内容产品最终汇流为一个大市场，原有媒体市场的界限可能不再那么分明。

此时，为了满足受众的需要，最重要的就是提高媒介融合时代的产品的丰富性，要充分利用数字化所赋予的产品组合的灵活性。各个媒体的内容应该视需要实现相互嵌入。这不仅可出现在同类产品之间，也可出现在不同类产品之间，例如，在电子报纸中嵌入电视台的节目。跨地域的产品组合也将成为可能。产品的组合策略，应该成为全媒体业务策略中的一个重要方面。

3. 结合媒介发展状态和趋势，谈谈对"四全媒体"的理解（四川大学 2021 论述题）

参考答案框架：

总起段，写出"四全媒体"的出处，并简要分析我国目前的媒介发展现状。

1. 迎接媒介深度融合发展的四全媒体

（1）全程媒体：全程跟踪报道＋新闻生产全程协调；

（2）全息媒体：高度融合媒介形态＋全维度沉浸体验；

（3）全员媒体：受众自觉参与＋协同创新；

（4）全效媒体：提高传播效果＋实现服务效用。

2. 建设四全媒体任重道远

（1）条块分割式的新闻采编发模式，不利于发挥新闻统筹的作用，难以形成整合传播能力；

（2）单一化的媒介形态与新闻呈现方式，分散了受众的注意力及受众市场，难以形成聚合新闻效应；

（3）新闻生产的专业化和垄断性角色定位，消解了受众参与传播的可能性和积极性；

（4）无法把握的低效传播或无效传播，阻碍了对媒介资源和信息资源的有效利用。

3. 结合媒介技术发展趋势完善四全媒体

（1）加快媒介体制机制改革，优化新闻生产与传播流程；

（2）多元化的传播方式，满足受众的个性化信息或新闻消费需求；

（3）形塑传受一体化、混合型角色，强化大众参与感、体验感与社会责任感；

（4）通过新技术的采用，提高传播效果；

（5）利用人工智能促进"四全媒体"。

【本章指南】

今天所学的又是两个重点！四全媒体和媒介融合本来不属于教科书中的"热点"，但是看这两年的考查频率，已经远远超过了许多基础理论。我们在这里再简要阐述一下，究竟媒介融合和四全媒体的题目要怎样答？

先谈媒介融合。媒介融合是一个看上去挺难的知识点，不仅概念、内容繁杂，最关键的是怎样融合、融合什么，学界、业界观点并不一致。这方面的观点我们应该从它的反方向去理解。

先思考一个问题：为何要进行媒介融合和媒介改革？是因为新媒体挑战传统媒体，导致传统媒体传播能力及影响力下降、受众减少，甚至造成"渠道失灵"。而媒介融合的目标就是要通过满足用户的核心需求，让传统媒体获得当下受众的喜爱和认同，重新进入受众的社交渠道发挥自己的传播力和影响力。具体而言，新媒体的优势，也就是传统媒体落后的原因，包括形态单一、生产慢内容少、缺乏反馈、缺少受众、推送模糊、技术落后、盈利困难。传统媒体媒介融合与媒介改革的方式就是对症下药：建立中央厨房（增多形态）、自动新闻与内容共创（解决生产慢内容少的问题）、发展社交媒体和大数据（获取反馈和数据的问题）、建立用户社群（解决缺少受众的问题）、矩阵传播和智能推荐（解决推送模糊的问题）、跨界合作（解决资本和技术问题）、提供服务（增加盈利）。除此之外，最好还能够在内容上加强可视化、互动性和冲击力，满足受众的情感需求和特殊体验，打造社群文化，并且围绕社群进行更深入的开发。

这种媒介改革和媒介融合的目标是什么呢？从目前来看，其实就是造就四全媒体。至此我们就有了一个完整的线索：传统媒体的衰落是现状，新媒体的特征是起因，媒介融合是手段，四全媒体是目标。同时，我们还要认识到，建设四全媒体同样也是在完成更大的传播任务——重建主流媒体的传播力、影响力、引导力、公信力，解决社交媒体崛起后舆论引导的被动状态，从根本上弥合舆论场的分裂，从而为崛起的中国的政治传播、国际传播、文化传播、科学传播等打好基础。因此，在答"如何进行政治/国际/文化/科学等传播"的时候，同样不能忘了"建设四全媒体"这一条根本对策。如果你能把这一片知识点都连起来，这部分你就"学到家"了。

第 28 天
智能媒体与相关发展

【学习导语】

2016 年，阿尔法围棋（AlphaGo）战胜人类围棋世界冠军李世石，是人工智能发展史上的一个里程碑；2017 年，AlphaGo 与排名世界第一的围棋世界冠军柯洁对战，以 3 比 0 的总比分获胜；2020 年 5 月 21 日，搜狗联合新华社推出了 AI 合成 3D 主播"新小微"……智能媒体开始逐渐渗透我们的生活，改变我们的世界。未来即将进入的智能化媒体时代，将如何影响新闻行业，甚至如何影响人的价值，都是亟待考虑的课题。

【本章我的掌握情况】

	基本理解	熟练掌握	运用自如
28.1 智能化媒体			
28.2 智能媒体的生产与收集			
28.3 智能媒体的推送与呈现			
28.4 虚拟世界与现实世界的同一化			
28.5 5G 的定义及其特点			
28.6 5G 带来的影响			
28.7 5G 为新闻业带来的变革			
28.8 物联网			

知识点 1：智能化媒体

（1）智能化媒体（也即智能媒体）的驱动力是近几年的各种新技术：语义网、自然用户界面、人机交互（语音、手势、面部、视线）等技术。

(2) 智能化媒体的特征包括三个方面: _____
_____
_____。

知识点 2： 智能媒体的生产与收集

1. 从信息生产角度看，智媒化将带来几方面的可能
(1)_____ ：智能化的媒体将更好地_____
_____。

(2)_____：智 能 化 机 器_____
_____，改变现有的生产模式。另外，_____，
在未来将更为普遍。

(3)_____：各种智能物体将成为新闻接收的
终端，从而为用户提供无所不在的信息获取，而 VR/AR 等技术将为人们塑造全新的新闻临
场感。

(4)_____：用户在信息消费过程中的生理反应，将通过_____直
接呈现，_____。

2. 智能媒体的收集
(1) 由人到物：传感器技术优化新闻信息源，社交媒体平台发布信息，_____
_____。而传感器和物联网则可以不仅使人，而且使物也成
为新闻信息的提供者。

(2) 由主动向被动：智能媒体的基础是对用户数据的收集。大数据技术的发展使得媒体
能够随时获取、存储和处理来自用户的实时数据。人们的任何活动，都会生成可被分析的数
据，但另一方面一定程度上也造成了_____。

(3) 由静态到连续：由传感器获取的信息是_____，有利于我们获取趋势。同
时，除获取现在的数据以外，通过判断还可以_____。

（4）由人群到场景：除此之外，大数据技术的发展使得媒体能够_____

_____。此前的用户调查基于人群的特征，现在

的用户调查可以基于特定场景和特定行为，更为精确。

知识点 3：智能媒体的推送与呈现

1. 智能媒体的推送

（1）内容平台：_____，媒体中信息的采集节点不再仅仅局限于商业

或非商业性机构以及专业化的新闻机构，_____。

（2）大数据资源平台：大数据资源平台的建构其本质是以大数据与算法为依托，在保证

用户流量的基础上，通过利用大数据挖掘和分析技术，对用户行为进行长期的系统跟踪与分

析，从而_____。

（3）用户沉淀平台：_____。通过_____，为用户打造

特别的新闻阅读体验，提高用户的参与度与满意度，也为媒体生产内容提供及时充分的反馈。

（4）智能平台的形成让用户需求成为总的传播导向，在大数据与算法不断完善的基础上，

实现平台的智能化服务，为用户提供特定场景下最优化的需求供给匹配——_____

_____。

2. 智能媒体的呈现

（1）_____：从传统媒体时代文字阅读的"逻

辑思考"到新媒体时代视听阅读的"沉浸体验"，受众对信息可感知性的需求增加。虚拟现实

技术、增强现实技术与混合现实技术的发展，_____

_____。

（2）_____：传统媒体时代，为保证新闻信息的客观真实，采用第三人称

的报道模式，通过对新闻事件的讲述为受众建构新闻事实或客观世界。而 VR 与 AR 技术的

使用，则将新闻报道以第一人称的逻辑展开叙述，使用户由_____

_____。

（3）建构知识图谱实现全新认知体验：通过机器人对于不同语料库进行_____，对人

的认知逻辑精准定位与区分，构建起用户的认知图谱，从而在新闻信息的生产过程中，_____

_____。

知识点 4：虚拟世界与现实世界的同一化

（1）_____：以社交媒体和移动媒体为代表，_____

_____。虚拟空间成为现实世界的延伸，成为人们生活和工作的平台。

（2）_____：随着 LBS 技术，虚拟空间逐渐与现实空间形成一一对应关系，_____，成为现实空间互动的前奏。_____，出现了所谓的缺席的在场和在场的缺席。

（3）_____。

知识点 5：5G 的定义及其特点

（1）5G，_____。

（2）5G 技术_____的传播特点，将推动传媒业内容采集、加工体系的重构。5G 的到来将推动_____的完全实现。新闻从业者几乎可以不受限制地传输大量数据文件，实现数百条新闻图文或者新闻视频的瞬间传送，_____。

（3）5G 打破了 4G 的空间局限。5G 网络实现了_____，数据收集和生产无时无刻不在进行，打造出一个_____。5G 网络一旦在全球普及，无数传感器会把整个世界连成一体，用户、组织和机器通过接入互联网这个能量场，将会实现全球范围的协作与共振。

知识点 6：5G 带来的影响

（1）_____。专业化、高质量的视频形式将成为人们获取新闻的首选。同时，未来新闻产品的呈现形式也将更加虚拟化、立体化。

（2）_____，
工业 4.0、智慧工厂、车联网、远程医疗等应用，都因为 5G 的超低时延而成为现实。

（3）_____。
新一轮智能化浪潮不仅能进一步实现人与人之间的无缝连接，还将实现人与物、物与物的高速连接，相应地，信息传播的核心资源从内容、渠道转变为数据。

知识点 7：5G 为新闻业带来的变革

（1）从传播者而言，5G 之后出现的一个更重要的生产类别，就是_____
_____，人工智能、传感器、各种设备成为信源，整个社会呈现出全新样貌，社会管理、社会协同发生巨大改变。

（2）从内容而言，5G 所带来的视频的崛起，势必会使大部分_____
_____，社会话语模式也可能会发生改变。

（3）从媒介而言，基于互联网所带来的深刻改变，媒介开始从一种物理性媒介范畴进入生理性的和心理性的媒介范畴，_____。
除此之外，万物互联后，_____
_____。

（4）从受众而言，流量（用户）在平台上将成为富余资源，数据资源的获取和处理及__
_____的重中之重，需要_____
_____。但另一方面，传统媒体由于深耕本地，如果能善用_____和对用户了解深入的优势，就可以在 5G 时代扳回局面。

（5）从传播范围而言，随着传播场景的增多，_____
_____，将成为传播学研究的重要内容；电信传播学将在技术改变现实的推动下呼之欲出；最重要的是，随着 5G 时代的来临，_____
_____，传播学的主导性因素得以升级迭代，相应的机制与规律也势必发生重大改变。

知识点 8：物联网

（1）"物联网"的概念最早出现在 20 世纪 90 年代。2005 年 11 月，国际电信联盟以"物联网"为题发布该年度的互联网产业报告，强调＿＿＿＿＿＿＿＿＿＿＿＿＿＿＿＿＿＿＿＿＿

＿＿＿＿＿＿＿＿＿＿＿＿＿＿＿＿＿＿＿＿＿＿＿＿＿＿＿＿。

（2）相比互联网，物联网将联结更多，植入传感器的实物也被纳入互联网中，从而在无线传感器网络的基础上，突破了＿＿＿＿＿＿＿＿＿＿＿，实现了＿＿＿＿＿＿＿＿＿＿＿＿＿＿，有望完成＿＿＿＿＿＿＿＿。在物联网时代，通过在实物中嵌入像人类神经一般"敏感"的感应芯片，人类能够更为智能地获取、传递以及处理各类信息。＿＿＿＿＿＿＿＿＿＿＿＿＿＿

＿＿＿＿＿＿＿＿＿＿＿＿＿＿，便是物联网的核心，即"万物互联"的新型网络结构。

【相关真题】

1. 智能媒体特征（云南大学 2021 简答题）

参考答案：

智能化媒体的驱动力是近几年的各种新技术：语义网、自然用户界面、人机交互（语音、手势、面部、视线）等。

智能化媒体的特征包括三个方面：万物皆媒（通过物联网机器各种智能物体都有媒体化的可能）、人机合一（人与智能机器共同作用构建新的媒体业务）、自我进化（人对机器的驾驭和机器洞察人心的能力逐步推进）。

智能化媒体将带来的新的可能性：用户分析与匹配的场景化、智能化、精准化，新闻生产的机器化、智能化与分布式，新闻传播的泛在化、智能化与临场化。

2. 谈谈 5G 技术驱动下中国传媒业（华东师范大学 2021 简答题）

参考答案：

5G 对新闻业带来的变革：

（1）从传播者而言，5G 之后出现的一个更重要的生产类别，就是技术或机器生产内容（MGC），人工智能、传感器、各种设备成为信源，整个社会呈现出全新样貌，社会管理、社会协同发生巨大改变。

（2）从内容而言，5G 所带来的视频的突起，势必会使社会的核心表达、关键性的交流大部分被视频取代。非逻辑、非理性的传播将会成为一个趋势，社会话语模式也可能会发生改变。

（3）从媒介而言，互联网带来了深刻改变，媒介开始从一种物理性媒介范畴进入生理性和心理性的媒介范畴，传感器将无法量化的个人感受变为可以分析研判的媒介数据。除此之外，万物互联后，我们也可以更深地与物进行互动交流，人的内外因素的深度链接与"跨界整合"会成为未来媒介理论的研究重点。

（4）从受众而言，流量（用户）在平台上将成为富余资源，数据资源的获取和处理、对用户的精准管理便成为未来发展的重中之重，需要深入地对用户进行精准洞察与把握（包含其社会特征、生活形态、价值观念、社群交往、行为结构等）。另一方面，传统媒体由于深耕本地，如果能善用"在地性"和对用户了解深入的优势，就可以在5G时代扳回局面。

（5）从传播范围而言，随着传播场景的增多，场景学，包括场景发现、场景设计与场景应用，将成为传播学研究的重要内容；电信传播学将在技术改变现实的推动下呼之欲出；最重要的是，随着5G时代的来临，从宏观到微观，从整个社会到个人片刻的感官刺激，全都可以纳入传播的范围，传播学的主导性因素升级迭代，相应机制与规律也势必发生重大改写。

3. 谈谈人工智能媒体传播的特征及影响（上海大学 2021 论述题）

参考答案框架：

总起段写人工智能的定义，简述它的发展现状，可举一些例子。

1. 智能化媒体的特征

（1）万物皆媒；

（2）人机合一；

（3）自我进化。

2. 智能媒体对新闻传播的影响

（1）智能媒体的信息生产（用户分析与匹配的场景化、智能化与精准化；新闻生产的机器化、智能化与分布式；新闻传播的泛在化、智能化与新闻体验的临场化；互动反馈的传感化与智能化）。

（2）智能媒体的收集（由人到物、由主动到被动、由静态到连续、由人群到场景）。

（3）智能媒体的推送（内容平台、大数据资源平台、用户沉淀平台）。

（4）智能媒体的呈现（沉浸式新闻实现场景重构、打造身临其境的在场感、第一人称的报道模式、建构知识图谱实现全新认知体验）。

3. 智能媒体的问题

（1）内容上价值观和感情色彩缺乏，新闻专业主义遭受巨大挑战；

（2）信息分发易产生信息茧房；

（3）用户成为数字劳工，隐私被暴露；

（4）容易加强已有的知识沟。

结尾段针对第三部分的问题简要谈谈应对措施。

【本章指南】

在此前的内容中，我们学习了媒介融合、全媒体等新媒介技术的发展，都是媒介改革的重要方向和举措，可以说是媒介的"现在"。而随着媒介改革的进一步深化，智能化媒体、可穿戴媒体、物联网与 5G，则可以说是媒介的未来。可以预见的是，今后每一年的考试中基本上都会有与智能化媒体相关的大题出现。

智能化媒体是近三年的热门考点，无论是"连接一切"还是"万物皆媒"还是"AI+ 媒体"，其实质是媒体逐渐不再是提供特定内容和新闻的组织，而成了社会信息生产和处理的节点。同时信息处理者也不再只由依靠经验的媒体从业者担当，而是依靠人机协作互动。

但是智能化媒体的核心并不是人工智能，而是数据，有了受众数据，才能精准推送、个性化生产，有了外部数据，机器才能自动处理，自动写作。谁来提供数据？主要是传感器、智能终端、物联网，还有社交媒介和算法推荐平台等应用。

智能化媒体的优势包括：（1）内容丰富（人工智能参与写作、传感器的使用、大数据及 VR、AR 的运用都使得其内容更加丰富，并能够预测未来，而且更加个性化）；（2）效率提升（媒体能够迅速对信息进行筛选和判断，用户调查分析速度和内容生产速度均大大提升）；（3）互动精准（不仅知道用户在哪里，还知道用户在干什么，生产者可以迅速了解用户的喜好和所在场景以制作内容）；（4）自我进化（人工智能能够自我进化，更加精准地适应受众的需求）；（5）人机协作（人与机器将发挥各自优势，完成内容的协同生产）。

智能化媒体的问题包括：（1）在内容上缺乏价值观和感情色彩；（2）信息分发易产生信息茧房；（3）数据产品被剥削（用户无意间成为生产数据产品的劳工）；（4）隐私暴露（数据为公司所掌控），受众的被遗忘权被侵害；（5）新闻从业者和传统媒体地位严重下降，导致新闻专业主义遭受巨大挑战，从社会角度看容易加强已有的知识沟。

除此之外，5G 是目前传媒技术方面的最新热点，也是非常有可能考查的知识点。5G 对传播最大的意义还是在于它使得我们之前描述的几大媒体趋势成为了现实：内容视频化、应用智能化、传播场景化、万物媒介化，对应了短视频、直播、智能媒体和物联网的进一步发展。相应地，这几种媒体也带来了阅读浅化、情绪化、过度连接、隐私泄露和人工智能伦理等问题。

　　落到具体的答题上，在最基础的层次，我们要了解的是智能推荐和机器人新闻写作等的优劣势，5G 对媒体生产的影响等，这几个知识点可以说是智能媒体题目的重中之重，基本上所有学校都考过。高一点的层次，则是要关注这些智能媒体对社会的长期影响，例如物联网引起的"万物皆媒"趋势，算法普及造成的算法异化、算法缺乏透明度、算法偏见等问题，以及 5G 对个人社会生活造成的影响等。而再高一层，则是要思考算法与新技术对整个人类社会的发展和伦理造成的深层变革，例如人工智能的崛起引发的对"后人类主义"的思考，物联网和算法结合做大了技术公司，使之对传统社会治理逻辑带来了巨大的挑战等等。同样，当我们做媒介与社会、媒介与技术相关的题目的时候，一定要把这些内容写进答案。

　　总的来说，我们不仅要单独掌握这些知识点各自的定义、特点、实现路径和现存问题，还要将媒介融合、智能媒体这些知识点内化成解题的思维，涉及互联网、新媒体、媒介改革等相关的题目，都要把这些知识点熟练运用，举一反三。同时，多积累用以辅助你论述的相关案例，让案例成为画龙点睛之笔。

第 29 天
技术与社会的关系、英尼斯

【学习导语】

今天的内容跟传播学史相关。继经验学派、批判学派之后，技术学派另辟蹊径，开启了从技术看待传播的视角。几年前技术学派和技术视角出的考题一般还只作为名词解释和简答题"送分"，但是近两年，这部分内容成为论述题的"新宠"，因为算法、大数据、云计算以及区块链正在飞速发展，新技术在传播领域应用得越来越广泛，技术学派的理论与观点也能提供一种非常重要的答题视角。

同学们一定要重视这一模块的理论，不能止步于简单地背背，一定要理解，并将其运用到具体的传播情境中。

【本章我的掌握情况】

	基本理解	熟练掌握	运用自如
29.1 技术道德观			
29.2 技术与社会的关系			
29.3 网络技术与社会			
29.4 多伦多学派			
29.5 英尼斯与媒介偏倚论			

知识点 1：技术道德观

(1)＿＿＿＿＿＿＿＿：认为＿＿＿；科学的技术和方法是决定社会形态和人的命运的根本因素。

(2)＿＿＿＿＿＿＿＿：这是一种从本质上否定技术的观点，认为＿＿＿＿＿＿＿＿，技术夺走人的职业和饭碗、夺走人的隐私、剥夺人的政治民主权利导致官僚制国家；技术助长物质主义和消费主义价值、降低人的自律、埋没个人和个性，甚至夺走人的尊严；最终，技术将污染自然资源，将人类和地球引向毁灭。

(3)＿＿＿＿＿＿＿：＿＿＿，但也使得人类对这些新的可能性的控制处于一种不确定状态。技术产生什么影响、服务于什么目的，不是技术本身所固有的，而取决于人用技术来做什么。

知识点 2：技术与社会的关系

(1)＿＿＿＿＿：＿＿＿＿＿＿＿＿＿＿＿＿＿＿＿＿＿＿＿＿＿＿＿＿＿＿＿＿＿＿＿＿。同时，技术塑造人类发展而不是服务于人类的目的，＿＿＿。

(2)＿＿＿＿＿：技术起源于社会生活，产生于人的特定的价值需求。没有人的社会需求，就不会有技术，这表明了人对技术的主体性：人是技术的主人而不是奴隶。同时，技术不仅仅是工具和手段，它们也是伦理、政治和文化价值的体现。

(3)＿＿＿＿＿＿＿：技术属于生产力的范畴，它通过推动经济成长改变社会利益关系和利益结构，进而推动社会变革。但社会制度与社会形态对技术的发展也有重要的制约作用。技术是人类的主体活动的创造物，人如何利用和控制技术，社会占有结构、所有制关系如何，也反过来规定着技术的特点和性质。

知识点 3：网络技术与社会

1. 互联网社会的特征

早期的网络更像一个虚拟社会，在虚拟社会中，人们创造了新的活动空间和形式，出现了虚拟社会的虚拟身份、虚拟社群等重要议题。但现在，网络逐渐走入线下，诞生了融合虚拟与现实社会的互联网社会。互联网社会的特点主要体现在以下几个方面：

(1) 互联网社会的＿＿＿＿＿＿＿＿＿＿＿＿＿＿＿＿＿＿＿＿＿＿＿＿。个体是网络的节点，可以控制或组织信息的流动，而与其他节点的连接则可以放大个体的作用。个体节点可以在虚拟空间内设定多重角色，也可以根据自己意愿来设定自己在不同网络空间中的位置。

（2）_____，它们决定了互动的具体手段和形式，也决定了人们的关系模式，每个平台的规则会影响人们关系的深度、持久性与影响力，而平台的利益因素则会影响人们的互动秩序和模式。

（3）_____。

（4）互联网社会的_____。

（5）互联网社会的生态的_____而非个体，群体概念可大可小，但只有群体才会对网络的整体生态形成影响。

（6）互联网社会的_____，但也处在与现实社会的冲突和博弈之中。这种博弈会不断地造成网络权力的调整。

（7）互联网社会的_____。

2. 新媒体用户的特征

（1）_____：在网络时代，数据成为个体的映射和化身，移动终端刺激个体数据的生成（包括主动型数据和被动型数据），数据记录了人们的活动轨迹、社会场景，是"自我"的网络表达方式。但也会出现可能的个体暴露风险。

（2）_____：网络用户的表演基于数字化的虚拟空间，个人可以对自己的角色进行多重设定、自由分解，在不同环境下扮演不同角色。人们获得角色、扮演角色和转换角色都是自由的。但角色的改变也容易引发人的认知失调。

（3）_____：用户是社会资源、信息传播、内容 - 社交 - 服务的个体节点。每一个个体都能够直接或者间接地连接到其他所有用户，通过信息网络获取相关信息建立自己整体的意义网络和结构，或是加入社区或获取其他服务。

（4）_____：个人在同一时空中进行多项任务，扮演多重角色。这可以让人激发潜力，但也可能会造成人们处理任务的效率下降，进而造成人的记忆力减退。对于提供者来说，获得脑力资源的挑战在变得更大。

知识点 4: 多伦多学派

(1) 多伦多学派是 20 世纪 60 年代由加拿大多伦多大学学者＿＿＿＿＿＿＿＿创立的。代表人物包括＿＿＿＿＿＿＿等。该学派＿＿，对后来的传播学发展产生了重大的影响。

(2) 多伦多学派的总体评价：认为＿＿。

(3) 多伦多学派的意义与不足：a. ＿＿＿＿＿＿＿＿＿＿＿＿＿＿＿＿＿＿＿＿＿，开拓了媒介研究的眼界与范围，也使人们重新审视媒介的作用；b. ＿＿＿＿＿＿＿＿＿＿＿＿＿＿＿＿＿＿＿＿＿＿＿＿＿＿＿＿＿＿＿＿＿＿＿＿，显得过于片面。

知识点 5: 英尼斯与媒介偏倚论

(1) 英尼斯是加拿大经济史学家、政治经济学家，传播学技术学派的先驱。他提出了媒介偏倚论。

(2) 英尼斯认为＿＿＿＿＿＿＿＿＿＿＿＿＿＿＿＿＿＿＿＿＿＿＿＿＿＿＿＿＿＿，更注重于分析媒介与权力结构之间的关系。新的传播媒介的出现会改变社会组织的形态，促使权力中心的转移，打破旧的垄断权。总体上看，＿＿。

(3) "偏倚时间的"媒介能够克服时间的侵蚀得以长久保存，但质地较重，不利于传播。这种媒介存在于＿＿＿＿＿＿＿＿＿＿＿＿＿＿＿＿＿＿＿＿＿＿＿＿＿＿＿＿＿＿＿＿＿。在此基础上形成的文明的特点是：＿＿＿＿＿＿＿＿＿＿＿＿＿＿＿＿＿。

(4) "偏倚空间的"媒介质地较轻，便于传播，但不便于保存。这种媒介存在于现在和未来，＿＿＿。

（5）权力中心要想确保社会稳定，_____，
使之取长补短、互动互助。

（6）对英尼斯的评价：a. _____

_____

_____。 b. _____。 c. _____

_____。 d. 部分说法过分武断，显然是受了科技决定论因果模式的影响。

【相关真题】

1. 英尼斯（天津外国语大学专硕 2021 名词解释）

参考答案：

英尼斯是加拿大经济史学家、政治经济学家，传播学技术学派的先驱。

英尼斯认为文明的兴起、衰落和占支配地位的传播媒介息息相关。分析媒介与权力结构之间的关系，新的传播媒介的出现会改变社会组织的形态，促使权力中心的转移，打破旧的垄断权。他提出著名的媒介偏倚论，该理论指出：人类传播媒介的演进史，是由质地较重向质地较轻、由偏倚时间向偏倚空间发展的历史，而且与人类文明进步的阶梯相协调。

总体来说，英尼斯的贡献在于：从经济史学和政治经济学分析媒介的社会作用，揭示媒介技术对人类文明发展的重要性；开拓了媒介研究的新领域；将媒介研究与文化研究相结合，抨击当代西方社会知识机械化的倾向。但他的部分说法过于武断。

2. 简述三种不同的技术道德观（山东师范大学专硕 2021/2022 简答题）

参考答案：

梅赛尼在《技术与社会》一书中，对有关技术的社会评价进行了全面的考察，总结了近现代出现的三种不同的技术观。

（1）技术"善"论：认为技术是一切进步的原动力，技术能够解决人类生存与发展的根本问题，能够保证把人类带向一个理想的社会；科学的技术和方法是决定社会形态和人的命运的根本因素。

（2）技术"恶"论：这是一种从本质上否定技术的观点，认为技术是万恶之源，技术夺走人的职业和饭碗、夺走人的隐私、剥夺人的政治民主权利导致官僚制国家；技术助长物质主义和消费主义价值、降低人的自律、埋没个人和个性，甚至夺走人的尊严；最终，技术将污染自然资源，将人类和地球引向毁灭。

（3）技术"中性"论：认为技术本身无所谓善恶，它无非是中性的工具和手段；技术为人类的选择和行动提供新的可能性，但也使得人类对这些新的可能性的控制处于一种不确定

状态。技术产生什么影响、服务于什么目的，不是技术本身所固有的，而是取决于人用技术来做什么。

【本章指南】

与技术学派相关的内容太多了，今天只是端上了一盘"开胃菜"。其实，经典教科书中对技术学派的评价总体上有些片面，例如认为技术学派"陷入技术决定论的泥潭"。实际上技术学派的观点是非常丰富的，一些论断有其特定语义背景，而另一些则很有前瞻性。

目前对英尼斯、麦克卢汉等的批判已经不再针对其过于强调技术的决定作用上，更倾向于认为他们没有全面认识技术的作用。另外认为技术学派忽视社会背景，片面强调技术也并不公允，现代技术学派的代表人物如莱文森、德布雷、基特勒等，其实已将社会因素纳入其研究中，用以综合分析技术的实际作用。除此之外，有些当下较为激进的技术主义者，如凯文·凯利，甚至把技术视作独立的生命体（这部分观点我们在后面的内容中会详细讲解）。可见技术学派的观点远比教科书上提及的复杂。

书归正传，媒介、技术与社会三者的关系是常常被出大题的经典内容，而关于电子技术、互联网、社交媒体、人工智能、5G 等的"乌托邦"，也是屡屡出题的考点。回答这类题目，除了我们已经熟知的"技术决定论过分夸大技术作用，忽略了社会背景和人类主观能动性"，还有两点原则可以强调：一是资本主义社会中的技术并非自然发展的，多数情况下要服务于统治阶级的特定需要，因为技术的发展需要巨额资本，而即便是一些诞生于民间的技术，在发展到一定程度后，往往也要受到种种来自权力或资本的限制，使之转向有利于统治阶级的方向（如互联网最初标榜平等和分享，最终却不可避免地走向垄断）；二是技术一定是和特定的社会组织结合起来才能被广泛应用，比如印刷机诞生之后，一定要有企业来制造，且要依附于出版机构才能从事印刷，这些社会组织为特定的人或机构所有，要受社会中特定法律法规的制约。所以并没有单纯的、孤立的技术，它与社会并非二元对立，反而自带社会所赋予它的一些属性和特征。这两点在分析涉及如算法、平台、社交媒体或大数据等新技术的大题时，是非常有用的。

最后再稍微谈谈英尼斯的观点。为什么强化中央集权的空间媒体却容易造成社会不稳定？作为一个中央政府，面对"地方豪强和中央政府"的关系问题，要控制四方就需要有便捷的传播系统。而时间媒体针对的是"传统价值和新兴诉求"的问题，时间媒体的耐久性，使得保存下来的传统价值自然有了超越时间的神圣感，另外统治阶级对知识的垄断又妨碍新兴阶层获取知识，综合这些因素就可以长久保持政权的稳定。

为什么口语媒介是平衡时空的？以各个民族的史诗为例子，一方面掌握口语媒介需要长时间的耳濡目染、反复背诵，因此它能很好地保存传统；但另一方面它又是可以调整的，能够容纳变化和发展。这也是为什么麦克卢汉对广播"情有独钟"。而这恰恰是空间媒体所缺乏的。空间媒体轻盈易变，固然有助于思想者打破陈腐的观念，可也容易造成社会价值观的变化过于迅速。不仅普通人时常感到观念不断变动，彷徨不已，社会也时常会因变迁冲突而难以稳定。这就是空间媒体容易造成社会不稳定的原因。

第 30 天
麦克卢汉

【学习导语】

一人占据一天，足以说明麦克卢汉的重要性。在今天看来，麦克卢汉确实足够伟大，他的观点实在太重要了，许多导师写论文也都还在翻阅他的著作寻找灵感。作为近几年考查最多的知识，要答得好就必须比别人多学一点，因此，在这一部分我们给大家补充的内容也是比较多的。

【本章我的掌握情况】

	基本理解	熟练掌握	运用自如
30.1 麦克卢汉概述及其代表作			
30.2 麦克卢汉核心理论			
30.3 地球村与部落化			
30.4 内爆与媒介定律			
30.5 反环境与后视镜			
30.6 麦克卢汉的其他理论			
30.7 对麦克卢汉的评价			

知识点 1: 麦克卢汉概述及其代表作

1. 麦克卢汉

加拿大传播学家。20 世纪五六十年代出版一系列著作_____
_____等，是 20 世纪六七十年代国际传播学界最知名、最具争议的学者，被称为_____
_____。_____
_____。

2. 代表作

（1）《机器新娘》：批评了_____的影响。

（2）《谷登堡星汉璀璨》：_____
_____。印刷媒体使得人们使用媒介的感官比例出现了改变，_____
_____。由于印刷媒介的特征，出现了官僚制度、大众生产和个人主义，塑造了近代以来的西方文明。

（3）《理解媒介》：正式提出了_____
_____。

知识点 2：麦克卢汉核心理论

（1）_____：媒介具有有机体的性质，是人体的延伸（道路是脚的延伸，衣服是皮肤的延伸，广播电视则是眼耳手的延伸）。_____
_____。

（2）媒介即讯息：_____
_____。媒介传递的真正讯息是它本身对受众的刺激，而不是它所传递的内容。一种新的传播媒介一旦出现，_____
_____。

（3）媒介即截除：_____。

（4）热媒介与冷媒介：_____
_____，如照片、广播、电影。_____
_____，如漫画、电话、电视。冷热媒介提出了媒介与受众的关系问题，是未来的媒介互动性研究的先声，但在当时，此类划分十分牵强。

知识点 3：地球村与部落化

（1）部落化：_____，人类交流面对面，范围窄（"部落化"阶段）；_____
____，社会交流扩大范围，个体可以单独脱离开"部落"，人类社会进入了"脱离部落化"

阶段; _____出现后，时空距离缩短，文字不再控制一切，人类社会进入"重新部落化"阶段。

（2）地球村："地球村"概念使得人与人、社会与社会、国家与国家的相互依赖性及关系的密切程度大大增强，经济、社会、文化等社会结构要素的形态发生了前所未有的变化。

（3）部落化的补充论述：麦克卢汉认为_____，听觉是全方位的、整体的；尽管口语传播范围小，但也带来了人与人之间的密切联系，通过非线性的内容完成文化传承，内容丰富、充实。

（4）_____
_____
_____。

（5）印刷媒介的发明一方面传播了知识，另一方面也建立了更大范围的共同体，_____
_____。

知识点 4：内爆与媒介定律

1. 内爆
部落化时代，人类重新走向整体化，并且范围扩大到整个地球。_____
_____
_____。

2. 媒介定律
麦克卢汉提出了四大定律：_____。（1）_____
_____。（2）_____。
（3）_____。（4）_____
_____。

知识点 5：反环境与后视镜

（1）麦克卢汉认为，旧媒介在发展成为新媒介的过程中，面对新技术带来的意识冲击，

大部分人浑浑噩噩。_____

_____。

（2）反环境由艺术家所创造，_____

_____

_____。

（3）另一种超脱媒介影响的方式是用"后视镜"，_____

_____。

知识点 6：麦克卢汉的其他理论

（1）大众文化：麦克卢汉_____

_____。大众看起来"混乱"，是因为实际上鼓励更多的互动。"电路将人们带入完全卷入的相互关系之中，这使大规模的对话和发现成为可能。公众是一种附加的结构，大众的结构截然不同，它要丰富得多。它能够完成的整合和创造的活动能力，不知要比公众高出多少。"

（2）商品符号化：麦克卢汉在研究广告时发现，_____

_____。这间接启发了鲍德里亚提出消费社会理论。

（3）媒介政治：电子媒介的出现，不仅使商品日益符号化，连政治也无法避免。_____

_____。在重新部落化的过程中，政治领导人也逐渐_____

_____。

（4）注意力经济：_____

_____

_____。这一点与受众商品论有许多类似之处。

（5）全球化：麦克卢汉不仅观察到了全球化这一大的潮流，而且还关注到了_____

_____。他的这些见解对我们思考全球化与本地文化的冲突，全球化所激发的逆向的全球本地化等问题提供了启发。

知识点 7：对麦克卢汉的评价

1. 积极意义

（1）他将_____，对我们认识媒介工具的重要性有启发意义。

（2）他_____

_____。

（3）他的论述是对以往除内容以外的媒介本体认识不足的一种_____。

（4）_____。

2. 不足

（1）言论如"神谕"，_____。冷热媒介的划分比较牵强。

（2）_____

_____。

【相关真题】

1. 媒介即讯息（上海师范大学学硕 2021 名词解释）

参考答案：

媒介即讯息由加拿大传播学者麦克卢汉提出。他在《理解媒介》一书中指出：传播媒介真正传递的是媒介的特性，传播媒介本身就是传播内容，内容也是一种媒介。媒介传递的真正讯息是它本身对受众的刺激，而不是它所传递的内容。一种新的传播媒介一旦出现，这种媒介本身，而不是它所传递的具体内容就会给人类社会带来某种信息，引起社会变革。

麦克卢汉这一论述是以往对除内容以外的媒介本体认识不足的一种修正和完善，但忽略内容只谈技术的影响，甚至把人类文明发展史等同于传播科技史，使其理论走向了传播技术决定论的极端。

2. 请简述麦克卢汉的媒介理论（西北政法大学专硕 2021/2022 简答题）

参考答案：

麦克卢汉的核心媒介理论主要包括：

（1）媒介是人体的延伸：媒介具有有机体的性质，是人体的延伸（道路是脚的延伸，衣服是皮肤的延伸，广播电视则是眼耳手的延伸）。一切媒介都是人的肢体部分向公共领域的延伸，更为重要的是人体任何一部分的延伸都会影响整个心灵与社会。

（2）媒介即讯息：传播媒介真正传递的是媒介的特性，传播媒介本身就是传播内容，内容也是一种媒介。媒介传递的真正讯息是它本身对受众的刺激，而不是它所传递的内容。一种新的传播媒介一旦出现，这种媒介本身，而不是它所传递的具体内容就会给人类社会带来某种信息，引起社会变革。

（3）媒介即截除：使用媒介延伸自己的能力的时候，人们身体原有的功能就会退化。

（4）热媒介与冷媒介：热媒介是能够"高清晰度"延伸人体某感官的媒介，提供充分、完善的讯息，受众参与程度低，如照片、广播、电影。冷媒介提供给受众的讯息不充分，需要受众予以补充、联想，受众参与度高，如漫画、电话、电视。冷热媒介提出了媒介与受众的关系问题，是未来的媒介互动性研究的先声，但在当时，此类划分十分牵强。

【本章指南】

　　至少在考试里，麦克卢汉是真正的传播学"王中之王"。无论哪一年考什么学校什么题型，你都可以用到麦克卢汉和他的观点。况且直到今天，我们对麦克卢汉的理解还在不断深入。

　　不过麦克卢汉的理论虽然重要，但实际应用起来，其使用范围并没有我们想象得广。例如"媒介即讯息"，使用范围就比较狭窄，主要包括：媒介与社会的宏观题目，指出"媒介即讯息"，说明其是媒介除了传播内容以外的隐形功能之一；媒介改革的题目，指出"媒介即讯息"，用以说明媒介本身的形式会影响受众对于内容的接受，进而产生特定的社会效果，因此"内容为王"或者"旧瓶装新酒"都会失败；媒介传播娱乐化的题目，用"媒介即讯息"指出媒介的特征可能影响到媒介内容的娱乐化，例如电视造成娱乐化（可引用《娱乐至死》的内容）。

　　对于"部落化"和"地球村"的内容，大部分人抓住的是"拉近距离""世界关系日益密切"这部分，而忽略了"平衡感官"。实际上"平衡感官"的理论意义是很重要的，重视听觉，重视现场感、戏剧化，不仅能够解释电视，也能够解释互联网直播、短视频和音频为什么如此流行。直播、短视频和音频都提供了充足且丰富生动的形象信息，同时也进一步增加了人格化、口语化的传播内容在网络文化中的比重。

麦克卢汉和鲍德里亚都提出了"内爆"概念，它意味着远方和本地、真实和虚构、严肃和娱乐的混合。在网络环境下，内爆可以用来解释全球文化、恶搞文化、解构文化的盛行。另外这一概念负面意味更重，可用在对电视和网络文化的批判上。

"媒介四定律"也很有用，近几年频频被人提起，用一句话概述就是"媒介永远处于辩证矛盾的发展中，老问题会带来新问题"。声音引入媒介带来亲切感，但又造成了人们的阅读障碍；信息爆炸产生了信息筛选整合算法，但算法又会造成偏见，最终让人们怀念专业把关人时代。这些思路可以用在很多与媒介技术相关的题目中。

第 31 天
纽约学派

【学习导语】

一些参考书直接将本章将要介绍的纽约学派和多伦多学派统称为"技术学派"或者"媒介环境学派"，这样的分法没有错，两个学派也是一脉相承的关系，不过从狭义上讲，媒介环境学更多还是跟纽约学派相关，纽约学派一个重要的人才培养基地就是纽约大学的媒介环境学博士点。

相对于前两章来说，本章的内容应用更广泛，但是极易被用错，遇到严谨的阅卷老师极易被扣分。在开始本章的学习之前，大家想一下：网上很多人说八卦新闻、娱乐内容、综艺节目越来越多，世风日下，"娱乐至死"，这个"娱乐至死"用对了吗？为什么尼尔·波兹曼是媒介环境学的代表人物，而不是符号学或者内容研究的代表学者？

如果你能回答这些疑问，说明你是一个学得很扎实并且很有可能读过原著的"考研党"。如果不能，那请带着这个疑问重新走近媒介环境学。

【本章我的掌握情况】

	基本理解	熟练掌握	运用自如
31.1 纽约学派与媒介环境学			
31.2 尼尔·波兹曼			
31.3 约书亚·梅罗维茨			
31.4 保罗·莱文森			
31.5 刘易斯·芒福德			

知识点 1：纽约学派与媒介环境学

（1）纽约学派发端于纽约大学，借鉴了麦克卢汉和英尼斯关于媒介环境学的基本理论框

架，在_____。代表人物：_____

_____等。

（2）媒介环境学的定义：波兹曼认为_____。

具体地说，_____。_____

_____。

（3）媒介环境学有以下观点：a. _____。媒介的物质属性结构和符号形式

具有规定性，对信息的编码、传输、解码、储存产生影响，对支撑这些传播过程的物质设备

也产生影响。b. _____：包括思想情感偏向、时空和感知偏向、政治偏向、社会偏

向、形而上偏向、内容偏向、认识论偏向等。c. _____心理或感觉的、社会的、

经济的、政治的、文化的____，_____。d. _____

_____。

知识点 2：尼尔·波兹曼

1._____

_____，代表作：_____

_____（尼尔·波兹曼三部曲）。波兹曼深刻地影响了_____

_____。

2. 波兹曼的主要观点

（1）_____

_____

_____。波兹曼的媒介环境学谋求用保存印刷文化的方法来抗衡电子革命的倾向。

（2）_____：____意味着儿童经历长时间学习与训练以成长为成人的过程，但是__

_____。

（3）_____：_____

_____

_____。

(4)＿＿＿＿＿：＿＿＿＿＿＿＿＿＿＿＿＿＿＿＿＿＿＿＿＿＿＿＿＿。波兹曼指出随着人类文明的演进，技术对社会的影响力越来越大，早期人类使用技术的目的仅仅是为了解决物质或精神生活中的特定问题，而如今技术已然冲破了文化的樊篱，变得无法驾驭，并试图将其价值观———＿＿＿＿＿＿＿＿———强加在人类身上，＿＿＿＿＿＿＿＿＿＿＿＿＿
＿＿＿＿＿＿＿＿＿＿＿＿＿＿＿＿＿＿＿＿＿＿＿＿＿＿＿＿＿＿＿＿＿＿＿＿＿＿。

(5)＿＿＿＿＿＿：＿＿＿＿＿＿＿＿＿＿＿＿＿＿＿＿＿＿＿＿＿，人们试图通过增加信息量来获得思考的能力进而解决问题，但＿＿＿＿＿＿＿＿＿＿＿＿＿＿＿＿＿＿＿＿＿＿＿＿＿＿＿＿＿＿＿＿＿。

知识点 3: 约书亚·梅罗维茨

1. 梅罗维茨简介
美国当代传播学家，提出了以"情境"为视角考察媒介的社会影响的一系列观点。

2. 媒介情境论
这一理论是英尼斯、麦克卢汉的媒介理论与社会学家戈夫曼的情境理论的有机融合。具体而言，它吸收了英尼斯和麦克卢汉关于＿＿＿＿＿＿＿＿的观点并融合了戈夫曼的＿＿＿＿，
＿＿＿＿＿＿＿＿＿＿＿＿＿＿＿＿＿＿＿＿＿＿＿＿＿＿＿＿＿＿＿＿＿＿＿＿＿。

3. 媒介情境论主要观点
(1)＿＿＿＿＿＿＿＿＿＿＿＿＿＿＿＿＿＿＿＿＿＿＿。媒介的变化会导致人类行为的变化，而这是以环境（即情境）作为中介的。

(2)＿＿＿＿＿＿＿＿＿＿＿＿＿＿＿＿＿＿＿＿＿。不同的情境代表不同的社会角色，一旦重叠会让人不知所措。

(3)＿＿＿＿＿＿＿＿＿＿＿＿＿＿＿＿。电子媒介造成一些场景合并，又造成另外一些场景分离，从而改变人的行为。

(4)＿＿＿＿＿＿＿＿＿＿＿＿＿＿＿＿＿＿＿＿＿＿＿＿＿＿＿。因此，在通过媒介进行的传播活动中，＿＿＿＿＿＿＿＿＿＿＿＿＿＿＿＿＿＿＿。

4. 对媒介情境论的评价

优点：将_____；

把受众的概念纳入媒介情境的分析之中，_____。

缺点：媒介情境论_____，不提社会制度与媒介制度的联系，无视社会意图对媒介管理、媒介使用情况的影响；部分研究_____

_____。

知识点 4：保罗·莱文森

1. 保罗·莱文森简介

是美国媒介理论家、科幻小说家、大学教授，_____，也是__

_____。在当今传播媒介研究领域，被誉为_____

_____。

2. 主要理论

(1)_____：媒介进化是一种系统内的自调节和自组织，其机制就是"补救媒介"，即后生媒体对先生媒体有补救作用，当代媒介对传统媒介有补救功能。

(2)_____：媒介的选择不是自然的选择，而是我们的选择———也可以说是人类的自然选择。适者生存的媒介就是适合人类的媒介。

(3)_____：媒介技术发展过程_____；但在发展中，该技术如果不符合社会需求，或与传统媒介不够兼容，则会被逐渐淘汰，_____

_____；而随着媒介进一步发展，它不仅仅可以反映现实，人们还_____

_____。在这个过程中，人类的需要始终占据主导地位。

(4) 莱文森认为，_____，例如广播复原了人们自然的交谈。但另一方面，_____，如精准保存人们的信息，扩充传播的范围等。

3._____

莱文森认为手机是超越电脑和网络的革命，它使人们摆脱束缚，离开家宅和办公室，_____

_____；它开启了一个_____，这是一个_____，而不是

_____。手机的出现，_____

_____。

4. 新新媒介

新新媒介，即_____

_____

_____。莱文森认为新新媒介相对于新媒介有移动化、社

交化等特征。

5. 软媒介决定论

莱文森称自己的媒介演化理论是软媒介决定论，而麦克卢汉的媒介演化理论是硬媒介决

定论。硬媒介决定论认为信息系统对社会具有必然的、不可抗拒的影响，_____

_____

_____。

6.三个地球村

_____。他认为，_____

_____。他做了这样的解释：广播

是单向媒介，罗斯福发表广播讲话时和民众的关系宛若父子关系；电视也是单向媒介，满足

人通过电视节目偷窥他人生活的好奇心；网络才是互动媒介，实现了真正的全球互动。

知识点 5：刘易斯·芒福德

1. 刘易斯·芒福德简介

_____，被认为是_____。他在_____

_____

_____。

2. 主要观点

(1)_____：_____

_____。所以，技术和自然生命从来都在一起，从未分离，_____。

_____。芒福德竭力推崇一种高度注意有机体的、生物学的和美学的需要及欲求的技术，_____

_____。

（2）技术的文化编码：_____。_____

_____。文化编码呈现女性特征，给人类更多的自由，更加包容人类的生存境遇和文化进程，使人类和媒介技术有机和谐融合。语言文字乃至城市都应该是这样具有包容性的容器技术。

（3）城市与传播：芒福德非常重视交流对文明发展和城市发展的意义。城市是用来进行有意义谈话的最广泛的场所。_____

_____

_____

_____。

【相关真题】

1. 尼尔·波兹曼（山西大学专硕、上海大学专硕 2021 名词解释）

参考答案：

尼尔·波兹曼是媒介环境学的创立者，纽约学派代表人物。其代表作有《童年的消逝》《娱乐至死》《技术垄断——文化向技术投降》等。

尼尔·波兹曼的主要观点有：（1）媒介即隐喻：媒介使用隐蔽但有力的暗示来定义整个现实世界，媒介的形式偏好某种特殊的内容，会最终塑造整个文化的特征；（2）童年的消逝：电视的发明搅乱了童年的信息环境，使儿童过早成熟；（3）娱乐至死：在媒介强大的功能下，深刻的信息往往呈现为一种简单的方式，媒介生产出过剩的信息对于受众而言只是充当了谈资，却无法促成任何有益的行动。波兹曼深刻地影响了媒介素养和媒介教育，他捍卫印刷媒体的价值，对沉湎于电子媒介的现代社会表示忧虑。

2. 梅罗维茨情境论（苏州大学 2022 简答题）

参考答案：

梅罗维茨的媒介情境论是英尼斯、麦克卢汉的媒介理论与社会学家戈夫曼的情境理论的有机融合。具体而言，这一理论吸收英尼斯和麦克卢汉的媒介环境、传播范式的观点，并融入戈夫曼的拟剧论，但将自然环境和场所研究延伸到传播媒介所造成的社会环境研究，以便全面地揭示社会现实。

媒介情境论的主要观点：

（1）把情境视为信息系统，媒介为情境的关键要素。媒介的变化会导致人类行为的变化，而这是以环境（亦即情境）作为中介的。

（2）媒介决定情境，情境决定适宜的交往行为。不同的情境代表不同的社会角色，一旦重叠就会让人不知所措。

（3）电子传播媒介促使许多旧情境合并。电子媒介造成一些场景合并，又造成另外一些场景分离，从而改变人的行为。

（4）强调受众的重要性，认为受众的类型、人数的多少和特征实际上影响着传播的方式。因此，在通过媒介进行的传播活动中，应根据受众群的分离和结合形式设计媒介讯息。

对媒介情境论的评价：

优点：将媒介研究与社会研究有机结合；以动态的和可变的眼光分析情境与行为的关系；将受众的概念纳入媒介情境的分析中，突出了受众在整个传播过程中的重要性。

缺点：媒介情境论过于夸大媒介对社会环境和人们社会行为的影响，不提社会制度与媒介制度的联系，无视社会意图对媒介管理、媒介使用情况的影响；部分研究将媒介本身的特点和媒介传递的内容混淆在一起，缺乏连贯性。

【本章指南】

媒介环境学最著名的著作当数尼尔·波兹曼的《娱乐至死》了，但这本书中所提到的其实又是被误解最多的理论。回答本章学习导语中的问题，那里所提到的"娱乐至死"没用对，尼尔·波兹曼在书中就已经明确说了自己不是在讨论内容，他所谓的娱乐至死实际上是指以电视为代表的视频媒介的逻辑不是线性的而是跳跃的，它当然可以用来传递时政新闻等一些非娱乐化的信息，但是以秒来计算、镜头随时切换的呈现形式，由于时间的限制电视新闻对冲击力加倍注重，这样的内容环境实际上扼杀了印刷媒介的理性、扼杀了有关民主政治的讨论，甚至扼杀了美国文化。这一切的根源并非"世风日下"、大众的口味变低俗了，而是媒介的逻辑本身就只能用来承载适合其特性的内容。

再想想现在的短视频，相对于电视时代其内容是不是被切割得更碎片化？这种观点在答题的时候也可以用上，但是只针对内容低俗化来谈"娱乐至死"并不严谨，一定要谈媒介及其所塑造的媒介环境。以上所有的观点一定不要用来谈内容影响，实际上技术学派真不研究内容文本，用他们的理论来分析内容影响其实是文不对题的。

除了波兹曼以外，其他人的理论也各有用处。梅罗维茨的理论运用更多的还是两个思路：一是社交媒体会将不同的社交场景合并，造成了网络社交中人际与大众传播、私人领域和公共领域的混合，这导致了公共领域的娱乐化。二是电视媒体以及网络媒体将娱乐事件与严肃事件混合呈现，解构了严肃事件的重要性和仪式感。

莱文森的理论在一些学校可能会出名词解释。很多人都能想到他的著名论述"媒介是一把刀子"，但其实对同学们而言他最有用的理论是"上一种媒介的缺陷往往是下一种媒介的优点"。现阶段我们可能会遇到很多与媒介改革相关的题目，而已存在的媒体身上的问题，就是我们未来改革的方向。现在的智能媒体和算法会带来隐私泄露问题、信息解读问题、社会整合问题、商业化和再中心化问题，那传统媒体未来就该在保护隐私和受众权利、深度调查和解释、塑造共同体等方面找到自己的用武之地。除此之外，莱文森的新新媒介的观点也很著名，需要我们去记忆。

刘易斯·芒福德的理论截至目前还未被出过考题，但我们还是把他放在本章内容里，一是因为他也是媒介环境学的代表人物之一，二是他的"一种技术是否有利于人性的发展，是技术是否合理的标准"和"媒介的交流功能被逐渐弱化，成为商品推销和社会控制的渠道"这两个观点，可以说非常准确地切中了当下媒介发展的要害，也与喻国明老师关于下一代互联网的标准的论述契合。新媒介的技术形态究竟会更有利于传播还是交往？是有利于资本还是大众？这些问题如果能够在考试中都分析到，对你的答案是有加分的。

除此之外，媒介环境学派的学者还有很多，他们的观点都可以用于拓展思路，不过同时也要了解他们各自理论的局限性。

第 32 天
其他的技术学派成员及思想

【学习导语】

本章涉及大量经典参考书目中没提过的人物和理论，也就是所谓的"超纲"内容。其实近年来的考试已经越来越不局限于参考书，有些题目感觉老师在刻意地考查考生的知识广度，还有些学校直接取消了参考书目，专考你各种"教程"上没有的题，根本就没有"纲"，也就谈不上"超纲"。

本章内容不仅要准备好考名词解释、简答，其中有一些思路更是论述题的加分项，尤其是卡斯特的理论，如果用上，老师给的分数能提高一个档次。今天的内容虽多，但无比重要，请同学们打起精神，开始今天的学习。

【本章我的掌握情况】

	基本理解	熟练掌握	运用自如
32.1 技术意向论			
32.2 媒介失控论			
32.3 电子乌托邦			
32.4 媒介依存症、电视人、容器人			
32.5 传播的仪式观			
32.6 德里克·德克霍夫			
32.7 曼纽尔·卡斯特			
32.8 马克·波斯特的信息方式理论			
32.9 雷吉斯·德布雷的媒介学			
32.10 弗雷德里希·基特勒的媒介理论			
32.11 媒介化理论			

知识点 1: 技术意向论

(1) 由雷蒙德·威廉斯提出，威廉斯坚持认为_____

_____，不能把科技

从社会中抽象出来看问题。

(2) _____

_____，但却不是唯一的意向因素。_____

_____。

知识点 2: 媒介失控论

(1) 由兹比格涅夫·布热津斯基提出，指美国乃至全球已经处于一种大失控、大混乱的
状态，媒介失控只是其中的一个方面。

(2) 电视是接触社会和接受教育的最重要的工具。_____

_____。

(3) 解决这一问题的方法有三个: _____; _____;

_____。

(4) 该理论对媒介的弊端剖析入木三分，但_____

____。

知识点 3: 电子乌托邦

(1) 该理论认为，电子传播网络的双向性使每个人既成了传播者又成了受传者，_____

_____。

(2) 还有的学者认为，_____

_____。

(3) 电子乌托邦的观点_____

_____。

（4）但是，社会的变革和完善需要更加复杂的社会条件才能实现，单纯的技术上的可能
性并不一定必然保证理想的社会形态就能出现。因此很显然，_____
_____。

知识点 4：媒介依存症、电视人、容器人

1. 媒介依存症

_____，其特点是：（1）_____
_____；（2）_____；（3）_____
_____；（4）_____；等等。

2. 电视人

由日本传播学者林雄二郎提出，这一概念强调电视对现代人社会化过程的巨大影响，
_____。
与父辈强调逻辑不同，他们的活动是在背靠沙发、面向荧屏的狭小空间中进行的，这种封闭、
缺乏现实社会互动的环境，_____
_____。

3. 容器人

由日本学者中野收提出，_____
_____；即使有交往，也像_____；____
_____。_____
_____。容器人的概念强调了大众媒介对个人"社会化"和自我形成过程的
巨大影响。

知识点 5：传播的仪式观

（1）詹姆斯·凯瑞：_____。a. 凯瑞对
传播仪式功能做了阐述：_____。
b. _____。
c. _____

_____。

(2) 传播的仪式观：凯瑞在《作为文化的传播》中提出了传播仪式观，主张将传播放在文化视野下进行研究。凯瑞汲取了芝加哥学派的符号互动论和麦克卢汉的思想，认为_____

_____

_____。_____。

_____。

(3) 传播仪式观告诉我们：_____。传播与文化犹如一个硬币的两面，_____

_____

_____。

知识点 6：德里克·德克霍夫

(1)_____，继承并发展了麦克卢汉的理论，并_____多有贡献。

(2) 德克霍夫通过语言进一步深化了多伦多学派的研究。他将人类历史划分为三大阶段：_____、_____和_____。_____

_____

_____。

(3) 德克霍夫的网络观：a. 集体智能：网络出现不仅加速了个体人脑的运行速度，更__

_____

_____

_____。

知识点 7：曼纽尔·卡斯特

(1) 网络社会：网络社会是新的社会形态和新的社会模式的结合体。一方面，网络社会构成了新的社会形态，因为_____

_____。另一方面，_____

_____。

（2）流动空间：网络社会延展了地理空间，构建了新的空间形式——_____。流动空间是经由信息流动形成的特殊的空间形式，是信息社会中至关重要的物质形式，以电子网络为基础，具有社会、文化、环境等特征。_____

_____

_____。现实空间也被吸入了流动空间，成为流动空间的一部分。

（3）卡斯特将全球范围内出现的新经济，称之为信息化、全球化和网络化的经济。____

_____

_____，其核心价值强调以知识为基础的生产力所带来的获利功能。

（4）_____

____。各种各样的社会意义要经过多种网络形式进行_____，新的社会认同感便在这个过程中逐步形成。

（5）网络社会理论：

a. 网络企业模式：网络企业组织与传统的企业生产组织模式大不相同，企业在网络组织形式下实现的是_____，而不是工业化时期惯常的企业组织大量生产的管理模式，倡导灵活的机制和广泛的网络关系。

b. 网络就业模式：社会的就业结构发生新变化，在信息化的背景下，_____

_____，信息技术变成劳动过程的关键组成部分，导致人类从事知识和信息的生产成为新的社会分工，由此当代社会的劳动分工和社会分层需要一种新的标准来划分。

c. 网络生产模式：信息化的生产模式带来了劳动的个体化分工，生产工序也得到了分散式的切割与细化。_____

_____。

d. 网络文化模式：网络社会的社会文化差异的广泛存在，客观上容易造成使用者与受众之间距离感不断加大；经济地位的高低以及文化教育方面的差异都是导致多媒体选用局限的主要影响因素，由此_____。

e. _____
_____。而生产化的全球普及则会使得流动空间的整体范围得到进一步拓展，全球的经济、政治、文化之间会有更多的交流。但这种交流是不平等的，第三世界民族国家尽管部分工业融入了全球系统，但内部大部分的人群在流动空间中处于缺位状态。

f. 这种流动空间基础之上的再结构与分化，_____
_____。它最终会使得社会中出现一些特殊的、被排斥和区隔化的、处于流动空间之外的社会空间，_____
_____。

（6）时间观：
卡斯特认为，_____。流动空间借由混乱事件的相继次序使事件同时并存，从而消解了时间，_____
_____。

无时间的时间是信息时代主导的时间类型，即打乱社会行为的顺序，其产生的途径有两条：通过时间的压缩，或者是时间顺序的随机重组。_____
_____，生活周期因此发生节律紊乱，时间的前后关系已与现在的概念大为不同。

知识点8：马克·波斯特的信息方式理论

（1）信息方式理论是美国学者波斯特用来取代马克思主义的生产方式理论，_____
_____。波斯特认为，生产方式之所以重要，是因为在 19 世纪，生产是社会生活的中心问题，而现在信息和文化则取代了生产，成为人类社会的中心问题。

（2）信息方式经历了三个主要的发展阶段，而每一个发展阶段都有其自身的结构和特征，

包括_____

_____

_____。

（3）电子传播阶段的强大的模拟能力，_____

_____。_____

_____，既不是口语传播的现场互动者，也不是印刷媒介的理性阅读

者，而是可以随意篡改、扮演、恶搞的想象自我，自我从而失去了现代性的稳定的、理性自

律的中心地位，_____

_____

_____。

知识点 9：雷吉斯·德布雷的媒介学

（1）德布雷是法国学者，提出了媒介学理论。他认为_____

_____，主要包括"各种高级社会活动（宗教、政治、

意识形态和心态）与信息传播技术结构之间的相互关系"，这也构成了媒介学研究的核心与

主题。

（2）德布雷认为_____

_____

_____

_____

_____。这既是德布雷对早期思想传播观念的深

化，也是他对一味注重技术属性与商业属性的现代传播观念的批判。

（3）德布雷给出了_____。__

_____。_____

_____。其中"组织性的材料"

指包括电视、电脑在内的"传播的机器"，而"物质性的组织"则指诸如学校、教会等制度化

的组织或机构。两者的整合互动构成了现实传播情境中的媒介形态。

(4)_____

_____

_____。

知识点 10: 弗雷德里希·基特勒的媒介理论

(1) 基 特 勒_____

_____。自 20 世纪 90 年代起，伴随着后现代主义的风潮，他的作品被陆续翻译成英语，从此蜚声于欧美学术界，被誉为"数字时代的德里达"。

(2) 他从欧洲（主要是德国）不同历史时期中的主导媒介出发，_____

_____。他对欧洲（德国）历史上的两个话语网络——19 世纪话语网络和 20 世纪话语网络进行了细致研究。_____

_____

_____

_____。

(3) 信息唯物主义：基特勒的媒介研究区别于传统传播学强调的媒介效果层面、媒介文化研究关注的媒介表征及其背后的权力关系，以物的操作性为基本出发点，强调在物质性的视野下探讨媒介的使用。这里的物质性既包括数字文本的物理形态，也包括那些非物质形态但具有物质特性的事物，例如技术的物质性、文化实践的物质性、感官的物质性等等。基特勒认为，_____

_____。"技术参与到现实的建立中，它'展现'现实，是原意上的真理。"

知识点 11: 媒介化理论

(1) 媒介化研究正是在"信息化社会"背景下形成的一种新的传播研究趋向。"媒介"或"媒介技术"不再如传播功能主义中被置于中立的工具角色，而是成为人类社会发展的关键节点。

(2) 施蒂格·夏瓦强调："媒介化是这样一种发展进程，在它的作用下，社会或文化活动（诸如工作、休闲、游戏等等）中的核心要素采取了媒介的形式。"在媒介化社会中，当媒介逐步渗透到社会生活的方方面面以后，社会也开始依据当前的媒介与传播手段来重新组织其关联方式。社会或文化活动采取了媒介的形式，它们必须通过与媒介的互动得以呈现。

（3）媒介化社会的发展分为四个阶段：在初级媒介化阶段，＿＿＿＿＿＿＿＿＿＿＿＿
＿＿＿＿＿＿＿＿＿＿＿＿＿＿＿＿＿＿＿＿＿＿＿＿；在中级媒介化阶段，＿＿＿＿＿＿＿＿＿＿＿
＿＿＿＿＿＿＿＿＿＿＿＿＿；在高级媒介化阶段，＿＿＿＿＿＿＿＿＿＿＿＿＿＿＿＿＿＿＿＿
＿＿＿＿＿＿＿＿＿＿＿＿＿＿＿＿＿＿＿＿＿＿＿＿＿＿＿＿＿，媒介所营造的"虚拟
世界"与"真实世界"的界限变得模糊，人们甚至无法脱离媒介理解什么是"真实"。随着媒介化程度加深，社会进入完全媒介化阶段，＿＿＿＿＿＿＿＿＿＿＿＿＿＿＿＿＿＿＿＿
＿＿＿＿＿＿＿＿＿＿＿＿＿＿＿＿＿＿＿＿＿＿＿＿＿＿＿＿＿。

【相关真题】

1. 媒介的仪式观（华东师范大学专硕 2021 名词解释）

参考答案：

凯瑞在《作为文化的传播》中提出了传播仪式观，主张将传播放在文化视野下进行研究。

凯瑞汲取了芝加哥学派的符号互动论和麦克卢汉的思想，认为传播就像参加一场祷告或典礼，通过仪式给参与者带来的精神满足来实现在现实中维系一个整体的目的。个体或组织扮演的不再是发送者或接收者的角色，而是仪式的参与者。传播的最高境界则是通过信息共享，建构并维系一个和谐、有序的世界。

传播就是文化，文化就是人的传播活动。传播与文化犹如一枚硬币的两面，传播不仅仅是告知我们发生的事情或改变态度和观点，而是建立人与人之间的连接，使得人们通过符号的象征意义达到某种融合，通过参与仪式获得在现实中的精神慰籍。

2. 电子乌托邦的内涵和历史渊源（华南师范大学 2022 简答题）

参考答案：

电子乌托邦的思想对媒介技术的发展寄予无条件的乐观主义期待，认为新的传播技术必将会把人类带入一个高度自由、民主和平等的理想国。该思想是建立在对新媒介某些技术特性的期待的基础之上的。

电子乌托邦思想有其历史渊源。在大众传媒发展和普及的初级阶段，不少人就对它有过乌托邦式的期待，如布莱士对报纸在舆论的合理化、理性化以及政治民主化过程中的作用的分析，库利关于"印刷意味着民主"的断言等，但是后来人们发现，大众传播技术和工具的普及并没有必然导致民主和自由，也没有必然地促进"人性和道德"的发展，相反在一些传

媒相当发达的国家（如德国、意大利、日本），甚至出现了极端的法西斯专制和暴政；而在另一些发达国家（如美国），"人性的退化"反而成了社会广泛关注的问题。于是一些学者开始转向反面，试图通过对大众传播的单向性、强制性的分析来发现大众传播与专制或极权主义之间的必然联系。麦克卢汉的媒介理论也对现代"电子乌托邦"思想产生了巨大的影响。

【本章指南】

到了本章，技术学派的观点基本介绍完了。有一些人可能你没有听说过，或是有些理论你还不知道怎么用，这里再做一点简单的解释。

媒介依存症、电视人、容器人、媒介失控论都是分析媒介的负面作用的，它们的用处非常直接明确。此外，我们也可以关注一下网瘾的危害作为拓展。

詹姆斯·凯瑞的仪式传播观是很重要的知识点。通过仪式共享某种价值观，这一观点在分析春晚、阅兵等重大仪式时非常有用，这也是报道这类活动得以成为媒介组织的政治目标的原因之一。另外仪式传播观也可以用在分析媒介与社会的关系上。媒介对于维持社会的凝聚力具有强大的作用，在一个国家之内，共享、阅读同样的媒介内容本身就是一种特殊的"仪式"，让民众形成对社会的共同认知。媒介发展不平衡，以及互联网的信息茧房、回音壁等效应，恰恰就会撕裂这种社会共识。

卡斯特的理论是关于网络传播与社会的宏观理论，为我们分析"万物皆媒""2020虚拟生活""人的数字化"之类的抽象题目提供了很好的理论框架。

流动空间理论会让我们联想到信息社会。但与之不同的是，流动空间已经彻底打破了国家的物理、政治、经济的控制边界，实质是围绕着信息和资本的中心（巨型城市）重新建立新的"国界"，以信息和资本的控制权重新划分权力。这释放了人们的活动能力和创造力，但也会导致更大的不平等和认同危机。

德克霍夫和波斯特的观点对解释互联网相关的问题都很重要。德克霍夫的集体智能用来分析社交媒体的内容共创、知识共享十分合适，而波斯特关于分散的、碎片化的个体的论述和彭兰老师的并发性生存观点不谋而合。当下的个体本质而言是不同空间中不同角色的集合，这不仅给了人们扮演角色的自由，也使人们陷入自我冲突的危机。当这一危机影响现实生活的时候，就可以视为互联网负面后果之一了。

德布雷的著作不仅曾经被中国传媒大学列入参考书目，其观点也被暨南大学作为了考题。他弥补了两个技术学派的重要缺陷：第一，重视大众传播的空间维度，尤其是传承文化的作用（当然英尼斯也有提及）；第二，媒介学的概念不仅指向媒介技术，还有媒介组织、媒介从业者、媒介受众等一系列概念组成的社会链条，这就在一定程度上弱化了传统的技术决定论色彩。这对我们分析思考媒介是有好处的。

总结来说，单独拿技术学派的某个观点出来并没有什么难理解的，但是结合在一起运用就难了。同时每个学者都提出了很多理论，每个理论又有很多角度，每个角度之间又都有相关性，常常把人绕晕。其实答题的时候我们没有必要求全，理论用得合适最重要。但不管怎么样，回答分析媒介的题目一定不能只局限于媒介本身。让你谈大数据只谈大数据的作用，至多再谈谈它对新闻传播业的影响是远远不够的。我们一定要深入到其他领域，如媒介塑造环境进而影响社会等等，这才是回答媒介环境学问题的核心思路。

第 33 天
传播内容

【学习导语】

在这一章，我们主要解决的知识点是"5W"中的"What"，即传播内容。大众传播媒介传播的是什么内容？这些内容具有什么样的特征？以及目前传播内容方面出现了什么问题？这些问题需要与媒介娱乐化、媒介消费主义等问题结合到一起来讨论。

【本章我的掌握情况】

	基本理解	熟练掌握	运用自如
33.1 传播内容的特征			
33.2 西方大众传播内容的一般结论			
33.3 媒介娱乐化及其成因			
33.4 媒介娱乐化的问题及解决方案			
33.5 市场驱动的新闻业及其后果			
33.6 大众文化			
33.7 大众文化的特征			
33.8 媒介消费主义			

知识点 1：传播内容的特征

（1）_____。总体而言，大众传播媒介向社会传播的内容是综合的，但在其走向专业化之后，这种综合性特征有所变化。就具体的媒介个体而言，其内容日益专业化，但就整个媒介的内容体系而言仍具综合性，因为_____。

（2）_____。大众传播的内容是_____，因而它必然是公开的。不过根据传播的目的不同，有时可以通过特殊的传播方式与手段，对公开性进行调整，或强化或淡化。

（3）_____。大众传播的内容是_____，因而它是变化的、开放的系统，需要随着社会的发展而适时变化调整。

（4）_____。大众传播媒介_____，它的传播内容必然是以大众作为诉求对象。当然在电视都开始分众化的今天，_____。但即便是由一个个小群体组成的小众或分众，也具有大众的特征。

（5）_____。大众传播不是指向单个人的，而是_____。因此，传播内容产品也不是一次性的，而是可复制的。受众有可能_____。

知识点 2：西方大众传播内容的一般结论

（1）大众传播媒介所传播的内容，只是_____
_____。同样，_____
_____。

（2）大众传播媒介所传播的内容，_____。它们更多地是在分散人们对社会、经济、政治等重要问题的注意力。

（3）_____，因而_____
_____。

（4）这种状况随着受众文化程度的提高以及社会进入工业化和信息化而有所改变，同时，_____，这就要求传播媒介要面对分众之后的目标受众进行传播，更强调_____而非_____，更强调准确度而非_____。

知识点 3：媒介娱乐化及其成因

（1）李良荣指出，媒介的娱乐化_____
_____
_____。

(2) 林晖认为, 在消费逻辑引导下的传媒娱乐化倾向表现为: _____

_____

_____。

(3) 媒介娱乐化的成因:

a. 收视率的诱惑与商业利益的驱使。

b. 制作成本的低廉与业务水平的低下。比起严肃的新闻报道、纪录片和社会教育类节目, 制作娱乐化的产品不需要太深的文化底蕴与太强的业务能力, 更容易炮制, 且制作成本相对较低。

c. 相关体制的不健全。传媒的社会责任感与传播者的专业理念, 到现在为止, 基本上还停留在"道义与自律"的层面, 没有形成有效的制度约束, 因而贯彻落实起来成效甚微。

d. 目前我国媒介面临的体制改革问题。

知识点 4: 媒介娱乐化的问题及解决方案

1. 媒介娱乐化的问题

(1) _____。大众文化限制了人的文化享受, 使人们在大众文化的消费中耗尽了空闲时间, 失去了接触高级文化的机会。

(2) _____, 严重地败坏了大众的品味和文化修养水平。

(3) _____, 片面追逐媒介所提供的时尚内容, 在这种统一化、平面化的趋势下, 现代人逐渐失去了对多元文化的观看与包容能力, 失去了对社会的批判能力。

(4) _____。人们沉湎于媒介建构出来的虚幻的娱乐天堂, 丧失正确的意识, 社会功能退化、异化。

(5) 媒介自身公信力下降, 造成_____, 使大众对重大事件趋于_____, _____。其对辨别能力弱的少年儿童的

影响更是让人痛心: _____

_____。

2. 媒介娱乐化的解决方案

(1)_____, 在公众利益与商业利益的权衡中找准自己的定位。这是遏制媒体过度娱乐化与商业化的第一手段。

(2)_____。这就要求传媒行业协会制定自律章程, 加强内部约束与监督, 并通过一定的途径, 将之内化为媒体从业人员自身的素质与需要。

(3)_____, 增强从业人员的创新能力, 提升娱乐产品的含金量。

(4)_____。

(5)_____。对媒体和传媒从业者进行硬性约束, 这样才能从实质上确保公共利益。

知识点 5: 市场驱动的新闻业及其后果

(1) 美国学者麦克·玛纳斯对美国新闻业进行研究后发现, 美国新闻业是由市场驱动的, 体现为_____。

(2) 市场新闻模式的核心是新闻部门, 新闻部门要执行新闻规范和市场规范,_____
_____,_____, 例如与娱乐、暴力、灾难和健康等相关的新闻。

(3) 将新闻作为商品可能导致四个负面影响: a. _____ ;
b. 受众会被误导, 把注意力集中在鸡毛蒜皮的事情, 而不是重要的政治经济文化事件上;
c.新闻来源会被施加更多的操纵,_____ ; d._____。

(4) 解决方案是: _____

_____。

知识点 6：大众文化

大众文化是一个特定范畴，主要是_____

_____。它是现代工业和市

场经济充分发展后的产物，是由当代大众大规模共同参与的当代社会文化公共空间或公共领

域，是有史以来人类广泛参与的规模最大的文化事件。

知识点 7：大众文化的特征

英国传播学家约翰·斯道雷指出，关于大众文化有七种定义模式：

（1）_____，这也是最为普及的一种关于大众文化的定义。

（2）_____相对应的文化。

（3）从社会环境上看，是_____。

（4）是_____。

（5）是_____

_____。

（6）_____

_____。

（7）_____。

知识点 8：媒介消费主义

（1）消费主义指的是_____

_____

_____

_____。

（2）随着中国媒介的市场化进程，与中国经济日益融入全球化，传媒的重点也发生了迁移，由生产性报道、政治性宣传转到满足公众物质和精神消费需求欲望的创造，以及对物的符号意义的强调。

（3）媒介消费主义的表现：

a. _____。政治性、宣传性的内容逐渐减少，摒弃了英雄的宏大叙事，取而代之的是大量的包括广告在内的"生活方式报道"，对受众实施物质生活消费的诱导。

b. _____。拟定品味，标示档次，_____
_____，同时其符号的象征意义又标志着人的关系和差别性，用商品价值实施社会的认同与分层。

c. _____。由过去的工人、农民等生产英雄逐渐变为明星、影视人员或者其他至少是符合中产阶级形象的"成功人士"。

d. _____。市场经济的游戏规则、市场经济所蕴涵的消费主义已在悄然改变新闻传播的传统理念：传媒内容主要着眼于公众物质和精神消费需求欲望的创造和受众作为消费者进入信息的接收活动，以及新闻传播者同时扮演信息推销者的角色。

【相关真题】

1. 媒介娱乐化（中国农业大学 2021 名词解释）

参考答案：

李良荣老师指出，媒介的娱乐化"指报纸、电台、电视台娱乐性内容所占的比重越来越大，新闻节目（版面）受到挤压，而且新闻节目本身的娱乐性新闻越来越多，连严肃新闻也竭力用娱乐性来包装"。

媒介娱乐化的成因：（1）收视率的诱惑与商业利益的驱使。（2）制作成本的低廉与业务水平的低下。比起严肃的新闻报道、纪录片和社会教育类节目，娱乐化的产品不需要太深的文化底蕴与太强的业务能力，更容易炮制，且制作成本相对较低。（3）相关体制的不健全。传媒的社会责任感与传播者的专业理念，到现在为止，基本上还停留在"道义与自律"的层面，没有形成有效的制度约束，因而贯彻落实起来成效甚微。（4）目前我国媒介面临的体制改革问题。

2. 大众传媒与大众文化的关系（上海财经大学 2021 论述题）

参考答案框架：

总起段解释大众文化的定义，引出论点：大众传媒与大众文化是互相依赖、互相影响的关系。

1. 大众传媒制造、传播大众文化

（1）大众传媒的传播内容具有公开性、开放性、大众性；

（2）大众传媒通过议程设置功能塑造和扩散大众文化；

（3）大众传媒产业为获利打造系统、单一的文化工业。

2. 大众文化影响大众传媒的传播取向

（1）大众文化的娱乐化占据社会公共事务在大众媒介的版面；

（2）大众文化的商业性使大众传媒以利润最大化为原则；

（3）大众文化冲击精英文化和严肃文化。

结尾段可简要谈谈如何更好地塑造大众文化。

【本章指南】

这一章我们谈到了许多重要的、常考的知识点，而本章涉及的内容，许多学校列的参考书是不太涉及的，因此，我们再逐一梳理一下。

传播内容的特点，考所列参考书不涉及这部分知识点的学校的同学不用强行记忆，但其中一些结论可用来答题。例如其中的大众传播内容简单、偏娱乐化，实际上是大众媒介发展的必然。"大众内容和分众内容是否冲突"也是一类常考的题目，大众内容和分众内容并不矛盾：大众内容一般是基础性的内容，在满足受众基础性需要的同时，也起到了社会控制和凝聚作用；而专业化内容则更多是满足受众的深层需要。前者一般获取的是广告收入，后者除了广告收入以外，也可以直接售卖商品和进行深度的衍生产品开发。

媒介娱乐化是大热门考点，经常变着花样地来考，真人秀、新闻软化、限娱令、网综禁令、调侃运动员，都可以用到这部分内容。如果题目涉及互联网的话，记着在答案中加上互联网本身就有一定的娱乐属性，这是由它的草根化和多媒体性造成的。文化工业或其他批判理论用于回答西方背景的题目，但不要用在中国背景中。媒介娱乐化之后，也可能会出现违背媒介伦理（炒作）、违背媒介公共服务职能（严肃议题无法得到关注)、违背受众权利(受众的知情权、隐私权等)的问题,因此相关的这几个知识点也是高频考点。

市场驱动新闻业实际上就是新闻的商品化。新闻有商品属性,当它的商品属性超过了新闻属性,它就变成了商品。这里有几种可能的考查方式,一是跟传统的自由主义理论结合起来说明自由主义传播制度的问题,商业化的自由竞争并不能够带来高质量的新闻。二是跟西方主流媒体的问题结合起来,当下的西方主流媒体逐渐失去了受众的信任,而根源就是市场驱动的新闻界毁灭了新闻价值和媒体的信誉,使得人们或对新闻不感兴趣,或更愿意通过社交媒体参与政治讨论。三是国内出现的新闻软化、新闻娱乐化现象,这也值得我们警惕。

大众文化是一个晦涩难记的知识点。下面的部分概念描述可能会和多数学校所列参考书中的内容有些差异,但很多是比较精准的考点,也是我们深入理解大众文化所需要的。

大众文化"与大工业密切相关",这个表述可以从两个方面进行解读:首先,大众文化本身的内容就是与消费主义密切相关的,大众文化对生活方式的倡导,对品牌的诉求,实际上是帮助大工业完成它的销售和资本累积过程,是大工业的一环;其次,媒介生产本身也是工业化的,带有标准化、齐一化的特质。

"全球化的现代传媒",这一概念是说大众文化的生产和消费往往是全球化的。跨国垄断媒介掌握文化的生产,也掌握对文化趋势的定义权。许多区域性的大众文化现象其内核仍然是对全球化的文化的模仿,只不过增加了本土化的色彩。

"消费意识形态""时尚化运作",是指大众文化作为一种促销文化是为资本服务的,要尽可能帮助其销售产品,回笼并扩张资本。因而大众文化内容往往与消费密不可分,它会推销特定生活方式,将人们的身份认同与消费相联系,制造消费焦虑。而为了加速这一过程,需要通过时尚化的方式来完成产品"销毁",制造更大的需求。

"社会文化公共空间",是说大众文化尽管是一种商业文化,但仍然是面向公众、由公众消费的文化,因此它不可避免地造成特定的社会性的文化效果。与此同时,大众文化是开放的,它也随时面临着来自各方面的利用与解构,用以表达自身的利益观点和意识形态。

相应地，约翰·斯道雷对于大众文化的认识也为我们给出了几个回答这一类考题的角度：

(1) 媒体角度：媒体的大众文化，从经济角度讲是放松的文化产品（可用媒介经济学分析），从社会角度讲是文化的功能（功能分析、品质分析）。

(2) 受众角度：受众喜欢的文化产品（使用与满足理论），受众创造的媒介产品（新媒体环境下）。

(3) 意识形态角度：意识形态的压迫、反抗和博弈，根据语境来定（这个产品好不好）。

(4) 国际传播角度：文化传播角度、文化交流、文化侵略、全球文化（跨国垄断集团文化）。

(5) 后现代主义角度：符号文化（较难）。

媒介消费主义是很多问题的源头。对于文化来说，它使得文化变得商业化、标准化，丧失了文化本该有的创造力和文化价值，同时宣扬拜金主义、享乐主义，对社会有负面影响。对于媒体来说，媒介消费主义使之更加关注少部分具有消费力的城市人群、中产人群，忽略了不具消费力的受众，"嫌贫爱富"，最终导致媒介内容不均，甚至造成社会撕裂。对于受众来说，媒介消费主义在产生了更多对生活方式的需求的同时，也容易造成受众心理失衡。如果再深入批判，可以把这部分内容和鲍德里亚的理论结合起来。这样的答案有理论有语境，"中西结合"，也就有了深度。

其实这样看来，传播内容部分在教科书里看似体现得少，是因为很多内容融入了其他部分。信息和符号放在了传播基本概念层面；具体的新闻内容和广电内容有专门的新闻学、广播电视学的教科书在讲；政治、国际、科学等传播内容有政治传播、国际传播、科学传播的书在专门论述；深层次的意识形态内容涉及批判学派的相关理论；最重要的新媒体的内容生产变迁，放到了媒介融合、媒介改革部分。这样一来，自然剩下的内容就少了。

所以，当我们分析传播内容的时候，万万不能只停留在一个媒介内容理论的角度，而要考虑综合的问题。可以分为五大方面论述：

(1) 符号层面：最基础的"它如何被编码解码"，针对编码方要求内容的准确性，针对解码方要考虑是否会引起错误的解读或传播隔阂；更进一步则包括符号的所指是什么，传递了什么内容。

（2）控制层面：关注把关和媒介控制，因为这种控制背景决定了媒介内容的倾向，例如媒介商业化、娱乐化的本质原因是其受到了商业机构的控制。

（3）媒介层面：关注特定的内容特征，不同媒介的特征会影响不同的内容，例如电视虽然感染力、冲击力强，但也有信息碎片化、娱乐化的问题。在新媒体环境下不同媒介的差异更大。

（4）类型层面：国际传播、科学传播、政治传播和其他传播形态都会有特定的相关特点。

（5）意识形态层面：传播内容相关的内容中最深层的理论就是意识形态所关联的部分，基本上批判学派的核心就是研究传播内容中的意识形态。相关的有文化工业、意识形态国家机器、罗兰·巴特的深化理论等等。

以电视娱乐化为例按上述五方面提供思路：

（1）符号层面：娱乐的符号，渲染轻松快乐的氛围，叙事节奏上拒绝深度的所指和内涵。

（2）控制层面：把关，商业利益，一元体制二元运作。

（3）媒介层面：电视具有天生娱乐化、戏剧化的特性（娱乐至死）。

（4）类型层面：是大众文化的娱乐化？是政治节目的娱乐化？还是某种节目类型（真人秀）？各个不同类型可以进行针对分析。

（5）意识形态层面：从文化内容角度，电视娱乐化是文化工业的要求；从控制者的角度，电视娱乐化是媒体获取更多注意力商品的必然选择，是商业化的一部分。

第 34 天
新媒体的传播内容的新发展

【学习导语】

在前一章我们学习的主要是大众传播的内容，随着互联网的发展，传播内容在网络中也发生了很多变化，产生了很多新类型。天天"冲浪"的你，对表情包、弹幕、网络视频等一定很熟悉。如果这些概念变成题目，你会回答吗？

【本章我的掌握情况】

	基本理解	熟练掌握	运用自如
34.1 模因			
34.2 表情包			
34.3 网络视频			
34.4 弹幕			
34.5 网络文化的特征			
34.6 网络文化发展动因			
34.7 网络文化和大众文化			

知识点 1：模因

（1）模因（meme）又译迷因、觅母、米姆、迷米、弥母等，牛津英语辞典的解释是"以非遗传的方式（如模仿）传递的文化元素"。1976 年，_____一书中首次将_____。他认为模因是_____

_____

_____。

（2）模因库里有些模因比其他模因更为成功。这种过程和自然选择相似，就如基因一样，具有更强生命力的模因的特征包括长寿、具有生殖力和精确的复制能力。从单一的网络词语、句子及其背后的"梗"到整体语言风格，很多时候都基于模因的生产与传播。

知识点 2：表情包

对于表情包的定义，有广义与狭义之分。广义的表情包，包含各类用于表达情感、情绪与态度的图形符号、图片或图文组合等，可以是静态的，也可以有动画效果。 而狭义的表情包则常常强调图文的组合。

表情包具有如下特征：

（1）_____：表情符号的来源往往多样，但表情包的内容_____
_____，也就是各种元素的杂糅。这是一种意义的再生产过程，是符号系统和文化规则混合作用的结果。同时个人使用表情包的心态和社交目标也影响表情包传递的含义。

（2）_____：表情包属于亚文化，_____
_____，在个人的使用情景中，交流双方的熟悉程度、双方的关系性质、双方所属的群体等这些更大的交流"情境"，也都会影响到表情包的"解码"。

（3）_____：表情包具有区分群体的作用，表情包诞生的过程_____
_____。

（4）_____：表情包有丰富的生产素材，可以灵活地进行_____，有可以_____
_____，也容易形成对抗与竞争，因而也成了传播机制中的一种重要手段。

（5）_____：相比文字，表情包_____，它去除了咬文嚼字的麻烦，抽象为可以信手拈来的脸谱，同时又因为其编码与解码的多义性，可以使发出者和接收者各取所需，发出者可以用其掩藏自己的不良情绪，但接收者却可以从中进行积极解读。与真实的表情相比，表情包可以承载更多的含义，也更容易控制，在网络互动中已成为一种不可替代的表演手段。在基于表情包的表演中，我们常常会看到柔化、夸大、伪装、敷衍等表演情形。

知识点 3：网络视频

网络视频的发展，特别是移动视频的应用，再一次为用户带来了新的权利及权利变现能力。

（1）_____：移动时代带来的_____，使得视频的生产与传播进一步日常化，也促成了新一波的草根化视频生产浪潮。曾经被作为艺术形式的表演在走向平民化、日常化。人人都获得了在公共空间表演的权利。人们也可以对自己的生活作出真实记录。

（2）_____：个体的表达手段_____之后，人们在公共空间的表达内容和方式大大丰富，例如体现自身在场、满足自我差异、传播生活方式等，丰富了网络的内容生态，也为人们带来了精神满足和物质收入。

（3）_____：过于日常化的呈现也容易产生审美疲劳，因此在视频生产中，一些专业化生产者_____，或是_____，提高了视频内容的品质，更好满足受众要求。

（4）_____：网络视频改变人的生活方式，具体而言，人们开始为了视频拍摄_____；视频空间与现实的物理空间相互叠加、渲染，_____；人们的私人空间也就会进一步_____，观看者也因此获得_____；视频造就了_____，视频世界里的自我展现与人们的日常生活存在着互动关系，视频化生存的时间越长、沉浸程度越深，这种互动关系也会越密切；相同或相似的人群也可能借视频发现彼此的存在，_____。

知识点 4：弹幕

（1）弹幕是_____
_____
_____，因此被称作弹幕。

（2）弹幕的优势：激活视频的_____。弹幕的传播方式创立了视频传播方式的新维度，在声音和图像上＿＿＿＿＿＿＿＿＿，创造出另一维度的叙事空间和表达进展路径。

（3）对于电视而言，弹幕可以提高电视媒介的＿＿＿＿＿＿，提升电视观众与电视媒介的＿＿＿＿＿＿＿，同时有助于建立围绕节目的观影社群，提高用户黏度，此外也可以在弹幕中加入广告等。

知识点 5：网络文化的特征

（1）＿＿＿＿＿：网络文化的创造过程不再＿＿＿＿＿＿＿＿＿＿＿＿＿＿，不再是＿＿＿＿＿＿＿＿＿＿＿＿＿＿，而是＿＿＿＿＿＿＿＿＿＿＿，是个体文化集聚为集群文化并最终扩散到整体文化的过程。

（2）＿＿＿＿＿：网络文化具有多元性，体现为＿＿＿＿＿＿＿＿＿＿＿＿＿＿。

（3）＿＿＿＿＿：网络的传播相对稳定，但网络文化中的权力中心是＿＿＿＿＿＿＿，可能会经历＿＿＿＿＿＿＿＿＿＿＿＿＿＿＿。

（4）＿＿＿＿＿：网络文化的主体往往是特定群体，包括社区群体和临时群体。

（5）＿＿＿＿＿：网络文化中的用户是积极的参与者。

知识点 6：网络文化发展动因

（1）网络文化发展的原动力是＿＿＿＿＿＿＿，用户诉求的多样性也会导致网络文化的纷繁复杂。

（2）＿＿＿＿＿＿＿是网络文化的助推力，用户互动会放大个体行为影响，聚合个体行为能量，传播文化产品，形塑文化精神。这个过程是在网络社区中完成的。

（3）＿＿＿＿＿＿＿是网络文化的初始标靶，早期的网络文化会对＿＿＿＿＿＿＿＿＿＿＿＿＿＿＿＿＿＿，以完成自身的建造与成熟过程，而成熟的网络文化会＿＿＿＿＿＿＿＿＿＿＿＿＿＿＿＿＿＿＿＿＿＿＿。

（4）网络文化的发展＿＿＿＿＿＿＿＿＿＿＿＿＿＿＿＿＿＿＿＿＿＿＿＿，当然也会受到

＿＿＿＿＿＿＿＿＿＿＿＿＿＿＿＿。

知识点 7：网络文化和大众文化

（1）网络文化的多样化、个性化，挑战了＿＿＿＿＿＿＿＿＿＿＿＿＿＿＿，给人们带来

新的文化感受，满足了大众媒体无法满足的受众需求。

（2）但网络文化又无法取代大众文化，原因在于＿＿＿＿＿＿＿＿＿＿＿＿＿＿＿＿＿

＿＿

＿＿＿＿＿＿＿＿＿＿＿＿＿＿＿＿＿＿＿＿。

【相关真题】

1. 网络模因（四川大学 2021 名词解释）

参考答案：

模因又译迷因、觅母、米姆、迷米、弥母等，牛津英语辞典的解释是"以非遗传的方式（如模仿）传递的文化元素"。1976 年，理查德·道金斯（Richard Dawkins）在《自私的基因》一书中首次将通过模仿而传播的文化基因称为模因。他认为模因是一种文化传播或文化模仿的基本单位，它通过从广义上可以被称为模仿的过程从一个大脑转移到另一个大脑，从而在模因库中进行繁殖。

曲调、概念、妙句、时装或建造拱廊的方式等都是模因。模因库里有些模因比其他模因更为成功。这种过程和自然选择相似，就如基因一样，具有更强生命力的模因的特征包括长寿、生殖力强和精确的复制能力。从单一的网络词语、句子及其背后的"梗"到整体语言风格，很多时候都是基于模因的生产与传播。

2. 结合实例，针对网红和网络文化现象谈谈你的看法。（湖南师范大学 2021 论述题）

参考答案框架：

总起段解释网红和网络文化的定义，并概述网红和网络文化的发展现状。

1. 网红和网络文化流行的动因

（1）用户的需要是原动力；

（2）数字技术的基础为创作者赋权；

（3）注意力经济等商业力量的推动。

2. 网红和网络文化的正能量

（1）为主流文化做补充；

（2）为亚文化撑起一片天地，推动长尾经济。

3. 网红和网络文化的负能量

（1）解构主流文化，不利于凝聚社会共识；

（2）恶搞文化破坏主流价值观，影响青少年社会化；

（3）病毒式传播的网络文化容易使用户陷入信息茧房。

结尾可以参考第三部分的问题简要写写应对措施。

3. 简述网络表情包的传播特征（四川大学 2021/2022 简答题）

参考答案：

网络表情包指包含各类用于表达情感、情绪与态度的图形符号、图片或图文组合等，可以是静态的，也可以有动画效果。表情包的传播特征有以下几个方面。

（1）编码的拼贴与杂糅：表情符号的来源往往多样，但表情包的内容往往消解图形原有的意义，具有"拼贴"的特点，也就是各种元素的杂糅。这是一种意义的再生产过程，是符号系统和文化规则混合作用的结果。同时个人使用表情包的心态和社交目标也影响表情包传递的含义。

（2）解码的复杂性：表情包属于亚文化，既有一般的虚拟表情的编码规则，也有阶段性或群体性文化的编码规则，在个人的使用情景中，交流双方的熟悉程度、关系性质、各自所属的群体等这些更大的交流"情境"，也都会影响到表情包的"解码"。

（3）标签性：表情包具有区分群体的作用，表情包诞生的过程代表着某个群体的特定行动和其中的集体记忆，因而也成为群体认同的重要标志。

（4）灵活性：表情包有丰富的生产素材，可以灵活地进行图文组合，有可以模仿的生产规则，技术门槛低，易于传播，也容易形成对抗与竞争，因而也成了传播机制中的一种重要手段。

（5）社交性：相比文字，表情包更适合表演，它去除了咬文嚼字的麻烦，抽象为可以信手拈来的脸谱，同时又因为其编码与解码的多义性，可以使发出者和接收者各取所需。发出者可以用其掩藏自己的不良情绪，但接收者却可以从中进行积极解读。与真实的表情相比，表情包可以承载更多的含义，也更容易控制。在网络互动中，它已成为一种不可替代的表演手段。基于表情包的表演中，我们常常会看到柔化、夸大、伪装、敷衍等表演情形。

【本章指南】

今天这部分内容很有趣，也会让很多同学有所共鸣。每一年都会出现新的网络文化和流行现象，从内容上讲有鬼畜文化、粉丝文化、土味文化等等，从形态上讲有网络流行语、网络表情包、网络模因等等，可谓是丰富多彩。但在解题时我们应该怎么应对这些问题呢？其实抓住以下几条即可：

其一，在所有关于网络文化的题目中都要抓住核心，就是互动性、多媒体性、情绪化这三个最重要的特征。大多数网络文化来自草根群体，是网络的互动性赋予了这些普通人内容创作的权利；多媒体性为这种网络文化赋予了迥异于传统文化的多样表达形态；情绪化这一点需要注意，因为在社交网络中，网络文化（也包括模因、表情包）背后往往有特定的社会情绪。这是必须要指出的。

其二，我们要关注网络文化的动态发展，某个网络文化事件往往会经历从社群内部的参与式文化起步，在公共平台复制、成长与传播，引发传统媒体的跟进与推动，直至最后被社会主流的政治与商业力量收编这样一个完整过程。我们分析题目的时候可以从这几个阶段进行分析。

其三，在树立了网络文化的"骨架"之后，就要根据题目中涉及的不同文化类型、不同受众来具体细分。譬如说网络模因，有些是社交性的，是在表达一种特殊的社交行为；有些是适合特定亚文化群体的，表达了这个亚文化群体的观念和想法；有些是故意对一些媒介内容的解构，以表达作者的批判。我们要从题目里面找到模因的类型再加以分析。

其四，我们还可以从批判的角度再思考网络文化，例如网络文化与技术背景的关系，网络文化与消费主义、后现代主义等的关系等。我们可以用更多的批判理论、文化理论来加强答案的深度。

以上就是对网络文化相关题目的一种分析思路。需要指出的是，在互联网环境下，传播内容也发生了很多新的变化，考到一些新的文化现象，不了解的话确实不太好答。因此我们要多观察网络中有什么新鲜流行起来的内容，比如土味视频、在短视频软件上走红的主播、新的流行语等等，平时看到这些现象都可以试着用答题思路去分析，慢慢你会发现"万变不离其宗"。

第 35 天
传播受众与受众观

【学习导语】

攻下了传播者、传播媒介、传播内容之后，我们终于来到了传播受众的部分。你心目中的受众是什么样子呢？是电视机前的观众？是广告的消费者？还是网上发水帖的网友？其实受众这个概念具有丰富的内涵。下面就让我们一起来学习！

【本章我的掌握情况】

	基本理解	熟练掌握	运用自如
35.1 传播受众			
35.2 传播受众的需求			
35.3 大众			
35.4 大众社会理论			
35.5 拷贝支配			
35.6 作为社会群体成员的受众			
35.7 作为市场的受众			
35.8 作为权利主体的受众			
35.9 分众理论			
35.10 受众调查			
35.11 中国受众调查的历史			

知识点 1: 传播受众

受众指的是_____，会场的听众，戏剧表演、体育比赛的观众，报纸刊物的读者，广播电视的收听收看者，网络媒体的用户，都属于受众的范畴。

受众是_____，是_____
_____。离开了受众，传播活动就失去了方向和目的，便不能被称为传播。

知识点 2: 传播受众的需求

(1)_____，认识外部世界；

(2)_____，满足精神、情感需求；

(3)_____，拓宽视野；

(4) 迎合一种已经养成的_____；

(5)_____（例如议程融合）；

(6)_____。

知识点 3: 大众

大众是伴随着大众社会理论的形成而出现的一个特定概念。这种理论认为，_____
_____
_____
_____，即所谓的"大众"。大众是_____，与既有的群体形态相比，有着明显不同的特点。

大众的主要特点是：

(1)_____，在人数上超过其他社会群体或集团；

(2)_____，广泛分布于社会的各个阶层，其成员具有不同的社会属性；

(3)_____，成员之间互不相识，对试图操纵大众的社会精英来说也是难以把握的对象；

(4)_____，大众的范围随其面对的问题而时有变化，其成员是流动的；

(5)_____，大众缺乏明确的自我意识和自我约束，因而不能作为一个主体而自主行动，大众行为主要是在外部力量的刺激和动员下形成的；

(6)_____，大众成员虽然具有不同的社会属性，但又同一的行为倾向，因而具有同质性，容易受到外部力量的操纵的影响。

知识点 4：大众社会理论

(1) 在大众社会理论看来，_____
_____。权力精英包括政治精英、经济精英和传媒精英，他们
_____；大众_____
_____，因此，在现代社会里，谁掌握了大众，谁就掌握了一切。

(2) 大众社会理论的一个主要问题是_____。它虽然_____
_____，但又_____，而大众则是_____
_____。这种精英史观，与"人民群众创造历史"的唯物史观是格格不入的。

(3) 不过大众社会理论的独特视角对我们理解现代社会不无助益，其分析也触及现代社会的许多重要课题：例如产业化的大量生产和大量消费的存在；社会的平权化或民主化的发展；大众传媒的发达和大量信息、娱乐产品的提供等。

知识点 5: 拷贝支配

（1）清水几太郎认为，现代社会是一个拷贝支配的社会，而导致这种状况出现的重要原因是_____，_____

_____。拷贝不是实物本身，而人们又缺乏将之与实物相对照的手段，也只能把他们作为实物的代替物。由于大众传媒的大量生产和大量供给，现代人每日每时都处在拷贝的洪水的包围之中，_____

_____。

（2）清水几太郎认为，拷贝支配也会转化为_____，这是因为在拷贝制作和提供过程中存在着两条"抽象的原理"：a. _____。也就是说，_____

_____，因此媒介必须广泛满足受众的特定需求和普遍需求。b._____。大众传媒通过拷贝的选择和加工活动来潜移默化地进行宣传，在现代资本主义社会，拷贝的制作、采集和分配控制在巨型垄断媒介手中。一般大众只能作为消费者，以完全被动的态度接受单向的拷贝洪流的冲击。

（3）清水几太郎认为，在拷贝带有心理暴力性质的强大支配力面前，现代人_____

_____，自甘于消极、被动的处境，无条件地放弃了自己的批判能力。

（4）清水几太郎的分析_____方面是有说服力的，但是_____则失之于偏激。

知识点 6: 作为社会群体成员的受众

（1）_____。受众对大众传媒的接触虽然是个人的活动，但这种活动通常受到_____

的制约。

（2）受众个人的群体属性不同，意味着他们所处的时代、社会环境、社会化的条件、社会地位、价值和信念、对事物的立场观点和看法、心理特点和文化背景都有很大的差异，对大众传媒信息的需求、接触和反应方式也是千差万别的。

知识点 7：作为市场的受众

(1) 19 世纪 30 年代以后，大众传媒开始向企业经营形态转变，逐渐把受众看作信息产品的消费者和大众传媒的市场。麦奎尔认为，_____

_____。

(2) "受众商品论""免费午餐"：由西方传播政治经济学理论泰斗达拉斯·斯麦兹提出。

_____

_____

_____。

(3) 媒介根据受众数量的多少和质量（年龄、性别、收入等）的高低（即购买力的强弱）向广告客户收取费用。在收视率高的时段投放广告不一定就会取得最好的效果，只有有针对性地选择广告时段，吸引广告的目标受众才能更好地达到目的。

(4) 在受众需求细分、市场细分的今天，各种商品都有自己较明确的目标销售群体。媒介所起的作用，就是_____

_____。在这个过程中，传播者的劳动凝结在了细分后的各种收视群体中，也是我们称之为"受众商品"的根本原因。

(5) 受众商品论指出了_____，对我们考察受众价值具有极高的意义，但_____。

(6)_____曾经批判这种观点，因为 a._____

_____，复杂的社会传播关系被简化成了单纯的买卖关系；b. 过多着眼于与受众的购买能力、消费特点相关的人口统计学属性，_____

_____；c. 这种观点容易_____

_____；d. 把受众视为"市场"的观点_____

_____。

知识点 8：作为权利主体的受众

受众不仅仅是传媒信息的使用者或消费者，他们还是_____

_____。受众拥有各种正当权利：_____。

(1) 传播权：_____

_____

_____。

(2) 知晓权：从广义上来说，_____

_____；从狭义上来说，_____

_____

_____

_____。

(3) 媒介接近权：_____

_____

_____。

(4) 参与、讨论权：_____

_____

_____。

(5) 监督权：_____

_____。

(6) 隐私权：_____

_____。

(7) 求偿权：_____。

知识点 9：分众理论

分众，顾名思义，指的是_____

_____。

分众观的核心内容是:

(1)＿＿＿＿＿＿＿＿＿＿＿＿＿＿＿＿＿＿＿＿＿＿ ;

(2)＿＿＿＿＿＿＿＿＿＿＿＿＿＿＿＿＿＿＿＿＿ ;

(3) 分属于不同社会群体的受众个人,＿＿＿＿＿＿＿＿＿＿＿＿＿＿＿＿ ;

(4) 在大众传播面前,＿＿＿＿＿＿＿＿＿＿＿＿＿＿＿＿＿＿＿＿＿＿
＿＿＿＿＿＿＿＿＿＿＿＿＿＿＿＿＿＿＿＿＿＿＿。

知识点 10: 受众调查

(1) 受众研究采用的方法基本上是传播学＿＿＿＿＿＿的方法, 即＿＿＿＿＿＿＿＿
＿＿＿＿＿＿＿＿＿＿＿＿＿。受众调查分为两种: 一般的视听率调查和意向调查。

(2) 结构性受众调查的目的在于＿＿＿＿＿＿＿＿＿＿＿＿＿＿＿＿＿＿＿＿＿
＿＿＿＿＿＿＿＿＿＿。通过受众调查所反馈的情况, 大众传媒可以及时采取措施, 根据受
众需求对传播内容进行调整, 以改善传播效果。

(3) 受众调查还可以与＿＿＿＿＿＿＿＿相配合, 在传播效果研究中把传播内容分析与
社会调查结合起来, 以进行更为深入的受众研究, 奠定开发受众价值的基础。

知识点 11: 中国受众调查的历史

(1) 1982 年"北京调查": ＿＿＿＿＿＿＿＿＿＿＿＿＿＿＿＿＿＿＿＿＿＿
＿＿＿＿＿＿＿＿＿＿＿＿＿＿＿＿＿针对北京 2 430 名 12 周岁以上居民＿＿＿＿＿＿
＿＿＿＿＿＿＿＿＿＿＿＿＿＿＿＿＿＿, 采用＿＿＿＿＿＿＿＿
＿＿＿＿＿＿＿＿＿的方法进行了综合性调查。"北京调查"被视为＿＿＿＿＿＿＿＿＿＿,
它标志着＿＿＿＿＿＿＿＿＿＿＿＿＿, 在我国新闻史上是＿＿＿＿＿, ＿＿＿＿＿＿＿＿
＿＿＿＿＿＿＿。

(2) 1990 年的亚运会广播电视传播效果研究成为我国受众调研的新起点, 受众理论研究

与实践从显性向隐性深入。特别是 1995 年以后，各类媒介调查公司大量涌现，受众调查进入市场，并逐步走向科学化、规范化。

【相关真题】

1. 受众商品论（厦门大学 2022 名词解释；上海理工大学 2022 名词解释）

参考答案：

受众商品论由西方传播政治经济学理论泰斗达拉斯·斯麦兹提出。广告时段或版面价值是传播产生的间接效果，媒介生产的节目、信息、娱乐等不是其主要商品，它们只不过是为吸引受众而提供的"免费午餐"，受众才是媒介的真正产品。

在受众需求细分、市场细分的今天，各种商品都有自己较明确的目标销售群体。媒介所起的作用，就是通过自己的节目安排，把庞大的受众群体分为具有不同特征的广告适用人群，然后分别投放广告。在这个过程中，传播者的劳动凝结了细分后的各种收视群体中，也是其被称为"受众商品"的根本原因。

受众商品论指出了广告商、媒介与受众之间的关系，对我们考察受众价值具有极高的意义，但它低估了受众在使用媒介时的心理效用。

2. 融媒体时代受众角色变化（中国海洋大学 2021 简答题）

参考答案：

融媒体时代，受众角色转换成用户，选择主动权越来越大，并且分众化趋势加重。原因如下：

（1）近年来，由于社会的政治、经济、文化出现了分化，社会越来越走向多样化、多极化、多层化，人与人，更准确地说阶层与阶层之间、集团与集团之间的社会观念、价值标准、文化理想、生活态度甚至消费欲望和消费能力都产生了巨大的差别。

（2）融媒体时代，媒介的丰富和传播技术的发展使受众的选择空间越来越大，他们已可以根据自己对信息的"特殊需要"来选择信息。

新媒介的出现使得受众分众趋势达到极点，原因是：其一，新媒介极大地扩大和丰富了人们的媒介内容，为人们提供了更多的选择空间；其二，新媒介的出现增强了受众控制权，受众接触媒介的时间变得更自由和碎片化；其三，新媒介绕过了传统的国家之间的信息壁垒，跨国电视流动增加了受众的选择，重要事件开始可以吸引全球受众，但也对弱小国家的受众造成了文化冲击；其四，网络媒介的出现，传播由单向转为双向，传播者和受传者逐渐平等。

3. 简述受众分析发展历程和成果（暨南大学 2021 简答）

参考答案：

受众分析发展历程和成果如下：

（1）早期的大众理论：由布鲁默提出，认为受众这一典型的新型集合体的形成，是现代社会各种因素相互作用的结果。大众的不稳定、缺乏理性和容易冲动成为现代工业化城镇社会这一新环境的产物，具有规模大、匿名和无根性等特点。大众理论事实上是现代工业社会的某种悲观情绪的体现，也表达了人们对大众媒介负面效果的忧虑。

（2）"群体的再发现"：拉扎斯菲尔德和其他受众研究重新发现了社会群体的作用。受众由基于地域和共同利益而形成的许多互相交错的社会关系网所构成，"大众"媒介则以不同的方式与这些社会网络相融合。

（3）19 世纪 30 年代以后，大众传媒在向企业经营形态转变过程中，开始把受众看作信息产品的消费者和大众传媒的市场。麦奎尔认为，如果从市场的角度考虑问题，受众可以定义为特定的媒体或讯息所指向的、具有特定的社会经济侧面向的，潜在的消费者的集合体。

（4）作为权利主体的受众：受众不仅仅是传媒信息的使用者或消费者，他们还是构成社会的基本成员，也是参与社会管理和社会公共事务的公众。受众拥有各种正当权利：如传播权、知晓权、媒介接近权等。

（5）随着互联网技术、新媒体平台的发展，分众理论逐渐取代大众理论成为主流。分化是指这样一个过程：同样数量的受众注意力被分散到越来越多的媒介源中，受众个体在新的多种媒介源中搜寻信息。

【本章指南】

受众这部分的知识可以说是非常有特点，每个知识点看上去都很好懂，但是回过头整体看却不知道自己学了什么，知识点之间的关系十分"散"，往往会不知道怎么去用。

这一章堪称高能知识点合集，这是由受众这一章的特点所决定的：传播受众与其说是一个单纯的概念，不如说是许多不同的角色的集合。当你分析传播受众的时候要先识别这道题的受众是扮演什么样的角色：是信息内容的接受者？是媒介内容和广告的潜在消费者？是权利的主体？或者是公共讨论的主体？不同的受众角色会用到不同的知识点。

譬如说这一章和下一章着墨最多的部分——受众由大众到分众的过程和受众的特定心理，其实就是针对受众作为信息内容接受者的角色来谈的。早期我们认为受众是大众中的一部分，接受媒介信息是无条件甚至是无抵抗的。后来分众理论告诉我们，受众属于不同群体，接受媒介信息会受到所属群体的群体规范、群体内部的舆论领袖的影响，受众既有的思想观念、社会背景也会对接受信息造成影响。这样看，大众社会理论的假设其实和事实相差甚远。而在新媒体时代，不仅受众分化程度更高，而且主动性更强，不是大众媒介给受众信息，而是受众根据自己的需求在海量的信息中挑选所需。许多受众在信息茧房中几乎不会接受自己不习惯接受的信息，大众媒体和受众的地位倒了过来（我们会在用户部分详细讲）。

在解答大众媒体方面的题目时，如需让内容起到最大的传播效果，在知道受众细分的现状后，就得考虑更多因素。首先得做好受众调查（这也可以说是万能对策之一了），了解受众属于什么群体，受到哪些舆论领袖影响，有什么想法、观念和心态。其次要提供更多更丰富的内容，这样才能抓住不同的、细分而多样的受众需求，包括媒介频道化、广播媒介的数字化、纸媒的会员制度、微信微博的矩阵运营策略等都是这方面的例子。从公共的角度，我们还需要思考，如何在这个复杂圈层化的时代继续塑造统一认同？

作为媒介内容和广告消费者的受众这一角度也非常有用。我们此前在讲传播时已经讲过，大众媒介的盈利是其发布特定内容的重要动机，除了直接贩卖内容获得收入外，实际上绝大多数的媒介都依赖广告收入，这就使得"受众商品论"成为我们分析媒介现象尤其是负面现象最常见的理论，因为媒介需要更多的受众商品或者注意力商品以换取经济回报。那么除了做好内容以外，也有媒介可能会利用内容娱乐化、新闻炒作甚至虚假新闻等违背媒介伦理的手段以获取注意力。因此，如果你要分析媒介的负面现象，必然要用到受众商品论。除此之外，批判资本主义社会环境下受众的状况也可以用到受众商品论，因为受众商品论强调受众实际上在遭受隐秘的剥削。

另外，受众跟媒介相关的权利这一分析角度也经常出现。媒介负面问题的论述题一般都需要指出这些负面问题侵犯了受众的哪些权利。比较常考的侵权问题包括侵犯受众的知情权、名誉权、隐私权、著作权等等，近年来一些新的传播议题也会和这些权利相连接，例如著作权、版权同互联网聚合平台相关，隐私权、被遗忘权同媒介伦理相关，知情权和隐私权的冲突是新闻学的重要命题，名誉权同网络暴力相关，监督权同媒介民主参与论相关，参与权同公共领域相关等等。

第 36 天
受众理论与受众权利

【学习导语】

受众可看作社会中的一个集合体，也可以看作拥有不同个性的个体。有了受众，我们的传播过程才完整，因此很多涉及受众的理论都是解题中被高频应用的。本章内容主要了解与受众相关的理论，包括受众选择心理、受众行为等。

【本章我的掌握情况】

	基本理解	熟练掌握	运用自如
36.1 受众的媒介素养			
36.2 影响受众选择的因素			
36.3 受众选择性心理			
36.4 如何突破受众选择性心理			
36.5 受众的逆反心理			
36.6 受众的从众心理			
36.7 个人差异论、社会分化论、受众关系论、文化规范论			
36.8 受众参与论			
36.9 使用与满足			
36.10 其他相关受众的特殊议题			

知识点 1：受众的媒介素养

（1）媒介素养，顾名思义，是_____，具体地说，则是

_____。这种基本的能力、素质，包括认知媒介、参与媒介、使用媒介三个层面。

（2）认知媒介指的是_____
_____。具体包括了解社会政治法律经济制度和思想文化制度与传播制度的关系；认识媒介传播作为制度化传播的基本特征和内在规律；了解外部制度对媒介机构及其活动的控制和影响，以及媒介机构内部运行机制对信息的生产、加工和传播活动的制约；理解媒介反映现实和建构现实的功能，理智地辨别媒介环境和现实环境等等。认知媒介是_____。

（3）参与媒介是指_____
_____，成为信息时代的媒介公民，这是媒介素养提出的最初动机，也是媒介素养的_____。

（4）使用媒介是指_____，不仅包括操作媒介传播信息的技能，还包括使用媒介进行公众监督、优化传播和社会环境、促进社会民主发展的能力。

知识点 2：影响受众选择的因素

（1）社会文化因素_____：具体而言社会环境和社会地位包括受众所属的社会群体、种族、阶级、性别等，都可能会影响受众的信息选择，相同社会类型的受众大体选择相同的传播媒介、传播内容，并做出近似的反应；文化背景包括宗教信仰、生活习惯、整体教育水平、文化生活方式等。

（2）心理因素：_____等等。

知识点 3：受众选择性心理

选择性心理包括选_____。

1. 选择性注意
_____。接受同自己已有观念或立场一致的内容及对自己和所属群体有利的信息，排斥与已有观念立场不一致的内容，回避对己有害或不利的内容。

大众媒介出现之后，媒介已经无孔不入，要完全不接受某一种媒介几乎不可能。新媒体的出现给了人们更多的自主权利，每个人可以自由选择传播内容，但这又会造成另外一种_____。

2. 选择性理解

指_____。

关于选择性理解，传播者应当尽量在传播活动进行之前进行前馈，即对受众进行调查，明了_____。

3. 选择性记忆

_____。传播者可以运用_____的方式，来突破受众的选择性记忆。

受众选择信息的三个程序就像保护受众的三个防卫圈，由选择性注意依次向里：对那些可能包含反面信息的刊物或节目，人们会避开；如果不能避开，则在解释信息时进行选择性理解；如果也做不到，就进行选择性记忆，简单地忘掉反面信息。这种选择过程也是受众应对信息超载的一种自我保护机制。

知识点 4：如何突破受众选择性心理

（1）总的来说传播者要控制和引导传播内容，_____。

（2）在新媒体时代，受众除了选择性的注意、理解、记忆，还有可能进行_____。对于希望扩大自己的影响力的传播者来说，应当积极利用这一种行为，来扩大自己的传播内容覆盖范围，进而提高传播效果。

知识点 5：受众的逆反心理

逆反心理，是_____。包括五
种表现：_____。

知识点 6：受众的从众心理

（1）从众心理，指_____
_____
_____。因而形成从众心理的
根本原因是群体压力。

（2）群体为保持其共同活动顺利进行和关系状态的稳定，会拥有一些共同的价值观念和
行为规范，违反者会受到孤立甚至驱逐，于是人们在保护自己的同时要屈从于团体利益。

（3）群体意见对个体所形成的压力过程分为四个阶段：_____
_____。由于群体规范压力而形成从众心理和行为的现象在社会生
活中较为普遍，在那些文化层次较低的群体中或受众个人缺乏清楚认识的问题上尤其如此。
从众心理造成的群体一致性有助于受众的态度定型、实现群体目标以及维护群体稳定，因而
对传播媒介能否实现有效的信息沟通具有不可忽视的作用。

（4）传播者应采取以下措施应对群体心理：_____
_____。

知识点 7：个人差异论、社会分化论、受众关系论、文化规范论

1. 个人差异论
个人差异论由_____首先提出，_____做修正后形成，以
_____理论为基础。该理论认为_____
_____
_____
_____，要求传播者要尊重受传者并善于了解、利用其经验、态度、立场等。

2. 社会分化论

社会分化论是对个人差异论的修正，由_____首先提出，从社会学角度出发，强调个人的社会群体差异，认为_____

_____

_____。

对个人产生作用的群体包括_____。基本群体是长期持续的、亲密的、面对面接触的群体，如家庭。参照群体是个人在其帮助下可以确定自己态度、价值观和行为的群体。作为传播者，大众媒介应考虑到不同群体对信息接收的差异。

3. 受众关系论

受众关系论的起点是_____，强调_____

_____

_____

_____。

受众作为个体均有不同的生活圈，受其约束影响,_____

_____, 并以本类型人典型的方式来接受之。当有信息攻击该团体观点时，成员就会对不同意见进行修正，削弱传播效果，或排斥这一信息及传播它的媒介。如果团体中有少数人与团体意见向左，也不敢公然去接受那些与团体意见相悖的信息。

群体对受众接受信息产生重要影响，可以使受众态度定型。_____

_____。传播媒介必须认识到，受众不会接受媒介的操纵，只是从传播媒介那里取己所需，并为己所用。

4. 文化规范论

文化规范论与议程设置的理论相关，认为_____

_____

_____。受众可以从传媒中获得新见解以加强或改变其原有看法，媒介为社会树立了文化规范。人们看待事物时，会受到这种新的文化规范的影响。

文化规范论肯定了大众传播对受众所造成的影响，并认为＿＿＿＿＿＿＿＿＿＿＿

＿＿＿＿＿＿＿＿＿＿＿＿＿＿＿＿＿＿＿＿＿＿＿＿＿＿＿＿＿＿＿＿＿＿＿＿＿＿＿

＿＿＿＿＿＿＿＿＿＿＿＿＿＿＿＿＿＿＿＿＿＿＿＿。

以上四种理论概括起来就是：＿＿＿＿＿＿＿＿＿＿＿＿＿＿＿＿＿＿＿＿＿＿＿＿＿

＿＿＿＿＿＿＿＿＿＿＿＿＿＿＿＿＿＿＿＿＿＿＿＿＿。

知识点 8：受众参与论

（1）由美国学者＿＿＿＿最早提出。他认为，＿＿＿＿＿＿＿＿＿＿＿＿＿＿＿＿＿

＿＿＿＿＿＿＿＿＿＿＿＿＿＿＿＿＿＿＿＿＿＿＿＿＿＿。因此，大
众传播媒介应该尊重受众，在形式上尽可能地考虑到受众这种积极参与的愿望和权利。

（2）这是 20 世纪 70 年代以后＿＿＿＿＿＿＿＿＿＿＿＿背景下产生的一种媒介规范
理论。该理论认为：＿＿＿＿＿＿＿＿＿＿＿＿＿＿＿＿＿＿＿＿＿＿；要求大众传
播媒介＿＿＿＿＿＿＿＿＿＿＿，允许民众个人和群体自主参与；媒介应该主要为＿＿＿＿而存
在，而不应该主要为媒介组织、广告赞助商而存在；＿＿＿＿＿＿＿＿＿＿＿＿＿＿＿＿

＿＿＿＿＿＿＿＿＿＿＿。民主参与论的核心价值是＿＿＿＿＿＿＿＿＿＿＿＿＿＿＿＿

＿＿＿＿＿＿＿＿＿＿＿＿＿＿＿＿＿＿。在信息已经成为一种基础资源的今天，民
众唯有行动起来才能争取到自身的传播权和媒介接近权。

知识点 9：使用与满足

（1）美国社会学家＿＿＿＿＿＿＿＿首先提出。在针对受众使用媒介动机的研究之前，有
赫尔塔·赫佐格对美国妇女观看肥皂剧的研究，杰伊·布鲁姆勒和丹尼斯·麦奎尔对英国大选
期间政治节目的研究，威尔伯·施拉姆对电视与儿童的研究等。

（2）使用与满足理论＿＿＿＿＿＿＿＿＿＿＿＿＿＿＿＿＿＿＿＿＿＿＿＿＿＿＿＿＿

＿＿＿＿＿＿＿＿＿＿＿＿＿＿＿＿＿＿＿＿＿＿＿＿＿＿＿＿＿＿＿＿＿＿＿＿＿＿＿

＿＿＿＿＿＿＿＿＿＿＿＿＿＿＿＿＿＿＿＿＿＿。

（3）具体而言，人们接触媒介首先是了满足特定的需求，这一理论具有一定的社会和

个人心理起源；这种实际_____

_____

_____接触行为可

能满足也可能不能满足，但都会影响到以后的媒介选择和使用行为。人们根据满足结果修正

媒介印象，在不同程度上改变自己以后的媒介期待。

（4）使用与满足理论的重要意义：

a. _____

_____

_____

b. _____

_____

c. _____

（5）使用与满足理论的局限性：

a. _____

_____

b. _____

_____

c. _____

_____

知识点 10： 其他相关受众的特殊议题

1. 媒介使用的公共领域和私人领域

私人形态的受众体验根据_____，它并未牵涉到社会和其他人，

更重视自身。而公共形态下的受众，_____。这

时受众会更加融入国家和群体的公共生活，并且唤醒对于特定环境的身份认同。

2. 亚文化与受众

媒介在推动和强化受众对文化亚文化的认同过程中扮演重要角色。随着商业的发展，媒介将_____，并且通过品味和生活方式定义出亚文化的"风格"，以此制造潜在的媒介消费者。

3. 性别化的受众

_____

_____。例如父权社会中，女性读者阅读言情小说和观看肥皂剧会满足其逃避现实压力的需求。女性受众的媒介使用习惯也与男性有区别，她们可能会在看电视时交谈，因为电视更多是一种社会性的媒介。

4. 媒介使用与社会交往

媒介可能产生_____，减少人们在现实生活中的社交行为。但媒介也可以成为真实生活社会接触的替代品，并且营造出新的社交场合。受众_____

_____。

5. 受众和电视的关系

卡尔·罗森格伦和斯文·温德尔概括出四种主要关系：_____，受众感觉自己与屏幕角色互动；_____，受众感到自己和媒介人物的生活牵连；_____，受众高度认同媒介人物的情况；_____，俘获的反面，受众低度认同媒介人物。

6. 粉丝

_____

_____。粉丝最有可能以集体的形式出现，会激发一种有强烈吸引力的、有意识的共同感。粉丝的行为有时会受到媒体的招募和操控。

【相关真题】

1. 受众对信息和媒介的选择性心理与行为机制（华中科技大学 2021 简答题）

参考答案：

选择性心理包括选择性注意、选择性理解和选择性记忆。

（1）选择性注意指受众一般会选择自己习以为常和喜爱的媒介，以及能支持其信念和价值观的信息；接受同自己已有观念或立场一致的内容和对自己和所属群体有利的信息，排斥不一致的内容，回避有害或不利的内容。

（2）选择性理解指具有不同心理特征、文化倾向和社会成员关系的受众会以不同的方式解释媒介内容。（受众对信息的理解过程，也是一个对信息进行再创造的过程，受众往往会在解码过程中加入主观因素而造成理解的差异。）

（3）选择性记忆指受众只记忆对自己有利，符合自己意见或兴趣的内容。传播者可以运用反复重复传播内容的方式，来突破受众的选择性记忆。

受众选择信息的三个程序就像保护受众的三个防卫圈，由选择性注意依次向里，对那些可能包含反面信息的刊物或节目，人们会避开；如果不能避开，则在解释信息时进行选择性理解；如果也做不到，就进行选择性记忆，简单地忘掉反面信息。这种选择过程也是受众应对信息超载的一种自我保护机制。

2. 媒介素养（中央民族大学专硕 2022 名词解释、南开大学 2022 名词解释）

参考答案：

媒介素养，顾名思义，是人与媒介打交道的能力，具体地说，则是指公众认知媒介、参与媒介、使用媒介的能力。

（1）认知媒介指的是对媒介性质、功能以及对媒介与社会、政治、经济、文化等诸多因素互动关系的正确评价。

（2）参与媒介，是指要参与媒介信息传播，成为媒介信息积极主动的获取者、解读者，以及媒介信息负面印象的自觉抵御者，成为信息时代的媒介公民。这是媒介素养提出的最初动机，也是媒介素养的重心和核心。

（3）使用媒介，是指运用媒介有效地创造和传播信息的能力，不仅包括操作媒介传播信息的技能，也包括使用媒介进行公众监督，优化传播和社会环境，促进社会民主发展等。

3. 受众权利（江西师范大学 2021 名词解释、西北大学 2021 简答题、西南大学 2021 简答题）

参考答案：

受众不仅仅是传媒信息的使用者或消费者，他们还是构成社会的基本成员，也是参与社会管理和社会公共事务的公众。受众拥有各种正当权利，如传播权、知晓权、媒介接近权等。

（1）知情权：受众享有获悉与自身利益相关的真实信息的权利，或是社会成员获得有关自身所处的环境及其变化的信息、保障社会生活所需的各种有用信息的权利。

（2）传播权：社会成员是社会实践和社会生活的主体，他们有权将自己的经验、体会、思想、观点和认识通过言论、创作、著述等活动表现出来，并有权通过一切合法手段和渠道加以传播。

（3）参与、讨论权：公众享有借助媒介表达意见、展示作品、传递信息的权利。参与、讨论权是公民参政议政的条件，是受众真正享有社会民主权利的体现，还可以保证集体行为的一致性，影响权威人士和决策机构的决定，对于保持社会稳定、提高社会政治生活质量具有重大意义。

（4）媒介接近权：1967年美国学者J.A.巴隆首次提出"媒介接近权"的概念，即一般社会成员利用传播媒介阐述主张、发表言论以及开展各种社会和文化活动的权利，同时，这项权利也赋予了传媒应该向受众开放的义务和责任。

（5）监督权：受众享有运作大众传播媒介和对传播者的传播行为进行监察和督促的权利。

（6）隐私权：受众享有对个人和公众利益无关的私生活进行保密、不受新闻媒介打扰和干涉的权利。

（7）求偿权：在受到新闻侵害时有要求补偿的权利。

【本章指南】

本章没有特别难的知识点，而且看上去似乎都是"常识"。不过可别小看了这些"常识"，它们的考查频率都是一等一的高。

媒介素养就是最高频考点之一。几乎所有的题目在答到解决受众面临种种问题的对策时都可以答上提升媒介素养一条（当然你要写对媒介素养是什么）。要知道媒介素养的几个层次：接受信息大多涉及参与媒介层次，即正确识别媒介内容的好与坏。利用媒介层次则会涉及网民的媒介素养、政府官员的媒介素养等等。媒介素养还可以和数字鸿沟相联系，从数字鸿沟的成因来看，第一层是基础设施的差别，第二层是基础接入和使用的差别，第三层就是受众媒介素养的差距。在新媒体时代的全球传播中，国家与国家之间的传播力不仅取决于媒体实力，也取决于国民媒介素养。

选择性心理也是高频考点，很多时候要分析媒介如何增大传播效果，这时候一定会涉及突破选择性心理防御圈。尤其在互联网环境下，选择性心理防御圈在信息茧房的保护下极度牢固，大部分传播都可能是无效的。这时就要利用人际传播，通过社群里的舆论领袖来突破。

从众心理也是非常经典的知识点。这里需要注意的是，从众不一定指群体内部都相信某一观点，只要媒体能造成这样的印象就可以。例如"乐队花车效应"就是这方面的典型例子。

个人差异、社会分化、社会关系这三个概念已经与对受众概念的基本解读结合在一起了，这里不再多说。文化规范论在答题中暂时还不常用，但是它提出的问题仍然很有意义，一是大众媒介对社会文化规范、价值观的地位赋予功能，二是大众媒介对不同群体受众的同一化功能。目前随着传统媒体的衰落，恰恰是这两个关键的功能出现了问题。主流文化被解构失去了引导能力，主流媒体也失去了让人认同的权威性，不同群体对世界的认知逐渐产生偏离，这些问题就是我们所说的"如何重新打造主流媒体"所要解决的。

最后说说使用与满足，对这个理论的考查可能比媒介素养更常见，只要是传播，就需要用户使用媒介，就会有用户满足自己的需求。如何把这个常见的概念运用得更加深入？我们可以考虑通过运用选择的或然率公式等手段，更加全面地描述受众决策的过程。

大众传播受众在受众这个层面的学习中仅仅是一个开始，后面还要去了解新媒体环境下的用户。与大众传播受众相关的大部分题目的答题思路还是比较传统和程序化的：

（1）增强或者避免削弱媒介效果：80% 的传播受众方面的题目都可以用到。如果问到如何传播某种观念给受众，那么在之前可以答上："根据使用与满足理论，接触媒介的活动可看成基于特定需求来'使用'媒介，从而使这些需求得以'满足'的过程。因此必须首先对受众进行深入、全面的调查，了解受众的个人状况、群体规范、背景文化，针对不同受众设计不同的传播方案，避免选择性注意和选择性理解，取得更好的传播效果。"

（2）媒介素养与基本权利：刚刚说的主动传播是"攻"，反过来看，如果出现了负面的传播内容怎么"防"呢？这就用得到"受众商品论—媒介素养—受众权利"三件套了。根据受众商品论，媒介传播负面内容的动机一般而言是将受众的注意力打包卖给广告商获得收益，因此媒介为了获得更多的受众，会走向娱乐化、商业化，甚至可能违背媒介伦理和操守打擦边球。应对负面内容，除了政府要加强规范以外，普通受众需要加强媒介素养，增强抵御不良信息的能力。如果问题更严重，以至于侵犯了受众权利，那么需要指出是侵犯了受众的哪些权利，需要通过哪些法律手段予以反制。

(3) 受众的参与和反馈：以上两部分基本上就是传统的受众理论在大多数情况下的用途。如果要让答案加分，可以再考虑强调一下受众的参与和反馈的部分。首先在媒介领域中，受众的参与是重要的媒介反馈，有助于提高传播效果，净化媒介环境；在政治领域中，受众的监督权与对公共领域的参与是维护民主社会的必要条件。这两个点如果能够回答深入，可以锦上添花。

第 37 天
新媒体环境下的用户变革

【学习导语】

在互联网时代、融媒体时代，受众的概念已经转换为"用户"，更强调受众的主动性、个性化，传受地位逐渐平等。那么，在新的互联网条件下，用户到底有什么新的特点？用户的行为是否也会发生变化？媒体应该如何作出调整？今天我们就来学习这方面的内容。

【本章我的掌握情况】

	基本理解	熟练掌握	运用自如
37.1 新媒体用户基本特征			
37.2 用户的时空问题（1）			
37.3 用户的时空问题（2）			
37.4 新媒体用户的三种节点			
37.5 作为传播网络节点的用户			
37.6 用户的信息生产、信息传播、信息消费			
37.7 作为社会网络节点的用户			
38.8 分化：圈子与层级			
38.9 过度连接与反连接			
38.10 作为消费网络节点的用户			
38.11 社群经济和粉丝经济			
38.12 场景经济			

知识点 1: 新媒体用户基本特征

(1)_____: 在网络时代,_____
_____,数据记录了人们的活动轨迹、社会场景,是"自我"
的网络表达方式,但也会出现可能的_____。

(2)_____: 网络用户的表演基于数字化的虚拟空间,_____
_____
_____。

(3)_____。
每一个个体都能够直接或者间接地连接到其他所有用户,通过信息网络获取相关信息建立自
己整体的意义网络和结构,或是加入社区获取其他服务。

(4)_____。这可以激发人的潜力,
但也可能会造成处理任务的效率下降,进而造成人的记忆力减退。对于网络信息的提供者来
说,获得脑力资源的挑战变得更大。

知识点 2: 用户的时空问题(1)

(1)移动互联网使得_____
_____。但也造成时间碎片化,进而造成了由注意
力分散、缺乏共同的"媒介时间"所导致的_____的问题。

(2)移动互联网使得时间分为_____,私人媒介时间
_____,但也造成对公共事件注意力的下降。

(3)移动互联网强调_____,以至于将这种实时体验通过各种方
式保留下来形成"伪实时"。但是人们也会采用延时来缓解社交压力,以便有时间充分考虑
问题。

(4)移动互联网使得个人在互联网中的所有信息、数据、活动都被保存下来,但是对个
人而言,由于海量信息快速迭代,_____。

知识点 3: 用户的时空问题 (2)

(1) 移动互联网与基于位置的服务 (LBS) 技术的发明, 使得空间的概念也发生了变化。现实空间拥有了两个方面的新意义: _____

_____

_____。另一方面, 移动媒体让人可以随时进入自己的世界, 产生了私人化的媒体空间, 进而产生手机版本的"流动藏私"。

(2) 从虚拟空间看, _____

_____。

(3) 新媒体时代, _____, 而且不仅仅是观看的在场, 也不仅仅是通过互动和幕后营造的在场感, 而是_____。这种对在场的追逐, 不 仅 仅 是_____

_____。 相应地, 媒体不再只是人们用来认识世界的一种渠道, 也是用来实现自我建构和自我认知、建立自己的社会网络、获取社会资本的一种渠道。

知识点 4: 新媒体用户的三种节点

(1) 传播网络的个体节点: _____

_____。 从内容消费角度看, 个体节点的选择性更强, 但作为信息网络的一部分, 会受到社交关系、话题、平台、算法等因素影响, 既是主动又是被动的。

(2) 关系网络的个体节点: _____

_____

_____。

(3) 服务网络的个体节点: _____

_____。

知识点 5: 作为传播网络节点的用户

从传播网络节点角度而言，传播网络中的个体化节点，也是新媒体新的传播结构中的基础单元，具有三种角色与功能：＿＿＿＿＿＿＿＿＿＿＿＿＿＿＿＿＿＿＿＿＿＿＿＿。

从信息生产角度而言，个体可以通过自己这个节点来发布内容，每个节点即为一个自媒体，从而进行分布式生产，这种生产具有以下特点：

(1) 以社会化媒体和区块链作为基础，前者＿＿。

(2) 个体化节点之间仍然会有＿＿＿＿＿＿＿＿＿，某些节点会拥有更强的话语权。

(3) 信息生产带有＿＿＿＿＿＿的特征，它可能带来＿＿＿＿＿＿＿＿＿＿＿＿＿，但也可能＿＿＿＿＿＿＿＿＿＿＿＿＿＿＿＿＿＿＿＿＿。

知识点 6: 用户的信息生产、信息传播、信息消费

1. 用户的信息生产

用户生产新闻包括提供线索、参与调查、提供完整新闻报道或是与新闻进行互动，同时可以通过扩散、评论、整合来辅助新闻的再生产过程。

网络用户参与新闻生产的特点：＿＿＿。

网络用户参与新闻生产的优势：＿＿＿。

2. 用户的信息传播

用户会成为信息传播的中介，发挥信息"导体"的作用。这一过程具有以下特点：

(1)_____。除了信息基本价值外，内容的社交谈资价值，对人们的社交形象、社交关系的维护与提升能力将决定它是否会被二次传播。

(2)_____，体现了大多数人的集体倾向，但也可能会造成少数人被忽略，内容情绪化、易被操控的问题。

(3)_____，他们既是强势内容源、信息影响放大器，又是意见流向调节阀、意见气候营造者。

(4)_____。网民之间会自然形成一种相互协作、相互验证、相互纠正的关系，并由此不断调整目标，校正信息传播中的偏差。

(5)_____。在个人门户带来的分布式传播模式中，专业媒体和其他具有专业能力水准的内容生产者仍然具有重要的价值，那就是运用其专业的思维、能力与业务手段，对碎片化信息进行整合，成为信息传播中的引导者。

3. 用户的信息消费

从信息消费而言，用户具有以下特点：

(1)_____：个体不仅可以自主选择信息渠道，也可以为自己构建起所需的信息网络，包括基于社交关系构建的信息网络、基于兴趣或话题构建的信息网络、基于平台或算法构建的信息获取路径等。但懒惰、惯性和平台的有意抑制使得_____

_____。

(2)_____：网络用户的选择与整个网络环境关系密切。用户的个别行为会对信息传播的大局产生影响，反过来又通过用户之间相互引导影响个体用户的选择，网络信息消费往往是个人能量聚集为社会能量的一种方式，因此_____

_____。

(3)_____：用户在内容选择上_____

_____。但很多时候用户是_____，行为具有较强的惯性，这使得他们的消费又往往是被动的；用户阅读内容是_____的，但是对于感兴趣的议题，会通过整合碎片_____；用户在大多数时候_____，但他们仍然关注重_____；用户如果把信息消费用作打发时间的由头，会希望信息更丰富，但如果将信息用于严肃的决策目的，则会希望信息更精准更有效；用户喜欢_____，包括网络语言、恶搞文化等，但_____仍然具有强大影响力，而严肃的政治议题也在逐渐娱乐化；用户时常喜欢_____的内容，但_____仍然是我们追求的目标。

知识点 7：作为社会网络节点的用户

新媒体用户不仅是传播结构上的节点，也是社会网络的节点，他们连接、互动、汇聚，形成网络社会，又分化为一个一个的团体。

_____：个体作为网络社会中的节点，_____。

1. 个体

个体化节点的需求：除了基本的信息需求之外，个体化节点还存在着如下许多需求，包括：

(1)_____。

(2)_____。

(3)_____。

(4)_____。

(5)_____。

2. 连接

新媒体发展的线索，正是用户节点间连接的不断演进。从连接的历史来看，是从机器与

机器连接，发展到内容与内容连接、人与人连接等，除了连接形式变得丰富外，还包括_____

_____

_____。

连接类型的演变总体是由_____，具体包含以内容为纽带的群体互动（维基、BBS）、以社交为中心的一对一互动、游戏虚拟互动、个人的表演和观看（微博、博客、直播）、SNS 提供的时空关联、产品的中介链接、标签的隐性链接等。

从关系看，_____

_____。

3. 互动

互动包含三种类型：表演、社会关系互动和集体行动。

从表演上看，网络中的表演常常有两种情形：_____

_____。网络的"虚拟性"这一前提，也给人们提供了并发性、可切换的多重表演舞台和基于文字、视觉、签名等的表演手段。表演的结果就是在公共场合营造出的"人设"。尽管虚拟世界给了大众自由扮演角色的空间，但有时表演策略不当，也可能会导致人设崩塌、自我认知失调等一系列负面后果。

从社会关系互动角度，互动既包括一对一的关系，也包括群体关系和整体的社会网络关系。其中：

（1）一对一关系会对个人的_____造成强大影响。

（2）群体关系可能会造成_____。

（3）在社会网络中，_____。

最终人与人可以形成_____，虚拟共同体的特点有：_____

_____。

知识点 8: 分化：圈子与层级

1. 圈子

圈子是_____圈子的关系模式特点，体现为由圈子成员构成的社会网络结构的特殊性，圈子结构的_____，圈子_____，而且往往和现实环境中的权力相关。圈子内_____。

亚文化有时候也可以构建出圈子，持有特定文化爱好的人群会形成强烈的集体意识，在获得文化消费、生产、归属感等满足的同时，也在追逐着文化资本。圈子外部和圈子内部都存在着围绕亚文化资本形成的区隔与争夺。

2. 层级

新媒体体现着_____，也体现了_____：中产阶级的不安全和不满足感，弱势群体面对的媒介资源和社会正义匮乏，再叠加地域发展的不平衡,_____；网络环境中_____的不同也会导致矛盾。

3. 结果

_____。

知识点 9: 过度连接与反连接

（1）过度连接体现在：_____，关系网络中的个人时时处于表演与自我审查之中；网络社交互动在很大程度上增加了_____；内容过载_____。

（2）人们需要拥有反连接能力：_____。

知识点 10：作为消费网络节点的用户

作为消费网络节点的用户，实际上体现为四种不同的经济类型：_____

_____。

（1）共享经济：_____

_____。除了实体物品以外，虚拟时间、经验、认知盈余也可以共享，通过移动互联网组织起来分享给其他用户，同时传受位置可以自由变换，创造出更大价值。

（2）社群经济：_____

_____。社群经济目前主要有三种指向，_____

_____

_____。

（3）场景经济：移动互联网的应用意味着_____

_____。要从场景视角来开发新媒体产品，推进线上、线下经济的融合。

（4）数据经济：_____是互联网发展的重要方向，也是网络改造传统产业基本的"杀手铜"，对数据的深度利用，将是未来信息经济、知识经济、智能经济的基础。

知识点 11：社群经济和粉丝经济

（1）社群经济的基础是社群成员为了达到某个共同目标，高效协作一致行动。为了达到这个目标，社群需要满足受众的需求，拥有紧密的成员关系和若干个中心（意见领袖，KOL），以及共同的文化基础。

（2）社群经济体现为一些具体行为，包括：_____

_____。品牌营销可以通过二次传播提高品牌知名度，提升品牌声誉，产生信任代理。

（3）社群经济还能与粉丝经济产生关联，_____

_____，是生产者对消费者_____

_____。

知识点 12：场景经济

（1）场景经济_____，这也意味着节点化用户得到了高

度重视，其前提是_____

_____。梅洛维茨指出场景（情境）是一种信息系统，彭兰老师则指出

场景_____。

（2）场景包含共性化场景和个性化场景，具体包括：_____

_____

_____

_____。

【相关真题】

1. 场景（湖南大学 2021 名词解释）

参考答案：

梅洛维茨指出场景（情境）是一种信息系统，彭兰老师则指出场景是一种同时涵盖基于空间和基于行为与心理的环境氛围。

场景包含共性化场景和个性化场景，具体包括：（1）空间与环境，包括特定环境中人的行为模式；（2）时间，不同时间点不同的需求；（3）用户的实时状态，某时某地的需求；（4）用户生活惯性，人们在各种场景下的需求与行为模式；（5）社交环境中的氛围。针对这些场景，我们可以提供特定内容和服务。

2. 共享经济（福建师范大学 2022 名词解释）

参考答案：

共享经济在需求、服务与资源之间提供实时的高效率匹配和连接，打破了传统私有权的藩篱，使得人们可以共享使用权与创造权。除了实体物品以外，虚拟时间、经验、认知盈余也可以共享，通过移动互联网组织起来分享给其他用户，同时传受者可以自由变换，创造出更大价值。

3. 简述网络用户参与新闻生产的特点（中南财经政法大学 2021 简答题）

参考答案：

网络用户参与新闻生产的特点：（1）大多数用户参与新闻生产是非制度性的。用户参与新闻生产，常常是无意中实现的。（2）用户新闻生产的能量大小取决于网络聚合的效能，这种聚合效能和很多因素相关：如参与人数、群体互动的规模和程度、专业机构的"催化"等。（3）用户新闻生产对专业机构生产具有依附性和嵌入性。用户新闻生产并不是一种完全独立的生产，它总是或多或少地依附于专业机构的生产过程，而且是一种深层的嵌入，它使专业机构的生产与用户的生产形成了一种相互融合的共动过程。（4）用户的再生产过程可以产生一种"正反馈"效应，它使强者更强，使弱者更弱。因此，网络用户的行为，对专业机构的新闻生产既是一种效果检验机制，又是一种效果的放大或削弱机制。

【本章指南】

从彭兰老师的专著《新媒体用户研究》中可以看出，在新媒体时代，"人"的地位越来越重要和突出，现在的媒体面临的核心问题是如何吸引用户的注意力，所以在新媒体环境下媒体更重视用户了。我们学习的新媒体环境下用户的新角色，就是围绕"人"在网络环境中到底如何生存来展开的；反连接的提出，也是围绕着媒介技术发展过程中"人"的问题；社群经济、粉丝经济、场景经济等这些新的经济形态，也都是以"人"为主，由"人"为出发点考虑的。只要同学们抓准了这一点，这些知识点都不难掌握。

首先，是网络用户，也就是"人"最基本的生存形态问题，包含三种不同的形态。

节点化生存是揭示"人"的网络属性。"不仅仅接受内容，而且生产内容"，或者"建立虚拟群体"，其实质描述的是一件事，就是节点和节点之间的交往：互通有无，形成连接，促进资源优化配置，推进生产力发展。

表演化生存揭示的是"人"的社会属性。用户需要在社会中进行互动，打造人设，进行表演，满足自己的心理需求和物质需求。我们理解了表演，就能理解为什么用户要传播模因，为什么要自拍，为什么要用表情包。表演化生存其实也和并发性生存相关，同时接触很多信息，进行很多表演，就会让人失去稳定自我，产生心理混乱。

数字化生存则说明"人"的技术属性。在网络中，用户的本质是数据。因此一方面，作为媒介，如果你要理解用户，就需要搜集数据、处理数据；另一方面，在用户的立场上，就要防止数据信息泄露带来的风险。

这三种形态中，出题频率最高的当属第一种。因为它和传播研究最具相关关系，也解释了网络的根源本质：网络事件千万条，无非是节点的连接。而每个节点，又往往扮演着三种角色（内容生产消费者、社会群体成员、服务提供和消费者），因此节点一旦碰撞，就意味着附于其上的内容资源、社会资源、经济资源能互通有无，产生化学反应和巨大的社会价值。比如直播就是内容资源（用户弹幕）、社会资源（直播间的共同体）、经济资源（直播打赏的粉丝经济）三者在共同起作用。这就是许多老师都提到网络的意义就是建立连接的原因。

那么，我们在答题的时候，就可以借用彭兰老师在《新媒体用户研究》中的划分，来分析用户在这个过程中的角色及其具有的特点。例如最常见的分析自媒体利弊的题目，就可以参考《新媒体用户研究》中"作为传播网络节点的新媒体用户"一章的内容。通过该章中"个体化节点与分布式生产"一节我们可以知道：自媒体具有一定的传播优势，但这种优势不是替代传统媒体，而是与之协作；从"分布式内容生产、传播与后真相"一节我们可以看到，这种全民参与的分布式内容生产与传播，的确可能会放大"后真相"问题；除此之外，"个体化节点与信息消费"一节中的内容也可以帮助我们分析用户的媒介选择有哪些倾向，进而让我们能够判断哪些内容会更加受欢迎。

如果是以前的备考，基本上只看到这里就可以结束了，因为我们只关注用户是怎样传播内容的。不过，近几年随着传播学和社会学的联系日益紧密，我们还要关注用户作为社会群体成员如何建立群体、参与到群体中，以及群体又是如何分化的过程。这就是知识点 7 到知识点 8 所描述的内容。

这部分内容又应当如何应用到做题中呢？这部分知识点告诉我们，网络用户是社会成员，他们的行为背后也具有特定的社会动因。例如，网络成员有社交属性，要融入群体获得认可和情感共鸣，所以个人会去做印象管理（改头像、换 ID、美图等）、传播内容（生产、转发、表达能够获得社交认同的内容）；而一旦他们参与了某个社会群体，那么他们就会参与这个群体内的亚文化传播（玩梗、模因、表情包）乃至参与群体和集体行为。另一方面，这部分知识点也提醒我们：个人不仅是网络群体的节点，也是现实社会的节点，两者有紧密联系。因此我们会看到，虚拟交往可能会来自现实中的圈子，虚拟群体的等级和分化也可能反映现实中的阶级差异。网络的圈层化，最终还是因为现实的圈层化。

最后再来看看服务主体。简单地说，这部分内容就是讲在网络中怎么挣钱。对于媒介来说，共享经济和社群经济就是要想办法先建立社群把用户圈起来，然后激活用户的生产能力贡献内容，或者进行营销（媒介可以直接卖东西给用户，也可以引入第三方服务提供商做中介）；数据经济就是传播者要想方设法获得数据；场景经济就是传播者要针对场景推送内容。当然，《网络传播概论》（第四版）中提到的体验经济和信息经济的知识点在回答相关题目时也可以用上，一是给用户提供非标准化的独特体验（例如情感体验），二是针对用户需求开发长尾经济。

场景经济提出了互联网经济的要点：如何抓住用户的需求。以前我们也讲用户需求，但比较粗糙，最多就是"用户是谁"。场景的本质就是从"用户是谁"，细化到"用户在哪里""在做什么""想做什么""和 TA 在一起的人想做什么"。发生这一变化的本质原因是，原来是媒介少、用户多，媒介对用户"了解个大概"就够了。现在是用户少（或者注意力少）、媒介多，媒介必须想尽一切办法，无论是通过地点、心理、使用习惯、社交媒体内容、偏好数据还是其他线索，来明白用户在想什么、要什么。只有这样，你才可能更精准地推送信息，让用户满意。

总的来说，这个章节讲的就是：不同类型、不同角色的人，通过互动，互通有无，产生巨大的社会价值；互动越多，连接越多，创造的东西越多，这就是网络的意义。人们在网络中产生交往、碰撞，促进社会资源的加速流动，互通有无，最终在满足个人需求的同时，实现社会生产力的提高和人与人关系的加深。网络传播的终极目标就是完善连接的形式，增加连接的数量，提高连接的效率，所以发展互联网就需要提高媒介的传播速度、丰富传播手段、增加传播的互动性内容，这样才能够更好地发挥连接优势。反过来看，这也容易造成连接过多、信息过剩。所以我们还需要将这种连接予以优化、筛选、提效，同时坚持适当的反连接，最终达到平衡状态。这就是这个部分的核心内容。

第 38 天
传播效果理论概述与分类

【学习导语】

传播效果部分是考试的重中之重，这个从参考书的篇幅占比上也能感受得到。传播效果相关理论是经验学派的主要理论成果，用一章篇幅来讲是远远不够的，所以本章主要介绍经典教科书中分析传播效果的角度，这些角度不会直接出名词解释或者简答，而是会融入论述题的答题思路中。把这一章放在具体效果理论的最前面，是希望大家带着这样的视角去学习经典传播效果理论，并将它们应用在论述题中。

【本章我的掌握情况】

	基本理解	熟练掌握	运用自如
38.1 传播效果概述			
38.2 早期的媒介效果观			
38.3 传播效果的三个层面			
38.4 传播效果的类型			
38.5 麦奎尔的传播效果理论			
38.6 传播效果研究的历史与发展			

知识点 1：传播效果概述

（1）传播效果是指_____

_____。

（2）传播效果有微观效果和宏观效果双重含义：_____

_____。

（3）对效果的研究也包含相互联系又相互区别的两个重要方面：＿＿＿＿＿＿＿＿＿＿
＿＿＿＿＿＿＿；＿＿＿＿＿＿＿＿＿＿＿＿＿＿＿＿＿。前者主要研究＿＿＿＿＿＿＿＿＿＿＿＿＿＿＿＿，
后者主要研究＿＿＿＿＿＿＿＿＿＿＿＿＿＿＿。

知识点 2：早期的媒介效果观

（1）＿＿＿＿＿＿＿＿＿＿＿＿：包括一战、二战中纳粹运用媒介进行的宣传服务，以及冷战结
束、海湾战争以及科索沃冲突等事件在内，都证实了＿＿＿＿＿＿＿＿＿＿＿＿＿＿＿＿＿＿＿＿＿＿＿
＿＿＿＿＿＿＿＿＿＿。

（2）＿＿＿＿＿＿＿＿＿＿：大众媒介与社会整合之间的关系容易被看作是负面的，会引发
犯罪率提升、道德沦丧以及个人主义。但是我们也可以看到现代传播对凝聚力和集体感做出
的积极贡献，＿＿＿＿＿＿＿＿＿＿＿＿＿＿＿＿＿＿＿＿＿＿＿＿＿＿＿＿＿＿＿＿
＿＿＿＿＿＿＿＿＿＿＿＿。

（3）＿＿＿＿＿＿＿＿＿＿＿＿＿＿＿＿＿＿＿＿＿＿＿＿＿＿＿＿＿＿＿＿＿＿＿
＿＿＿＿＿＿＿＿＿＿＿＿＿＿＿＿＿＿＿＿＿＿＿＿。媒介传播信息与观念、揭露政治腐败，并
为一般人提供许多无害的享乐。

（4）＿＿＿＿＿＿＿＿＿＿＿＿＿＿＿＿＿：＿＿＿＿＿＿＿＿＿＿＿＿＿＿＿＿＿＿＿＿＿
＿＿＿＿＿＿＿＿＿＿＿＿＿＿＿＿＿＿＿＿＿＿＿＿。

知识点 3：传播效果的三个层面

（1）传播效果依其发生的逻辑顺序或表现阶段可以分为三个层面：
a. 认知层面上的效果：＿＿＿＿＿＿＿＿＿＿＿＿＿＿＿＿＿＿＿＿＿＿＿＿＿＿＿＿
＿＿＿＿＿＿＿＿＿＿＿＿＿＿＿＿＿＿＿＿＿＿＿。

b. 心理和态度层面上的效果：＿＿＿＿＿＿＿＿＿＿＿＿＿＿＿＿＿＿＿＿＿＿＿＿＿＿。

c. 行动层面上的效果：＿＿＿＿＿＿＿＿＿＿＿＿＿＿＿＿＿＿＿＿＿＿＿＿＿。从认知到态度再
到行动，是一个效果的累积、深化和扩大的过程。

（2）上述三个层面体现了在综合的、宏观的社会传播过程中呈现的社会效果的三个层面：
a. 环境认知效果（视野制约效果）：在现代社会中，我们对周围世界的知觉与印象在很
大程度上依赖于大众传播媒介。＿＿＿＿＿＿＿＿＿＿＿＿＿＿＿＿＿＿＿＿＿＿＿＿＿＿＿

_____

_____。

    b. 价值形成与维护效果：_____

_____。这种作用通过传媒的舆论导向功能发挥出来，既可以通过舆论引导形成新的规范和价值，又可以通过舆论监督来维护既有的规范和价值。

    c. 社会行为示范效果（社会地位赋予功能）：_____

_____。

知识点 4：传播效果的类型

彼德·戈尔丁将大众传播效果分为四种类型：

（1）短期的预期效果：包括_____和_____
两种。前者指_____；后者指的是_____
_____，这类效果通常作为受众对媒介意图的集合反应来把握。

（2）短期的非预期效果：包括_____和_____两类。前者指
_____，这些行为可能有利于社会，也可能是反社会的。后者主要指_____。

（3）长期的预期效果：指的是_____

_____。

（4）长期的非预期效果：这种类型指的是_____

_____，如大众传播对个人社会化过程的影响，传播媒介在社会的政治、经济、意识形态和文化的发展变化中所扮演的角色和发挥的作用等。

知识点 5：麦奎尔的传播效果理论

英国传播学者丹尼斯·麦奎尔认为，关于大众传播的效果和影响问题，主要有三种理论。

(1) 常识理论: ＿＿＿＿＿＿＿＿＿＿＿＿＿＿＿＿＿＿＿＿＿

＿＿＿＿＿＿＿＿＿＿＿＿＿＿＿＿＿＿＿＿＿＿＿。这种"理论"虽然是直观和零碎的，但却以舆论的形式对传媒活动产生重要的影响。

(2) 现场理论: ＿＿＿＿＿＿＿＿＿＿＿＿＿＿＿＿＿＿＿＿＿

＿＿＿＿＿＿＿＿＿＿＿＿＿＿＿＿＿＿＿＿＿＿＿。这种理论直接支配着大众传媒的运营和日常的信息传播活动。

(3) 社会科学理论: ＿＿＿＿＿＿＿＿＿＿＿＿＿＿＿＿＿＿

＿＿＿＿＿＿＿＿＿＿＿＿＿＿＿＿＿＿＿，它既避免了常识理论的直观性和零碎性，又与现场理论的业务主义和商业主义倾向保持了距离。

知识点 6: 传播效果研究的历史与发展

1.＿＿＿＿＿＿＿＿＿＿＿＿＿＿（子弹论、皮下注射论）

兴盛的阶段为 20 世纪初至 20 世纪 30 年代末，是传播效果研究的初级阶段，这一时期的核心观点是: ＿＿＿＿＿＿＿＿＿＿＿＿＿＿＿＿＿＿＿

＿＿＿＿＿＿＿＿＿＿＿＿＿＿＿＿＿＿＿＿＿＿＿＿＿＿

＿＿＿＿＿＿＿＿＿＿＿＿＿＿＿＿＿＿＿＿＿＿＿。

代表成果: 第一次世界大战的宣传战、广播剧《火星人入侵地球》、电影与儿童的佩恩基金会研究等。

2.＿＿＿＿＿＿＿＿＿＿＿＿

这一时期从 20 世纪 40 年代开始，＿＿＿＿＿＿＿＿＿＿＿＿

＿＿＿＿＿＿＿＿＿＿＿＿＿＿＿＿＿＿＿＿＿＿＿＿＿＿

＿＿＿＿＿＿＿＿＿＿＿＿＿＿＿＿＿＿＿＿＿＿＿＿＿＿

＿＿＿＿＿＿＿＿＿＿＿＿＿＿＿＿＿＿＿＿＿。有限效果论是对早期魔弹论的否定，它认为传播活动是传受互动的过程，受众是具有不同特点的个体，不是应声而倒的靶子。媒介不是影响受众的直接的和唯一的因素，它总是在特定的社会关系结构和情境下运行的。

代表成果：《人民的选择》、中介因素论、说服性传播的效果研究。

3._____

_____

_____，适度效果论
时期可以说是美国经验主义传播学最辉煌的时代。在这个阶段，效果研究打破了原有的说服
与态度改变的狭义界限，开始向更宏观、更长久的整体效果观演进。

代表理论：创新扩散理论、议程设置理论、涵化理论。

4._____
强大效果论最初是由德国传播学者伊丽莎白·诺尔-诺伊曼在 1973 年发表的论文《重归
大众传媒的强力观》中提出的。_____

_____

_____

_____。

代表理论：沉默的螺旋、知识沟、第三人效果。

【相关真题】

1. 根据宏观效果理论，分析大型公共事件的传播效果（北京体育大学专硕 2021 论述题）
答题思路：
这道题出得很宽泛，但大家首先要知道宏观效果理论是什么。宏观效果超脱于大众传播
本身，主要研究政治经济文化等诸多层面的影响，这方面的视角打开怎么答都不会跑题。政
治上可以分析公共事件传播对政府形象的影响以及在这之后对社会的进一步影响；经济上可
以分析大众传播对事件的报道框架可能会影响企业或者民众的经济选择，即对经济发展的影
响；公共事件报道的好坏也影响了媒介在受众心目中的形象，而媒介作为船头的瞭望者与上
情下达的沟通者，它的形象对于社会发展来说具有十分重要的意义。

2. 有限效果论（中南大学 2022 名词解释）
参考答案：
有限效果论认为，大众传播只有通过众多的中介因素才能发挥作用；大众传播最明显的

倾向是强化受众的既有态度，而不是改变；传播效果的产生需要受到心理因素、媒介本身条件的制约；大众传播只有在中介因素不起作用或也在促进态度改变的情况下才能产生效果。有限效果论是对早期"大众传媒威力论"（魔弹论）的否定，它认为传播活动是传受互动的过程，受众是具有不同特点的个体，不是应声而倒的靶子。媒介不是影响受众的直接的和唯一的因素，它总是在特定的社会关系结构和情境下运行的。代表性研究和理论有：《人民的选择》、中介因素论、说服性传播的效果研究。

3. 论述传播效果的四个阶段（北京印刷学院学硕 2021 论述题）

参考答案：

传播效果是指传播者发出的信息经媒介传至受众而引起受众思想观念、行为方式等的变化，传播学史中对传播效果研究的四个阶段如下：

第一阶段为魔弹论时期，这一时期为 20 世纪初至 20 世纪 30 年代末，是传播效果研究的初级阶段。这一时期的核心观点是：传播媒介拥有不可抵抗的强大力量，能够左右人们的态度和意见，甚至直接支配他们的行动。这一时期的代表性研究有第一次世界大战的宣传战、广播剧《火星人入侵地球》、电影与儿童的佩恩基金会研究等。

第二阶段为有限效果论时期，这一时期从 20 世纪 40 年代开始，是对早期"大众传媒威力论"（魔弹论）的否定。它认为传播活动是传受互动的过程，受众是具有不同特点的个体，不是应声而倒的靶子。媒介不是影响受众的直接的和唯一的因素，它总是在特定的社会关系结构和情境下运行的。代表著作和理论有《人民的选择》、中介因素论等。

第三阶段为适度效果论时期，现当代的效果研究摆脱了"传者中心论"的局限，开始以受众为中心进行研究，并着力于研究大众传播的长效作用，这一时期被称为"适度效果论"时期。在这个阶段，效果打破了原有的说服与态度改变的狭义界限，开始向更宏观、更长久的整体效果观演进。代表理论有：议程设置理论、涵化理论等。

第四阶段为强效果论时期，最初是由德国传播学者伊丽莎白·诺尔-诺依曼在她 1973 年发表的论文《重归大众传媒的强力观》中提出的。与早期的媒介万能说不同，它从受众的角度出发，探讨媒介所带来的间接的、潜在的、长期的影响，同时将传播过程置于整个社会政治经济环境中进行多元化的宏观分析。代表理论有沉默的螺旋、知识沟、第三人效果等。

【本章指南】

　　终于来到了传播效果这个部分！传播效果部分在以往的考试中可以说是涉及最多的部分，因为所有的传播最终都要落实到"起到什么效果"或者"如何增强效果"这个层面上。不过近几年，这一"老熟人"也发生了一些新的变化：例如虽然还是对理论进行考查，但对小知识点、细节和冷门的理论拓展的考查变多。例如以往不会对传播效果这个概念进行细究，但是如今"戈尔丁对传播效果类型的划分""传播效果理论的未来发展"已经开始出现在考题中了，这也就是我们单独给出这一章的原因。部分学校还出了类似于"创新扩散论的参与者""第三人效果的影响因素""议程设置发展的三十年"之类的题目，所以考这类学校的同学一定要把传播效果理论精读、读透。如果你用的教科书比较简单，就需要读例如《大众传播效果研究的里程碑》《传播理论导引：分析与应用》《传播理论：起源、方法与应用》之类的参考书做进一步拓展。此外，论述大题是传播效果理论用得最多的地方，这部分具体会在后面的章节做详细讲解。但在这里要提醒一下，传播效果是有一定顺序的：使用满足（受众具有某些需求）—两级传播／创新扩散（信息传播）—议程设置（短期改变议程）—说服（短期改变态度）—涵化（长期改变价值观）—沉默螺旋／第三人效果（间接对受众以外的人产生影响）。我们应该尽量在脑海中记住这个顺序，并按这个顺序去运用它。

第 39 天
早期传播效果研究（魔弹论与其衰落）

【学习导语】

我们今天要学习的是早期传播效果研究，虽然在今天来看这些研究存在着诸多问题，但是在当时的历史条件下这些理论是具有合理性的。在大众社会诞生的阶段，大众媒介对于受众还是很稀缺的东西，人们相信对于完成社会化的过程而言其有着强大的效果，这也就促成了魔弹论的诞生。魔弹论的衰落也是需要牢记的部分。

【本章我的掌握情况】

	基本理解	熟练掌握	运用自如
39.1 早期媒介效果观（见 38.2）			
39.2 大众社会理论（见 35.3、35.4）			
39.3 魔弹论			
39.4 关于电影与儿童的佩恩基金会研究			
39.5 火星人入侵			
39.6 魔弹论的终结			
39.7 魔弹论的反思			

知识点 1：早期媒介效果观（见第 38 天知识点 2）

知识点 2：大众社会理论（见第 35 天知识点 3、知识点 4）

知识点 3：魔弹论

（1）大众社会理论和达尔文的进化学说，乃至心理学盛行的刺激反应理论共同造成了__

_____，这被称为魔弹论。

（2）希伦·洛厄里和梅尔文·德弗勒把魔弹论总结为五点：

a. 生活在大众社会中的人过着相互隔绝的生活。

b. 人类生下来就具有一样的本能。

c. 人们对事件的参与方式差异不大。

d. 人们以相同的方式接受和理解媒介信息。

e. 媒介信息就像子弹一样击中受众，对人类思维产生直接、迅速、一致的巨大影响。

知识点 4：关于电影与儿童的佩恩基金会研究

（1）是美国电影调查委员会组织的有关_____
_____
_____。

（2）研究结果表明，_____。

（3）该研究采取了_____
_____。研究扭转了早期对宣传策略的观点，并预见
了_____。

知识点 5：火星人入侵

（1）1938 年，_____
_____播出时，引起了全国性的
恐慌。

（2）事后，_____（阿尔伯特·坎特里尔、赫佐格等）对之进行了跟踪调
查，目的是找出广播剧引起恐慌的范围和收听时的_____

_____。

（3）研究采用了_____的方法。

（4）研究发现，讯息在一定时间、地点和条件下，对某一类特定受众有很强的影响，这些因素的综合作用可以使某一效果极为突出和明显。这个结果_____。但同时，该研究也证明，受传者自身和社会条件等因素对传播效果有很重要的影响，因此它_____。

知识点 6：魔弹论的终结

（1）对_____开始动摇对于魔弹效果的单纯认识。

（2）心理学和社会学的发展：首先，_____，人们发现每个人的心理结构如此不同的原因不仅在于遗传，更在于后天由于动机等的不同所进行的学习过程，在此基础上形成了_____。其次，大众社会的观点受到挑战，社会学家通过实地调查发现，工业社会人们的非人格关系促成了城市化、现代化以及分工的扩大，阶层区分加剧，社会地位流动性增大，在此基础上形成了传播效果的_____。最后，由相关研究所发现的群体关系对于传播过程的影响促成了_____的出现。至此，_____。

知识点 7：魔弹论的反思

（1）定量研究和有限效果理论尽管对于深入研究传播效果具有较大贡献，但并不能轻易否定批判理论范式所提出的宣传具有强大影响的结论。

（2）社会环境十分复杂，宣传除了有直接影响外，还会通过群体、社会环境等产生种种间接影响，定量研究很难把整合宣传的全部效果准确地从各种社会因素中剥离出来。

（3）定量研究一般只能调查出人们能够用语言表达的态度和行为变化，但对于实践意识和潜意识无法给出精确的描述，而它们往往是宣传效果的主要体现领域。

（4）20 世纪中期的定量研究大多只关注宣传短期的鼓动效果，而很少关注长期的整合宣传的影响，并且忽视了整合思维方式的塑造。

(5)_____

_____

    a. _____ ；

    b. _____ ；

    c. _____ 。

【相关真题】

1. 传播效果理论从魔弹论发展到现在的有限效果论（西南财经大学 2021 辨析题）

答题思路：

魔弹论虽然是比较基础的知识，但也是必须掌握的内容。本题作为一道大题，要从早期的传播效果谈起，大众社会理论作为魔弹论的基础也可以写出来，魔弹论相关的重要研究，包含宣传研究、佩恩基金会研究与《火星人入侵地球》等需要简练总结，并且提出魔弹论时期的研究对传播学发展的重要意义。下面过渡到有限效果论时期，注意对魔弹论整体进行反思，强调有限效果论对魔弹论的弥补，最后再对有限效果论进行评价与反思即可。

2. 魔弹论（成都理工大学 2021/2022 名词解释）

参考答案：

大众社会理论和达尔文的进化学说，乃至心理学领域盛行的刺激反应理论共同造成了人们对媒介效果不切实际的估计，这被称为魔弹论。魔弹论的核心观点是：传播媒介拥有不可抵抗的强大力量，它们所传递的信息抵达受传者就像子弹击中躯体，药剂注入皮肤一样，可以引起直接速效的反应，能够左右人们的态度和意见，甚至直接支配他们的行动。代表研究有第一次世界大战的宣传战、广播剧《火星人入侵地球》、电影与儿童的佩恩基金会研究等。

【本章指南】

有关魔弹论部分的出题要远远少于有限效果论和适度效果论，但是有可能会出二战前的传播研究之类的题目，因而还是需要了解。

目前，魔弹论基本上成为一个靶子，被人看作过时的理论。但是吊诡的是，借助着技术的东风，魔弹论描述的场景却以另外一些形式重新出现。例如当下无处不在的媒介使得个人受到媒介信息轰炸的时间大大延长；人工智能技术提供的所谓"千人千面"的推荐内容固然提供了便利，但也将个人置于信息茧房中，与主流意见"隔离开来"；先进的神经科学运用于受众研究，让"刺激反应论"在一定程度上又重现了。当然这种反应距离"中弹即倒"还很远，但是仍然需要我们警惕。

这里还要补充一点，魔弹论的创立者正是传播学的创始人施拉姆。施拉姆的学生赛弗林·坦卡德写道："施拉姆的关注焦点之一是大众传播效果。他首创了魔弹论一词，用来描述早期阶段认为大众媒介具有强大的、整齐划一的传播效果的观念。"周葆华对大众传播效果研究的早期历史所作的分析也可证明："将媒介的功能视之为强大并冠之以子弹论的名称虽不敢肯定来自于施拉姆，但至少也是由他手确认并加以传播的。"

第 40 天
宣传研究

【学习导语】

第一次世界大战之前，宣传这一概念还处于前身或雏形阶段。一战的总体战使人们意识到宣传在战争动员中的重要作用，媒介也逐渐发展起来。在这一章节中，我们需要掌握宣传研究的历程和成果，也许这些知识点很难在大题中直接考查，但也都需要了解掌握，因为很可能会考名词解释和简答题。

本章的主要内容来自郭庆光的《传播学教程》（第二版）和刘海龙的《大众传播理论：范式与流派》。

【本章我的掌握情况】

	基本理解	熟练掌握	运用自如
40.1 宣传研究			
40.2 拉斯韦尔的宣传研究			
40.3 七种宣传技巧			

知识点 1：宣传研究

（1）反宣传研究：宣传在美国的兴起引发了人们对于宣传破坏民主基础的担忧，杜威认为＿＿＿＿＿＿＿＿＿＿＿＿＿＿＿＿＿＿＿＿＿＿＿＿＿＿＿＿＿＿＿。民间开始出现了反宣传的研究组织，如＿＿＿＿＿＿＿＿＿＿＿＿＿＿＿。

（2）专业主义的宣传观：除了反宣传外，＿＿＿。只要不同的宣传进行相互竞争，言论自由就能得到保障。

（3）作为社会科学研究对象的宣传观：＿＿＿＿＿＿＿＿＿＿＿＿＿＿开始将宣传纳入正式的

社会科学研究范围。二战后法国哲学家＿＿＿＿＿＿＿＿＿＿＿＿提出，现代化使得社会趋于原子化，但现代社会无论政治还是市场基础又需要统一的民意，对受众个人来说，＿＿＿＿＿＿

＿＿＿＿＿＿＿＿＿＿＿＿＿＿＿＿＿＿＿＿＿＿＿＿＿＿。宣传并非短期改变态度，而是＿＿＿＿＿＿＿＿＿＿＿＿＿＿。他区分了激起短期内行动的鼓动宣传，和让个体接受一定的价值观、意识形态的整合宣传。

（4）新宣传：又称为＿＿＿＿＿＿＿＿＿＿，它具有＿＿＿＿＿＿＿＿＿＿＿＿＿＿

＿＿＿＿＿＿＿＿＿＿＿＿＿＿＿＿＿＿＿＿＿＿＿＿等特点。目的是维护组织的合法性。

知识点 2：拉斯韦尔的宣传研究

（1）拉斯韦尔在 1927 年发表了＿＿＿＿＿＿＿＿＿＿＿＿＿＿＿＿＿＿，描述和分析了第一次世界大战各交战国之间的政治和军事宣传战，肯定了宣传的作用和效果。1935 年又与人合著出版了＿＿＿＿＿＿＿＿＿＿＿＿＿＿＿＿，进一步发展了对宣传进行分析的基本方法。

（2）拉斯韦尔对宣传的定义：＿＿＿＿＿＿＿＿＿＿＿＿＿＿＿＿＿＿＿＿

＿＿＿＿＿＿＿＿＿＿＿＿＿＿＿＿＿＿＿＿＿＿＿＿＿＿＿＿。

（3）在《世界大战中的宣传技巧》中他提出了宣传的四个目标：＿＿＿＿＿＿＿＿＿

＿＿＿＿＿＿＿＿＿＿＿＿＿＿＿＿＿＿＿＿＿＿＿＿＿＿＿＿。

（4）拉斯韦尔将＿＿＿＿＿的研究方法引入宣传分析，通过宣传分析建立了他对于传播基本过程和结构（即 5W 模式）的认识。

知识点 3：七种宣传技巧

由李夫妇总结于《宣传的完美艺术》中。

（1）辱骂法，＿＿＿＿＿＿＿＿＿＿＿＿＿＿＿＿＿＿＿＿＿＿＿＿＿＿＿＿

＿＿＿＿＿＿＿＿＿＿＿＿＿＿＿＿＿＿＿＿＿＿＿＿＿＿＿＿＿。

(2) 光辉泛化法，也称_____
_____。光辉泛化法的使用极其普遍，在政治、商业、国际关系领域中都有应用，但一般很少有人意识到它。

(3) 转移法，_____
_____。转移法通过联系过程起作用，但不同于通过联系认定某事物或某人有罪的做法，而更像"通过联系而欣赏某事物或某人"的做法。传播者的目标是将一种观念、产品或某项事业与人们赞赏的东西联系起来，可以使用具有象征性的实物来实行转移。

(4) 证词法，_____
_____。证词法在广告和政治宣传中是一种很常用的技巧。

(5) 平民百姓法，_____
_____
_____。

(6) 洗牌作弊法，_____
_____。洗牌作弊法与普通语义学上的偏向技巧基本类似，它可以支持某种立场的论点和论据，而忽略不支持这种立场的论点和论据。其所选择的论点既可能是对的，也可能是错的。如果论点是对的，则这种技巧可能十分奏效，但还有些同样正确的论点会被忽略。

(7) 乐队花车法，_____
_____
_____。

(8) 实验结果表明，一般情况下上述这些技巧会很有效力，不过一种技巧有效与否还受其他因素的影响，这些因素包括消息接受者的特点，如教育程度和对这一问题的最初态度。此外还包括特定情境的影响等。

【相关真题】

1. 洗牌作弊法（北京工商大学 2021/2022 名词解释）

参考答案：

洗牌作弊法指选择采取陈述的方式，通过事实或谎言，以清晰或糊涂、合法或不合法的叙述，对观念、计划、人或产品做好或坏的说明。洗牌作弊法与普通语义学上的偏向技巧基本上是一样的，它强调支持某种立场的论点和论据，而忽略不支持这种立场的论点和论据。其所选择的论点既可能是对的，也可能是错的。如果论点是对的，则这种技巧可能十分奏效，但还有些同样正确的论点会被忽略。

2. 七种宣传技巧（四川外国语大学 2021 简答题）

参考答案：

七种宣传技巧由李夫妇总结于《宣传的完美艺术》中。

（1）辱骂法，指给某思想或某事物贴上一个不好的标签，使我们不经过检查就拒绝和谴责它。

（2）光辉泛化法，也称"晕轮效应""光环效应"，它是将某事物与好的字眼联系在一起，借好事物的光，使我们不经证实而接受或赞同这一事物，如罗斯福的"新政"。光辉泛化法的使用极其普遍，在政治、商业、国际关系领域中都有应用，但一般很少有人意识到它。

（3）转移法，将某种权威、约束力或某一令人尊敬和崇拜的事物的权威性转移到另一事物上，使后者更易于被人接受。转移法通过联系过程起作用，但不同于通过联系认定某事物或某人有罪的做法，而更像"通过联系而欣赏某事物或某人"的做法。传播者的目标是将一种观念、产品或某项事业与人们赞赏的东西联系起来，可以使用具有象征性的实物来实行转移。

（4）证词法，即要某些令人尊敬或讨厌的人说出特定的观念、节目或产品，或说人的好话或坏话。证词法在广告和政治宣传中是一种很常用的技巧。

（5）平民百姓法，指讲话者试图让受众相信其想法是好的，因为这些想法是"人民的"想法，是"普通老百姓"的想法。

（6）洗牌作弊法，指选择采取陈述的方式，通过事实或谎言，以清晰或糊涂、合法或不合法的叙述，对观念、计划、人或产品做好或坏的说明。洗牌作弊法与普通语义学上的偏向技巧基本上是一样的，它可以支持某种立场的论点和论据，而忽略不支持这种立场的论点和论据。其所选择的论点既可能是对的，也可能是错的。如果论点是对的，则这种技巧可能十分奏效，但还有些同样正确的论点会被忽略。

（7）乐队花车法，就是"每个人——至少我们所有的人——正在做它"。利用这种技巧，宣传者试图使我们相信，我们所属团体的所有成员都正在接受他的计划。

3. 回顾第一次世界大战以后学者们对宣传的研究，并谈谈你的认识，以及可以使用什么方法进行宣传研究（上海理工大学 2021 论述题）

参考答案框架：

总起段简述一战期间宣传研究的概况。

1. 一战后的宣传研究

（1）反宣传研究；

（2）专业主义的宣传观；

（3）社会科学对象的宣传观（结合拉斯韦尔的宣传研究）；

（4）新宣传。

2. 使用实验法进行宣传研究

（1）简述实验法；

（2）以七种宣传技巧为例设计实验。

结尾段可以谈谈实验法的优势与不足。

【本章指南】

从宣传方法开始，我们终于进入了可以用来解题答题的传播效果理论领域，例如"七种宣传技巧"就可以拿来答题。但对这七种技巧的总结是在传播学研究诞生的早期，是一种粗糙的经验总结，所以含义有些模糊，我们不妨将它们和后面一些理论结合起来，看看其后续发展：

辱骂法、证词法、光辉泛化法、转移法的核心是我们后面会提到的"信源可信度"（信源可信度越高则传播效果越好）和"态度的经典调制法"（反复重复使得个人潜意识中将某种情绪和某物联系）。这几种方法的区别是：证词法是借用他人的语言，光辉泛化法、辱骂法是直接运用词汇，转移法则既可以利用他人，也可以借用物或词语。平民百姓法和乐队花车法看上去比较类似，但实际上平民百姓法很多时候与受众身份无关，对"平民"的强调其实质是光辉泛化法的特殊表现形式（因为美国与欧洲不同，是一个强调平民文化的社会，对于政客尤其如此），而乐队花车法则是围绕人们所属的群体规范和从众心理实施的。洗牌作弊法实际上是运用媒介框架的结果，因为媒介框架主要就是对于特定内容（例如新闻某一方面的属性）的选择性突出。

虽然本章内容直接在整道大题中出现的频率不高，但同学们需要注意的是和传播学史的考查方法一样，它有可能作为整个宣传研究的历程和结果来考查，还有可能会结合研究方法一起考查，所以大家对这个时期的研究方法也要有所掌握。

第 41 天
两级传播论与传播流、效果流、创新扩散

【学习导语】

这章的内容主要是梳理传播流研究的历程和成果。《人民的选择》《人际影响》和《创新与扩散》可以说是传播流研究的三部曲，对否定魔弹论起了正面作用。因其强调大众传播效果和影响的无力性，人们又把传播流研究称为"无力的大众传播观"。

【本章我的掌握情况】

	基本理解	熟练掌握	运用自如
41.1 有限效果论			
41.2 克拉帕定律			
41.3 "传播流"研究			
41.4 伊里县调查			
41.5 意见领袖及网络意见领袖			
41.6 《人际影响》			
41.7 两级传播			
41.8 创新扩散论			
41.9 创新扩散的核心内容			
41.10 创新扩散的其他因素及反思			
41.11 新闻扩散理论			

知识点 1: 有限效果论

(1) 有限效果论又被称为＿＿＿＿＿＿＿。该理论认为: ＿＿＿＿＿＿＿＿＿＿＿＿

＿＿＿＿＿＿＿＿＿＿＿＿＿＿＿＿＿＿＿＿＿＿＿＿＿＿＿＿＿＿＿＿＿＿＿＿＿＿

＿＿＿＿＿＿＿＿＿＿＿＿＿＿＿＿＿＿＿＿＿＿＿＿＿＿＿＿＿＿＿＿＿＿＿＿＿＿

＿＿＿＿＿＿＿＿＿＿＿＿＿＿＿＿＿＿＿＿＿＿＿。

(2) 有限效果论并非认为＿＿＿＿＿＿＿＿＿, 而是对早期"大众传媒威力论"(魔弹论) 的否定, 它认为传播活动是传受互动的过程, 受众是具有不同特点的个体, 不是应声而倒的 靶子。＿＿＿＿＿＿＿＿＿＿＿＿＿＿＿＿＿＿＿＿＿＿＿＿＿＿＿＿＿＿＿。

(3) 中介因素中最基本、最主要的四项是: ＿＿＿＿＿＿＿＿＿＿＿＿＿＿＿＿＿＿

＿＿＿＿＿＿＿＿＿＿＿＿＿＿＿＿＿＿＿＿＿＿＿＿＿＿＿＿＿＿＿。

(4) 有限效果论的理论基础包括: 个人差异论、社会分化论、社会关系论等。这个时期 的经典研究有: 伊里县调查、霍夫兰的"说服研究"等。

(5) 该理论的不足之处在于: ＿＿＿＿＿＿＿＿＿＿＿＿＿＿＿＿＿＿＿＿＿＿＿＿

＿＿＿＿＿＿＿＿＿＿＿＿＿＿＿＿＿＿＿＿＿＿＿＿＿＿＿＿＿＿＿＿＿＿＿＿＿＿

＿＿＿＿＿＿＿＿＿＿＿＿＿＿＿＿＿＿＿＿＿＿＿＿＿＿＿＿＿＿＿。

知识点 2: 克拉帕定律

(1)＿＿＿＿＿＿＿＿＿＿＿＿＿＿＿＿＿＿＿＿＿＿＿＿＿＿＿＿＿＿＿＿＿＿＿。

(2)＿＿＿＿＿＿＿＿＿＿＿＿＿＿＿＿＿＿＿＿＿＿＿＿＿＿＿＿＿＿＿＿＿＿＿; 即使在强化过程中, 也不是唯一决定因素。

(3) 大众传播对人们态度改变产生效果需要两个条件: ＿＿＿＿＿＿＿＿＿＿＿＿＿

＿＿＿＿＿＿＿＿＿＿＿＿＿＿＿＿＿＿＿＿＿＿＿。

(4) 传播效果的产生, ＿＿＿＿＿＿＿＿＿＿＿＿＿＿＿＿＿＿＿＿＿＿＿＿＿＿＿。

(5) 传播效果的产生,_____
_____。

知识点 3: "传播流"研究

(1) 19 世纪 40 年代开始, 传播效果研究开始进入第二个阶段, 社会调查法和心理实验法普遍应用于传播学研究, 学者们开始对传播效果产生的过程与机制进行实证考察。

(2) 所谓 "传播流",_____
_____。构成这项研究的代表性成果包括拉扎斯菲尔德等人的《人民的选择: 选民如何在总统选战中做决定》、卡茨等人的《人际影响: 个人在大众传播中的作用》、埃弗雷特·罗杰斯等人的《创新的扩散》以及约瑟夫·克拉帕珀(又译为克拉珀)的《大众传播的效果》。

知识点 4: 伊里县调查

(1)_____
_____。调查目的(假设)是研究媒介宣传在改变选民决策上所扮演的角色, 证明在总统竞选宣传中大众媒介的强效果。

(2) 研究发现, 在选举过程中, 只有 8% 的人改变了态度, 没有任何证据显示媒介在转变人们意见的过程中发挥了重要作用,_____
_____
_____
_____。

(3) "政治既有倾向" 假说: 所谓政治既有倾向, 指的是_____
_____
_____。

(4) "选择性接触" 假说: _____
_____

_____

_____

_____。

（5）对大众传播效果类型的概括：研究人员把大众传播可能产生的效果分为_____

_____五种。其中，"强化"效果指_____

_____，伊里县调查发现，"强化"_____；"结晶"效果

是使_____；"改变"效果指的是_____。

知识点 5：意见领袖及网络意见领袖

（1）在伊里县研究中，_____

_____的人被称为舆论领袖或意见领袖。意见领袖_____

_____。

（2）意见领袖具有以下特点：_____

_____

_____；一般情况下，意见领袖的影响大于大众传播的影响。

（3）网络时代，随着互联网的普及与发展，越来越多的网民借助论坛、博客等平台，就社会、政治、经济和生活等各个领域的问题展开讨论。在讨论中存在着这样一群活跃分子，__

_____

_____。受传统意见领袖概念的启发，研究者们将这类网民命名为网络意见领袖。

（4）网络意见领袖存在如下特点：_____

_____

_____

_____。

知识点 6：《人际影响》

（1）在《人民的选择》以后，_____

_____

_____。

（2）《人际影响》的一个重要贡献是提出了_____的概念。卡茨和拉扎斯菲尔德认为，制约和影响大众传播效果的"中介因素"主要有四种：a._____；b._____：讯息的媒介渠道不同，其效果也就不同；c._____：包括语言和表达等，其方法和技巧不同，会令人产生不同的心理反应；d._____：受众的既有立场和倾向、社会关系尤其是意见领袖的态度，会对大众传播效果发挥重要的制约作用。

知识点 7：两级传播

（1）_____

_____，这个过程被称为两级传播。

（2）后来有学者强调受众、传媒和社会环境间的相互影响，认为传受过程可能不止两个阶段。_____

_____。

（3）两级传播比直接的大众传播更有说服力，因为经过舆论领袖的选择和加工会使信息针对性更强，更容易被采信。

（4）两级传播论也有一些缺陷：_____

_____

_____

_____。

知识点 8：创新扩散论

（1）创新扩散论也叫采用扩散理论，是_____

_____

_____。

（2）罗杰斯回顾了 1927—1941 年的创新扩散研究（"艾奥瓦杂交玉米种子"研究），通过对农民个人访问证明大众传播可以较为有力地提供新的信息，而人际传播对改变人的态度和行为更有力。

（3）该理论将人们接受新事物的过程分为_____

五个阶段。而一个创新能否被大众接受取决于这几个因素：a. _____；b._____；

c. _____；d. _____；e. _____。_____

_____。

（4）1962 年，罗杰斯与休梅克合著_____一书，总结了有关创新扩散的研

究。该书将创新扩散这一过程分为_____

_____

_____。

（5）20 世纪七八十年代，创新扩散转向在社会和文化境况中研究传播媒介和受众，编码

与译码、传媒与社会发展等注重双向性和宏观层面的研究成为热点。

知识点 9：创新扩散的核心内容

（1）_____

_____

_____

_____。

（2）_____

_____。

（3）创新的采用者分为五类：_____

_____

_____

_____。

a. 创新者，_____

_____。

　　b. 早期采用者，_____

_____

_____。

　　c. 早期大多数，_____

_____。

　　d. 晚期的大多数，_____

_____

_____。

　　e. 滞后者，_____

_____

_____。

知识点 10：创新扩散的其他因素及反思

1. 创新扩散的其他因素

（1）同质性与异质性：创新扩散的网络分为两类，_____

_____。大多数人

际扩散网络都具有同质性。但是同质性也可能成为_____，因为同质

性社会成员之间的相互影响是水平流动的，会阻碍创新所需的垂直流动。相反，异质性网络

则_____。

（2）弱式链优势理论：_____

_____

_____。

（3）意义：大众传播_____

_____，有利于欠发达国家发展经济，进而向

现代化过渡；大众传媒有组织地传递科学、文化知识，有利于_____

_____。

2. 对创新扩散的反思

批判学派尤其是"文化帝国主义"观点持有者则认为，_____

_____

_____。此外，由于_____

_____等原因，该理论存在着一些

局限性。

知识点 11：新闻扩散理论

（1）新闻扩散的_____

_____观察这一曲线可

知，小事件往往人际比例（从他人口头传播得知消息人数所占比例）较高，但中等影响力事

件人际比例会下降，而具有较高影响力的重要事件往往大部分人都是通过人际渠道获知事件。

（2）梅尔文·德弗勒曾对从媒介到大众的新闻流程的几十年研究成果做过一次总结。不

断进化的媒介技术使人们获知重大事件第一手信息的方式发生了变化；绝大多数人是直接从

媒介而非其他人那里获知大部分新闻的；两级传播模式描述的并不是绝大多数日常新闻传至

公众的方式；无论第一信源是哪一种，与大多数人利害攸关的新闻事件在人们口中传播的速

度和广度都强于新闻价值较低的事件；在不同的时间，人们会利用不同的信源、不同的方式

获知同一事件。

【相关真题】

1. 意见领袖（上海外国语大学 2022 名词解释、中南大学 2022 名词解释）

参考答案：

由伊里县研究发现，人群中存在一部分首先或较多接触大众传播信息，并将经过自己再

加工后的信息传播给其他人的人，这些人被称为舆论领袖或意见领袖。意见领袖介入传播过

程，加快了信息的传播并扩大了影响，具有影响和改变他人态度的能力。意见领袖具有以下

特点：容易接近，在社交场合较为活跃；只在某些议题上具有权威性；与受其影响者处于同

一团体并有共同的兴趣爱好；通晓特定问题并乐于接受和传播这方面的信息；一般情况下，

意见领袖的影响大于大众传播的影响。

2. 两级传播（暨南大学 2021 名词解释、中南财经政法大学 2021 名词解释）

参考答案：

来自媒介的信息首先抵达舆论领袖，然后由舆论领袖通过人际传播传递给受其影响的追随者，这个过程被称为两级传播。

后来有学者强调受众、传媒和社会环境间的相互影响，表明信息传递过程可能不止两个阶段。罗杰斯等人将两级传播扩充为"N 级传播"，认为媒介信息传至受众的过程有多种方式、多种传播渠道，可能由多级中介环节组成信息传播链。

两级传播比直接的大众传播更有说服力，因为经过舆论领袖的选择和加工会使得信息针对性更强，更容易被采信。

3. 传播流三部曲的内容（南京师范大学 2021 简答题）

参考答案：

20 世纪 40 年代开始，传播效果研究进入第二个时期，社会调查法和心理实验法普遍应用于传播学研究，学者们开始对传播效果产生的过程与机制进行实证考察。

所谓"传播流"，指的是由大众传媒发出的信息，经过各种中间环节，"流"向传播对象的社会过程。构成这项研究的代表性成果有拉扎斯菲尔德等人的《人民的选择》、卡茨等人的《人际影响》、罗杰斯等人的《创新与扩散》以及克拉帕的《大众传播效果》等。

1940 年拉扎斯菲尔德、贝雷尔森等人在美国俄亥俄州伊里县进行了总统竞选调查，研究报告为《人民的选择》。调查目的（假设）是研究媒介宣传在改变选民决策上所扮演的角色，证明在总统竞选宣传中大众媒介的强效果。但研究发现，在选举过程中，媒体宣传的主要效果只能在选民既有的政治倾向下发挥同化、维护或催化的作用，并不能轻易改变受众的原有态度。对选民投票起决定性作用的是其社会经济地位等，这说明了媒介效果的有限性，从而动摇了"魔弹论"。

《人际影响》是《人民的选择》的后续研究，卡茨和拉扎斯菲尔德又对购物、流行、时事等领域进行了多次调查，结果发现既有倾向的作用、选择性接触机制、意见领袖以及两级传播现象在以上这些领域也是广泛存在的。《人际影响》的一个重要贡献是提出了"中介因素"的概念。

罗杰斯等人在《创新与扩散》中把大众传播过程区分为两个方面：一是作为信息传递过程的"信息流"；二是作为效果或影响的产生和波及过程的"影响流"。前者可以是"一级"的，即信息可以由传媒直接"流"向一般受众；后者则是多级的，要经过人际传播中许多环节的过滤。罗杰斯把"两级传播"模式发展成为"多级"或"N 级传播"模式。

【本章指南】

今天的这部分内容非常重要，不仅在名词解释、简答题中考查频率很高，而且很多都能直接运用到论述题当中去。比如选择性接触、意见领袖、两级传播、N级传播、创新扩散论等，几乎答所有的论述题都可以用上。因为在社交媒体的时代，信息的传播必须要舆论领袖作为中介，也一定要通过舆论领袖来突破圈层。对于这部分知识点，仍然有许多值得注意的地方：

第一，面对直接考查理论的题目时，一定要注意细节。有限效果论，包括相关的伊里县调查、两级传播论、传播流和创新扩散论（这里有争议，大多数书是把它放到适度效果论中的）都是大题的"常客"，内容也较为复杂。例如考"伊里县调查"，虽然答案和"两级传播""舆论领袖"等的名词解释看似差不多，但其实是有细微区别的：伊里县调查并没有直接形成对舆论领袖的非常明确的结论，但除了提出舆论领袖假说和打破魔弹论以外，还有许多贡献，比如提出既有态度、选择性接触、媒介的强化功能等等，同时对传播学的研究方法也有开拓。这些都需要在答题中有所体现。答创新扩散论的题也是如此，以往我们只用记几个要点：六类人群（五类采用者和变革代表）、五个阶段、两类渠道（人际/大众和本地/国外）、S曲线，但这几年还出现了一些其他类型的考题，例如问创新的采用因素等，也要有所准备。另外要注意掌握有限效果论的提出者，而且不能提到有限效果论就只说"效果有限"，它其实是指效果的实现要经过许多的中介因素。这些小问题，我们都得多注意。

第二，是两级传播论和创新扩散论在新媒体环境下的变化。当下，随着用户成为传播主体，"舆论领袖"这个词被广泛传播。但是这里我们要注意，新媒体环境下的"舆论领袖"和舆论领袖的原意是有差别的，舆论领袖原本是指在特定的受众群体中特别热衷于传播信息的一群人，这群人和他们影响的人群基本上是同一个阶层的。但现在网络舆论领袖大多数是具有影响力的人，和其多数粉丝所属阶层差别很大。另外如今创新扩散论除了应用于人际、大众传播之外，还要注意平台因素的影响。彭兰老师将网络中的信息传播结构分为信息的发布结构、信息的扩散结构和信息的循环结构，她认为信息能否扩散取决于信息本身的价值、信息所处的发布结构、信息发布者的素质和信息接收者的过滤。如果要谈新媒体环境下的舆论领袖、创新扩散，这些知识点都是要掌握的。

第 42 天
说服与态度改变

【学习导语】

改变人态度的方法是众多传播者都想掌握的，霍夫兰率先就态度进行研究，提出了诸多与说服相关的理论，后期的大量研究也说明了大众媒介在不同人身上的不同效果。这部分内容比较琐碎，大家可以结合现实事例理解理论并形成记忆。

【本章我的掌握情况】

	基本理解	熟练掌握	运用自如
42.1 霍夫兰的说服研究（二战中）			
42.2 耶鲁研究			
42.3 霍夫兰说服研究的结果			
42.4 一致性理论			
42.5 弗里茨·海德，西奥多·纽科姆，查尔斯·奥斯古德，珀西·塔南鲍姆以及利昂·费斯廷格相关理论			
42.6 卡茨的功能论			
42.7 预防接种理论			
42.8 态度的经典条件作用理论			
42.9 态度改变的阶段（拓展）			

知识点 1：霍夫兰的说服研究（二战中）

（1）霍夫兰说服研究采用了 20 世纪早期社会心理学的_____为基本框架。学习论认为，人们可以通过了解和认识而形成对某种对象的特定态度，亦即态度形成或改变的过程是个学习的过程。

（2）"我们为何而战"研究： _____

_____

_____

_____

_____。

知识点 2：耶鲁研究

（1）耶鲁研究： _____

_____

_____

_____。

（2）耶鲁研究在传播史上占有重要地位。其研究发现帮助我们加深了对说服过程的了解，

_____。

（3） _____。

（4）此外，研究中提出的一些概念，如可信性、对宣传的免疫力、恐惧诉求、睡眠者效应等等，都是引导后人进一步研究的起点。最后， _____

_____。

知识点 3：霍夫兰说服研究的结果

（1）可信性对说服效果的影响：可信性包括两个要素——传播者的信誉和专业权威性。经过实验研究，霍夫兰等人提出了"可信性效果"，即一般来说， _____

_____。

（2）睡眠者效应： _____

_____， 经过一段时间，可信度的负面影响趋于减弱或消失以后，其说服效果才能充分表现出来。霍夫兰发现，这是因为 _____， 受众对消息来源印象逐渐模糊，只

记忆内容本身。这表明_____

_____。

　　(3)"一面提示"与"两面提示"：_____

_____。"两面提示"所显示出来的对反面意见的抵抗力效果

后来由麦奎尔发展成为"防疫论"（即预防接种理论）。

　　(4)是否明示结论：在_____

_____。

　　(5)先说有利、后说有利：_____

_____。

　　(6)情感诉求与理性诉求：从情感诉求出发的说服可以打动受众的感情，_____；

从理性诉求出发的说服使其认识深入，_____。

　　(7)_____：由威廉·麦奎尔和帕帕·乔吉斯提出，指_____

_____。这种方法的说服效果强于事先使受

众接触支持其基本信念并继续对该观点予以支持的滋养法。

　　(8)诉诸恐惧：一则消息中或高或低的恐惧都将导致少量的态度改变，而_____

_____

_____。

　　(9)重复的效果：重复可以保证信息的到达率，保证受众对获取消息的高可信度来源保

持记忆，同时还能_____。

　　(10)群体归属的影响：霍夫兰等人认为，个人的趋同倾向源于群体归属。群体的组织规

范和精神依托是成员拒绝"反规范传播"的主要动因。哈罗德·凯利和沃尔卡特的研究支持

了下述假说，_____

_____。

(11) 个性的影响：霍夫兰等人探讨了智力水平和动机对说服效果的影响，_____

_____

_____。欧文·贾尼斯的实验表明个性

特征对说服有很大影响：易被说服的人一般自尊心不强，不能适应社会而难说服的人一般富

于攻击性、不喜社交。

(12) 主动参与被动参与：_____。

知识点 4：一致性理论

(1) 一致性理论注重把态度改变放在_____的基础上进行探讨。

(2) 一致性理论有三个基本理论设定：_____

_____。

(3) 人们一旦遭遇不一致及不和谐的情况，或出现行为上的不合理之处，就会产生心理

压力，并_____。

知识点 5：弗里茨·海德，西奥多·纽科姆，查尔斯·奥斯古德，珀西·塔南鲍姆以及利昂·费斯廷格相关理论

(1) 海德的平衡论：海德认为_____，不平衡状态会产生

紧张并形成一种力求恢复平衡的力量。该理论的重要之处是暗示了一种态度和抗拒改变的

模式。_____

_____

_____。不平衡状态引起的

心理紧张，导致一方改变态度向平衡状态转化。

(2) 纽科姆的均衡论：_____。_____

_____，如果不能

通过交流就某个共同关心的事件达成一致，人们就会设法改变那个人或对那个事件的态度，

以建立均衡的关系。如 A 和 B 对 X（事件）态度不一，趋向平衡的力量就会促使 A 和 B 调

整对 X 的态度，或改变自己或适应对方。_____。

（3）奥斯古德和塔南鲍姆的和谐论：这是对海德平衡论的拓展，优点是能对态度改变的方面和程度作出预测。_____

_____

_____

_____。

（4）费斯廷格的认知不和谐理论：该理论在所有一致性理论中影响最广泛。费斯汀格认

为，_____

_____。

认知不和谐理论的基本关系有协调、不协调和不相关三种，不协调关系是人们需要设法加以解决的。该理论还指出了做决策时不和谐程度和决策的难度呈正向相关，调整不和谐状态的方法往往是寻找有利于决策的依据。

知识点 6：卡茨的功能论

（1）卡茨从功能角度综合了学习论和一致论的方法，创立了态度改变的功能论。

（2）假设人的态度形成和改变服从于人的心理需要，_____

_____。

（3）卡茨提出的态度的四大功能系统是：_____

_____。这四个功能是相互联系的。

知识点 7：预防接种理论

（1）_____提出，该理论的目的是寻求抵制劝服和态度改变的有效方法。

（2）当说服对象接触到对于基本信息的攻击，以及这些攻击的反驳（即反宣传）时，原先接受单方面讯息的几乎都受到了相反观点的影响，而那些原先接受正反两方面讯息的人的态度却没有发生明显的变化。

(3) 因此，_____

_____。

(4)_____

_____。

知识点 8: 态度的经典条件作用理论

(1) 卡罗林·K.斯塔茨和亚瑟·W.斯塔茨将经典的条件作用应用于态度的学习。他们指出，_____

_____。根据经典的条件作用，_____。

(2) 斯塔茨的研究为某些宣传技巧提供了理论性的解释。例如光辉泛化法，便是试图将词语或概念与道德性的字眼联系在一起，以产生条件作用；又如诽谤，它企图给人或思想贴上坏的标签，将二者联系起来。

知识点 9: 态度改变的阶段（拓展）

(1) 麦奎尔认为，态度的改变可以分为以下6个阶段: a. _____ b. _____ c. _____ d. _____ e. _____ f. _____

(2) 在传播环境中，任何独立的变量都能对这 6 个阶段中的任何一个产生效果。麦奎尔指出，对一个阶段的影响是正面的自变量，对另一个阶段的影响则可能是反面的。

(3) 在此基础上，麦奎尔又于 1976 年提出了信息处理理论的 8 个阶段: 接触、感受、理解、赞同、记忆、恢复、决定和行动。

【相关真题】

1. 睡眠者效应（北大汇丰 2021/2022 名词解释）

参考答案:

睡眠者效应是指低可信度信源发出的信息，由于信源可信度的负面影响，其内容本身的说服力不能得以马上发挥，处于一种"休眠"状态，经过一段时间可信度的负面影响趋于减弱或消失以后，其说服效果才能充分表现出来。霍夫兰认为这一效应产生的原因是消息来源与观点有分离的倾向，受众对传播来源印象逐渐模糊，只记忆内容本身。睡眠者效应表明信源的可信性对信息的短期效果具有重要影响，但从长期效果看，最终起决定作用的仍是内容本身的说服力。

2. 简述霍夫兰的劝服体系（广东外语外贸大学 2020 简答题）

参考答案：

霍夫兰通过我们为何而战和耶鲁研究等研究，形成了完整的劝服体系。

（1）可信性效果：经过实验研究霍夫兰等人发现，一般来说，在即时条件下信源的可信性越高，其说服效果越大；信源的可信性越低，说服效果越小。

（2）一面提示与两面提示：一面提示对于原来就赞同此观点和受教育程度较低的人有较强的说服效果。而两面提示对于原来反对此观点和受教育程度较高的人，有较强的说服效果。

（3）是否明示结论：在论题复杂、对象文化水平和理解能力较低的场合下，明示结论更好。反之，使用不明示结论的方法更有效。

（4）先说有利，后说有利：首先提出论点在引起注意上是有利的，最后提出论点在被记住上是有利的。

（5）情感诉求与理性诉求：情感诉求的说服可以打动受众的感情，改变其态度；理性诉求使其认识深入，改变其观念与行为。

（6）诉诸恐惧：一则消息中或高或低的恐惧都将导致少量的态度改变，而恐惧刺激若太过于强烈，则可能唤起某种形式的干扰因素，以致降低说服的效果；中等程度恐惧的消息将导致最大量的态度改变。

（7）重复的效果：重复可以保证信息的到达率，保证受众对获取消息的高可信度来源保持记忆，同时还能有助于态度的学习，以及记住消息本身。

（8）群体归属的影响：霍夫兰等人认为，个人的趋同倾向源于群体归属。群体的组织规范和精神依托是成员拒绝"反规范传播"的主要动因。

（9）个性的影响：霍夫兰等人探讨了智力水平和动机对说服效果的影响，认为智力水平高者在强大的逻辑论证面前易被说服，而在不合逻辑、错误的论证面前不易受影响；智力因素和动机之间存在着相互作用。

（10）主动参与被动参与：主动参与者比被动参与者会被更有效地改变意见。

【本章指南】

说服与态度改变研究具有非常庞大而复杂的体系，包括学习论、一致论、需求论，还有很多其他的小理论，看上去难记难背，但其实大部分的考点都集中在霍夫兰的研究上，而对霍夫兰的研究的考查目前又集中在睡眠者效应、可信度、两面提示这几个重点上。霍夫兰的理论在背传播学史的时候也要背，所以这部分的实际背诵量并没有那么大。

这部分知识点尽管绝大多数时候都是出名词解释和简答题，但同样也有很多内容可以应用到大题之中，例如，霍夫兰研究对于我们大众传播的重要意义包括：（1）可信度与传播效果成正比，告诉我们为什么媒体要保持自己的公信力；（2）两面提示效果更好，告诉我们媒体尤其是针对高素质受众的媒体要保持客观性；（3）媒体传播内容应当动之以情晓之以理；（4）媒体应该做好受众调查，了解受众个人属性和其所在群体的规范；（5）应当利用受众的参与心理来进行更好的说服。此外，一致性理论告诉我们要对受众进行广泛深入的了解，避免与受众的既有态度相冲突。而功能论则指出改变受众态度的前提是了解受众的心理需求等等。

总的来说，在回答如何提升说服与态度改变效果时，最基本的仍然是提高传播者的可信度，同时要对受众的个人情况进行深入了解，了解其个人心理、群体规范、文化背景，同时针对不同受众采用不同传播方案。在当下还可以强调对新媒体的应用，例如 H5 和新闻游戏能提高用户的参与度，对用户理解复杂议题产生更强的效果；利用视频尤其是 VR 技术增强用户沉浸感，刺激用户感官来改变态度等等。以上这些应该被视为答题工具箱里的"标配"。

第 43 天
适度效果论、使用与满足

【学习导语】

如果说此前的效果研究体现出了"传者中心论"的局限,那么适度效果论就开启了以受众为中心进行研究的传统,并着力于研究大众传播的长效作用,主要包括创新与扩散理论、使用与满足理论、议程设置理论和文化规范理论等一系列研究。其中使用与满足理论是我们回答题目时的"万能"理论。这部分虽然属于基础性内容,但是要好好记忆其中的细节。

【本章我的掌握情况】

	基本理解	熟练掌握	运用自如
43.1 有限效果论转向适度效果论			
43.2 使用与满足			
43.3 媒介依赖理论			
43.4 互联网的使用与满足			
43.5 手机的使用与满足			
43.6 媒体过度使用问题			
43.7 使用与满足的意义与局限性			
43.8 用户使用媒介的新研究（补充）			

知识点 1: 有限效果论转向适度效果论

（1）现当代的效果研究摆脱了"传者中心论"的局限,_____
_____。沃纳·赛弗林和詹姆斯·坦卡德认为,该理论的研究包括信息寻求（创新与扩散）理论、使用与满足理论、议程设置理论和文化规范理论等一系列研究。

（2）首先，电视的普及使得通过研究得出的弱效果观受到极大冲击，人们开始_____

_____；其次，社会学家开始更多地关注_____

_____；最后，实证的思潮受到怀疑，

历史和人文科学重新抬头，推动了_____

_____。

知识点 2：使用与满足

（1）由美国社会学家____首先提出。代表性研究有赫尔塔·赫佐格的美国妇女肥皂剧的研究，杰·布鲁姆勒和麦奎尔的英国大选期间政治节目的研究及施拉姆的电视与儿童的研究等。

（2）将媒介接触过程概括为一个_____

_____的因果连锁过程。

（3）把受众看作_____，把它们接触媒介的活动看成是基于特定需求来"使用"媒介，从而使_____。

（4）具体而言，人们接触媒介首先是为了满足特定的需求，这类需要具有一定的社会和个人心理起源；这种实际接触行为的发生有两个条件：_____

_____

_____。根据媒介印象人们选择特定媒介或内容开始接触行为；接触行为可能满足也可能不能满足受众的特定需求，但都会影响到以后的媒介选择和使用行为，_____

_____。

（5）从受众角度出发，通过分析受众的媒介接触动机以及这些接触满足了他们什么需求，来考察大众传播给人们带来的心理和行为方面的效用。_____，开创了从受众角度考察大众传播的先河。

（6）_____：使用与满足理论假定个人具有主动性，这种主动性可以分为选择媒介、运用媒介主动满足自己需求、有明确的使用目的、对意义进行重构、积极思考反馈内容等。低主动性也可以产生媒介使用，但是这些使用可能是基于仪式性的，缺乏明确目标。

（7）使用与满足的社会和心理根源：从心理上而言，使用媒介的动机可以分为保持和发展已有认知或保持和发展已有感情。卡茨指出了使用与满足的社会根源：社会所产生的紧张与冲突需要媒介缓解；社会让人们意识到某个问题值得关注；社会无法满足的社交需求需要媒介填充；社会提倡某种价值需要通过媒介学习；社会需要受众通过阅读媒体内容维持群体成员身份。

知识点 3：媒介依赖理论

（1）媒介依赖理论分为宏观与微观两种。前者由鲍尔·洛基奇和梅尔文·德弗勒提出，主要从社会学的角度解释受众与媒介之间的依赖关系；后者由 A. M. 鲁宾和 S. 温德尔提出，主要从社会心理学的角度解释依赖的效果。

（2）媒介依赖理论认为，我们通过使用大众媒体获得特定满足或完成一定的目标，如果受众_____

_____

_____

_____。

（3）宏观的媒介依赖理论把整个_____看做是有机的生态系统，这个生态系统中的组成部分之间存在着复杂的关系。社会不同子系统（在这里是受众个体和大众媒体）之间的依赖关系取决于两个因素：资源和个人目标。洛基奇和德弗勒把资源分成三类：_____

_____。个人的目标也可以分成三类：_____。

（4）鲁宾和温德尔提出的使用与依赖模式则是从微观的社会心理角度探讨依赖产生的效果。这一模式把_____

_____。根据该模式，如果需求和动机产生了缺乏选择的信息搜寻策略，就会导致个人依赖于某个特定媒体。这种依赖可能引起个人态度或行为变化，并且改变使用者与社会的关系。布鲁姆勒提出了关于媒介使用与效果的三项假设：a._____

_____ b._____

_____ c. _____。

知识点 4： 互联网的使用与满足

（1）斯塔福德等人认为，互联网给人的满足来自三个维度，依重要性程度而言分别是：
a._____ b._____ c._____。

（2）使用过程是指与内容无关的媒介接触行为，比如互联网提供大量资源、搜索引擎的方便快捷等，这些满足并不来自特定内容，而是来自使用体验本身。媒体内容带来的满足主要是指互联网信息可以满足人们获得教育、信息、知识、学习、研究等方面的需求。社会性的满足主要是指互联网可以用来聊天、与朋友保持联系、增进友谊、与他人互动、了解他人等。研究还发现，_____。

知识点 5： 手机的使用与满足

（1）手机（移动电话）在近年来迅速普及，功能也在不断增加，除了传统的语音服务外，各类数据服务也在不断发展，除了文本短信外，还出现了手机电子邮件、多媒体短信、移动互联网门户服务（提供新闻和娱乐信息、内容下载、游戏和搜索定位）、流媒体（视频和音频）等。未来随着带宽和速度的增加，手机还将在我们的生活中起到越来越重要的作用。

（2）在中国香港特别行政区开展的一项调查中，研究者们把手机带来的满足归纳为以下7类：a. _____看上去很有型、时尚，象征一定地位，不会被认为老土，使用手机很有趣。b. _____感觉和家人更近，改善自己和家人关系，工作时能够照顾小孩，让别人知道你关心他们，你的孩子随时能够找到你。c. _____闲聊，打发无聊时光。d. _____不用排队打公用电话，不用换硬币，不用找固定电话，堵车时可以告诉对方。e. _____别人，如家里的老人和病人能随时找到你。f. _____做生意、谈生意。g. _____在紧急状况时感到安全，可以及时改变约会时间和地点。

知识点 6： 媒体过度使用问题

（1）进入 21 世纪以后，特别是 2005 年以来，中国的大众媒体上掀起了一股讨伐互联网的潮流。各种青少年因网络犯罪、上瘾的媒体报道经常成为网络存在不良影响的证据，政府对网络的监管措施也更加严格。

（2）目前对所谓"网络成瘾"的研究主要来自心理学界，它又把"网络成瘾"称为病理性互联网使用、网络成瘾障碍、强迫性网络使用等。金伯利·杨把网络成瘾分成五类：a. 网络色情成瘾，指对成人聊天室和网上色情作品上瘾；b. 网络关系成瘾，指过度地卷入网络人际关系中；c. 网络强迫行为，指强迫性的网上赌博、网上购物或网上交易活动；d. 信息超载，指强迫性的网上冲浪或资料搜索；e. 计算机成瘾，指强迫性玩计算机游戏或编制计算机程序。

（3）对青少年使用互联网的调查发现，_____

_____。只要为青少年提供一个健康的生活学习环境，网络并不会造成不良影响。在互联网出现之前，媒体的指责主要集中在"电视上瘾症"上，其背后的原因与互联网基本相同。

知识点 7：使用与满足的意义与局限性

（1）根据这一理论，受众面对大众传播活动时并不是被动的，而是主动地选择自己所偏爱和需要的媒介内容和讯息，而且不同的受众还可以通过同一媒介讯息来满足不同的需要，并达到不同的目的。_____

_____。

（2）理论意义：它特别强调受众在传播活动中的作用，突出了受众需求对传播效果的制约，_____；另外，也指出了大众传播对受众具有一些基本效用，_____。

（3）不足：_____，忽视了社会条件和社会结构的作用；脱离传播内容的生产和提供过程，单纯地考察受众的媒介接触行为，不能全面地揭示受众与媒介的社会关系；仅反映出受众对媒介内容的"选择性接触"，_____；它假定受众都知道自己需要什么，并知道如何使用媒介以满足自己的需求，但这在现实中往往不能成立；它的理论前提是受众可以随心所欲地选择讯息，可以按照自己的愿望和需求对讯息进行取舍，_____。

知识点 8：用户使用媒介的新研究（补充）

（1）信息菜单：个人倾向于使用一系列不同的信息源（例如电视、报纸、人际沟通）去获取他感兴趣的某一方面的信息。使用者不仅积极地选择多信息渠道，也会自主确定某一方面的信息会固定出现在哪几个信息源上。包含个人因素（例如兴趣、动机、满足感、习惯）与结构性因素（例如受众可支配时间、技术可得性）等。

(2) 媒介啮合：两种媒介同时存在、共时消费的现象，被詹姆斯·韦伯斯特称为"媒体啮合"，其普遍存在证实了消费者不但在时间和空间上具备了自由消费的能力，甚至能通过啮合消费的行为制造传媒消费的共时现象。

(3) 媒介人格：用户使用媒介时的价值观。在安德列·马尔扎维奇等人对游戏玩家的研究中，从"其他用户—媒介系统—自主行动—他人互动"的象限出发，用更为人格化的方式描述六种媒介人格，即"社会倾向—个体倾向；利他倾向—利己倾向；建构倾向—解构倾向"。社会倾向者更注重与更多人的互动，进而建立更多的社会关系；个体倾向者更倾向于自我的表达和创造，如在媒介环境中求得遁世等自在表现；利他者倾向于帮助他人，不求回报；利己倾向者只有在有利益时才会行动；建构者倾向于通过努力学习提升自我；解构者表现出无视规约而"越轨"与"反常"的行为或态度等。

(4) 自我动机：参照美国社会心理学家安东尼·格林维尔德的理论，"自我"可以从"自我动机"层面区分为"公我""私我"和"群体我"，那么我们针对媒介系统的不同层次，也可以将三重媒介分别命名为：在主动搜索信息、了解事实、浏览新闻、学习知识、自我娱乐等心理上只需一人完成的情境下，选取的"私人媒介"（新闻、知识、自媒体、音视频类）；在发表意见、了解他人观点、沟通信息等心理上需要与他人"对照信息"的情境下，选取的"公共媒介"（论坛、即时通信、微博）；在协商讨论、社群分享、多人娱乐等心理上需要介入集体，满足"社会参与"需求的情境下，选取的"群体媒介"（社群、游戏类）。

(5) 观展 / 表演范式：英国社会学者尼古拉斯·艾伯柯龙比与布莱恩·朗赫斯特在1998年于《受众》一书中提出的观展 / 表演范式，是继 20 世纪 80 年代霍尔提出编码 / 解码范式后最重要的受众研究范式。两位学者以扩散受众、观展、自恋、表演社会等概念，构建观展 / 表演范式。该范式认为媒介影像大量进入日常生活，人人直接或间接地成为受众，将自己呈现在他人面前，同时也想象他人如何看待自己，重视受众的媒介消费行为所展现的自我形象的搜寻与建构。观展 / 表演范式将"消费与认同"的观点纳入受众研究，不仅将受众视为社会建构的产物，更重视受众在媒介消费行为中所产生的再建构过程，其研究焦点在于受众的主体认同。

【相关真题】

1. 使用与满足（东北师范大学专硕 2022 名词解释）

参考答案：

美国社会学家卡茨首先提出使用与满足理论，将媒介接触过程概括为一个"社会因素 + 心理因素—媒介期待—媒介接触—需求满足"的因果连锁过程。把受众看作有特定"需求"的个人，把他们接触媒介的活动看成基于特定需求来"使用"媒介，从而使这些需求得以"满足"的过程。具体而言，人们接触媒介首先是为了满足特定的需求，它具有一定的社会和个人心理起源；这种实际接触行为发生需要两个条件：接触媒介的可能性和媒介印象；根据媒介印象人们选择特定媒介或内容开始接触行为；接触行为可能满足也可能不能满足，但都会影响到以后的媒介选择和使用行为，人们根据满足结果修正媒介印象，在不同程度上改变自己以后的媒介期待。

2. 使用与满足、议程设置、沉默的螺旋等理论在互联网时代需要修正吗？如何修正？（中国科学技术大学专硕 2021 论述题）

答题思路：

在回答经典理论在互联网时代是否适用、是否需要修正的问题时，互联网时代的各种传播特点、技术特点等是思考的底层逻辑，而理论本身的内容是思考的框架。从思考的角度，首先找到该理论的核心要点是什么，或者可以拆解为哪些要素，然后思考这些要素在互联网的各种特点作用下是否发生了变化，发生了什么样的变化，这些变化是否超出了理论本身可以解释的范围等等，从而得出自己的结论。而从答题的角度，首先简要论述经典理论的内容，说明理论提出或适用的背景，然后简单陈述互联网环境的相关特点作为过渡，接着以理论的要素为框架，一一分析其在新媒体环境下的变与不变，最后总结各点得出结论。

【本章指南】

这一天的内容不多，但是学的东西很重要。适度效果论和使用与满足理论都是很重要的考点。适度效果论及相关内容经常拿出来单独进行考查，尤其是"有限效果论向适度效果论的转化"这个部分十分重要。其实我们一再强调：魔弹论、有限效果论、适度效果论、强大效果论不是"大—小—中—大"的效果循环，而是效果研究的不断深入，后一阶段的理论往往是针对前一阶段理论的缺陷发展起来的，例如魔弹论忽略了中介因素，有限效果论对效果的理解太过狭隘，适度效果论忽略了媒介的间接影响等。要从这个角度去认识效果研究才是对的。

而使用与满足相关的知识点除了直接考查以外，还可以用在其他部分知识的考查之中。

单从使用与满足这个概念上就可以看出来，它是做论述题分析传播事件的"万金油"。既然受众使用特定内容的原因是为了满足自己的需求，我们肯定要了解受众的需求是什么，才能有针对性地进行传播。但只这样做，这个理论的价值也体现不出来，你可以从几个方面去进一步拓展。

首先，要进一步分析受众的需求是什么。在传统的媒介环境中是对信息的需求，而在互联网中情感需求和服务需求变得更加重要，例如为什么要用直播带货而不是直接通过页面购买？因为除了获得信息以外，受众也有和主播沟通、和其他消费者讨论的社交需求。除了个人需求以外，受众也有对群体的诉求、对社会的情绪（例如许多灾难谣言的背后也弥漫着社会中的焦虑情绪）。分析出受众需求的不同层次，其实也就指出了潜在的不同对策和解决方法（例如，如果能识别出情感需求，那么应对谣言的举措就不仅仅是辟谣，也包括抚平焦虑，提供情感支持）。此外，近年来随着受众研究的细化，还出现了类似于场景需求等新概念。

其次，除了需求以外，还要考虑另一种重要的因素，就是满足需求的费力（不一定是费"力"，也可能是费时间、费钱……）程度。这个概念来自施拉姆，指的是用户使用媒介的可能性。这是一个被忽略很久的概念，但是在答题时非常有用。因为我们如果要让受众接受某些内容，只通过把内容做得更好去满足受众其实是很困难的，反而是提高传播覆盖面、降低获取内容的价格、降低接受媒介内容所需的文化水平更有效。特别提醒在做与扶贫相关的题目的时候，这点尤其重要。

最后，是我们需要思考媒介如何运用使用与满足理论。例如，媒介不仅仅可以满足用户已有的需求，也可以通过提供信息来刺激产生新的需求（当然也很可能是马尔库塞所谓的"虚假需求"）。如今随着算法的发展，我们甚至可以了解到用户自己都没有意识到的潜在需求，以及与他人不同的个性化需求。除此之外，要考虑到用户的"使用与满足"会影响到下一次媒介使用，因此维护媒介的声誉和公信力十分必要。

第 44 天
议程设置理论

【学习导语】

今天我们将学习的是传播效果中非常重要的，也是内容非常之多的一部分：议程设置理论。除理论本身的内容之外，议程设置诸多的后续与附加研究也是考查的重点，需要充分理解，熟练掌握其中要义。

【本章我的掌握情况】

	基本理解	熟练掌握	运用自如
44.1 议程设置理论			
44.2 议程设置理论的意义与局限性			
44.3 议程设置理论的后续重要研究（1）			
44.4 议程设置理论的后续重要研究（2）			
44.5 议程设置理论的后续重要研究（3）			
44.6 议程设置理论的后续重要研究（4）			
44.7 议程设置的第二层属性			
44.8 网络议程设置			
44.9 议程设置第二层与框架			
44.10 网络中的议程设置			
44.11 网络中议程设置的机制			

知识点 1：议程设置理论

（1）_____

_____

_____

_____

_____。

（2）该理论基于两个基本假设：_____

_____

_____。

（3）_____

_____

_____。

（4）_____

_____。

（5）_____

_____。

（6）该理论_____，对
受众的影响因素除了媒介所强调的议题外还包括了其他因素；对受众的影响包括对_____
_____的两种影响。

（7）议程设置的功能：对于_____来说，可提示他们正确地进行议程设置以_____；
对于_____而言，可提醒他们注重议程设置以实现_____；对于_____而言，议程设
置使得不同团体共同商议某一议题从而_____；对于____而言，他们意识到媒介并非按照
本来面目反映现实，促进了公民新闻的出现。

知识点 2：议程设置理论的意义与局限性

（1）议程设置理论的提出具有以下意义：首先，议程设置理论从考察大众传播在人们认
知环境过程中的作用入手，_____
_____；其次，这个理论中所包含的传媒是"从事环境再构成作
业的机构"的观点，_____；最后，议程设置理论

对我们_____

_____。

（2）议程设置理论的局限在于：它只_____

_____；尽管议程设置的功能是强大的，但是

_____。

知识点 3：议程设置理论的后续重要研究（1）

（1）议程设置的功能可以分为三个部分：_____

_____

_____

_____

_____。

（2）具体与抽象：艾琳·雅各德和戴维·多齐尔发现_____

_____。

（3）议程偏颇：_____

_____。

（4）强制性接触：哈罗德·朱克发现，在一个特定议题上，_____

_____。因此媒介对

于受众直接接触的强制性议题可能没有议程设置效果，而在受众非强制性接触的议题上会

促使其媒介使用及寻求讯息的动机提高，进而提高议题设置的效果。媒体的报道引起个人

情绪反应时，可以产生极大的议题设定效果。

（5）议程建构：库尔特·兰和格拉斯迪·兰在 1983 年研究了"水门事件"期间报纸和

民意的关系，建议将_____。这一观点认为，一个问题从新闻报道成为公

众议程的过程需要一段时间，并要经历数个步骤，_____：报纸_____

某些事件或活动，并使其引人注目；不同种类的议题需要_____的新闻报道，才能吸

引人们的注意；处在关注焦点的事件或活动必须加以_____

_____，从而使人们便于理解；媒介使用的语言能影响人们对一

个议题重要程度的感受；媒介把已成为人们关注焦点的事件或活动与政治图景中易于辨认的次级象征联系起来，人们在对某一议题采取立场时，需要一定的_____；当_____的人开始谈论一个议题时，议题建构的速度会加快。

知识点 4： 议程设置理论的后续重要研究（2）

（1）1991 年，帕梅拉·休梅克和斯蒂芬·瑞斯在吸收了赫伯特·甘斯和托德·吉特林研究成果的基础上，提出了以下五种影响媒介内容的类别：_____

_____

_____。

（2）影响公众议程设置的五种机制：G. 雷·芬克豪泽认为，除了实际事件的真实流程之外，媒介影响公众对某一议题的关注程度取决于机制，他提出了以下五种机制：_____

_____

_____

_____。

（3）时滞问题：时滞是指媒介对公众的影响从发生到产生效果需要的时间长度。学者斯通和麦库姆斯曾做过一项研究，发现对媒介实务人员而言，时滞是一个重要问题。对公关以及其他信息行业的工作人员而言，了解_____。

知识点 5： 议程设置理论的后续重要研究（3）

（1）_____：研究表明，影响媒介议程的一支很重要的力量来自其他媒介内容，特别是精英媒介，这种现象被称为媒介间议程设置。_____

_____。

（2）议程设置与舆论导向：议程设置与舆论导向有一定的理论联系。我国的大众传媒把引导舆论作为自己的一项基本任务。相对而言，舆论导向的含义更广泛一些，它包含了对社会认知、价值、态度和行为的全面引导；_____

_____。

(3)_____：铺垫作用就是指_____
_____。仙托·艾英戈和唐纳德·金德提出电视新闻的铺垫作用是指通过唤起对某些问题的注意并忽略另外一些问题，影响观众对政府、总统、政治和公职候选人评价的标准。铺垫作用不仅涉及观众对新闻议程重要性的认知，也涉及观众对政治候选人的价值评价标准。铺垫作用认为电视不仅可以成功地告诉人们"想什么"，还能成功地告诉人们"怎么想"。此外，艾英戈和金德认为人们不会对所有事情保持专注，_____。人们在做判断时，一般不会经过全面分析，而是更喜欢试探的分析。_____
_____。

知识点 6：议程设置理论的后续重要研究（4）

(1)_____：由麦库姆斯和肖于 1999 年提出，认为现代社会中个人必须加入某个社会群体以获得安全感和确定性，为了融入自己要加入的群体，个体必须接触与这个群体相关的媒体以获得信息，使自己的议程与这一群体的议程相一致。_____
_____
_____
_____。

(2) 导向需求：社会成员个人的导向需求，是媒介议程设置功能得以发挥的社会心理前提。一般认为：a._____
_____；b._____
_____；c._____
_____。

(3)_____：媒介的显著性也是一种资源，人们思考和关注的议程是有限的。不同议程之间存在竞争性。同一议程中的次议程也会存在类似的竞争。

(4) 其他可能影响议程设置的因素：a. _____，信源可信度越高，议程设置效果越好；b. _____，个人媒体接触量越多，越容易受到议程设置的影响；c._____，个人之间的讨论可以强化大众媒体的议程设置效果；d._____，在个人不具有直接经验的议程上，大众媒介更容易设置议程。

知识点 7: 议程设置的第二层属性

早期"议程设置"研究主要关注大众传媒从一系列议题中通过凸显某些议题使其成为公众议题的功能，后来的研究则发现，媒介的议程设置效果不仅仅停止在"制约视野"的层面上，还有着更深层次的影响。大众传媒报道的对象事物具有各种各样的属性，有正面的，有负面的，也有中性的；_____
_____
_____
_____。

知识点 8: 网络议程设置

郭蕾和麦库姆斯等学者借鉴网络分析的理论框架，提出了议程设置的第三个层次：__
_____。其核心观点是：_____
_____
_____。

知识点 9: 议程设置第二层与框架

（1）塞尔玛·甘耐姆把媒体的框架分为四个维度：
a. _____（内容的取舍）；

b. _____（编辑中的篇幅和位置）；

c. _____（被包含进框架的细节）；

d. _____（全篇的基调）。

（2）可以认为属性的取舍、强调、排列也是框架的一种，但是框架本身所包含的内容要比属性的设置更加丰富。框架除了表现在具体细节中之外，还是一种格式塔（整体的感觉），比如甘耐姆所说的感情属性、风格、语气等。_____

_____

_____

_____。

知识点 10：网络中的议程设置

网络的议程设置主要表现为两个方面：一是完全由网络发起的议程设置，二是网络对传统媒体议程设置的放大或削弱。具体而言，网络议程设置有如下特点值得关注：

（1）_____。除了网站以外，进行议程设置的主体还包括其他传播渠道中的组织和个体；算法虽然不算主体，但有时也会在议程设置中起到一定作用。 总体看，_____

_____。

（2）_____。

（3）网络中"纵""横"议程的交织。_____

_____。 既有小众的议程也有公共议程。

（4）网络议程设置并不一定能完全影响现实传统媒体和整个社会的议程，其影响也可能会产生偏移。

（5）_____，某些本属于某个国家的"议程"在全球传播，并成为网络中的公共议程，进而影响全球的政治、经济、文化格局。

知识点 11：网络中议程设置的机制

（1）网络议程设置的基点是议题的形成。网络媒体议程设置中所依托的议题，多是由媒体和公众两种力量提供的。具体而言：一是媒体议题与公众议题的影响不再是单向的，公众议题可以对媒体议题产生影响；二是媒体议题与公众议题在网络平台中的界限有时是不清晰的，有时是在一种互动过程中融为一体的；三是过去在大众传媒中不受关注的"私人议题"和"谈话议题"有时也被放大成了"公众议题"。

（2）网络中的议程设置，是在信息传播和意见传播两个层面上实现的。专业网站可以高频率高强度地传播信息，网民可以二次传播，传播后的信息会在数据库沉淀循环利用。但在意见传播中，网民的意见表达和意见气候决定着传播的成败。

（3）并非所有媒体设置的议题都能影响公众议题，深层原因在于议题自身是否具有"融合"人群的能力。网络的跨时空交流，为网民主动选择自己的归属社区提供了更多的可能性，人们可以在更多局部的（或水平的）议程中获得归属感。大众传媒的议程对人们的"融合"作用，也可能因此而进一步受到削弱。

【相关真题】

1. 议程融合（扬州大学 2022 名词解释）

参考答案：

议程融合理论由麦库姆斯和肖于 1999 年提出，认为现代社会中个人必须加入某个社会群体以获得安全感和确定性，为了融入自己要加入的群体，个体必须接触与该群体相关的媒体以获得信息，使自己的议程与这一群体议程相一致。首先个人决定自己的群体归属，然后发现加入该群体所需要的信息，定向需求以后进行固定的媒介接触，然后产生议程设置第一层和议程设置第二层效果。议程融合在新媒体条件下指出了大众媒体的作用，同时强调受众细分时代的社会整合功能。

2. 网络议程设置的特点（陕西师范大学 2020 简答题）

参考答案：

网络的议程设置主要表现为两个方面：一是完全由网络发起的议程设置，二是网络对传统媒体议程设置的放大或削减。具体而言，网络议程设置有如下特点值得关注：

（1）议程设置的主体多元化与受众地位的上升。除了网站以外，进行议程设置的主体还包括其他渠道中的组织和个体；有时算法虽然不算主体，但也可以在议程设置中起到一定作用。总体看，"自上而下"由网站进行的议程设置的作用将受到削弱，而"自下而上"的网民的自我设置与选择作用将越来越强。

（2）网络对传统媒体议程设置既有放大作用，也有削弱和重构作用。

（3）网络中"纵""横"议程交织，网络议程是由"纵向的"（即贯穿所有人群的）议程和"横向的"（只适合于特定人群的）议程共同编织的议程"网络"。既有小众的议程，也有公共议程。

（4）网络议程设置并不一定能完全影响现实传统媒体和整个社会的议程，可能会产生偏移。

（5）网络议程设置具有全球化倾向，使某些本属于某个国家的"议程"得以在全球传播，并成为网络中的公共议程，进而影响全球的政治、经济、文化格局。

【本章指南】

议程设置理论可以说是传播学考研领域当之无愧的"传播理论之王"了，它内容丰富、意义重大、研究路径清晰、相关成果硕果累累，考查点非常多。对这个理论，包括议程设置中的很多附加研究都必须认真掌握，像议程融合、铺垫作用、导向需求、属性议程设置这几个知识点不仅会单独出题，而且考得越来越细，例如属性议程设置和框架之间的区别就考了至少两次。

属性议程设置、铺垫作用二者尽管机制稍有不同，但共同说明了一点，即议题的重要性可能影响人们对于议题的基本态度。媒介在进行舆论引导尤其是在涉及敏感话题时，可能会通过这两种机制来转变人们对话题态度的认知。在网络舆论中，议程设置的主体多元化，往往分散在不同的媒体、舆论领袖、利益相关方手中，它们对议题产生各自不同的观点，最终导致舆论难以形成共识，这就是"议程失焦"。网络议程设置解释了信息碎片化时代议程设置的重要性，媒介看似不再是议题的唯一来源，但媒体的权威性使之能够通过对不同议题、不同事实的连接，形成整体的认知框架，这又与涵化有异曲同工之妙。

总体来看，议程设置涉及的知识纷繁复杂，除了我们分析的以外，还有两个方面比较重要：

（1）议程设置的作用。注意议程设置不是涵化，不能直接改变态度。我们运用议程设置出于三个原因：第一是让特定的重要议题得到全社会的关注和讨论（公共领域），进而调配社会资源（即喻国明老师提出的"乘数效应"），促进问题解决。第二是让不同社会群体关注类似的社会、文化议题，增强社会凝聚力。第三是获得特定议题的注意力资源，进而转化为广告收益。这三点可以运用在对各类题目的解答中。

（2）如何增强议程设置的效果。首先媒体的可信度对于议程设置意义重大，因此媒介必须有较高的可信度。其次媒介还可以通过突出报道、名人效应等方式加强特定议题在人们心中的印象（议程建构）。除此之外，在新媒体时代还需要考虑到意见领袖的介入（首先通过意见领袖影响社群的议程，然后让人们为了融入社群获得议程）和媒介间议程设置（扳机效应），这样才能取得更好的效果。

第 45 天
涵化与文化指标

【学习导语】

今天我们要学习的是适度效果论部分的主要内容：涵化与文化指标。所有涉及社会层面长时间、潜移默化的态度改变的都可以使用涵化理论来解释。涵化大多数时候是一种负面的意指，强调一种对大众传媒长期、潜在影响的认识，对效果研究具有重大意义，其中的核心要素与理论意义需要大家好好掌握。

【本章我的掌握情况】

	基本理解	熟练掌握	运用自如
45.1 涵化理论			
45.2 涵化理论的特点			
45.3 涵化理论的意义与局限			
45.4 涵化理论的附加研究			
45.5 涵化理论其他附加研究（拓展）			
45.6 涵化批判理论（拓展）			
45.7 文化指标			

知识点 1：涵化理论

（1）涵化理论，又称教养理论、教化理论或培养理论等，这一理论的研究开始于 20 世纪 60 年代后期，由传播学家乔治·格伯纳主持。＿＿＿＿＿＿＿＿＿＿＿＿＿＿＿＿＿＿
＿＿＿＿＿＿＿＿＿＿＿＿＿＿＿＿＿＿＿＿＿＿＿＿＿＿＿＿＿＿＿＿＿。

（2）涵化理论论述了关于＿＿＿＿＿＿＿＿＿＿＿＿＿＿＿＿，是对大众传播与文化之间关系的研究的代表理论。＿＿＿＿＿＿＿＿＿＿＿＿＿＿＿＿＿＿＿＿＿＿＿

_____。

(3) 在现代社会，大众传媒提示的_____对人们认识和理解世界发挥着巨大作用，_____

_____。

(4) 大众传媒提供了社会必需的"共识"。通过对象征性事物的选择、加工、记录和传达，大众传媒取代了多样化的社会因素，使人们共享的社会真实趋于同化。

(5) 涵化是一个"双向吸引"的过程。"主流化"作用并不是对所有人都有影响，而且其效果也因传播的内容而异。

知识点 2：涵化理论的特点

(1) 涵化理论主要关注美国_____，针对的是其商业化和同质化的媒介体制特征。基于这一商业体制，整个讯息系统呈现出重复、稳定、固定的模式和立场，这是涵化效果显著的原因。

(2) 涵化理论是关于叙事的理论，它涉及所有的_____。

(3) 涵化理论认为电视在改变态度和行为方面并没有最显著的效果，效果及而体现在保持受众态度的相对稳定上。它关注讯息系统长期的潜移默化的影响。

(4) 涵化理论认为电视在塑造我们关于现实的共同观念上具有____的影响。

知识点 3：涵化理论的意义与局限

(1)_____。

(2)_____

_____。

(3)_____

_____

_____

_____。

(4)_____

_____。

知识点 4：涵化理论的附加研究

1._____

指产生于不同社会团体的大量看电视的人群其意见趋同，而他们之间通常由人口和社会因素所造成的对现实认知的差异被抹平了。也就是说，在涵化分析中发现，_____

_____。这是因为，特别是对于看电视多的受众而言，电视中的符号垄断并主导着关于世界的信息和观念的来源，最终人们头脑中的主观真实被符号真实所内化，两者进而趋于一致，并且更接近电视中呈现的现实。

2. 共鸣

产生于某些特定群体，_____

_____。

3. 电视的"3B"

由乔治·格伯纳提出，_____

_____

_____

_____。

4. 第一层级信念与第二层级信念

由格伯纳于 1986 年对涵化理论的修正中提出，它将可能产生的涵化效果分成两种类型，即第一层级信念和第二层级信念。_____

_____，它主要测量受众对真实世界中事件或事实发生的频率或概率的估计；_____，也就是评估受众对于社会现实的一般信念。这两种信念可能是相互联系的，第二层级信念可能来自对第一层级信念的推论，但是两者之间的相关性并不明显。

5._____

接触地方新闻内容可能强烈影响对犯罪等行为的理解，因为这种消息具有高度可感觉的现实性，又接近受众的家。研究表明充满罪恶的地方新闻会最强烈地表达罪行危机的发生，并促进人们的虚构体验。

6._____

格伯纳提出，构成文化环境的故事具有三种功能：

（1）揭示事情如何发生，如何进展。

（2）描述事情是什么，事情的背景是什么。

（3）告诉我们应该如何做，我们接受什么样的价值和选择。

知识点 5：涵化理论其他附加研究（拓展）

（1）为了改变电视体制的现状，格伯纳于 20 世纪 90 年代中期建立了多元性比例表征指标来测量不同的社会群体在电视中的出现比例。该指标发现，所有少数群体在美国的电视中均未得到充分的表现。

（2）格伯纳还发起了"文化环境运动"，希望能够把有识之士联合在一起，改变现有文化环境中的各种问题（比如暴力、色情、种族等）。文化环境运动还提出了著名的《观众权利法案》，号召公民起来改变现有的商业媒体体制中不负责任的内容。

（3）格伯纳还提出了格伯纳传播模式，对传播过程做了这样的表述：某人，感知某事，作出某种反应，在某种场合下，借助某种工具，制作了可用的材料，于某种形式和背景中，传递某种内容，达成某种结果。

知识点 6：涵化批判理论（拓展）

（1）涵化批判理论：早期涵化理论关注政治经济权力对电视的影响，认为在资本主义商业媒体体制中，电视控制在少数权力集团手中，必将成为经济垄断和政治控制的文化工具。但是，媒体新技术的发展改变了传统媒体的权力结构，新的技术权力主体表达出强烈的利益诉求。比起早期涵化研究中政治经济权力的潜在隐含作用，技术权力的影响更加突出而明显。

（2）研究者通过分析新技术对涵化关系的影响发现，尽管新技术带来了多种可能，但涵化关系在新媒体语境下仍然存在，新技术并没有改变媒体内容被权力精英控制的现状。最近的涵化研究对新媒体技术权力的批判主要体现在：新技术造成媒体所有权集中，媒体内容数量增加的背后是少数垄断性组织的操控；新媒体只是技术上的更新，而媒体内容仍然来自旧媒体；技术总是掌握在拥有最多权力和最强能力的人和组织手中；受众被传统电视培养的行为习惯会延伸到新媒体中；新媒体的赢利模式可能导致其完全被商业主义控制；新技术帮助权力集团更精确地定位受众，其操纵受众的能力由此得以提升。

> 知识点 7：文化指标

（1）所谓文化指标，是和经济、社会指标相比较而言的。格伯纳认为，除了衡量国家的经济和社会状况的各种指标如 GDP 以外，还需要一个量化指标来_____。由于电视是美国最普及的文化代理人和最显著的文化象征符号的传播者，所以将_____作为文化指标的主要依据。

（2）文化指标研究了_____分析，发现美国大众媒介存在着惊人的_____。这是由_____。不论电视的频道和节目类型如何多样化，它背后的垄断商业制作体制并没有发生变化，甚至更加集中。因此，涵化是一个通过大众媒体（主要是电视）令人眼花缭乱的故事中隐藏的同质化讯息，使受众潜移默化地接受统治者定义世界的过程。

【相关真题】

1. 简述涵化理论（北京邮电大学专硕 2021/2022 简答题）

参考答案：

涵化理论，又称教养理论、教化理论或培养理论等，这一理论的研究开始于 20 世纪 60 年代后期，由传播学家乔治·格伯纳主持。他通过分析暴力片与社会犯罪之间的关系以及暴力内容对人们认识社会现实的影响，来探讨大众传播在形成社会共识方面的作用。

涵化理论论述媒介在社会中所扮演的角色的宏观问题，是研究大众传播与文化之间关系的代表理论。文化的变化是一个循序渐进的过程，涵化理论揭示了大众传播在文化变化方面所起到的长期的、潜移默化的作用。

在现代社会，大众传媒提示的"象征性现实"对人们认识和理解世界发挥着巨大影响，人们心中的"主观现实"受到大众媒介倾向影响，因而与客观现实存在着很大偏离，这种影响是长期的、潜移默化的。

大众传媒提供了社会必须的"共识"。通过对象征性事物的选择、加工、记录和传达，大众传媒取代了多样化的社会因素，使人们共享的社会真实趋于同化。

涵化是一个"双向吸引"的过程。"主流化"作用并不是对所有人都有影响，而且其效果也因传播的内容而异。

2. 文化指标是什么？文化指标有哪些内容？（上海理工大学 2020 简答题）

参考答案：

所谓文化指标，是和经济、社会指标相比较而言的。格伯纳认为，除了衡量国家的经济和社会状况的各种指标如 GDP 以外，还需要一个量化指标来衡量国家的文化状况。由于电视是美国最普及的文化代理人和最显著的文化象征符号的传播者，所以他将电视节目内容的衡量及其影响的评估作为文化指标的主要依据。

文化指标研究包括三个方面：制度分析、讯息系统分析和涵化分析。制度分析的主要目的是分析大众传播的信息生产、传达和消费过程中的各种制度性压力和制约因素，揭示大众传播内容的特定倾向性形成的原因；讯息系统分析的目的在于揭示媒介讯息系统的整体倾向性；涵化分析是信息系统分析的延伸，它的目的是考察大众传播的特定倾向所造成的社会结果。

文化指标研究发现美国大众媒介存在着惊人的同质化，原因包括商业竞争的无形力量，新闻叙事的叙事传统，最重要的是不断加剧的行业垄断。不论电视频道和节目类型如何多样化，它背后的垄断商业制作体制并没有发生变化，甚至更加集中。因此，涵化是一个通过大众媒体（主要是电视）在令人眼花缭乱的故事中隐藏的同质化讯息，使受众潜移默化地接受统治者定义世界的过程。

【本章指南】

很多人不太理解涵化理论，在我看来问题可能出在 cultivation 这个词的翻译上：翻成"涵化"或者"培养"理论其实都不太适合我们的理解。从中国人的思维习惯来说，最好理解的翻译还是"教养"，但教养这个词又似乎有些太过于正面（从格伯纳开始，关于涵化的大部分研究结论都是其对人的影响是偏负面的），或许理解为"媒介对个人价值观、世界观潜移默化的长期影响"比较合适。

涵化的本意主要指的是电视（在一定程度上也可以泛指主流媒体）对个人长期的影响。虽然涵化的影响大多数时候是负面的（例如媒介消费主义引发拜金主义），但在一些特殊的场合，也可以引申为正面的（正确的舆论导向形成正确的价值观）。

除此之外，要注意的是涵化理论不应该直接用于分析互联网，如果用来泛指互联网的话，就违背了涵化理论强调的"基于特定内容"的前提。不过，如果题目设定是在特定的、封闭的信息环境中（如小圈子社群、社交形成的信息茧房）接触单一信息的话，也可能会造成涵化效应，对于接触使用网络媒介时间长度远远大于一般大众媒体的青少年来说尤其如此。类似地，涵化也可以用来说明清理一些网络内容的必要性。

涵化的另一个功能是对不同受众群体的主流化作用。除了意识形态灌输以外，这一功能对于凝聚社会具有重大意义，在网络舆论碎片化、"巴尔干化"的今天，这也是加强主流媒体舆论引导能力的原因。另外要注意，前面讲过的适度效果论强调的是大众传播能够长期满足受众基本需求，改变受众议程，潜移默化地改变受众价值观，作用是宏观的，并不强调在短期内改变效果。

第 46 天
强大效果论与沉默螺旋

【学习导语】

学完了适度效果论部分，今天我们进入强大效果理论的学习阶段。从适度效果到强大效果，可不是简单的"重回魔弹论"，所谓的"强大"也并非效果的强大，而是纳入更多因素到效果观察中，去研究更长期的效果。

【本章我的掌握情况】

	基本理解	熟练掌握	运用自如
46.1 强大效果论			
46.2 沉默的螺旋理论			
46.3 大众媒介与沉默螺旋			
46.4 沉默的螺旋相关概念			
46.5 网络传播与沉默的螺旋			
46.6 网络的反沉默螺旋			
46.7 沉默的螺旋理论局限性			
46.8 沉默的螺旋理论意义			

知识点 1：强大效果论

（1）强大效果论最初是由德国传播学者伊丽莎白·诺尔－诺依曼在其 1973 年发表的论文《重归大众传媒的强力观》中提出的。

（2）强大效果论并不是魔弹论的恢复，而是在适度效果论的基础上发展起来的。_____
_____
_____。

（3）支持强大效果论的效果理论包括沉默的螺旋、知识沟和第三人效果理论等，此外学者发现如果根据传播理论的原则审慎地筹划节目或运动，大众传播便能发挥强大的影响力。例如，H.门德尔松等人发现大众媒介对受众的态度和行为产生了巨大的影响。

知识点 2：沉默的螺旋理论

（1）德国传播学者＿＿。她认为：大众传播媒介在影响公众意见的方面有强大的效果，她把舆论生成中起重要作用的机制称为"沉默的螺旋"。

（2）她指出，＿＿。

（3）沉默螺旋包括五个假定：a.社会使背离社会的个人产生孤独感；b.个人经常恐惧孤独；c.对孤独的恐惧使得个人不断地估计社会接受的观点是什么；d.估计的结果影响个人在公开场合的行为，特别是公开表达观点还是隐藏自己的观点；e.上述四个假定形成、巩固和改变公众观念。

（4）沉默螺旋的三个基本命题：＿＿。

知识点 3：大众媒介与沉默螺旋

（1）大众传播在其中扮演了非常重要的角色，这是因为它是人们寻找并获得舆论传播的来源。大众传播能以三种方式影响沉默的螺旋：a.＿＿＿＿＿＿＿＿＿＿＿＿＿＿＿＿＿＿；b.＿＿＿＿＿＿＿＿＿＿＿＿＿＿＿＿＿＿；c.＿＿＿＿＿＿＿＿＿＿＿＿＿＿＿＿＿＿。大众传媒正是在这种潜移默化的累积过程中逐渐渗透，并与受众的从众心理、适宜的传播环境等配合，使大多数人依照大众传媒所表现或指引的方向来认识事物、形成意见和采取行动。

(2) 大众媒介产生效果的原因: _____

_____

_____

_____。

知识点 4：沉默的螺旋相关概念

(1)_____：从心理学角度来看，引发人类社会行为的最强烈的动力之一就是不被孤立，个人会因为害怕孤立而改变自己的行动。

(2)_____：自己所处的环境中的意见分布状况，包括现有意见和未来可能出现的意见。意见气候的主要来源有两个：所处环境中的群体意见和大众传播。

(3)_____：每个人都具有准感官统计的能力，这种能力能够判断意见气候的状况，判断什么样的行为和观点能被他们所处的环境认同，什么样的意见和行为正在得到强化或弱化。

(4)_____：他们往往可以扭转沉默的螺旋，是某一非主流意见的坚定支持者，表现出意志的坚定性、主张的一贯性和表明态度的强烈性，可以对"多数派"产生有力的影响，甚至可以改变群体已有的合意并推动新的合意的形成。

(5)_____：多数无知指的是个人对他人的意见有相同的错误感知，由弗洛伊德·奥尔波特和卡茨提出。多数无知的过程包含如下错误感知：我们认为自己能够估计他人的意见是什么，但实际上错误地估计了他人的意见。目前研究者发现了三种类型的多数无知：认为其他人的意见与自己的意见一致；认为他人的意见比自己更加保守；认为他人对复杂内容的理解比自己更多。

(6)_____：接触大众媒体的公众会把媒体的意见误认为是大多数人的意见，这样不同的媒体接触方式就可能导致不同的意见气候，由此可见大众传播的巨大影响。双重意见气候从一个侧面说明了公众准统计感觉的不准确性。

（7）_____：诺依曼发现，民意除了作为公众的意见表达外，还具有社会整合和社会控制的作用。民意如同皮肤一样保护着我们的社会，使其团结一致，对于受到民意控制的个人来说，必须忍受社会皮肤的敏感性，小心谨慎地感觉周围的主流意见。

知识点 5：网络传播与沉默的螺旋

1. 网络中是否存在沉默的螺旋

关于网络传播中是否存在"沉默的螺旋"，近年来的研究很多，观点也不尽相同。无论是有人认为"沉默的螺旋"在网络中仍然存在，还是有人认为"沉默的螺旋"在网络中被弱化了，都需要注意一个问题：研究网络中"沉默的螺旋"作用，环境与条件是在不断发生变化的。

（1）_____。传统媒体对舆论的单向影响力受到一定削弱，因此由传统媒体主导意见气候形成的能力可能受到削弱。

（2）_____。网络的匿名性导致个体对所在空间的依赖程度不高，认知失调发生后可通过转换空间来逃离让自己感到失调的环境，相对来说，从众心理产生的机会较少。

（3）_____。特别是从群体传播的层面，由于群体归属感、使强者更强使弱者更弱的"正反馈"效应、人际关系压力与网络意见的发布结构等影响因素，网络中的"沉默的螺旋"不仅可能存在，而且某些时候的力量仍然是强大的。

（4）_____可能使群体传播等空间中产生的意见走向扩散到其他传播渠道，从而影响到整个网络。

2. 网络中沉默的螺旋形成机制
（1）网络中自下而上的意见气候的形成：_____
_____。

（2）网络中环境压力对个体发挥作用的条件：a._____
_____
_____
_____。

知识点 6：网络的反沉默螺旋

(1)_____

_____。

(2)_____

_____。

(3)_____

_____。

(4)_____。

知识点 7：沉默的螺旋理论局限性

沉默的螺旋理论存在很多争议，目前主要集中在理论前提上：

(1) 假说中所强调的"对社会孤立的恐惧"（趋同行为的动机）不应是一个绝对的常量，而应是一个受条件制约的变量。

(2) "多数意见"的压力以及对它的抵制力，依问题的类型和性质应有程度上的不同。

(3) "多数意见"社会压力的强弱受到社会传统、文化以及社会发展阶段的制约。

(4) 忽略了中坚分了的作用，这些"中坚分子"表现出意志的坚定性、主张的一贯性和表明态度的强烈性时，可以对"多数派"产生有力的影响，甚至可以改变群体已有的合意并推动新的合意的形成。

知识点 8：沉默的螺旋理论意义

(1) 它把对舆论形成过程的考察从现象论的描述引向了社会心理分析的领域，强调了社会心理机制在这个过程中的作用。这正是传统的舆论学所忽略的一个重要方面。

（2）它强调了大众传播对舆论的强大影响，并正确地指出了这种影响来自大众传播营造"意见环境"的巨大能力。

（3）假说中对传播媒介的"赋予地位"功能、大众传播的公开性和普遍性、报道内容的类似性和累积性以及由此带来的"选择性接触"的困难所做的分析，对重新评价大众传播的影响和效果具有重要的启发意义。

【相关真题】

1. 意见气候（中山大学 2022 名词解释、中南大学 2022 名词解释）

参考答案：

意见气候指自己所处的环境中的意见分布状况，包括现有意见和未来可能出现的意见。在沉默的螺旋理论中，诺依曼指出人们对意见气候的感知会影响其意见的表达。即个人意见的表达是一个社会心理的过程，个人在表明观点前要对周围的意见环境进行观察，与自己相同的意见处于优势则倾向附和，劣势则选择沉默。意见气候的主要来源有两个：所处环境中的群体意见和大众传播。在超出人们直接感知范围的问题上，大众传播的影响尤其强大。

2. 反沉默螺旋理论是什么？产生的原因是什么？（同济大学 2020 简答题）

参考答案：

反沉默螺旋是指在互联网虚拟社区平台上，持少数派意见的网民即使面对优势意见的压力，也不再选择沉默，他们敢于将自己的观点表达出来。伴随着传播过程的发展以及相互间交流的深入，这些少数派所持有的观点也可能会被更多的人认同并接受，使沉默螺旋发生逆转，形成反沉默螺旋模式。

反沉默螺旋产生的原因：

（1）社交媒体的虚拟性和互动性为受众赋权，给网民更大的表达意愿和表达自由。个体比现实环境中更愿意表达和主流意见不同的新的观点。

（2）网络的虚拟群体众多，个人即使在主流意见群体中被排斥，仍然可以在少数与自己意见相似的群体中获得认同和支持，孤立意见的负面效应下降。

（3）网络舆论传播迅速，相对于媒体而言，主流意见在观点的阐述、事实的论证方面往往不够充分，会很容易被质疑进而推翻。

（4）网络舆论中存在着沉默的大多数，他们会在主流意见动摇时加入对立意见的一方。

3. 沉默的螺旋在社交媒体中是否仍然存在？（上海外国语大学 2020 论述题）

答题思路：

理论概念和产生原因都可以参考知识点部分展开回答，针对是否仍然存在此类问题，不要回答简单的对错，而要分析沉默螺旋相关的因素，例如在该环境下，对意见的探测是否成立（网络热评顶帖机制让人对主流意见一目了然），对意见的孤立是否令人恐惧（取决于是否匿名、议题性质等），孤立是否会对此后的生活造成不良影响（取决于个人对虚拟身份的认可程度），是否能够找到不同的意见支持（取决于环境意见是否多样等），而不能简单回答。网络意见反转很多情况下就是沉默螺旋的结果。

【本章指南】

再一次强调，有限效果论、适度效果论、强大效果论的区别不在于效果的大与小。强大效果论是适度效果论的延续，还引入了间接因素的影响，综合考虑、传播效果、特定社会和心理因素的影响（例如沉默螺旋引入了群体心理、知识沟引入了阶层分化、第三人效果引入了多元无知）。总体上看，对传播效果的研究走向了多元和长期性，并逐渐形成了"传播效果的达成是复杂的社会因素综合作用的结果"这一观点。

和其他的传播效果相关理论不同，沉默螺旋在答题中的运用面十分窄，集中体现在舆论场中出现的一些负面现象上（正面现象谨慎使用沉默螺旋），例如网络暴力等。沉默螺旋成立的前提是媒介报道了有较大争议的事件，支持其中一方会陷入明显的被孤立甚至被攻击的状态。不能把所有传播的效果都等同于沉默螺旋。沉默螺旋中附带的累积性、普遍性、共鸣性正好反驳了有限效果论的假设：累积性实际上反驳了短期的强化效果观，普遍性和共鸣性则反驳了选择性接触。

沉默螺旋在网络中是否存在这个问题其实非常复杂。网络时代，用户对于意见气候的感知也相对发生了变化，网络中意见气候的形成，越来越多地依赖于"自下而上"而不是"自上而下"的方式。

"意见气候"的形成并不是由大众传媒的力量来主导的，而是由在某些局部形成的优势网民意见扩散、汇聚后形成的一种意见环境主导的。具体而言，简单而强烈的价值判断，以及引发共鸣的、符合社会价值观和社会情绪的观点更容易形成主流意见，但年轻网民也具有反主流的倾向。在某一个具体事件或问题上，有时会形成几种具有代表性的优势意见，它们会在扩散过程中相互作用、相互竞争。

这个过程决定了哪种意见会最终垄断网络中的意见气候。大众传媒的报道中对于优势意见的引用，网站用某些编辑手段来突出优势意见，都会对优势意见的扩散起到推动作用。网络环境压力对个体施加作用的条件并不是一致的，个人判断感越不确定、个人既有倾向越不牢固、行动风险程度越高、个人依赖感和归属感越强、所在群体凝聚力和同一程度越高，同时信息传播有限制有参照，则个人感受到的压力越大。如果要答题的话，除了本章已涉及的因素，上述这些也应该考虑在内。

第 47 天
知识沟与数字鸿沟

【学习导语】

今天我们将接着学习强大效果论。传播学是产生于社会、应用于社会的一门学科，联系社会现实理解理论、利用理论分析社会现实是我们学习传播学的重中之重，对传播效果部分尤其如此。而在数字化变革的时代背景与非常态环境下，知识沟和数字鸿沟则是效果部分的大热门考点。面对被提速的数字化进程，原有知识沟和数字鸿沟理论是否会发生变化，以及如何变化、怎样应对都是很有可能考大题的，希望通过今天的学习，你能对二者有更进一步的认识。

【本章我的掌握情况】

	基本理解	熟练掌握	运用自如
47.1 知识沟			
47.2 如何缩小知识沟			
47.3 知识沟假说的优点与缺点			
47.4 上限效果			
47.5 数字鸿沟			
47.6 数字鸿沟的新发展			
47.7 我国弥合知识沟的方式			

知识点 1：知识沟

（1）知识沟（简称为知沟）假说产生于美国社会对于平等教育机会的呼吁。20 世纪 60 年代，_____，《_____》节目是其中一个重要的项目。后来发现该节目对贫富儿童都产生了良好的教育效果，但是对节目接触和利用最多，

_____

1970 年，_____

_____。

    （2）知识沟假说的基本观点：_____

_____

_____

_____

_____

_____。

    （3）知识沟产生的因素：a._____；b._____；c._____；

d._____；e._____。

    （4）知识沟假说的补充：

    a. 凡是能引起整个社区普遍关注的议题，有关该议题的知识就更可能得到均衡的分配。

    b. 当议题在社会冲突条件下产生时，有关该议题知识均衡的可能性更大。

    c. 在一个小型、单一的社区内出现知识均衡的可能性比在一个大型、多元的社区内出现的可能性大。

    d. 当公众的关注开始减退时，某一议题中曾出现的知沟可能趋于缩小。

    e. 当信息引发广泛关注时，人际传播可能会缩小知识沟。

    f. 电视在公共信息和科学领域难以缩小知沟。

    （5）知沟产生的过程可以分成两个阶段，一是受众对大众媒介信息的接触，二是受众对大众媒介信息的认知。就某个议题而言，如果与之相关的所有因素在两个阶段都导致不同社会经济地位的群体产生差距，那么知沟将会比较明显，如果两个阶段的作用相互矛盾，那么知沟就会缩小，甚至出现"反知沟"。

知识点 2：如何缩小知识沟

1. 缩小知识沟的条件

一个议题引起的社会关切程度是一个重要的变量。如果引起社会高度关注，知识沟就有希望缩小甚至消除；此外个人动机是寻求信息的一个重要因素，当寻求信息的动机非常强烈的时候，知识沟就会缩小而非扩大。

2. 填补知识沟的方法

_____

_____

_____

_____

_____ 。

知识点 3：知识沟假说的优点与缺点

(1)_____指出知识沟假说的优点包括：_____

_____

_____ 。

除此之外，知沟假说提示我们在研究大众传播的影响时，不要孤立地研究媒体对个体的影响，而要把媒体放到更大的社会背景中加以考察。知识沟告诉我们，大众传播为社会权力和财富分配的不平等提供了知识方面的保证，使既得利益者能够保持其竞争优势，维护了现有社会制度的稳定。

(2) 知识沟假说的缺点：_____

_____ 。

知识点 4：上限效果

(1) J.S. 艾蒂玛和 F.G. 克莱因于 1977 年提出了"上限效果"假说。这个假说的观点是：个人对特定知识的追求并不是无止境的，达到一个"上限"（饱和点）后，知识量的增加就会减速甚至停止。社会经济地位高者获得知识的速度快，其"上限"到来得也就早；经济地位低者虽然知识增加的速度慢，但随着时间推移最终能够在"上限"上赶上前者。

（2）"上限"在个人对特定知识的追求过程中是存在的，但是在人一生追求知识的总过程中，这个"上限"是否存在则是个疑问。考虑知识的老化和更新的因素，社会经济地位低的人即使后来在一个"上限"赶上了社会经济地位高者，这种知识的实际价值也早已大大打了折扣。因此，认为通过大众传播的"知识平均化"效果可以消除社会知沟，实现普遍社会平等的观点是很幼稚的。

知识点 5：数字鸿沟

（1）数字鸿沟：最早是由 Markle 基金会的名誉总裁劳埃德·莫里塞特于 20 世纪 90 年代提出的，_____
_____。数字鸿沟产生的原因包括信息传播技术基础设施建设、信息传播技术的拥有、信息传播技术使用方面的差距等。数字鸿沟的体现会受_____
_____。

（2）有学者也认为，数字鸿沟表现在三个方面：
a. _____：是指发达社会和发展中社会在进入网络方面的差距；

b. _____：是指每个国家中由于种族、性别、年龄等造成的信息富有者和信息匮乏者之间的差距；

c. _____：是指那些使用和不使用数字资源去从事、动员或参与公共生活的人们之间的差别。

知识点 6：数字鸿沟的新发展

（1）随着新媒体的普及，数字鸿沟这一概念的体现正在从"用什么"（基础设施和网络接入）转变为"如何用"（媒介素养和媒介内容）。

（2）翟本瑞将数字鸿沟分为两个序位的鸿沟：第一序位的鸿沟存在于_____
_____；第二序位的鸿沟存在于____
_____
_____。所以拥有数字基础设施是

第一步，而在此基础上个体必须掌握信息技术的使用技巧和方法，才能在信息社会中掌握主动权。

知识点 7：我国弥合知识沟的方式

1. 政府方面

(1)_____
_____。

(2)_____。

(3)_____
_____
_____。

2. 受众方面

(1)_____
_____。

(2)_____
_____。

(3)_____
_____。

【相关真题】

1. 数字鸿沟（华中师范大学学硕 2022 名词解释、中国社会科学院大学 2022 名词解释）
参考答案：

数字鸿沟最早是由 Markle 基金会的名誉总裁莫里塞特（Lioyd Morrisett）于 20 世纪 90 年代提出的，意指由于新兴科技不断出现，新的数字落差也将随之出现。由于不同国家、地区、行业的人群之间对信息、网络技术的应用程度不同，导致了信息落差或称知识区隔的出现。数字鸿沟实际上包括信息传播技术基础设施建设、信息传播技术的拥有、信息传播技术的使用等方面的内容。数字鸿沟体现在四个方面，即互联网接入与使用渠道、数字化时代需要掌握的媒介素养、网络内容和个人动机。

2. 请解释什么是知识沟，并阐述其形成的原因（河北经贸大学 2020 简答题）

参考答案：

1970 年，蒂奇纳、多诺霍和奥里恩通过实证研究在《大众传播流动和知识差距增长》一文中提出了知识沟假说。该假说的基本观点包括：第一，随着大众传播媒介向社会传播信息的增多，社会经济状况好的人将比经济状况差的人以更快的速度获取信息，因此两类人之间的知识沟也会扩大；第二，一段时间内媒介大量宣传某话题，文化程度较高的人比文化程度低的人以更快的速度吸取该话题的知识；第三，在特定时间里，较之未被大量宣传的话题，从媒介大量宣传的话题中所获的知识与教育程度有更高的相关性；第四，在人人都感兴趣的领域知识沟出现的概率大于特定兴趣领域的知识沟出现概率。

知识沟形成的原因：（1）传播技能的差异；（2）已有的信息量的差异；（3）社交范围的差异；（4）选择性接触、理解和记忆的机制所发挥的作用；（5）大众媒介的差异。

3. 老人无法使用健康码现象，说明技术的发展加大还是缩小了数字鸿沟？如何帮助被技术遗忘的人？（同济大学 2020 论述题）

答题思路：

结合老年人健康码使用来谈数字鸿沟问题绝对是近来的主流话题，尤其是当国务院发布了缩小老年人数字鸿沟措施办法后。就这道题而言，整体的答题思路可以是：先简要介绍一下背景，指出老年人扫健康码面临的问题，再将其同其他群体不同的使用情况归纳为数字鸿沟，给出相关定义。接下来去论证当下的数字鸿沟是在扩大还是缩小，这里注意结合技术的发展，要体现出技术发展为业界带来变化的过程，可以以"接入沟"和"使用沟"为切入点，辩证地来谈技术发展带来便利的同时也存在着问题。最后在答如何帮助，也就是解决策略的时候，注意结合"数字遗民"群体的特征来谈，一方面可以对媒介进行"适老化"改造，一方面可以加大帮扶力度。另外帮助提升技术自我效能感，缩小能力鸿沟也是可以参考的角度。

【本章指南】

知识沟是一个经常被误解的理论，因为导致知识沟的原因实际上是贫富差距而不是媒介差距，这一点非常重要。面对知识沟的存在，根本是要解决教育与兴趣的不足，而不仅仅是提供更多的媒介设施、媒介产品。如果只增大媒介覆盖面，可能会导致传播效果弱化。所以我们在思考如何填补知识沟的时候，不仅仅要考虑到媒体这个层面，还要为不发达地区及人群提供更加精准、充分的传播服务，以弥补这种差距。

我们应该怎么用这个理论呢？要在设计传播方案，尤其是涉及正面传播（科学、健康、文化）等的时候，意识到知识沟潜在的影响，识别不发达地区、困难人群的传播需求。不仅要多采用广播、电视等不需要过高文化水平的媒介，还要使用人际传播（例如社区义务宣传员等）获得更广泛、有针对性的传播效果。从宏观上来说，像谈到"媒介与社会变迁""媒介与文化传播"之类的宏观题，不仅要用到媒介的文化教育功能，也一定要提到知识沟，因为媒介的这种功能也是一把"双刃剑"，一方面在教育大众，一方面也在拉大不同阶层的差距，完成社会分层。

如果是涉及中国如何填补知识沟的题目，还要考虑国内媒体发展的特殊性，首先区域、阶层发展严重不平衡，家庭财富、文化差距大；其次，内容过分倚重能够带来消费的城市阶层，缺乏面向困难人群的媒介内容；再次，媒介素养教育刚刚起步，面向脆弱人群的媒介素养教育缺失；最后，人工智能带来的推荐算法也有可能造成阶层间的知识差距逐渐固化。要解决这些问题，一方面要坚持包括网络平台在内的媒介的公共服务原则，另一方面国家要加大补贴力度和教育投入，缩小贫富差距。

第 48 天
第三人效果与媒介暴力

【学习导语】

今天我们将学习强大效果论中的两个核心知识点：第三人效果和媒介暴力。作为经典的效果理论，我们一是要弄清它们的主要观点和社会影响，二是要学会把旧理论放在新时代新环境去看，从其核心观点出发去讨论它们在当下的适用性。

【本章我的掌握情况】

	基本理解	熟练掌握	运用自如
48.1 第三人效果			
48.2 第三人效果产生的心理学依据与制约因素			
48.3 第三人效果的社会影响			
48.4 第三人效果在新媒体时代的发展（拓展）			
48.5 第一人效果和第二人效果（拓展）			
48.6 媒介暴力			
48.7 电视暴力研究			

知识点 1：第三人效果

（1）_____在 1983 年提出了_____。

（2）1983 年，美国哥伦比亚大学新闻学与社会学教授戴维森在《舆论学季刊》发表了题为《传播中的第三人效果》的文章。他认为，人们在判断大众传媒的影响力之际存在着一种普遍的感知定势，即倾向于认为_____

_____。由于这种感知定势的作用，大众传播的影响和效果，通常不是在传媒指向的表面受众中直接发生的，而是通过与他们相关的"第三人"的反应行为实现的。

（3）基本观点：

a. 它指的是一种普遍的感知定势，即在评价大众传播的影响之际，通常会认为最大效果不是发生在自己身上，而是发生在"他人"身上。_____

_____。

b. 第三人效果也是一种_____，追求第三人效果的说服性传播，定位的目标人群并不是作为内容对象的"表面受众"，而是与他们相关的"第三人"。

c. 第三人效果指的也是大众传播现实影响的一种发生机制。在许多时候，对大众传播内容产生实质性反应的，往往不是"表面受众"，而是他们的相关者。

（4）_____假设可以分为两个部分：人们认为大众传播的消息对其他人会比对自己有更大的效果；以及因为有了这样的感受人们会采取各种行动，这些行动就形成了消息原本要产生的效果——虽然是不那么直接的效果。

（5）对第三人效果的一个有趣的发现是，_____

_____。

知识点 2：第三人效果产生的心理学依据与制约因素

（1）"_____"倾向是产生第三人效果的重要心理动因，"自我强化"即人们往往觉得自己高人一等，比他人聪明，自己比别人更能抗拒说服性信息，更不易受到负面信息的影响。自我强化表现有：a. _____：与他人相比，自己受负面事件的影响概率较低；b. _____：习惯用正面方式评价自己；c. _____：即在好事面前容易夸大自己的作用，在坏事面前容易推诿责任。

（2）信息性质：人们对_____

_____；而在_____

_____。

（3）信源的性质对第三人效果的影响分为两个方面：一是_____，围绕低可信度信源提供的信息，更容易产生第三人效果；二是＿＿＿＿＿＿＿＿＿＿，越是说服或宣传色彩强烈的信息（如广告或竞选宣传），越容易引发第三人效果。在这两种情况下，人们更会倾向于张扬自己的判断力和独立性，而同时则认为其他人会受到信息影响。

（4）＿＿＿＿＿＿（social distance）：即人们感觉与他人的远近亲疏的社会关系或联系的密切程度，在日常生活中，我们常把社会距离表述为"圈内"或者"圈外"。第三人效果研究表明：＿＿。

（5）＿＿＿＿＿＿：年龄越大越容易出现第三人效果认知；教育程度越高的人越倾向于认为媒介信息对他人的影响大于对自己的影响；媒介信息的观点越是与自己的既有立场和态度不一致，越会高估对其他人的影响力，而在观点一致时，则会觉得对自己影响大，出现"反转的第三人效果"；自我关联程度也会影响第三人效果，与媒介信息所涉及的问题关系越密切，越倾向于认为他人会受到影响。另外对相关信息的专业感对第三人效果也会有影响：对媒介信息涉及的问题，一个人越觉得自己是内行或专家，越容易出现第三人效果认知倾向。

知识点 3： 第三人效果的社会影响

（1）戴维森认为有两种社会显性行为可能与第三人效果有关：＿＿＿。

（2）第三人效果理论提醒我们，＿＿＿。立法和传播政策的制定是一项科学的活动，它应以民意为基础，但又不能为一时的表层舆论所左右。

（3）第三人效果理论不仅从另一个侧面显示了大众传播的影响力，还＿＿，以及认知、态度层面上的效果向行为层面的转化机制等。在这些方面，第三人效果有着自己独特的理论贡献，有助于我们加深对人类的传播行为及其规律的理解。

知识点 4： 第三人效果在新媒体时代的发展（拓展）

（1）对第三人效果作用机制的三个环节加以考量可以看到，在新媒体环境下，影响"第三人效果"的因素在不同程度上发生了改变。

a. 新媒体的运用有助于个人形成正确的认知：_____

_____。在以往的大众传播时代，媒体和受众的互动受限，信息传播更容易被理解为宣传、劝服，并且受到地域限制，信息的下达率降低，权威信息的影响力会被削弱，因此会加剧第三人效果。新媒体的使用，_____

_____

_____。

b._____：大众传播时代，报纸、电视这些媒体是公众信息的主要来源，如果公众对大众媒介的信息存有质疑，公众自己寻求事实的渠道较少，流言就可能产生蔓延。新媒体出现后，_____，在一定程度上提高了公众科学认知事物的能力。

c._____：在大众传播时代，受众之间的交流更多是在亲朋好友这些有地理接近性的人群之中，陌生人之间的互通信息很少，人与人之间的不了解容易造成误判，产生传播隔　阂。_____

_____。

（2）此外，新媒体时代政府及传统媒体的反应能力有所提高，且为多元意见的形成提供了空间，有利于减少受众对第三人效果的误判。

知识点 5： 第一人效果和第二人效果（拓展）

针对这一问题目前有两种说法。一种是第一人效果是媒介对自己的效果；第二人效果是媒介对他人的效果；第三人效果是两者的差值。禹卫华老师则认为：第三人效果指的是媒介信息对其他人的影响大，对受众自我影响小，多发生在传播内容为负面的时候；第一人效果指的是媒介信息对其他人的影响小，对受众自我影响大，多发生在传播内容为正面的时候（例如公益内容）；第二人效果指的是媒介信息对其他人和受众自我的影响几乎一样大，当第二人效果发生的时候，人们会感到自己坚持的是社会共识，因此会更加愿意投身于社会运动。

知识点 6：媒介暴力

（1）媒介暴力（media violence）指"_____
_____"，包括_____和_____两种形式：媒
介对社会暴力现象的报道属于真实暴力，虚拟暴力则是指文艺节目中包含的暴力现象，如警
匪剧、武侠剧、电子游戏中的暴力行为。对少年儿童影响最深的是电视媒介和电子游戏传播
的暴力现象。

（2）除了内容上的暴力，媒介暴力还包括另一个很重要的方面：_____，即_____
_____
_____
_____。

知识点 7：电视暴力研究

（1）电视暴力研究是针对电视普及以后_____
_____。

（2）_____。基于阿尔伯特·班杜拉的"社会学习理论"发展而来的模仿假说指出，人
们从电视上习得了侵犯行为，然后再去现实世界照样模仿。社会学习理论通过大量观察和实
验说明模仿是存在的，示范是性格发展的一个重要因素。

（3）_____。长期暴露于暴力描述，会导致普遍的"感觉迟钝"，以致抵抗暴力的
能力降低，容忍暴力行为的能力上升。

（4）_____。戏剧主人公的侵犯行为替代性地表达了人们内心的暴力倾向，因而通
过观看电视暴力，可以降低实际采取侵犯行为的冲动。

（5）_____。指人们观看暴力时，会激发或引发其他相关的思想与评价，从而导致人们
在人际环境中更倾向于运用暴力。通过媒体产生的预示效果如下：媒介暴力可以在短时间内
提高观众对其他人产生敌意的可能，让他们相信侵略性行为可以带来益处，因而更倾向于表

现得富于侵略性。

(6)_____。电视暴力可能教导了一种普遍的规范，即暴力是一种人际交往时可以接受的方式。

【相关真题】

1. 第三人效果（北京邮电大学 2020 名词解释、复旦大学专硕 2022 名词解释、上海外国语大学 2022 名词解释）

参考答案：

1983 年，美国哥伦比亚大学新闻学与社会学教授戴维森在《舆论学季刊》发表了《传播中的第三人效果》，他认为，人们在判断大众传媒的影响力之际存在着一种普遍的感知定势，即倾向于认为大众媒介的信息对"我"或"你"未必产生多大影响，然而对"他"人会产生不可估量的影响。由于这种感知定势的作用，大众传播的影响和效果，通常不是在传媒指向的表面受众中直接发生的，而是通过与他们相关的"第三人"的反应行为实现的。

2. 第三人效果形成的心理依据（南开大学专硕 2021/2022 简答题）

参考答案：

"自我强化"倾向是产生第三人效果的重要心理动因，"自我强化"即人们往往觉得自己高人一等，比他人聪明，自己比别人更能抗拒说服性信息，更不易受到负面信息的影响。

自我强化的表现有：（1）盲目乐观：觉得与他人相比，自己遭遇不幸事件的概率较低，或者觉得自己不太容易受到负面事件的影响；（2）虚幻的优越感：每个人都容易认为自己很优秀，习惯于用正面方式评价自己；（3）自我服务式归因：即在好事面前容易夸大自己的作用，在坏事面前容易推诿责任。

【本章指南】

第三人效果和媒介暴力可能算是比较少考到的内容，尽管从 2018 年到 2019 年第三人效果的考查曾经突然出现一个小高峰，但总体上看它的适用范围仍然偏窄。除了上面介绍的以外，在健康传播和公益传播中，第一人效果可能会使得受众高估了自己受到的良性影响，实际的行为往往没有改变。在特殊议题，例如民族主义、网络游戏、同性恋议题中，第三人效果可能会激发受众持更加保守的态度，比如看到了稍微极端的内容，就觉得除了自己以外的人都会被"煽动""污染"，进而力求封杀等。

除此之外，第三人效果也可能会促使受众某些行为发生改变。以往粉丝看到自己的偶像出现负面新闻可能仅仅是担心，但现在的粉丝看到自己的偶像出现负面新闻，可能就会在第三人效果的驱使下放大恐慌，进而主动地去"控评"来说服路人，结果反而事与愿违，带来更负面的后果。要研究"控评""做数据"，就要了解第三人效果。另外，近几年，传播的方式也从直接走向间接，这时候第三人效果其实就起到了间接传播的作用。例如给家长推送的早教广告，宣传不能输在起跑线上，可能一开始对家长没有影响，可是久而久之家长会担心别人都来上这个课，自己的孩子会不会"真的输在起跑线上"，结果就造成了很多攀比性的教育花费。在现在的考试中，原来的考法考不住大家，所以第三人理论，乃至第二人、第一人这些更细、更边缘的知识点就登场了。传播学的考题越来越深入，大家也要全方位做准备。

而媒介暴力呢？因为它涉及的范围过分具体，考查和应用就更少了，一般都是直接出题。不过，媒介暴力近几年可能又有新的发展，这就是互动性的提升。游戏、VR 都不仅仅在提供观看暴力的方式，还能让受众体验暴力。在这个过程中，暴力对个人的效果可能会提升。

总体看，第三人效果和媒介暴力仍是属于强大效果论部分的内容，与沉默的螺旋、知识沟等都在探讨媒介所带来的间接的、潜在的、长期的影响。强大效果论强调媒介效果不是单纯与媒介相关，而是其他社会环境共同作用的结果。沉默的螺旋利用的是个人的多元无知和从众心理，知识沟是源于现实存在的阶级贫富差距，第三人效果的根源则是个人内心潜在的自负。这和有限效果论强调"社会因素会抵消传播效果"相反，即便大众媒介本身的效果不强，但是如果社会因素的影响较为显著（比如贫富差距很大），那么同样会产生强效果。

第 49 天
传播效果理论的其他发展

【学习导语】

传播效果部分除了魔弹论、有限效果论、适度效果论与强大效果论四个与其主要发展阶段相伴的核心理论，还有一些重要的理论成果需要我们掌握，尤其是社会认同模式与框架理论，更是当下的考查热点。此外传播效果研究发展到如今，也涌现了一批更符合当下语境的新观点与新理论，对此我们需要有基本的把握。

【本章我的掌握情况】

	基本理解	熟练掌握	运用自如
49.1 社会认同模式			
49.2 框架理论			
49.3 媒介建构与框架			
49.4 媒介框架的具体内容			
49.5 受众框架（拓展）			
49.6 当前的媒介效果观发展			
49.7 批判学者眼中的媒介效果			
49.8 当前媒介效果研究取向的主要特征			
49.9 新媒体与新传播效果			

知识点 1：社会认同模式

（1）在认识到人们会受自己所属的各种宽泛类型群体成员身份的影响后，研究者进一步发现了关于群体影响的一种模式，即社会认同模式。这一模式指出，对群体成员身份的认同主要是一种认知的过程，这个过程通常是人们在回答"我是谁"这样的问题时产生的。

(2)_____

_____

_____

_____。第三，群体的意见规范在受众心目中的感觉很可能被传播夸大。第四，人们自己承担起维护这种被认为是群体规范意见的责任，并且更可能去表达这种夸大的规范。正是这个时候，对不同议题的舆论可能表现得更坚定、更具体。

知识点 2：框架理论

（1）框架指的是人们用来_____，人们对于现实生活经验的归纳、总结与阐释都依赖一定的框架，框架使得人们能够定位、感知、理解、归纳众多具体信息。

（2）个人框架指的是我们每个人在"关于存在、发生和意义这些问题上进行持续不断的选择、强调和表现时所使用的准则"。组织框架指的是组织信息处理的认知结构或定性准则，根据这种认知结构或这些准则对信息处理的结果，则体现了一个组织对该信息性质的基本判断以及其动机、立场、倾向和态度。

（3）媒介框架即_____，它适用于多种类型的媒介信息生产和传播过程研究。这个概念应用于新闻的选择、加工、新闻文本和意义的建构过程的研究，则称为新闻框架。

知识点 3：媒介建构与框架

（1）媒介建构理论认为：长期的媒介效果的产生是"无意的"，这是媒介组织倾向、职业实务、技术现实以及特定新闻价值观、框架等的系统运用所造成的结果。

（2）媒介框架是_____，即媒介组织信息处理的认知结构或定性准则，根据这种认知结构或这些准则对信息处理的结果，则_____

_____。

（3）媒介的框架就是进行选择的原则——_____，是新闻媒体对新闻事实进行选择性处理的特定原则，媒介生产者常用它们建构媒介产品与话语，不管是文字的还是图像的。

（4）_____
_____。这些原则，规定着一家媒体对新闻事件的基本态度和本质判断。

（5）框架存在的必然性：_____
_____
_____，因而成为媒介生产的制度化环节。

（6）新闻框架作为媒体为新闻事件定性的主导性框架，对受众认识、理解新闻事件以及对新闻事件作出反应具有重要的影响，这种影响也称为框架效果。

知识点 4：媒介框架的具体内容

（1）罗伯特·恩特曼发现有两种机制对新闻框架的建构与实现有着重要意义。第一种机制是报道规模控制，这是框架建构的"基本"，其主要作用，是通过报道量和报道顺序的控制，来放大或淡化某个新闻事件的重要性或影响。

（2）第二种机制是具体信息的呈现，包括：

a. _____。

b. _____。

c. _____。

d. _____
_____。

（3）新闻框架的功能：_____。

知识点 5: 受众框架（拓展）

（1）受众框架即_____，这种结构和规则来自受众过去社会生活经验的积累、既有的价值观和态度、行为取向，并引导受众个人处理新的信息。

（2）传播效果研究的许多成果都表明，受众在大众传播的信息面前并不是完全被动的，他们对大众传播信息的反应受到既有倾向、群体规范、社会关系网络、选择性接触等因素的影响和制约，而这些因素也是受众框架的重要组成部分。作为不定量多数的个人的集合体，受众框架也是具有多样性的。

知识点 6: 当前的媒介效果观发展

传播学研究开创至今，大众媒介效果研究一直在不断地发展，尤其是大众媒介发展成熟之后的研究，更是有了长足的进步。对于 1970 年以后 20 年间大众媒介效果研究的发展，杰克·麦克劳德将其总结为五个方面：_____
_____。他认为，这五个方面综合起来，就可以表明媒介效果是连接媒介生产与受众接收行为效果的一个多层次的过程。

知识点 7: 批判学者眼中的媒介效果

在研究者眼中，媒介效果的特点在于其多样性；而在批评家的眼中，则更多看到的是这一研究取向的同质性。这些批判评价中的许多观点正反映了媒介效果研究中存在的局限性。为简明起见，我们将其概括为三种观点：

1. 批判学派的批判
他们大多认为媒介效果研究建立在"刺激—反应"这一学习理论基础上，_____
_____。同时，他们还认为，_____
_____
_____
_____。媒介效果研究正当性与市场和政府政策联系在了一起，因而很难承担起发展理论和改善人类条件的责任。在批判学派看来，媒介效果研究名不副实,_____。

2. 文化研究学派的批判

媒介效果研究受一种过时的实证主义哲学的局限,反映的是"行为主流霸权"。他们认为,效果研究将内容和受众都简单化了,且效果研究中所使用的量化方法,_____

_____。

3. 行为科学学派的批判

对媒介研究效果最为激烈的批判来自行为科学学者,在他们眼中,效果研究把信息生产过程中的宏观概念和效果的微观概念混为一谈,结果导致了理论上的断裂,_____

_____

_____。

除了对传播效果研究本身的质疑,批判视角下的媒介效果理论的发展亦方兴未艾,尤其是在_____的探讨也越来越丰富。

知识点 8： 当前媒介效果研究取向的主要特征

第一,也是最为显著的共性特征,_____。受众既可以作为所处社会环境中的个体,又可以作为社会或文化的构成部分;既可以被看作一个集合体的大众或公众,也可以被看作受众成员及某些特殊角色的身份,如作为经济或政治经营的决策者。

第二,_____：如导致受众心理反应的变化,个体受众在态度、认知、行为方面的变化,各种形式的集体性变化(如社区中同质化的增强、社会中政治不稳定性的增强等)。

第三,_____

_____。

另外还有两个方面与效果的研究取向有关："变量"这一术语(例如自变量、因变量、干预性变量)内含多种因果关系,常用来描述最有可能产生效果的过程和条件;另一个是假设的阐述,按通常的理解,这是对效果的经验性检验。

知识点 9: 新媒体与新传播效果

（1）今天，尽管大众媒介依旧存在，但新型电子媒介的发展无疑对传播理论以及现存的媒介产业提出了挑战。目前在公共生活领域、个人生活领域以及特定的传播任务上，新媒介正逐渐被大量地运用。这些新媒介既可能扮演辅助的角色，又可能是深度资讯的来源，或是有潜在效果的广告媒介；既可能是弱势群体发言的平台，也可能是提供大众媒介服务与满足的另类渠道。就这些趋势的大部分来看，既存的理论与研究的框架可以轻而易举地用在新媒介身上。

（2）广义地看，新媒介和既有的传统大众媒介一样，可以从社会整合以及其他社会结构来检视。数字化所带来的"整合"概念使不同性质的媒介其任务和功能重新分工，虽然这些趋势现在似乎造成了更大的差异性而非一致性。其他的架构一般也可以从"全球化"和"科技决定论"的现象中发现。来自政治经济学派的理论皆可以用在批判"新"媒介和"旧"媒介身上，尤其是媒介的全球化特质，如跨国性资本和企业利润的发展模式。就较低的理论层次而言，"新"媒介似乎是在"延续"受众的"小众化"和"分众化"，而非"另启"。

（3）适用于新媒介的旧理论框架有以下几个：＿＿＿＿＿＿＿＿＿＿＿＿＿＿＿＿＿＿
＿＿＿＿＿＿＿＿＿＿＿＿＿＿＿＿＿＿＿＿＿。

【相关真题】

1. 媒介框架（东北财经大学 2022 名词解释）

参考答案：

媒介框架即媒介机构信息化处理的组织框架，是媒介组织信息处理的认知结构或定性准则，根据这种认知结构或这些准则对信息处理的结果，则体现了一个组织对该信息性质的基本判断以及其动机、立场、倾向和态度。媒介的框架就是进行选择的原则——强调、揭示与表述的符号体系，是新闻媒体对新闻事实进行选择性处理的特定原则，媒介生产者常用它们建构媒介产品与话语，不管是文字的还是图像的。媒介框架的原则来自新闻媒体的立场、编辑方针以及与新闻事件的利益关系，同时又受到新闻活动的特殊规律（如新闻价值规律）的制约。这些原则，规定着一家媒体对新闻事件的基本态度和本质判断。

2. 简述媒介框架理论与议程设置理论的异同（复旦大学 2020 简答题）

答题思路：

框架理论是比较重要的考查点，注意媒介框架与议程设置之所以容易混淆，主要是因为媒介框架研究中主要的新闻框架与属性议程设置有相近之处。媒介通过突出一个特定属性对本身作出定义。媒介框架就是媒介组织制作新闻时的基本准则，它对一些新闻事件进行定性，在篇幅、图片使用中体现出自己的倾向性。议程设置第二层告诉我们媒介中间最重要的是什么，框架最值得注意的部分是哪些。一种观点如麦库姆斯认为新闻框架可以看作是传统议程设置理论的一个延伸，另一种观点认为二者从属不同理论体系，所以最为稳妥的回答方式是从不同层面对二者进行梳理，再做比较探讨即可。先探讨二者理论的缘起与提出，接着分析二者理论的主要观点，再从效果的主要目标、受众层面展开分析，分层面梳理，摘出重点。

【本章指南】

今天讲的效果理论可能有点特别，它不属于传统的"从魔弹论到有限效果论再到强大效果论"这样一个基本框架，所以有些同学可能会比较生疏，但是反过来这也恰恰证明了教科书上经典的线性传播效果理论可能本身就是有缺陷的，它实际反映的只是传播效果理论的一部分。目前，对于线性效果观的质疑声越来越大，对这些排除在主流效果论之外的其他效果理论考查也越来越多。

在其他效果理论中，框架理论无疑是考查最多、最受人关注的。框架理论很容易理解，但是要注意需要将其细分为几个不同的方面：最早戈夫曼提出的框架理论是描述人际传播中的社会角色互动规则，而后来扩大的框架理论则是泛指个人对外界事物的认知结构（因此扩大的框架理论经常和基模混淆）。这个概念又被用于描述新闻生产和媒体组织的倾向，因而我们谈框架一定要注意前面的定语是什么、具体的背景是什么，是描述新闻内容、新闻生产过程、媒介倾向，还是受众的解读。

框架理论在具体的大题中有几个方面的运用：宏观来说，框架证明了表面"中立"的西方媒介的固有倾向性——新闻本质仍然是一种宣传，而媒介潜移默化地输出其意识形态；从受众角度来说，受众也会有自己的解读框架，因此仍然需要通过受众调查来了解受众立场；微观来说，媒介可以通过框架输出观点影响受众，增强内容的说服力。因此我们也可以把"运用媒介框架、突出特点重点"作为一种传播策略。

除了框架理论以外，社会认同模式在做题中也有用处，主要体现在答"媒介与社会""媒介与阶层"方面的题目时。我们一般遇到这种知识点都会想到不同阶层的人如何理解媒介，但是反过来媒介也会营造不同的阶层认同，例如我们看到的"中产阶级"这个特殊的阶层认同，就受到媒介很大的影响。扩大一点说，不仅仅是阶层，种族群体、亚文化群体等的自我认同都会受到媒介的影响。甚至还有一些我们想不到的例子，比如说星座，其实也可以看作是媒介影响个人认同的一个例子。在改革开放前，几乎没有人认识到星座可以"决定"命运，但是改革开放以后，尤其是日本动漫文化和欧美占星学传入之后，越来越多的人将自我认同和星座绑定起来，甚至会模仿自己星座的"标准"行为方式。其结果就是"星星还是那些星星"，但是星座却真的影响了"命运"。

除此之外，新的效果理论还有很多。不仅涌现了例如情感效果、预示效果、敌意效果等理论，一些像是娱乐、媒介依赖等现象也在逐渐融入媒介效果领域。而且，与以往的传播效果以媒介为基准不同，新的传播效果更加强调"回归个人"。在不久的将来，互联网时代的媒介效果研究的方向将是"告别革命、回归生活"，研究课题会逐渐从传媒可以"改天换地"转移到传媒如何"改善人们的生活"，并且会与媒介素养相结合，例如研究个人如何最有效地使用媒介以获得信息等，媒介的效果也会更多地考虑与受众的正向互动。

最后，让我们回到传播效果最核心的记忆点，就是发展顺序：使用满足—两级传播/创新扩散—议程设置—说服—涵化—沉默螺旋/第三人效果。最开始记忆使用与满足，因为没有受众需求，就不会有媒介使用，当然也不会有后续效果；然后是媒介内容经由意见领袖传递给大众，这就是两级传播（如果是多级并涉及创新，就是创新扩散）；两级传播无论能否影响受众的态度，都会影响议程（议程设置）；如果改变态度，有可能是短期内改变受众的态度（说服），或者潜移默化地改变其价值观、世界观（涵化）；有时候不能改变受众态度，却可以改变受众对于周围意见环境的认知（沉默螺旋、第三人效果），从另一个角度也可能扩大知识鸿沟（知识沟）等。掌握了这个顺序之后，基本上就可以用传播效果理论来分析大部分的传播学题目了。但是在涉及新媒体环境的题目中，还会有一些常用的套路和一些加分项，注意在拆分理论核心要素的基础上结合新媒体环境特点，根据现实案例逐条分析。

第 50 天
传播学史（经验学派与批判学派）

【学习导语】

作为传播学研究的两个学派，经验学派与批判学派一直是新闻传播学考研热门知识点，两个学派的主要观点、研究立场和方法，以及其区别是其中最常考的知识点。其他需要注意的是批判学派的几个流派及其代表人物与观点等。可以把这部分作为专题进行了解，系统掌握。

【本章我的掌握情况】

	基本理解	熟练掌握	运用自如
50.1 经验学派与批判学派的历史基础			
50.2 经验学派及其局限性			
50.3 批判学派基本观点			
50.4 经验学派与批判学派的元理论差异			
50.5 经验学派与批判学派的分歧与对立			
50.6 利奥·洛文塔尔对二元对立格局的划定（拓展）			
50.7 经验学派以前的传播学研究			

知识点 1：经验学派与批判学派的历史基础

（1）1941年_____在《论管理的和批判的传播学研究》中提出"管理研究"和"批判研究"，收集了两个学派代表人物的观点，而后发展为我们今天所说的经验学派和批判学派。由 20 世纪以来西方社会及其_____的大趋势驱动，传播学衍生出经验学派和批判学派两股势均力敌的潮流：一是源于"_____"这一现实趋向的科学主义，后来成了以_____；一是植根于_____

_____

_____。

(2) 20 世纪经典传播学研究的两大路径：_____
_____。两次世界大战彻底改变
了欧美国家的知识生态。长期作为西方思想策源地的西欧渐渐倾颓，直到第二次世界大战之
后才慢慢恢复思想的活力，在托克维尔眼里没有什么文化的新大陆反而成为西方思想的中心。
在战后的十多年中，欧洲传播研究领域曾一度沦为美国传播学的"殖民地"。_____
_____
_____；而另一些_____
的学者虽然也逃往美国，但他们的思想并不为新大陆所接受，最后还是在_____
_____。

(3) 经验学派历史基础：经验学派是在 20 世纪初美国五大社会科学（_____
_____）强势发展的背景下而形成的，成熟于 20 世纪 40 年代至 50 年代，
一度成为传播学主流学派。20 世纪以来，自然科学和技术文明取得了突飞猛进的发展，
这样的时代背景孕育了"_____"_____
_____
_____。

(4) 批判学派历史基础：批判学派起源于 20 世纪 60 年代动荡不安的欧洲。由于当代资
本主义矛盾的激化，人类社会在快速走向现代化的过程中面临着一系列棘手的危机，诸如阶
级对立日趋严重、消费主义盛行、心灵异化等等。高度的技术文明与深刻的精神危机形成巨
大的反差，批判学派根植于面向"_____"_____
_____。

知识点 2：经验学派及其局限性

(1) 经验学派一词，在广义上指的是主要_____的社会科学流
派，它与主要以思辨性方法考察社会现象的流派相区别。

(2) 在传播学中，经验学派尤其指以_____。它既是一个方法
论的概念，又在很大程度上代表了一定的社会观和传播观。四大先驱和施拉姆所开启的传播
学研究，是一种以_____。

（3）经验学派的首要特征是坚持_____，反对从观念到观念地对社会现象做纯主观抽象的说明，强调切实可靠的经验材料或客观数据的重要性，主张从环境或外部条件的变量出发揭示社会现象和社会行为的原因和客观规律。

（4）美国的经验学派除了在方法论上坚持经验性实证研究立场以外，还有以下两个重要特点：_____。

（5）但经验学派也有诸多问题：_____，可观察、可测定、可量化的经验材料是有限的，难以说明社会生活的复杂现状；程序和技术主要是问卷调查或控制实验，不具备自然科学的严谨性；经验研究适合研究微观现象，但对整个社会的历史过程或宏观结构缺乏必要的研究手段；学者的倾向性不可避免，依靠纯自然的科学方法就能解决问题只是幻想。除此之外，美国经验主义学派的多元主义意识形态，_____。

知识点 3：批判学派基本观点

（1）严格来说，批判学派并非一个"学派"，而是不同于美国经验主义研究立场、坚持以批判的观点和方法进行的研究的总称，是_____，实际上囊括了西方各种_____，它涉及哲学、社会学、语言学、政治经济学、文化研究等各个层面的社会科学研究。

（2）批判学派的目标并非解决现实社会问题，_____。具体而言，他们认为现代资本主义的一般倾向是促销文化，而他们研究的内容是_____。

（3）就世界观来看，与经验主义提倡的"多元"不同，_____，大众传媒在本质上是少数垄断资本对大多数人实行统治的意识形态工具。大众传媒是社会意识形态斗争的重要一环，它们越来越集中于垄断资本手中并为其利益服务。

（4）总体上看批判学派有一些共同的特点：

a. 都＿＿＿＿＿＿＿＿＿＿＿＿＿＿＿＿＿＿＿＿，这也是他们被称为批判学派的最主要理由。

b. 更多地将传播理论和社会理论结合在一起，＿＿＿＿＿＿＿＿＿＿＿＿＿＿＿＿＿＿
＿＿＿＿＿＿＿＿＿＿＿＿＿＿＿＿＿＿＿＿，这些问题在经验学派的研究中大多有意无意地受到忽视和回避，但它们本身的重要性和启发意义是不容置疑的。

c. 批判学派在方法论上以＿＿＿＿＿＿＿＿＿＿＿＿＿＿＿＿＿＿＿。

知识点 4：经验学派与批判学派的元理论差异

英国学者詹姆斯·柯兰提出，经验学派和批判学派分别根植于多元主义和马克思主义社会观，它们在＿＿＿＿＿＿＿＿＿＿＿＿＿＿＿＿＿＿＿＿＿＿＿这些传播的"元理论"上尖锐对立，几乎是不能兼容的。差异性主要体现在以下几个层面：

（1）＿＿＿＿＿＿＿＿层面：经验学派秉承＿＿＿＿＿＿＿＿价值观，主张研究者应当客观中立、研究过程中不应当包含价值判断；主要为传播实践及其功能的充分发挥服务，维护现有的传播制度和社会制度，具有明显的实用性和经验性。批判学派秉承＿＿＿＿＿＿＿＿，主张研究者应当促进社会变革、挑战现有统治秩序；研究者是传播现实的参与者和推动者，而非仅仅是观察者或中立者。

（2）＿＿＿＿＿＿＿＿：经验学派认为＿＿＿＿＿＿＿＿，受主观层面的影响，研究目的在于准确描述传播现实和通过经验来揭示普遍性的传播规律；批判学派认为＿＿＿＿＿＿＿＿，真理是建构的，受主观意识影响，个人的主观因素、社会情境在这一构建过程中起到非常重要的作用，因而研究者要认识到是谁在控制传播、这种控制维护了谁的利益。

（3）＿＿＿＿＿＿＿＿：经验学派倾向于使用＿＿＿＿＿＿＿＿＿＿＿＿＿＿＿＿＿＿
＿＿＿＿＿＿＿＿＿＿＿＿＿＿＿＿＿＿＿＿＿＿＿＿＿＿＿＿＿＿＿＿＿＿＿＿＿
＿＿＿＿＿＿＿＿＿＿＿＿。

（4）＿＿＿＿＿＿＿＿：经验学派认为个体的行为基本上可以通过环境因素和生理特征来了解，因此＿＿＿＿＿＿＿＿＿＿＿＿＿＿＿＿＿＿＿＿＿＿＿＿＿＿；批判学派认为

对于个体的理解要_____

_____。

知识点 5：经验学派与批判学派的分歧与对立

（1）1941 年，拉扎斯菲尔德在美国《哲学与社会科学研究》上发表了一篇题为《_____
_____》的文章，首次提出了这两种研究之间的分歧与对立。

（2）拉扎斯菲尔德意识到，两个学派的根本分歧不是方法论之争，而是在于_____。
他早就预见了辩证分析法和经验研究法具有统合的可能性。经验学者认为资本主义社会是多
元社会，只要实现多元利益的协调和平衡便能够消除社会矛盾，把传播看作是控制人的行为
和实现社会科学管理的重要手段。另一方面，批判学者则认为资本主义制度连同传播制度本
身就是不合理的，大众传媒在本质上是少数垄断资本对大多数人实行统治的意识形态工具。
与经验学派在现存制度内部寻找解决社会问题对策的立场相比，批判学派是把资本主义制度
本身作为变革对象的。

（3）罗杰斯曾经承认，经验学派和批判学派都关心传播的社会控制作用：经验学派的核
心课题是如何控制或在多大程度上进行控制；而批判学派关心的焦点则是谁在控制、为什么
存在着支配与控制以及为了谁的利益进行控制。这种学术关心的不同，显然是由他们的社会
观和意识形态立场决定的。

（4）对二者之间的差异进行归纳，具体为：

a._____：经验学派关心的是如何传播或如何有效传播的问题，致力于寻求传播活动
的自身规律，理论侧重点在传播效果。批判学派关心的是为何传播和为谁传播的问题，落脚
点在传播的意义上。

b._____：经验学派的研究，在研究方法上属于"行为主义"研究方法，是一种经验
的、效果性的微观研究，强调"定量研究"。批判研究则属于一种"社会历史"的宏观研究，
在方法上多用理论思辨，强调"定性分析"。

c._____：经验学派是站在现存的传播体制之内探讨传播规律，目的是通过对传播过
程的研究来解决实际问题，使大众传播的运用更有效率。批判学派则力图站在现存体制之外，
从社会与传播的关联角度，揭示传播的深层背景，揭露传播的阶级性和历史性。

知识点 6: 利奥·洛文塔尔对二元对立格局的划定（拓展）

(1)＿＿＿＿＿＿＿＿＿＿＿＿＿＿＿＿＿＿＿＿＿＿＿＿＿＿＿＿＿。1984 年，洛文塔尔发表了一系列标题为《社会中的传播》的文章，勾勒了传播研究领域的景观，被汉诺·哈特称为"关于批判传播研究的极其卓越的宣言"。如汉诺·哈特所言，洛文塔尔的作品是传播领域知识史的一部分，为传播和通俗文学在社会中的本质和功能作用问题提供了有意义的理论和分析。

(2) 洛文塔尔是法兰克福学派在美国传播研究圈子中最引人注目的代表，哈特认为他比其他一些德国学者更懂得如何弥合美国媒介与社会研究领域的社会科学分析的方法论要求，和研究文化或文化生产的性质必需的历史维度这两种研究路径的分歧。

(3) 由于"经验研究总是忽视研究现象所处的历史语境"，洛文塔尔期望批判传播研究能够超越对媒介活动所处的显而易见的社会环境的描绘和分析。与他所在的法兰克福大学社会研究所其他批判理论家不同的是，＿＿。

知识点 7: 经验学派以前的传播学研究

(1) 达尔文: 启发了＿＿＿＿＿＿＿＿，促进了社会学思潮的演进，并且对＿＿＿＿＿＿＿＿＿＿＿＿＿＿＿＿＿＿＿＿＿＿＿＿＿＿＿＿等有很显著的启示作用。

(2) 马克思: 批判学派的起点，其精神交往论将＿＿＿＿＿＿＿＿＿＿＿＿＿＿＿＿＿＿＿＿＿＿＿＿＿＿＿＿＿＿＿＿＿＿＿＿。他＿＿＿＿＿＿＿＿＿＿＿＿＿＿＿＿＿＿＿＿＿＿＿＿＿＿＿＿＿＿＿＿＿＿＿＿＿＿。他还提出＿＿＿＿＿＿＿＿的重要性。他的观念成为整个批判学派的核心，其中＿＿＿＿＿＿＿＿＿＿＿＿等理论已经成为批判学派的重要概念。

(3) 弗洛伊德: 奥地利心理学家，其精神分析理论重视＿＿＿＿＿＿＿＿＿＿＿＿＿＿＿，促进了许多心理学及传播学理论的发展。其对于＿＿＿＿＿＿＿＿影响了＿＿＿＿＿＿＿＿，而法兰克福学派将＿＿＿＿＿＿＿＿＿＿＿＿＿＿结合起来，建立了批判传播理论。拉斯韦尔的观点也部分来自弗洛伊德。

（4）加布里埃尔·塔尔德：法国社会心理学家，提出了_____。他的模仿理论对后来_____，尤其是在_____以及后期的_____论具有重要影响；他还对_____作了详细分析，认为它是报刊上公众的"精神纽带"，报纸把_____，在"理性的舆论"形成过程中发挥着重要作用；他还注意到了人际传播的中介作用，发现报纸的影响只有通过人际交谈的协调才能发挥作用。

（5）格奥尔格·西美尔：德国社会学家，_____；提出了传播网络理论，认为社会上的个人都是_____；除此之外，他对_____等都进行了研究，对后来的传播研究有深远的影响。

【相关真题】

1. 批判学派（西南政法大学 2022 名词解释）

参考答案：

批判学派并非一个学派，是不同于美国经验主义研究立场、坚持以批判的观点和方法进行研究的总称，是不同观点、不同方法的集合体。所谓传播学的批判学派，实际上囊括了西方各种涉及传播问题的具有批判倾向的理论研究，它涉及哲学、社会学、语言学、政治经济学、文化研究等各个层面的社会科学研究。批判学派的学科目标并非解决现实社会问题，而在于思考人的基本价值及大众媒介的社会作用。就世界观来看，与经验主义提倡的多元世界观不同，批判学派认为资本主义连同其传播制度本身就是不合理的，大众传媒在本质上是少数垄断资本对大多数人实行统治的意识形态工具。大众传媒是社会意识形态斗争的重要一环，它们越来越集中于垄断资本手中并为其利益服务。

2. 经验学派与批判学派的差异（同济大学 2020 简答题；中山大学 2022 简答题）

参考答案：

英国学者库瑞提出，经验学派和批判学派分别根植于多元主义和马克思主义社会观，它们在价值论、认识论、方法论、本体论这些传播的"元理论"上尖锐对立，几乎是不能兼容的。差异性主要体现在：

（1）价值论层面：经验学派秉承多元主义和实用主义价值观，主张研究者应当客观中立、研究过程中不应当包含价值判断；其研究主要为传播实践及其功能的充分发挥服务，维护现有的传播制度和社会制度，实用性和经验性明显。批判学派秉承道德哲学和公共利益，主张研究者应当促进社会变革、挑战现有统治秩序；研究者是传播现实的参与者和推动者，而非仅仅是观察者或中立者。

（2）认识论层面：经验学派认为真理是客观的，受主观层面的影响，研究目的在于准确描述传播现实和通过经验来揭示普遍性的传播规律。批判学派认为不存在客观真实，真理是建构的，受主观意识影响，个人的主观因素、社会情境起到非常重要的作用，因而研究者要认识到谁在控制传播、控制维护了谁的利益。

（3）方法论层面：经验学派倾向于使用定量方法测量短期的、个人的、可测量的变量。批判学派更多地使用哲学式思辨和论证，强调定性分析和价值判断，但不完全排斥定量方法。

（4）本体论层面：经验学派认为个体的行为基本上可以通过环境因素和生理特征来了解，因此个体行为是稳定的，能够运用经验性方法来准确预测；批判学派认为对于个体的理解要置于更广泛的社会文化历史情境之中，个体行为的复杂意义不能简化为可测量的数值。

【本章指南】

经验学派和批判学派的对比是经常出的大题。表面上看，经验学派强调经验方法，也就是学者不可能通过纯粹的思辨认识世界，而是要到社会中进行实地观察和考察，从可见的现实中获得感性认知和切实可靠的经验材料，通过科学方法进行提炼。但是难道批判学派就不讲实地观察，整天坐而论道吗？这实际上是不符合事实的。就以阿多诺为例，很多人知道他不赞同拉扎斯菲尔德的广播研究方法，但却不知道他自己也做过权威人格的研究，后来批判学派的实证研究更是比比皆是。

其实，经验学派和批判学派的关键分歧不在于"经验"，"经验"只是以"正统"自居的美国经验学派自我美化的一种方式。美国的经验学派有一个显著特点，即在目标上和史观上都是为巩固资本主义社会制度服务的，这也决定了其研究特色。经验学派的目标往往是通过传播信息使社会稳定、进行社会改良，因为只有维持住社会和制度的稳定才能维系学科的生存和发展（还有学术经费）。反之，批判学派内部尽管在观点上侧重不同，但总体都是质疑、否定、颠覆资本主义制度的，同时承认阶级斗争的必要性。批判学派并没有否定实地观察的重要性，而是认为实证研究方法在实际操作中往往形式大于实质，对操作过于注重反而使得研究成为工具理性的俘虏；小范围的实证研究没有代表性，大范围的研究又需要大量的经费，使得研究组织成为资本主义的政治附庸（四大奠基人的核心研究几乎都与美国政府、军方有关系），进而成为资产阶级维护自身合法统治的工具。这自然是以揭露、批判资本主义制度为己任的批判学派所不屑的，也是两个学派真正的矛盾所在。

这就可以给我们一个解题思路了：经验学派与批判学派研究的东西相同，只是立场不同（资产阶级立场与无产阶级立场）。站在资产阶级的立场，传播具有社会监测功能，站在被监测的无产阶级立场，传播则是一种监视。社会协调功能从无产阶级角度看，也是"助纣为虐"、加强剥削。同样地，拉斯韦尔的"社会遗产传承说"暗示传媒传播的是正向的"文化遗产"或偏中性的"社会价值观"，但是在批判学派看来这种"文化传承"实际上正是意识形态的传输，也是社会中不平等关系的再生产，而所谓的社会角色，其实不过是将个人洗脑为意识形态的傀儡，例如阿多诺和霍克海默批判资本主义社会中的大众文化，阿尔都塞所描绘的意识形态国家机器，其实质都是对这种功能的批判。再比如，经验学派认为广告促进了经济发展，而二次售卖是大众媒体再正常不过的赢利方式，批判学派却指出这种广告体现的是资本家不仅仅在工作时间剥削大众，在休息时间也是如此。

我们永远要思考一个问题：现代社会媒介的存在意义是什么？究竟是服务人还是奴役人？建议把经验学派的局限性和批判学派的主张合起来记忆，这样可以有鲜明的对比，取得更好的记忆效果。此外，南京大学的胡翼青老师认为不存在统一的批判学派，批判学派是实证研究为了证明自己的正统性而制造出来的学术概念，这一观点考南大的同学可以在答题时注意体现。另外几个批判学派高频运用的词汇如意识形态、现代性、技术理性、消费等，这些概念不一定会考，但是理解它们才能理解批判学派。

第 51 天
传播学史（芝加哥学派、李普曼）

【学习导语】

顺着传播学史的脉络，今天我们将会学习芝加哥学派和其中的重要学者李普曼。这一部分因为涉及很多学者的称谓和他们提出的理论，所以大家一定要注意提炼重点做好对应，不要张冠李戴。芝加哥学派各学者及其理念之间存在着千丝万缕的联系，李普曼和杜威之间的争论也是需要注意的重点，大家可以结合框架图展开今天的学习。

【本章我的掌握情况】

	基本理解	熟练掌握	运用自如
51.1 芝加哥学派			
51.2 杜威			
51.3 库利			
51.4 米德			
51.5 布鲁默			
51.6 帕克			
51.7 戈夫曼			
51.8 沃尔特·李普曼			
51.9 李杜之争			

知识点 1：芝加哥学派

芝加哥学派是＿＿＿＿＿＿＿＿＿＿＿＿＿＿最有影响力的学派，对＿＿＿＿＿＿＿＿＿＿＿＿＿＿＿＿＿＿＿＿＿＿＿＿＿＿＿＿等方面的研究都做出了巨大的贡献，具体研究包含＿＿＿＿＿＿＿＿＿＿＿＿＿＿＿＿＿＿＿＿＿＿＿＿等方向。与结构功能主义相比，它强调一种视野更为宏大、更加突出_____的研究方向，对传播学的学科建构与重构影响巨大。除此之外，芝加哥学派在方法论上提倡_____，引入了被广泛采用的_____。尽管在以定量研究为主导的新范式面前，具有人文主义色彩的芝加哥学派逐渐衰落，但其对传播学的影响是巨大的。前期代表人物主要有：_____，后续发展者主要包括赫伯特·布鲁默与欧文·戈夫曼等。

芝加哥学派的主要贡献有：

（1）它代表社会科学在美国的第一次大繁荣，起到了"_____"的作用；拥有_____、"主线"、"宾线"等理论成就。

（2）芝加哥学派使得美国关于社会问题的社会科学研究有了明确的_____方向。

（3）它构筑了以媒介效果为重点的大众传播研究模型，"_____"为传播效果研究开启了理论范式。

（4）它构成了以人类传播为中心的人格社会化的理论概念体系（_____）。

（5）它催生了一批被归为_____的传播学者。

（6）芝加哥学派高度重视传播技术对传播与社会的作用，并对_____。这一观点从芝加哥学派的"嫡传弟子"英尼斯那里得到了更为深入的开掘，并最终形成了传播学的技术主义范式（胡翼青）。

知识点 2：杜威

（1）杜威是 20 世纪芝加哥大学的实证主义哲学家、教育家，也被誉为"_____"，是当代传播学的间接先行者。

（2）_____。社会在传播中存在，而传播是使人民成为社会的参与性成员的手段。

（3）在杜威的观念中，媒介的职能就是"使公众对公众利益感兴趣"。他认为_____需要承担更多的功能，它们应该_____，并应针对重大问题组织公共讨论。

（4）杜威提出的应教育大众对媒介内容以及自己如何使用媒介内容进行批判性思考的观点，正是媒介素养运动的中心环节。

（5）杜威对本能心理学的"刺激—反应"模式表示质疑，强调人对_____的重要性。

（6）杜威认为社会存在于传播中，传播使得人们共享经验与观念，彼此连接形成共识，是社会共同体建立的基础；传播技术的发展可以使大众摆脱在工业化后一盘散沙的困境，实现更大范围的重新整合，因此他对传播技术持有乐观态度。这两个观点在芝加哥学派后期代表人物的思想中得以传承和发展。库利、米德延伸了杜威的互动观念，进一步阐明了互动的具体过程；帕克则发展了传播的控制与劝服研究，成为后续的结构功能主义与芝加哥学派的先驱。

（7）杜威的传播观念启发詹姆斯·凯瑞提出传播仪式观；杜威关于新闻与民主的关系也成为大众媒介研究的重要问题。

知识点 3： 库利

（1）库利是_____的创始人。

（2）_____理论：库利认为，我们是通过_____的。因为这部分自我可以说是在反映他人的意见，所以库利把它称为"镜中我"。_____。

（3）_____：由库利提出，指_____。这些群体是_____的摇篮，在_____中发挥了重要作用。

（4）库利不仅看到了人际传播和首属群体对个人社会化的巨大影响，而且对大众传播重建共同体寄予厚望。他认为近代传播媒介的发达不仅扩大了人类的交流与沟通，也有利于组织化的舆论，促进社会民主。

（5）库利强调镜中我的目的，正是要指出是传播建立了社会整体。社会是通过人与人之间的互动结合而成的，每个人都无法脱离其他人的影响。这挑战了当时美国的功利主义、个人主义传统，也成为芝加哥学派的思想核心。

知识点 4：米德

（1）米德是美国社会学家、哲学家，是_____的创始人，也是整体的互动理论的创始人之一。米德在库利的基础上进一步阐发观点并加以深化，他关于人的社会化、社会角色取得以及社会自我等理论，对现代社会心理学和传播学具有很大影响。

（2）主我、客我论：_____
_____。

（3）_____：在主我、客我理论的基础上，米德提出了角色扮演，即_____
_____。米德认为，个体通过与他人的互动而认识自己，通过他人了解自己是谁。个人正是通过扮演他人角色即_____，来获得_____的能力，从而来了解社会上的各种行为习惯和规范，最终实现_____。

（4）内省性思考：即自我反思、总结和改变以往观点以分析新情况、解决新问题的能力。是人对自己的一种反思活动，也是一种重要的人内传播形式。

（5）_____：由_____总结提出，人类传播通过_____的交流而发生，个体并非直接对他人的行为作出反应，而是基于他人对其所具有的_____来采取行动，而这些_____，同时这些意义也通过个体的理解过程得到修正。由于行为具有_____，因此行为是社会科学的基本单位。符号互动论强调了__
_____中的作用。

（6）米德率先从姿态、语言等方式研究人与人的互动，是人际传播和自我传播的开创者。

知识点 5：布鲁默

（1）_____，师从米德，其思想深受米德、帕克、欧内斯特·伯吉斯等人的影响，是米德路线和帕克路线的坚定捍卫者。米德述而不作，很多观点皆是由布鲁默帮助他整理出版，尽管符号互动理论的创始人是米德，但_____，他也进一步发展了符号互动论，使其成为芝加哥学派的理论标签之一。

（2）在研究方法与研究主题上，布鲁默是传播学史上的一个转折点。尽管布鲁默反对实证研究的方法，但由他主导的_____正是第一个以科学实证的方法研究媒介对受众影响的项目，是_____，开创了传播研究领域的效果研究。此外，布鲁默还提出了自传式记录法。

（3）布鲁默除总结并归纳了符号互动理论之外，也试图归纳出可供社会学使用的方法论。他认为人们通过互动对周围的环境和相互间的关系做出解释，定义所处的情境。这一观点直接影响了戈夫曼对情境的理解与阐述。

（4）自我互动理论：布鲁默在 1969 年出版的《符号互动论》一书中提出了这样一个观点：人能够与自身进行互动，即自我互动。他认为，人是拥有自我的社会存在，人在将外界事物和他人作为认识对象的同时，也把自己本身作为认识的对象。"自我互动"在本质上来说是_____，也就是与他人的社会联系或社会关系在个人头脑中的反映。通过客我和主我之间的互动，我们能够不断认识自己，督促、要求自己，形成自我互动。

知识点 6：帕克

（1）_____之间最具影响力的美国社会学家。他使芝加哥社会学系享有国际声望，并深刻影响了美国经验社会学研究的方向，被称为"_____"。

（2）开创了关于四个重要论题的学术研究，即_____。

（3）帕克借用了西美尔的陌生人概念，提出了_____的概念，指出边缘人就是生活在两个世界之间，又不属于其中任何一个世界的人。帕克在他对种族关系的分析中使用了"社会距离"的概念。

（4）他在《移民报刊及其控制》中提出了与后续的传播学理论极有关联的研究话题：

a. _____？（_____）

b. 大众媒体如何受到了舆论的影响？（含有____的思想）

c. _____？

d. _____？

（5）他提出了_____，将传播限定为"_____。凭借这个过程，在某种意义和某种程度上，个人能够假设其他人的态度和观点"。

（6）帕克关注媒介的_____，他认为媒介的社会控制可以分为三种方式：传统个体受群体和他人的影响、公共舆论以及制度控制。公共舆论的控制有赖于传播技术，公共舆论又是共同体的基础，对传播技术的研究就显得尤其重要。这也为后续的_____奠定了基础。

（7）帕克强调经验研究，奠定了经验主义传播学的主流基调。

（8）帕克的理念对_____的产生有很大启发，直接或间接影响了英尼斯、麦克卢汉等媒介环境学派的学者，他也可以被看作媒介环境学的先驱。

知识点 7：戈夫曼

（1）美国社会学家，被称为"_____"。戈夫曼最重要的理论贡献是发展了符号互动论，提出了_____等。这些丰硕的理论成果，促成了芝加哥学派的第二次兴盛。

（2）戈夫曼提出了框架的概念，将框架定义为"_____"。此后发展为框架理论。在议程设置研究中，框架分析理论被用来关注媒介议题如何影响受众接收、处理并判断信息的过程。现今对新闻内容的比较分析研究和对新闻知识生产的研究，都离不开戈夫曼的框架概念。

（3）戈夫曼从框架论述到角色，继而发展出戏剧理论。在框架中，人们需要扮演不同的角色。_____。_____，框架所传达出的角色印象应当与个人在实际生活中扮演的角色一致。

（4）前台和后台：戈夫曼论述了前台和后台的表演。框架在戈夫曼的理论中就是剧场舞台，日常社会交往构成人们经验的社会整体，社会互动是舞台上的表演。_____，角色是个体在社会中的身份地位与举止外表，场景就是表演的情境，人们希望角色与场景达成一致，以实现完美的表演。后台与前台相反，人们在后台的形象往往与在前台的角色相矛盾，在后台，人们不再进行理想化的表演，_____，因此人在后台的行为更为真实。

知识点 8：沃尔特·李普曼

（1）李普曼是_____，传播学史上最具影响力的学者之一，在宣传分析和舆论研究方面享有很高声誉。代表作为 1922 年出版的《_____》，在该著作中开创了今天被称为_____，对成见、兴趣、公意的形成和民主形象等问题做了深刻而精辟的讨论，完成了新闻史上对舆论传播现象的第一次全面的梳理，为后人的研究奠定了基础。

（2）拟态环境：信息环境并非_____，而是传播媒介通过_____以后向人们提示的环境。与人们通常的认识不同，大众传播形成的信息环境（拟态环境）不仅_____，而且通过制约人的认知和行为来对_____产生影响。

（3）刻板印象：即人们对特定的事物所持的_____的观念和印象，它通常伴随着对该事物的_____。刻板成见可以为人们认识世界提供简便的参考标准，但也起着社会控制的作用。

（4）议程设置雏形：每一份报纸都是一系列把关决定的结果，大众传媒或许在决定我们想什么方面具有强烈的影响。他这样描绘议程设置：这是一个过程，通过它，某个新闻论题被大众传播、公众和政治精英赋予优先的关注。

（5）李普曼的舆论观：李普曼在 1922 年出版的《舆论学》一书中提出：因为新闻受到"刻板成见"和受众心理等因素的影响，美国没有真正的舆论，也就不可能形成真正的民主。李普曼认为，_____，而良好的公众舆论的形成依赖于公众对外部世界有清晰的图像，但媒介拟态环境使得它不可能中立客观地反映事实。同时媒介为了盈利，不仅不会改变，还会迎合、强化公众的刻板印象。因此凭借_____。

知识点 9：李杜之争

1. 杜威与李普曼论战背景

二人此前在学术研究上有许多共识，杜威还为李普曼就职的《新共和》杂志撰稿，李普曼也对杜威的著作《民主主义与教育》给予了极大肯定。一战后，美国国内外局势动荡不安，二人也都将注意力转到如何创建民主政体上来，都把实现民主社会作为理想，只是在提出实现民主的途径上出现分歧。杜威主张公众共同参与的参与式民主，而李普曼则更为倾向精英主义。

2. 双方观点与争锋点：理性的公众是否存在，参与式民主是否可行

（1）李普曼认为，民主只有在良好的公共舆论中才能够形成，而良好的公众舆论的形成依赖于公众对外部世界有清晰的图像，但媒介拟态环境使得它不可能中立客观地反映事实。同时媒介为了盈利，不仅不会改变，还会迎合、强化公众的刻板印象。因此凭借理性公民建立民主注定行不通。

（2）杜威承认李普曼的部分批判的合理性，但他认为大众媒体具有更强的潜力，大众媒体除了传播信息以外，更重要的是使人们得以跨越时空对共同问题达成共识，促进更大的共同体的形成。专业的观点可以通过改进传播方法、提高受众的认知能力等方式，充分地传达给受众。符号象征手法不一定只会加强人们的刻板印象，也能够用来重建人们对于共同体的认同。

【相关真题】

1. 李普曼（广州大学 2022 名词解释；四川外国语大学 2022 名词解释）

参考答案：

李普曼是美国著名政治学家和新闻工作者，传播学史上最具影响力的学者之一。在宣传

分析和舆论研究方面享有很高声誉，代表作为《舆论学》，其中阐述了今天被称为议程设置的早期思想。该书对成见、兴趣、公意的形成和民主形象等问题做了深刻而精辟的讨论，完成了新闻史上对舆论传播现象的第一次全面的梳理，为后人的研究奠定了基础。

2. 芝加哥学派的代表人物及其贡献（内蒙古大学专硕 2021/2022 论述题）

答题思路：

学派作为论述题考察相对较难，要求考生要对整个学派的主要观点、发展脉络、代表人物及其理论、评价等都有全面的掌握和记忆。在掌握知识点的基础上，答题逻辑或框架就相对固定和简单了——基本是开头对学派进行概述，然后分阶段（以发展脉络为框架）或者分人物（以代表人物为框架）阐述理论观点，最后做出相应的评价。这道题首选第二种思路，首先简要概述芝加哥学派（类似做一个名词解释），然后分别列举代表人物杜威、米德、库利、帕克、布鲁默和戈夫曼的代表理论，在阐述每位代表人物的观点后，都要强调其理论贡献是什么，最后可以总述芝加哥学派的贡献。

【本章指南】

芝加哥学派代表了一种理想，希望通过传播建立彼此的联系，进而构筑一个庞大的社会共同体以增强凝聚力、交换观点、建立共识、维护民主制度。在芝加哥学派的设想中，社会传播过程中没有控制者与被控制者，而应是理性公众的有序交流。不过，这种观念后来逐渐发生了变化，受到了李普曼和其他人的另一种传播观——传播的控制观的影响，最终在四大奠基人时期彻底完成了转型，倒向了功能主义、行政研究、量化研究，造就了我们今天看到的经验学派（当然，刘海龙老师指出，芝加哥学派也是一种建构，只不过这一建构是由詹姆斯·凯瑞完成的）。

因此，要理解芝加哥学派，从头到尾的一条线索就是"重建共同体"。库利和米德发现他人在个体成长中的重要作用，发现了人与人交流的重要性，肯定了人不可能离开群体而存在，社会化（包括对社会规则的认知，也包括自己心智的成熟与稳定）不可能离开传播而进行；杜威和帕克（其实还有库利，只不过在我们当下教科书里不太强调）则试图通过大众媒介重新建立个人与社会的连接，在他们的设想中，大众媒介可以教育普通人分享观点、结成群体、建立共识、积极参与公共事务。如果你能抓住这个核心，就自然能理解他们看似分散的观点其实是有清晰脉络的。当然也有另一种思路——这样的共同体真的可能实现吗？让普通人花费大量时间分享他们并不成熟的观点，对社会真的有利吗？媒体不会成为少数精英主导，控制他人的工具吗？如果你有这样的想法，那么你可能更加倾向于李普曼一方，他的观点正是对这种虚幻的共同体切中要害的批评。

芝加哥学派还有一点需要注意的是其对经验主义和实用主义的贡献，被称为"美国特色的社会学"，这是因为它有着和当时欧陆社会学不一样的背景。芝加哥学派产生于美国战后急速发展的年代，当时社会问题丛生，其诞生的目的实际上不是围绕社会现象得出抽象的结论，而是解决例如犯罪、移民等具体问题。另一方面，杜威继承了此前皮尔士、詹姆斯的实用主义哲学，认为认知的最终目的是完成实践而非获得真理，这也为芝加哥学派后来的传播思想打下了基础。这两者结合，就促成了对于经验性研究的重视，进而使得传播学研究方法得到了发展，并促成了两项重要的研究：潘恩基金会研究、移民报刊研究。

从考题上看，芝加哥学派及其相关的每个人物都很重要，小题大题都考过（对于报考南京大学的考生，要求可能还要更高一些），而且有越来越细的趋势。杜威及其观点可以说考查相对较少了，大都是简单的名词解释，但近年来考查范围已经扩大到考李普曼和杜威之间的争论，甚至杜威创办未成的报纸《思想新闻》。库利和米德我们此前曾在介绍人内传播和人际传播时反复提到他们的贡献，考查频率可以说是最高的。帕克则有可能会考查移民报刊及对传播的定义。而考查最多最细的还是李普曼，可以说仅次于麦克卢汉，拟态环境与刻板印象是出题"常客"，建议多下功夫。

第 52 天
传播学史（四大奠基人）

【学习导语】

今天我们要学习的是传播学作为独立学科的起始。20 世纪 40 年代，美国渐渐产生了大众传播学学科诞生的土壤，二战则是它"破土而出""的催化剂。二战让来自欧洲的社会学家与心理学家与美国本土研究逐渐结合。"三论"，尤其是信息论解决了传播的本体问题，为传播学建立了科学的根基。这一部分的重点当然就是传播学的四大奠基人和他们各自的研究，需注意各位学者的称谓和提出的主要理论，可以在学习的时候自己摘出核心内容，画出简易的人物及理论对照图。

【本章我的掌握情况】

	基本理解	熟练掌握	运用自如
52.1 大众传播学的起始			
52.2 "三论"			
52.3 拉斯韦尔			
52.4 拉扎斯菲尔德			
52.5 库尔特·卢因（也译为勒温）			
52.6 卡尔·霍夫兰			
52.7 哥伦比亚学派			
52.8 罗伯特·默顿			
52.9 伯纳德·贝雷尔森			
52.10 卡茨			

知识点 1：大众传播学的起始

＿＿＿＿＿＿＿＿＿＿渐渐产生了大众传播学学科成熟的土壤，这是因为：

(1)_____方面：美国政治家重视利用_____

_____。

(2)_____方面：美国的_____

_____，大众传播业迅速发展。

(3)_____方面：_____，促使人们思考传播问题。

(4)_____使得大量_____；战争客观
上促进了人们对于_____的重视，产生了一系列传播研究成果。

知识点 2："三论"

1. 信息论 / 克劳德·香农
(1) 香农是_____，信息论的提出者，提出了信息的概念及信息论的计算公式。

(2) 在《通信的数学理论》中，香农提出了_____，开辟了以图解方式
建构传播模式的先河。自此之后，图解方式成为建构传播模式的基本方法。他还同时提出了
_____等新的传播概念。

(3) 香农的信息论使信息与人的行为发生了密切的联系，从而为传播学研究开辟了更广
阔的视野。

2. 控制论 / 诺伯特·维纳
(1) 维纳是_____，代表作《_____》，被称为"_____

_____"。

(2) 维纳的最大贡献是创立了_____，提出了系统内秩序维持的一般法则及控制规律，
极大地影响了传播学研究。现代传播学中几乎所有的宏观、中观和微观研究领域，无不渗透
着控制论的观点。

(3) 控制论对传播学的另一个重要贡献就是把_____的概念引进了传播过程研究，这对

于认识人类的社会传播过程的双向性和互动性具有极为深刻的意义。

3. 系统论 / 路德维希·贝塔朗菲

（1）系统论是研究自然、社会和人类思维领域以及其他各种系统原理、联系和发展的一般规律的学科。

（2）它主要以_____为研究对象，从整体出发研究_____，从本质上说明其_____，把握系统整体并促进良性发展。

（3）贝塔朗菲认为：系统是相互关联并组成一个整体的一组事物，由客体、属性、联系、环境组成，有严格的等级和层次，处于积极的活动之中，并且与周围环境发生物质与能量的交换关系。

知识点 3：拉斯韦尔

（1）拉斯韦尔是_____。

（2）他在《传播在社会中的结构与功能》一文中建立了_____：_____
_____
_____。

（3）提出了大众传播的三种功能：_____。

（4）拉斯韦尔开创了_____方法。他关于政治宣传和战时宣传的研究代表着一种重要的早期传播学类型。他在《_____》中对宣传进行了全面分析，还为宣传下过这样的定义：_____
_____。

（5）宣传的目标：在《世界大战中的宣传技巧》中他提出了宣传的四个目标：激起对敌人的仇恨；与盟军保持友好关系；与中立者保持友好关系，并尽可能达成合作；瓦解敌人的斗志。

知识点 4：拉扎斯菲尔德

（1）拉扎斯菲尔德是美籍奥地利社会学家。他最早将_____和_____系统地应

用于受众研究，他被称为传播学研究的"工具制作者"，贡献在于提出_____

_____等科学主义的研究方法。

（2）_____和_____在美国_____进行了_____的研究，发表的研究成果《_____》被看作是传播学史上的一个里程碑。该书提出了_____

_____等概念和观点，结束了魔弹论统治传播研究的时代，开创了_____。同时他也开创了媒体效果研究的传统，这一传统成为在美国大众传播研究中占有统治地位的范式。

（3）_____和他的同事_____在《_____》一文中指出了大众传播的各种功能，其中尤其强调的是_____：_____的功能和_____

_____的功能同，以及一种_____：_____的功能。

（4）拉扎斯菲尔德还提出了_____。

（5）拉扎斯菲尔德回应马克斯·霍克海默的《传统理论与批判理论》，写下了《论管理的和批判的传播学研究》，将定量的、经验性的研究看作为政府和大众媒体机构服务的重要途径，从而奠定了_____。

（6）拉扎斯菲尔德除了_____与_____之外，也发明了_____。他不仅使用定量研究，也使用定性研究。

（7）拉扎斯菲尔德及其建立的哥伦比亚大学应用社会研究所创立了一个新的研究范式，即以涂尔干主义（功能主义）、行为主义和实证主义作为理论基础，以行政研究作为运营方式的新的研究体制。这一范式后来被看作_____。在 20 世纪 40 年代至 50 年代的美国，哥伦比亚学派替代了芝加哥学派成为传播学研究的主流。

知识点 5：库尔特·卢因（也译为勒温）

（1）_____，是_____的开创者。他开创了_____和

_____的社会心理学研究，创建了参与性组织管理的模式，并提出了"_____"的概念。

（2）卢因最先提出"_____"和"_____"，并创立了群体动力研究中心。__
_____，二
战中他将这一理论应用于对军队士气问题的研究，同时还进行了_____。
卢因的群体动力论对美国传播学的建立起了一定的推动作用，也为传播学研究提供了一个新
的层面和方法。

（3）卢因对传播学的另一个重要贡献是提出了信息传播的"_____"概念，把关
理论成为揭示新闻或信息传播过程内在控制机制的重要理论。

（4）卢因是_____的重要发明和推广者。

知识点 6：卡尔·霍夫兰

（1）_____，他毕生研究人的心理对人行为的影响，具体研究_____
_____等，其中又集中在用实
验的方法研究人的态度与说服之间的关系上，如二战期间主要研究军队拍摄的军事教育影片
对军人的影响，主要研究成果有《我们为何而战》，以及战后的耶鲁研究等。

（2）他对传播学的贡献在于：一是把_____引入传播学领域，大大开拓了
传播学的研究范围；二是他针对_____等影响说服效果的因素进行
了大量实验考察，揭示了传播效果形成的条件性和复杂性，为修正早期的魔弹论效果观提供
了重要的依据。

（3）霍夫兰创立了传播学的_____，围绕霍夫兰的传播与说服领域耶鲁大学涌现出了
一批重要的社会心理学家，包括贾尼斯、麦奎尔等，他们进一步推广和发扬了有限效果理论，
是 20 世纪五六十年代最著名的传播学流派之一。

（4）霍夫兰将行为主义心理学和传播学结合在一起，行为主义传播学派逐渐挑战和取代
了哥伦比亚学派的结构功能主义理论，成为了美国传播学派的主导性研究范式，极大推动了
以效果研究为核心、量化研究为主导的美国传播学发展，但也有_____
_____。

知识点 7：哥伦比亚学派

（1）应用数学博士出身的拉扎斯菲尔德将_____带到美国，并通过其创建的_____，培养出了一代精通实证量化研究方法的美国社会学、传播学研究者。他们引入了_____，代表性学者有_____等。

（2）他们主要秉承社会学的研究传统，对于小群体和社会的传播机制、媒介的特征及使用、传播效果理论的实证研究做出了重要贡献。但_____的研究背景使得这一学派聚焦于媒介的短期效果，失去了媒介研究的宏观视野。

知识点 8：罗伯特·默顿

（1）默顿是 20 世纪最有影响的社会学家之一，也是美国最伟大的社会学家之一，被人认为是_____，有"_____"之称。他最大的贡献在于提出社会学中指导经验研究的中层理论，提倡从描述个体的行动模式入手，指出行动背后的被支配和排斥模式，进而通过阐释以及评价行动的意图，使得_____得以呈现。

（2）与拉扎斯菲尔德合作超过 35 年，梳理整合了传播研究领域的知识，使之系统化，在_____等研究领域均有贡献。默顿还_____。

知识点 9：伯纳德·贝雷尔森

（1）_____。

（2）他_____，对传播学的研究方法具有重大贡献。

（3）他对于_____的方法贡献颇多，使其成为了一种成熟的研究方法。在 1959 年，他提出了"_____"的问题，诱发了对传播学转型的思考，最终产生了_____。

（4）他对于内容分析的方法贡献最多，使其成为了一种成熟的研究方法。

知识点 10：卡茨

（1）拉扎斯菲尔德之后传播学_____，同时又是_____

_____。

（2）他与拉扎斯菲尔德一起_____

_____。

（3）开创了_____，对贝雷尔森的观念进行了回应，提出了从受众出发的使用与满足理论，使传播学的整体面貌焕然一新。

（4）与拉扎斯菲尔德一起进行了两级传播的研究，尤其是_____的研究，其中_____。

（5）提出_____，对媒介事件进行了全方位的分析与研究。提出功能论，对态度改变进行了新的解释。

【相关真题】

1. 拉扎斯菲尔德（山西大学专硕 2021/2022 名词解释）

参考答案：

拉扎斯菲尔德是美籍奥地利社会学家，最早将社会调查法和小组座谈法系统地应用于受众研究，被称为传播学研究的"工具制作者"，对传播研究方法做出了巨大贡献，如提出了统计调查、抽样分析、数据整理等科学主义的研究方法。拉扎斯菲尔德和卡茨在美国伊里县进行了选民投票影响因素的研究，发表的研究成果《人民的选择》一书成为传播学史上的一个里程碑。该书提出了"先有倾向"假说、"选择性接触"假说、"意见领袖"和"两级传播"等概念和观点，结束了"魔弹论"统治传播研究的时代，开创了"有限效果论"。同时他也开创了媒介效果研究的传统，这一传统成为在美国大众传播研究中占有统治地位的范式。

2. 伊里县调查（北京工商大学 2020 名词解释）

参考答案：

拉扎斯菲尔德和卡茨在美国伊里县进行了选民投票影响因素的研究，称为"伊里县调查"，发表的研究成果《人民的选择》一书成为传播学史上的一个里程碑。该书提出了"先有倾向"假说、"选择性接触"假说、"意见领袖"和"两级传播"等概念和观点，结束了"魔弹论"统治传播研究的时代，开创了"有限效果论"。同时他也开创了媒介效果研究的传统，这一传统成为在美国大众传播研究中占有统治地位的范式。

3. 简述传播学奠基人和创始人有哪些理论？（南开大学 2020 简答题）

参考答案：

传播学四大奠基人是拉斯韦尔、拉扎斯菲尔德、卢因和霍夫兰，创始人是施拉姆。他们的主要理论分别有：

拉斯韦尔：大众传播的 5W 传播模式——谁、什么、告诉谁、通过什么渠道、取得什么效果；大众传播的三种功能——监视社会环境、协调社会关系、传衍社会遗产。

拉扎斯菲尔德：在《人民的选择》中提出了先有倾向假说、选择性接触假说、意见领袖和两级传播概念和观点；大众传播的两种隐性功能——授予地位的功能和促进社会准则实行的功能，以及一种负功能——麻醉精神的功能；提出了社会顺从理论。

卢因：场论和群体动力论——主要研究群体与个体之间的关系，特别关注群体规范对个体行为的制约和影响；信息传播的把关人理论——揭示新闻或信息传播过程内在控制机制的重要理论。

霍夫兰：说服研究——从传播者的特性、讯息的内容和结构、受众的反应模式等方面探究传播与说服效果的关系。

施拉姆：认识媒介的八个角度。

【本章指南】

梳理传播学史的逻辑须明了其发展的四个趋势：对传播现象研究的深化与规范，对传播研究方法的深化与细化，对新传播媒介性质与影响，媒介与社会关系的逐渐认识。

"大传播学"其实是在美国的战争宣传这个大背景下逐渐融合、重塑而形成的。具体而言，传的本体探究来自社会学，传播模式来自信息科学，研究方法来自社会学，人际传播、群体传播等理论来自社会学和心理学，传播者研究来自新闻学的自由主义观，传播内容研究来自文学和美国的政治战争宣传，传播受众和效果研究来自社会学和美国当时的市场研究，这些汇总起来形成了传播学。各个学科汇合在一起形成新的"十字路口"，也是对传播现象研究不断深化与规范的过程。四大奠基人将逐渐系统的方法论融汇到传播研究之中，为传播学构建了研究骨架。对传播学史最核心的考查还是人或者学派，考查人时，最重要的是他们的称谓和贡献，其次是评价他们的思想脉络。传播学史也可以帮助我们在后期拓展思路。

第 53 天
传播学史（施拉姆与其他重要经验传播学者）

【学习导语】

上一部分我们学习完四大奠基人，那么今天就要进入创始人及其他促进传播学发展的学者部分了。值得注意的是，此前我们学习的传播学史严格意义上来讲都是传播学"前"史，传播学作为独立的学科出现是自施拉姆"开宗立派"之后。在传播学正式创立后也涌现出众多的传播学者，进一步发展并夯实了传播学整体的学科框架与研究内容。这一部分的学习一定要注意对应好人物及主要理论，可以尝试把名字相近的学者放在一起对比记忆。

【本章我的掌握情况】

	基本理解	熟练掌握	运用自如
53.1 施拉姆			
53.2 丹尼尔·勒纳			
53.3 其他传播人物（传播效果领域）			
53.4 爱德华·霍尔			
53.5 梅尔文·德弗勒			
53.6 丹尼斯·麦奎尔			
53.7 凯斯·桑斯坦			
53.8 克莱·舍基			
53.9 凯文·凯利			

知识点 1：施拉姆

(1) 施拉姆是人类历史上_____，人称_____。施拉姆是传播学的奠基人和集大成者，他将四大奠基人的研究加以综合、整理，使其系统化、正规化、完善化，最终创立了一个新的_____——传播学。

（2）施拉姆著述颇丰，他曾主编了世界上最早的一批传播学教材，并曾出版过近 30 部论著，包括_____

_____

_____等。

（3）施拉姆大力推进传播学教育，扩大传播学在教育及学术界的影响，培养了众多知名学者，形成了"施拉姆学派"。施拉姆也是_____。

（4）施拉姆开辟了几个新的研究领域，如_____

_____

_____等。

（5）施拉姆提出了_____。

（6）施拉姆奠定了经验主义传播学的_____，但他的思想中的保守主义成分实际上是为美国二战后的全球扩张服务的，因而他的传播学路径_____

_____，这是他的重要局限性。

知识点 2： 丹尼尔·勒纳

（1）勒纳是社会学家、传播学家，在_____等方面具有突出贡献，代表著作有《_____》等。

（2）他指出传播在社会变迁中的重要作用，认为_____是从_____

_____，而_____在此中扮演重要角色。他提出了传播与资本主义社会发展的理论模式，以城镇化、教育、大众传播、社会参与来解释现代化的过程。其中大众传播不仅促进社会整合，而且不断地向大众传播着新的思维方式和生活方式，推动整个社会的现代化。但__

_____，而西方主宰的现代化正是许多国家受压迫的原因。

（3）他开创了_____这一分支，并且强调传播形态对于社会经济发展的作用，对后续研究产生了巨大影响。

知识点 3： 其他传播人物（传播效果领域）

赫尔塔·赫佐格	最早的使用与满足研究——妇女日间广播剧研究
罗杰斯	创新扩散论
麦库姆斯和肖	议程设置论
伊丽莎白·诺尔 - 诺依曼	沉默的螺旋
乔治·多诺霍、菲利普·蒂奇纳、克拉丽斯·奥里恩（明尼苏达小组）	知识沟
戴维森	第三人效果

知识点 4： 爱德华·霍尔

（1）霍尔是美国人类学家，＿＿＿＿＿＿＿＿。

（2）霍尔第一次使用了跨文化传播的概念，并提出了"＿＿＿＿＿＿＿＿＿＿＿＿＿"的观点。他将注意力集中于探讨＿＿＿＿＿＿＿＿＿＿＿上。他并不是把文化作为一般的宏观现象加以研究，而是从声调、手势、表情、接触、时间和空间等微观问题入手，传授如何与不同文化背景的人进行沟通，并通过对文化的研究拓展到对传播的研究。

（3）传播的语境：霍尔强调＿＿＿＿＿＿。他是这样定义语境的：语境是有关一个事件的信息，跟该事件的意义密切关联。霍尔认为所有的信息传播都可以分为高、低或者中语境，继而提出了＿＿＿＿＿＿＿＿＿＿＿＿＿。

知识点 5： 梅尔文·德弗勒

（1）德弗勒是美国＿＿＿＿＿＿＿＿＿＿＿＿家，当代最著名的传播学者之一。先后参与了＿＿＿＿＿＿＿＿＿＿＿等。

（2）德弗勒对于传播模式的研究效果颇丰，先后提出了三个传播模式，其中在 20 世纪 50 年代，德弗勒在香农模式的基础上提出了＿＿＿＿＿＿＿＿＿＿＿，补充了香农模式缺乏反馈的缺陷。

（3）1966 年，德弗勒提出了＿＿＿＿＿＿＿＿＿＿＿＿＿＿＿＿＿，用系统论的观点，总结了美国大众传播媒介系统在运行过程中的各组成部分及其相互关系。1975 年，德弗勒又与鲍尔·洛基奇共同提出了＿＿＿＿＿＿＿＿＿＿＿＿＿＿＿，将媒介作为社会的有机部分加以考察。

（4）德弗勒对受众理论进行总结，将其分为＿＿＿类型：＿＿＿＿＿＿＿＿＿＿＿＿＿＿＿＿＿
＿＿＿＿＿＿＿＿＿＿＿＿＿＿＿＿＿＿＿＿＿＿＿＿＿。其中，文化规范论指大众媒介通过塑造社会的文化规范引发受众模仿，进而对受众产生间接效果。

知识点 6：丹尼斯·麦奎尔

（1）丹尼斯·麦奎尔，＿＿＿＿＿＿＿＿，欧洲传媒研究小组成员。

（2）受众研究：麦奎尔认为受众既是社会环境（这种社会环境导致相同的文化兴趣、理解力和信息需求）的产物，也是特定媒介供应模式的产物。他把＿＿＿＿＿＿＿＿＿＿＿＿＿＿
＿＿＿＿＿＿＿＿＿＿＿＿＿＿＿三种。

（3）＿＿＿＿＿＿＿＿：丹尼斯·麦奎尔总结了自从传播学模式研究方法诞生以来所有的传播模式，精心选取了 48 种最具代表性的模式，逐一介绍其含义、演变过程和主要优缺点。

（4）媒介技术：麦奎尔把传播技术称为"历史意义上的革新"，体现出科学主义重视科学技术的立场；他又认为＿＿＿＿＿＿＿＿＿＿＿＿＿＿＿，但并不是其唯一的动力和原因。

（5）注意与另一位麦奎尔——耶鲁研究的代表人物威廉·麦奎尔进行区分。

知识点 7：凯斯·桑斯坦

（1）＿＿＿＿＿＿＿＿＿，对＿＿＿＿＿＿＿＿等有诸多贡献。

（2）＿＿＿＿＿＿＿＿：桑斯坦在《网络共和国：网络社会中的民主问题》一书中对网络时代多元信息的价值及网络管制的限度进行了审慎反思，指出＿＿＿＿＿＿＿＿＿＿＿＿＿＿＿
＿＿＿＿＿＿＿＿＿＿＿＿＿＿＿＿＿＿＿＿＿＿＿＿＿＿＿＿，主张通过协商民主的规制实现网络时代的民主价值。

(3) _____：桑斯坦继承了詹姆斯·斯托纳提出的观点，认为群体极化是一种_____
_____。群体极化形成于
社会隔离机制与群体的自我确信和确认。

(4) _____：通过对互联网的考察，桑斯坦指出，在信息传播中，公众只注意自己选
择的内容和使自己愉悦的信息领域，久而久之，会将自身桎梏于像蚕茧一般的"茧房"中。

知识点 8：克莱·舍基

(1) 舍基是美国作家，互联网技术观察者。

(2) _____：舍基在《未来是湿的》一书中围绕"群体行为"如何被赋予
组织力量展开论述。他认为，基于爱而开展的群体行为可以看成一个梯子上的递进行为，它
们分别是_____，并且界定了社会网络的三个组织要素：承诺、工具和规则。

(3) _____：在《认知盈余》中，克莱·舍基认为，_____
_____
_____。

知识点 9：凯文·凯利

(1) 凯利是《_____》杂志创始主编，美国网络文化的观察者，代表作《失控》《科
技想要什么》《必然》。

(2) _____：凯文·凯利发展了技术的概念，技术元素不仅指硬件，而且包括文
化、艺术、社会制度以及各类思想的综合，用技术元素表示整个系统，用科技指代具体技术。
他认为技术有自己的生命和需求，它不仅来源于人的意识，而且引领人的意识。

(3) 第七王国：_____。他认为，现在人类已定义的生命形态仅包
括植物、动物、原生生物、真菌、原细菌、真细菌六种，但技术的演化和这六种生命体的演
化惊人相似，技术应该是生命的第七种方式。科技系统具有模仿自然的能力；科技如同有机
组织，需要连续发展而达到特定阶段；_____。

（4）技术生命论：随着技术的发展，技术元素日渐成熟，成为自己的主宰。它的持续性自我强化过程和组成部分使之具有明显的自主性。凯利将技术的生命特征概括为 5 个方面，即_____。

【相关真题】

1. 施拉姆（北京工商大学 2020 名词解释）

参考答案：

施拉姆是人类历史上第一位传播学家，传播学学科创始人，人称"传播学鼻祖""传播学之父"。施拉姆是传播学的奠基人和集大成者，他将四大奠基人的研究加以综合、整理，使其系统化、正规化、完善化，最终创立了一个新的独立的学科——传播学。施拉姆著述颇丰，他曾主编世界上最早的一批传播学教材，并曾出版过近 30 部论著，包括《传媒的四种理论》《大众传播媒介与国家发展》《传播学概论》等。

施拉姆大力推进传播学教育，扩大传播学在教育及学术界的影响，培养了众多知名学者，形成了"施拉姆学派"。施拉姆也是把传播学引入中国的重要人物。

施拉姆开辟了几个新的研究领域，如电视对儿童的影响问题、国家传播中的信息流通问题、传播与第三世界国家发展之间的关系问题等。

施拉姆提出了传播的八个原则 / 认识媒介的八个角度。

施拉姆奠定了经验主义传播学的行政研究色彩，但他的思想中的保守主义成分实际上是为二战后美国的全球扩张服务的，因而他的传播学路径缺乏对资本主义传播体制的反思，这是他最大的局限性。

2. 麦奎尔的贡献（中央民族大学专硕 2021/2022 简答题）

参考答案：

丹尼斯·麦奎尔，英国著名传播学家，欧洲传媒研究小组成员。他的贡献包括：

（1）受众研究：麦奎尔认为受众既是社会环境（这种社会环境导致相同的文化兴趣、理解力和信息需求）的产物，也是特定媒介供应模式的产物。他把受众分为作为大众的受众、作为群体的受众和作为市场的受众三种。

（2）传播模式：丹尼斯·麦奎尔总结自从传播学模式研究方法诞生以来所有的传播模式，精心选取了 48 种最具代表性的模式，逐一介绍其含义、演变过程和主要优缺点。

（3）媒介技术：麦奎尔把传播技术称为"历史意义上的革新"，体现出科学主义重视科学技术的立场；他又认为传播技术的发展同文化发展有着密切关系，但并不是其唯一的动力和原因。

【本章指南】

可能有同学会有疑惑，一般的传播学书本中，"经验学派传播学史"到施拉姆就结束了，可是为什么还能列出这么多人？其实这就是传统经验学派叙述的缺憾之处，因为真正的经验学派传播学恰恰从施拉姆才开始。遗憾的是，对于战后的经验学派传播学者，国内教科书目前还缺乏系统的介绍，这里只能从传播效果、发展传播学等各个部分，以及已经考查过的一些重要学者入手进行一个粗略的汇总了。

传播学史的考查比较简单，就是以纯背诵为主。但是要求较高的学校还是会考得深一些，可能会有三种方式：

第一，考细节、小点和小研究。这种考查近年来非常流行，比如考热门人物的冷门贡献，像杜威考《思想新闻》，拉扎斯菲尔德考社会顺从理论和哥伦比亚学派的作用等。还有就是考著作，例如考《无声的语言》而不是考爱德华·霍尔，考《公共舆论》而不是李普曼，诸如这些陷阱，如果背诵太死，稍不注意，就会着了道。这就提醒我们，知识点要记全面，不能图省事只记要点。

第二，考学界的新研究。21世纪以来，对于传播学史的研究已经经过了几次变革，逐渐摆脱了传统教科书的窠臼，出版了一些有深度的著作，例如胡翼青的《再度发言》、刘海龙的《重访灰色地带》等。许多学者的认识其实在不断深化，如果你的学校有对传播学史感兴趣的老师，应当注重这位老师在研究领域的新观点。

第三，考老观点在新媒体环境下的变化。这又是一种近年来非常热门的题型，例如芝加哥学派的思想尽管在大众媒体时代过于理想化，但却暗合了新媒体时代的传受平等互动的机制，其对共识的提倡也非常契合近年来日渐分裂的舆论局面。

第 54 天
法兰克福学派

【学习导语】

今天我们将学习的是批判学派中的重要分支法兰克福学派，其中会出现诸多常考点，注意理顺学派整体的核心观点并将各学者提出的理论理解透彻，这将会为你之后的论述答题增添许多亮点。

【本章我的掌握情况】

	基本理解	熟练掌握	运用自如
54.1 法兰克福学派			
54.2 马克斯·霍克海默			
54.3 西奥多·阿多诺			
54.4 文化工业论			
54.5 媒介与文化工业			
54.6 赫伯特·马尔库塞与单向度的人			
54.7 瓦尔特·本雅明			
54.8 哈贝马斯			
54.9 公共领域			

知识点 1：法兰克福学派

（1）批判学派的流派之一，1923 年成立于德国的法兰克福，代表人物有＿＿＿＿＿＿＿＿

＿＿

＿＿＿＿＿＿＿＿＿＿等。这一学派从＿＿＿＿＿＿＿＿＿＿出发，从＿＿＿＿＿＿＿＿＿＿＿＿＿＿

＿＿＿＿＿＿＿＿＿＿＿＿＿＿＿＿＿＿＿＿＿＿＿＿。其中对资本主义社会中的＿＿＿＿＿＿

和＿＿＿＿＿＿＿＿＿＿＿＿＿＿的研究，对批判的传播研究具有重要影响。

（2）＿＿＿＿＿法兰克福学派学者的批判重点在于＿＿＿＿＿，他们认为高雅文化有它自己的整体性和固有的价值，而大众文化会在吸引大众的同时用美化和宣传资本主义的标准化公式来出版或播出媒介产品。法兰克福学派展示了＿＿＿＿＿＿＿＿＿＿，以及文化工业是如何通过宣扬大公司的社会支配权来帮助摧毁个性的，他们批判的目的是反抗这种大众文化和剥削。

（3）第二次世界大战以后，法兰克福学派主要的批判对象是后资本主义，因为后资本主义用大众媒体广告操纵着人们的精神，使人们变为热衷消费的"单向度的人"，丧失批判和抗争性的思想路线。

（4）在哈贝马斯时期，法兰克福学派开始逐渐从文化方面转向，致力于讨论晚期资本主义的合法性问题，主张＿＿＿＿＿＿＿来重建历史唯物主义，并提出了＿＿＿＿＿＿理论。

（5）在此之后，第三代法兰克福学派逐渐失去了学术地位，但仍然有人继续着研究，代表人物是阿克塞尔·霍耐特，但大众媒介研究已不是重心。

（6）法兰克福学派对传播学的影响意义深远，它开创了＿＿＿＿＿＿＿＿＿＿，对传媒研究做出了历史性的贡献，深刻地影响了此后各种批判学派的传媒和文化研究取向。

（7）第一代法兰克福学派存在的局限性：他们几乎完全＿＿＿＿＿＿＿＿＿＿＿＿＿＿＿＿＿＿＿＿＿＿＿＿＿＿＿＿＿＿，因此，他们的批判也仅仅停留在单纯否定性的批判阶段，始终找不到必然的出路。

知识点 2：马克斯·霍克海默

（1）霍克海默是＿＿＿＿＿＿＿＿＿＿＿＿＿＿＿＿＿＿＿＿＿＿＿＿＿＿＿＿＿＿＿，在《传统理论与批判理论》一文中为批判学派正式奠基。他曾资助众多流亡学者，包括阿多诺、马尔库塞等，吸引了一大批有才华的学者，支撑起法兰克福大学＿＿＿＿＿＿＿＿＿＿。

（2）与＿＿＿＿＿＿＿＿＿＿＿＿，标志着批判理论的第一个高潮，把批判理论的锋芒指向了整个启蒙理性。

（3）主要的理论贡献大多集中在对＿＿＿＿＿＿＿＿＿和他所提出的＿＿＿＿＿＿＿＿＿＿＿之

上。具体而言，他认为在现代资本主义社会，艺术取决于娱乐工业的意志。在专制主义社会

中，_____，这些宣传本质上与真理无关。

（4）作为启蒙辩证法当代的具体表现，_____是启蒙理性批判的焦点。霍克海

默认为，针对工具理性的批判直指整个_____，包括法西斯的极权主义与美国式的文

化工业。

知识点 3：西奥多·阿多诺

（1）阿多诺是法兰克福学派最著名的代表人物之一。批判理论的代表，_____

_____。同时他与_____。

（2）在《论音乐中的拜物教特性与听力的退化》《论流行音乐》等文章中，阿多诺对现代
流行音乐以及艺术进行了批判性的研究。在这两篇文章中，他指出，在现代商业社会中，音
乐作为商品，其拜物教特征表现为明星崇拜、流行调式的公式化和同一化，_____

_____。

（3）文化工业：阿多诺在《启蒙辩证法》中的文化工业部分，_____

_____。阿多诺认为，文化工业的产品不是艺术品，

而是商品，其目的是为了交换和实现商业价值，而不是为满足人的真正的精神需要。

概括而言，文化工业这个概念的批判性含义包括两个层面：其一，_____

_____

_____

_____。它是一种使控制变得更密不透风，使统

治秩序更加坚固的"_____"，这个概念暗示了现代大众文化的本质属性，表明它不过是商

品生产与消费体系的产物。

（4）阿多诺的研究开启了对大众文化批判的先河，指出了资本主义社会中文化工业的本
质，大众文化与意识形态批判成为此后批判学派的重要主题。但他过高估计了高雅文化的解

放意义，_____，在此后遭到许多评论者的诟病。

知识点 4: 文化工业论

(1) 文化沦落为商品。文化产品的＿＿＿＿＿＿＿＿＿＿＿＿＿＿＿＿＿＿＿＿，
其生产目的是与其他商品进行交换。文化的价值由它们的交换价值决定，而不再取决于它们
自身的特殊内容和完美的艺术形式。

(2) "文化工业"的文化产品具有隐蔽的欺骗性。它宣称大规模的重复生产是为了满足全
体社会成员的需要，实际上是对大众与中间阶层的麻痹与愚弄。

(3) "文化工业"将我们＿＿＿＿＿＿＿＿＿＿＿＿＿＿＿＿＿＿＿＿＿＿＿＿＿＿
＿＿＿＿＿＿。

(4) "文化工业"还不断向消费者许愿，承诺将不断地改变娱乐的形式和派头。媒介是
"文化工业"最得心应手的武器。在大众传媒的影响下，文化终于变成精神生活的点缀而不是
必需，从而"丧失了更大部分的真理"。

知识点 5: 媒介与文化工业

(1)＿＿＿＿＿＿＿＿＿＿＿＿＿＿＿＿＿，也是文化工业最得心应手的武器。文化工业的统治
者会把各种与主流价值观相悖离的文化价值纳入已确立的秩序，并大规模地复制和显示它们。

(2) 媒介猛烈的攻势久而久之就会使大众自动放弃思想，变得麻木、平庸，成为文化中
的被奴役者。电影用它的内容教育观众，促使观众直接用它去衡量现实；电视用它的价值判
断去教育观众接受它的价值标准；报纸更是精心挑选它的内容，在有限的版面上轮番进攻，
把报纸塑造成代表民众思考的机构。这样做的后果是"＿＿＿＿＿＿＿＿＿＿＿＿＿＿＿＿＿＿
＿＿＿＿＿＿＿＿＿＿＿＿＿＿＿＿＿＿＿＿"，在大众传播媒介的影响下，文化终于变成精
神生活的点缀而不是必需，从而"丧失了更大部分的真理"。

知识点 6: 赫伯特·马尔库塞与单向度的人

(1) 马尔库塞是法兰克福学派代表人物，被称作"＿＿＿＿＿＿＿"。他深受马克思主义
学说影响，出版了《爱欲与文明》，试图将＿＿＿＿＿＿＿＿＿＿＿＿，即马尔库塞的"启蒙
辩证法"；而后对当代＿＿＿＿＿＿＿＿＿＿＿＿＿＿＿＿＿＿＿，其中对于＿＿＿＿＿＿＿，

以及对科学技术与意识形态关系的批判是他最有影响力的贡献之一。

（2）马尔库塞最具影响力的代表作为《单向度的人》（1964），集中体现为一种对发达工业社会肯定性哲学的批判。所谓单向度，是指现代社会无论是经济、政治制度，还是科学、工艺、艺术以及哲学和日常思维，都是"单面"的，即＿＿。

（3）马尔库塞认为，对＿＿＿＿＿＿＿＿＿＿＿的研究是对整个发达工业社会意识形态研究的一个环节和重要组成部分，现代媒介技术是重要的＿＿＿＿＿＿＿＿＿＿＿＿＿＿＿＿＿＿＿＿＿＿＿。

（4）马尔库塞在＿＿＿＿＿＿和＿＿＿＿＿＿之间作出了区分，虚假的需求是"那些特殊的社会利益集团为了压制个人而加之于个人之上的需要"。现代社会用各种方式引诱人们消费产品，无论这种消费是否出于人们自身的真正需要。在大众传播媒介的引诱下，人们在消费过程中不断得到一种虚假满足。人已经被现代社会所吞没，丧失了自己的灵魂，但人自身却意识不到这种异化状况。

（5）总体上看，马尔库塞对于＿＿＿＿＿＿＿＿＿＿＿是法兰克福学派批判理论的核心主题之一。而在对现代社会的科学技术的理解上，法兰克福学派第二代学者中的哈贝马斯与马尔库塞有着不同的观点，他反对马尔库塞把科学技术的社会功能与传统意识形态的社会功能等量齐观。

知识点 7：瓦尔特·本雅明

（1）本雅明是法兰克福学派最著名的思想家之一，研究涉及美学、语言学、哲学、历史等许多领域，对阿多诺有着深刻影响。

（2）在《作为生产者的作者》中，本雅明把艺术创作看成一个＿＿＿＿＿＿＿＿＿＿＿＿＿＿＿＿＿＿＿＿＿一直影响到其后来对于摄影、电影等大众媒介的性质和功能的探讨。在《摄影小史》和《机械复制时代的艺术作品》中，本雅明认为＿＿＿＿＿＿＿＿＿＿＿＿＿＿＿＿＿＿＿＿＿＿。机械复制虽然削弱了艺术品的＿＿＿，但是它把人们从对其宗教性的膜拜中解放出来，使得＿＿＿＿＿＿＿＿＿＿＿＿＿＿＿＿＿＿＿＿＿＿。他还肯定了媒介对社会和政治带来革命和解放的潜力。

（3）与法兰克福学派大多数代表人物不同，本雅明对＿＿＿＿＿＿＿＿＿＿＿＿＿＿＿

＿＿＿＿＿＿＿＿＿＿＿＿。本雅明对于新的媒介技术的论述肯定了媒介和人的知觉之间的互相影响

的关系，由肯定媒介的技术价值，进而肯定媒介对社会和政治具有革命和解放的潜力。而且

本雅明还从肯定大众受到电影等艺术的影响的角度来＿＿＿＿＿＿＿＿＿＿＿＿＿＿＿＿＿＿

＿＿＿＿＿＿＿＿＿，这与以阿多诺为代表的法兰克福学派的文化精英主义立场截然不同。阿多诺

所撰写的《论音乐中的拜物教特性与听力的退化》正是对本雅明《机械复制时代的艺术作品》

一文全面、细致的反驳。

知识点 8：哈贝马斯

（1）哈贝马斯作为＿＿＿＿＿＿＿＿＿＿＿＿＿＿＿＿＿＿＿＿＿＿＿＿＿＿＿＿＿＿＿

＿＿＿＿＿＿＿＿＿＿＿＿＿＿＿＿。哈贝马斯改良了第一代法兰克福学派学者的激进主义立场和悲

观主义态度，把辩证法理论和实证主义哲学、分析哲学、阐释学、语言学等结合起来，＿＿＿＿＿

＿＿＿＿＿＿＿＿＿＿＿＿，以＿＿＿＿＿＿＿＿＿＿＿＿＿，构建了一个庞大的总体性哲学体

系，在批判理论的重建方面产生了世界性的重大影响。

（2）哈贝马斯＿＿＿＿＿＿＿＿＿＿＿＿＿＿＿＿＿＿＿＿＿＿＿＿＿＿＿＿＿＿＿＿＿

＿＿＿＿＿＿＿＿＿＿＿＿＿＿＿＿＿＿＿＿＿＿＿＿＿＿＿＿＿＿。

（3）哈贝马斯理论的特色：a. 有破有立，从剖析公共领域的消解——"破"，到通过交往

行动重建公共领域——"立"，其思想理论具有连贯性和完整性。b. 从政治的角度研究交往，

关注西方民主宪政的实现问题。c. 继承传统又勇于创新，哈贝马斯继承了法兰克福学派对文

化工业进行批判的传统，但他反对马尔库塞把科技进步所具有的社会功能等同为传统意识形

态所具有的社会功能。d. 具有哲学与传播学的双重特征，在交往理论和语用学基础上重建历

史唯物主义。e. 致力于＿＿＿＿＿＿＿＿＿＿的构建，这是哈贝马斯理论的又一大亮点。f. 哈贝马

斯批判了经验学派使用的逻辑经验研究方法，简单地把自然科学的研究方法移植到社会科学

中来，无疑会导致社会科学中工具理性的膨胀，导致社会科学意义和价值的丧失。

知识点 9：公共领域

（1）"公共领域"的概念最早是由美籍德裔思想家汉娜·阿伦特提出来的，之后约瑟

夫·熊彼特、布鲁纳和杜威等人又从不同的角度研究过此问题。＿＿＿＿＿＿＿＿＿＿＿＿＿＿

_____

_____。

(2) 公共领域是私人领域的一部分，_____

_____，是公共管理与私人自律紧张关系的反映，其形成的基础是国家与社会的分离。公共领域的精髓在于它的批判性，这里的批判是指公众在理性精神的指引下，基于"公"的目的而进行的交往过程，以此形成对公共事务的一致性意见。

(3) 简单地说，公共领域只限于由具有批判力量的私人所构成的针对公共权力机关展开讨论批判的领域，是_____。

(4) 局限性：资产阶级公共领域形成的条件是：提供一种平等、自由的交往方式；公众的讨论应限制在一般问题上；公开性。_____，体现在公共领域得以存在的基础——资产阶级人性观念和私人自律上；公共领域的矛盾还体现在法治国家观念上，诉诸公众舆论的立法只有通过与旧的制度全力斗争才能建立起来，这样立法本身就带上了"强权"色彩；在现实中，进入公共领域的人具有两个标准，一是受过教育，二是拥有财产，_____。

(5) 对公共领域的批判：
文化学者尼克·史蒂文森指出，哈贝马斯理论存在四个缺陷：

a. 对文化形式及其内容的生产过分关注，以至于忽视了文化接受者（受众）对文化的解读；

b. 起支配作用的意识形态是否如哈贝马斯所说的那样通过大众文化起作用，从而导致公共领域的重新封建化，这一点值得怀疑；

c. 从英国情形来看，公共领域的重新封建化理论是值得怀疑的；

d. 视野过度狭窄，没能考虑到全球性和地方性的公共领域。

约翰·汤伯森则把对哈贝马斯的公共领域理论的批评归结为四个方面：对平民公共领域的忽视；资产阶级公共领域的男性化；误解了大众文化的积极力量；公共领域理论的多义性与模糊性。

【相关真题】

1. 单向度的人（西南大学 2022 名词解释）

参考答案：

马尔库塞最重要的代表作为《单向度的人》（1964），集中体现为一种对发达工业社会肯定性哲学的批判。所谓单向度，是指现代社会无论是经济、政治制度，还是科学、工艺、艺术以及哲学和日常思维，都是"单面"的，即只有承认和接受现实的一面，却没有否定的和批判性的一面，这是现代社会最大的危机之一。

2. 简述法兰克福学派及其代表人物，该学派对文化工业批判的主要观点对当今文化产业的发展有何价值与意义（浙江大学 2021 简答题）

答题思路：

法兰克福学派是批判学派的重要分支，在回答这一部分题目时除了要注意人物和理论对应，更要把握好法兰克福学派关于大众文化的核心思想，掌握好这条主线再去理解各位学者，答题就会清楚许多。同时也要在肯定文化工业理论对齐一化、标准化文化产品做批判的同时，注意受众的主动性和大众文化的潜质，在答题时要注意持有辩证态度。

【本章指南】

　　法兰克福学派可以说是批判学派中考查得最多最广的内容，但对于法兰克福学派的认识，目前国内传播学教科书往往没有阐明它的根本——为什么法兰克福学者们对大众文化如此愤怒？为什么法兰克福学派看起来像在支持"魔弹论"？

　　实际上，只从大众媒介的角度来看法兰克福学派是不行的。大众媒介批判乃至技术批判，都是法兰克福学派批判整个资本主义工具理性社会的表现。这种批判可以追溯到马克思、韦伯、格奥尔格·卢卡奇对资本主义的批判。马克思最早犀利地指出了资本主义社会将人与人的关系转化为了人与物的关系。在资本主义环境下，人意识不到财富的真正本质是自己的劳动，相反对物质财富的追逐取代了其他一切成为人的终极目标。而韦伯则指出，在资本主义环境下诞生了工具理性，这种理性不在乎目的是否符合正义和伦理标准，而只在乎是否能够有效率地达成特定的目标。同样，人与人的关系被资本主义扭曲成了复杂的官僚主义关系，一切的目的不再是让机器为了人服务，而是为了追求效率，反而要把人当作机器。最后，卢卡奇在前二者的基础上提出了"物化意识"，认为资本主义的这种逻辑已经不局限于经济和政治领域，而是广泛渗透到了社会生活的每一个角落，社会的方方面面都遵循着商品逻辑，也就是追求效率大于思考目的，追求量化大于探究本质。因为资本主义的目的就是不断扩大再生产，但是这种生产不是为了消费和提升社会福利服务的，而是为了不断积累服务的。最终，无论是社会还是人类的大脑都变成了疯狂加速的机器，一切为了进步，一切为了积累，一切都在加速。但是这一切究竟为什么？鲜有人询问。

法兰克福学派的学者或许对这个过程印象最深，因为他们亲眼目睹了这一过程。在一战以前，欧洲人都相信科技发展能够带来完美的社会，但一战和二战迅速打破了这种假象。物理、化学等原本是为了探究世界的原理，却被用来制造相互屠杀的炮弹；医学和遗传学本该使人健康，却被用来鉴别并最有效率地杀戮犹太人。文明像一辆外观华美、不断加速的车，却朝着末日悬崖开去，拥有大量犹太人学者的法兰克福学派无疑对这一过程认识得最清醒。当纳粹被推翻以后，他们甚至更加悲观，因为他们认识到纳粹不是病因，而是症状。资本主义社会的工具理性不仅没有消失，反而随着消费主义进一步扩散开来。的确，人们不崇拜"元首"了，但是人们崇拜科技、崇拜商品、崇拜时尚，陷入消费主义幻梦中身为奴隶而不自知。而资本主义的逻辑却越来越屹立不倒，甚至将自己的合法性和技术绑定在一起，似乎只要技术发展一切都可以得到解决。

法兰克福学派对于媒介和艺术的批判正是来自对于这一过程的深刻认知。艺术作为人类思维中最灵活最有创造力的部分，本身应该是人类摆脱束缚获得自由的方式，但是连艺术也被玷污了。当我们谈论艺术被商业化的时候，其实我们在探讨的不是艺术能不能换钱，而是大众媒介的可复制性使得艺术也能商业化，但是这与艺术本身是相冲突的。商业需要低成本、低风险，这就需要抹杀个性，提炼可以大量复制的"模板"；商业需要扩大收益，就需要降低门槛，研判需求，让艺术为商业服务；艺术需要超越俗世的审美，对生活进行批判和反思，但是商业产品却要迎合世俗欲望，甚至干脆通过制造公众的需求来彻底封闭所有的不确定性。更不用说在资本主义环境下的政治和意识形态控制了，我们随意看看任何一个选秀节目，第一季一开始的人物往往是充满生命力的，但是越播到后面越开始油腻做作，到了第二季多半已经开始流于模板套路，这其实就是文化工业的小小案例。阿多诺其实并不反对文化普及（他自己后来也上节目），但他担忧的正是在这一过程中艺术被商业所劣化。

因此，法兰克福学派在外人看来不免悲观，但是这种悲观却是不得已的，因为在晚期资本主义社会，找不到任何能够与这种工具理性抗衡的东西，其根本原因其实马克思已经指出了：资本主义工具理性的根本是资本主义生产关系。只要资本继续控制着劳动和劳动产品的所有权，只要商品拜物教仍然存在，那么工具理性就是不可避免的。所以法兰克福学派后期的仪表学者马尔库塞试图寄希望于底层人的拒绝，哈贝马斯试图逐渐回归交往本质，从人与人的交往中找到与工具理性对抗的价值理性；此后的厄尼斯特·拉克劳、霍耐特、埃拉尔·耶吉等试图回归未被异化的人性，但逐渐沦为一种单薄的伦理批判，失去了最初犀利的穿透力。

这里絮絮叨叨地说了很多关于法兰克福学派的理论观点，其目的是希望让大家理解他们的逻辑。不过话又说回来，理论再深刻，最终还是要回归答题。法兰克福学派在答题中有如下一些应用：

应用最多的是哈贝马斯的理论。公共领域是媒介最重要的创造之一，它有汇聚民情、形成舆论的作用。尤其是网络环境下微博、微信等社交平台，其第一属性就是作为舆论的公共领域，我们可以在回答媒介功能的时候运用。反过来如果媒介持续商业化、娱乐化，挤占公共空间，社交平台出卖热搜、把持流量，充斥着低俗新闻乃至假新闻，都可以引申为对公共领域的伤害。新闻的后真相、碎片化，也都是我们应该反思的现象。而且，哈贝马斯的交往理性也可以构成我们分析当下的网络伦理，反对网络暴力、极化的基础。

值得注意的是公共领域在哈贝马斯的原意中是资产阶级公共领域，这一公共领域的核心特点是主要由资产阶级参与，对政府进行监督与批判，这两点使他的理论并不符合中国的特殊国情。但是近年来许多学者指出，公共领域也可能协助政府了解社情民意，维持双方的和谐关系。这一点是我们可以借鉴的。

还有阿多诺的文化工业论，看起来简单明了，用于分析大众文化是非常合适的，不过要注意应用范围：它批判的是文化中的商业化、标准化，不能面对什么问题都直接套用，更不能把文化工业和文化产业混为一谈。近年来，文化工业论又有新的发展，此前产品呈标准化、齐一化，现在的产品看起来则更多元、更有个性。但是由于社交媒体的影响力强大，个人很容易受到社交媒体潮流（例如热搜）的影响，反而进一步方便了文化工业的操纵。

最后谈谈马尔库塞。马尔库塞是一个容易被忽略的对象，因为我们的教科书里对他介绍得不多，但是其实他的几个观点都很有价值。首先他的"技术作为意识形态"的见解对于我们批判技术决定论很有价值；其次"虚假需求"和"单向度的人"同样可以用于分析媒介问题，尤其是"虚假需求"，在大数据和人工智能时代表现得非常明显。如果更进一步，还可以分析马尔库塞对于爱欲的观点，这在情感议题逐渐热门的今天是很有用的。

这部分的内容其实还有很多，限于篇幅不能一一介绍了。在新媒体时代，法兰克福学派的意义更是非凡，感兴趣的同学可以通过阅读其著作再做深入了解。

第 55 天
文化研究学派

【学习导语】

作为批判学派的另一大重要分支，文化研究学派也囊括了诸多知名学者，其代表性观点也是我们耳熟能详的经典理论。这一部分大家需要理解各位学者的核心观点，从而架构起对文化研究内部核心观点及理论发展的理解。

【本章我的掌握情况】

	基本理解	熟练掌握	运用自如
55.1 文化研究学派			
55.2 理查德·霍加特			
55.3 爱德华·汤普森			
55.4 雷蒙·威廉斯			
55.5 斯图亚特·霍尔			
55.6 编码 / 解码			
55.7 从文化主义到结构主义			
55.8 路易·阿尔都塞			
55.9 戴维·莫利			
55.10 安东尼奥·葛兰西			
55.11 约翰·费斯克			
55.12 亨利·詹金斯			

知识点 1：文化研究学派

（1）文化研究作为一个新兴学科和研究流派，起源于 20 世纪六七十年代的英国伯明翰大学当代文化研究中心（CCCS）的研究方向及其研究成果，也被称为"_____"。其代表人物有_____。伯明翰学派的影响后来扩展至其他国家，尤其在美国和澳大利亚影响巨大。

（2）文化研究的理论渊源：文化研究学派继承了法兰克福学派对文化工业的意识形态控制的批判，同时更关注_____，认为受众的解读蕴涵着反抗意识形态控制的可能性。此外，文化研究学派也承袭了葛兰西、路易·阿尔都塞的观点，认同大众媒介作为意识形态国家机器行使"霸权"功能，但有所发展地指出受众有能力反抗，因而游离于"经济基础—上层建筑"的二元框架之外。

（3）文化研究的五个特点：

a. 具有强烈的_____，打破学科限制，形成了一个多学科研究的领域；

b._____，文化研究主张文化是"_____"，____英国学界主流的_____，将传统的文化理论不屑一顾的电视、广播、流行音乐、报刊等_____；

c. 文化研究_____，_____，企图建立一个包含所有文化的共同领域，_____；

d. 文化研究既是经验的又是实践的，不仅研究文化产品本身，同样研究文化产品的_____；

e. 伯明翰学派的文化研究带有很强的_____，尤其注重文化在社会阶级关系再生产中的作用，强调_____的关系。

（4）文化研究的主要观点：

a. 大众传播是资本主义社会系统的一个重要组成部分，它在规定社会关系、行使政治统治方面发挥着重要的意识形态功能，并具有相对的独立性。

b. 大众传播可以分为两个部分：一是_____。前者是媒介通过象征事物的选择和加工，将社会事物加以_____的过程，后者是受众＿＿＿＿＿＿＿＿＿＿＿＿＿＿＿的过程。

c.＿＿＿＿＿＿＿＿＿＿＿＿＿＿结合在一起的。在资本主义社会中，既有促进现存不平等关系的"＿＿＿＿＿"价值体系，又有推动人们接受不平等、安居较低社会地位的"＿＿＿＿＿"价值体系，还有不满于阶级支配现状、号召社会变革的"＿＿＿＿＿＿"价值体系。大众传媒的符号化活动，在本质上来说是按照支配阶级的价值体系为事物"赋予意义"。

d. 尽管如此，受众的符号解读过程却＿＿＿＿＿＿＿＿＿＿的，由于＿＿＿＿＿＿＿＿＿＿＿＿＿＿＿＿＿＿＿＿＿＿＿＿＿，受众可以对文本讯息作出多种多样的理解。

知识点 2：理查特·霍加特

（1）霍加特是 20 世纪英国的一位重要的文学批评家，也是英国当代文化研究中心的主要创始人，被视为＿＿＿＿＿＿＿＿＿＿＿＿＿＿＿。他的文化研究思想呈现出＿＿＿＿＿＿＿＿＿＿＿＿＿＿＿＿＿＿＿＿＿＿＿＿＿阶段特色，强调一种经验主义式的文化观，即文化的形式和内容来自经验生活。

（2）霍加特从自己的生活经历出发写作《识字的用途》这一著作，深入观察和分析了工人阶级的文化。他将一向受到轻视的工人阶级文化置于学术视野之下，＿＿＿＿＿＿＿＿＿＿＿＿＿＿＿＿＿＿＿＿＿＿＿＿＿＿＿＿＿＿＿＿＿，发展了文化主义的研究范式和民族志的研究方法。他也强烈批判了以美国流行文化为代表的大众娱乐文化对英国工人阶级文化的巨大冲击。

知识点 3：爱德华·汤普森

（1）汤普森是当代＿＿＿＿＿＿＿＿＿＿＿＿＿＿＿＿＿＿＿＿之一，也是英国伯明翰学派最重要的奠基者之一。

（2）汤普森＿＿＿＿＿＿＿＿＿＿＿＿＿＿＿＿＿＿＿＿＿＿，认为传统的经济决定论有失偏颇，马克思主义者要充分重视作为经济基础和上层建筑中间环节的文化、社会因素的能动作用。他创造性地提出了＿＿＿＿＿＿＿的概念，认为文化研究者要关注人们具体的生活经验，重新考察那些"日常生活和社会生活赖以构成，以及社会意识形态得以实现并获得表现的复杂的详尽的系统"。

（3）在《＿＿＿＿＿＿＿＿＿》一书中，汤普森颇为详细地描述了18世纪到19世纪英国工人阶级的种种经验或经历，分析了他们的阶级经验和阶级意识是如何形成的。

（4）汤普森所持的文化理论属于文化主义范式，认为文化产生于人的整体生活方式。

知识点 4：西蒙·威廉斯

（1）＿＿＿＿＿＿＿＿＿＿＿＿＿＿＿＿＿＿之一，伯明翰学派的领袖人物。威廉斯的传播思想主要体现在＿＿＿＿＿＿＿＿＿＿＿＿＿＿＿＿＿＿＿＿＿
＿＿＿＿＿＿＿＿＿＿＿＿＿＿＿＿＿＿＿＿＿＿＿＿＿＿＿＿＿＿＿＿＿＿
＿＿＿＿＿＿＿＿＿＿＿＿＿＿＿＿＿＿。

（2）威廉斯对文化进行了重新定义，在《文化与社会》中提出了文化的四层含义，＿＿＿
＿＿＿＿＿＿＿＿＿＿＿＿＿，认为文化可以是一种对于独特生活方式的描述，进而将＿＿＿
＿＿＿＿＿＿＿＿＿＿＿纳入文化范畴。

（3）威廉斯认为实际上没有大众，有的只是把人看成大众的那种看法。把真正的大众（popular）文化纳入虚假的、商业的"大众"（mass）文化之中，才是问题所在。进一步地，他认为＿＿＿＿＿，关键在于如何使用。传播的目的应该是教育、传递信息或见解，其前提是传播的对象是理性的个体。但现实是，受群氓的偏见的影响，传播往往被用于操纵、说服。

（4）威廉斯把传播形式分为三种：＿＿＿＿＿＿＿＿＿＿＿＿＿＿＿＿＿＿＿＿＿
＿＿＿＿＿＿＿。他把权威主义模式和家长制模式都称为支配性的传播模式；而商业模式使得新闻媒介不可能真正做到对社会负责。这三种模式都不利于创造文化和民主共同体，所以他提出了第四种模式：＿＿＿＿＿＿，以确保实质性的传播自由。

（5）威廉斯意识到当代文化与大众传播的紧密结合，对＿＿＿＿＿＿＿＿＿等进行考察，尤其对电视进行了详细的分析，开创了＿＿＿＿＿＿＿＿＿＿＿＿＿的先河。

（6）威廉斯提出了＿＿＿＿＿＿＿＿＿，批判了当时盛行的技术决定理论，重申了技术发展中的社会动因。

（7）同时，威廉斯对于＿＿＿＿＿＿＿＿＿＿也有诸多贡献。

知识点 5：斯图亚特·霍尔

（1）霍尔是当代文化研究的鼻祖，文化研究学派的领袖人物，提出了编码解码理论。

（2）意识形态的再发现：对＿＿＿＿＿＿＿＿＿＿＿是霍尔所开创并引领的文化研究领域进行社会批判的主要视角。研究范式转变的关键在于意识形态的再发现，在于揭示语言的社会意义和政治意义，以及符号与话语的政治立场。霍尔真正的目的是要探寻大众生活或是常识中的一般意识形态本质问题，换言之就是＿＿＿。

（3）结合（勾连）：霍尔反对将阶级与意识形态简单绑定的观点，他认为意识形态并非特定阶级的相应产物，而是＿＿＿＿＿＿＿＿＿＿＿＿＿＿＿＿＿＿＿＿＿＿＿＿。意识形态与不同社会阶级之间是一种动态的、复杂的关系，可以通过分析话语来体现这种关系。

（4）霍尔的传播理论给我们最大的启示就是＿＿＿＿＿＿＿＿＿＿＿。最初的传播学研究多遵循实用主义和功用主义，力图了解受众、控制受众，注重传播效果。

（5）传统的媒介研究运用的是"主体—客体"思维模式，将传者作为传播过程中的主体，将受众作为客体，发送者和接受者之间只是一条单向直线。而霍尔认为，尽管编码和读解信息是确定的环节，但是仍然会产生不确定的结果。传播学研究的不应该是主客对立意义上的单一主体，而是一种＿＿＿＿＿＿＿＿＿＿＿＿＿＿＿＿＿＿＿＿＿＿＿，也要强调交往。

（6）霍尔对话语过于重视，反而忽视了物质构造和符号形式间的明确关系，也忽视了研究制度结构和报纸内容之间的连续的关系，从而将真实和符号间的关系夸大了，对＿＿＿＿＿＿＿＿＿＿＿＿＿＿＿＿＿＿＿＿＿＿＿＿。

知识点 6：编码／解码

（1）尽管霍尔指出，大众传媒是当代资本主义的主要意识形态机器，但在分析媒介讯息的阐释实践时，霍尔更强调意义的多样性。

（2）与经典的法兰克福学派的悲观论点不同，霍尔认为现代传媒的受众有可能以自己的方式来对"统治话语"进行解码，受众的反应＿＿＿＿＿＿＿＿＿＿＿。在著名的《＿＿＿＿＿＿＿＿＿＿＿》一文中，霍尔对电视节目的编码和解码进行了分析。他指出，第一阶段是电视话语"意义"的生产，即电视工作者对节目原材料的加工，也就是所谓的编码阶段；第二阶段是"成品"阶段，霍尔认为，电视节目一旦完成，"意义"被注入节目以后，占主导地位的就是电视作品意义的语言和话语规则，此时节目成为一个＿＿＿＿＿＿＿＿＿＿＿；第三阶段是最重要的一个阶段，即观众的＿＿＿＿＿＿＿＿＿＿，观众必须能够＿＿＿＿＿＿＿＿＿＿＿＿＿＿＿＿＿＿＿＿＿＿＿＿。

（3）霍尔提出了著名的三种解码方式，即著名的"＿＿＿＿＿＿＿＿＿＿"：

a. 以霸权为主导的解码，霍尔称之为"＿＿＿＿＿＿＿＿＿＿"。受众（解码者）以编码者预设的意义来解读讯息，制码的意图和解码所得的意义两者完全一致。

b. 协商式的解读，霍尔称之为"＿＿＿＿＿＿＿＿＿＿"。解码者和讯息编码进行微妙的讨价还价，观众与支配意识形态始终处于一种充满矛盾的协商过程中。

c. 对抗式的解读，霍尔称之为"＿＿＿＿＿＿＿＿＿＿"。尽管观众能够看出电视话语的编码，但得出的解读意义却与文本（编码者）的愿望格格不入。

（4）霍尔模式表明，＿＿＿＿＿＿＿＿＿＿＿＿＿＿＿＿＿＿＿＿＿＿＿＿＿＿。阅读文本是一种社会活动，是一个社会谈判和观念博弈的过程。此外，霍尔的理论对传统的文化研究指出了新的研究方向和方法体系，即转向对解码者的民族志的研究。后来戴维·莫利的受众民族志研究都是在霍尔所开创的理论视角下进行的。

知识点 7：从文化主义到结构主义

文化研究的两种范式。在《文化研究：两种范式》中霍尔将文化研究进行了梳理，得出了主要的两种范式：＿＿＿＿＿＿＿＿＿＿＿。

（1）文化主义范式：代表人物有＿＿＿＿＿＿＿＿＿＿，认为文化来源于普通人的日常生活，文化是鲜活的经验。＿＿＿＿＿＿＿＿＿＿，强调"个体经验"——人道主义阶级还原论。但霍尔认为无论是信息编码还是受众的解码都受到多方因素的影响。

(2) 结构主义范式：相对于文化主义把经验置于权威的地位，结构主义_____

_____，必须通过思维的实践即"抽象的力量"分析现实的复杂

性。文化研究中的结构主义观点认为，文化不是某一社会集团的客观经验，而是一个生产意

义和经验的领域。在阿尔都塞看来，宗教、学校等非官方组织均是_____

_____，这些机构通过各种隐秘的方式使主体在潜移默化中认同主导性的

社会秩序，这样意识形态便"通过一个不为人知的过程而作用于人"，通过它，社会现实被建

构、被生产、被阐释。

知识点 8：路易·阿尔都塞

(1) 阿尔都塞是_____的奠基人。

(2) 阿尔都塞认为_____，意识形态对人的控制是隐蔽的、被内化

了的，作为主体的个体不能意识到它的存在的效果，意识形态是无意识的。意识形态从外部

构成我们的"本质"自我，因此我们所谓的本质自我不过是一种虚构，占据它位置的实际上

只是一个拥有社会生产身份的社会存在。

(3) 阿尔都塞在《_____》中指出，意识形态总是通过意识形态国

家机器表现出来。意识形态国家机器为个体在这架机器中提供了一个位置，唤出个体并赋予

一个名称，然后提供给个人一种抚慰性的幻景，其目的是_____

_____。阿尔都塞重新解释马克思上层建筑的概念，他沿用葛兰西的模式，将

上层建筑一分为二：_____。阿尔都塞认为

意识形态不仅要通过语言和再现系统来研究，同时也要通过它的物质形式，如它的体制和社

会实践方式来研究，并取得了重要的理论成果。

(4) 阿尔都塞提出了_____。他认为，意识形态对于人的控制是隐

蔽的，被内化了的，作为主体的个体不能意识到它的存在和效果，意识形态是无意识的。意

识形态从外部构筑我们的"本质"自我，我们依赖于教育我们的语言和意识形态来看待自己

的社会身份，我们对自身的看法不是由我们自己产生的，而是由文化赋予的。因而我们是__

_____。

知识点 9：戴维·莫利

（1）英国学者莫利是当代文化研究的代表人物之一，早年＿＿＿＿＿＿＿＿＿＿＿＿＿＿＿

＿＿＿＿＿＿＿＿＿＿＿＿＿＿＿＿。

（2）莫利试图将霍尔的解码模式运用到时事谈话节目《＿＿＿＿＿＿》上面去，这一研究确立了莫利在当今文化研究领域的地位。在这项研究中，他让不同阶段的受众观看两期《全国新闻》节目，结果发现银行经理的解读与霍尔所说的主导性解读几乎一致，而工会积极分子的解读是对抗性解读。但是和霍尔的模式不一致的是，＿＿＿＿＿＿＿＿＿＿＿＿＿

＿＿＿＿＿＿＿＿＿＿＿＿＿＿＿＿＿＿＿＿＿＿＿＿＿＿＿＿＿＿＿＿＿＿＿＿＿＿＿

＿＿＿＿＿＿＿＿＿＿＿＿＿＿＿＿＿＿＿。

（3）莫利指出：与其说存在着主导性解码，不如说信息内容受制于编码者有意识的意图；与其说存在着三种彼此不连续的解码模式，不如说存在着一条连续的意义的"＿＿＿＿＿＿"；如果文本和受众没有产生共鸣，其意义就会被忽视；单一性、封闭性的各种叙事文本的主导意义容易被觉察，肥皂剧等开放性文本可能产生抵抗性意义的阐释。

（4）一般认为，莫利的受众研究融合了＿＿＿＿＿＿＿＿＿＿＿，结合了定量方法和批判的阐释方法，把微观和宏观、经验方法和批判取向结合起来，从而别具一格。

知识点 10：安东尼奥·葛兰西

（1）葛兰西曾任意大利共产党总书记，也是文化研究学者。他提出"＿＿＿＿＿＿＿＿＿"，又译作"文化领导权"，主要指在意识形态、文化和价值领域里，官方与民间、国家与社会的广泛而密切的联系中既有斗争又有广泛的共识和认同的辩证关系。葛兰西的"霸权"是指＿＿＿

＿＿＿＿＿＿＿＿＿＿＿＿＿＿＿＿＿＿＿＿＿＿＿。霸权观念的关键＿＿＿＿＿＿＿＿＿＿

＿＿＿＿＿＿＿＿＿＿＿＿＿＿＿＿＿＿＿＿＿＿＿＿＿＿＿＿＿＿＿＿＿＿＿＿＿＿＿

＿＿＿＿＿＿＿＿＿＿＿＿＿＿＿＿＿＿＿＿＿＿＿。因此，所谓文化霸权，其实质就是一种＿＿＿＿＿＿＿＿＿＿＿＿。

（2）葛兰西认为文化霸权并不是一种简单的、赤裸裸的压迫和支配，而是要去争得一种领导地位。它要求赞同，但并非不允许不同声音的存在；它需要遏制对立面，但并非要剪除对立面。为了获得霸权，＿＿＿＿＿＿＿＿＿＿＿＿＿＿＿＿＿＿＿＿＿＿＿＿＿。因此在葛兰西看来，_____，它的内容是由统治集团获得霸权的努力和被统治集团对各种霸权的抵抗共同构成的。

（3）葛兰西的_____。葛兰西把上层建筑分为两个部分，一个可称作"_____"，即通常被称作"私人的"组织的总和，另一个是_____。这两个阶层一方面相当于统治集团通过社会行使的"霸权"职能，另一方面相当于通过国家和"司法"政府所行使的"直接统治或管辖职能"。

（4）_____：葛兰西的"霸权"概念在20世纪70年代重新走入人们的视野，被引入英国文化研究中，形成了_____。霸权概念的提出，使得大众文化研究从相互敌对的困境中解脱出来，他们用霸权理论来阐释大众文化，大众文化不再是一种阻碍历史进程的、强加于人的政治操纵文化，也不是社会衰败和腐朽的标志，而是抵抗和融合之间一种不断变化的力量平衡。进入20世纪80年代以后，霍尔等英国文化研究学派思想家，在阿尔都塞的意识形态理论的基础上，进一步发展了葛兰西的"霸权"理论，形成了_____。作为新葛兰西文化研究学派的霍尔是代表人物，霍尔认为各种文化作品不带有"含义"的痕迹，也不是由生产意图始终决定的。"含义"是一种社会生产、一种实践。由于同样的一件文化作品或种实践可以具有各种不同的"含义"，所以这个"含义"就成为斗争的场所和产物。

知识点 11：约翰·费斯克

（1）费斯克是当今文化研究特别是大众文化研究领域的领军人物之一，著有《解读电视》《理解大众文化》《电视文化》等多种影响广泛的著作。他尝试建立不同于法兰克福学派的大众文化理论，倡导积极快乐和随意休闲的大众文化理论，推崇日常狂欢的大众消费精神，_____。

（2）费斯克试图在霍尔模式的基础上建立_____，他认为，权力集团批量复制的文化产品和"民众"的抵抗性意义生产活动有质的差别。_____。大众在解读大众文化的时候会把它们放在不同的社会层理和文化效忠从属关系中做不同的理解。于是，大众文本呈现出"多义的开放性"。

（3）费斯克的快感理论宣称快感和意义的生产是在大众文化所提供的资源中进行的，_____

_____。在他看来，商业流行文化从本质上讲即使不是激进的，也是进步的。他的研究注重观众的能动性，强调受众在媒介文化中的积极作用。他认为大众是具有创造性的，大众传媒的文本建构并不是由媒介单独完成的，而是由大众共同完成的。大众文化的最大驱动力在于其能给大众提供快感，文化经济中运作着能为大众拥有的意义、符号和价值。费斯克创造性地提出了_____来阐明大众在消费过程中所进行的抵抗。

（4）在《理解大众文化》一书中，费斯克还提出"_____"理论。所谓两种经济，_____。以电视作为文化产业的例子，费斯克指出，在资本主义社会中，电视节目作为商品，生产和发行于这两种平行且共时的经济系统中，其中金融经济重视的是交换价值，流通的是金钱，而文化经济重视的是使用价值，流通的是"意义、快感和社会认同"。从这一理论出发，费斯克认为，观众既是消费者又是生产者。观众在观看，即消费电视节目的时候，同时作为节目意义的生产者而存在。这样，资本主义从工作世界扩展到了休闲领域，人们通过观看电视参与到了商品化的过程中。

（5）总体上看，费斯克的_____
_____，但却高估了这一力量。

知识点 12：亨利·詹金斯

（1）亨利·詹金斯是美国著名的_____，现任美国南加州大学传播、新闻、电影艺术和教育学院的教授。

（2）亨利·詹金斯对于流行文化的研究涵盖了众多领域，包括歌舞剧与流行电影、漫画、电子游戏及游戏暴力、跨媒体、参与式文化、粉丝文化、新媒体素养、融合文化研究等等。他曾出版十余部关于媒介和流行文化各个方面的著作，包括影响力巨大的《_____
_____》《在通俗文化中起舞：通俗文化的政治与乐趣》等。

（3）在社会学和流行文化领域，_____。该书反对将粉丝看作愚昧、盲目的"文化白痴"，而是将电视粉丝看作是对_____
_____，是从借来的材料中_____，是勇于争夺文化权力的斗士。詹金斯具体分析了《星际迷航》《侠胆雄狮》《双峰》等电视节目，对粉丝群体进行了一次以_____的叙述和考察，重点关注其_____

_____。

(4) 在詹金斯看来，粉丝既不是单纯的制作商和大众文化宣传的意识形态接受者，也不能被看作毫无理性的群体，而是_____。他把媒体粉丝文化界定为一种广泛而多样的_____，它对传统文化、主导文化、大众文化构成了抵抗。粉丝圈同时从正、负两面为粉丝赋权，它的体制既允许粉丝们表达反对的东西，也能表达为之奋斗的东西。媒体粉丝圈形成了一种_____，将媒体消费变成了新文本、新文化和新社群的生产，不断将他人眼中无足轻重、毫无价值的文化材料构造出意义。

(5) 参与式文化具体指的是以_____网络为平台，以_____为主体，通过某种_____，以_____。

(6) 詹金斯主要借鉴了米歇尔·德·塞尔托关于"消费者二度创作"的理论和葛兰西的文化领导权理论等，激活了"战术""战略""盗猎"和"游击战"等术语，强调受众的抵抗式解读，把_____，与受众研究脉络中的文化悲观论（以阿多诺等人为代表）和伯明翰学派的市场收编理论（以迪克·赫伯迪格为代表）形成了鲜明对比。

【相关真题】

1. 约翰·费斯克（西南大学 2022 名词解释、华中师范大学专硕 2022 名词解释）

参考答案：

约翰·费斯克是当今文化研究特别是大众文化研究领域的领军人物之一，著有《解读电视》《理解大众文化》《电视文化》等多种影响广泛的著作。他尝试建立不同于法兰克福学派的大众文化理论，倡导积极快乐和随意休闲的大众文化理论，推崇日常狂欢的大众消费精神，试图在大众文化研究中的精英主义和悲观主义之间做出一种超越。

费斯克试图在霍尔模式的基础上建立通俗文化理论，他认为，权力集团批量复制的文化产品和"民众"的抵抗性意义生产活动有质的差别。大众文化并不是文化工业生产的，而是消费行为产生的。大众在解读大众文化的时候会把它们放在不同的社会层理和文化效忠从属关系中来做不同的理解。于是，大众文本呈现出"多义的开放性"。

2. 简述文化霸权理论（四川外国语大学 2020 简答题）

参考答案：

文化研究学者葛兰西提出"文化霸权"，又叫作"文化领导权"，主要指在意识形态、文化和价值领域里，官方与民间、国家与社会的广泛而密切的联系，以及既有斗争又有广泛的共识和认同的辩证关系。葛兰西认为霸权是社会统治集团可以使用的各种社会控制模式，它的产生背景是社会冲突。霸权观念的关键不在于强迫大众违背自己的意愿和良知，屈从于统治阶级的权利压迫，而在于让个人心甘情愿、积极参与，被同化到统治集团的世界观或者说霸权（意识形态）中来。因此，所谓文化霸权，其实质就是一种意识形态领导权。

葛兰西认为文化霸权并不是一种简单的、赤裸裸的压迫和支配的关系，霸权是要去争得一种领导地位，它要求赞同，但并非不允许不同声音的存在；它需要遏制对立面，但并非要去剪除对立面。为了获得霸权，统治集团不得不对被统治集团的利益和需求作出一定的让步。因此在葛兰西看来，文化既是支配的，又是对抗的，它的内容是由统治集团获得霸权的努力和被统治集团对各种霸权的抵抗共同构成的。

【本章指南】

如果说法兰克福学派给人的印象是秉持着批判学派的"魔弹论"，那么文化研究学派的观点给人的感觉就是批判学派的"有限效果论"。这种有限效果论也不是说真的"效果有限"，而是指文化研究学派在肯定了文化对社会的巨大影响力的同时，强调了受众的抵抗性，以及文化内部的多重矛盾和变动性，引入了例如受众的意识形态、生活情境、身份认同等更多的因素，乃至开辟了除了阶级以外的数个"战场"。

就像理解法兰克福学派需要理解犹太人一样，理解文化研究学派也需要理解英国社会。二战前的英国社会等级尤为森严，文化研究学派的思想根源来自马修·阿诺德和弗兰克·利维斯的精英文化思想，他们认为文化就是英国上层阶级的生活方式，因而要抵抗来自美国的流行文化的侵蚀，这在当时的英国是不可否认的共识。但二战结束后，英国社会发生剧烈动荡，大英帝国的传统和高高在上的贵族特权一起被打破了。1945 年工党在大选中以压倒性优势获胜组阁，英国进入了福利国家与大众社会的时代。中产阶级和工人拥有了更多的话语权，通俗文化崛起，一批新左派的知识分子进入传统中由保守主义和自由主义学者把持的学术界，霍加特、汤普森、威廉斯等文化研究学者也是从这时候开始崛起的。对于大众文化的研究，从根本上来说是为平民和普通人生活正名，尤其是对于新无产阶级来说，通过对大众文化的研究和分析，可以揭示日常生活中的阶级斗争，进而重新激活工人阶级意识自觉的文化以抵抗资产阶级政治，也是对传统苏联式的经济决定文化的机械认知的一种反思。但是这种文化浪漫主义也遭到了来自结构主义的诘问：如何保证工人喜爱的文化就是真正属于工人自己的文化，而不是资产阶级操纵的文化？工人的文化难道就没有资产阶级的意识形态存在？霍尔通过用葛兰西的理论进行调和，更加强调了文化的复杂性——文化既不是完全被资产阶级操控的，也不是完全由大众自发形成的，而是一种双方博弈的战场。此后，随着系统的定性受众研究方法的引入，文化研究进一步聚焦和强调了受众解读的自由，甚至像费斯克一样，完全肯定受众具有在大众媒介文化文本之外创造意义，甚至直接创造文化的能力（例如詹金斯）。

总的来说，文化研究自 20 世纪 70 年代以来成为批判学派中影响最深的一个流派，该学派关注的是意识形态与社会结构等宏观问题，从宏观的批判视角出发研究受众作为能动的解码主体对意义的主动解码与重构，打破了精英主义视角下受众孤立的、原子式的存在。此后女性主义和种族视角的介入使得文化研究出现了新的变化。女性主义开启了作为政治的个人的观念，让人们意识到个人日常选择也与权力密切相关，它扩展了权力的概念，使之不再仅指公共领域的政治权力，也扩展到了新的领域，此外女性主义还将性别和性引入文化研究，并重新提出了主体性的问题。种族问题使得文化研究开始关注全球化中的个体认同，个体的差异问题、身份问题、知识与权力问题逐渐成为文化研究的重点。

不过，文化研究在答题中的应用就比较狭窄了。如性别、身份、种族等议题，在国内的语境下都比较超前，不容易成为考题；像强调受众的主动性和文化的多义性，作为考题其尺度也难以把握；到后来的如勾连理论等，运用起来难度也较高。目前会出的考题主要围绕着"受众对文化中意识形态的抵制和颠覆"，主要考查的人物有以下几位。

第一位是霍尔。霍尔的三种解码模式可以说是考查最多的文化研究理论，也是最适合答题使用的，可以描述意识形态传播中受众可能的抵制。如果你的题目目标是要向受众传播某种意识形态，就一定要先了解受众已有的阶级背景、意识形态，防止抵抗式解码。描述受众主动性的时候则可以强调受众的主动理解。（注意：霍尔的解码模式一定是政治的，如果没有政治，仅仅只是一般的理解，就用不到霍尔的模式）

第二位是费斯克。费斯克的文化偷猎论可以在一定程度上解释为什么很多网民会热衷于恶搞大众媒体，因为受众实际上是想利用这些传达他们对主流意识形态无论政治还是商业部分的反抗。在网络走向草根化的时代，这种恶搞会越来越多。但也必须注意的是，人们在传播中往往会忘记恶搞的初衷，使之失去了抵抗权力的基本意义，而变成了无意义的集体狂欢。并且恶搞很多时候感性宣泄的部分多，对实际解决问题价值有限。

第三位是詹金斯。詹金斯的参与式文化，基本上是我们现在分析网络文化现象的标准配置。尤其是粉丝文化部分，以及对同人文化、亚文化等的分析，詹金斯的观点是不能不提的。

回过头来，我们看完了法兰克福学派的文化压制观，又看到了文化研究学派的文化反抗观，那么究竟我们应该倾向于什么样的观点呢？

目前来看，如果是答题的话，葛兰西的观点应该是比较好用的。葛兰西的文化观不仅证明了大众文化的复杂性，即不同阶层、不同意识形态会对文本做完全不同的解读，更强调了这种解读往往是动态的，会跟随阶级力量对比、媒介资源多寡而不断变化。这就解释了为什么大众文化有时是以压制为主，有时是以解放为主（我们可以想想 b 站的"后浪"广告引发的舆论风波）。

葛兰西的观点也可以被"逆练"。作为政治宣传者来说，赤裸裸的政治宣传往往不能起到很好的效果，好的宣传往往是含有受众的诉求、用受众的语言表达的内容，这样才能引起共鸣。在主流媒体舆论引导力下降的今天，媒介要想重拾话权和"麦克风"，就必须尊重网民，倾听网民意见，适应互联网传播规律，这才是打造新型主流媒体的核心要义。

第 56 天
政治经济学派

【学习导语】

前面我们所谈论的批判学派的观点主要关注的是大众文化如何操纵受众的主动性，却忽略了文化产品是如何流通的，是忽略了物质基础的"空中楼阁"。我们今天要学习的正是搭建了"地基"的，结合政治与经济进行批判的政治经济学派，注意同之前的文化研究进行对比学习。

【本章我的掌握情况】

	基本理解	熟练掌握	运用自如
56.1 传播政治经济学派			
56.2 达拉斯·斯麦兹			
56.3 赫伯特·席勒			
56.4 文森特·莫斯可			
56.5 诺曼·乔姆斯基			
56.6 阿芒·马特拉			
56.7 尼古拉斯·加汉姆			
56.8 默多克和戈尔丁			
56.9 格拉斯哥小组			
56.10 丹·席勒			

知识点 1：传播政治经济学派

（1）传播的政治经济学研究，顾名思义，就是从政治经济学的角度来考察传播现象，是将＿＿。

（2）政治经济学研究首先把人类传播，特别是资本主义制度里主流媒体的传播看成是一种生产活动，它对社会的影响和控制，是由其对媒介的所有权所决定的。_____。因此，传播研究应首先着眼于媒介的组织和经济活动。

（3）传播政治经济学派则对以欧洲学者为代表的结构主义和文化批判研究提出了批评，认为后者对信息和文化产品内容的分析缺乏坚实的物质基础。文化产品和信息中所承载的意识形态并不具备自主的特性。忽略了对媒介的经济活动的研究，是结构研究和文化批判研究的盲点所在。

（4）早期对传播的政治经济学研究大约开始于 20 世纪 30 年代。与传播学的总体研究一致，它的发源地是现代传播活动最为活跃的北美。有学者认为，对政治经济学派的形成具有重大影响的历史原因有三点：_____

_____

_____

_____

_____。

（5）传播政治经济学从_____出发，关注社会政治经济力量与_____

_____。也就是说传播政治经济学试图回答关于__

_____

_____等问题。

（6）在传播政治经济学者看来，在西方社会，大众传播业作为利润丰厚的产业部门，总是处于一定的政治经济权力结构中，_____

_____。

（7）政治经济学派主要围绕以下方面展开批判：a._____ b._____

____c._____ d._____ e._____。

（8）当代传播政治经济学的代表人物有_____

_____

_____

_____等。

知识点 2: 达拉斯·斯麦兹

(1)_____代表人物，他开辟了传播政治经济学研究领域，建立了传播政治经济学研究的批判学派。他参与并影响了呼吁建立世界新闻新秩序的国际运动，并始终关注传播领域的公共利益和公共控制，其提出的一系列理论观点产生了广泛的学术和社会影响，他最有代表性的理论是受众商品论。

(2)_____：斯麦兹认为_____

_____，这也奠定了受众商品理论的理论基础。1977 年他发表了《_____

_____》一文，标志着受众商品理论的形成。斯麦兹指出，广告时段的价值是传播产生的间接效果，而广播电视节目则是"钓饵"性质的"免费午餐"，它们都不是广播电视媒介生产的真正商品。_____

_____。与此同时，测量受众的公司便能够计算他们的数量多寡，并区分各色人等的类别，然后将这些数据出售给广告商。

(3) 斯麦兹认为，在发达的资本主义社会，所有的时间都是劳动时间。由此，他得出了下面在常人看来更加惊人的结论：_____

_____。这种价值，最终是通过购买商品时付出的广告附加费来实现的。其不公平处在于，受众在闲暇时间付出了劳动，为媒介创造了价值，但没有得到经济补偿，反而需要承担其经济后果。

(4)_____

_____。斯麦兹在他的《依附之路》一书中提出了媒介依附理论，指出加拿大的报刊、书籍和广播电视电影业都是美国市场的附庸，其背后的原因是加拿大经济对美国垄断资本主义的依附。

(5) 在取得巨大影响力的同时，斯麦兹的分析也遭受了批评，被批评为庸俗政治经济学，批评者说他的观点将意识形态降低为经济基础，_____

_____。它把受众完全视为被操纵的对象，剥夺了受众的主体性选择及由此所带来的享受，因而走到了另一个极端。

（6）斯麦兹在《现代媒介人与政治过程》中指出，文化工业可以将政治候选人转变成与其他商品具有相同特征的商品。电视辩论实际上不仅不能提供候选人系统表达自己政治观点的机会，还会把政治作为娱乐产品来消费。＿＿＿＿＿＿＿＿＿＿＿＿＿＿＿＿＿＿
＿＿＿＿＿＿＿＿。

（7）在《恐怖的上升与大众媒介》中，斯麦兹探讨了冷战时期美国的大众媒介在美国对外政策中的作用。大众媒介部分有计划、部分无意识地服务于冷战宣传路线，这强化了普通公众的"思想壁垒"，客观上推动了美国的冷战政策的出台。

（8）对技术决定论斯麦兹持一种批判态度，在他看来技术与科学密切相关，与科学一样是高度政治化的。尽管技术通常被看作是"应用科学"，意味着"研发"以及各种研发成果的创新和应用，但是，研发什么、怎样用、为了什么目的却最终要由社会的权力机构所决定。斯麦兹指出，＿＿＿＿＿＿＿＿＿＿＿＿＿＿＿＿＿＿＿＿＿＿＿＿＿＿＿＿＿
＿＿＿＿＿＿＿＿＿＿＿＿＿＿＿＿＿＿＿＿＿＿＿＿＿＿＿＿＿＿＿＿＿＿
＿＿＿＿＿＿＿＿＿＿＿＿＿＿＿＿。

知识点 3：赫伯特·席勒

（1）赫伯特·席勒作为＿＿＿＿＿＿＿＿＿＿＿＿＿＿＿，在当代西方传播批判领域占有十分重要的地位，是美国批判学派的先驱。

（2）作为美国传播政治经济学批判学派的奠基人之一，席勒的诸多著作界定了美国大众传播媒介的种种政治经济特征，对世界范围内批判思想的发展产生了深远的影响。用他自己的话说，他所做的就是试图阐释各个领域（包括电影、电视、新闻、教育以及出版行业）中
＿＿＿＿＿＿＿＿＿＿＿＿＿＿＿＿＿＿＿＿，＿＿＿＿＿＿＿＿＿＿＿＿＿＿＿。

（3）席勒在他的成名作《＿＿＿＿＿＿＿》中指出了美国文化输出和美国的帝国主义扩张之间的关系，即传播帝国主义表现在以下几个方面：＿＿＿＿＿＿＿＿＿＿＿＿＿
＿＿＿＿＿＿＿＿＿＿＿＿＿＿＿＿＿＿＿＿＿＿＿＿＿＿＿＿＿＿＿＿＿＿
＿＿＿＿＿＿＿＿＿＿＿＿＿＿＿＿＿＿＿＿＿＿＿＿＿＿＿＿＿＿＿＿＿＿
＿＿＿＿＿＿＿＿＿＿＿＿＿＿＿＿＿。该书揭示了大众媒介与美国政府、军事工业构成联合体，共同控制美国社会的传播实质。通过对传播这种独具慧眼的分析，席勒呈现了这样

一个事实: _____。

（4）席勒认为，美国媒介向海外输出思想，其基本的动力来自_____。凡是美国大公司存在的地方，就有美国广告的影子，就有美国媒体的声音。在加拿大，在亚洲和非洲，当地面临的不仅仅是消费品市场日渐被美国产品所占领，其_____也逐渐被美国文化和媒介所掠夺。

（5）除此之外，席勒较为关注媒体的集中化趋势，他分析指出，_____。他认为，_____。

（6）在学术研究上，席勒毫不掩饰他对_____；在治学上，他也期盼建立一种_____，因而在1970年创办了加州大学圣地亚哥分校的传播学系。尽管他的治学理想最终受阻于传播学的新保守主义，但是席勒的思想影响了一批在那里就读的学生，包括引导自己的儿子_____也走上了传播政治经济学的研究之路。

知识点 4：文森特·莫斯可

（1）文森特·莫斯可是_____，当代传播政治经济学的代表理论家之一，研究领域主要在传播的政治经济学、传播政策、传播信息的技术给社会带来的冲击等方面，其代表性著作是《_____》。

（2）莫斯可的首要贡献在于对传播政治经济学这一研究领域的发展历程、研究成果进行了系统梳理。在《传播政治经济学》中，莫斯可针对传播政治经济学的理论框架提出了三种过程：_____，由此，对传播商品的考察也分为三个层次：_____

_____

_____

_____

_____

_____

_____。

（3）关于传播新技术，莫斯可认为，所谓_____

_____。在某种意义上，现代_____

_____，技术不可能解决历史、地理、政治等问题。

（4）20 世纪 80 年代初，莫斯可对斯麦兹的_____

_____的概念，认为传媒和广告客户之间的交易是通过收听收视率行业进行的

商品交换，由这种交换过程产生的是收听收视率这种信息性、资料性商品，而非有形的商品。

他认为大众传媒生产的产品，并不是实际的受众（即受众的人数），而是关于受众的信息（受

众的多少、类别、使用的媒介的形态）。而且受众是一种延伸化的商品过程，这一商品化过程

延伸到了机构领域，如公共教育、政府信息、媒介、文化、电子传播等领域，还延伸至公共

空间，甚至身体和身份的转型中。

（5）莫斯可认为，当代西方国家对传播业的建构可以从_____

_____四方面来加以说明。_____：是国家取消公共利益、公共服务原则，确

立市场原则的过程，媒介的赢利原则取代公共服务成为第一原则；_____：国家介入为

市场引进新的竞争者，增强市场竞争；_____：国家以各种形式卖掉国有企业或公有企

业；_____：国家组成联盟，放松跨国企业限制，为传播业的跨国发展提供了前提，也

为强国影响世界传播业的发展创造了条件。这"四化"会导致媒介内容和服务质量的下降，

对公共利益、民主平等造成危害。

（6）莫斯可_____

_____。他认为政治经济学应该学习文化研究的哲学路径，坚持现实主义的认

识论，坚持历史研究的价值，考虑具体的社会统一性，克服社会研究和社会实践的分野。政

治经济学研究应该像文化研究一样关注普通人，怀抱道德义务，对社会机构负责，不回避和

忽视对劳动和劳动过程的研究。他对于传播政治经济学的建议是：开始于一种现实主义的、

包容的和批判的认识论，采取一种本体论的姿态，坚持一种以商品化、空间化和结构化为切

入点的坚固立场。

知识点 5：诺曼·乔姆斯基

（1）著名语言学家乔姆斯基的_____

_____。在与爱德华·赫尔曼合著的《制造共识：大众传媒的政治经济学》

一书中，乔姆斯基就市场力量对于媒体内容的影响提出了批评，提出了新闻的＿＿＿＿＿＿＿＿＿＿

＿＿＿＿＿＿＿＿＿＿＿＿＿＿＿＿＿。

（2）乔姆斯基认为，正是通过这种模式，企业与国家权力结合起来，自由市场经济将不可避免地产生导致程式化与狭隘报道的条条框框，他将此总结为＿＿＿＿＿＿＿＿＿＿＿＿＿＿＿＿

＿＿＿＿＿＿＿＿＿＿＿＿＿＿＿＿＿＿＿＿。很明显，乔姆斯基的宣传模式说很大程度上是基于冷战时期的美国新闻体制的。他认为，国家—企业宣传体系在冷战时期担当着重要角色，而媒体自然是这个体系的核心。他不仅怀疑媒体抑制民众，不让他们了解实际情况，甚至怀疑其"延长"了冷战。

（3）近年来，乔姆斯基根据冷战后新的国际形势对原来的宣传模式学说与"新闻过滤器"说又做了一些修订。针对新兴技术对于传播的影响，他认为，新传播科技——特别是电子邮件的应用和通过电脑网络来交换意见与获得资讯——＿＿＿＿＿＿＿＿＿＿＿＿＿＿＿＿＿

＿＿＿＿＿＿＿＿＿＿＿＿＿＿＿＿＿。除非大众力量组织起来控制它们，否则新通信科技的前景多半也会像过去的大众媒体一样成为私人利益的工具。乔姆斯基对此持有悲观的立场。

知识点 6：阿芒·马特拉

（1）阿芒·马特拉是法国著名左翼学者，他是＿＿＿＿＿＿＿＿＿＿＿＿＿＿＿＿＿＿＿＿

＿＿＿＿＿＿＿＿＿＿＿＿＿＿＿＿＿＿＿＿＿＿。

（2）马特拉在《世界传播与文化霸权》中分析全球传播的三个维度：＿＿＿＿＿＿＿＿＿＿

＿＿＿＿＿＿＿＿＿＿＿＿＿＿＿。战争对信息传播的功能性需求，首先是缩短时空距离，同时战争期间对鼓舞士气的要求也促进了宣传鼓动的发展，甚至衍生出心理战这个专门学科。＿＿＿＿

＿＿＿＿＿＿＿＿＿＿＿＿＿＿＿＿＿，从而模糊了民族国家的边界，最终是跨国的信息传播新网络按照经济资本和文化资本的生产和分配重新分割世界。＿＿＿＿＿＿＿＿＿＿＿＿＿＿

＿＿＿＿＿＿＿＿＿＿＿＿＿＿＿＿＿＿＿＿＿＿＿＿。

在商品的标签下，跨国传媒集团用工业化方式推广的文化，成了普遍的文化消费资料，而"消费者权力"成了文化传播的动力。

（3）马特拉着力观察和＿＿＿＿＿＿＿＿＿＿＿＿＿＿＿＿＿＿＿＿＿＿＿＿＿＿＿＿＿

_____。跨国媒体集团所标榜的所谓"现代化的取舍"，虽然看似重视了信息接受者的权利，但却忽视了一个更加重要的问题：真正的信息传播应该是接受者和传播者之间的互动的对话过程。而在信息交流的不平等背后，马特拉预言了人类将面临重重危机。

（4）马特拉提出用_____，对大众传播的功能的研究不能脱离它所处的具体的社会政治背景。传播的阶级分析的一个重要内容就是批判在西方资本主义和帝国主义制度下大众传播扮演的意识形态机器的角色，批判在资本主义和帝国主义体制之下运行着的传播机制及其造成的压迫，并揭示在阶级对抗的背景下大众传播体系的变化。

（5）在很大程度上，马特拉对传播学科建制的贡献主要体现为_____
_____，另一方面则反思了当下传播学科的发展。马特拉并没有垂直勾勒出一条连续的发展脉络，而更多地采用横断面式的研究阐述各个时期的学科条件，尤其突出了知识与权力如何构建出特定的传播话语。在马特拉的传播系谱中，主要有四个维度：_____
_____。由于马特拉的思想史提供了一种有别于主流的视角，如今其传播学史著作也成了反思学科诞生与发展的重要参照之一。

知识点 7：尼古拉斯·加汉姆

（1）加汉姆是_____的顶梁柱和核心人物。他创立了《媒体、文化与社会》刊物，吸收了众多学者加盟，引入布尔迪厄和哈贝马斯的思想，推动了媒体研究的繁荣。

（2）他的代表性著作包括《电视的结构》《电视经济学》《资本主义和传播：全球文化与信息经济》等，这些著作广泛涉及_____
_____等领域，研究了被我们称作"公共领域"的媒体空间的物质基础，将_____
_____。加汉姆经常将"传播政治经济学"与"传播与文化的政治经济学"作为互相替代的概念。

（3）加汉姆认为政治经济学的路径就是"_____
_____"。他认为政治经济学的前提假设是，"历史上可观察到的剩余产品的不平等分配……其实是伴随历史发生的，是生产模式的特定结构所导致的结果"。他进一步解释说这种"不平等"以这样的方式体现在传播中："＿＿＿

＿＿＿＿＿＿＿＿＿＿＿＿＿＿＿＿＿＿＿＿＿＿＿＿＿＿＿＿＿＿＿＿＿＿＿＿

＿＿＿＿＿＿＿＿＿＿＿＿＿＿＿＿＿＿＿＿＿＿＿＿＿＿＿对这个过程的分析对于理解权力关系而言十分关键，这些权力关系涉及文化以及它们与更广泛的主控结构的关系。"

（4）加汉姆的政治经济学路径极大地影响了威斯敏斯特学派和媒体研究领域，在很长时间内，学者们都跟随他的脚步，直到20世纪90年代以后才开始出现多元化的研究方法。由加汉姆所引领的这一支传播政治经济学的队伍，与由戈尔丁和默多克所代表的莱斯特学派一起构成英国传播政治经济学的主体。

知识点 8：默多克和戈尔丁

（1）默多克是英国传播政治经济学的重要奠基人，与戈尔丁共同组成＿＿＿＿＿＿＿＿。

（2）自20世纪70年代开始，默多克和戈尔丁等人撰写了大量著述，依据马克思主义理论对资本主义社会的大众传播与阶级关系、文化产品的生产过程及其结构进行批判性剖析。他的理论贡献主要集中在以下几个方面：＿＿＿＿＿＿＿＿＿＿＿＿＿＿＿＿＿＿

＿＿＿＿＿＿＿＿＿＿＿＿＿＿＿＿＿＿＿＿＿＿＿＿＿＿＿＿＿＿＿＿＿＿＿＿

＿＿＿＿＿＿＿＿＿＿＿＿＿＿＿＿＿＿＿＿＿＿＿＿＿＿＿＿＿＿＿＿＿＿＿＿

＿＿＿＿＿＿＿＿＿＿＿＿＿＿＿＿＿＿＿＿＿＿＿＿＿＿＿。

（3）他们关注＿＿＿＿＿＿＿＿＿＿＿＿＿＿＿＿＿＿＿＿＿＿＿＿＿＿＿＿＿他认为大众传媒是一种特殊的资本主义生产部门，它生产的产品对受众的思想和文化产生巨大影响，但也具有走向垄断和集中的必然性。在这一点上，他们揭示了所谓资本主义大众媒介"所有权分散论"与"管理革命论"的虚伪性，并＿＿＿＿＿＿＿＿＿＿＿＿＿＿＿＿＿＿

＿＿＿＿＿＿＿＿＿＿＿＿＿＿＿＿＿＿＿＿。

（4）无论是＿＿＿＿＿＿＿＿＿＿＿＿＿＿＿＿＿＿＿＿，＿＿＿＿＿＿＿＿＿＿＿＿

＿＿＿＿＿＿＿＿＿＿＿＿＿＿＿＿＿＿＿＿＿＿＿＿＿＿＿＿。这一研究采用了传统社会学的研究方法，通过量化和非量化的取样途径，剖析了英国的报刊和电视因受其行业自身利益和逻辑的局限对学生反对越战游行示威所做的失实和歪曲报道。

（5）尽管默多克与戈尔丁与法兰克福学派同属批判阵营，但是他们对法兰克福学派的部分观点和方法持批评态度。_____

_____。

（6）默多克致力于以一种"媒介非中心化"的视角来研究大众传播媒介的行为，并在漫长的研究生涯中身体力行。他和他的重要同事兼合作伙伴戈尔丁发表了多篇论文和专著，从马克思主义政治经济学的角度对传媒现象进行研究，_____

_____。

知识点 9：　格拉斯哥小组

（1）崛起于 20 世纪 70 年代的格拉斯哥媒介研究小组是英国媒介研究领域的一支重要力量。

（2）格拉斯哥媒介研究小组以_____作为主要研究对象，以敏锐而犀利的笔锋"穿透了新闻媒介表面上所声称的中立和平衡，发现了新闻报道中充满偏见和限制的事实"。该小组_____，以及围绕_____

_____等。

（3）媒介研究小组通过对英国媒体在 1982 年福兰克岛事件、北爱尔兰的媒体事件、1984 年的煤矿工人罢工事件的报道中参与者形象的分析研究，发现了政府部门对新闻的控制——政府对不同新闻记者采取等级制度，以影响不同的受众群体；政府通过要求_____

_____，借此对新闻信息和传播进行控制；政府____

_____。

（4）从思想贡献上看，格拉斯哥媒介研究小组秉承着英国媒介研究的意识形态批判传统，同时又不局限于微观分析，而是在_____，这种方法有助于揭示媒介的中长期影响。他们呼吁媒体应该自觉抵制市场力量的侵蚀，在_____

_____。

知识点 10：丹·席勒

（1）丹·席勒是著名传播政治经济学学者赫伯特·席勒之子。丹·席勒是开辟信息政治

经济学研究领域的代表性学者，他在理论上的重要贡献包括两个方面：_____
_____。

（2）丹·席勒对 20 世纪 60 年代末开始兴起的"信息社会"理论进行了批判，提出要把信息定义为导致社会变革的决定性因素。随着科技推动社会进步的进程加快，信息、信息技术和信息社会越来越难以让人忽视，_____由此应运而生，这一研究领域囊括了对信息系统结构和信息商品化过程的关注，并致力于_____
_____。丹·席勒虽然继承了其父赫伯特·席勒的批判性研究取向，但重点关注的是美国信息产业和信息科技的现状，致力于_____
_____。

（3）丹·席勒的《_____》（1999）把网络技术的发展置于社会经济和制度的互动之中进行考察，提出了一种_____，在西方学术界和网络业界产生了较为广泛的影响。《数字资本主义》扎扎实实地从分析网络在其发端地美国兴起到在全世界蓬勃发展的历史着手，展示互联网技术同宏观经济与制度的关系。他发现电脑网络与现存的资本主义联系在一起，大大拓宽了市场的有效影响范围。事实上，互联网恰恰是构成跨国程度日益提高的市场体系的核心的生产和控制工具。

（4）首先受到质疑的是互联网环境的输出，即_____
_____。丹·席勒对数字化的又一个方面的质疑是，网络和传统传媒系统的联姻并没有改变广告商通过广告费和赞助形式操纵商业化媒介的现象。在书的结尾部分，他所给的结论是：_____
_____。

（5）丹·席勒是_____。他的研究不但拓展了传播政治经济学的研究版图，使这一学说谱系更加完整，还对马克思主义理论在新时期的发展起到了重要的补充和延续作用。此外，他还指出，_____
_____。

【相关真题】

1. 媒介帝国主义（清华大学学硕 2022 名词解释）

参考答案：

席勒在他的成名作《大众传播与美帝国》中指出了美国文化输出和美国的帝国主义扩张

之间的关系，表现在以下几个方面：与文化输出有关的大众传播媒介，很多是受美国国防部和跨国公司控制的；美国提倡的信息自由流通主义实际上是美国意识形态君临他国的代名词，因为发展中国家大众传播事业不发达，没有什么信息可以流入美国；美国向发展中国家倾销电视节目，使一些国家的传统文化濒于灭亡。该书揭示了大众媒介与美国政府、军事工业构成联合体共同控制美国社会的传播实质。通过对传播这种独具慧眼的分析，席勒呈现了这样一个事实：国家是处于资本主义社会互相联系的结构之中的。

2. 简述传播政治经济学的主要观点（暨南大学 2020 简答题）

参考答案：

传播的政治经济学研究，顾名思义，就是从政治经济学的角度来考察传播现象。政治经济学作为传播研究的一种思路，是将传播活动作为一种经济活动，以生产、分配、流通、交换及其宏观决策活动这种政治经济学的思路来观察媒介及其传播行为。

政治经济学研究把人类传播，特别是资本主义制度里主流媒体的传播首先看成是一种生产活动，它对社会的影响和控制，是由其对媒介的所有权所决定的。所有权最终决定了信息和文化产品的形式和内容。因此，传播研究应首先着眼于媒介的组织和经济活动。

传播政治经济学对以欧洲学者为代表的结构主义和文化批判研究提出了批评，认为后者对信息和文化产品内容的分析缺乏一个坚实的物质基础。文化产品和信息中所承载的意识形态并不具备自主的特性。对媒介的经济活动的研究，是结构研究和文化批判研究所忽略的一个盲点。

传播政治经济学从媒介组织与社会政治经济权力机构的关系出发，关注社会政治经济力量与媒介组织的相互作用，揭示媒介的所有权及其生产过程对媒介内容、社会公共利益的影响。也就是说传播政治经济学试图回答关于大众传播是怎样在社会中发生的、谁限制它，大众传播发生在什么条件下、为了什么目的、对社会造成什么后果等问题。

【本章指南】

文化研究与传播政治经济学派都深受马克思主义的影响，都反对资本主义和资本主义主宰下的传播体系和传播研究，但在研究取向上却有着十分明显的差别：传播政治经济学主要研究大众传播业在社会中发挥的作用和社会权力体系对大众传播业发展的影响，强调经济力量对大众传播活动的影响，特别是媒介私有权对大众传播生产的影响以及由此给公共利益、社会民主所造成的消极后果。而大多数文化研究学者因为反对由物质到意识的"机械决定论"，会更关心文化文本的分析（包括大众传播的符号产品），关注受众对文本意义的解释，强调受众和日常生活的自由度。传播政治经济学强调传播的经济因素，从一开始就始终坚持将大众传播置于马克思主义的理论框架中加以理解，但文化研究强调文化的自主性，认为经济基础与上层建筑并不存在一一对应的关系。传播政治经济学强调媒介的生产方式与所有权在媒介内容中起到的决定性作用，而文化研究强调受众的自主性，注重受众对意识形态的解读和意识形态与日常生活的复杂关系，但有时也过分夸大了大众文化的抵抗作用。传播政治经济学认为阶级仍然是媒介冲突的核心，而文化研究把种族、性别而不是阶级看作是控制的结构，认为个人的意识形态和媒介消费并不能简单地与阶级立场一一对应。

讲完了这部分内容，我们回过头来看看传播政治经济学派的理论在我们答题之中的用法。传播政治经济学派的观点是批判学派在答题中应用最多最广的。除了受众商品论和文化帝国主义以外，我们将其概括为几个方向。

（1）对大众传播业生产与消费的批判：受众商品论展示了对受众的剥削，但更重要的是指出了媒介娱乐化及商业化的原因——为了获取更多的受众注意力产品，媒介一味追捧收视率，忘记公共职能甚至失去伦理意识。在新媒体时代这种现象甚至更加严重，除注意力被剥削以外，互联网应用大量获取使用者的数据，受众的著作权、隐私权得不到保护，无法从数据中获益，白白为商业网站吸引广告流量，自己的虚拟生命却随时掌握在虚拟平台手中。这里除了斯麦兹的观点以外，我们还可以用到莫斯可的商品化和福克斯的"数字劳动"理论。

（2）对国家、企业与大众传播关系的批判：莫斯可和默多克都在批判西方的"放松管制"造成的媒介私有化。放松管制造成了媒介垄断集团，它对内造成文化商业化、娱乐化，受众对政治兴趣下降，民主难以维持，对外输出意识形态干预第三世界国家。在中国，赵月枝、吕新雨、胡正荣等老师都指出一元体制二元运作的传统模式更是造成媒介只重视完成政治和经济目标，其所提供的公共服务内容却十分稀少且严重不均。互联网的媒介垄断比起传统媒体更加严重，而管理却未能跟上，对传统的社会管理机制造成严重挑战。

（3）对国际传播、全球传播的批判：目前的全球传播表面提倡"全球化""多元文化"，其本质仍然是跨国垄断集团的全球文化垄断，尤其是在当下，除中国外的主要互联网媒介平台都为少数美国公司控制。全球化背后是严重的不平等，这一点除了文化帝国主义以外，首推阿芒·马特拉的观点。

（4）对新媒体的批判：近年来，大部分的政治经济学派都在关注网络引发的不平等、私有化局面。种种迹象表明，互联网没有削弱，反而空前加强了资本主义的统治。乔姆斯基、丹·席勒、莫斯可的理论都可以在答题中使用，而更新的观点我们可以关注平台资本主义和监控资本主义等内容。国内学者中可以看吕新雨老师和蓝江老师的一系列文章。

第 57 天
其他批判学派学者

【学习导语】

今天学习的是传播学史最后一部分的内容。批判学派除了我们列出来的主要分支以外，还有许多重要的学者也作出过诸多贡献，今天就让我们来看看还有哪些批判学者提出过哪些经典理论，还是要注意人物和理论的一一对应。

【本章我的掌握情况】

	基本理解	熟练掌握	运用自如
57.1 居伊·德波			
57.2 让·鲍德里亚			
57.3 让·弗朗索瓦·利奥塔			
57.4 弗雷德里克·詹明信			
57.5 雅克·德里达			
57.6 米歇尔·福柯			
57.7 话语与权力			
57.8 吉尔·德勒兹			
57.9 后殖民主义：爱德华·萨义德			
57.10 女性主义			
57.11 青年亚文化			
57.12 皮埃尔·布尔迪厄的场域理论			
57.13 酷儿理论			

知识点 1： 居伊·德波

(1) 法国哲学家德波利用"_____"这个概念，透视当代西方社会境况，由此展开了他所提出的社会批判理论中的"意识形态"批判。

(2) 弗尔茨和斯蒂芬·贝斯特认为"景观"指"_____
_____"。所谓的_____，是指作为幕后操控者的_____，他们制造了充斥当今全部生活的景观性"演出"，而_____。

(3) 景观的这种作用并不是一种外在的强制手段，它既不是暴力性的，不受政治意识形态控制，也不是商业过程中看得见的强买强卖。然而，_____
_____。

(4) 在景观所造成的广泛"娱乐"迷惑之下，_____
_____。

(5) 电视等大众传媒的发展，特别是时尚与广告的弥漫，使得人们的消费主要被广告引导，广告中所宣传的产品意象成为人们消费的依据。因此，消费不再只是商品使用价值的消费，而_____
_____。

(6) 因此，德波把他所理解的马克思有关人们普遍受到"抽象统治"的看法，发展为受到"_____"。正是在这个意义上，当物的消费以意象为中介时，物往往是"意象"地将自己表现出来，即不只直接表现自己的"使用价值"，也表现自己的"意象价值"，意象的生产也就变成了"表现的垄断过程"。如果说商品社会是"抽象统治一切"的话，那么在这时的社会则是"意象统治一切"，以致资本本身成了意象。德波讲，这种情况下的社会就是他要论述的作为"意象统治一切"的社会，也就是_____。

(7) 在德波看来，在"景观社会"中，_____
_____，人们必须从中解放出来。德波强调，面对"景观社会"的内在分离，他的理论意图就在于超越意象与幻觉的统治，这就要有一种带有"革命性"的"总体策略"。

知识点 2：让·鲍德里亚

1. 消费社会体系

（1）二战后，西方社会由于科技进步和自身制度调整，逐渐步入了一个物质富裕、文化繁荣的新时期。消费取代生产，成为整个资本主义社会体系运转的主导力量。鲍德里亚认为，在这样的消费社会里，人们的消费活动更多是在符号层面而非物质层面上，即消费物品的意义。物 / 符号体系的中心是物体，即一种符号。

（2）整个物 / 符号体系分为功能型系统、非功能型系统、后设及功能失调体系、物品及消费的社会意识形态体系四个亚体系，阐释了物向符号的转化。这四种模式也是物向符号转化的四种模式。消费是在生产符号、差异、地位和名望。

（3）消费文化以资本主义商品生产增衍为前提。资本主义生产的扩张，提供了大量可供消费的产品，建立了大量为消费而设的场所。＿＿＿＿＿＿＿＿＿＿＿＿＿＿＿＿＿＿＿＿＿＿
＿＿
＿＿＿＿＿＿＿＿＿＿＿＿＿＿＿＿＿＿＿＿＿＿＿＿。

（4）消费社会又是一种广告社会，＿＿＿＿＿＿＿＿＿＿＿＿＿＿＿＿＿＿＿＿＿＿＿＿＿
＿＿＿＿＿＿＿＿＿＿＿＿＿＿＿＿＿＿＿＿＿＿＿＿。鲍德里亚在广告的解构上比别人更进了一步，不再把广告视为资本或人的思维的创造物，而是独立的符号结构并能对主体施加决定性的影响。广告成为一种新的图腾形式，令消费者顶礼膜拜。

2. 仿真、内爆、超真实

（1）所谓"仿真文化"，就是先进的电子媒介为大众建造了一个虚拟、幻象的世界，它是目前的历史阶段被符号主宰的主要方式。仿真不是针对某种物质的，而是对人们在现实中接触的物质现象的第一手感知和幻想的模拟，它通过一系列的仿真技术，让人们在缺席于某种场景时，能获得临场的感官享受和神经快感。

（2）＿＿＿＿＿＿＿＿＿＿＿＿＿＿＿＿＿＿＿＿＿＿＿＿＿＿＿＿＿＿＿＿＿＿＿＿＿＿
＿＿
＿＿＿＿＿＿＿＿＿＿＿＿＿＿＿＿＿＿＿＿＿＿＿＿＿＿＿＿＿＿。

（3）内爆概念来自麦克卢汉，主要是相对于信息的"外爆"提出来的。现代传媒技术使信息量的增加达到无以复加的程度，电视、网络、通信系统等等媒介承载着政治、经济、娱乐各个方面的信息，信息宛如宇宙大爆炸无终止地向外扩张。＿＿＿＿＿＿＿＿＿＿＿＿＿

＿＿

＿＿＿＿＿＿＿＿＿＿＿＿＿＿＿＿＿。他的内爆理论所描绘的是一种导致各种界限崩溃的社会"熵"的增加过程，包括＿＿＿＿＿＿＿＿＿＿＿＿＿＿＿＿＿＿＿＿＿＿。他甚至认为，"整个社会都已内爆"。

3.鲍德里亚的学术意义

（1）与其他媒介社会理论相比，鲍德里亚的极度悲观主义对某些沉迷于符号的受众理论家来说无疑是一剂清醒剂，在这个意义上，在观察分析日益浮躁、玩世不恭的流行文化的消费者时，他的著作包含着某种描述上的合理性。

（2）鲍德里亚对消费社会新颖独到的剖析，对媒介仿真文化的精彩论说是极富价值的，特别是他讨论仿真、超真实以及内爆的著作，＿＿＿＿＿＿＿＿＿＿＿＿＿＿＿＿＿＿＿＿

＿＿＿＿＿＿＿＿＿＿＿＿＿＿＿＿＿＿＿＿＿＿＿＿＿＿。超真实就是网络的根本常态，正是由于网络的出现，人类社会正在逐步逼近鲍德里亚描绘的虚无世界。

4.鲍德里亚的局限性

鲍德里亚所提出的反抗方式除了城市中的涂鸦外，便无具体的革命策略和实践方针，他唯一能够推荐的实践方式就是全盘拒绝、全盘否定以及其他一些激进的乌托邦幻想。自身理论上的悖论，注定了鲍德里亚所认定的具有意义的符号也将失去意义，消解在所谓全能符码的支配之中，而逃脱这种悖论的唯一途径就是死亡。

知识点 3： 让·弗朗索瓦·利奥塔

（1）利奥塔是当代法国著名哲学家、后现代思潮理论家。

（2）利奥塔认为后现代是＿＿＿＿＿＿＿＿＿＿＿＿＿＿＿＿，它瓦解了＿＿＿＿＿＿＿＿＿＿＿＿＿＿＿＿。而这将意味着一个尊重差异、文化多元的新时代的来临。

（3）利奥塔认为后现代的文化是一种"无所谓"的文化，一种松弛懈怠的文化。但他又认为后现代应当表现崇高。这种崇高是后现代性生活中不可呈现的东西，是＿＿＿＿＿＿＿＿＿

＿＿＿＿＿＿＿＿＿＿＿＿＿＿＿＿＿＿＿＿＿＿＿＿＿＿＿＿＿＿。

知识点 4：詹明信

（1）詹明信是_____，他从马克思主义的经济基础决定上层建筑的观点出发，提出后现代主义是晚期资本主义的文化逻辑。

（2）詹明信认为市场资本主义时期的主导文化是现实主义，垄断资本主义时期的主导文化是现代主义，而随着资本主义进入晚期资本主义阶段，它的文化发展也相应地进入第三阶段。美学领域完全渗透了_____。同时，新的技术如计算机不仅在表现形式方面提出了新的问题，而且造成了对世界完全不同的看法。

（3）詹明信认为，后现代主义是一种_____，而大众文化则是这种哲学在文化领域的具体实践和表征。

知识点 5：弗雷德里克·德里达

（1）德里达，法国哲学家，解构主义代表人物。

（2）德里达怀疑和挑战本质的观念，他认为对语言的研究实际上忽略了语言的本性的流动性和不准确性，是对语言自然方法的否定。他认为语言是不安分的，语言背后没有本源。因此，我们借以作出判断的主体，也是开放的和不固定的，哲学家需要揭露和反思这种对于真理的人为划分，通过分析建构这些语言和历史的原理和力量来分析这些概念的发展过程，这就是"解构"。

（3）在文化研究中，解构可以帮助人们确定和揭露意识形态中特有的语言概念，揭穿权力借助二元对立话语背后的意义压迫。

知识点 6：米歇尔·福柯

（1）_____

（2）福柯坚持认为，没有权力就根本不会产生"真理"，所以并非知识产生权力，而是权力生产关于主体性的科学，以便为了生产主体。

（3）福柯发展出"_____"的概念。受众从某种意义上说，是在相对封闭的私有空间中消费媒介产物的，所以受众的观看活动似乎与象征权力的媒介之间形成了某种关系。简单说，就是受众借助电视媒介监视社会中的其他人，_____

_____。

（4）福柯提出了媒介与规训的关系，_____

_____，因此媒介被认为能够施展话语或意识形态的力量，受众依据媒介所传递的"真相"对世界发生的事件进行判断，媒介也协助人们建立关于世界的常识，同时协助建构人们的认同与趣味。

（5）福柯最重要的贡献是话语理论。福柯认为语言的实际社会应用问题比语言本身更重要，语言的基本问题，不是语言的形式结构，而是它在社会实际应用中同社会文化因素的实际关联；这是西方社会和文化，_____

_____。

（6）_____

_____

_____。

（7）福柯认为，要彻底揭示现代知识的奥秘，就必须解析它的话语模式和结构及其产生的社会机制，揭露其话语的性质和诡辩多样的策略手段，以及它们的实践的具体策略和技巧。

知识点 7：话语与权力

（1）话语是在特定环境中，由_____

_____

_____

_____。

（2）话语总是包含着形成、产生和扩散的历史过程，包含着相关的认知过程，包含着相关的社会关系，包含着环绕着它的一系列社会力量及其相互争斗与勾结。

（3）换言之，话语是在特定社会文化的历史条件下，由某些人根据具体的社会目的，使用特别的手段和策略所制造出来；它们被创造出来，是用来为特定的实践服务的。

（4）所以，_____

_____

_____。

（5）福柯的话语理论对新闻传播研究产生了重要而深远的影响。它开阔了新闻传播研究的视野，启发了新闻传播研究的思路。福柯的话语理论打破语言学的窠臼，引入社会和实践向度，极大地解放了人们的思想，开阔了人们的眼界。一方面，它激发人们去置疑那些曾经是不容置疑的事理，去讨论那些不容讨论的问题，并探索真实背后的真实，揭开新闻传播实践中被压抑的层面；另一方面，启示人们把新闻传播活动、新闻传播现象作为一种话语，从社会关系、权力运作和话语策略等更深、更广的视阈去观照新闻传播实践，从话语实践的视角来审视和探寻新闻传播中的意识形态问题。

知识点 8：吉尔·德勒兹

（1）德勒兹是对世界影响巨大的法国后现代主义大师级学者，被认为是 20 世纪后期最有影响力的哲学家。代表作有《资本主义与精神分裂（卷二）：千高原》等。

（2）生成观念：德勒兹认为，西方哲学错误地设想有一个真实的世界隐匿在生成之流背后。大千世界除了生成之流以外余无他物。虚拟和现实是混杂一块的，它是现实的一部分，两者之间可互相转换。大众传播中描绘的世界是一个虚拟的多样性和现实的多样性并存的世界。符号的制造与流通不是对真实世界的虚拟，其本身就是真实世界的一部分。

（3）_____：德勒兹用"块茎"比喻无中心化的现代文化，与秩序呈现为树状不同，块茎本质上是不规则的、非中心的、多元化的，并且块茎可以自由组合形成新的文化形态。电子媒介的传播互动方式取代了传统媒介的单向性的传播方式，传播主控权力被削减。_____

_____

_____

_____。

（4）条纹空间与光滑空间：德勒兹认为，现代文化使人们有机会＿＿＿＿＿＿＿＿＿＿＿＿＿＿

＿＿＿＿＿＿＿＿＿＿＿＿＿，由＿＿＿＿＿＿＿＿条纹空间＿＿＿＿＿＿＿光滑空间。其中，电子媒介的多媒体性、超链接性、虚拟性、互动性可以解除传统文本的封闭性。网民作为空间的"游牧者"，＿＿＿＿＿＿＿＿＿＿＿＿＿＿＿＿＿＿＿＿＿＿＿。

知识点 9：后殖民主义：爱德华·萨义德

（1）萨义德于 1978 年出版的《东方学》一书通过对东方学殖民话语的分析，在东西方关系、文化与帝国主义的研究等方面，开启了一种新的文化研究视阈，确立了一种新的话语系统，也就是通常所说的后殖民主义。

（2）东方学是一种建立在东方和西方二元对立的基础上的学科。这些对立包括：＿＿＿＿＿

＿＿＿

＿＿＿＿＿＿＿＿＿＿＿＿＿＿＿＿＿＿。它对有关东方的事务进行裁断，并以此为理论的、政策的依据，对东方进行殖民统治。在此意义上，东方学是西方用以控制、规划和君临东方的一种机制。

（3）西方发达国家凭借其在世界经济、科技体系中的优势地位，在把商品、资本、技术输入到相对落后的发展中国家时，也在进行公开的文化传输和潜移默化的观念渗透，倾销资本主义的价值观和欧洲中心主义的意识形态。发展中国家不仅在经济、政治上受到压迫，在思想市场上也被边缘化，不得不接受带意识形态的"东方学"的质疑与扭曲，甚至迎合这种不平等关系。

知识点 10：女性主义

（1）女性主义是一种学术作品与实践体系，其中女权主义批评是最重要的组成部分。它反对自古以来的"男性中心说"，主张将女性世界和女性话语作为研究对象，重新解读西方文艺传统的实践，透视陈旧的社会文本和文化语境，向传统的文学史和文学理论挑战。

（2）女权主义更是一项关于妇女遭受压迫和以何种方式赋予妇女权利的政治运动。从哲学渊源来看，女权主义是西方父权制残余同西方社会个体化发展相互矛盾、相互冲突的产物，是西方个体主义的一个分支。

（3）传统的女性主义主要分为三个流派：马克思主义女性主义、激进的女性主义、自由主义女性主义。随着理论的进一步发展，还可以对女性主义批判理论的类型加以细分，如精神分析女性主义、存在主义女性主义、后现代主义女性主义、生态女性主义等等。尽管女性主义的类型多样，但其普遍使用的研究方法却主要只有三种：内容分析批判、精神分析批判以及意识形态分析。

知识点 11：青年亚文化

（1）亚文化是一种意义系统、表达方式或生活风尚，它们与占主导地位的文化相对立，是由从属结构地位的群体发展起来的。_____

_____

_____。

（2）青年亚文化表现为一种反抗的激情。它呈现在代际反抗之中，存在于浪漫化的暴力偶像身上，最集中地表现在"怪异行为"之中。青年亚文化犯罪受到了世代冲突、媒介统治、景观表演等多种现代社会因素的驱动而带上了越来越强烈的反抗性，被看作是一种对主导文化、权威文化、强势文化的反抗。青年亚文化是各个时期处于边缘地位的青年群体的文化，它由青年亲身创造，往往会被媒体宣传、放大，也会被收编。

（3）亚文化的抵抗虽然主要停留于符号层面，但它对传统和体制有侵蚀和疏离作用，对主导文化或支配文化造成了威胁。因此，当亚文化自下而上开始传播时，主导文化不会坐视不理，_____

_____。

（4）收编分为两种方式：意识形态和商品方式。在意识形态收编中，_____

_____

_____

_____

_____。前者是一种棒杀，通过道德恐慌和舆论对亚文化进行打压和遏制，后者是一种捧杀，在广告宣传与模仿中抹杀亚文化风格的独特性。二者都根植于更深的社会和文化危机，都旨在缓解亚文化的危险，设法消除阶级的具体真实性，使之失去原本的抵抗意义。

（5）网络与亚文化：在传统媒介信息环境中，亚文化的产生与发展极为缓慢。亚文化群体主要是协会或团体，一般都拥有实体场所，有固定行政人员，要经过行政审批。在新媒介信息环境中，亚文化传播绕过了行政审批，所属群体不需设置实体场所，在虚拟社区中互动。

_____。

知识点 12：皮埃尔·布尔迪厄的场域理论

（1）布尔迪厄是继福柯之后，法国又一具有世界影响的社会学大师，他的思想和著述在国际学界广受重视。

（2）_____，他这样定义场域："从分析的角度来看，一个场域可以被定义为在各种位置之间存在的客观关系的一个网络，或一个架构。_____

_____

_____。"

（3）社会行动者一旦进入某个场域，必须表现出与该场域相符合的行为，以及使用该场域中特有的表达代码。场域的概念意在指出，外在客观条件常常以惯习发挥作用后的结果来影响惯习，这种内在性外在化的过程形成场域的"游戏规则"。

（4）场域有其自身的特征。首先场域是一个永恒斗争的场所，其次场域具有相对自主性，任何一个场域，其发生发展都经过了一个为自己的自主性而斗争的历程，这也是摆脱政治、经济等外部因素控制的过程。在此过程中，场域自身的逻辑逐渐获得独立性，也就是成为支配场域中一切行动者及其实践活动的逻辑。

（5）"场"这个概念所涉及的是对人们的关系、地位的分析，对行动者占据的位置的多维空间的阐述。每个场都处于权力场中，处于阶级关系场中。每个场都是斗争的场所。场域可被看作是生产符号暴力的场所，生产者生产的符号产品成为胜利者后，必然要向社会扩散。场域不同，生产的符号也不同，这样就造成场与场之间的斗争。

知识点 13：　酷儿理论

（1）酷儿理论的定语"酷儿"，是英文"queer"一词的音译，原义是"异常的，行为古怪的"，长期以来一直被用作贬损同性恋者的形容词，也常被用作名词用以指称同性恋。

（2）酷儿理论来源于对性别认同的反思。在西方传统文化中，性别泾渭分明，酷儿理论则对这种貌似自然秩序的一致性提出质疑，并对"正统"同性恋与其他性反常者之间的二分或二元对立式思维提出挑战。

（3）酷儿理论将性与政治联系起来，分析文化当中的压迫性结构如何影响了女性和性少数群体的政治表达，以及这些表达如何影响了个人的性别认知，和他们为了共同的政治目标而协作奋斗的能力。

【相关真题】

1. 全景监狱（浙江传媒学院 2022 名词解释）

参考答案：

"全景监狱"是对传统人类社会治理方式的一个比喻，针对英国法理学家边沁设计的监狱建筑，福柯用隐喻的方式详细论述了全景监狱的视觉的规训性力量：四周围是一个被分割成许多小囚室的环形建筑，中心是一个瞭望塔。监督者可以通过瞭望塔的窗户监视每一个囚室中的人。全景监狱是观看机器的隐喻，体现的是一种不平等的观看。在全景监狱环形边缘，人能彻底地被观看，而在瞭望塔中心，人能彻底地观看。监视者保护自己的信息，观看者被赋予绝对的权威，全景监狱中信息和权力都是不平等的。全景监狱是一种分解观看／被观看二元统一的机制。

2. 何为亚文化，其与主流文化的关系（华东政法大学 2022 简答题）

参考答案：

亚文化是一种意义系统、表达方式或生活风尚，它们与占主导地位的文化相对立，是由从属结构地位的群体发展起来的。亚文化的内容反映了处于从属地位的群体企图解决产生于广泛社会关系中的各种结构矛盾。

亚文化是一个相对的概念，是相对于主流文化提出的。主流文化是在社会上占主导地位的、为社会大多数人所接受的文化，对社会上大多数人的价值观、行为方式、思维方式影响极大。而亚文化只被社会上一部分成员接受。

由青年群体所创造的青年亚文化对主流文化具有一定的颠覆性和批判性。青年亚文化表现为一种反抗的激情，但往往会被媒体宣传、放大，也会被收编。亚文化的抵抗虽然主要停留于符号层面，但它对传统和体制的侵蚀和疏离，对主导文化或支配文化造成了威胁。因此，当亚文化自下而上开始传播时，主导文化不会坐视不理，媒体、司法、市场从各个层面试图对亚文化进行界定、贴标签、遏制、散播、利用，试图把亚文化的风格整合和吸纳进统治秩序中，这一过程就是收编。

【本章指南】

我们在这一章讲的所有学者或许都会给你一种耳目一新之感：之前我们学过的学者观点主要强调的是"立"，唯独这一章所学到的学者尤其是后现代主义者总是喜欢"破"。他们就像禅师一样，不断地向你证明一切都是流动的、变换的、无意义的。如果说后殖民主义挑战了东西方的分界，酷儿理论破除了对性别的偏见等等还让我们比较好接受的话，那么居伊·德波证明了社会景观的虚幻，鲍德里亚和后期的罗兰·巴特看到了符号的颠倒和意义的虚无，德里达证明没有一成不变的观念，福柯说到了词语概念、思维逻辑本身就是用来控制人的，而詹明信、德勒兹则以比法兰克福学派更激进的姿态把大众文化砸个粉碎。这些学者和他们的观点可能会让我们疑惑，很难理解他们到底想干什么。

我们不妨想一想，相比这些理论是不是我们自己的生活才是真的荒谬。为了让人类过上更好的日子用先进科技相互屠杀；为让自己过上更美好的生活默许其他人都要接受无尽剥削和消耗；为追求世界的"真理"对无穷的荒诞、丑恶、意外视而不见；为了进步要不断摧毁过去、浪费地球资源。一件白衬衣、一块红砖打上 Logo 可以卖出天价，一个营销号就能对他人的生活妄下论断、指手画脚……这些不荒谬吗？

当然，这并不是说，所有后现代的批判都是对的，也许可以把他们的批判称为"清醒剂"。只有认识到理性、逻辑、概念背后的权力机制，我们才更能理解我们需要的是什么，社会又应该如何运行。我们只有重新认真审视那些曾经毫不怀疑的观念，才能真正走向生命的自觉甚至自由。

下面以具体的答题来说。

鲍德里亚可以说是所有后现代主义学者中最重要、也最可能被考查的一位。首先，鲍德里亚解释了媒介消费主义的来源，也就是我们经常说到的媒介渲染的生活方式到底是什么——通过渲染物品的符号价值，将消费与个人的认同联系起来，以消费作为个人的生活目标。所谓的商业化或促销文化，其实也是通过这一机制进行的。其次，鲍德里亚的"内爆"可以解释许多当代社会中怪异、浅薄、混乱的文化现象，例如网络红人、网络恶搞、网络热词等，这其实就是文化的核心价值被掏空，只剩下了追逐表面的符号刺激的表现。网络的碎片化、虚拟性进一步增强了这种内爆的效果。最后，内爆也可以用来描述媒介的逻辑，例如戏剧化、个人化的表达以及颜值崇拜等在政治、社会多个领域逐渐普及。它有好的一面，例如增强大众的媒体意识，但是另外一方面，它也会造成政治娱乐化、社会价值观浅薄化等问题。

然后是福柯，福柯是真正的思想巨人。首先，他的观点对于分析媒介塑造话语的影响十分重要，话语分析也是重要的研究方法。除了话语理论以外，福柯的全景敞视理论也可以用于描述智能媒体和直播带来的负面问题。个性化一方面意味着个人有了更多的选择便利，但是另一方面却意味着个人的阅读记录、购买记录、社交媒体记录都成了监视的对象。人肉搜索的普及，生活直播的出现，都使得人们对监视习以为常，甚至津津乐道于窥视他人的隐私，而忽略了背后的危机。虚拟的记忆实际上是有主人的，这个主人不是用户，而是互联网的媒介垄断集团。此外像福柯的"生命政治"等理论，如果你能有所了解并应用到答题中，你的答案就更能体现深度了。

德勒兹是比较容易被忽略的学者，他的游牧文化、块茎论能够很好地说明去中心化的文化带来的新的阅读和审美体验。这其实上就可以用来描述新媒体文化的特点。

总体上来说批判学派最需要掌握的是"反转定理"。批判学派的研究内容和经验学派的研究内容其实很多都是重合的，关键在于维护的社会制度是否合理，背后的媒介行为是否对用户公平。例如说传播效果中的涵化——大众媒介在潜移默化地影响他人的态度和观点，维护社会主流价值观，在经验学派来看这是再正常不过的事，在批判学派的视角看就是对资本主义的巩固和认可。又例如二次售卖，对于媒体组织来说是再正常不过的商业模式，但是对于受众来说，他们的注意力、数据在自己不知情的情况下被卖给广告商，在批判学派看来就是一种剥削。

到这里传播学史的部分就告一段落了。之所以选择把传播学史的内容放到后面，而不是从一开始就介绍它的脉络，是希望大家能够在对传播学有了基本认知之后再来学史，立体地理解整个传播学框架及脉络，将你掌握的内容串联起来，形成一部属于你自己的传播学发展"纪录片"，这样你在考试的时候就会轻而易举地融会贯通。就传播学史而言，它重要就重要在传播学史相关的题目既可直接考查也可间接考查，考

查内容总体上可以分为几个层次:

(1) 基本事实,也就是所有同学都需要掌握的层面。即便是不考传播学史的同学,也需要了解理论的提出者及其著作和头衔,做到一一对应。对于学派,应当了解主要人物。

(2) 核心贡献与评价。新闻传播学者的核心贡献通常包括几个层面:理论贡献(提出哪些理论或研究方法、理论各是什么、有什么意义),实践贡献(参与哪些实验或社会活动、结果是什么),组织意义(创立哪些学派和组织),存在问题(以上这些贡献如何评价)。

(3) 理论脉络。这部分可能会出比第二层次更难的题型,如考查某一方面、某一领域的发展历程。

当历史知识已经烂熟于心之后,传播学史更重要的作用就可以体现了:它可以提供历史的视角,让答案拓展升华,这就可以击破框架牢笼,产生新的亮点。如何让答案具有"历史感"?这里我们可以提出五条规律,它也是之后我们思考传播学的一种方法。

(1) 传播理论的提出受到社会环境,尤其是政治、资本环境的影响和控制。一部传播学理论史也是一部社会史。美国经验学派传播学的发展与其政治宣传(意识形态灌输)和商业利益(消费主义)分不开,同时又要用"中立""客观"掩盖传播理论为资产阶级服务的本质,这就是他们如此重视效果,以及量化方法如此盛行的原因。国际传播学、跨文化传播学则更多是基于西方中心论,研究如何传播西方意识形态和文化。在评价传播学理论的时候,如果能加上这个层面,可以增加深度。

(2) 就本质而言,传播的目标是通过社会互动重建共同体,在共同体中每个人得以认识自我,重新成为积极的社会公民。工业化的大众社会粉碎了传统基于血缘、地缘的共同体,因此需要重新提倡重视传播来重建共同体。从斐迪南·滕尼斯的共同体理论开始,库利的媒介乐观主义、米德的符号互动论、麦克卢汉的地球村、詹姆斯·凯瑞的媒介仪式观、哈贝马斯的公共领域等等,都是在强调这一点。网络时代,随着人与人交往、互动的增强,这一理念越来越重要。因此我们在分析媒介时,一定要看到它是否有助于建立共同体，有助于加强人与人之间的连接，促进社会民主，如果能够实现这些作用，就是好的媒介。

（3）但与共同体相对的是，现实中生产资料占有、阶级地位不对等，媒介与媒介、国与国之间地位不平等，传播的权力也是不平等的（即刘海龙老师讲的"传播是权力"），所以，在现实中压制是多于互动的。在这一点上马克思的媒介观和李普曼的媒介观都提到了媒介由少数资产阶级精英把控，传播特定意识形态影响大众。因此媒介的"互动"只是表象，"再中心化"不可避免，我们需要发现谁是操控者。

（4）对传播受众的认识是逐渐多元化、主动化的。从最早的大众社会理论和古斯塔夫·勒庞的《乌合之众》开始，通过传播效果理论的两级传播论、使用与满足，编码／解码理论以及研究方法的发展，人们逐渐认识到传播受众并不是标准化齐一化的个体，而是丰富的具有自己诉求和批判能力的用户。尤其在新媒体环境下，受众已经成为个人化、场景化的用户，更需要考虑围绕他们的各种因素。因此分析理论时，需要具体化、全面地思考、分析文中的受众使用媒介所面临的多个因素。

（5）但是另一方面，西美尔与传播学的批判学派也发现，随着媒介的逐渐垄断化、商业化，媒介内容虽然表面呈现多元化，但实质往往是标准化、齐一化的，包含了浓厚的资本主义意识形态，并且通过从小到大的社会化影响普通大众。除此之外，舆论领袖、群体规范对个人往往有强烈的影响，他们又可以让这种意识形态传递到并影响每一个人。因此，在内容多元化的同时，又要看到大众媒介巨大而统一的影响力。

第 58 天
国际传播

【学习导语】

国际传播或许是各种新类型的传播中最重要的一种，在各高校考研的论述题中也是经久不衰的热点。你知道国际传播中有哪些重点理论吗？中国又应如何提升自己的对外传播实力呢？这些问题在今天的学习中都可以找到答案。

【本章我的掌握情况】

	基本理解	熟练掌握	运用自如
58.1 国际传播的定义			
58.2 国际传播的历史			
58.3 争取国际传播新秩序的一系列宣言			
58.4 文化帝国主义			
58.5 国际传播中的新闻价值问题			
58.6 信息主权			
58.7 全球传播			
58.8 国家形象与对外传播			
58.9 公共外交			
58.10 中国对外传播实力不足的原因			
58.11 中国对外传播实力提升的策略			

知识点 1：国际传播的定义

（1）国际传播是_____。

(2) 国际传播的主体包括_____

_____。

(3) 国际传播具_____。

知识点 2: 国际传播的历史

(1) 开端: 国际通讯社时期, 1835 年电报实验成功标志着国际传播的开始, _____

_____标志着国际性通讯社的建立。19 世纪中叶, 随着殖民运动的开展, 国际传播成为列强控制殖民地、制定世界秩序的工具。在这一阶段, 电报、电话、无线电是主要的技术工具。

(2) 战争、广播与宣传时期: _____期间, 各国利用国际传播进行

_____, 国际传播的宣传价值被挖掘出来。各国成立了战时情报与宣传机构, 以广播为主题的宣传手段得到充分利用, 以这种宣传为中心的国际传播模式延续到冷战期间, 成为不同意识形态和国家集团争夺世界霸权的工具。在这期间, 广播、电视、卫星等逐渐被引入国际传播。

(3) 现代化与发展传播时期: 亚非拉民族解放运动后产生了新的国家, _____

_____为这些国家提供了发展道路和理论。而其中, _____

_____。但这一理论逐渐被批判, 指出它实际上的受益者不是第三世界国家, 而是西方媒体和传媒公司。

(4) 依附理论和文化帝国主义时期: _____指出, _____

_____。前者通过不合理的经济分工和不公正的贸易规则剥削后者, 使得_____, 造成发展中国家愈发贫困。这一理论为建立世界传播新秩序提出了依据。

(5) 争取国际传播新秩序的斗争时期: 发展中国家逐渐认识到, _____

_____。1973 年, 第四次不结盟国家首脑会议在

_____召开, 会上通过了下述宣言:"_____

_____

_____"之后的《_____》与联合国教科文组织的《____

_____》，以及 1980 年"麦克布莱德委员会"报告书《_____》均反映了发展中国家的立场、观点、要求，发展中国家和发达国家的观点对立逐渐变得尖锐。虽然_____使得这一过程遭受极大挫折，但国际传播新秩序的观念仍然存在，并在互联网时期具有新的意义。

（6）全球性商业媒体时期：20 世纪 80 年代末 90 年代初，随着各国_____

_____开始形成，_____

_____等含西方价值观的政治观点与_____随着全球性商业媒体系统的建立而传播到全球。全球商业媒体系统形成在极大增强媒介产品全球贸易的同时，也导致全球媒体系统高度的不平衡，第三世界文化更加边缘化。带有商业性的文化将观众视为消费者而不是公民，放弃了大众媒体作为公共领域的社会责任。

知识点 3： 争取国际传播新秩序的一系列宣言

1.《阿尔及尔宣言》
于 1973 年第四次不结盟国家首脑会议中提出，认为_____

_____

_____。

2.《关于信息非殖民化的新德里宣言》
这个宣言提出了以下一些重要论断：_____

_____，而这种状况有_____；在信息

手段受到少数国家控制和垄断的状况下，所谓"信息自由"_____

_____等。

3.《多种声音 一个世界》（又称麦克布莱德报告）
由麦克布莱德委员会于 1980 年在联合国教科文组织贝尔格莱德大会上提出，内容包括：
a._____；

b. _____；

c. _____；

d. _____;

e. _____, 而这种自由与责任是不可分割的;

f. 发展中国家必须通过_____来提高自己改变现状的能力;

g. 发达国家应该为实现上述目标而显示自己真正的诚意;

h. 必须尊重_____, 以及_____的权利;

i. 必须尊重所有国家的人民_____的权利;

j. 任何民族、种族、社会群体以及个人都拥有_____的权利等。

《多种声音　一个世界》以及教科文组织大会决议在许多方面反映了发展中国家的立场、观点、要求。可以说, 报告和决议的通过, 意味着发展中国家在新世界信息秩序之争中取得了重大胜利。

知识点 4: 文化帝国主义

(1) 文化帝国主义研究, 是把_____的过程。文化帝国主义最早由赫伯特·席勒在 1976 年出版的《传播与文化支配》中提出。

(2) 文化帝国主义有三个特点: 第一, _____; 第二, 它是一种文化价值的扩张, _____; 第三, 由于信息产品的文化含量最高 (或者说信息本身就是文化产品), 那么很明显, 这种文化扩张主要是通过_____。

（3）在文化扩张的过程中，由于大众传播媒介是一种最有力的制度化手段，因此不少学者也把文化帝国主义称为"媒介帝国主义"。媒介帝国主义有两个重点：＿＿＿＿＿＿＿＿＿＿＿＿
＿＿＿＿＿＿＿＿＿＿＿＿＿＿＿＿＿＿＿＿＿＿＿＿＿＿＿＿＿＿＿＿＿＿＿＿。

知识点 5： 国际传播中的新闻价值问题

（1）流通于世界的国际新闻的绝大部分，都是＿＿＿＿＿＿＿＿＿＿＿＿＿＿＿＿＿＿
＿＿＿＿＿＿＿＿＿＿＿＿＿＿＿＿＿＿＿；它们服务于＿＿＿＿＿＿＿＿＿＿＿＿，并对
＿＿＿＿＿＿＿＿＿＿＿＿＿有着严重的危害。

（2）发展中国家＿＿＿＿＿＿＿＿＿＿＿＿＿＿＿＿＿＿。西方资本主义媒介并不是"公正""客观"地报道国际新闻的，而是有着自己的一套新闻价值体系。

（3）新闻信息的传播，＿＿＿＿＿＿＿＿＿＿＿＿＿＿＿＿＿＿＿＿＿＿＿＿＿＿＿＿＿＿
＿＿＿＿＿＿＿＿＿＿＿＿＿＿＿＿＿＿＿＿＿＿＿＿。

知识点 6： 信息主权

信息主权是卡拉·诺顿斯登和赫伯特·席勒在《＿＿＿＿＿＿＿》中提出的概念，简言之＿＿＿＿＿＿＿＿＿＿＿＿＿＿＿＿＿＿＿，这是信息时代的国家主权的重要组成部分。一般来说，信息主权包括三个方面的内容：（1）＿＿＿＿＿＿＿＿＿＿＿＿＿＿＿＿＿；
（2）＿＿＿＿＿＿＿＿＿＿＿＿＿＿＿＿＿＿＿＿＿＿＿＿；（3）＿＿＿
＿＿＿＿＿＿＿＿＿＿＿＿＿＿＿＿＿＿。其中第三项内容直接涉及跨国界传播，＿＿＿＿
＿＿＿＿＿＿＿＿＿＿＿＿＿＿＿＿＿＿＿。

知识点 7： 全球传播

（1）全球传播是＿＿＿＿＿＿＿＿＿＿＿＿＿，它既包括传统的国际传播的各个领域，又拥有自己的全新课题。

（2）传播主体＿＿＿＿＿＿＿＿＿＿＿＿＿＿＿＿＿＿＿＿＿＿＿＿
＿＿＿＿＿＿＿＿＿＿＿＿＿＿＿＿＿

(3) 从传播技术来看，＿＿＿＿＿＿＿＿＿＿＿＿＿＿＿＿＿＿等新媒介的发达和普及，形成了一个＿＿＿＿＿＿＿＿＿，尤其是具有多种媒体功能的互联网，正在成为全球传播的大平台，发挥着越来越大的影响力。

(4) 在传播内容上，体现为＿＿＿＿＿＿＿＿＿＿＿＿＿＿＿＿＿的普遍化和日常化。人们关心的对象与范围已经不再局限于本国和本民族，他们还必须作为"地球村"的一员而思考和行动。

(5) 全球传播同样具有很强的政治性，＿＿＿＿＿＿＿＿＿＿＿＿＿＿＿＿＿＿＿。但与此同时，不同国家、民族之间的＿＿＿＿＿＿＿＿＿＿＿＿＿＿＿＿等问题，越来越占据重要的位置。

知识点 8：国家形象与对外传播

(1) 国家形象为＿＿＿＿＿＿＿＿＿＿＿＿＿＿＿＿＿＿＿＿＿＿＿＿＿＿＿＿＿，它取决于但绝不等于＿＿＿＿＿＿＿＿＿＿＿＿＿，主要体现在本国的对外媒介和别国的＿＿＿＿＿＿＿＿＿＿＿＿＿，所以在某种程度上是可以被塑造和扭曲的。

(2) 对外传播是＿＿＿＿＿＿＿＿＿＿＿＿＿。对外传播＿＿＿＿＿＿＿＿＿＿＿＿＿＿＿＿＿＿＿＿＿＿＿＿＿＿＿＿＿＿＿＿。对外传播尽管主要传播的是信息，但受众在接收事实信息的同时，也不知不觉地接受了传播者的思想和观点。因此，对外传播＿＿＿＿＿＿＿＿＿＿＿＿＿＿＿＿＿＿＿＿＿＿＿＿，在国家形象建构过程中起着非常重要的作用。

知识点 9：公共外交

(1) 我国的公共外交是＿＿的外交活动。

(2) 传统的政府外交，是一种少数对少数的、领导人或外交官之间的外交，倚重的是领导人和外交官的能力；而公共外交既继承了传统外交工作的诸多特征，又倚重和借助大众传播，_____的外交。二者核心的本质区别就是_____

_____。

（3）要做好公共外交，需要做到几点：立足点从"以我为主"转向"以国外受众为主"；要重视研究国外受众的接受习惯；内容要从"政经利益"走向"文化交流"，传播模式要从"被动应付"走向"主动设置"，传播方法从"讲道理"转向"说故事"等。

知识点 10： 中国对外传播实力不足的原因

（1）从宏观来看，_____

_____

_____

_____

_____。

（2）从微观来看，_____

_____

_____

_____等等。

知识点 11： 中国对外传播实力提升的策略

（1）从宏观而言：a. _____

_____

_____。b. _____

_____。c. _____

_____。d. _____

_____

_____。

（2）从微观而言：a.＿＿＿＿＿＿＿＿＿＿＿＿＿＿＿＿＿＿＿＿＿＿＿＿

＿＿＿＿＿＿＿＿＿＿＿＿＿＿＿＿＿＿＿＿＿＿＿＿＿。b. ＿＿＿＿＿＿＿＿＿＿＿

＿＿＿＿＿＿＿＿＿＿＿＿＿＿＿＿＿＿＿＿＿＿＿。c. ＿＿＿＿＿＿＿＿＿＿＿＿

＿＿＿＿＿＿＿＿＿＿＿＿。d. ＿＿＿＿＿＿＿＿＿＿＿＿＿＿＿＿＿＿＿＿＿

＿＿＿＿＿＿＿＿＿＿＿＿＿＿＿＿＿＿＿＿＿＿。

【相关真题】

1. 信息主权（郑州大学 2022 名词解释）

参考答案：

信息主权是诺顿斯登和席勒在《国家主权和国际传播》中提出的概念，简言之，即一个国家对本国的信息传播系统进行自主管理的权利，这是信息时代的国家主权的重要组成部分。一般来说，信息主权包括三个方面的内容：（1）对本国信息资源进行保护、开发和利用的权利；（2）不受外部干涉，自主确立本国的信息生产、加工、储存、流通和传播体制的权利；（3）对本国信息的输出和外国信息的输入进行管理和监控的权利。其中第三项内容直接涉及跨国界传播，其功能包括保护国家机密和排除危及国家安全的有害信息等重要方面。

2. 国际传播与全球传播的区别（北京工商大学 2022 简答题）/ 国际传播和全球传播的辨析（西安工业大学 2022 简答题）

参考答案：

国际传播是以国家社会为基本单位，以大众传播为支柱的国与国之间的传播。全球传播是国际传播的扩大和发展，它既包括传统的国际传播的各个领域，又拥有自己的全新课题。两者的区别有：

（1）国际传播的主体包括国家机构、超国家机构、同盟或地区集团、跨国组织和运动、国内各种集团、个人等。全球传播的主体由国际社会变得更为多元化，乃至一般个人也可以成为传播主体。不同国家、民族和个人之间的跨国界信息交流普遍化和日常化。人们关心的对象与范围已经不再局限于本国和本民族，而必须作为"地球村"的一员而思考和行动。当然，在全球传播中，跨国垄断媒介集团也起到重要的作用。

（2）国际传播具有很强的政治性，与国家民族利益密切相关。全球传播同样具有很强的政治性，国际政治和国际关系依然占据着核心地位。但与此同时，不同国家、民族之间的文化接触、摩擦、碰撞和融合以及由此产生的世界影响等问题，越来越占据重要的位置。

【本章指南】

本章我们简单复习了国际传播和全球传播的知识点，或许你会惊讶于国际传播居然有这么多内容，但即便如此也只能说是简单勾画了国际传播的整体轮廓，里面还有很多的理论值得深挖，例如文化外交、软实力、国际传播与新媒体、全球媒介政策等等，难怪很多学校会把国际传播专门作为一个方向来研究了。

不过，虽然国际传播知识点非常多，但是如果认真地复习，还是可以看出几类明确的出题线索的。

第一类，也是最重要的，分析我国国际传播的策略。比如面对"西强我弱"的传播形势（文化帝国主义），如何通过观念、体制、内容等多种方式，提升国际传播媒介的实力。也有些题目是微观性的，给出一份材料，让你对西方的一些对华言论进行分析，或思考应对策略。这种题目出现的频率很高，大概占了国际传播题目的 70%，它的主题会不断变化，比如近十年来就从"走出去""话语权""软实力"转变到"中国故事""人类命运共同体"，但是题目内核和答题方法都差不多。解答这类题目，除了运用国际传播基础知识点，以及本章知识点 11 提到的传播体制改革以外，还需要综合运用大众传播学的一系列理论，来讨论如何取得最大的传播效果。当然，除了"攻"还有"守"，近年来关于对外的媒介政策和信息主权问题的考查也有逐渐增加的趋势，需注意。

第二类是国际传播史的题目。这部分可能会和新闻史结合，有两个重点：为国际传播新秩序而进行的斗争，包括一系列的宣言，可能出名词解释；全球化的过程，包括如何看待文化全球化，如何看待跨国垄断媒介集团的全球扩张及新媒体环境下的一些跨国文化流动现象（例如节目模式）等。后一种题目除了背诵知识点以外，还要注意到全球化背后的资本主义扩张本质，抓住"媒介的流动实质上是资本的流动，文化的扩张服务于资本的扩张"这个核心，从经济基础的角度来进行分析，会谈得更为深刻。

第三类就是新媒体与国际传播、全球传播相关联的题目。除了一般的新媒体传播速度快、范围广、传播主体泛化之外，还要考虑到一些新的现象，例如全球治理、舆论的跨国影响等问题，也是我们要重视的。

第 59 天
其他各类传播

【学习导语】

近几年媒介与社会的结合日益紧密，诸如健康传播、政治传播、科学传播、公益传播等新的传播研究领域也不断蓬勃发展。尽管这些部分内容在现有的教科书里占有的比重并不大，但是在考题里已经出现得越来越多了，可别掉以轻心！

【本章我的掌握情况】

	基本理解	熟练掌握	运用自如
59.1 发展传播学			
59.2 发展传播学三大模式			
59.3 政治传播			
59.4 健康传播			
59.5 科学传播			
59.6 公益传播			
59.7 跨文化传播及其相关理论			
59.8 风险传播			
59.9 危机传播			

知识点 1：发展传播学

（1）发展传播学将_____。

（2）认为媒介能有效率地_____，并且有助于_____
_____传送到经济落后的国家去，尤其是第三世界国家。

（3）和发展经济学一样，发展传播学理论的出现是＿＿＿＿＿＿＿＿＿＿＿＿＿＿＿＿＿

＿＿＿＿＿＿＿＿＿＿＿＿＿＿＿＿＿＿＿。

知识点 2：发展传播学三大模式

（1）主导模式：以勒内、罗杰斯及其他传统学派为代表，以"现代化理论"为核心，主

张＿＿＿＿＿＿＿＿＿＿＿＿＿＿＿＿＿＿＿＿＿。大众媒介是＿＿＿＿＿＿＿＿

＿＿＿＿＿＿＿＿＿＿＿＿＿＿＿＿＿。这一思想迎合了 20 世纪 70 年代刚刚结束殖民

社会，渴望经济发展又无力进行自由市场改革的发展中国家。但由于忽视了当地情况，这一

模式遇到了挫折。

（2）依赖模式：20 世纪 60 年代，现代化理论遭到批评。发展中国家通过大众媒介寻求

发展目标没有成功，反而发现＿＿＿＿＿＿＿＿＿＿＿＿＿＿＿＿＿＿＿＿＿，

于是发展理论需被重新评价。其一，当时的工业化主导模式＿＿＿＿＿＿＿＿＿＿＿＿

＿＿＿＿＿＿＿＿＿＿＿＿＿＿＿＿＿＿＿。其二，与大众传播相比，＿＿＿＿＿＿＿

＿＿＿＿＿＿＿＿＿＿＿＿＿＿＿＿＿＿＿，发展中国家发展媒介也会受到＿＿＿＿＿＿

＿＿＿＿＿＿＿＿＿＿＿＿＿＿＿＿＿。其三，随着大众媒介的全球化，对国际

传播不平等状态的忧虑更使＿＿＿＿＿＿＿＿＿＿＿＿＿＿。

（3）参与模式：20 世纪 80 年代出现于南美，强调基层的媒介实践，引入发展传播是为

了＿＿＿＿＿＿＿＿＿＿＿＿＿＿＿＿＿＿＿＿＿＿＿＿＿＿＿＿＿＿＿＿＿

＿＿＿＿＿＿＿＿＿＿＿＿＿＿＿＿等。

知识点 3：政治传播

（1）所谓政治传播，从其字面意义上来说，是指＿＿＿＿＿＿＿＿＿＿＿。广义的政治

传播不仅包括大众媒介参与的政治信息的传播，也包括通过正式和非正式的渠道对政治信息

的传播。狭义的政治传播是指大众媒介产生以后政治信息的传播，也就是大众传媒产生以后

政府和公众之间进行的政治信息的传递和反馈。

（2）在政治传播过程中有三个主要因素，即政府（政治家、政治组织等）、媒体（通常是

大众传播媒介）、公众。＿＿＿＿＿＿＿＿＿＿＿＿＿＿＿＿＿＿＿＿＿＿＿＿＿

_____，因此我们可以认为_____

_____。

（3）传统的政治传播以政治信息为主要内容，为建立、巩固国家政权服务，并通过国家政权的力量强化传播效果。但另一方面，政治传播也是平民参与政治的过程，是一种平民运动，政治传播目的是形成由上而下、由下而上的双向沟通渠道。政府、组织或者是个人，借助于大众传播媒介将信息传输给受众，试图引导、说服受众，使其支持自己，为自己所控制，形成有利于自身的社会舆论，进而对反对派施加压力，保证政府、组织的政策的贯彻执行。

知识点 4：健康传播

（1）根据罗杰斯的定义，健康传播是_____

_____

_____的行为。其研究议题涉及广泛，既包括以艾滋病预防为龙头的疾病预防，也包括药物滥用预防、医患关系研究、计划生育、癌症的早期发现、戒烟等内容。这一定义反映出研究者明显的社会学研究视野和倾向，关注个人、健康、社会三者之间的交互关系，以"提高大众健康水平"为出发点和归宿。罗杰斯又补充，健康传播是_____

_____行为。这四个层次是自我个体传播、人际传播、组织传播和大众传播。

（2）在健康传播中有三种模式最为突出：健康"知—信—行"模式、健康信念模式、健康行为转变的阶段模式。a."知—信—行"模式认为，_____

_____

_____。b. 健康信念模式是基于社会心理学的研究成果而提出的，强调_____对个体行为的影响，该模式认为：强烈的信念可以导致个体的行为改变。相较于"知—信—行"模式，该模式更加关注_____。
c. 健康行为转变模式，_____

_____。除上述三种模式外，又有"系统—反馈"模式和传播生态模式等。

知识点 5：科学传播

（1）所谓的科学传播，广义来说是指_____

_____。传统的科学传播研究认为科学对个人、国家和社会都有至关重要的价值，主要的研究问题是使用何种传播手段克服障碍（包括各种迷信和神秘主义），更有效地传播科学，以获取公众对科学的赞赏和支持。新兴的科学传播研究则坚持＿＿＿＿＿＿＿＿＿

＿＿＿＿＿＿＿＿＿＿＿＿＿＿＿＿

＿＿＿＿＿＿＿＿＿＿＿＿＿＿＿＿＿。

（2）科学传播经历了三个时代：a. 科普时代：＿＿＿＿＿＿＿＿＿＿＿＿＿＿＿＿＿

＿＿＿＿＿＿＿＿＿＿＿＿＿＿＿＿＿，这就是所谓的"缺失模型"。缺失模型隐含了"科学知识是绝对正确的知识"这一潜在假定，这个时期强调公众应该具有读写方面的科学知识储备，侧重点在于教育性议程的设定以及促进科学教育的发展。b. 公众理解科学：1985 年英国皇家学会的《公众理解科学》报告认为＿＿＿＿＿＿＿＿＿＿＿＿＿＿＿＿＿＿＿＿＿

＿＿＿＿＿＿＿＿＿＿＿＿＿＿＿＿＿，此"理解"的目的不在于使公众赞赏科学、支持科学的发展，而是通过揭示科学的风险与不确定性，促使公众全面认识科学。c. 科学传播：新媒体时代传播的便利，加之公民意识的觉醒，人们呼吁对科学不仅要"知其然"，更要"知其所以然"，这也促使＿＿＿＿＿＿＿＿＿＿＿＿＿＿＿＿＿

＿＿＿＿＿＿＿＿＿＿＿＿＿＿＿＿。

知识点 6：公益传播

（1）公益传播是指＿＿＿＿＿＿＿＿＿＿＿＿＿＿＿＿＿＿＿＿＿＿＿＿＿＿

＿＿＿＿＿＿＿＿＿。大众传媒作为公益传播的载体，在公益传播过程中起着至关重要的舆论导向作用。

（2）具体而言，公益传播包括四大功能性主体：a. ＿＿＿＿＿＿＿＿＿＿＿＿＿＿＿。凭借强大的话语和舆论权，媒体占据了公益传播过程中不可或缺的位置，在新闻传播过程中努力维护公共利益，营建公共领域空间。b. ＿＿＿＿＿＿＿＿＿＿＿＿。企业通过建立基金、设立相关组织以及投资公益性社会活动等，在公益传播过程中树立品牌形象、增强行业竞争力、优化内部管理。c. ＿＿＿＿＿＿＿＿＿＿。在我国的行政体制中，事业单位基本发挥着国家公益性职能机构的作用，在科研、教育、文化、卫生等方面进行公益管理，如规定公益事业税收方法等。d. ＿＿＿＿＿＿＿＿＿＿。得益于新媒体的崛起和热心公益的中产阶层的出现，规模化、有组织、有代表性的民众公益参与在公益传播中成为可能。

知识点 7: 跨文化传播及其重要理论

(1) 跨文化传播其实代表的是一种过程: _____

_____

_____。

(2) 佛罗伦斯·克拉克洪与弗雷德·斯多特贝克的六大价值取向理论将人类的价值取向
分为 6 个维度: _____

_____。而不同文化中的人群对这 6
大问题的观念、价值取向和解决方法都不尽相同,正是这种不同体现出这些群体的文化特征。

(3) 爱德华·霍尔的高低语境模式: 霍尔认为,不同的文化可以划分为_____
和_____。在高语境文化中,传播过程的绝大部分信息或存在于物质的语境
中,或内化于正在进行传播的人身上,只有极少数的信息通过编码符号清晰直接地传达出来。
低语境文化正好相反,在其中进行的传播活动中,几乎所有的信息都通过清晰的编码符码体
现出来。前者更含蓄,后者更直接。

(4) 吉尔斯·霍夫斯泰德的文化维度模式: 霍夫斯泰德将各国文化中的差异确定为____
_____
_____维度。他认为这 5 个维度分别从不同的角度反映
出各个国家的文化特征,并以可预见的方式长期影响人们的思想、情感、行为以及组织行为
模式。

知识点 8: 风险传播

风险传播是_____;这一过程涉及多
侧面的风险性质及其相关信息,它不仅直接传递与风险有关的信息,也包括表达对风险事件
的关注、意见以及相应的反应,或者发布国家或机构在风险管理方面的法规和措施等。

大 众 传 播_____
_____。但大众传播也面临新挑战:一是随着新媒体发展,
风险传播逐渐向风险沟通转变,社会大众在风险传播中扮演越来越重要的角色。二是媒体的
缺乏专业知识、信源过于单一、报道过度戏剧化等缺陷,会造成风险传播的问题。

知识点 9：危机传播

危机传播，即针对突发公共事件的信息传播。突发公共事件是＿＿＿＿＿＿＿＿＿＿＿

＿＿

＿＿＿＿＿＿＿＿＿＿。危机传播具有如下的特征：（1）＿＿＿＿＿＿＿＿＿＿＿＿＿＿。突发事件

的危害性事关社会成员的切身利益，事件发生之初往往会引发公众对信息的渴求。（2）＿＿＿＿＿

＿＿＿＿＿＿＿＿＿＿＿。受众高度关注突发事件，使之成为新闻媒体最为关注的热点，报道突发

事件也是媒体吸引受众、扩大影响的极佳时机。（3）＿＿＿＿＿＿＿＿＿＿＿＿＿。传统突发事

件中，政府因其社会管理者和信息传播者的双重角色，掌控新闻来源，影响力最大，信源最可

靠。（4）＿＿＿＿＿＿＿＿＿＿＿＿＿＿。在突发事件发生时，公众对信息如饥似渴，饥不择食。

这时谁先发布消息，谁就能够占据主动地位。

【相关真题】

1. 健康传播（清华大学学硕 2022 名词解释、复旦大学学硕 2022 名词解释）

参考答案：

根据罗杰斯的定义，健康传播是一种将医学研究成果转化为大众的健康知识，并通过态

度和行为的改变，以降低疾病的患病率和死亡率、有效提高一个社区或国家生活质量和健康

水准为目的的行为。其研究议题涉及广泛，既包括以艾滋病预防为龙头的疾病预防，也包括

药物滥用预防、医患关系研究、计划生育、癌症的早期发现、戒烟等内容。这一定义反映出

研究者明显的社会学研究视野和倾向，关注个人、健康、社会三者之间的交互关系，以"提

高大众健康水平"为出发点和归宿。罗杰斯又补充认为健康传播是以传播为主轴，借由四个

不同的传递层次将健康相关的内容发散出去的行为，这四个层次是自我个体传播、人际传播、

组织传播和大众传播。

2. 简述发展传播学（北京大学 2020 简答题）

参考答案：

发展传播学将大众传播视为世界经济与社会发展中的有力工具，认为媒介能有效率地传

播关于现代性的信息，并且有助于将民主政治制度、实践及市场经济传送到经济落后的国家

去，尤其是第三世界国家。和发展经济学一样，发展传播学理论的出现是"应决策者的需要

而生的，他们要建议政府该如何做以使自己的国家摆脱长期的贫困"。

发展传播学三大模式：

（1）主导模式：以勒内、罗杰斯及其他传统学派学者为代表，以"现代化理论"为核心，

主张应当通过大众传播引进新思维和新做法，加速现代化进程。大众媒介是加速国家发展和社会变革的重要手段。这一思想迎合了 20 世纪 70 年代刚刚结束殖民社会，渴望经济发展又无力进行自由市场改革的发展中国家。但由于忽视了当地情况，这一模式遭到了挫折。

（2）依赖模式：20 世纪 60 年代，现代化理论遭到批评，发展中国家通过大众媒体寻求发展目标没有成功，反而发现大众媒介正在变成发达国家输出意识形态和文化的工具，于是发展理论遭到重新评价：其一，当下的工业化主导模式造成了发展中国家落后的局面，而发展中国家进行现代化推动的大众传播事实上加剧了这种局面。其二，与大众传播相比，地方权力结构、传统价值观与经济体制对于社会变革的制约更大，发展中国家发展媒介也会受到社会结构和成本的限制。其三，随着大众媒介的全球化，对国际传播不平等状态的忧虑更使大众传播与文化帝国主义相连接。

（3）参与模式：20 世纪 80 年代出现于南美，强调基层的媒介实践，引入发展传播是为了持久提高人类的生活质量，提高公民意识，普及知识，发展社区媒体、民间文化等。

【本章指南】

> 本部分是对近几年经常考到的传播学新门类的定义和理论框架的一个简单汇总。其中，按照重要程度和考查频率划分，最需要重点关注的是发展传播学，经常出名词解释；其次是政治传播和跨文化传播，重要的政治传播现象是论述题的常客（例如意识形态传播、民族主义等），而跨文化传播则特别容易就一些小理论（例如高语境低语境、文化维度等）出冷门考题；健康传播、公益传播、科学传播，以及我们没提到的时尚传播、城市传播、环境传播等，出题可能性和各个学校的研究特长相关，这需要大家根据历年真题来进行判断：如果你考的学校有重要导师研究这些议题，那么你的复习就不能局限于今天我们提供的名词解释，而需要详细地去学习更多的理论。
>
> 这一部分还有一个常见的考查取向就是与新媒体的结合。传统媒体环境下的政治传播、科学传播、健康传播、公益传播等，都是传递信息、说服受众、改变行为的单向传播，由主流媒体和专业人士实施。但互联网的出现打破了这一模式：互动性使得单向传播变为双向传播，灌输变为交流，草根大众也介入了这些传播领域；而多媒体性则使得传播方式变得多元化，内容也更通俗化，感染力更强；时效性和无界性增加了传播的覆盖面与效率；社交媒体人际传播特性加强了传播的动员能力；人工智能与大数据则提升了传播的准确度。但问题也随之出现了：新媒体能"破"不能"立"，

草根化的传播造成内容良莠不齐，出现了谣言和错误信息；传播内容娱乐化、商业化，消解了内容的严肃性。面对这些情况，传统媒体不仅要坚持舆论导向，还需要适应新媒体的传播规律和传播特点，同时针对不同群体精准传播，取得更好的效果，减少知识鸿沟；政府需要加强监管，受众则要提升媒介素养。

第 60 天
媒介经济基础

【学习导语】

我们的复习之旅终于接近尾声啦！在最后一天的学习中，我们来了解一下传媒经济的基础知识。传媒经济可能和你以前学过的新闻传播理论有比较大的区别，但它是现实中新闻传播活动的支柱，一定要好好掌握。祝你成功！

【本章我的掌握情况】

	基本理解	熟练掌握	运用自如
60.1 传媒产业的商业模式			
60.2 注意力经济			
60.3 如何赢得受众的注意力			
60.4 传媒双边市场			
60.5 传媒市场的结构			
60.6 传媒生产要素			
60.7 传媒产品生产的特点			
60.8 传媒市场定位			
60.9 传媒品牌与形象			
60.10 传媒战略			
60.11 传媒产业与产业化			
60.12 文化折扣			
60.13 市场失灵			

知识点 1： 传媒产业的商业模式

（1）广告支撑型：该模式突出的特征是商品经历两次售卖，即"_____"。受众作为社会人，有信息、娱乐、社会化和教育等方面的需求，媒体向受众提供可满足其上述需求的产品与服务，_____。广告主_____。受众在第一个市场中"付出"的注意，恰是第二个市场中广告版面或时段所愿意承载的、广告主有购买意愿的"物品"。二次售卖模式揭示了在采用广告支撑型模式的媒介组织中，管理者重视媒介产品与重视受众的一致性。_____。

（2）内容支撑型：_____。在此模式中，受众购买图书、唱片或订购付费电视所提供的产品或服务，同时支出相应的费用。与广告支撑型模式相比，由于广告主的退出，该模式中媒介与受众的交易关系直接而明了。受众放弃低价或免费享受这些传媒产品或服务的可能，作为回报，他们可以不必忍受广告的骚扰。

（3）执照费支撑型模式：是内容支撑型模式的一种变形。它与一般的内容支撑型模式不同的地方在于：执照费并不完全表达受众的支付意愿；_____。

知识点 2： 注意力经济

（1）传媒产业的特殊性在于，在现代市场经济运行过程中，支持传媒业发展所必需的有形的生产要素不难获得，真正稀缺的是_____。因此，传媒经济领域研究的重点，除了作为稀缺资源的"生产要素"的配置外，更重要的是_____。

（2）媒介消费者面临的预算约束，除了有效可支配收入外，同时还有_____。作为同一个个体，其_____，因此个体注意力的预算约束与优化配置是传媒经济的分析重点。

知识点 3:　　如何赢得受众的注意力

(1) 受众媒介赢得注意力资源的三个层面: a. _____

_____ ; b. _____

_____ ; c. _____

_____。总体上说，媒介要赢得主体的注意力资源，

需要在_____等方面做出努力。

(2) 提升注意力资源价值的途径: a. _____

_____。b. _____

_____，提高媒体所凝聚的有效可支配注意力的使用效果。

c. _____，将广告信息内容以不同的表达方式、内容、角度、诉求、风格等分

别与属性适合的媒介终端进行结合。

知识点 4:　　传媒双边市场

传媒是一种双边市场，它具有如下特点:

(1) 传媒平台联结的主要参与者包括_____。传媒平台_____

_____，用户_____ ; 广告主给_____

_____

_____。

(2) 传媒平台的参与者间存在间接网络外部性，从广告主角度来说，广告主的收益____

_____。对用户来说，

一个传媒平台吸引的广告主越多，则意味着其财力越雄厚，越有可能制作或开发出高水平的

传媒产品或服务，但也可能带来负面后果。

知识点 5: 传媒市场的结构

(1) 在一个行业或者一个市场上，不同的竞争与垄断程度会形成不同的市场结构。通常，

按照竞争减弱的次序，可以划分出完全竞争、垄断竞争、寡头和垄断四种市场结构。

（2）完全竞争市场中，由于_____，因此竞争者无法自由标定价格，而会有一个由市场供求力量确定的行业价格。

（3）垄断竞争市场中，参与竞争者众多，但_____
_____，因而能够设置各自的价格。

（4）寡头市场指的是几个生产差异化产品的大厂商主导一个产业。它们设立_____
_____。由于只存在几个大的生产商，_____
_____。

（5）垄断市场中，垄断者是唯一的销售者，没有生产相近替代品的竞争性厂商。_____
_____。

（6）各种市场结构的利弊：完全竞争市场_____
_____，但媒介产品的高成本、高风险性可能使得竞争生产者因_____
_____；垄断市场中坐拥规模经济优势的垄断者有最好的生产条件，但_____；寡头市场最有利于创新的出现，因为竞争者有实力且有竞争性，但_____；垄断竞争市场中的价格低于寡头市场中的价格，寡头垄断厂商长期享受经济利润，而垄断竞争市场对消费者相对公平。从文化的角度看，垄断和寡头垄断集团会造成媒介内容_____，受众的民主参与能力减弱。

知识点 6：传媒生产要素

传媒生产基本要素主要包括_____等。
具体有如下重要特征：

（1）传媒业产出质量高度依赖_____
_____是常态现象，往往出现_____
_____。

（2）传媒资本在整个要素体系中不只提供资金支持，还能_____
_____，具有_____功能。

（3）就要素构成而言，＿＿＿＿＿＿＿＿＿＿＿＿＿＿＿＿＿＿＿＿凸显，融资操作处于不利地位。就风险因素而言，价值变现影响因子较多，要素投入与最终产出绩效之间存在不确定性。

知识点 7：传媒产品生产的特点

（1）＿＿＿＿＿＿＿＿＿＿，并且随着互联网的发展生产节奏越来越快。

（2）＿＿＿＿＿＿＿＿＿＿：媒介为受众提供信息服务，信息或知识的准确性直接决定产品价值，因此生产者的素质是媒介价值的核心。

（3）＿＿＿＿＿＿＿＿＿＿：媒介产品必须遵守所在国家的意识形态、文化、宗教、法律等的约束。

（4）＿＿＿＿＿＿＿＿＿＿：媒介生产是开放的，随时在发生变化。

知识点 8：传媒市场定位

（1）媒介市场竞争激烈，受众需求分化，形成了不同的受众群体。而事实上，任何媒介都不可能同时满足不同受众群体的需求，媒介只能根据自身条件和特点，准确无误地选择和确定自己的经营目标，满足目标市场的需求，塑造媒介在目标受众心目中的良好形象和合适的位置，这就是媒介定位。

（2）媒介定位至关重要。在激烈的市场竞争中，它有利于塑造和树立媒介组织的形象，提高媒介组织的知名度和美誉度；有利于同竞争对手在市场上决一高低，赢取应有的市场份额；有利于充分发挥自己的资源和优势，最大限度地争取目标受众和其他顾客。

知识点 9：传媒品牌与形象

（1）媒介的品牌，代表着＿＿＿＿＿＿＿＿＿＿＿＿＿＿＿＿＿，是媒介的节目、栏目品质与感性特点相联结所形成的一个或一组整体的、鲜明有力的识别标识。媒介品牌经营的中心任务是＿＿＿＿＿＿＿＿＿＿＿＿＿＿，要以消费者对＿＿＿＿＿＿＿＿＿＿＿＿＿＿为衡量的尺度，具体体现为三个方面：＿＿＿＿＿＿＿＿＿＿＿＿＿＿＿＿＿＿＿＿＿＿＿＿＿＿＿
＿＿＿＿＿＿＿＿＿＿。

（2）媒介形象是媒介根据自身文化和经营管理的需要，在社会和市场中刻意树立的，用以影响大众和表现自我的精神与物质的姿态和形象。媒介形象的构成要素主要有两个方面：

_____，另一方面_____

_____。

知识点 10: 传媒战略

（1）媒介集团化：通过优势整合，_____为核心，_____

_____，形成媒介集团。媒介集团化意味着打破原有的

组织链条，在服从市场规律的前提下，以_____的方式实现资源的优

化配置。

（2）媒介并购战略：媒介可以通过_____；也

可以通过纵向并购，_____

_____；媒介还可以_____，多产业运营，降低风险。

（3）媒介多角化战略：_____

_____，实现规模优势，降低组织风险。具体包括：在内部开发新的媒介

产品；购并其他媒介组织或经济实体，以扩大经营规模和经营范围，这是最直接、最迅速的

一种方式；两个或两个以上对等实力的媒体之间实现战略联合，各自发挥自己最大优势，降

低成本。

（4）媒介品牌战略：媒介找到准确的品牌定位，进行_____；通过新闻传播

工作和关注社会正义，_____

_____，不断对媒介产品进行研发创新，提升媒介品牌力。

知识点 11: 媒介产业与产业化

（1）传媒产业：_____

_____。媒介产业规

模日趋庞大，主要包括信息制造机构——报刊、书籍、广播、电影、电视等。在经济全球化

的背景下，媒介产业应该是公共产业、信息产业和营利产业的综合体。

（2）媒介产业化：_____

_____。媒介经营的个体发展到一定阶段，必然向独立的企业法人过渡，并以市场平等竞争的原则建构内外关系，从而形成经济学意义上的"同类企业的集合体"。（实现途径：理念创新、体制创新、资本运作、集团化经营和全球化竞争）

知识点 12：文化折扣

（1）文化折扣，又称文化贴现，即_____
_____。

（2）文化折扣直接影响受众的接受、产品市场效益的实现和企业的规模收益。文化折扣现象也使得国际文化产品的倾销问题变得十分复杂。

（3）为了减少文化折扣，应该尽量减少文化产品中与制造商当地文化直接相关的成分，___
_____。此外，通过吸纳不同文化背景的表演者、国际联合生产和格式销售，也能_____。文化折扣其实会随着生产者和消费者的接近而变化，_____，对文化贸易越有利。

知识点 13：市场失灵

从经济学角度看，导致市场失灵的因素主要有_____。这些因素在传媒产业中也都普遍存在。

（1）垄断：除了影响效率，人们十分关注大众传媒中的垄断对观点多元化的影响。例如：运转良好的政治体制要求_____；当众多独立的声音能被听到、意见的自由市场存在时，民主才会最有效地运行。垄断还会造成严重的_____。

（2）外部性：_____，如竞争性电视市场为了吸引受众，会放映过多的暴力节目，描绘大量的暴力事件。长期收看这类暴力节目可能导致观众对暴力现象麻木不仁，或者越来越倾向于使用暴力。有一些观众会把社会的暴力程度想象得比影片、节目严重得多，这些人可能会对社会过于警惕，减少社会交往，与其他社会成员越来越疏远，进而削弱生活质量。

（3）公共物品：由于媒体内容尤其是互联网中的媒体内容更多属于公共物品，传统传媒获得的广告收入完全取决于受众的数量而不用考虑受众收看节目后获得的价值，＿＿＿＿＿＿＿＿＿＿＿＿＿＿＿＿＿＿＿＿＿＿＿＿＿＿＿＿＿＿＿＿＿＿＿＿＿。

【相关真题】

1. 媒介定位（成都理工大学 2021 名词解释、河海大学 2022 名词解释）

参考答案：

媒介市场竞争激烈，受众需求分化，导致了不同受众群体的形成，而任何媒介都不可能同时满足不同受众群体的需求，媒介只能根据自身条件和特点，准确无误地选择和确定自己的经营目标，满足目标市场的需求，塑造媒介在目标受众心目中的良好形象和合适的位置，这就是媒介定位。媒介定位至关重要，在激烈的市场竞争中，它有利于塑造和树立媒介组织的形象，提高媒介组织的知名度和美誉度；有利于同竞争对手在市场上一决高低，赢取应有的市场份额；有利于充分发挥自己的资源和优势，最大限度地争取目标受众和其他顾客。

2. 垄断竞争市场和寡头市场的异同（中南财经政法大学专硕 2021/2022 简答题）

参考答案：

垄断竞争市场中的竞争者众多，但竞争者生产差异化产品（也叫不同种类产品），每个厂商都因产品差异化而享有一定的品牌忠诚，因而能够设置各自的价格。

寡头市场指的是几个生产差异化产品的大厂商主导一个产业。它们设立进入壁垒使长期和短期实现经济利润成为可能。由于只存在几个大的生产商，一个企业的价格、产量和其他竞争性行为的变化会对其他企业产生显著影响。

垄断竞争市场和寡头市场的差异：（1）垄断竞争市场企业多但是规模相对较小，而寡头市场则正好相反，少数几家超大型企业控制了整个市场。（2）垄断竞争市场中，企业的进出不受限制，而基本上很难再有其他企业能进入某一寡头市场中。（3）垄断竞争市场的门槛低，而寡头市场的门槛相对较高，一般是技术门槛导致其他企业无法加入到寡头市场中来。

从文化的角度，垄断和寡头垄断集团造成媒介内容商业化、单一化、观点多元化减弱，进而导致受众的民主参与能力减弱。

【本章指南】

　　媒介经济与媒介管理这章的内容或许和其他各章都有所不同，这也是我们把它放在最后的原因。媒介经济学和媒介管理学并不是以传播学为主体，而是以经济学和管理学为框架。这部分内容在微观上思考媒介产品如何生产、分配、消费，进而获得最大的经济和社会效益；宏观上思考媒介组织的决策、盈利、竞争、扩张，进而在一定的政策指导下实现产业化，最终参与国际竞争；在新媒体时代，这两条线索还需要兼顾媒介的融合转型与新经济模式的探索。以上三点可以说是这部分知识的"三条主轴"。

这三条主轴听上去很复杂，不过从近几年的题目看，其实答这种题目有明确的"思路"。

从产品来看，要做好产品，获取用户的注意力和数据，就要注重用户思维，兼顾用户的信息、情感和社交需求；要注重反馈改进用户体验，通过大数据挖掘更加精准地匹配用户需求，要通过赋予特定的文化内涵来提升产品价值；要开发新的市场，多平台多渠道传播，根据市场的供需关系来合理定价；要开发 IP 和衍生品，延长产品的生存周期；如果是国际产品，还要注意文化折扣现象；等等。

媒介组织要对其内外环境有一个明确的认知，明晰发展目标、自身优劣势和资产；做好受众调查，塑造品牌形象；在内容的基础上打造更多元的价值链，不仅能靠卖广告盈利，还要通过会展、咨询等多种形式，连接产业链上下游获得更高收益；借助互联网开展共享经济、社群经济、粉丝经济等新商业模式；通过数据挖掘和算法广泛开发、获取用户数据的深层价值；制定内部管理策略，减少管理层次，同时培养全媒体人才等等。

当然，懂了以上的思路，不一定意味着你就真的会答题、能答好题了。如果要让答案充实，就不能仅仅记住今天讲的概念，还需要深入阅读传媒经济学、管理学的相关教材，并且把相关知识和传播学结合起来。

在今天的内容之后，我们的学习之旅也终于要告一段落了。至此，对于传播学考研内容中最高频、最重要的考点，你应该已经有了充分的了解，下一步，就是更进一步的深入和拓展了。

祝你顺利上岸，金榜题名！

结
语

EPILOGUE

在读到这页的时候，或许对于你来说，像结束了一场漫长的马拉松，而对于我们来说同样如此。在编写完最后一个字的时候，我们所有人都又激动又忐忑，不知道它会给我们的读者带来怎样的收获。但我相信，能够看到最后一页的你，同刚翻开这本书的你相比，已经完全不一样了。

不过，我想要再提醒你的是：无论你背诵得如何，默写得好坏，都只是漫长复习中的短暂一瞬。也许你第一次尝试练习的解题水平，对照我们的答案本显得并不完美，但你不要沮丧，因为早期记忆不牢是很正常的；也许你写得很好，下笔流畅，但在恭喜你的同时我也想要提醒你，背诵和知识点掌握只是复习的必要条件之一，要面对真正的考试，你还需要更努力。

最后，也让我们介绍一下自己吧。

瓦洛佳新传考研自 2013 年底创立以来已历经 9 个年头，从最初的中国传媒大学传播学、MJC 考研辅导起步，目前已成为全国新传考研尤其是报考传播学专业同学心目中当之无愧的头部品牌。创始人瓦洛佳先后获得 2019 年、2020 年 CCtalk 年度讲师，是传播学考研辅导领域最知名的领军人物。创立以来，我们累计为各大高校输送了近三千名优秀的新传研究生，其中，考取名校（双一流、新闻传播类专业优势高校）的占据七成，考取中国传媒大学研究生接近五分之一（从录取人数看，超过一半中国传媒大学新传专业录取考生曾参与过我们的课程）。

目前瓦洛佳新传考研旗下已经形成以微信公众号"传播学考研必读"、"新闻学考研必读"、"白杨考研必读"（主打中国传媒大学考研相关内容）及微博"传播学考研就找瓦洛佳"、喜马拉雅"瓦洛佳新传考研"组成的考研辅导矩阵，均为相关辅导领域的头部账号，服务于数十万考研人群。2021 年起，我们在已有经验的基础上，进一步率先提出"讲练背考"四合一的传播学辅导体系，建立了以课后复盘、以练带背、定期考察、1 对 1 咨询等组成的全新复习体系。包括你看到的这本书，同样也是我们这一复习体系的一部分。

我们将以最好的服务和潜心的探索，为你带来更好的成绩。也祝你能够从这本书开始，去摘取考研路上的每一缕星光！

我们在你的未来等你！

图书在版编目（CIP）数据

60 天带你搞定传播学 . 默写本 / 冯尚钺主编 . -- 北

京 : 中国人民大学出版社，2022.7

ISBN 978-7-300-30746-6

Ⅰ . ① 6… Ⅱ . ① 冯… Ⅲ . ① 传播学 Ⅳ . ① G206

中国版本图书馆 CIP 数据核字（2022）第 104063 号

60 天带你搞定传播学

默写本

主编：冯尚钺

参编：彭乐怡 张帆 张毅 袁如月

60 tian Daini Gaoding Chuanboxue

出版发行	中国人民大学出版社			
社　　址	北京中关村大街 31 号		邮政编码	100080
电　　话	010-62511242（总编室）		010-62511770（质管部）	
	010-82501766（邮购部）		010-62514148（门市部）	
	010-62515195（发行公司）		010-62515275（盗版举报）	
网　　址	http://www.crup.com.cn			
经　　销	新华书店			
印　　刷	涿州市星河印刷有限公司			
规　　格	185mm×260mm　16 开本		版　　次	2022 年 7 月第 1 版
印　　张	31.75 插页 1		印　　次	2022 年 7 月第 1 次印刷
字　　数	667 000		定　　价	119.00 元（全二册）

版权所有　侵权必究　印装差错　负责调换

天带你

搞定传播学 答案本

主 编 ◎ 冯尚钺　　参 编 ◎ 彭乐怡　张　帆　张　毅　袁如月

中国人民大学出版社
·北京·

目录
CONTENTS

第 1 天　　传播的相关概念 / 001

第 2 天　　信息与相关概念 / 005

第 3 天　　符号的定义与分类 / 008

第 4 天　　符号学的相关理论 / 012

第 5 天　　人内传播 / 017

第 6 天　　人际传播 / 019

第 7 天　　群体传播 / 021

第 8 天　　集合行为与谣言 / 024

第 9 天　　组织传播和其他传播 / 027

第 10 天　　网络中的人际、群体与组织传播 / 030

第 11 天　　传播模式 / 034

第 12 天　　定量研究方法 / 039

第 13 天　　统计学基础概念 / 043

第 14 天　　定性研究方法 / 047

第 15 天　　大众传播概念与功能 / 050

第 16 天　　传播制度与制度控制 / 054

第 17 天　　传播组织目标、形态与控制方式 / 060

第 18 天　　新闻生产社会学 / 065

第 19 天　　新媒体环境下的新闻组织变革 / 068

第 20 天　　新闻专业主义与媒介伦理 / 072

第 21 天　　把关与把关变革 / 076

第 22 天　　人类传播历史与发展 / 079

第 23 天　　现代传播的媒介特征 / 083

第 24 天　　新媒体、移动媒体、社交媒体特征 / 086

第 25 天　　细分新媒体（微信、微博）特征 / 090

第 26 天　　细分新媒体（短视频、直播、VR）特征 / 094

第 27 天　　媒介融合与全媒体 / 096

第 28 天　　智能媒体与相关发展 / 102

第 29 天　　技术与社会的关系、英尼斯 / 106

第 30 天　　麦克卢汉 / 109

第 31 天　　纽约学派 / 113

第 32 天　　其他的技术学派成员及思想 / 117

第 33 天　　传播内容 / 124

第 34 天　　新媒体的传播内容的新发展 / 128

第 35 天　　传播受众与受众观 / 132

第 36 天　　受众理论与受众权利 / 137

第 37 天　　新媒体环境下的用户变革 / 143

第 38 天　　传播效果理论概述与分类 / 150

第 39 天　　早期传播效果研究（魔弹论与其衰落）/ 154

第 40 天　　宣传研究 / 157

第 41 天　　两级传播论与传播流、效果流、创新扩散 / 159

第 42 天　　说服与态度改变 / 165

第 43 天　　适度效果论、使用与满足 / 170

第 44 天　　议程设置理论 / 175

第 45 天　　涵化与文化指标 / 181

第 46 天　　强大效果论与沉默螺旋 / 185

第 47 天　　知识沟与数字鸿沟 / 189

第 48 天　　第三人效果与媒介暴力 / 193

第 49 天　　传播效果理论的其他发展 / 197

第 50 天　　传播学史（经验学派与批判学派）/ 201

第 51 天　　传播学史（芝加哥学派、李普曼）/ 206

第 52 天　　传播学史（四大奠基人）/ 212

第 53 天　　传播学史（施拉姆与其他重要经验传播学者）/ 217

第 54 天　　法兰克福学派 / 221

第 55 天　　文化研究学派 / 227

第 56 天　　政治经济学派 / 235

第 57 天　　其他批判学派学者 / 244

第 58 天　　国际传播 / 252

第 59 天　　其他各类传播 / 258

第 60 天　　媒介经济基础 / 262

第 1 天
传播的相关概念

知识点 1：传播的基本概念

传播，即<u>社会信息的传递或社会信息系统的运行。</u>

传播概念的演变历程与发展历史

提出时间	提出者	提出定义
14-15 世纪	日常公众的总结	人类传递或交流信息观点的活动
1909 年	查尔斯·库利《社会组织》	传播指的是人与人的关系赖以成立和发展的机制，包括一切精神象征及其在空间中得到传递、在时间上得到保存的手段
1911 年	查尔斯·皮尔士《思想的法则》	观念或意义（精神内容）的传递过程，其中符号具有重要作用
1955 年	阿尔弗雷德·阿耶尔《什么是传播》	传播是信息的传递

知识点 2：信息与信息社会

信息是物质的普遍属性，是一种客观存在的物质运动形式。<u>信息既不是物质，也不是能量，它在物质运动过程中所起的作用是表述它所属的物质系统。</u>广义来说一切"表述"（或反映）事物的内部或外部互动状态或关系的东西都是信息。

社会信息，指的是<u>人类社会在生产和交往活动中所交流或交换</u>的信息，它伴随着人的精神活动。

无论信息与社会信息，都体现为一定的物质讯号，这些讯号以可视、可听、可感的形式作用于人的感觉系统，经神经系统传递到大脑得到处理并引起反馈。

社会信息是物质载体和精神内容的统一、主体和客体的统一、符号和意义的统一。

知识点3：传播的定义和特点

（1）社会传播是一种<u>信息共享活动</u>，具有<u>交流、交换和扩散</u>的性质。

（2）社会传播是在<u>一定社会关系</u>中进行的，又是<u>一定社会关系</u>的体现。通过传播，人们<u>保持、改变既有的社会关系并建立新的社会关系</u>。

（3）从传播的社会关系性而言，它又是一种双向的社会互动行为。传播必然伴随着信息的传受和反馈。

（4）传播成立的重要前提之一，是传受双方必须要有共通的意义空间。因此 a. 传播也是一个符号化和符号解读的过程。b. 符号化即人们在进行传播之际，将<u>自己要表达的意思（意义）转换成语言、音声、文字或其他形式的符号</u>。c. 符号解读指的是信息接收者对传来的符号加以阐释、理解其意义的活动（也被称为编码和解码）。

（5）传播是一种行为，是一种过程，也是一种系统，<u>行为强调传播是以人为主体的活动，在此基础上考察人的传播行为与其他社会行为的关系</u>。<u>过程强调传播的动态和运动机制，考察从信源到信宿的一系列环节和因素的相互作用和相互影响关系</u>。系统强调把社会传播看做是一个复杂的"过程的集合体"，要考察各种传播过程的相互作用及其所引起的总体发展变化。

知识点4：人内、人际、群体、组织传播的特点

传播类型	定义	具体特点
人内传播	<u>个人接受外部信息并在人体内部进行处理的活动</u>	<u>作为人接受、传递、处理、输出外部信息的基础</u>
人际传播	<u>两个个体系统的相互连接所形成的新的信息系统</u>	保持人类个体的<u>相互影响、相互作用</u>的关系
群体传播	不同个体系统的有机结合，这种结合还产生了新的输出物——<u>群体意识、群体规范和群体价值</u>	产生<u>群体意识、群体规范和群体价值</u>，帮助个人实现社会化，改变个人的社会态度和社会行为
组织传播	组织的特点是具有明确的组织目标，其结构和分工都是为有效地实现这一目标而设置的，因此组织本身就是<u>一个执行特定功能的系统</u>	实现特定的组织目标

知识点 5：大众传播的定义与特点

大众传播是伴随着近现代印刷、电子传播技术的发展而产生的一种特殊的社会信息系统。它具有如下的特点：

（1）大众传播是<u>专业传播机构从事的有组织的传播活动</u>；

（2）传播对象是<u>广泛而分散的、不定量多数的一般社会成员</u>；

（3）采用现代化技术手段<u>大量生产、复制和传播信息</u>；

（4）传播内容是公开的，有别于私下或内部传播活动；

（5）大众传播也有<u>反馈机制（如读者来信或视听众热线电话、短信参与等）</u>，但这种反馈一般是滞后的，受众对传播过程缺乏即时的干预能力。

知识点 6：社会信息系统的特点

（1）社会信息系统是一个<u>开放性</u>系统，主要功能是<u>保持社会内部的联系与协调，收集、整理和传达系统内部和外部环境变化</u>的信息，由此保证社会的正常运行和发展。

（2）社会信息系统是由<u>各种子系统相互连接、相互交织</u>而构成的整体，每个子系统既具有相对独立的结构和功能，与其他子系统互为环境，又与其他子系统相互交织、相互作用。

（3）社会信息系统是一个具有双重偶然性的系统。<u>双重偶然性是人类社会信息系统所特有的属性，这与它是以人为主体的活动有关</u>。

（4）社会信息系统是一个<u>自我创造、自我完善</u>的系统。

知识点 7：双重偶然性

双重偶然性是德国社会学家<u>尼克拉斯·鲁曼</u>提出的概念，指的是传播的双方都存在着不确定性，因此，通过传播所作出的选择有受到拒绝的可能性。<u>双重偶然性是人类社会信息系统所特有的属性</u>，这与它是以人为主体的活动有关。双重偶然性的存在说明，社会信息系统是一个多变量的系统，这些变量如果处理不当，便会引起传播障碍和传播隔阂。

知识点 8：传播障碍和传播隔阂

传播障碍包括<u>结构与功能</u>障碍，如传播制度是否合理、传播渠道是否畅通、信息系统的各部分的功能是否正常等；

传播隔阂则包括<u>个人之间的隔阂，个人与群体的隔阂，成员与组织的隔阂，群体与群体、组织与组织、世代与世代、文化与文化之间的隔阂</u>等。

由于社会信息系统的参与者——无论是个人、群体还是组织——都是具有特定利益、价值、意识形态和文化背景的主体，这里的传播隔阂，既包括无意的误解，也包括有意的曲解。

传播障碍和传播隔阂的存在是社会信息系统的一个必然现象。换言之，社会信息系统与其他社会系统一样，永远处于平衡与不平衡、矛盾产生与克服的辩证运动的过程当中。

知识点 9：传播的六种话语

（1）传播是传递（传播是信息的位移，强调传播内容的客观性，但是忽视了传播的社会意义和解码编码的复杂性，带有浓重的传者本位色彩）。

（2）传播是控制（传播是社会控制的工具，指出了传播的社会作用，是传播效果的理论基础，但忽略了受众的主动性，难以建立真正的良性关系）。

（3）传播是游戏（传播是一种有规则的、超越功利的自愿活动，重视受众的自愿参与和传播感受，但过于理想化，忽视了传播内部的控制机制）。

（4）传播是权力（强调传播中隐含意识形态控制和无意识的不平等关系，但大多数这类研究忽视受众的主观能动性）。

（5）传播是撒播（与后现代主义有关，强调传播内容的多义性和受众的能动性，反对传者中心主义，但在传播研究中并不现实）。

（6）传播是共享和互动（强调传播应当让人们平等双向地共享，使人们逐渐理解对方）。

第 2 天
信息与相关概念

知识点 1：反馈

（1）定义，传播学认为，反馈就是<u>受传者在接受信息后作出的各种反应</u>，即<u>受传者回传给传播者的信息</u>。如报纸的发行量、广播的收听率、电视的收视率等。

（2）反馈是控制论的核心概念，指<u>将输出的东西再输入回系统中</u>。系统可据此决定控制策略，达到系统功能。分为<u>正反馈和负反馈</u>。反馈概念由维纳在《控制论》一书中提出，引起了传播模式的巨大变革。

（3）从传播者的角度看，可以<u>检验传播效果</u>，传播者据此调查和规划现在和未来的传播行为，以调整传播系统的运行。从受众角度看，反馈是<u>受众态度、需要、意见等信息的流动方式</u>，受众可以据此更主动地介入传播活动中，积极主动地搜集信息。

（4）反馈可以分为两种反馈：一种是<u>正反馈</u>，即反馈的信息肯定了现存模式，<u>导致偏差越来越大，系统熵值增长</u>；另一种是<u>负反馈</u>，即反馈的信息推翻了原有信息，导致系统进一步调整，<u>从而减少偏差，降低熵值</u>。负反馈是更重要的反馈。

（5）缺点：迟滞于传播行为之后，影响传播系统的控制功能，因此需要增加前馈，以改进传播效果。

知识点 2：前馈

（1）威尔伯·施拉姆最早在《传播学概论》中提出前馈的概念，认为前馈就是<u>在传播行为进行之前，对受众进行调查研究，以了解其构成、需要、行为等</u>，从而改进传播，增强针对性，提高传播效果。

（2）前馈的提出改变了<u>反馈因滞后于传播行为而影响了传播控制</u>的功能。

知识点 3：噪声

（1）不是信源有意传送而附加在信号上的任何东西。噪声增加了<u>不确定性和假的信息</u>。噪声可以通过增加<u>冗余</u>信息来抵消。

（2）一位好的编辑，所要做的主要就是处理好熵和冗余之间平衡的艺术，即在<u>可预测性和</u>

不确定性之间达到平衡。

知识点 4：冗余

（1）冗余信息指信息中可预测的部分，语义性冗余是指由使用符号的控制规则所决定、而不由发送者自由选择的那部分消息。

（2）冗余信息之所以不必要，是因为如果它被遗漏，消息仍是基本完整或可以被补充完整的。

（3）冗余信息可以用来抵消传播渠道中的噪声。关键或重要的消息在传播过程中需要重复以确保经过有噪声的渠道传送时这些消息仍然能被清晰地收到。

（4）消息中冗余越多，它所携带的信息量就越少，但有时增加冗余，可以增加传播系统的效力。为达到有效的传播，熵和冗余之间应保持平衡，以抵消传播渠道中的噪声。

知识点 5：渠道容量

（1）不是指一个渠道能传送的符号的数量，而是指渠道传达信息的能力，或者说，渠道传送信源产生的信息数量。

（2）所有渠道容量均有上限。例如在一定时间内人类眼睛所能分辨并传送的信息大大多于大脑能处理及储存的信息。

（3）所有传播都是由其系统链组成的，它们的强度不会超过链中最弱的环节。

（4）渠道容量还受制于编辑或播音员可使用的时间空间，以及接受新闻者用于媒介上的时间。

知识点 6：信息爆炸

信息爆炸，又称信息饱和，是指信息的巨量生产和高速传播，也就是信息量超过了人维持自身生存、发展的需要。它是人们对当代社会大量出现并加速增长的各种信息现象的一种形象化描述。它主要反映在四个方面：（1）新闻信息飞速增加。（2）娱乐信息急剧攀升。（3）广告信息铺天盖地。（4）科技信息飞速递增。

知识点 7：信息超载

这是指社会信息量超过个人或系统能力所能接收、处理或有效利用的上限，并导致故障的状况。它表现为：受传者对信息反应的速度远远低于信息传播的速度；大众媒介中的信息量大大高于受众所能消费、承受或需要的信息量；大量无关的没用的冗余信息严重干扰了受众对相关有用信息的准确分辨和正确选择。

知识点 8：信息浪费

信息作为一种特殊的资源，人类应该予以很好地开发和利用，但由于真正有价值的信息被大量的无用信息所淹没，求知的人不得不耗费大量的时间和精力来对待信息洪水，这种大海捞针式的搜寻，经常无奈地让一些有用信息与大量无用信息一起从身旁流走，从而造成了信息浪费。同时，这也浪费了为传播和搜集信息而付出的大量人力、物力和财力资源。

知识点 9：构筑反信息侵略的万里长城

（1）要健全和强化大众传播法制，对信息的品质、级次和传播范围、比例等作出严格规定。

（2）要加强思想文化建设，用正确思想和理论武装人民群众，使其能自觉抵御外来的信息侵略，提高辨别力和免疫力。

（3）要发展和完善本国的传播体系，形成自己的传播优势和传播特色，从而增强竞争力。

（4）要深入挖掘中华民族文化的资源，积极弘扬优秀的中华民族文化、东方文化和世界文化，向受众提供适合其需要的健康精神食粮。

（5）要创立和发展本国的跨国传播网络，团结第三世界国家，与各媒介强国展开全方位的立体传播竞争，切实改变以往那种消极被动的局面。

第 3 天
符号的定义与分类

知识点 1： 符号的定义与特性

符号是<u>用来指称和代表其他事物的象征物</u>；是<u>信息意义的外在形式或物化载体</u>，是事物表述和传播中不可缺少的一种基本要素。其功能，便是携带和传达意义。

一个符号<u>包括"用什么来代表"和"代表什么"两方面内容</u>，即符号的形式和内容或符号具和符号义，在符号学中称为"能指"和"所指"。能指和所指具有任意性，是人们在长期社会过程中约定俗成的。符号是传播过程中的中介物，是信息的外在形式或物质载体。

<u>没有符号，人类的一切传播活动和社会交往都无从进行</u>，由符号组成的符码或语言，是传播赖以进行的基础。

符号的特性：

第一，指代性：<u>符号只是指称和代表某个事物，而不是事物本身</u>。简言之，符号与它所指代的事物之间没有必然联系。

第二，社会共有性：人类社会需要一定的<u>共同的表示性意义</u>作为交流沟通的基础，需要一定程度上的共同内涵性意义来维持社会的、正常的、和谐的生产生活。但个人可能有所不同。

第三，发展性：<u>人类传播所使用的符号是发展的</u>。所谓的发展包含了两层含义：<u>一层是指人们创造新的符号进入流通领域</u>；另一层是指<u>旧有符号发生新的变化</u>，有的保持了原有的符号形式，但被赋予新生意义，有的保持了原有的意义但却更换了新的符号形式。

知识点 2： 信号和象征符

（厄内斯特·卡西尔）<u>信号具有物理性质，而象征符则是人类语义性质</u>。

（S.K. 兰格尔）<u>信号是对象事物的代替物，而象征符是对象事物之表象的载体</u>。

（1）信号的特点：a. <u>自然因果性</u>（天阴是下雨的信号、冒烟是着火的信号，一切自然符号都是信号）。b. <u>一对一的对应性</u>。

（2）象征符的特点：a. 必须是<u>人工符号</u>，是人类社会的创造物。b. <u>能表示具体事物，也能表达观念、思想等抽象事物</u>。c. 不是通过基因遗传的，是通过传统、后天学习来继承的。d. <u>自由性和随意性</u>。体现在：与其指代的事物之间不需要有必然的联系，它们的关系是随意的。象征符超出了知觉的层次，具有表象和概念功能；一种对象可以用多种象征符表示，一种象征符也可以表达多种事物。e. 象征符是一种社会文化现象，同一个象征符在不同社会里有不同的解释。

（3）象征符又可以分为"示现型象征符""论述型象征符""认知型象征符"和"价值型象征符"等（这点了解即可）。

知识点 3: 语言符号

语言是伴随着人类社会的产生而形成的，是人们在长期的社会交往中约定俗成的，以语音和字形为物质外壳、以词汇为构筑材料、以语法为结构规律的符号系统。

语言符号特点：（1）超越时间和空间。（2）具有无限的灵活性。（3）发音的经济性。（4）能动性和创造性。

知识点 4: 非语言符号

（1）凡是能激起人们意义联想的，除了语言符号，都可以称之为非语言符号。

（2）非语言符号的特点：连贯性、相似性、通义性、协同性、即时性、真实性。非语言符号对语言信息起着重复、补充、替代、强调、否定、调节作用。非语言交流中有三种暗示：接近暗示、激发活动暗示、力量暗示。与身体相关的非语言传播包括：面部表情、体态、触摸、衣着等，还有副语言、距离环境与空间学、时间观念等要素。

（3）非语言符号的功能：a. 树立和展示自我形象。非语言符号能够比较真实全面地反映一个人的文化素养和精神面貌，给他人留下良好的印象，有利于人际关系的进一步发展。b. 建立和定义关系，协助人们理解信息的含义。c. 辅助或替代语言表达。d. 调节言语交流，保证互动关系继续进行。e. 表达情感和态度，尤其是不愿意用语言表达的情感。

知识点 5: 符号的功能

（1）表达和理解功能：人与人之间的传播的目的是精神内容的交流，而精神内容本是无形的，传播者只有借助符号进行表达，而传播对象也只有凭借符号才能理解意义。因此，人与人之间的传播活动是一种编码与解码的过程。

（2）传达的功能：作为精神内容的意义需要转换为具有一定物质形态的符号，才可以在时间和空间中得到传播和保存。

（3）思考的功能：思考是人与外部信息相联系的内在意识活动，是内在信息的处理过程。

知识点 6：编码与解码

（1）编码：编码指传播者将信息转化成便于媒介载送或受众接受的符号或代码的过程。在大众传播中，表现为传播从业者采集、编辑、制作传播内容的活动。

（2）编码好坏直接影响传播效果。而编码一方面受编码者制约，另一方面也受社会文化环境制约。根据普通语义学的成果，人们在编码过程中会遇到一些问题（参看下面的语言符号误区）。

（3）解码：即将符号还原成信息或意义的过程。它表现为受众对符号加以理解和解读，以读取意义的活动。解码过程受以下因素影响：

a. 受到解码者的世界观、价值观、文化和知识水平等个人因素影响。

b. 受到传播过程的文化、社会环境、媒介渠道质量等外部因素的影响。

（4）因此，传播过程具有双重偶然性，传受双方必须有共通的意义空间，才能成功地传递意义和信息。

知识点 7：语言符号误区

（1）死线上的抽绎：它指语言被捆死在某一条抽绎水平线上，使人难以理解。

（2）潜意识的投射：这是指传播者在发表某种看法时，实际上在不知不觉、没有意识到的心理状态下将自己个人的深层态度加进了对事物的评价。

（3）误认为同一：这是指语言的使用忽视了同一范畴或同一类别中各个分子之间的差异和区别，把它们视为同一，混为一谈。

（4）估计极端化：这是指语言的使用者在观察和描述事物时采用了"非此即彼"的、排斥中间层次的极端语言。好像世界上的一切事物只能两者择其一，不能有中间的事物。

（5）语言与实际混淆：指传播中不看具体实际，只看符号本身，或只在语言领域里去推定其含义。

（6）推论与事实相乱：人们在使用语言时经常根据符号推论出事实，虽然大多比较准确，但也有推论与事实不符的，从而造成了推论与事实的混淆。

知识点 8：意义

1. 意义的定义

是人对自然事物或社会事物的认识，是人为对象事物赋予的含义，是人类以符号形式传递和交流的精神内容。

2. 意义的分类

（1）明示性意义与暗示性意义：前者是符号的字面意义，属于意义的核心部分；后者是符号的引申意义，属于意义的外围部分。

（2）外延意义与内涵意义：外延意义是概念符号所指示的事物的集合；内涵意义是对所指示的事物的特征和本质属性的概括。

（3）指示性意义与区别性意义：指示性意义是将符号与现实世界的事物联系起来进行思考的意义；区别性意义表示两个符号的含义之异同的意义。

（4）传播者的意义与受传者意义：传播者想要表达的意义与受传者接收到的意义未必一致，由于符号意义的暧昧性，容易出现传播隔阂现象。

（5）情境意义：这一概念由语言学家罗曼·雅各布森提出，他认为交流所得的意义，有相当一部分来自语境。所谓语境（在传播学中叫传播情境），指的是对特定的传播行为直接或间接产生影响的外部事物、条件或因素的总称。它包括具体传播活动进行的场景、时间、地点、有无他人在场等等，在广义上也包括传播行为参与人所处的群体、组织、制度、文化等较大环境。

知识点 9：符号互动论

（1）符号互动论产生于 20 世纪初，其代表学者有美国社会心理学家乔治·米德、赫伯特·布鲁默、T. 西布塔尼等人。这种理论把人类看作是具有象征行为的社会动物，认为象征活动是人类创造文化的一种活力，研究象征行为不仅能够揭示人的本质，而且有助于理解现实的社会生活。

（2）符号互动论的核心问题是考察以符号为媒介的人与人之间的互动关系。它有三个基本前提：a. 人是根据"意义"（对事物的认识）来行动的；b. 意义是在"社会互动"过程中产生的；c. 意义是由人来"解释"的。

（3）"意义""社会互动"和"解释"是象征性互动理论的三个主概念，也是考察社会传播的重要视角。

第 4 天
符号学的相关理论

知识点 1：符号学

符号学是研究符号与符号系统运行规则的科学。

它研究的具体对象包括：符号的本质、规律、意指作用，以及符号与人类各种活动的关系等。一般来说符号学分成语言符号学、一般符号学和文化符号学三大类。

符号学的创立者有两位，一位是瑞士的语言学家索绪尔，另一位是美国的哲学家皮尔士。他们分别从语言学和逻辑学角度探讨了符号的规律。

在当代，符号学借鉴其他学科的研究方法，研究领域从符号系统扩大到一切非语言文化符号系统，研究范围包括符号本身、符号运作体系、符号起作用的文化等。

知识点 2：特伦斯·霍克斯

特伦斯·霍克斯对符号的定义是：任何事物只要它独立存在，并和另一事物有联系，而且可以被"解释"，那么它的功能就是符号。

符号——形式——媒介关联物。

对象——指称——对象关联物。

解释——意义——解释关联物。

这个定义说明了三点：

（1）符号是在一定的指代和表述关系中产生的。

（2）符号可以在形式上独立存在。

（3）以符号为介质进行交流互动必须通过传授双方对符号意义的"解释"才能够获得。

知识点 3：索绪尔

费尔迪南·德·索绪尔是瑞士语言学家，符号学的创始人，把语言看作一个封闭的系统，认为语言理论必须重视语言系统中各要素之间的相互依赖、相互制约的关系，必须重视语言内在结构的研究。

他的主要观点如下：

1. 对符号的理解

符号通过关联制造意义。在一个系统中，一个符号是和其他符号相区别而存在的，因此要理解某个符号的意义，就要用跟符号系统中的其他符号的意义相区别的方式认识。

2. 区别语言和言语

语言（langue）：语言是一个符号系统、是一个整体性概念，如英语、汉语、法语等等。

言语（parole）：个体对语言的具体应用。

（区分这个概念是为了延展符号学的研究，不再局限于具体个体的言语研究，而从更宏观的视角研究语言。）

3. 能指与所指

下面看看《普通语言学教程》中界定的能指和所指。

能指：意符，通常表现为声音或图像（符号的外形），能够引发人们对特定对象事物的概念联想。

所指（也称意指）：意符所指代或表述的对象事物的概念（意义）。

例如：国歌的歌词和乐曲即为能指，而国歌所代表的国家历史和民族精神是所指。

索绪尔对于符号与语言的研究，对西方结构主义思潮造成巨大影响，有力地促进了 20 世纪中叶以巴黎为中心的符号学运动。索绪尔和皮尔士是符号学的创始人。

知识点 4：皮尔士

符号学的另一源流始于美国的逻辑学家皮尔士。

（1）皮尔士具体区分了三种符号：记号、标志和象征符。记号是能指与所指之间类同关系的符号；标志是能指与所指之间因果关系的符号；象征符是能指与所指之间任意关系的符号。

（2）另外他还提出"外延"和"内涵"的概念。"外延"是指词语和其他现象的字面含义或外在含义；"内涵"是指词语所包括的象征的、历史的和情感的内容。

（3）皮尔士的语义三角：皮尔士将其分为表示项、对象、解释项。相当于在索绪尔能指和所指的基础上，增加了一个解释项，即个人可以对符号做出自己的解释与延伸，从而将符号解释从简单的一一对应扩展到了不断延伸的动态过程。

皮尔士对符号学的贡献是巨大的，另外他的理论还被认为是后现代主义思想的重要渊源之一。

知识点 5：罗兰·巴特

法国结构主义学者罗兰·巴特，结构主义思想家、著名作家、文艺批评家、符号学家，对符号学理论颇多建树。主要著作有：《神话学》（又译《神话修辞术》）、《符号帝国》、《符号学原理》。其主要观点如下：

(1) 可写性文本与可读性文本：罗兰·巴特在评价巴尔扎克短篇小说《萨拉西尼》时提出，可读性文本即文本完全定型，不留有其他余地，读者只能在现有的文本之内进行解读；可写性文本即文本是开放的，读者可以进行意义的再生产。

(2) 表面意义与引申意义：罗兰·巴特区分了符号第一层和第二层的表意，他把它们分别称为表面意义和引申意义。

表面意义是形象或能指——也就是形象中包含了什么。而引申意义不仅使用了第一层表意规则——能指和所指，还加上了二次符号化的所指意义。第二层表意是从渗透于符号系统中的文化意义发散出来的。因而，如果要成功地解读符号的引申意义，就必须拥有对特定文化价值和信仰的认识。

(3) 神话：由于文化意义如此深入地渗透于引申意义之中，因而巴特认为引申意义有意识形态的意味，是他所说的社会的"神话"。由此，符号的引申意义常常试图通过文化的方式建构社会权力关系，比如阶级和性别等，让它们看上去自然、普遍和不可避免。

(4) 作者已死：罗兰·巴特的代表性观点，"作者已死"不代表作者真的死了，而是当作者写完他的作品之后，他的作品就与他无关，剩下的内容交给读者去阐释，换言之，作者在作品完成后不再拥有对其所创作的文本的权威解释。

按照这种逻辑延伸，巴特关于引申意义、神话和意识形态的论辩同样可以用来分析媒介直接展示的形象，即媒介在某些时刻通过引申意义进行的意识形态化的传播。

知识点 6：厄内斯特·卡西尔

(1) 卡西尔在其《符号形式的哲学》中，致力于创建有别于形而上学的符号哲学体系。

(2) 他认为，人类是符号动物；人类只有通过符号活动才能创造出自身有别于动物的文化实体，并且只有人类才具有这种符号化能力。"符号化的思维和符号化的行为是人类生活中最富有代表性的特征，并且，人类文化的全部发展都依赖于这些条件。"

(3) 人类精神文化的所有具体形式——语言、神话、宗教、艺术、科学、历史、哲学，无一不是符号活动的产品。显然，他也认为，语言不等于符号，它只是符号系统中的一个子系统。

知识点 7：符号文化与现代社会

(1) 象征符体系帮助人们摆脱了自然束缚，极大地提高了人类的精神生产力和传播效率。然而它也具有相对独立性，会能动作用于社会。

(2) 文化符号体系的内容和含义是以社会合约的方式形成的，而它们一旦具有共同性和统一性，也会对社会成员的行为产生约束作用，这种约束具有强制性。

（3）另一方面，正如文化本身不间断地发展到今天一样，作为文化之表现形式的象征体系也并不是固定不变的。

（4）现代社会把一切作为符号加以利用，为其赋予某种象征意义，与他人交换这种意义，并通过意义的交换来实现自己的目的。我们的生活空间正成为一个符号空间或意义空间。

（5）让·鲍德里亚指出现代社会的消费实际上已经超出实际需求的满足，变成了符号化的物品、符号化的服务中所蕴含的"意义"的消费，即消费的符号化和象征化；现代社会的消费传播体现出"差异化"的特点，即追求个性和与众不同；"风格传播"的特点越来越突出：商品和服务流行性越来越强，而流行周期越来越短。

（6）文化的象征化并不仅局限于消费领域，政治、经济生活也是如此。原因如下：

a. 追求新事物、新意义是人类的一种基本价值。

b. 现代传播媒介和信息技术的普及为众多的人参与象征符创造和传播提供了条件和手段，象征符的不断创造和更新体现了社会的进步与活力。

但另一方面我们也应该认识到，象征符的过滥提供和过频变动也会造成意义、价值和规范的流动化和无序化，使社会成员的认知、判断和行动产生混乱。

知识点 8：表征

（1）表征又称"再现"。从字面来看，就是用另一种方式对某事物的替代和象征，通过替代，引起我们对该事物的想象。表征是用象征符号对事物的替代和再现，不仅包括书写文字，还包括声音、图像、客体等所有象征性形式。

（2）索绪尔发现了能指和所指之间的任意关系，为表征研究铺平道路。索绪尔发现，人类的大部分概念是以二元对立的形式出现的，通过将某种正面（或负面）的特征与某组二元对立概念中的一个联系在一起，或强调二元对立概念中的一个忽视另一个（缺席），将某种并非自然存在的差异自然化。

（3）巴特揭示出表征运作过程中，"神话"与特定符号被强制性地联系在一起。神话的特征是并不明确说出第二层所指，但是暗暗指向它，通过这些过程，强制性的意指被自然化为理所当然的常识。

（4）斯图亚特·霍尔提出的编码/解码理论指出，主导的意识形态希望把某种能指和所指之间的联想强行固定下来，而受控者则希望这一关系保持流动性。因此，意义的编码与解码过程就是语言中的意识形态争夺和斗争。编码和解码理论说明，意识形态的影响并不是一个简单的直线的过程，而是一个复杂的妥协和对抗过程。

（5）米歇尔·福柯指出知识和权力的关系。权力没有中心，没有固定的路线，它以网络的形式存在，通过知识渗透在各个方面。这种权力不仅压制我们，而且积极地生产知识（即他早期所说的话语及其具体的陈述），建构驯服的主体。正因为这种权力没有中心且无处不在，对它的反抗只有通过突破这些话语的限制，追求另类的生活，进行微观政治的反抗。

文化研究也可被视为是这种反抗实践的一种形式，通过对表征中神话的分析与揭露，促进多元文化发展，寻找思想解放的可能性。

第 5 天
人内传播

知识点 1：人内传播的定义及特点

（1）人内传播（intra-personal communication），也称内向传播、内在传播或自我传播，指的是个人接受外部信息并在人体内部进行信息处理的活动。

（2）人内传播虽然是人体内部的信息处理过程，但这个过程不是孤立的。它本质上是对社会实践活动的积极能动的反映，具有鲜明的社会性和实践性。它是其他一切传播活动的基础。

知识点 2：米德的"主我与客我"理论

（1）美国社会心理学家米德最早从传播的角度对人的自我意识及其形成过程进行了系统研究，他发现自我意识对人的行为决策有着重要的影响。自我可以分解成相互联系、相互作用的两个方面：

（2）一方是作为意愿和行为主体的"主我"，它通过个人围绕对象事物从事的行为和反应具体体现出来；另一方是作为他人的社会评价和社会期待之代表的"客我"（me），它是自我意识的社会关系性的体现。

（3）米德认为，人的自我意识就是在这种"主我"和"客我"的辩证互动的过程中形成、发展和变化的，"主我"是形式（由行为反应表现出来），"客我"是内容（体现了社会关系的方方面面的影响）。人内传播是一个"主我"和"客我"之间双向互动的社会过程。

知识点 3：布鲁默的"自我互动"理论

布鲁默在 1969 年出版的《符号互动论》一书中提出了这样一个观点：人能够与自身进行互动——自我互动。他认为，人是拥有自我的社会存在，人在将外界事物和他人作为认识对象的同时，也把自己本身作为认识的对象。因此，"自我互动"在本质上来说是与他人的社会互动的内在化，也就是与他人的社会联系或社会关系在个人头脑中的反映。

知识点 4：内省式思考

（1）内省是人对自己的一种反思活动，也是一种重要的人内传播形式。内省可以分为两种，一种是日常的、长期的自我反思活动；一种是短期的、以解决现实问题为目的的自我反思活动，称为"内省式思考"（reflective thinking）。

（2）横向来看，内省式思考的过程并不是封闭的，而是与周围的社会环境、与周围的他人有着密切的联系，是重新构筑自我与他人关系的过程。

（3）纵向来看，是将社会经验和知识积累通过象征符全部调动起来，对它们的意义重新进行解释、选择、修改和加工，在此基础上创造出与新的状况相适应的新的意义和行为。

知识点 5：基模理论

（1）基模（schema）是瑞士心理学家让·皮亚杰在研究儿童成长和认知发展过程之际提出的概念，指的是人的认知行为的基本模式，或者叫心智结构、认知结构或者认知导引结构。

（2）基模的特点：a. 是人与生俱来的行为模式之一，但是随着人的成长可以发展和改造。b. 基模是一种知识分类体系，呈层化结构，具有较抽象向较具体分层的结构特点。c. 基模是知识的集束或有机的联合，也包含着价值甚至情感倾向。d. 基模还有预算和控制功能。

知识点 6：信息处理过程模式

1973 年，美国学者罗伯特·阿克塞尔罗德在《认知与信息处理过程的基模理论》一文中提出了一个基于基模的信息处理过程模式。当我们接触到一个新的事件或者信息时，便会触及头脑中的相关基模。如果吻合时，便会沿用原来的解释。当不吻合时，我们会进行比较，补充新的信息解释和态度。处理结果也会影响原有的认知基模，对它进行强化或修改。

知识点 7："详尽分析可能性"理论

由社会心理学家理查德·佩蒂提出，该理论认为，每个人都会以两种不同方式处理信息，一种是以详尽的方式，用严谨的思考来处理信息（核心路径），另一种是以较为简单粗略的方式来处理信息（边缘路径），而选择哪种路径的概率与当事人的动机和能力相关。

第 6 天
人际传播

知识点 1：人际传播的定义及特点

人际传播（personal communication）是<u>个人与个人之间</u>的信息传播活动，也是由<u>两个个体系统相互连接组成的新的信息传播系统</u>，主要是指在两者或两者以上之间进行的<u>面对面的或直接的信息交流活动</u>，包括利用电话、书信等媒介协助进行的传播。

人际传播具有以下特点：

（1）传递和接收信息的<u>渠道多，方法灵活</u>；

（2）信息的意义更为<u>丰富和复杂</u>；

（3）<u>双向性强，反馈及时，互动频度高</u>；

（4）与组织传播和大众传播相比，属于一种<u>非制度化</u>的传播，主要指传播关系的成立上具有自发性、自主性和非强制性。

知识点 2：人际传播的动机

（1）人际传播的首要动机和目的就是<u>获得信息</u>。个人生活在自然环境和社会环境当中，要保证个人的生存和发展，就必须及时了解环境的变化，并据此不断调节自己的行为以适应新的变化。

（2）<u>建立与他人的社会协作关系</u>。社会协作是广泛的，既包括一般意义上的角色分担，也包括各种活动中的行动协调。

（3）<u>自我认知和相互认知</u>。个人要与他人建立有效的社会协作关系，一个基本前提是既要了解自己，又要了解他人，还要让他人也了解自己。

知识点 3：镜中我

（1）1902 年，库利在《人类本性与社会秩序》一书中提出"镜中我"概念，认为人的行为很大程度上取决于<u>对自我的认识</u>，而这种认识主要是通过<u>与他人的社会互动</u>形成的，他人对自己的评价、态度等，是反映自我的一面"镜子"，个人透过这面"镜子"认识和把握自己。

（2）人的自我是在与他人的联系中形成的，这种联系包括三个方面：a. 关于他人如何"认识"自己的想象；b. 关于他人如何"评价"自己的想象；c. 自己对他人的这些"认识"或"评价"的情感。

（3）库利认为，传播特别是初级群体中的人际传播，是形成"镜中我"的主要机制，一般来说，传播活动越活跃，越是多方面，个人的"镜中我"就越清晰。

知识点 4：约哈里之窗

由美国社会心理学家约瑟夫·勒夫特与哈灵顿·英格拉姆提出，把人们进行自我表露的内容分为四个部分：开放、盲目、秘密和未知区域。扩大人际间的信息交流就是互动扩大开放区域，缩小未知区域。这一过程不仅展现自身沟通信息，也使个体更加认识了自身。

知识点 5：成本—效益理论 / 社会交换理论

（1）当付出的代价多于获得的利益时，我们就倾向于终止这份关系；相反，如果利益多于代价，这份关系就会持续发展下去。这些回报包括感受到自我价值、感受到个人的成长、感受到更多的安全感、感受到完成任务后的成就以及处理问题能力的提高等。

（2）美国西北大学传播系教授迈克尔·P. 罗洛夫在《人际传播社会交换论》中提出，人在进行社会交换时，主要交换六种资源：物品、金钱、服务、信息、地位、爱。

知识点 6：社会化

所谓社会化，指的是一个人出生后由一个"自然人"成长为"社会人"的过程。个人角度指的是个人学习语言、知识、技能、行为准则等等以适应社会环境的过程；从社会角度而言，它指的是社会成员形成大体一致的观念、价值和社会规范体系，从而使社会秩序维持、社会发展的连续性得到保证的过程。个人观念的社会化包括两个方面：一是自我观念的形成，二是社会观念的形成。

知识点 7：强连接与弱连接

由美国社会学家马克·格兰诺维特提出，稳定而范围有限的连接属于强连接，而社会关系广泛肤浅的连接属于弱连接。可以通过互动频率、感情力量、亲密程度、互惠交换四个维度进行区分。强连接在相似个体内部发展而来，容易成为封闭的系统，强连接内部成员往往态度观点相似。弱连接则在社会经济特征不同个体间发展而来，提供不同信息，充当信息桥梁的作用，能够在不同的人际网络间传递非重复的信息，增加认知。

第 7 天
群体传播

知识点 1：群体传播与群体意识

（1）岩原勉认为，所谓群体，指的是"具有特定的共同目标和共同归属感、存在着互动关系的复数个人的集合体"。群体与成员间的传播互动机制，即群体传播，就是将共同目标和协作意愿加以连接和实现的过程。

（2）群体传播在群体意识的形成中起着重要的作用。所谓群体意识，就是参加群体的成员所共有的意识。它包括关于群体目标和群体规范的合意；群体感情和群体归属意识。

（3）群体意识是在群体信息传播和互动过程中形成的。一般来说，信息的流量大，意味着信息覆盖面广，群体成员间互动和交流频度高，群体意识中的合意基础好。在双向性强的群体传播中形成的关于群体目标和群体规范的合意更统一，群体感情和群体归属意识更稳固。

知识点 2：初级群体和次级群体

（1）美国社会学家库利根据群体在个人社会化过程中所起的作用的直接和间接程度，将群体分为初级群体和次级群体。

（2）初级群体，指人际关系亲密的社会群体，主要是指家庭、邻里和儿童游戏群伙等，亦称首属群体、基本群体。初级群体是指具有亲密的、面对面交往与合作特征的群体。这些群体是人们的自我观念发展的摇篮，在人的早期社会化过程中发挥着重要作用。

（3）初级群体的特征主要有面对面的互动，有限定的群体规模以保证彼此能够有足够机会接触和交往，人与人之间的关系的不可替代性，靠习俗伦理维持的群体控制。

（4）次级群体：又称作次属群体，是人们为了达到一定的社会目的而建立起来的。一般说来，次级群体规模比初级群体要大，成员较多，有些成员之间不一定有直接的个人接触，群体内人们的联系往往通过一些中间环节来建立。次级群体既是个人步入社会所必须加入的群体，也是个人社会活动领域拓展和活动能力增强的标志。

知识点 3：参考群体（参照群体）

（1）由美国社会心理学家赫伯特·H.海曼提出，指个人用作某种参照对象来评价自身、他人或社会事件的标准的群体。参照群体主要执行两种基本功能：

规范功能：参照群体对个人施加压力，推动个人按照群体规范行动。比较功能：借助于比较功能，个人对自己、别人、社会事件进行比较、评价。

（2）参照群体的规范可以成为个人的社会目标，成为个人的自我评价、对社会生活现象评价和世界观形成的基本标准，在个人的社会化以及个性发展过程中起着重要作用。

（3）相比于人们日常生活所接触的群体，互联网打破地域，既允许更多的人通过互联网直接参与虚拟群体的交流，也提供了更多参考群体的范例，使得人们可以模仿这些群体的行为举止、生活方式。这使得人们受到的群体影响变得更加复杂化了。

知识点 4：群体规范

（1）群体意识的核心内容是群体规范。群体规范指的是成员个人在群体活动中必须遵守的规则，在广义上也包括群体价值，即群体成员关于是非好坏的判断标准。一般认为，群体规范的功能包括协调成员的活动、规定成员角色和职责以促进群体目标的达成、保证群体的整体合作、维持群体的自我同一性等。

（2）在群体传播中，群体规范的主要作用在于排除偏离性的意见，将群体内的意见分歧和争论限制在一定范围之内，以保证群体决策和群体活动的效率。群体规范的保持通过群体内的奖惩机制来保证。

（3）群体规范不仅对群体内的传播活动起着制约作用，而且对来自群体外的信息或宣传活动的效果具有重要的影响。成员的群体归属意识越强，对群体的忠诚度就会越高，因而对与群体规范不相容的宣传也就越能表现出较强的抵制态度。

知识点 5：群体压力与趋同心理

（1）群体压力，是指已经形成的群体规范束缚其成员行为的无形力量，或是群体中的多数意见对成员中的个人意见或少数意见所产生的压力。群体为保持其共同活动顺利进行和关系状态的稳定，会形成一些共同的价值观念和行为规范，违反者会遭受排挤，被孤立甚至被驱逐，这种意见对个体所形成的压力过程为四个阶段：合理辩论—好言相劝—围攻抨击—隔离排挤。

（2）人为了进行有效的社会合作，需要对多数人的意见做出一定程度的妥协和让步，其原因有两个：一是信息压力，指的是一般人在通常情况下会认为多数人提供的信息，其正确性概率要大于少数人，基于这种信念，个人对多数意见会保持较信任的态度。二是趋同心理，也叫做遵从性，指的是个人希望与群体中多数意见保持一致，避免因孤立而遭受群体制裁的心理。

知识点 6：群体极化

由哈佛大学教授凯斯·R.桑斯坦在美国社会心理学家詹姆斯·斯托纳 1961 年的观点之上提出，指的是<u>人们往往与和自己观点相似的人进行交往，形成特定群体。而群体内部互相影响，最终观点变得日趋极端</u>。群体极化原因在于群体讨论中大部分观点与主导型观点一致，而同类观点表述的越多，被认同程度就越高。另外，一旦他人对自己观点持支持态度，他们就会变得更加自信。

知识点 7：群体动力论

库尔特·卢因（又译勒温）提出的<u>"场论"和"群体动力论"</u>，对于群体传播研究而言意义重大。"场"在卢因的理论中是一个核心概念，它指的是"被察觉到的作为相互依存的协同存在的事实的总体"。应用到人类社会中，一个群体就形成了一个场，处于这个群体中的个体，<u>其行为往往不是个人控制，而是受到群体的深刻影响</u>。这个观念也影响了传播研究。

二战期间卢因进行了<u>劝导人们改变饮食习惯的实验</u>，这个实验及以后一些后续实验，证明了<u>群体共识对于人们决策和行为的影响是极大的</u>，原因多半在于<u>人们希望与自己所属或希望从属的群体保持一致</u>。

这个结论不仅影响了各种说服活动，如政治宣传、健康传播、广告传播等利用群体来作为改变的工具，也影响了当代社会的管理观念和管理行为。

第8天
集合行为与谣言

知识点1：集合行为的定义及其基本条件

（1）集合行为，指的是<u>在某种刺激条件下发生的非常态社会聚集现象</u>。集合行为多以<u>群集、恐慌、流言、骚动</u>的形态出现，往往会造成对正常的社会秩序的干扰和破坏。集合行为是<u>以一种非常态的群体（群集）形式</u>出现，集合行为中的传播属于非常态的群体传播。

（2）集合行为的条件：a. <u>结构性压力</u>，例如社会上普遍存在着<u>不安、不满、焦虑和紧张情绪</u>。 b. <u>触发性事件</u>。集合行为一般都是由某些突发事件或突然的信息刺激引起的。 c. <u>正常的社会传播系统功能减弱，非常态的传播机制活跃化</u>。信息传播贯穿于集合行为的始终。集合行为容易引发破坏性的社会后果，治理集合行为的根本，在于消除它产生的温床或发生的条件。

知识点2：群体暗示与群体感染

（1）暗示指的是一种传播方式，即<u>不是通过直接的说服或强制，而是通过间接的示意使人接受某种观点或从事某种行为</u>。集合行为通常是大量人群<u>聚集于狭小的物理空间</u>，人们保持着<u>高密度的接触</u>，参加者通常处于<u>亢奋、激动</u>的精神状态，因而对周围的信息<u>失去理智的分析批判能力</u>，表现为一味的盲信和盲从。

（2）群体感染指的是<u>某种观念、情绪或行为在暗示机制的作用下以异常的速度在人群中蔓延开来的过程</u>。主要原因是由于<u>在现场亢奋的氛围中</u>，成员失去理性的自控能力，而对来自外部的刺激表现出<u>一种本能的反应</u>。

知识点3：群体模仿

（1）模仿是法国社会心理学家加布里埃尔·塔尔德提出的概念，他在1890年出版的《模仿律》一书中认为，社会上的一切事物不是发明就是模仿，而"模仿是最基本的社会现象"。

（2）群体模仿是解释集合行为中的传播机制的另一种理论。集合行为中的模仿更多地表现<u>为无意识的、条件反射性的模仿</u>。在人们面临<u>突然或灾难性事件</u>时，用常规方法很难应付局面，反应一般<u>基于本能</u>进行，而最简单省力的反应莫过于<u>直接模仿周围人的行为</u>，于是便出现了相互模仿。

知识点 4：匿名性原理

一些非理性的模仿的发生基于匿名性原理，因为集合行为使人<u>淹没在人群中，没有人能够知道他的姓名和身份，处于一种没有社会约束力的"匿名"状态中</u>，这种状态使他失去社会责任感和自我控制能力，在一种<u>"法不责众"</u>心理的支配下，做出种种宣泄原始的本能冲动的行为。

知识点 5：流言及其特征

（1）美国心理学家戈登·奥尔波特和利奥·波斯特曼为流言下了一个定义，所谓流言，是<u>一种通常以口头形式在人们中间流传，涉及人们信念而没有可靠证明标准的一种特殊的陈述或话题</u>。

（2）流言的特征：总是以"传播真相"的形式出现，其目的是让人<u>"确信"或"相信"所传播的言论或消息是"事实"</u>；流言传播的渠道主要是<u>人际的口头传播</u>；内容往往涉及<u>一些特殊的事件或敏感的话题</u>，这些事件或话题容易<u>唤起一般人的重视、关心或兴趣</u>；<u>没有确切证据的信息</u>，或者说至少在其流行期间缺少可靠的证据。

知识点 6：互联网流言的产生

<u>网络言论主体多样化以及匿名性特点</u>，使人们更难判断信息的可靠性；<u>数字化电子传播使得流言传播速度达到实时程度</u>；同时，<u>网络论坛、博客、跟帖等发布平台的媒介性，也改变了过去的主要经由人际渠道传播的特点</u>，使流言有了同时大面积传播的可能。

知识点 7：流言公式

（1）奥尔波特首先提出了一个著名的流言流通量公式。他认为，在一个社会中，"流言的流通量"与问题的重要性和涉及该问题的证据暧昧性之乘积成正比，即：$R = I \times A$（谣言的流通量＝问题的重要性 × 证据的暧昧性）。目前考察流言的发生与传播的公式为：$R = I \times A \times U$<u>（流言流通量＝与问题的关联度 × 社会成员的不安感 × 环境的不确定性）</u>

（2）"关联度"指的是<u>社会成员与流言信息所涉及问题</u>的关联程度，人们与该问题关系越密切，越有卷入流言传播的可能，而且在通常情况下，流言是从关系最密切的群体中滋生和蔓延开来的。"不安感"强调的是<u>流言发生和传播的心理条件</u>，其中包含对事件未来发展的解释或忧惧。"不确定性"既是指<u>环境的不稳定状态</u>，也是指<u>由权威信息渠道不畅通或公信力缺失所导致的信息紊乱</u>。

知识点 8：集合行为中的"信息流"

（1）美国社会学家布鲁默认为，集合行为的初步形成是"循环反应"，所谓循环反应，即一方的刺激成为另一方的反应，而另一方的反应又反过来成为这一方的刺激的循环往复过程。

（2）集合行为中的"信息流"的特点：

a. 流言信息的快速增殖。在集合状态下，流言的散布大多以"演讲"的形式进行，使流言信息连同它携带的情绪以异常速度弥漫到人群当中。

b. 流言信息的变形和奇异回流现象。同一条流言在经过若干人的传递之后，又重新传回它的发布者那里，而这时由于流言已经增添了许多新的内容，连发布者也很难辨认它的原貌，于是往往会把它作为新的信息加以接受。

c. 流言中伴随着大量的谣言。谣言是有意凭空捏造的消息或信息，在集合状态下，人们不再具备识别谣言的能力，而谣言则能随着流言快速扩散，不断把人群的行为引向极端，直至造成破坏性的后果。

第 9 天
组织传播和其他传播

知识点 1：组织及组织传播的定义

（1）<u>任何由若干不同功能的要素按照一定的原理或秩序相组合而形成的统一的整体</u>，都可以称为组织。组织的结构特点是：专业化的部门分工；职务分工和岗位责任制；组织系统的阶层制或等级制。

（2）组织传播是<u>由各种相互依赖关系结成的网络</u>，是为应付环境的不确定性而创造和交流信息的过程。要素有：a. 信息；b. 相互依赖；c. 网络；d. 过程；e. 环境。从组织传播的界定来看，它应该包括两个方面的传播：一个是<u>组织内传播</u>，另一个是<u>组织外传播</u>。组织内传播的过程，也是组织维持其内部统一实现整体协调和整体运作的过程。就沟通的渠道来看，有<u>正式结构和非正式结构</u>两种传播方式。

（3）组织中的传播过程：包括社会化过程、行为控制、决策制定、冲突管理、压力与社会支持、多元化管理等。外部传播过程则包括协调组织关系、创立维护组织形象、为顾客提供服务等。

知识点 2：组织内传播的正式渠道

（1）组织内正式渠道的传播，是指信息沿着组织内部的一定组织关系流通的过程，是一种与组织的正规角色、地位网络相联系的，严格按照<u>组织正规的权力、职能结构、等级关系和交流渠道</u>等进行的交流活动。根据信息的流向，其传播的形式又可分为两种：<u>横向传播和纵向传播</u>。

（2）横向传播<u>双向性强，互动渠道通畅</u>；纵向传播则具有<u>单向流动</u>的特点，又分为<u>自上而下的传播和自下而上</u>的传播。现代组织加强管理手段、提高工作效率的一个主要措施就是减少传播渠道的环节和层次。

知识点 3：组织内传播的非正式渠道

（1）非正式渠道的组织传播，是<u>发生于组织内部的、制度性组织关系以外的传播</u>，是一种与组织的正规结构等级和交流网络不相对应的信息交流活动。

（2）非正式渠道的传播有更多充满人情味的内容，是组织成员沟通感情的纽带，是"组织关系的黏合剂"和"组织功能的润滑油"。非正式的传播可以在组织内部营造一个积极、健康、活跃的人文环境，增进成员的一体感和向心力。

（3）非正式渠道传播的另一种功能是形成"葡萄藤"传播，它具有速度快、精度高、信息量大、反馈广等特点。这种传播常采用小群体交叉传播，多向性、交叉性强，覆盖面以几何级数增长；人们出于多种不同的心态注意保存信息的原样，因此准确度和信息量都很高。

知识点 4：组织外传播

（1）组织外传播的过程，是组织与其外部环境进行信息互动的过程，包括信息输入与信息输出两个方面。

（2）信息输入，是组织为进行目标管理和环境应变决策而从外部广泛收集和处理信息的活动。

（3）组织任何与外部有关的活动及其结果都带有信息输出的性质，组织体有目的、有计划地开展的信息输出活动，就是宣传活动，主要分为三种类型：公关宣传、广告宣传和企业标识系统（CIS）宣传。

知识点 5：组织传播的理论与流派

（1）古典学派：侧重于对管理要素和管理原则的考察，如等级结构秩序，权力集中管理等，传播内容主要与工作有关，传播流向是沿着组织层级结构等级链自上而下垂直流动。而在传播渠道中书面传播方式最为普遍。

（2）人际关系学派：重视员工的社会需要和情感需要，关注组织中非正式社会因素和管理风格的变化，把员工看成需要关系、社会互动和个人成就的人。在传播流向上更强调横向传播，在传播渠道上，强调面对面的传播。

（3）人力资源学派：开始于 20 世纪 50 年代，把员工看成一连串具有复杂人性需求的个人，组织的智力和体力的贡献者，强调参与管理来满足员工对归属和尊重的需要。把员工看做能促进组织运作、满足个人需求的人力资源。总体来说，人力资源学派对组织的比喻是团队，传播渠道包括所有方向和各种不同特点的传播渠道。

（4）系统学派：认为组织是一个依赖于各部分之间互动以及组织与外部环境之间互动的开放系统。系统内部相互依存，彼此进行信息交换，并且具有可渗透的边界以进行信息的输入及输出。

（5）文化学派：分为两种观点，一种认为正确的文化能够确保组织成功。如迪尔和肯尼迪认为强势文化可以保证组织的成功。具体而言强势文化可能包括价值观、英雄、礼仪习俗。另一种认为<u>组织文化包括故事、比喻、价值观、仪式等</u>，对组织文化的研究要更多借助对成员<u>互动的密切观察</u>来进行。

（6）批判学派：将组织视为<u>权力支配的场所</u>，揭露组织结构和过程中的基本权力失衡现象，促使社会阶层和团体从中解放出来，该学派关注<u>权力在生产方式、组织话语以及意识形态方面的表现</u>。

第 10 天
网络中的人际、群体与组织传播

知识点 1：网络人际传播的特征

（1）传播渠道具有<u>特定的技术平台依赖性</u>，平台和技术影响着人际交流的手段、广度、深度。人际传播的范围也从<u>一对一到一对多</u>。

（2）交流对象的<u>广泛性与可控性</u>，大大扩张了人们的交流网络，同时允许人们对交流时机进行选择、控制。

（3）传播手段上<u>多种手段并存，文字交流为主</u>。但也有独特的符号体系，例如表情包等构成独特的交流门槛。而网络直播则带来了<u>更强的在场感和陪伴感</u>。

（4）环境上<u>没有现实场景的障碍</u>，避免了现实因素的干扰和社会等级的影响，个人的交流技巧重要性得到凸显。

（5）在网络人际传播环境之中，人们会<u>更主动地进行自我形象设计和控制</u>，甚至扮演自己希望扮演的社会角色。

知识点 2：网络人际传播的需求与动力

（1）<u>社会支持与社会交换</u>。社会支持也就是获得他人在情感上或行动上的帮助，或者获取有利于其发展的社会资本。社会交换理论由美国社会学家乔治·C.霍曼斯提出，包括六个命题：成功命题、刺激命题、价值命题、剥夺－满足命题、攻击－赞同命题、理性命题。

（2）<u>情绪调节</u>。网络人际交流对象的广泛性与可选择性、交流手段的可控性，以及身份的可匿名性，使得这些交流具有一定的<u>去抑制效果</u>，可以帮助人们释放某些方面的情绪。

（3）<u>自我认知</u>。网络中的人际传播在对象上可以有更多自主选择，通常人们会倾向于选择那些可以带来积极的自我认知的交流对象。

知识点 3：网络人际传播中的表演和印象整饰

（1）作为社会互动的一种主要方式，在人际传播中，人们总是会有意无意地进行表演。美国社会学家欧文·戈夫曼在<u>《日常生活中的自我呈现》</u>中提出了<u>"拟剧理论"</u>，认为<u>在我们的日常交往和生活中，人人都是表演者</u>：在特定的情境、不同的舞台上认识到别人对我们行为的期待以及我们对他人思想、感情和行动的期待，不断根据自己身处的舞台以及交往的对象调整自己的行为。印象管理（印象整饰）也是戈夫曼提出的概念，指个人试图影响他人对自己印象的现象与过程，也就是对自我形象的管理。

（2）戈夫曼认为，人们表演的区域有前台和后台之分。前台是人们正在进行表演的地方，后台则是为前台表演做准备的、不想让观众看到的地方。

（3）网络人际互动中，为了获得更多的情感支持、社会信任和社会资本，或是扮演一种自己希望扮演的角色，人们会进行网络角色扮演，管理自己留给他人的形象。这种可以体现在头像和昵称的设置中，也可以体现在不同的交流手段、表情符号和自我披露策略上。

知识点 4：网络人际互动的优势与问题

1. 优势

网络人际传播通常比现实世界的人际传播更轻松，更容易把握付出与报偿。网络空间中个体可以体现为多面性，扮演不同的角色与不同的人进行交流，释放自己在现实中被压抑的自我与愿望，成为紧张的现实生活的泄压阀。

2. 问题

（1）网络人际传播形成的社会关系未必稳定持久，网络交流的方式不一定适合现实人际传播，网络交流有时会让人们在现实中感到不适应。

（2）匿名性：除严格实行实名制的社交媒体外，网络人际传播具有匿名性。匿名性可能会令人摆脱现实的道德束缚和法律责任，从而产生不负责任的言论和行为。

（3）缺乏社交线索：网络对话中，人们不必顾虑自己和对方的社会地位、经济收入、宗教信仰、种族、性别、年龄、职业和形象气质等社会现实生活中无法回避的因素。人们可以进行无心理负担的、比较单纯的非功利性对话。但缺乏这些社交线索，人们会失去对对方语言、行为的解读依据，更容易对对方的语言产生误解，也更不容易对对方产生心理信任，进而拉大了人际交往中的心理距离。

（4）虚拟身份认同：在网络上长期使用同一个代号以后，环绕着这个代号，会凝聚生成一个人际关系网络，人们会自然而然地对这个网络上的化身产生认同，更新原有的自我认同，成为自我认同的一部分。但网络虚拟身份认同的碎片化、去中心化以及依附于平台的特性，又使得这种认同是十分脆弱的。

知识点 5：网络人际传播与大众传播

（1）网络人际传播可以形成一个巨大而复杂的社会网络，不仅凝聚个体的社会能量，而且成为大众传播的"桥梁"和"基础设施"。

（2）网络人际传播的高效性：网络人际传播可以兼顾大众和群体传播渠道，使得信息呈几何级数地进行传播。

（3）网络人际传播的劝服性：网络人际传播在意见、态度的传播方面具有强大的力量，因而在社会舆论形成、社会动员方面具有重要作用。

（4）网络人际传播是流行文化传播、病毒式传播的重要渠道。

知识点 6：网络群体传播及其特点

（1）社会结构模式：在传统的 Web1.0 时代，群体传播依托于特定的社区（圈式），而在 Web2.0 时代，群体传播由封闭社区向以自我为中心的开放式（链式）社会网络拓展。这一模式更加松散、灵活，也更为多元，但不易像传统社区一样有较强的群体认同感。

（2）成员关系：网络成员间具有特定的权力关系，会依据个人交流的信息量、影响力等形成新的秩序和地位，进而形成群体压力。

（3）群体认同和群体承诺：群体认同是指人们对群体产生的认同，群体承诺一般指个人认同并卷入一个群体的程度。对于网民而言，虚拟群体的情感性承诺会比工具性和规范性承诺更强。

（4）网络群体传播的特点：

a. 网络本身即是现实个体借以展现自我、满足自我需求的载体，因而个体对群体的要求更高，结群的目的更明确；

b. 时空分离带来的"缺席的在场"，使得网络群体的结群效率更高，结群的成本更低；

c. 借助网络传播的作用，扩大了主体因网结缘的弱关系，同时也增强了主体在现实社会中本来就存在的强关系，从而能为主体带来更大的社会资本；

d. 网络群体传播是个体能量的凝聚器与放大器。作为个体的力量是微乎其微的，但在群体中会逐渐得到应和、支持，情绪也不断叠加，最终通过蝴蝶效应所展示出来的"微力量"则异常惊人；

e. 网络群体传播较现实的群体传播而言，缺乏把关人与匿名性体现得更加明显，群体成员的身份被人群淹没，松散的群体机制又无法对每一个成员进行管理。相较于网络人际传播，传播范围更广，不确定性更强。因此，网络群体传播往往是谣言的温床。

知识点 7：网络环境中的群体极化

（1）桑斯坦在网络环境中重申了群体极化的概念，他指出：由于网络的互动性，个人接触到的意见都是和自己类似或一致的意见，这让人看不到异议。除此之外，由于观点一致，网络群体更容易形成群体共识，对不同意见者造成群体压力。

（2）其他造成群体极化的原因：

a. 推荐算法造成信息同质：算法侦测网民的倾向，高频率推送同质信息，影响受众的价值选择和价值判断，推动极化的形成。

b. 社群日渐分裂强化群体依赖：社交媒体出现后，受众越来越呈现出碎片化和小群体化特征，群体越分越细，人们对社群日渐依赖。

c. 沉默螺旋强化主导意见：在感性色彩大于理性色彩的舆论环境当中，个体害怕受到群体孤立，迫于舆论压力会主动调整自身的认知，在言行上与群体保持一致。

d. 信息遮蔽：舆论中，人们会强调所有人或多数人持有的信息，而忽略少数人或一人持有的信息。

（3）群体极化会造成网络暴力、网络狂欢，破坏正常的网络讨论。

应对网络环境中的群体极化，应该：官方媒体发声以稳定网民情绪，屏蔽非理智化和暴力化的言论；优化信息推荐算法的逻辑，将"编辑算法"和"推荐算法"有机结合；加强媒体自律，促进公众媒介素养提升。

知识点 8：网络社群

（1）网络社群较群体更具有群体意识和归属感，不仅是生活共同体，还是生产共同体，他们会为特定的目标贡献自己的能量，促进网络亚文化的形成。

（2）今天的社群更多地出现在"社群经济"这一语境下，目前主要有三种指向：一是将社群作为服务对象或营销场所；二是挖掘粉丝社群的价值；三是集合社群成员力量来进行共同创造或经营活动。

知识点 9：网络环境中的组织外传播

（1）组织通过网络传播可以更好地掌握传播的主动权，发布能力、发布数量、发布范围、发布渠道都可以由组织来掌握。

（2）组织在网络中宣传活动的效果取决于网络手段的运用能力。

（3）组织传播与大众传播的界限开始淡化。

第 11 天
传播模式

知识点 1：传播模式的定义

传播实际上就是由多要素及其相互关系所组成的动态的有一定结构顺序的信息流动过程。所谓模式，是科学研究中以图形或程式的方式阐释对象事物的一种方法。不少学者采用建构模式的方法，对传播过程的结构和性质做了各种各样的说明。

知识点 2：传播过程的直线（线性 / 单向）模式

即以拉斯韦尔模式、香农 - 韦弗模式为代表的线性传播过程模式。直线（线性 / 单向）模式的缺陷有两点：

（1）容易把传播者和受传者的角色、关系和作用固定化，没有信息的回路与反馈。一方只能是传播者，另一方只能是受传者，不能发生角色的转换。

（2）将传播过程视为非环境互动的静态过程，即传播过程只是内部发生的活动，不考虑人的主观能动性，同时不与传播所生存的环境进行任何交换，忽视了社会的客观制约性。

知识点 3："5W"模式 / 拉斯韦尔程式

（1）1948 年，美国学者哈罗德·拉斯韦尔在一篇题为《社会传播的结构与功能》的论文中，首次提出了构成传播过程的五种要素，被称为"5W"模式或"拉斯韦尔程式"。5W 分别是：who（谁）、says what（说了什么）、in which channel（通过什么渠道）、to whom（向谁说）、with what effect（有什么效果）。

（2）这个模式为人们理解传播过程的结构和特性提供了具体的出发点，但它属于一个单向直线模式，虽然拉斯韦尔考虑到受传者的反应，却没有提供一条反馈渠道，没有揭示人类社会传播的双向和互动性质。

知识点 4：香农—韦弗模式

（1）1949 年，美国两位信息学者克劳德·香农和沃伦·韦弗在《通信的数学理论》一文中提出了一个过程模式，称为传播过程的<u>数学模式或香农－韦弗模式</u>。它的第一个环节是<u>信源</u>，由<u>信源</u>发出讯息，再由<u>发射器</u>将讯息转为可以传送的信号，经过传输，由<u>接收器</u>把接收到的信号还原为讯息，将之传递给信宿。在这个过程中，讯息可能受到<u>噪声</u>的干扰，产生某些衰减或失真。

（2）香农－韦弗模式将传播学者的认识提高了一步，使人们能够<u>更精确地研究传播过程中</u><u>的具体环节</u>。但他们未能在模式中更多地顾及<u>人的因素、社会因素</u>，忽视了<u>讯息的内容、传播</u><u>的效果等</u>。

知识点 5：传播过程的循环和互动（控制论）模式

（1）控制论的基本思想便是运用<u>反馈信息来调节和控制系统行为</u>，达到预期的目的。这种方法突破了传统的线性模式研究传播过程的局限，因而将带有反馈的双向交流的传播过程称为<u>控制论传播过程模式</u>，即带有反馈回路的闭路循环控制系统。由于控制论模式引入了<u>"反馈"</u><u>概念和机制</u>，使得传播过程变成了双向交流的环路，增强了自我调节能力。

（2）然而控制论模式也有自身的缺陷：认为传播过程既然是双向环路，就构成了<u>循环、平</u><u>衡的自我调节系统</u>。而现实中的传播过程，尤其是大众传播过程却少有平衡对等。它认为传播过程是一个<u>独立本体</u>运动过程，即传播过程是独立于社会的自我运行的系统过程，忽视了传播过程的<u>社会、历史和文化背景</u>。

知识点 6：奥斯古德和施拉姆的循环模式

（1）查尔斯·E. 奥斯古德和施拉姆的循环模式由<u>奥斯古德首创</u>，1954 年，<u>施拉姆在《传</u><u>播是怎样运行的》</u>一文中，受奥斯古德观点的启发，提出了一个<u>"循环模式"</u>，在这一模式中传受双方都作为传播行为的主体，通过讯息的传播与接受处于你来我往的相互作用之中。参与传播过程的每一方在不同阶段都依次扮演着译码者（执行接收和符号解读功能）、释码者（执行解释意义功能）和编码者（执行符号化和传达功能）的角色，<u>并相互交替着这些角色</u>。

（2）该模式强调了社会传播的<u>互动性</u>，把传受双方都看做是传播行为的主体，但缺陷在于，它把传受双方放在<u>完全对等或平等</u>的关系中，与社会传播的现实情况不符；这个模式能够体现人际传播特别是<u>面对面传播</u>的特点，却不适用于<u>大众传播</u>的过程。

知识点 7：施拉姆的大众传播过程模式

（1）施拉姆的大众传播过程模式充分体现了<u>大众传播</u>的特点，构成传播过程的双方分别是<u>大众传媒与受众</u>，这两者之间存在着传达与反馈的关系。作为传播者的大众传媒集编码者、译码者和释码者于一身，与一定的信源相连接，又通过大量复制的讯息与作为传播对象的受众相联系。受众是个人的集合体，又分属于各自的社会群体；个人与个人、个人与群体之间都保持着特定的传播关系。

（2）该模式在一定程度上揭示了社会传播过程的相互连接性和交织性，初步具有系统模式的特点，标志着传播模式研究从一般传播过程模式走向大众传播过程模式，标志着将大众传播看作社会有机组成部分的趋向。

知识点 8：德弗勒的互动过程模式

（1）梅尔文·德弗勒的互动过程模式是在香农－韦弗模式的基础上发展而来的，它克服了后者单向直线的缺点，明确补充了反馈的要素、环节和渠道，使传播过程更符合人类传播互动的特点。与此同时，这个模式还拓展了噪声的概念，认为噪声不仅会对讯息产生影响，而且也会对传达和反馈过程中的任何一个环节或要素产生影响。不仅如此，这个模式的适用范围也更普遍，包括大众传播在内的各种类型的社会传播过程。

（2）该模式的缺陷在于，影响传播过程的外部条件和环境因素的复杂性，并不是一个简单的"噪声"概念就能说明的。

知识点 9：韦斯特利—麦克莱恩模式

（1）1957 年，美国传播学者布鲁斯·韦斯特利和马克科姆·麦克莱恩整理当时已有的研究成果，提出适用于大众传播研究的系统模式。

（2）在本模式中，有意图的传播者（在模式中标示为 A）从社会环境中的事件或事物（在模式中标示为 X）处选择重要的信息，经由媒介组织或个人（在模式中标示为 C）的二次筛选或把关，再传播给受众（在模式中标示为 B）。因此，受众 B 既可以对媒介组织或个人 C 进行反馈，也可以对传播者 A 进行反馈。

（3）该模式的意义：a. 说明了大众传播过程中的把关人及其多重把关性；b. 它指出了反馈（或缺乏反馈）的重要性；c. 它引入了第二种传播者 C（即信息渠道角色）的概念。

（4）该模式的不足：a. 它认为三个参与者之间是平衡的、互利的，整个系统完全自我调节。但传播过程中三个参与者之间很少是平衡的；b. 它夸大了大众传播过程的一体化程度，而现实中，每一方都会追求各自不同的目标；c. 它过分强调了传播者对社会的独立性。

知识点 10：系统论传播模式

任何一个单一的传播过程都不是在真空中进行的，其性质和结果也并不仅仅取决于过程的内部机制，许多外部因素和条件都会对过程本身产生重要的影响。单一的过程也不是孤立的，必然与其他过程保持着相互连接、相互交织和相互影响的关系。于是学者开始运用系统论的原理和方法来考察社会传播，提出系统论传播模式。

知识点 11：赖利夫妇的传播系统模式

（1）赖利夫妇的传播系统模式由赖利夫妇从社会学角度提出，1959 年，赖利夫妇在《大众传播与社会系统》一文中，提出一个在社会系统框架中的传播系统模式。

（2）该模式认为任何一种传播过程都表现为一定的系统的活动，而多重结构是社会传播系统的本质特点。传受双方即传播者和受传者都作为一个个体系统，从事着人内传播；个体系统与其他系统相互连接，形成人际传播；而个体系统分属于不同的群体系统，因而存在群体传播；群体系统的运行又是在更大的社会结构和总体社会系统中进行的，与社会的政治、经济、文化、意识形态的大环境保持相互作用。

（3）该模式表明社会传播系统的每个系统既具有相对的独立性，又与其他系统处于普遍联系和相互作用之中。每一种传播活动，每一个传播过程，除了受到其内部机制的制约之外，还受到外部环境和条件的广泛影响。

知识点 12：马莱茨克的系统模式

（1）马莱茨克的系统模式由德国学者格哈特·马莱茨克于 1963 年在《大众传播心理学》中提出，该模式把大众传播看作包括社会心理因素在内的各种社会影响力交互作用的"场"，这个系统的每个主要环节都是这些因素或影响力的集结点。具体因素有：传播者和受传者的自我形象、个性结构、社会环境、媒介的压力和约束等。

（2）该模式表明社会传播是一个极其复杂的过程，评价任何一种传播活动，解释任何一个传播过程即便是单一过程的结果，都不能简单地下结论，而必须对涉及该活动或过程的各种因素或影响力进行全面的、系统的分析。其缺陷在于，没有对具体因素的作用强度或影响力的大小差异进行分析。

知识点 13：田中义久的大众传播过程图式

（1）田中义久的大众传播过程图式由田中义久于 1970 年提出，他从马克思和恩格斯的"交往"概念出发，把人类的交往分为三种类型：一种是与人的体能相关的"能量交往"；一种是与人类社会的物质生产相联系的"物质交往"；一种是与精神生产相联系的精神交往，即"符号（信息）交往"。

（2）符号（信息）交往过程也就是传播过程，它是建立在前两种交往的基础之上的，与社会的生产力、科学技术、生产关系和意识形态保持着普遍联系和相互作用的关系。在阶级社会中，社会传播还是一定的阶级结构的体现。传受双方都有着一定的日常社会条件或环境的背景，而每一方的传播活动都受到条件或环境的制约。

第 12 天
定量研究方法

知识点 1：定量研究的基本概念

定量研究方法：又称量化研究方法、实证研究方法。它在占有大量量化事实的基础上，描述、解释和预测研究对象，通过逻辑推论和相关分析，提出理论观点。

传播学常用的量化研究方法包括实地调查法、内容分析法、实验法与个案研究法。

知识点 2：调查研究的基本过程

(1) 准备阶段：a. 确立研究假设；b. 确定研究方法。
(2) 实查阶段：a. 选定调查对象；b. 收集各种数据。
(3) 数据处理阶段：a. 整理、统计、分析、处理数据；b. 提出研究结论，以验证最初的假设。

知识点 3：信度与效度

信度：即可靠性，它指的是采取同样的方法对同一对象重复进行测量时，其所得结果相一致的程度。

效度：即有效性，它是指测量工具或手段能够准确测出所需测量的事物的程度。

知识点 4：调查法

由保罗·拉扎斯菲尔德引入传播学研究（伊里县调查）。

实地调查法包括抽样调查设计、问卷设计、统计分析三大部分。

1. 抽样调查设计

(1) 从研究对象的全部单位（总体）抽取一部分单位（样本）进行考察和分析，并用这部分单位的数量特征去推断总体的数量特征。

(2) 以被研究对象的全部单位为"总体"，从"总体"中抽取出来的、实际进行调查研究的那部分对象所构成的群体称为"样本"。说明总体数量特征的叫"总体指标"，从样本的统计计算中得到的指标叫"样本指标"。

（3）基本程序：界定调查总体—编制抽样框（对总体进行编号）—设计和抽取样本—评估样本代表性。

2. 问卷设计

（1）问卷设计要包含两部分内容：自变量（即调查对象的特征指标）和因变量（调查对象的意见、态度、行为倾向等）。

（2）问题形式有三种：开放式问题（关于某个问题，你是怎么看的）、闭合式问题（你是否赞同某某事）、混合式问题（你是否赞同某某事，说说你的理由）。

（3）注意事项：设计要强调标准化、匿名性、操作性。调查法的最大特点，是它以广大受传者为研究对象，强调"实地性"考察，基本不受人为控制因素的影响，比较客观、准确和全面。但是它对现实生活中大量现象的复杂的相关性，特别是起主要作用的因果相关的概括仍显得不尽如人意。

3. 统计分析

（1）将问卷资料整理分组，进行统计运算；然后，对结果进行分析，最后用结果去验证研究假设。

（2）分析的类型可以分为：描述性分析：对统计结果进行初步归纳、描述，以找出这些资料的内在规律——集中趋势和分散趋势；推断性分析：研究总体与样本的关系；相关分析，分析两事物之间是否存在一定的关联；因果分析，判断两事物之间的因果关系。

知识点 5：几种抽样方法

（1）简单随机抽样：保证每个对象总体中的每个单位都有被选中的同等概率机会。

（2）系统抽样（等距抽样）：随机排列对象总体，然后随机选取第一个样本，其他样本按一定的间隔加以抽取即可。

（3）分层抽样：将对象总体按照一定属性预先分成若干类别（层），分别进行随机抽取。

（4）多级抽样：先将一个很大的总体划分为若干个子总体，即一阶单位，再把一阶单位划分为若干个更小的单位，称为二阶单位，照此继续下去划分出更小的单位，依次称为三阶单位、四阶单位等。然后分别按随机原则逐阶段抽样。

（5）滚雪球抽样：先随机选择一些被访者并对其实施访问，再请他们提供另外一些属于所研究目标总体的调查对象，根据所形成的线索选择此后的调查对象。

知识点 6：内容分析法

1. 内容分析法简介
是用系统的方法分析传播的讯息内容的研究方法。案例：李普曼分析美国报纸对于俄国布尔什维克革命的报道、拉斯韦尔分析一战的宣传技巧和二战的军事宣传品。

2.内容分析法的步骤

(1) 确定分析单元：即该内容分析要统计什么，包括关键词、专门术语、主题、特质、段落、篇目。

(2) 制定分类标准：通过某一标准来对媒介的信息内容进行分类统计。

分类标准的科学性要满足：完备性（涵盖所有分析单元，每个单元都能找到自己的位置）、互斥性（不同分类单元不能同时划入不同的类别）、一致性（确保不同的人都以同样的标准为分析单元归类）。

(3) 抽取分析样本：抽取媒介样本，从大量媒介中选择有代表性的媒介样本；抽取日期样本，根据具体研究的目的和假设，选取特定日期，并抽取样本；抽取内容样本，对特定的内容进行抽取。

3.统计分析

常用的统计分析指标有绝对数（频次）、百分比、平均数、相关系数等。统计方法主要有两类：一是对某种分析单元出现的频次进行计量；二是对某种分析单元在媒介中出现的形式、位置、篇幅等进行加权处理，并在加权赋值的基础上进行计量。

4.解释与推论

根据统计分析结果，对假设进行验证，分析和推断可能的结论与关系。

知识点 7：实验法

(1) 实验法包括控制实验法（在严格指定与控制的实验室中进行）和自然实验法（将实验放置在社会环境中自然进行）。案例：美国佩恩基金会资助的"电影对青少年的影响研究"是传播实验的雏形，其他还有卢因研究小团体人际关系、卡尔·霍夫兰一系列态度与说服的实验。

(2) 步骤：a.建立研究假设；b.简化众多影响因素，确立自变量、因变量；c.选择测试对象，建立"控制组"和"实验组"；d.事前测试；e.实施实验刺激；f.事后测定；g.分析和确立自变量和因变量之间的关系；h.同时在不影响实验结果的前提下，为了研究伦理，一般会选择在实验结束后告诉被测者研究目的。

(3) 实验法最大限度地排除不确切变量的影响，通过考察最重要的变量的作用而得出明确的结论；不受自然环境的变量限制，可用于推测一般人的行为，对于因果判断尤其有说服力。

知识点 8：控制实验法与自然实验法

(1) 控制实验指在某种严格指定与控制的环境中进行的实验。这一类型的实验可以进行比较严格的高水平实验控制，比较容易操作。所需时间较短，费用相对较低。能够控制大部分外来变量，内在效度较高，可以比较准确地判断变量间的因果关系。实验室实验的控制强度高，外部有效性低。

（2）自然实验是指现实生活环境中进行的实验。这种类型的实验由于涉及现实环境，因此不太容易对实验进行严格的高水平的控制。自然实验一般比较难操作，所需要的时间比较长，所需的费用比较高。由于对外来变量的控制比较困难，因此，其内在效度较低，但其外在效度高，即实验结果具有较高的实用意义。

（3）自然实验里只有部分自变量被控制，研究者的控制程度没有实验室实验那么高，这既是优势也是缺陷。

优势在于，实验环境更接近现实的自然环境，具有更高的外在效度；实验操作具有更大的灵活性，能容纳更多变量；控制实验只适用于检验假设发展理论，而自然实验具有更高的实用性，可以用来解决实际问题。

缺陷在于，更多的变量意味着研究者在实验现场会碰到更多意外情况，实验操作可能会碰到障碍；有些自变量没有得到控制，实验结果出现误差，研究结果不准确，内在效度比较低；对研究对象随机分组，能够有效降低实验结果的误差，而自然实验里，实验主体的自主性比较高，研究者对实验主体的控制少，随机分组并不容易实现。

知识点9：个案研究法

（1）个案研究法是系统地研究个人、团体、组织或事件，以获取与课题相关的丰富的资料的一种研究方法。案例：怀特把关人研究。

（2）个案研究是社会调查中的一个类型，是与统计调查相对而言的。当研究者希望了解或解释某个现象时，常运用个案研究法。

（3）能从个案的详细描述与分析中，发现影响事物的主要因素（变量）及其作用，从而导致假设的形成，并找出群体或类型的详细资料。

（4）在很多场合下，个案研究也被认为是完成一个正式研究的必要的结束手续，即研究的结果可以用个案研究印证是否准确。

（5）它的最大优点是能够对个案的社会背景进行深入全面的把握，这是其他研究方法无法做到的。

第 13 天
统计学基础概念

知识点 1：测量

（1）测量是依据一定的法则，通过系统化的记录和观察来确定事物和现象的特征的过程。

（2）测量是收集资料的一种手段，它指示我们如何记录和观察研究对象，并且提示我们如何解释这些资料。面对抽象的概念，如受众、信息、大众传播等，测量就是一个将抽象概念转化为可观察的、可度量的现象的过程。

（3）测量分为：定量式测量：测量的结果都用准确的数字表示，而且不同的数字可以用来对测量结果进行比较，如身高 183cm；定性式测量：测量结果不使用有意义的数字，而用符号、代码或文字表示，如身高很高（矮）。

（4）在传播研究中，我们测量的往往都是测量对象的某种特征或属性，并非测量对象本身。

知识点 2：定量研究测量与定性研究测量的不同

（1）定量研究用精确的数字来代表抽象概念，定性测量很少使用数字，即使用到，也不会对数字进行数学运算。

（2）定量研究在研究设计阶段就完成了测量方案，设计测量方案、收集数据和分析数据这几个步骤截然分开，可以由不同的研究者实施，而定性研究重视研究情境，许多问题只有研究者进入研究现场之后才能研究或回答，测量研究对象和收集数据是合二为一的过程，由同一位研究者来承担。

（3）定量研究在研究设计阶段首先形成概念，而后再设计和选择测量手段，测量手段影响了哪些数据能够被收集和分析；而定性研究在测量活动中发展出抽象概念，收集而来的经验资料和研究者从中得出的抽象概念之间是双向互动关系，研究者要对二者进行多方对比和持续的相互印证。

知识点 3：误差与偏见

（1）误差：误差在统计学中是测量测得的量值减去参考量值（一般用量的真值或约定量值

来表示）。在社会学科的研究中又分为测量误差和机会误差。

（2）由于测量手段不精确带来的误差称为测量误差，它只能被缩小，无法完全消除；对测量结果的干扰因素是研究者的偏见造成了被研究对象进入研究样本的机会不均等，被称为机会误差。

（3）误差无法完全消除，最终的测量结果是：测量到的差异（或特征）＝真实差异（或特征）＋测量误差＋机会误差。

知识点 4：变量及类型

（1）变量是用来表示被测量对象的特征的。

（2）按作用分，变量有以下几种类型：

a. 自变量：造成研究现象出现的原因的变量，也称实验刺激变量或实验处置变量。

b. 因变量：由于其他变量变化而产生变化的变量，它是研究者试图解释的对象。

c. 中介变量：在自变量和因变量之间联系二者的变量，它是自变量造成的结果，也是造成因变量出现或改变的原因。

d. 无关变量：除自变量以外影响因变量的变量，也叫外来变量。在实验中需要严格排除。

（3）按性质分，变量有以下几种类型：

a. 离散型变量：只能取有限的取值的变量，研究者往往能够预先知道并且在研究问卷上列出这些明确的取值，如性别、是否单身等等。

b. 连续型变量：可以取任何数值的变量，如家庭收入等。

（4）按测量级别分，变量有以下几种类型：

a. 定类变量：当变量的取值只表示类别，不表示任何数量上的大小时，这样的变量就是定类变量。在测量定类变量时，所划分的类别应该相互排除且互不交叉重叠，并且各个类别是等价的，同时各个类别还应当穷尽变量的特征，避免出现无法归类的特例。即互斥性、等价性、穷尽性。

b. 定序变量：变量的取值不仅表示分类，还能够按照某种逻辑顺序对这些分类进行排序，这样的变量就是定序变量。定序测量可以将研究对象进行程度上的区分，如教育程度、态度等等。

c. 定距变量：如果变量的取值不仅表示了分类和顺序，还能够表示不同类别之间的绝对距离和数量差别，这样的变量就是定距变量。定距测量可以用数字来表示某一个类别和另一个类别相差多少。

d. 定比变量：如果变量的取值不仅表示绝对数值的大小，还包括了一个有实际意义的零点，那么就可称为定比变量。这个零点一般用平均值来表示。

（5）指标与操作化：指标就是能够被直接观察到的、体现变量内容变动的一组事物，同一个概念可能会对应着多个不同的指标；操作化，<u>就是以经验上可观察的、可把握的指标来表达</u><u>抽象概念的过程</u>，通过操作化，我们可以对抽象概念所指涉的研究对象进行测量。

知识点 5：指数和量表

（1）由于变量构成的复杂性，在传播研究中很难用单一的指标进行测量，因此我们常常用到指数和量表这些复合测量手段。

（2）指数：一个变量可以有多个指标来代表它，每个指标都对应着一定的数值，将这些数值相加得到一个累加数值，就是这个<u>变量的指数</u>。它体现的往往是被访问者的态度、立场、程度和所属群体等，因此指数的功能在于将研究对象进行分类。

（3）量表：量表是有关研究变量的强度、方向、程度、层次或趋势的复合测量手段，<u>它包</u><u>含着一组题项，这些题项按照某种顺序被排列，对每种题项的回答对应着固定数值，其总值表</u><u>示了研究对象的特征和性质</u>。量表有以下几种：

a. 李克特量表：由美国社会心理学家伦西斯·李克特提出，是问卷调查中最常用的定序或定距量表，也叫总加量表。<u>李克特量表需要研究者围绕要测量的研究问题编写和收集大量的陈</u><u>述，对每一个陈述以 4 ～ 8 级记分的方式来对被调查者的回答进行分类，最终再将每一个调查</u><u>者的陈述所得分数相加得总分。李克特量表经常用于测量个体的观念、态度或意见</u>，其优点在于省时省力、编制方法简单，而且可以对量表进行信度分析。

b. 瑟斯顿量表：由美国心理学家路易斯·瑟斯顿在李克特量表的基础上发展而来，是一种用来测量对特定概念的态度的定距量表。也称为间隔均等出现量表。舍史东量表<u>弥补了李克特</u><u>量表"不同回答之间的数值差异不等值"这一问题</u>，但编制<u>太麻烦，费时费力</u>，在传播研究中应用较少。

c. 哥特曼量表：哥特曼量表也叫累积量表，由路易斯·哥特曼发明，它是单维度量表，各种陈述之间存在着由强变弱或者由弱变强的逻辑顺序，如果被调查者同意某种陈述，那么他也会同意该陈述之前或之后的所有陈述，因此<u>哥特曼量表可以用来测量被调查者态度的累积程</u><u>度</u>。哥特曼量表可看成是一种定序量表或定距量表，它的缺点在于对一组陈述具有单维度的假设是有局限的，选择某种陈述进入量表完全依赖研究者的个人判断，没有什么共同遵循的准则，所以有时可能会遗漏某些重要的陈述。通常情况下会跟李克特量表结合在一起，共同测量。

d. 语义差别量表：这一量表是心理学家查尔斯·奥斯古德首先提出的。其目的在于测量人们对特定概念、对象或群体的看法和感受。<u>研究者在编制时，首先确定关于研究对象属性的一</u><u>系列反义形容词，然后用 7 ～ 11 级量表将这些形容词分别置于两端，由被调查者选择相应答</u><u>案</u>。为了避免被调查者随意回答的情况，研究者不能把含义正面的形容词都放在量表的一侧，应该对某些形容词进行负向处理。语义差别量表编制使用简单，能够清楚有效地描绘和比较两个不同的事物或概念，因此使用广泛。

知识点 6：信度与效度

1. 信度

即可靠性，它指的是采取同样的方法对同一对象重复进行测量时，其所得结果相一致的程度。我们可以从三个方面来分析测量信度。

（1）稳定性分析：稳定性分析要回答的问题是在不同时间段进行测量能否得到一致的测量结果，通常用"测验—再测验"法来考察，其做法就是针对同一组被调查者，在一个时间点进行一次测量，然后在另一个时间点再进行一次测量，计算这两次测量结果的相关系数。相关系数越接近 1，说明测量结果越趋于一致，稳定性越好。

（2）同质性分析：同质性分析要回答的问题是不同的测量指标产生的测量结果是否一致。具有信度的测量意味着不同的指标都能够给出同样的测量结果，同质性分析主要包括折半法（将一次测量所用的指标分成两半，然后计算这两部分的相关系数）和题项分析法（分析被调查者对每个题项的回答与他对其他题项的回答之间是否具有同质性）。

（3）等价性分析：等价性分析试图回答当使用不同的研究工具或由不同的研究者主持测量时，能否产生相同的结果。它有两种模式：一种通过评估测量工具的可信性来推断其测量结果的可信性；另一种是通过评估研究者的可信性来推断其测量结果的可信性。如果检测结果具有等价性，那么测量工具就是可信的。

2. 提高测量信度的方法

使用多种指标来测量概念，尽可能使用更高级别的测量指标。

在正式大规模测量开始之前进行小规模的试测，以此来检测自己的测量工具是否可信，并做出改进。在研究设计阶段科学地界定概念、指标。

3. 效度

即有效性，它是指测量工具或手段能够准确测出所需测量的事物的程度。

效度分为内在效度和外在效度：

（1）内在效度：指的是特定研究的结果是否准确，它考察的是一个研究过程能否就研究现象得出准确结论。研究具有内在效度，说明其研究过程没有内在误差，其他变量不能解释研究结果；没有内在效度，说明研究设计里的误差足以影响研究结果，这时就需要改进研究设计和测量工具。对内在效度的威胁主要来自三个方面：研究过程的影响、研究参与者的影响、研究者的影响。

（2）外在效度：指特定研究的结果是否具有推广性，它考察的是关于特定现象、特定时空范围、特定群体所得出的研究结果能否应用于其他现象、时空范围、群体。研究具有外在效度，说明其结果可以推广到其他情境内；研究没有外在效度，则其结果不具有概括性。外在效度的威胁主要来自三个方面：抽样、人工环境、重复研究过程。

第 14 天
定性研究方法

知识点 1：定性研究方法

（1）定性研究方法以研究者本人为研究工具，在自然情境下采用多种资料收集方法对社会现象进行整体性探究，使用归纳法分析资料和形成理论，通过与研究对象互动对其行为和意义建构获得解释性理解。

（2）定性研究方法不仅应用于人文科学领域，也应用于社会科学领域，代表性的研究方法有符号互动论、人种学、民族志学和小组访谈、投影技法等。

知识点 2：民族志方法

（1）民族志方法源自文化人类学，也称田野调查法或者是人种学方法。研究者通常采取参与观察的方式，深入某一特定团体的生活中并持续一段时间，从而询问或观察所发生的事件，以内部的观点对其意义进行说明。

（2）民族志学的研究方法有三个原则：a. 从广义上来说，民族志学研究关注所有的文化形式，包括日常生活、宗教或艺术。b. 由于研究者本身就是最基本的研究工具，因此必须进行长期的参与观察。c. 必须采用多重资料收集法，以核实观察中发现的资料。如果从研究的历时性来考察，它是一个循环的过程，主要包括以下几个方面：第一，选择分析对象；第二，提出民族志问题；第三，通过参与性观察、个案访谈等形式搜集民族志资料；第四，进行民族志分析；第五，得出民族志结论。在此之后，经过反思，进入新一轮的第二项到第五项的研究。民族志的案例：戴维·莫利家庭日常情境的电视收看行为。

知识点 3：网络民族志

（1）网络民族志方法，是一种专门的民族志方法，应用于当前以计算机为中介的社会世界中可能发生的一切事情。（罗伯特·V. 库兹奈特）

（2）网络民族志的几个注意事项：

a. 网络民族志的核心方法是参与观察，与研究对象互动、对话。

b. 网上进行访谈和分析网络文本并不等同于田野调查。

c. 网络的匿名性让互联网民族志研究者很难确认被研究者的身份，这也就意味着网民行动的社会情境及其社会政治经济特征等关键信息的缺失，因此最好与线下访谈结合。

d. 网络民族志研究者最好进行多点研究以弥补情境单一的问题，从单一网站、游戏、社区、论坛等中跳脱出来，勾连更为广阔的社会文化背景。

e. 网络民族志要面对更加复杂的伦理问题。

知识点 4：深度访谈法

(1) 深度访谈是为搜集个人特定经验及其动机所做的深度访问。广泛用于对一般人的个人生活历史和个人行为、动机、态度等的深入调查。

(2) 深度访谈是一种无结构的、直接的、个人的访问，在访问过程中，访问员深入地访问被访者，以揭示其对某个或者某些问题的潜在动机、信念、态度和感情。

(3) 深度访谈具有以下特点：a. 无结构的、直接的、一对一的访问；b. 样本量小；c. 可以获取详细资料；d. 访问时间比较长；e. 要求很高的访问技术和刺探技术；f. 详细的访谈提纲，但可以改变顺序；g. 对非语言反应进行观察；h. 访谈的结果依赖于访问员。

(4) 深度访谈优点：资料丰富详尽、能够更深入地探询被访者内心思想和看法、更自由明确地交换信息、了解其他方法难以涉及的话题和对象。

(5) 深度访谈难点：费用昂贵、依赖个人技巧、容易将自己的态度传达给被访者，样本小，不能得出普遍性结论等。

知识点 5：焦点小组访谈法

(1) 焦点小组访谈法源于精神病医生所用的群体疗法。由保罗·拉扎斯菲尔德和罗伯特·默顿引入传播学。

(2) 它通常由一位训练有素的主持人组织，引导 6 ～ 12 人的一个小组针对某一主题展开自由讨论。

(3) 焦点小组访谈包括在特定情境下收集有关调查对象情境定义的资料。这种方法通常采用一种开放式的提问，以便得出有关研究的媒介信息的高度自主的资料。

(4) 访谈一般以事先确定的假设为中心，然后这些假设被用作访谈的焦点，主持人努力引导个人理解某个媒体信息，由深入细致的、自由性的访问引起，帮助回忆，然后用通过调查或实验而获得的更加量化的资料加以检验。

(5) 作为一种研究技巧，焦点小组访谈法曾在二战期间用于研究宣传的效果。然而其后在很长一段时间内，它都被用来进行市场研究。直到 20 世纪 80 年代至 90 年代，大众传播学开始关注意义的生成和媒介内容与技术的阐明时，这种方法才得以在传播学领域中复兴。

知识点 6：投影技法

投影技法是一种间接的（隐蔽性的）定性研究方法，其主要特点有：（1）有隐蔽的调查目的；（2）用无结构的、非直接的询问形式；（3）鼓励被调查者将自己对所关心问题的潜在动机、信仰、态度或感情投射出来；（4）不要求被访者描述自己的行为；（5）在解释他人的行为时，将自己的动机、信仰、态度或感情投射到有关情境之中。

类似心理咨询分析患者的心理，分析被访者所投射的态度。

知识点 7：文本分析

（1）文本分析法是研究媒体内容的多种方法的总称。它是研究者用来描述和解释媒介讯息的一种研究方法，侧重于描述文本的内容、结构和功能，解释深层的潜在意义，很少使用数字和统计手段来呈现研究结果。用文本分析法研究媒介内容，也经常被称为"解读"媒介内容。

（2）文本分析在量化的内容分析之外，开辟了理解大众传播内容的另一个方向。具体而言，文本分析的特点和作用在于：

a. 分析了复杂符号运作的各种方式，为深入探讨大众传播内容的构成做了重要的工作，也为反思文化生产的基本规律打下基础。

b. 揭示了大众传播内容的深层含义，有助于剖析社会权力体系和意识形态观念的运作，并有助于进一步探索受众对此的解读。

c. 文本分析法采用个案研究，样本量少，代表性低，不能从个案推断总体，也不能统计特定意义在某个时期内所出现的频率和变化趋势，跟能够处理大样本的内容分析法比较，其研究结果的外在效度不高。

知识点 8：话语分析

（1）话语分析是一种人文科学的定性研究方法，它包含三个分析层次。

（2）话语的最基本元素是不同形态的发音和陈述。

（3）语言可以在传播者之间建立一种"互动"模型，使双方都处在沟通状态中，引入并发展某些主题，同时关闭某些话语空间。

（4）在"话语"层面上，各种语言范畴都可以被看做是一个连贯的结构，是一个带着讯息、可被诠释的文本。对于这个文本可以进行多层次的分析，以此指出并说明某种隐于其中的社会特性。

（5）总之，在人文科学定性研究的视野中，大众传播既是社会现象，又是话语现象。符号是人类与真实互动的主要模型。

第 15 天
大众传播概念与功能

知识点 1：大众传播的基本概念及特征

大众传播是一个过程，在这个过程中，职业传播者利用机械媒介广泛、迅速、持续不断地发出讯息，目的是使人数众多、成分复杂的受众分享传播者所要表达的含义，并试图以各种方式影响他们。

大众传播具有以下的特征：

(1) 大众传播的传播者是从事信息生产和传播的专业化媒介组织；

(2) 大众传播是运用先进的传播技术和产业化手段大量生产、复制和传播信息的活动；

(3) 大众传播的对象不是特定阶层或群体，而是社会上不定量多数的一般大众；

(4) 大众传播的信息既具有商品属性，又具有文化属性；

(5) 大众传播的过程具有很强的单向性；

(6) 大众传播是一种制度化的社会传播。

知识点 2：新媒体时代大众传播媒介的变迁

(1) 被动→主动：在现代信息时代，大众传播正从受众被动走向受众主动。

(2) 中介化→去中介化：传播者不再是职业集团，信源呈现多元化，普通受众也能够接触新闻源，掌控和发布社会信息，"去中介化"日益常见。

(3) 技术分化→技术融合：媒介电子化、数字化，各种媒介技术走向融合。

(4) 统一性→个人化：讯息大量复制逐渐向个人化、个性化的定制内容发展，由线性转向非线性和层次性。

(5) 延时→实时：可以实现同步实时传播，传播者也可以及时得到反馈，调整传播策略，媒介和受众关系日益平等。

知识点 3：功能主义

(1) 功能主义起源于赫伯特·斯宾塞的社会有机体理论，社会被看做一个有机体，它的不同部分被看做生物体的不同器官，维持着系统的平衡。后经塔尔科特·帕森斯、默顿将其发扬光大，认为一个社会是由相互关联的各部分组成的系统，系统各种重复活动对维持系统稳定发挥着作用。

（2）功能主义的目的是从系统的、联系的视角，对社会的行动、仪式等宏观或微观现象作出解释。但功能主义暗示了保守的世界观，这被视为肯定现状的资产阶级意识形态，另一方面这一理论过于抽象，缺乏历史感，目前功能主义已经逐渐被实证的效果研究所取代。

知识点 4：大众传播功能发展历程

1. 三功能说

拉斯韦尔首先《传播在社会中的结构与功能》中提出大众传播的三个功能：监测环境，社会协调，遗产传承。

2. 四功能说

查尔斯·赖特在拉斯韦尔的基础上又增加了娱乐功能。

3. 二功能说

心理学家威廉·斯蒂芬森于《大众传播的游戏理论》中将传播分为工具性传播、游戏性传播，前者是为了带来产品，后者是为了满足。

4. 隐性功能

拉扎斯菲尔德与默顿提出大众传播的三个隐性功能：社会地位赋予、社会规范强制以及麻醉精神功能。

5. 施拉姆的功能说

施拉姆提出，大众传播有四个功能，分别是：（1）社会雷达，环境监测；（2）操纵决断和管理；（3）指导和教育；（4）娱乐。

除此之外还有政治、经济和一般社会功能，其中政治功能包括：a. 监视功能——收集情报；b. 协调功能——解释情报，制定、传播和执行政策；c. 社会遗产、法律和习俗的传承功能。（展江老师认为政治功能包括：a. 民主政治的推动者；b. 公共事务的渠道；c. 舆论监督的工具）经济功能包括：a. 提供关于资源以及买和卖的机会的信息；b. 解释这种信息，制定经济政策，活跃和管理市场；c. 开创经济行为。（展江老师认为经济功能包括：a. 报道与评论经济信息；b. 传播广告信息；c. 促进知识经济的发展）

一般社会功能包括：a. 提供关于社会规范、作用等的信息，并接受或拒绝它们；b. 协调公众的了解和意愿，行使社会控制；c. 向社会的新成员传递社会规范和作用的规定；d. 娱乐功能——消遣活动、摆脱工作和现实问题。

大众传播的功能是最重要、出现频率最高的知识点之一。这体现在可以使用大众传播的功能来分析和认识大众媒介的行为。例如，如何分析大众传播在疫情暴发期间的作用？大众媒介首先进行社会监测，让公众了解关于疫情的信息；然后促进社会协调，将公众舆论下情上达，进而促进抗疫政策的制定和调整；最后传播的民众抗疫措施，从而保证抗疫工作的顺利进行。不过现在再看，这种分析方式确实过于粗略，这也是为何它会被更新的传播效果理论所淘汰的原因。

知识点 5：大众传播的隐性功能（重点）

提出者：拉扎斯菲尔德和默顿；补充者：唐纳德·霍顿和理查德·沃尔。

（1）社会地位授予：大众媒介授予社会问题、个人、团体以及社会运动以地位。大众媒介可以使个人和集体的地位合法化，从而提高其权威性。

（2）社会规范强制：大众传媒可以通过"曝光"某些背离公共道德的行为，发起有组织的社会行动。通过让某些问题暴露在阳光之下，人们必须表明自己支持或反对社会准则。拉扎斯菲尔德等人认为，这弥合了"个人态度"和"公共道德"之间的差距。

（3）麻醉精神：大众媒体会使广大群众在政治上冷漠和迟钝，将大量时间用在阅读、收听、思考大众媒体提供的信息中，而不是投入有组织的实际行动中。

（4）准社会互动：霍顿和沃尔提出了大众媒介（主要是电视）具有准社会关系或准社会互动的功能，即人们把电视中的人物或媒体名人看做真实的交流对象，与其发生互动并建立某种关系。我们常会像谈论某位朋友或邻居一样谈论某位名人，在看到某些主持人时会有一种亲切感，这些都是准社会互动的表现。

知识点 6：大众传播的负功能

（1）消极旁观：媒介接触使人们满足于间接的了解方式，逐渐远离现实，被传播者左右，不再积极地参与事件，而是变成消极旁观。

（2）信息过量：信息过量淹没了有用信息，使受众对信息感到麻木、冷淡。

（3）互动减少：受众过多地依赖媒介带来的间接交流，人际交往、互动减少，与社会、群体逐渐疏远，从而产生了"电视人""容器人"。

（4）低级趣味：大众传播中的低级趣味内容降低了受者的平均审美水平和鉴赏力，甚至诱发了许多偏离或违背社会规范的行为。

（5）文化入侵：跨文化传播中的国家主权问题。大众传播给一些国家特别是给第三世界国家带来了文化、思想、政治冲击，对社会制度构成威胁。

知识点 7：大众传播媒介的功能（胡正荣《传播学总论》）

（1）传播信息：连续不断地向受众传递大量信息是第一功能。（媒介工作者作为"社会雷达"和"守望者",目的在于协助人们认识复杂的环境事物,使他们能进行充分调适。)

(2) 引导舆论:媒介报道决定大多数人议论的内容,决定其对这些问题的看法及要采取的应对措施。媒介通过信息的传递、解释等促使受众形成全社会基本一致的意见、态度和看法,以调节社会内部的矛盾冲突,使其趋于缓和以至消除。

(3) 教育大众:传播知识、科技等,传承了文化遗产,促进成员社会化。

(4) 提供娱乐:更多的人选择以大众媒介为娱乐的主要工具和手段。

知识点 8:大众传播媒介的功能(邵培仁《传播学》)

(1) 个人功能:是指传播活动所具有的对个人身心发展的作用,或者须由信息传播的参与者个人去完成的任务。它包含两个方面:个人的社会化功能和个人的个性化功能。

(2) 组织功能:媒介组织所具有的能力和作用或应该完成的任务,就叫组织功能。包括:a. 告知功能;b. 表达功能;c. 解释功能;d. 指导功能。

(3) 社会功能:a. 政治功能;b. 经济功能:是经济变革的"扩大器",是经济发展的"推动者";c. 教育功能:拥有巨大的教育价值,可以在某些方面起到等同于学校的部分作用;可以创造一种重视教育、具有强烈教育意识的社会环境,使社会大众争相吸收和享用文化知识;通过持续不断的信息传播逐步夹带和积累知识;直接传播知识。

(4) 文化功能:a. 承接和传播文化;b. 选择和创造文化;c. 积淀和享用文化。

第 16 天
传播制度与制度控制

知识点 1：传播制度

（1）传播制度就是<u>直接或间接对大众传播起着控制和制约作用的社会传播规范体系，或社会制度中对大众传播活动间接或直接起制约和控制作用的部分</u>，传播制度体现了全部社会结构和社会关系的复杂性，更体现了上升到统治地位的规范体系。

（2）传播制度总是与社会制度相适应的，<u>社会制度决定传播制度</u>。传播制度对社会制度的能动作用包括：<u>传播制度维护社会的基本制度</u>；<u>传播制度状况和形态影响着社会中其他制度的发展</u>；<u>传播制度的失控会导致社会不稳定</u>。

知识点 2：集权主义传播制度

（1）出现在 <u>15—17 世纪</u>（15 世纪印刷术在欧洲出现，到 16、17 世纪早期报纸出现，文艺复兴至启蒙运动初期）

（2）理论背景：理论来源于柏拉图、马基雅维利、黑格尔等，他们主张<u>国家对社会的意见应严加控制，否定自由和民主</u>。

（3）主要内容：a. 报刊必须对当权者负责，维护国王和专制国家的利益；b. <u>报刊必须绝对服从于权力 / 权威，不得批判占统治地位的道德和政治价值</u>；c. <u>政府有权对出版物进行事先检查，这种检查是合法的</u>；d. 对当权者或当局制度的批判属于犯罪行为，要给予严厉的法律制裁。 实行集权主义传播制度的国家主要是封建君主专制的国家与军人独裁的国家以及法西斯主义国家。

知识点 3：自由主义传播制度

（1）社会基础：<u>早期资本主义的自由竞争机制</u>。

（2）理论基础：<u>启蒙运动时期的哲学思潮</u>。核心：以权利、自由为主体的<u>资产阶级自由主义思想</u>。产生时间：17、18 世纪<u>资产阶级革命时期</u>。代表人物：<u>斯宾诺莎、洛克</u>等。代表作品：<u>美国宪法第一修正案</u>等。

（3）重要观点：<u>观点的公开市场和真理的自我修正过程</u>。

（4）基本主张：a. <u>大众传播不受政府控制，传播者具有传播的自由</u>；b. <u>大众传播多样化、多元化，反映和代表多种不同的意见</u>；c. <u>大众传播业自由竞争、自由营业</u>。

（5）缺陷：a. <u>日益垄断化的传播业、商业化的传播业以追求经济利益为第一要旨，不可能提供"观点的自由市场"</u>；b. 真理也不可能靠自身的力量达到自我修正，因为人们<u>不是天生具有辨别是非的能力</u>，只有通过健全的社会制度，良好的教育引导和鼓励人们向善，<u>才能培养人们辨别是非的能力</u>。

（6）早期的自由主义理论对打破集权主义专制制度和等级支配观念，确立自由、平等和民权思想起到了巨大的作用。但自由主义理论的根本是与资本主义的政治和经济制度结合在一起的，保障的是<u>私有自由资本</u>的利益。随着资本主义发展到垄断阶段，自由主义理论本身也发生了改变，<u>成为维护垄断资本利益的理论</u>。在全球信息化的今天，则进一步演变成为个别传播大国推行<u>文化帝国主义</u>的理论。

知识点 4：社会责任论

（1）19 世纪末、20 世纪初，<u>垄断竞争日益加剧，传播业商业化、集中化、单一化也愈加严重</u>；传播业滥用新闻出版自由，侵犯公民权利，引起社会不满。

（2）西方资本主义国家社会责任理论的最早论述见诸<u>美国新闻自由委员会（又称哈钦斯委员会）</u>于 1947 年发表的研究报告<u>《一个自由而负责的新闻界》</u>。随后，相应的著作相继问世。

（3）社会责任理论强调<u>大众媒介对社会和公众应该承担一定的责任和义务</u>，是对自由主义理论的一种修正。现代社会责任理论大体包括以下几项基本原则：

a. 大众传播具有很强的<u>公共性</u>，因而媒介机构必须对社会和公众承担和履行<u>一定的责任和义务</u>；

b. 媒介的新闻报道和信息传播应该符合<u>真实性、正确性、客观性、公正性</u>等专业标准；

c. 媒介必须在<u>现存法律和制度的范围内自我约束</u>，不能煽动社会犯罪，不得传播宗教或种族歧视的内容；

d. <u>受众有权要求媒介从事高尚的传播活动</u>，且这种干预是正当的。

（4）确保社会责任的措施：

a. <u>完善传播界外部的规范</u>。国家和政府制定法律、法规以及有关的规章、纪律条文，要求传播业必须在国家法律及有关的各项规定范围内活动。

b. <u>政府还通过一定的检查方式加以干预，只要这种检查符合法律及其程序，反映公众意志</u>。但不能封锁正常消息，剥夺新闻机构合法的报道权。

c. <u>加强传播业界的自律</u>。媒介需要<u>组织专业团体和机构</u>，制定各种自愿遵守的职业行为规范，加强教育、提高传播者的责任意识和能力。

（5）评价：社会责任论是一种历史进步，但是，<u>在垄断竞争、利润至上的资本主义私有制</u>

条件下，传播业根本无法摆脱追逐利润和社会责任之间的矛盾，社会责任理论及期望建筑于其上的传播制度还是未能完全被实践所接受。

（6）社会责任论的拓展：有关社会责任的讨论在自由至上与媒介负责、消极自由和积极自由之间来回争斗，含糊不清。实质上是绝对自由主义和新自由主义之间的冲突。前者要求政府不管制媒介内容、不干预媒介运作，后者要求政府积极干预媒介以保证受众的言论自由和名誉权利。

（7）社会责任论的结束：由媒体垄断导致的跨国传媒集团根据其商业利润在全球进行新闻传播和报道，不仅公众无法对它们进行制约，甚至政府控制也无法影响这些传媒巨头。社会责任论成为一纸空文。

随着互联网技术的兴起，社会环境和媒介生态发生了巨大的变化。公众开始逐渐摆脱对大众传媒的依赖，通过网络更易于自我表达、更快捷地展开互动，但这些表达更难以监控和管理，自律更是成为"天方夜谭"。

知识点 5：社会主义传播制度（党报理论）

（1）社会主义传播制度是在无产阶级革命理论和实践的基础上产生的。

（2）理论基础：马克思主义的辩证唯物主义和历史唯物主义理论。

（3）现实基础：无产阶级取得胜利、社会主义取代资本主义以后，在无产阶级报刊基础上走上历史舞台。社会主义传播制度建立在社会主义传播理论之上，直接与社会主义的根本制度有关。

（4）基本观点：新闻及传播起源于人类社会性的生产实践；新闻的本源是事实；传播业的产生与发展有赖于社会进步、生产水平的提高及文化、技术的发展；传播业属于上层建筑意识形态范畴，是物质关系的反映，具有强烈的政治性、阶级性。社会主义传播业包括国家及各个单位、团体及个人的媒介。

（5）我国社会主义传播制度的基本原则包括：党的领导原则、正面宣传为主的原则、正确舆论导向与监督的原则、真实性原则、党性原则。

知识点 6：发展中国家的传播制度

（1）发展中国家的传播制度由英国学者丹尼斯·麦奎尔总结，归纳出以下几个方面：

a. 大众传播活动必须与国家政策保持同步，以推动国家发展为基本任务；

b. 媒介的自由伴随着相应的责任，这种自由必须在经济优先的原则和满足社会需求的原则下受到一定的限制；

c. 在传播内容上，要优先传播本国文化，优先使用本民族语言；

d. 在新闻和信息的交流合作领域，应优先发展与地理、政治和文化比较接近的其他发展中国家的合作关系；

e. 在事关国家发展和社会稳定的利害关系上，国家有权对传播媒介进行检查、干预、限制乃至实行直接管制。

（2）为了抵御来自少数传播大国的"文化侵略"，不少发展中国家在维护"信息主权"的口号下，从制度上采取了保护和发展民族文化的措施，并加强了对外来信息的自主管理。

知识点 7：民主参与论与媒介接近权

（1）民主参与论，是 20 世纪 70 年代以后社会信息化和媒介垄断背景下产生的一种新的媒介规范理论。

（2）该理论主张：a. 任何受众个体和社会群体都有知晓权、传播权、媒介接近权等权利；b. 要求大众传播媒介向一般受众开放，允许受众个体和受众群体参与；c. 媒介应该主要为受众存在，而非为媒介组织、广告赞助商而存在；d. 社会各群体、组织、社区都应该拥有自己的媒介；e. 民主参与论的核心价值是多元性、规模性、双向互动性、传播关系的平等性。在信息已经成为一种核心基础资源的今天，受众唯有行动起来才能争取到自身的传播权和媒介接近权。

（3）媒介接近权：美国法学学者杰罗姆·巴隆认为媒介接近权是由美国宪法第一修正案赋予的，人民有言论的自由，有必要保障人民接近和使用媒介以表达意见。学者刘行芳认为传媒接近权是指"一般社会成员利用传播媒介阐述主张、发表言论以及开展各种社会和文化活动的权利，同时，这项权利也赋予传媒应该向受众开放的义务和责任"。

（4）媒介接近权具有消极和积极两种意义。按照中国台湾学者郑瑞城的解释：消极意义是指接近使用媒介所提供的内容的权利，如电视收视不良地区要求设立中转站。积极意义是指接近使用媒介载具，而成为媒介内容的一部分的权利，如媒介刊登新闻当事人的更正函等。

（5）媒介接近权在三个方面已经产生了普遍的影响：第一个方面是"反论权"，即社会成员或群体在受到传媒攻击或歪曲性报道之际，有权要求传媒刊登或播出反驳声明，对此，美国联邦法院已有众多支持反论权的判例；第二个方面是"意见广告"，为了争取受众的好感和信任，目前很多印刷媒介已经能够在不同程度上以收费形式接受读者要求刊登的意见广告；第三个方面体现在多频道有线电视领域，一些国家基于媒介接近权原理，在发放有线电视系统经营许可证之际，以附加条件规定必须开设允许受众自主参与的"开放频道"。

知识点 8：阿特休尔的批判

（1）美国传播学者赫伯特·阿特休尔在《权力的媒介》中对《报刊的四种理论》（又译《传

媒的四种理论》）进行了批判。主要观点：<u>资本主义制度下新闻媒介的经济命脉完全受资本控制，媒介受利润驱使，根本不可能成为所谓的独立的"第四阶层"；客观主义新闻理念的产生是媒介竞争的产物，而政治上的中立就是能取得商业上的赢利，社会责任实质上也就只能在经济利益的支配下为利益集团服务。</u>

（2）阿特休尔总结了媒介与社会的依存关系：在所有的新闻体系中，新闻媒介都是<u>掌握政治和经济权力者的代言人</u>；媒介内容反映资金提供者的利益；<u>新闻院系传播该社会的意识形态和价值体系，帮助当政者维持他们对媒介的控制</u>；新闻理念（自由、社会责任、客观、公正原则）具有虚伪性，间接地促进了资产阶级统治目标和利益目标的实现。

（3）阿特休尔总结了三种模式的媒介体系：

a. 西方媒介体系：这是<u>市场经济世界的媒介体系</u>。新闻事业的目的是，<u>教育人民正确地投票选举，以此来捍卫社会秩序；要求大众追求真理，善尽社会责任；以非政治方式告知新闻</u>；公正地为大众服务，支持现存的资本主义制度；但媒介本身又是监督政府的工具。

b. 东方媒介体系：这是指<u>马克思主义世界的媒介体系</u>。在这一体系中，新闻事业的目的是<u>教育人民正确地为人处世，并以此来捍卫社会制度；要求人民寻求真理，善尽社会责任</u>。

c. 南方媒介体系：这是指<u>第三世界或欠发达国家的媒介体系</u>。新闻媒介既被用来捍卫社会制度，又被用来改造社会制度，具有雄壮有力、变革创新的特点。

知识点 9：雷蒙·威廉斯的四种模式

（1）独裁体制：<u>传播是少数人的国家机器的一部分</u>，传播的首要任务是传达统治集团的指令和任务，媒介直接受制于统治集团。

（2）家长制体制：<u>较为"有良知"的独裁体制，以承担、保护和引导大众责任自居。大量使用审查制度，但不要求媒介传达其命令。</u>该体制可以作出一定的妥协，但不能影响其核心价值观。

（3）商业体制：在法律范围内，<u>任何人都有传播、销售和购买媒体产品的自由，但它依赖于市场、资本和垄断。</u>

（4）民主体制：<u>一种理想中的体制，媒介是公众的服务机构，公众通过协商和多数原则决定传播资源分配，制作者依赖公共基金，而非国家和市场。</u>

知识点 10：比较媒介模式

由美国学者丹尼尔·C.哈林和意大利学者保罗·曼奇尼提出，他们从媒体与政治的关系角度细分了欧美的媒介制度。

（1）自由主义模式：又称北大西洋模式，其代表包括英国、美国、加拿大、爱尔兰等国，大众商业报纸发展较早，独立性较强，推崇自由主义和新闻客观性，新闻专业主义程度较高。

（2）民主法团模式：又称北欧模式，其代表包括大部分北欧国家，这些国家大众报纸发展较早，报纸参与政治较多，但国家会在保护新闻自由的前提下介入媒介管制。

（3）极化多元模式：其代表为法国、希腊、意大利、葡萄牙、西班牙等，报纸发行量相对较低、新闻专业主义程度较低，国家对媒体的管制程度较高。

第 17 天
传播组织目标、形态与控制方式

知识点 1：传播者

（1）传播者指的是<u>传播行为的发起人，是借助某种手段或工具、通过发出信息主动作用于他人的人</u>。传播者处于传播过程的首端，对信息的内容、流量和流向以及受传者的反应起着重要的控制作用。

（2）报社、电台、电视台等媒介机构是从事信息的<u>采集、选择、加工、复制和传播的专业组织</u>，从其生产规模的巨大性和受传者的广泛性而言，我们又把它们称为<u>大众传播者</u>，或称为<u>大众传媒</u>。

知识点 2：传播者的权利、责任以及影响因素

1.传播者的权利

（1）<u>采访权</u>：采访权是指传播者利用各种合法手段向有关的对象收集、寻访信息的一种<u>权利</u>。

（2）<u>报道权</u>：报道权是指记者有传送、报道公众所关心的信息情报的权利。

（3）<u>批评权</u>：对报道对象的言行进行议论和批评的权利。

（4）<u>专业保密权</u>：又叫新闻来源守密权，是指记者和新闻媒介有对新闻提供者的情况（姓名、单位、职务、住宅以及提供的文件、资料等）进行保密的权利。

（5）<u>安全保护权</u>。

2.新闻传播者的契约性责任

这是新闻传播者对自己服务的新闻媒介以及在内部组织中所应承担的类似于合同性质的一系列责任。最重要的方面是有集体荣誉感。

（1）新闻传播者的责任：<u>采集信息；鉴别信息；选择信息；加工信息；传播信息；搜集反馈</u>。

（2）<u>社会性责任</u>：传播者要对信息公开传播后在社会上所产生的结果负责。

（3）<u>法规性责任</u>：传播者必须承担与权利相应的法律责任。

（4）<u>国际性责任</u>：跨国传播不能干预别国内政，不能做失实报道、战争宣传等。

3. 传播者的影响因素

（1）<u>权威性</u>：传播者具有使受众相信、听从的力量、威望和地位。传播者权威性越高，越容易受到公众的喜爱与信赖。

（2）<u>可信性</u>：传播者可以让受众认可和相信，传播者越可信，越容易产生传播效果。

（3）<u>接近性</u>：传播者在信仰、民族、个性上与受众越接近，越容易产生好的传播效果。

（4）<u>熟知性</u>：传播者增加与受众接触的次数和信息互动的频次，可以产生熟人印象，形成亲近倾向。

（5）<u>悦目性</u>：传播者的形象会影响传播内容的吸引力。

知识点 3：媒介组织的概念、属性、目标

1. 媒介组织

<u>就是报社、电台、电视台等媒介机构，是从事信息的采集、选择、加工、复制和传播的专业组织。具有人为性、目标性和深入性。</u>

2. 媒介组织的两重性

依据性质的不同，媒介组织可以分为两类，<u>从商业主体上看，主要是资本主义主管媒介产品生产的工业或公司</u>，而从社会功能上看，<u>媒介机构是社会结构的重要部分，发挥重要的作用。</u>

（1）作为商业主体的媒介组织，特别是大型垄断媒介公司，主要有以下几个特点：高度集中的所有权、以营利为目的、最大规模地生产媒介产品，机构内部等级森严、实行严格的科层制度，经常为符合市场需要而改变媒体的制作内容。

（2）作为社会结构的媒介组织，媒介机构发挥着以下一些社会机能：构建社会的文化机理、分享并且强化社会的整体价值观、协调社会的文化价值。

3. 媒介组织的三大目标

（1）经营目标：<u>大众传媒必须从事经营活动，这是维持传媒组织自身生存和发展的前提。</u>传媒的经济收益主要来自两个方面：一是<u>广告收益</u>，二是信息产品的销售收益。这意味着，传媒面对的市场压力同样主要来自两个方面，即广告主和作为消费者的广大受众。

这二者之间既相互联系又相互矛盾：<u>一方面，受众越欢迎、发行量越大或收视率越高，媒介的广告价值也就越高；另一方面，受众的利益与广告主的利益并不是一回事，而且两者之间往往存在着对立关系。</u>并且传媒组织还面临着市场变化和激烈的同业竞争的压力。这些特殊和复杂的市场压力关系及其处理方式，是形成各种传媒组织不同特点和倾向的重要因素之一。

（2）宣传目标：<u>宣传某种思想、灌输某种意识形态、提倡某种信念、行使某种权利或社会影响力等。</u>大众传媒的宣传目标主要通过两种活动得到实现：一是<u>言论活动</u>，二是<u>报道活动</u>。前者具有直接的宣传功能，后者具有间接的宣传功能，其主要做法是在新闻或信息的选择、加工和刊载过程中贯彻传媒的意图和方针，获得潜移默化的宣传效果。此外，娱乐内容的选择和提供活动，同样也能够贯彻特定的宣传意图。任何大众传媒都有其政治、经济和意识形态背景，它们必须为特定的利益服务。

（3）公共性与公益性：大众传媒的活动，在更大程度上受公共性和公益性的制约。其原因是：

a. 大众传媒是现代社会必不可少的信息生产者和提供者，在满足社会的普遍信息需求方面起着一种公共服务的作用；

b. 大众传媒的信息生产和传播活动对社会的政治、经济和文化道德具有广泛而强大的影响力，这种影响力涉及普遍的社会秩序和社会公共生活；

c. 大众传媒是某些"稀有"公共传播资源（如广播电视使用的电波频率）的受托使用者，作为公共财产的使用人，它们必须对社会和公众承担相应的义务和责任。

这种公共性和公益性，是大众传媒的权利基础：大众传媒拥有最大限度的采访权、言论权、编辑权和刊载权，并拥有广泛的舆论监督的权利。另外，公益性和公共性也对大众传媒产生重要的制约，它要求传媒的活动必须符合社会公共利益。

4. 三大目标的平衡

中国与西方面临不同的难题。中国媒介组织目标过去一直为单一的政治目标，主要负责上情下达和下情上达，追求社会效益而不是经济效益。改革开放后，事业性质、企业管理同时并存容易影响媒体报道的独立性（公关、政府因素），管理中缺乏一以贯之的标准，给腐败提供了可乘之机，公共服务也遭到了挤压。西方国家面临经济问题，媒介组织兼并和竞争加剧，越来越强调经营目标，出现了职业经理人管理新闻部门的现象，对新闻专业主义和报道独立性造成影响。

知识点 4：媒介组织与信源、受众的关系

1. 媒介组织与信源的关系

（1）分离关系。传播者具有很大的独立性，与信源之间相距遥远，或不常联系或分属不同党派，从信源处得到信息，但又不依赖信源，他们对新闻价值的认识也各不相同。

（2）合作关系。虽然传播者和信源分属不同的社会系统，而且代表不同的机构，但是他们在传播上所扮演的角色却是可以相互合作的。传播者与信源往往互相利用、互相帮忙，共同达成彼此认可的目标。

（3）同化关系。传播者与消息来源所处的体系是完全相同的，他们所扮演的角色也不再各自独立，而且对新闻价值和媒介功能的看法完全相同。信源对传播者具有完全的支配权，而传播者也是信源体系或党派中的一分子。

2.媒介组织与受众的关系

（1）支配关系。是指传播者根据自己的目标或意图将思想、观点或信息强行灌输给特定受众的传播情境。

（2）疏离关系。疏离关系中的传播者将其与受众的关系看得很淡，往往缺乏为受众而采集信息、传播信息的意识。他们主要是为自己、为知音、为获奖、为政治、为私利而写作和传播。

（3）圈层关系。圈层关系意味着作为个体的传播者有意愿将自己的目的与部分受众的需求、兴趣相投合，愿意将人际传播和群体传播中那种关系引进大众传播的态势。

（4）服务关系。服务关系要求大众传播者将受众看作是服务对象。

知识点 5：传播控制的类型

传播控制除了传播制度（详见第 16 天的学习内容）以外还有三种类型：国家政府控制（政治）、利益集团控制（经济）、受众。

1.国家政府控制

（1）规定传媒组织的所有制形式。

规定所有制形式是政治控制的主要内容，是确立传播体制的前提。采用什么样的所有制形式，主要取决于国家的政治制度和经济制度、社会历史文化以及传媒本身的性质等。在西方资本主义国家，媒介所有制主要有私有制和公有制（公营媒介，不是中国的公有制）两种形式。

（2）对媒介进行法制和行政管理。

对传媒的创办进行审批、登记；分配传播资源（如广播）；对媒介活动进行多方面的监督管理；对媒介经济活动进行规范化管理；限制或禁止某些信息内容的传播。

（3）实行扶持与援助等。

积极地指导和扶持，为传播事业的发展制定优惠政策。

国家和政府的政治控制是媒介控制的主要方面。这种控制的目的，是通过规定大众传播体制，制定有关法律、法规和政策，来保障媒介活动为国家制度、意识形态以及各种国家目标的实现服务。

2.利益集团控制

资本主义国家媒介的控制权主要掌握在垄断资本手中。一般社会群体的传播权利无法得到保障。

垄断资本控制传播事业的方式主要有三种：（1）以强大的资本做后盾成立超大型媒介联合企业，对大众传播事业的主要部分实行垄断；（2）通过控制的议会党团或院外活动集团对公营传播媒介的活动进行干预；（3）通过提供广告或赞助来间接地控制和影响其他中小媒介的活动。

在控制权高度集中的今天，垄断已经成为资本主义国家大众传播事业的最大特征。

在中国，利益集团的控制主要体现为<u>广告商和流量至上导致媒介娱乐化、商业化</u>。而近年来传统媒介转型导致的媒介收入断崖式下跌使得媒介需要进一步挖空心思寻找流量，这引发了媒介伦理的丧失；在西方，主要体现为<u>财团控制媒介，媒介垄断化</u>，尤其是在解除管制之后，<u>跨国垄断媒介集团向全球输出西方意识形态和商业文化</u>，同时与特定的政治、社会团体结合，干预各国的内政。<u>对外采取文化帝国主义，对内媒介多元化观点丧失、媒介内容趋于庸俗化和娱乐化</u>，可谓是万恶之源。

3. 受众

受众的媒介控制主要有以下几种：

（1）<u>信息反馈</u>。这是一种最常见的受众监督方式。

（2）<u>结成受众团体</u>，以群体运作方式对媒介活动施加影响。

（3）<u>诉诸法律</u>。如果媒介提供的虚假报道或广告直接损害了受众的实际利益，或媒介内容侵犯了公民的名誉权或隐私权等等，公民可以向法律机构提出诉讼，要求对传播媒介的违法行为给予法律制裁和补偿自己的损失。

（4）<u>通过影响媒介的销售市场来制约媒介活动</u>。对那些性质恶劣的媒介或信息产品，受众可以采取拒买、拒看、拒听行为，这也是受众对媒介活动发挥控制影响的最后手段。

知识点 6：媒介体制的三种类型

按照所有制，可以大致将传媒业分为三种类型：

（1）市场化模式：即传媒业是纯私人企业，不受政府干预，<u>如美国的媒介产业</u>。

私有制媒介以赢利为主要目的，<u>不容易受到政府控制，但较容易受到资本力量和垄断的影响</u>。内容<u>贴近大众受众需求，但容易导致消费主义和娱乐化，少数受众的利益得不到保障，影响其公共服务职能的发挥</u>。

（2）国家媒介产业模式：即资本是国家的，但媒介独立运作，按企业经营与管理，类似于公营制，如英国的 BBC。

公有制的媒介<u>为大多数受众提供公共服务，但由于不用对任何人负责，媒介取向往往只跟随少数媒介精英的个人喜好</u>。同时<u>收入来源脆弱，遭遇外在竞争容易陷入危机。在资本主义社会中，绝对独立也是做不到的</u>。

（3）国家机构模式：媒介属于国家所有，<u>媒介单位是国家机构的一个有机组成部分，是事业单位，采取企业化经营</u>，如我国传统的媒介产业模式，类似于国营制。因此，相对而言我国的媒介制度是世界上最独特的<u>"一元体制，二元运作"</u>。

国有制的媒介<u>目标以政治为主，可以配合政府的政策宣传，维护社会稳定。不容易受到资本影响，但偏向受众工具的定位容易使得内容沦为纯粹的宣传品</u>。同时政府对媒介的掌控容易<u>危害媒介的中立性和客观性</u>。

第 18 天
新闻生产社会学

知识点 1：新闻职业角色与决策模式

（1）职业角色：伯纳德·科恩认为媒介存在<u>中立者和参与者</u>两种不同的角色。中立者意味着记者应该客观报道新闻，事实与观点分开，科学实证地反映事实，内容应当保持平衡。鼓吹者兴起于美国的进步主义运动，他们希望参与到社会的变革之中，成为某个政策的拥护和宣传者，通过大众媒体鼓吹改革和变革。

（2）决策模式：媒介正常与异常：媒介内部会对正常和异常进行界定。丹尼尔·哈林把媒介分为三个领域：<u>一致同意的领域、合理争议的领域和异常领域</u>。一致同意的领域没有风险，合理争议的领域与既有价值观冲突，记者会采用双方观点，但以不触犯现有体制为前提。异常领域则是媒介放弃中立立场，可以任意揭露、谴责和忽视。这一类型往往使得一些重要的群体在媒介呈现上出现偏差。

知识点 2：新闻生产惯例

（1）在 20 世纪 70 年代的一波研究中，新闻常规（也被译为新闻生产惯例）受到密切关注。新闻常规并无严格定义，被宽泛地用来指新闻组织在日常工作中发展出来、记者在新闻工作中重复出现的习惯性社会实践。

（2）<u>对于传媒组织，常规是一套控制机制，以促使媒介工作者达到组织的预期目标；对于传媒内容生产者，常规是他们工作时所依循的脉络。</u>新闻工作常规包含甚广，既包括<u>传媒组织的一整套日常工作规程</u>，也包括微观层面上<u>从业者个体重复性的新闻采制规范</u>，后者也叫报道常规，指采编人员发现、判断、采访和写作新闻等具体内容。

（3）媒体中的惯例来自三个方面：<u>受众（消费者）、媒介组织（生产者）、消息来源（供应者）</u>。惯例既包括倒金字塔结构、"5 W"等写作模板，客观平衡、故事化、戏剧化等写作技巧，新闻价值、平衡版面等工作原则，也包括像新闻价值、客观报道、注重故事化形象化等为了照顾受众的接受习惯而形成的惯例。

知识点 3：媒介逻辑与媒介文化

（1）媒介逻辑，<u>指媒介自身存在一个决定时间如何分配、内容如何选择、语言和非语言内</u>

容如何决策的核心规则。它会按照特定的格式和惯例去建构某一类别的事件，会以一种熟悉的格式和范例去处理某一类型的新闻事件。

（2）媒介逻辑喜欢某些特殊的特征，例如时效性、戏剧性、明快简短等。它也可以引导媒介内容朝向个人化、冲突性的方向偏离。在媒介与现实关系日渐密切的今天，媒介逻辑会反过来影响现实生活中的这些行为，产生类似于"媒介化"的效果。

知识点 4：信源依赖

（1）对新闻媒介来说，与新闻来源的关系是一种最基本的关系形式，而这种关系通常也会构成一种非常活跃的双向沟通过程。

（2）被访问或引述的消息来源主要有三种类型：一是机构发言人，二是专家，三是其他新闻记者。由于总是依赖一些共同而且较集中的消息源网络，消息来源的类型存在着一种高度相关性，新闻媒体促成了一种对传统智慧的系统化集中，从而使得多元化的观点很难出现在新闻报道中。

（3）为了在激烈的媒介竞争中第一时间获得权威的、从其他渠道难以获得的信息，媒体与通晓内幕的消息来源以及专家定期接触。这种活动的普遍性，造成媒介及其消息来源之间在某种程度上不可避免的共生关系。

（4）消息来源为组织消息的记者提供信息，这样的活动造成如下影响：首先，是高度计划性的，而且具有可预测性，与大范围、持续性的媒介生产活动相伴而行。媒介机构必须要有一些确定的信息来源，以满足其自身的需要，但信息的供应是预先计划好的，那么有关媒介能够反映真实的想法就遥不可及了。其次，在信息提供者和信息或内容的媒介接收者之间存在一个"不平衡"的问题：有些信源由于其自身地位、对市场的控制力或本身所具有的市场价值，从而比其他信源拥有更大的影响力和讨价还价的能力。最后，媒介与外部可能的传播者之间存在一种互惠的利益关系，会产生"同化"的问题。记者与消息来源之间为了共同利益而存在的合作关系上升到一定程度，就会倒向某些个人或组织利益，使媒介受到信息的压迫或操纵。

（5）除此之外，公关也在影响着媒介的内容倾向。

知识点 5：潜网

（1）美国学者沃伦·布里德在《编辑部的社会控制》中描述了报社中存在的微妙和强劲的控制网络。

（2）这个网络一方面使媒介组织传播意向得到顺利贯彻，另一方面防止不懂规矩的新来者对媒体组织既定的行规进行袭扰。这种媒介组织网络其实是特定社会环境更大范围社会控制体系的折射，引申到普遍意义的群体和组织方面。

（3）群体规范和群体压力是群体传播的主要控制机制。

知识点 6：媒介伪事件

1961 年由美国学者丹尼尔·布尔斯廷提出，指为了得到媒体报道而人为制造的新闻事件。布尔斯廷认为伪事件具有以下特征：

（1）不是自发产生的，而是事先计划、安排和主动引发的。

（2）它的主要目的（但不绝对如此）是为了被立即报道或复制，因此被安排得便于媒体报道。

（3）事件与现实之间的关系是暧昧多义的。正因为如此，它既可以吸引媒体和公众（具有新闻价值），同时又能被用来实现组织的利益。

（4）伪事件通常是一个"自我实现的预言"。

知识点 7：媒介事件

（1）媒介事件：为了避免布尔斯廷对伪事件的简单否定，丹尼尔·戴扬和伊莱休·卡茨提出"媒介事件"的概念。他们把那些在电视上进行现场直播的国家级历史事件，称为媒介事件。根据具体内容又可以被概括为"竞赛""征服""加冕"三种模式。

（2）以这三种模式为代表的媒介事件具有以下特点：由电视直播；中断了日常生活和日常的电视节目；事件预先策划，按脚本进行；观众规模巨大；具有非看不可的强制性；直播解说中充满着虔诚与敬畏；事件的功能是促进社会整合；典型的功能是提供安慰与调和。

（3）戴扬和卡茨认为，这种大型事件的电视直播，可以看做是全民参加的仪式，与其说它是在描绘现实，不如说是在唤起传受双方的核心价值与集体记忆。这一仪式过程不单纯是传播者的意识操纵，它的最终意义也是接受者与传播者共同协商的结果。

第 19 天
新媒体环境下的新闻组织变革

知识点 1:大众门户与个人门户

(1) Web1.0 时代大众门户模式:网站通过内容聚集用户,网站是传播的控制者,提供无差异化服务,传播效果测量手段有限,中心化倾向明显。

(2) Web2.0 时代个人门户模式:每一个节点成为一个传播中心,关系成为传播渠道,社交和分享成为传播动力,个性化信息服务得以实现,传播路径容易观测,传播多层级,传播格局去中心化,但有时围绕新的舆论领袖出现再中心化的局面。

知识点 2:网络媒体的演变——主体扩展

(1) 新的内容生产者的介入:非媒体背景的专业化新闻生产力量以及业余或专业的自媒体都可以通过自媒体平台进行传播。

(2) 新的内容生产方式的改变:不同信息源提供了新的信息碎片,帮助专业媒体呈现更丰富真实的新闻活动(但也可能成为干扰);全民投票的筛选机制挑战了传统专业媒体把关人的地位。

(3) 在多元主体的介入下,专业媒体未来要发挥自己的专业化、客观性优势,成为网络传播中的参照坐标,同时成为全民传播的组织者和协调者。

知识点 3:网络媒体的演变——业务形态

1. 定时—及时—实时—全时:网络新闻时间观的发展

早期沿用的是传统媒体的定时机制,此后打破固定周期,根据需要进行及时直播,目前实时的新闻直播与全时的全天候新闻已经成为常态。

2. 粘贴—整合—解读:网络新闻编辑方式的发展

早期靠的是新闻媒体转载,后期通过专题整合某一个主题下的全部新闻加上评论,目前,新闻生产已经发展到了综合深度评论、在线访谈与部分新闻制作来增加新闻传播价值。

3. 单媒体—多媒体—融媒体:网络新闻手段的丰富

早期的新闻报道主要呈现为文字形式,后期文字、图片、声音、视频多元综合运用(多媒体），目前，出现了多种整合形式的融媒体报道，开始探索适合移动端的传播方式。

4. 单向—互动—共动：网络新闻受众观的变化

早期传播格局是单向的，用户几乎没有反馈空间；从单向到互动，是受众观的第一次变革，受众与传播者之间的交流方式与通道越来越多，但互动过程中，传播者仍然是占据主导地位的，受众仍然是接受者与相对被动的反馈者；现在网民除了是接受者与反馈者之外，也可能是新闻生产者，能够在一定程度上影响网络新闻传播者的传播意向和行为，互动关系进一步演化为"共动"关系。

知识点 4：网络媒体的演变——分发方式

1. 整合类平台：多元聚合 + 人工分发

网站作为内容汇总平台，将汇总内容并呈，通过编辑的判断力对内容进行整合再二次销售给用户。如新闻客户端。

2. 搜索引擎：多元搜索 + 算法调度

用户通过搜索来获取信息，但搜索引擎具有内容的排序权利，并且可以通过信息流来调整用户获取的信息的顺序。

3. 社会化媒体：人际渠道 + 大众传播

社交媒体中人际传播渠道成为公共传播的基础设施，社交网络成为个人的筛选机制，而新闻传播力取决于它激活的人际网络的传播规模。

4. 个性分析 + 算法匹配

个性成为新闻分发的核心变量，最大限度地匹配用户的需求，让人大大延长阅读时间，但容易令人陷入信息茧房。

5. 视频和 VR/AR 平台：临场体验 + 社交传播

视频直播重新定义新闻现场，允许受众进入现场根据自己的兴趣进行观察与体验，社交关系起到重要作用。

6. 服务类平台：生活场景 + 新闻推送

以生活服务为核心的应用和网站走向媒体化，推送根据人们生活场景需要而匹配的新闻信息，具有相对垂直性和精确性。

7. 未来新闻分发平台媒体的"必修课"

无论何种平台，对有志于成为未来新闻分发平台的媒体，必须做到：（1）维系规模化的用户；（2）汇聚多元化的内容生产者；（3）匹配内容生产和消费，兼顾个性需求和公共价值；（4）提供丰富的新闻体验；（5）挖掘内容和其他互联网服务的价值；（6）保持内容的真实性、信息的平衡性，抑制企业利益对公共信息传播的干扰。同时，对于无法提供新闻分发渠道的媒体，话语权可能越来越小，因此必须强化自己的内容优势，和平台合作实现自己的价值转化。

知识点 5：传统媒体的演变——政策管理

1. 从独立向融合发展的业务形态与生产机制

媒体的数字化趋向带来的必然结果是媒介融合，但如果传统媒体没有本质上的变革，新老媒体的"融合"恐怕是难以实现的。

2. 从凝固到游移的价值坐标

传统媒体有自己的一套价值体系，但网络赋予公众更多的判断与检验传统媒体及其产品价值的权利，由此带来了新的评价体系，传统媒体的某些价值坐标需要重新考量。

3. 从内容到产品、从受众到用户的思维转变

在网络时代，传统媒体开始形成一种观念，那就是要将内容转变为产品来认识，将受众转变为用户来看待。

4. 从封闭走向开放的体制变革

在网络时代，各种类型的壁垒都会被打破，开放、合作或融合将成为体制变革的基本取向。

知识点 6：网络媒体的未来趋势

1. 从黄金时段到碎片时间：移动互联网改变的时间观

移动互联网时代用户接触和使用网络的时间是碎片化的，时间碎片化也意味着用户时间利用个性化，打破了传统媒体"黄金时段是用户行为共性造就的"媒体惯性，更多地体现了用户的个性与意志，但碎片化也可能损害人们的专注能力，导致信息焦虑症、信息依赖症等。

2. 从"广播"到"LBS"：移动互联网改变的空间观

LBS 即 location based service，基于位置的服务。它一方面导致新闻生产空间从"媒体空间"到"现场空间"的迁移，使得出自新闻现场的即时新闻生产变得普遍；另一方面使得新闻事件当事人、现场目击者等普通人在新闻生产中越发重要。

3. 场景：移动时空描述的新维度

场景主要指基于特定时间、空间、行为及心理的环境氛围。场景可以视作移动传播中的一种新的时空描述维度，它也是移动产品的一个新的构成要素。

4.大数据驱动媒体生产方式变革

大数据是基于相当大的量级的数据进行数据收集、分析、挖掘与应用的技术，其特点为"4V"：多样性（variety）、体量（volume）、速度（velocity）、价值（value），即多样化的数据来源、巨大的数据量、快速的处理和丰富的数据价值。IBM 网站用真实

性（veracity）替代了价值。大数据技术应用在新闻传播领域，会带来：（1）<u>预测性新闻的增加</u>；（2）<u>深度报道模式的改变</u>：由主要依赖记者们的观察变为依赖数据分析；（3）<u>个性化新闻与信息服务水平的提升</u>，即依赖算法技术，针对每个特定用户提供的数据来进行个性化定制和新闻服务；（4）<u>影响媒体的盈利模式</u>：数据本身的价值即可用来变现；（5）<u>跨界合作的需求进一步凸显</u>。

5. 智媒体时代的到来

媒体发展的另一个未来趋向是媒体的智能化，其特征有：万物皆媒、人机合一、自我进化。从信息生产角度看，智能化媒体将带来以下几方面的可能：（1）<u>用户分析与匹配的场景化、智能化与精准化</u>；（2）<u>新闻生产的机器化、智能化与分布式</u>；（3）<u>新闻传播的泛在化、智能化与新闻体验的临场化</u>；（4）<u>互动反馈的传感化与智能化</u>。

6. 互联网推动虚拟世界与现实世界融合

主要体现在三个方面：（1）<u>虚拟化生存及互动逐步走向"现实化"</u>。随着网络与现实社会互动层次的深入，人们意识到，网络并不是超脱于现实世界的世外桃源，它是现实社会的镜像，也是现实社会的一部分，实名制在网络社会的重要性愈发凸显，现实关系越来越成为信息传播的底层结构。（2）<u>虚拟空间与现实空间的同一化</u>。移动互联网中基于 LBS 的社交应用，将地理位置作为社交关系启动的一个要素，这也促进了现实空间与虚拟技术的互动，在某些时候，两者出现同一化的可能，即"缺席的在场"和"在场的缺席"。（3）通过 <u>VR、AR、3D还原等虚拟化数字技术</u>可以对现实世界进行更真实的还原。

第 20 天
新闻专业主义与媒介伦理

知识点 1： 新闻专业主义

新闻专业主义，是美国政党报纸解体之后在新闻同行中发展起来的"公共服务"的信念。

（1）它是"改良时代行政理性主义和专业中立主义总趋势的一个部分"。在理论上具有一种理想主义色彩和强烈的道德主义倾向。

（2）它强调的是新闻从业者与新闻工作的普世性特征：它是一种意识形态，是与市场导向的媒体（及新闻）和作为宣传喉舌的媒体相区别的，以公众服务和公众利益为目的、以实证科学原则为基石的意识形态。

（3）它也是一种社会控制的模式，是与市场控制、政治控制相区别的以专业知识为基础的专业控制模式。

（4）西方新闻专业主义的核心：媒介为社会公器，服务于公众利益；新闻从业者是社会观察者。新闻人是信息流通把关人，依据主流社会价值观，亲自以实践理性发现事实、服从事实而非其他政治或商业权力。新闻人受制于以上的规范，此外不接受任何控制。

知识点 2： 对新闻专业主义的反思与社会顺从理论

1. 对新闻专业主义的反思

（1）大众传播媒介具有强大意识形态的影响力，并且通过议程设置得以发挥。

（2）大众媒介作为霸权机制，形成伪社会合意，维持阶级统治。

（3）大众媒介是"意识形态国家机器"之一，支持现有的意识形态与制度。

（4）"中立"与"客观"只是资本主义社会掩盖意识形态色彩的伎俩。

2. 社会顺从理论

（1）社会顺从理论由社会学家拉扎斯菲尔德和默顿提出。主要观点是认为在当今社会，商业体制已经占据了主要地位，而在此体制下的传媒产品的制作将服从于商业利益，被灌注进商业的意识形态，追求商业利益的公司支配了媒介，媒介反过来也支持公司。媒介中的广告和节目内容都体现了这一支持。

（2）社会顺从不仅通过媒介的表述表达出来，而且，更重要的是，通过媒介没有说出的东西表达出来。以商业支持为背景的媒介不具备对社会问题给予关键评价的基础，反而"限制了那种真正具有批判性的观点的发展"。

知识点 3：新闻专业主义 2.0

（1）由吴飞提出，认为新闻专业主义不再是一个行业性的专业精神，而是<u>所有参加新闻传播活动的个体普遍需要遵守的交往信条和基本精神</u>。新闻专业主义就是个体交往的基本规则，即：<u>可理解、客观真实、道德适当、真诚</u>。个体既是这一规则的参与者，也是这一规则的<u>阐释和监督者</u>。

（2）对当下的媒体而言，应当做到以下三点：a.<u>坚持新闻业基本原则</u>，客观、独立、公正、平衡，对严肃新闻应当遵守底线。b.<u>坚持提升专业能力</u>，增强辨识能力，整合和判断信息碎片，筛选失实内容，运用数据和机器辅助手段，更好地对事物进行判断与解读。c.<u>坚持传播伦理</u>，尊重隐私，体现人文关怀，不用照片吸引流量博取眼球等。

知识点 4：液态新闻专业主义

（1）潘忠党认为，在新技术主导的以社交平台和公共参与为重要特征的新传播形态下，新闻逐渐变得"液态"，<u>需要实现从专业新闻生产到协作性新闻"策展"的转变</u>。

（2）"策展"意指通过数据创造者、提供者、存档者、消费者共同参与的标注、评价、选择、转换数据的行为，令数据增值，并可广泛共享和再利用。在新闻领域，有人运用这一概念强调新闻的<u>专业筛选和视觉化呈现</u>，着眼记者和编辑对不同新闻来源信息进行的阅读、选择、排除、组织和集中呈现。与"把关"不同，这是一个互联网时代的<u>参与式新闻实践模式</u>，一个<u>意义生产与再生产动态交织的模式</u>。

知识点 5：媒介伦理

（1）<u>媒介伦理就是指媒介从业人员在长期的职业实践中形成的调整相互关系的行为规范</u>。它既是一种<u>业内自律的规范</u>，也是一种<u>民意的观念和约束</u>。

（2）媒介伦理内化于新闻传播主体的品格、习性和意向之中，又通过其言行表现出来，是新闻传播活动中<u>发挥着特殊作用的规范性调节体系</u>。媒介伦理不仅包括媒介从业者个人的品<u>性</u>，同时也是<u>媒介组织的从业原则</u>。在受众和媒介区分越来越小的自媒体时代，它还意味着受众使用媒介过程中，同样应该体现出的伦理原则。

知识点 6：媒介伦理失范及其成因

（1）媒介伦理失范的表现：有偿新闻、新闻敲诈、媒介寻租、媒介歧视、媒介低俗化等。

（2）媒介伦理失范原因：

a. 媒介观念的偏差。媒介观念的偏差体现在两点，首先是错误的商业伦理观，媒介丢失了自身的社会属性转而追求商业利益，并把它与社会责任对立起来。例如为了收视率和广告收益，大量低俗庸俗的节目盛行。

b. 错误的新闻伦理观。抢独家新闻，争夺眼球，甚至为了获得独家消息不惜捏造事件、捕风捉影。

c. 竞争压力的影响。压力主要来自两方面：传媒组织的商业压力和同行的群体压力。即便部分新闻从业者不愿从事违背媒介伦理的行为，但在严酷的就业压力下不得不屈从所谓的潜规则，否则就有在竞争中出局的危险。

d. 传媒内部的制度的不完善、不科学甚至错误引导也是造成媒介伦理失范的重要原因。媒介转型不完全，过度商业化；媒介内部采编、经营部门混岗，经营人员干预新闻生产，甚至广告商影响新闻业务；不合理的考核方式也容易鼓励记者编辑突破伦理底线、放弃伦理考量。

e. 媒介外部的环境与监管制度不完善。

f. 缺少媒介自律意识。媒介习惯于服从他律，没有自律意识。从组织上看缺乏行业的媒介自律组织。

知识点 7：网络媒体的虚假新闻陷阱

（1）来源陷阱：网络传播对媒体人的信息核查能力提出更高要求，网络信息良莠不齐，判断其来源和准确性是鉴别信息真伪的关键。

（2）时间陷阱：网络旧闻可能成为新闻，时间压力可能使得新闻失实，对网络本身时效性的过分强调也可能让人只获得部分而非全部真相。

（3）专业陷阱：专业领域知识缺乏容易带来报道失实。

（4）情绪陷阱：冲突性事件中，媒体人的情感容易偏向某一方，同时给新闻对象贴标签、定框架也会制造错误新闻。

（5）炒作陷阱：网络事件推手、公关营销人员制造虚假热度，引诱新闻从业者进行报道。

知识点 8：后真相

（1）后真相是 2016 年年度词语，指的是客观事实陈述不如诉诸情感和煽动信仰更能影响民意。

（2）后真相现象与社会化媒体传播机制不无关系，社会化媒体<u>以个人为传播节点，以社交</u><u>媒体为传播渠道</u>。在这种个人参与的传播机制中，<u>情绪比理性更容易得到传播</u>，人们在传播中还会不断加上有个人情绪色彩的评论，<u>使得意见、态度凌驾于事实之上，事实与意见逐渐模</u><u>糊</u>。这种带有情绪色彩的事实真相又会衍生出不同版本，使得寻找真相日益困难。

（3）后真相时代，人们需要重新高举真相的大旗，不被民意裹挟，切实提供冷静、客观的另一种声音。

知识点 9：信息茧房

（1）信息茧房意味着<u>人们使用社会化媒体只关注符合自己需要的信息，或与自己观点类同</u><u>的信息</u>。这会<u>使得他们接触信息的多元化和多样性大大减少，局限于与自己观点意见相同的小</u><u>圈子里</u>。

（2）对于社会而言，这会<u>使得公共信息传播、社会意见整合、社会共识达成变得更难，各</u><u>个圈子之间相互隔绝，态度变得更加极端，最终会造成社会撕裂，即所谓"网络巴尔干化"</u>。

（3）在信息茧房中，<u>信息和想法会因为共鸣而变得更强和更极端，这被叫做"回音壁效</u><u>应"或者"同温层效应"</u>。这也可以用群体极化来解释。

第 21 天
把关与把关变革

知识点 1：把关与把关人

（1）把关是指对信息进行过滤、加工的过程。把关人，又称守门人，<u>指对信息进行搜集、选择、整理、过滤、加工、再次传播的人</u>。

（2）帕克曾经提出把关雏形，但正式把关概念的提出者是卢因。

（3）把关使信息精粹，<u>减少冗余信息</u>；但也可能<u>使一些信息被迫丢失</u>，造成信息流通环节不畅。

（4）把关产生的原因有：a.<u>信息的差异性</u>。客观世界信息繁多复杂，必然要对其进行筛选和过滤。b.<u>传播者传播目的的差异性</u>。传播者的行为都是在一定目的的支配下进行的，必然会根据其传播目的进行信息选择。c.<u>受众的差异性</u>。受众的需要、心理相去甚远，选择不同的信息才能满足不同受众的不同需要。d.其他因素：<u>政治、法律、经济、社会、文化、技术等</u>。

知识点 2：三种把关模式

1. 怀特模式

大卫·怀特通过与地方报纸编辑合作，研究输入信息与输出信息的对比，考察在<u>一个具体的把关环节上</u>，信息是怎样被过滤和筛选的（个案研究法）。怀特提出公式：<u>输入信息－输出信息＝把关过滤的信息</u>。

怀特把关模式的意义：为以后的同类研究开辟了道路。由怀特研究所引发的一系列修正完善的把关学说，既充实了传播学的学科内容，也深化了人们对把关问题的认识。

怀特模式的不足：他把把关人看作一个<u>孤立的因素</u>来考察，过分强调了把关人的独立权限，而忽略了与其相关的社会因素对把关活动的制约。

2. 麦克内利模式

麦克内利模式是对怀特单一把关模式的修正与发展。学者约翰·T.麦克内利试图描述在<u>新闻事件与最终的接受者（如报纸的读者）之间存在的各种各样的中间传播者</u>。一系列把关人相继处在新闻事件与新闻受众之间，对经过他们的大量信息一层一层地加以<u>筛选、过滤与加工，然后分别发出 S1、S2、S3、S4、S5、S6 等互不相同的信息</u>。

麦克内利模式的意义：纠正了怀特把关模式的单一化缺陷，<u>揭示了在整个信息流通过程中</u>

存在着一条由许多关口组成的把关链。

麦克内利模式的不足：他把每个把关人及其作用都等同起来，认为每个关口都是处于同一层次上的，不分主次。

3. 巴斯双重行动模式

"双重行动模式"是对麦克内利把关模式的完善。与传播媒介的把关作用相比，其他的把关环节都处于次要地位。亚伯拉罕·Z. 巴斯把传播媒介的把关活动分为前后两个阶段，即他所说的"双重行动"。

第一阶段是新闻采集，这里的把关人主要是记者；第二阶段的把关是新闻加工，这里的把关人主要是编辑，这一阶段比第一阶段更具决定性意义。

经过新闻媒介的双重把关之后，一幅人为的现实图景便呈现在受众眼前，而这幅图景同世界的本来面貌并非完全一致。当人们自以为通过报纸、杂志、广播、电视等传播媒介看到了生活的现状及发展时，其实不过是看到了经过记者与编辑选择加工、层层把关之后给出的现实画面。

知识点 3：资本主义大众媒介的把关因素

现代资本主义传媒所采用的主要方法就是通过新闻或信息内容的选择，来潜移默化地为统治阶级服务。这主要表现在：

（1）在传播内容中极力夸大资本主义社会的繁荣、民主和自由，制造"幸福生活"印象，灌输资产阶级价值观，以求增强社会成员对资本主义制度的向心力。

（2）通过无休止地刺激人们的享受欲望和把他们引向娱乐领域的方法，来转移社会成员对政治制度和社会制度问题的注意力。

（3）把资本主义社会的基本矛盾——劳动与资本的对立变形为抽象、暧昧的"我们与他们""市民对官僚"的对立和冲突，抹煞阶级统治关系，抑制劳动阶级意识的成长。

（4）它们以传播通俗文化为名，实际上主要是片面地选择通俗文化中落后的、对统治阶级有利的内容进行夸大并加以传播。而对基于社会主义思想传统的先进文化则持歪曲和排斥态度。

知识点 4：网络传播中的把关机制

网络传播中，把关人仍然存在，只是主体变得多元，把关方式出现一定的变化。

（1）信息生产与发布的把关：专业媒体或信息平台会对自媒体内容进行筛选，同时按照特定标准进行版面安排和位置筛选，设置榜单来吸引人们的注意力，实现议程设置。

（2）信息扩散的把关：用户、技术扮演的角色越发重要，社交范围内人们在阅读过程中的分享实际上是对社交圈信息进行把关，算法平台则会根据人们的阅读量和阅读记录来筛选一些最适合阅读的内容。管理者会对所有的信息内容进行删减以防止出现法律风险。

(3) 信息循环的把关：搜索、数据库和技术屏蔽可以防止人们二次阅读过去的信息。

知识点 5：算法把关

(1) 算法的出现改变了信息内容的生产方式，传统视阈下把关理论的基本范式面临结构性转型。

(2) 具体而言，算法把关有如下变化：把关主体从人工到人工智能；把关关系从训示到迎合；把关机制从编辑到算法；把关内容从整体到碎片。

(3) 算法把关范式也带来一系列的结构性问题：a. 失去主体性的算法把关缺乏导向管理意识；b. 基于用户画像的算法把关产生"过滤气泡"效应；c. 不可见的算法把关容易操控公共舆论；d. 基于量的积累的算法把关排挤了高质量新闻。

(4) 算法把关范式需要进行结构性治理：a. 算法新闻的提供商要将人工与人工智能相结合；b. 算法新闻的用户要提升自我"算法素养"；c. 算法新闻的设计者要具有内心自律和社会责任；d. 算法新闻的监管者要加强制度化建设。

知识点 6：社交把关

(1) 社交媒体时代，每一个节点都是一个传播中心，同时扮演着信息的生产者、传播者与接收者的多重角色。把关人的角色及其把关效果也随之改变。

(2) 社交媒体中把关人的变迁：a. 用户不仅是新闻传播的接收者，更是新闻传播的把关人；b. 用户的把关一方面可以通过信息生产直接把关（如公民新闻），另一方面也可以通过对信息进行评论、转发、点赞等的方式进行把关。

(3) 社交媒体中的把关问题：a. 把关标准个性化降低新闻真实性；b. 把关人多样化使得信息接收难度增大；c. 缺乏专业主义素养易造成把关权利的滥用。

知识点 7：网络把关的问题

(1) 网络技术降低了信息发布的门槛，一方面使得传播变得即时和无界，但另一方面，也造成了把关人失位。

(2) 缺乏把关人的问题：a. 网络内容的低俗；b. 谣言的泛滥成灾；c. 信息过量。在人工智能和社交媒体出现之后，这一问题更加凸显出来。

第 22 天
人类传播历史与发展

知识点 1：动物传播

人类传播与动物传播的区别：人类传播具有<u>能动性和创造性</u>。动物仅仅利用外部自然界，简单地通过自身的存在在自然界中引起变化，而人<u>通过所作出的改变来使自然界为自己的目的服务，来支配自然界。</u>

动物传播的形式：气味、发光、超声波、动作、声音（了解即可）。

动物传播的局限性：

（1）<u>是一种先天本能行为，而非后天的系统学习。</u>

（2）<u>是条件反射过程，不伴随复杂的精神和思维活动。</u>

知识点 2：人类传播的发展进程

发展阶段	时期	意义
口语传播时代	从人类开口说话到用手写字这一时期	人类拥有了一个其他动物都没有的语义世界，可以对一切命名，可以归纳和分类，可以把握事物的性质和规律；但口语只能近距离传递和交流，且记录性差，难保存
文字传播时代	文字出现，人类开始使用文字传播信息	可以长久保存信息，且能传递到很远，为后人留下了文献和资料；但文字的传播在这一时期依赖手抄，效率低、规模小、成本高
印刷传播时代	印刷术的发明和大规模使用；蔡伦改进造纸术；唐代出现雕版印刷；宋代毕昇的活字印刷、古登堡印刷术的出现	标志着人类掌握了复制文字信息的技术原理，大规模信息传播使得信息解读和传播不再是一种垄断的权力，思想启蒙就此萌芽
电子传播时代	电报、广播、电视的发明，实现了信息的远距离快速传播	形成了人类体外化的声音信息系统和影像信息系统，使得经验的积累和文化传承的效率和质量产生了新的飞跃

知识点 3：互联网的演进

1. 机器与机器的连接：互联网的诞生

互联网的雏形阿帕网于 1969 年诞生于美国，最初的阿帕网只有 4 台计算机相连，解决的是计算机与计算机之间的连接问题，实现机器间的信息传输与共享。

2. 内容与内容的连接：互联网走向"媒体化"

这一阶段互联网进入大众领域，开始商业化应用阶段。这一时期网络信息呈几何级数增长，大众信息检索需求增长使得满足大众信息检索需求的搜索引擎应运而生。如百度、谷歌、雅虎等。

3. 人与人的连接：Web2.0 与社会化媒体兴盛

Web2.0 时代允许用户广泛参与网站内容建设，交互技术发达，网络不仅是"可读"的，也变得"可写"，因此 Web2.0 整体指由用户主导生成内容的互联网应用模式，具有强烈的交互性、个性化的特征，代表平台有微信、微博、SNS 等。

4. 终端及其连接的升级：移动互联网时代到来

随着手机通信网络的升级，以及互联网的迅猛发展，二者汇流形成了移动互联网。移动互联网的基本特征包括终端的随身性与私人性，信息传播与服务的流动性、个性化与场景化。

5. 物－物、物－人的连接：物联网与互联网融合

目前的互联网信息传播，主要是以人为中介的。而人的信息处理能力有限，影响了信息的采集与利用的水平。物联网等技术将改变这一状况，它可以实现物与物、物与人的连接，信息传播的模式将在某些方面发生深层改变。

知识点 4：信息社会

1. 信息社会

指的是信息成为与物质和能源同等重要甚至比之更加重要的资源，政治、经济和文化以信息为核心价值而得到发展的社会。

2. 代表人物和观点

尼葛洛庞帝《数字化生存》，贝尔《后工业社会的到来》。

3. 信息社会的特点

（1）社会经济的主体由制造业转向以高新科技为核心的第三产业，即信息和知识产业占据主导地位；

（2）劳动力主体不再是机械的操作者，而是信息的生产者和传播者；

（3）交易结算不再主要依靠现金，而是信用；

（4）贸易不再局限于国内，跨国贸易和全球贸易将成为主流。

知识点 5: 其他形态的社会

1. 液态社会

"液态社会"的提出者是当代著名社会学家与哲学家齐格蒙特·鲍曼。他以"液态"比喻现代社会的个人处境。鲍曼这样写道:"在液态现代社会,不再有永恒的关系、纽带,人际间互有牵连,但不再着重紧密扣紧,在于可以随时松绑。"在传统社会,人们的观念、行为方式、制度,所有的东西都是固态的,就像一块磐石。而互联网和全球化两大力量的来袭,让原有的固态的社会形态正以越来越快的速度式微乃至消失。曾经固若金汤的磐石社会崩解了,构成世界的基底变成了瞬息万变的"流沙"。我们已置身于一个流体的世界中。鲍曼所提出的"液态现代性"理论体系影响了 20 世纪后期以来的人类社会研究。借用"液体"这个比喻,他准确而又形象地抓住了高度个体化、全球化的当代社会那种流动性强、变动不居的特征。鲍曼还用"不确定性""流动""没有安全感""瞬间生活"这样的词汇,来描述这个现代化的世界。

2. 平台化社会

由著名传播学者胡泳提出,认为互联网平台已经深深嵌入社会的每个领域,形成了"平台化社会"。平台化社会具有如下核心特征:数据化、商品化、多元化和集中化、个性化,以及全球化。其中,数据化特征体现在之前未被量化的社会的许多层面逐渐被量化为数据。比如过去打车只要在街头招手,无关乎数据,而现在打车平台将打车行为数据化成司机评价、出行路径等数据。商品化是指从数据流中创造经济价值,爱彼迎就是通过建立信息平台,产生新的商业和盈利模式的典型例子。多元化和集中化即通过平台组织开展多边的市场关系。个性化指的是通过算法将内容、服务与广告予以个性化。而全球化指建立全球性的通信和服务基础设施。

3. 微粒社会

微粒社会由库克里克提出,认为由于算法和数据时代的到来,个人的属性被无限细分,反而更难像传统的群体一样找到可靠的归属群体。面对精确数据带来的归属感的丢失和安全感的缺乏时,被解析成微粒的个体会本能地寻求新的连接方式和连接结构,变得更加主观和感性。因此,共情或者说情感共振成为新的连接方式,通过经历相同的情感体验来形成共同体。在中国,微粒社会表现得更加明显,这是因为市场化浪潮的汹涌加速了国有企业的消解和转型,人口频繁的流动改变了原先相对固化的交往结构,脱离了组织依附关系的个体开始处于游离和松散状态,自由度增加的同时,不确定性也随之增多。有学者认为,原子化的个人最明显的感受是奋斗的孤独与无穷尽的斗争压力,缺乏安全感且日益焦虑,对于年轻人而言尤其如此。

4. 后疫情社会

新冠肺炎疫情深深地改变了整个社会,也使得媒介与社会的关系发生了变化。后疫情社会具有如下特征:

(1)生活方式向"云端"化加速。疫情进一步加速了社会生活的在线化、云端化进程,随着社会生活进一步被迁移到网络中,虚拟社会和现实社会的结合程度将更加紧密,社会媒介化程度会进一步加深，"服务"而不仅仅是内容将成为未来媒介发展的重点。

（2）全球格局发生转折，去全球化趋势可能加剧。疫情使得人们看到全球化带来的全球危机，美国引领的全球体系在走向动荡，而网络中的后真相和极化环境可能使得国与国之间的误解、分歧和矛盾逐渐增多。在一个时期内，去全球化趋势可能加剧，尽管长期看来，新的全球化模式正在浮现。

（3）经济模式亟待转型，贫富差距进一步拉大。疫情对大多数国家造成沉重的经济打击，探索新经济模式将是大多数国家的当务之急。除此之外，疫情会进一步拉大已经存在的贫富差距，社会矛盾、舆论风险将会持续增多。

（4）对社会成员情感、心理、精神状态的抚慰和传播将成为社会治理的重要部分。疫情之后，面临快速变化的社会格局和新媒体技术的冲击，人们的心态共处、社会安全感、社会性思想关怀以及社会共识重建等议题将成为社会治理研究要面对的重要内容。正面、积极、抚慰、共鸣将成为未来传播的主要价值。

第 23 天
现代传播的媒介特征

知识点 1：报纸媒介

(1) 报纸是以刊载新闻和新闻评论为主的公开发行的定期出版物，包括报纸的版面和文体两部分。其代表性事件是"人人都看的报纸"——廉价"便士报"的出现。

(2) 特点：a. 时效性弱，选择性强，保存性强；b. 适合传达深度信息，属于解释型媒介；c. 报纸具有权威性，公众对报纸信息的真实性和准确性认可度较高。

(3) 缺点：要求受众有一定文化水平和阅读、理解能力，限制了受众范围；感染力比广播、电视弱；报纸传输相对困难。

知识点 2：报纸媒介的改革

(1) 以纸质版和数字版互补的组合方式，继续保持原有的读者群规模和影响力。提高来自读者订阅收入的比例，减少对广告的依赖，借助"付费墙""会员制"等各种数字营销手段，维持和不断扩展线上线下核心读者群，以此为依托，创建新的经营模式。（成功案例：《金融时报》）

(2) 停止纸质版的印刷，大幅改变产业结构，创建可持续经营模式，向纯数字化转型。可以预计，不管是主动的还是被迫的，将会有更多的纸媒或迟或早选择这一条道路。（成功案例：《赫芬顿邮报》）

(3) 针对市场和社区的实际需求，紧密依托与读者社区的联结关系，提供多元化社区服务。成功案例如《珠江时报》社区报，其运营资金来源基本上是社区政府机构支持、社会赞助和市场经营各占三分之一，商业广告并非其主要的收入来源。《珠江时报》社区报与街道社区合作、扎根社区的模式可以说代表了我国新型社区媒体的一种独特发展模式，而其创办"媒体性服务业"的报业理念也值得借鉴思考。

知识点 3：广播媒介

(1) 广播是通过电子技术向广大地区传送声音符号的传播媒介和传播手段，主要包括声音符号、节目和传输方式。

（2）特点：a.听觉媒介，时效性强、选择性弱、保存性弱。b.声情并茂，感染力强，覆盖面广，受众无文化要求，具有伴随性和人际传播特性。

（3）缺点：模拟频道数量有限，难以实现受众细分。

知识点 4：广播媒介的改革

（1）利用新技术，走入融合，抢占数字市场先机。现在的世界是数字的世界，传播也已经进入数字传播时代。广播业也不能故步自封，应该积极利用新技术，抢占数字化先机。除了数字广播外，广播业也可以向网络市场、手机市场进军，如网络广播、手机广播。

（2）细分受众，找准节目定位，倡导内容为王。对广播业而言，发展之路在于必须要锁住受众，为其量身定做节目，从而形成自身的特色，使其具有竞争的不可替代性。媒体本身开始出现相对过剩，而内容开始出现稀缺，具有竞争力的内容资源，以及能够适应新的传播渠道的内容形态，将成为未来一段时间内左右中国传媒产业竞争格局的关键力量。

（3）对内改革，对外面向市场，全面调整营销策略。媒介融合时代会催生各种新的传输平台，相应地也会需要新的内容和节目，因此，为了适应环境，有效竞争，作为传统媒体的广播业必须进行内部改革，转换经营机制，并把产品经营朝向外部市场。

（4）"瞻前顾后"，开发相关产品，挖掘产业价值链。广播业的相关产品开发，可以有前端的接收工具，以及后续的图书、音像制品、商品授权和咨询服务等。这样就既能带来额外利润，又可以加强品牌建设，从而赢得更多受众，吸引更多广告主，创造更多价值。

知识点 5：电视媒介

（1）电视是运用电子技术手段传输图像和声音的现代化大众传播媒介，是大多数人接收新闻和娱乐信息的主导媒介。

（2）特点：a.视听合一，时效性较强，选择性较弱，保存性较弱。b.覆盖面广，受众广泛。

（3）缺点：不适合传递深度信息。

知识点 6：电视媒介的改革

（1）要从制作和播出机构，转向以内容生产集成和服务为主要业务的机构，也包括渠道的扩张。

（2）面对新媒介的挑战，改变以往的观念，主动出击，抓住数字化这一机遇实现向新媒体的转型，同时由宣传性媒介向服务性媒介转型。变单一的节目播出为多种多样的信息、资讯平

60 天带你搞定传播学　答案本

台，发挥电视的最大潜力。

（3）内容战略：尽管面临着新媒体的强势挑战，但电视台由于传统的垄断，拥有着无可比拟的<u>技术、人才、受众群和公信力</u>的优势，这使得电视台在内容生产上仍然占据着牢固的位置，尤其在例如影视、娱乐、体育和纪录片等领域。电视应当牢牢坚持<u>内容为王</u>的原则，以<u>打造品牌</u>为第一要务，以优秀的品质吸引受众。

（4）平台战略，就是要走<u>全媒体平台</u>的路线。电视上网是大势所趋，能给观众提供更多选择，整合传统媒体的内容资源进入网络也能够获得更广阔的发展空间。电视与网络合作，通过多个平台、多种渠道宣传推广自己，也有利于提高其已有的线性传播模式的点击率，达到电视与网络的双赢。

（5）业务流程再造是电视台转型的基础，是最核心的部分。不管是传统媒体还是新媒体，最后的业务流程是一样的，都是由内容制作到发布内容再到传输分发，最后是用户的营销和推广。现在我们可以不按媒体类型去划分组织，而是<u>按业务流程和要素重构组织结构</u>。电视台要发展新媒体业务，应该以三项业务为主：<u>一是内容制作，二是渠道播出，三是整合营销</u>。

第 24 天
新媒体、移动媒体、社交媒体特征

知识点 1：网络媒介定义及其特性

互联网：借助国际互联网这个信息传播平台，以计算机为主要信息载体，综合文字、声音、图像等形式来传播信息的一种数字化、多媒体的传播媒介。包括几乎所有媒介形式，时效性强、选择性高、保存性好。

网络媒介特性：

（1）互动性：传受平等，由传者-受众单向传播向双向传播转化，每个人都可以是传播内容的生产者。

（2）即时性：互联网使得媒介的时间障碍不复存在，任何内容都可以即时得到传播。

（3）无界性/全球性：互联网抹掉地理障碍，通过互联网形成一个跨地域、跨国界、跨文化、全球一体的信息传播网，促进了"地球村"的产生也使得文化交流变得更为频繁。

（4）内容无限/超文本性：互联网的容量是一般媒介难以企及的，同时超文本将线状的文本变为网状，进一步改变了人们接收和发布信息的方式。

（5）多媒体性：包含了声音、图片、文字、图像等多种传播符号的有机结合，结合了不同的媒介优点，是媒介融合的基础。

（6）开放性：网络传播具有开放性，任何人都可以改变其中的内容，传播参与者空前复杂，内容不断更新，甚至会在传播中进行二次创造。

（7）匿名性：除社交媒体外，网络传播一般而言具有匿名性，减少受众身上群体的压力，但也可能造成不负责任的言论和网络暴力。

（8）虚拟群体性：受众根据共同兴趣而非地域形成虚拟共同体，展开虚拟交互。

（9）个性化：在互联网条件下，分众趋势进一步发展，受众的需求得到最大限度的满足，每个人可以定制自己的内容。

（10）数字化：数字化是网络媒介存在的前提，也是它最基本的传播特点。

（11）公共与私人相结合：既有公共话语空间又有私人话语空间的性质，边界并不清晰甚至可能重合（例如微博）。

（12）人际与大众传播相结合：传播方式包含人际传播也包含大众传播，从两级传播到 N 级传播，在社交媒体上还可能出现裂变式传播。

知识点 2：互联网的问题

（1）草根性：网络的内容生产由原本的专业精英转向一般大众，参与者也空前多元，因而无论参与者和内容都逐渐向草根化方向发展，这一方面象征网络的民主化潜力，但另一方面导致质量下降、低俗庸俗等问题。

（2）碎片化：超文本网络媒介缺乏线性叙事而广泛使用链接，将不同的信息碎片结合在一起，使得网络内容缺乏完整性和深度。另外，网络的即时性和受众注意力的碎片化也推动网络内容逐渐朝向碎片化方向发展。

（3）娱乐化：网络内容的多媒体性和最大限度满足受众需求的特性使其成为最佳的娱乐媒介。

（4）缺乏把关人：缺乏把关人造成网络内容的低俗化和谣言的泛滥成灾。同时也造成了信息过量的问题。

（5）信息鸿沟：对于网络媒介和新媒介的使用造成了新一轮的数字鸿沟，一部分群体（特别是老少边穷地区的居民）由于网络设备和媒介素养缺失在网络中失语。

（6）信息安全：网络造成了大量的信息安全问题，网络犯罪、诈骗、套取个人信息等问题层出不穷。

（7）媒介依赖：新媒介无孔不入，加深了受众对媒介的依赖。"低头族""宅男"群体出现，其中部分人社会交往能力退化，人处于被奴役的状态。

（8）信息主权受威胁：新媒介造成了传统意义上的国家之间信息壁垒的弱化，大量信息涌入会危害国家信息和意识形态安全。

（9）回音壁现象：网络给予受众的选择性导致人们只愿意接触与自己既有观点一致的信息，造成了多元意见的弱化。

知识点 3：互联网的传播特征

（1）复合性：即形态与形式上的复合性（传播既可以是"点对面"的，也可以是"点对点""面对点"的；可以是一级传播，也可以是多级传播；可以是同步传播，也可以是异步传播）、多媒体融合（图像、声音、视频等）、功能多重性、公共空间和私人空间的统一性（允许个体进行意见表达的公开场所、将弱小的个体的声音汇聚成强大的集体意见）。

（2）连通性：结构上互相连通，信息上彼此关联（网状），传受上协作互动，受众间形成社会关系。

（3）开放性：格局开放性，参与者多元复杂；传播过程开放性，各环节都处于开放状态。

（4）多级性：互联网传播是大众传播、群体传播和人际传播的组合，信息往往经过多级。

（5）网状化：传播路径的网状化，个人也是重要的网络节点。

知识点4：移动媒体定义及其特性

狭义的移动媒体基本指<u>依靠无线通信、互联网等技术手段，发送及接受文字、图像、视音频等各类信息的移动信息终端</u>，以及与之相关联的信息内容、信息展示平台、信息传播者、信息受众之间<u>双向或多向互动</u>的进行信息传播的新媒体。

移动媒体的特性：

（1）<u>便携性与无界性</u>。任何人利用手机都可以进行<u>随时随地</u>的信息传播，将时间与地点的阻碍减少到了最低。当然另一方面，这也使得人<u>无时无刻不在大众传媒之中，完全为大众传媒所构建的信息空间所笼罩</u>。

（2）<u>个人性与自主性</u>。手机是个人与社会关系的衔接平台。手机实现了公共领域的知识与个体化需求之间的连通。通过手机传播的信息因而更加直接影响着人们的决策，往往比传统媒体更加容易形成<u>社会动员效果</u>。

（3）<u>人际传播与大众传播的结合</u>。手机作为一种通信工具的背景，决定了它天生就具有<u>人际传播</u>的属性。而新媒体Web2.0时期的基于个体关系的多项应用，更是使得手机的这一属性得到了极大发挥。过去大众传播所忽视的传播者与受众的"关系"变得十分重要，网上和现实的友邻关系也渐渐融合。

（4）<u>碎片化</u>。由于手机的屏幕大小以及其带宽、技术的限制，手机尚不能够像别的终端那样完整呈现信息的原貌。但它可以作为一个平台"触发"人们对于其他媒介的信息需求。同时，碎片化体现在内容上，在于手机的信息不以深度取胜，而胜在<u>短平快</u>。但这容易造成<u>追逐刺激和时效</u>，造成跟风，缺少深度思考和进一步的挖掘。

（5）<u>服务性</u>。作为移动媒体，手机拥有多方面的功能。它既是一个通信工具，同时又是<u>公共服务的平台、消费产品的平台和社会活动的平台</u>。它在舆论引导、意识形态、文化导向方面发挥重要作用，也可以成为<u>在线政务</u>的入口。从消费方面，手机既可以消费<u>虚拟物品</u>，又可以与特定的线下场景结合，<u>为线下的商品、服务提供入口</u>。社会活动中，个人可以运用手机，随时随地<u>参与社会活动</u>。

知识点5：移动互联网重新定义大众传播

（1）从时间上看：用户接触和使用网络时间碎片化，<u>并具个性化</u>，收看规律被打破。时间的重要性下降，<u>场景的重要性上升</u>。但碎片化割裂了人们的收看习惯，损害了人们的专注能力，使人们更容易沉迷在短期的内容消费中。

（2）从空间上看：<u>基于地理位置</u>的空间成为传播的新要素，也成为区分受众的新要素，而新闻生产空间更多转移到<u>现场空间</u>，如直播令受众直接转入现场，放大了事件的影响力，提高了受众的参与度。

（3）从场景上看：场景主要指给予特定时间、空间和行为、心理的环境氛围，场景成为移动时代的新的构成要素，场景分析的最终目标意味着提供特定场景下的适配信息或服务。

知识点 6：社会化媒体定义及其特征

社会化媒体是以互动为基础，允许个人或组织进行生产内容的创造和交换，依附并能够建立、扩大和巩固关系网络的一种网络社会组织形态。彭兰老师则定义为：互联网上基于用户社会关系的内容生产与交换平台。

它具有如下特征：

（1）平民性。"5C"，即用户创作（媒体内容的创作主体为普通大众，而非专业媒体机构）、用户编辑（既包括内容的加工，还包括添加关键词，以及将内容推荐到特定网站主页）、用户传播（既有大众传播，更有人际推送、转发）、用户消费（社会化媒体内容的生产群体与消费群体重合度很高，消费过程表现出明显的社区化倾向）和用户评论（用户随时随地发表评论不仅丰富了社会化媒体的内容，还促进了发布者、评论者、浏览者三方之间的交流，塑造了一种多向的交流空间）。

（2）对话性。这一特征是平民性的延伸和功能体现。社会化媒体不是单向的、一对多的舆论宣传型媒体，而是双向的、多对多的交流对话型媒体。其对话模式不仅包括媒体机构与普通大众之间的纵向联系，还包括普通大众内部的横向结构。

（3）涌现性。从系统论角度来看，社会化媒体是一个松散的、多人参与的社会性信息系统，由于社会化媒体内的控制机制较少，信息流动自由，所以系统用户越多、内容规模越大，系统就越无序。媒体生态整体上处于普利高津所说的"混沌"状态，即处于有序和无序之间的状态，其中各种热点事件的产生与发展是一种系统涌现，难以进行事前预测和事后控制。

（4）社交性。社会化媒体内的网络虚拟社区多种多样，这些社区既可能由用户的现实社会关系联结而成，也可能由纯粹的网络联系联结而成。在加入网络虚拟社区后，用户创作和发表的目的不仅为了自我传播，更为了维护和拓展人际关系网络，树立个体形象和强化社区地位。

（5）真实性。相较于第一代的网络媒体的强匿名性而言，社交媒体是基于人与人的关系的网络，带有人际关系拓展和社会交往平台的性质，它既是虚拟又是实的，因此需要更高的真实性。例如 SNS 要求用户实名制、微博要求用户认证等，都在提升社交网络的信任程度。这有效地减少了第一代网络的匿名性带来的大量不信任的问题，但也会造成私密性的损害和隐私的泄露。

（6）平台性。社交媒体的平台性包含两个方面的内涵，其一是其功能的平台性质，社交媒体不仅仅只是一个关系平台，还包含了大量的第三方应用或商业渠道，甚至衣食住行功能一应俱全，成为一个小社会似的网络现实社会。其二是其社会意义的平台性质，基于关系的信息传播方式，人对人的认可程度，促使社交媒体也逐渐从虚拟走向真正社会意义上的公共平台。

第 25 天
细分新媒体（微信、微博）特征

知识点 1：微信的定义及其特点

（1）微信是腾讯公司于 2011 年推出的社交媒体软件，从传播学角度来看，微信传播<u>以点对点的人际传播</u>为主。微信传播的内容具有<u>个人私密性和准实名制的特征</u>，传播范围主要在自己的微信朋友之间，传播的内容只有好友能看见，陌生人难以看见。

（2）尽管微信公共账号的出现增强了微信的大众传播能力，但由于以下原因，终端对大规模传播能力产生了限制：a. 微信目前仅用于<u>智能手机端</u>，<u>智能手机屏幕大小的局限</u>，决定了在小屏幕上多人沟通内容很容易被实时信息覆盖，用户体验差。b. 微信公共账号主要是<u>单向的传播</u>，且<u>推送信息条数有限</u>，因此大众传播能力比之微博仍然有限。

（3）微信特点：a. <u>准实名性</u>。通过社交关系、电话绑定等，微信与个人有着密切的关系。b. <u>个人私密性</u>。陌生人无法看到信息，更重视强关系的维护，大众传播能力薄弱。社交关系以<u>强关系</u>为主。

知识点 2：微信平台价值

（1）作为社交平台的价值：与微博相比，微信更适合<u>维持私人关系和长期的订阅关系</u>，对于用户比微博有更长久而持续的吸引力。

（2）作为媒体的价值：与微博相比，微信提供了<u>一定的深度表达的可能性</u>。

（3）作为营销平台的价值：微信可以提供<u>产品销售、用户管理、品牌搭建、个性化服务</u>等一系列服务，同时能够完成线上与线下的连接。

（4）作为互联网入口的价值：微信不仅是社交入口，而且<u>与人们的生活关联得十分紧密</u>，能够连接多种服务，连接<u>人</u>、<u>物体</u>、<u>商业</u>、<u>服务</u>等，微信是一切连接的核心。

（5）作为互联网连接的价值：在<u>人</u>、<u>设备</u>、<u>服务</u>之间形成智能连接。

知识点 3：微信与人际传播

（1）传播主体：<u>具强关系与真实性</u>，其圈子性的传播，比起微博更注重<u>情感连接</u>，人们的<u>关系稳定持久</u>。

(2) 传播介质：<u>链接多媒体内容</u>，同时使用丰富的<u>语言和非语言符号</u>。

(3) 传播内容：<u>交流的私密性</u>，但也使得内容在多样性上不如微博。

(4) 传播效果：<u>即时性与精准传播</u>。

知识点 4：微信与朋友圈

(1) 微信本身不仅是网络通信工具，更是一个全方位的社交平台。与微博相比，微信具有<u>更强的用户黏性和沟通感觉</u>，是一个较为私密的纽带。虽然在终端的呈现上，微信是交流的工具，但实质上，它提供的是<u>一个去中心化的平台</u>。人们更喜欢<u>双向的沟通和交流</u>，尤其是微信朋友圈，呈现为一种新型的虚拟社区。

(2) 微信朋友圈对<u>面对面沟通起到了有力的补充作用</u>。网络本身就是一种能力，它不仅能<u>使人们维持原有关系</u>，而且能<u>使人们扩展关系网络</u>，从而使人们拥有更广泛的信息来源、支持资源、兴趣和利益。

(3) 微信朋友圈突破了时空限制，为人们之间<u>建立和维持社会关系提供了一个虚拟的场所</u>。互联网将现实生活中的社会网络扩展到虚拟空间，使那些具有共同兴趣的人们实现全球范围的互动。事实上，作为虚拟社区的微信朋友圈不仅促进了在线关系，而且增强了线下关系。与微博相比，微信朋友圈<u>更平等、同质性更高</u>，但<u>也更加封闭</u>。

知识点 5：微信群的特征

(1) 多半为<u>现实关系的平移</u>；(2) <u>多对多</u>的传播方式，话题焦点难以突出；(3) 除了文字、图片、语音外，<u>表情包和表情符号</u>是常见的社交方式；(4) 微信群中具有<u>明确的成员分工和核心领袖</u>，也有人会始终边缘化；(5) 一些群会有<u>线上仪式和线下活动</u>以维护群内认同感；(6) <u>与现实生活的社会圈子和权力关系具有一定的相似性</u>，意见表达需要考虑多方面因素，自由度低。

知识点 6：微信公众平台的传播特点及局限性

(1) 传播特点：顺应懒用户的<u>信息推送模式</u>；<u>明确的落点与完美到达率带来的诱惑</u>（明确的受众预期）；信息超载时代的减法思维；三种信息圈的关联效应，<u>公众号、朋友圈、微信群</u>起到放大作用。

(2) 局限性：<u>有限的推送次数与媒体时效性</u>的冲突；<u>用户黏性难以维系</u>；<u>点开率有限</u>；<u>表现形式受限</u>；系统相对封闭；<u>深度阅读与移动阅读</u>的冲突；<u>覆水难收</u>的发布机制；<u>获得粉丝</u>的难度相对较大。

知识点 7：微博的特点

（1）内容上的微型化。"微"的特点使个体参与信息传播的门槛进一步降低，人们可以随时记录自己的所见、所想，信息发布的频率通常比博客要高。

（2）传播的移动化。微博允许通过手机进行访问、更新，因此，在信息传播的时空方面限制减少了，时效性会得到增强。

（3）交流结构上的开放性。微博既能保证以个人为中心，又可以将外界的信息随时随地吸收进来，更容易形成持续刺激，使人们处于兴奋状态。微博的转发非常简单、方便，使具有公共价值的新闻可以轻易地实现"病毒式传播"。微博的开放性吸引了更多的专业人士参与信息传播，进一步丰富了其内容构成。

（4）传播的碎片化。微博在内容上的"微"与信息发布上的移动性，都使得它呈现出更多的碎片化的特点。

（5）信息传播与社交有机结合。微博是一种基于社交的信息传播平台，人们的信息传播与社交活动是同一的。微博以人际关系网络为传播网络，传播结构开放，信息流动便捷，因此容易"引爆"话题，以病毒式的扩散路径传播，迅速成为公共话题。

知识点 8：微博的局限性

（1）信息的泛滥性：微博的简便性与大众化（终端丰富，而且设定密码就可以登录）、碎片化的写作方式，虽然降低了门槛，但也造成信息冗杂，大量的信息堆砌，使得人们为了争夺眼球放弃了公共话题，或采取炒作的形式，或进行"名人崇拜"，降低了微博本来的公共性。

（2）伦理缺失的放大：微博凭借其传播效果裂变的优势，比一般的大众传播影响更为迅捷广泛。有些微博主为了追求个人名利和宣泄个人情绪，以达到个人的某种目的，哗众取宠，发布充斥暴力、隐私、色情及危害社会稳定的内容，挑战社会道德底线，引发诸如侵犯著作权、名誉权和个人隐私权等一系列社会问题。

（3）私语化与娱乐化：与博客相比，微博用户发表信息所处的环境更具随意性和不确定性，内容更加碎片化，这在一定程度上鼓励微博成为一种个人化的而非公共讨论的媒介，大部分内容都是个人的生活私语。这限制了它作为一种公共领域的潜力。其次，与网络媒体如影随形的娱乐化现象在微博上体现得更为突出，大量微博为了引诱转发，以庸俗、刺激的内容作为卖点，甚至严肃的公共讨论也经常会被娱乐化、漫画化，这对其构建公共领域其实是很不利的。

（4）意见领袖的强势：沈浩老师指出微博的核心是中心节点，也就是拥有众多粉丝关注的舆论领袖。因为人们的注意力有限，更因为微博本身的特征就是满足增长和优先情结（即微博增长更加倾向于已有大量粉丝的中心节点），使得越连接越强大，越强大越被连接。舆论领袖往往又与现实地位相重合，但这种意见领袖的强势很可能会危害草根博主的话语权，甚至出现只有少部分的舆论领袖而不是广大民众参与讨论的场面，事实上这是和微博构建的初衷相违背的。

（5）弱势群体的边缘化：尽管目前还没有对于微博使用者身份的详细调查和统计，但现阶段微博使用者参与主体依然以城市居民中的年轻人为主。网民不等于公民，这标示着微博舆论主体的比例失衡，农民以及其他弱势群体仍然只拥有"被观察"的资格或"被忽略"的可能，却丧失了言语的主动权，这是"数字鸿沟"在微博时代的又一表现。

第 26 天
细分新媒体（短视频、直播、VR）特征

知识点 1：短视频的传播特征

（1）碎片化：相较传统视频而言，短视频简明、直观、轻松，易于表达，易于受众集中注意力与病毒式传播，迎合了受众快速消费内容的阅读习惯，也降低了视频制作的门槛。

（2）互动性：相较视频而言，短视频内容创作者更注重与受众的互动，从中调整、提炼观者的接收习惯和喜好，在有机互动中，透过影像信息完成高效传播。

（3）丰富性：短视频提供了较文字内容更为丰富的表意语言，除了影像视频外，还拥有滤镜、声音处理、模板元素等，它既可以作为社交娱乐的工具，也可以作为新闻素材的来源。

（4）嵌入性：移动短视频的便利使其可以被嵌入多种场景和媒介内容中。它既是一个独立的文本，又是开放的关系链中的一个部分，既可以作为视频自媒体被生产和消费，又可以连接微博、微信和其他媒介，是一个多用途的媒介。

知识点 2：直播的传播特征

（1）草根性：继文字、视频之后，移动直播使得直播也不再成为电视媒体的专利，任何人都可以使用直播软件对任何事件进行直播。直播如同微博一样，将视频生产的权利交到了普通大众手中，报道内容也从媒介事件转向了普通生活。但也造成了直播内容良莠不齐，侵犯隐私。

（2）原生性：直播的内容特征是无剪裁的视频流，具有真实性和未知性，较剪裁好的视频具有更多的想象空间和实境感。吸引受众兴趣的同时，也使得受众可以直接与直播主持人互动。原生性导致的问题在于不可控性对直播者要求更高，也使得其把关变得十分困难。

（3）消费性：网络直播的商业模式包含打赏、广告、付费观看等，具有强大的商业化潜力。由于直播的真实属性，也可以成为连接许多线下场景的重要工具。

（4）社交性：相对于传统直播以事件为中心，直播则以直播者为中心，在传播渠道上通过社交网络进行传播，通过粉丝关系获得受众。在内容上，直播是最接近于现实中的人际交流模式的媒体形式。

知识点 3：直播的在场、表演与陪伴

（1）在场：移动互联网时代，用户不仅需要视觉体验，还要<u>亲临现场的真切感受和"我"</u><u>在现场的存在感</u>，移动新闻直播通过营造主观的第一人称视角，<u>减少疏离感，营造了"在场</u><u>感"</u>。移动直播不经修饰，刻意披露一些新闻操作中的"幕后"过程，反而带来了更强的在场感。

（2）表演和陪伴：社交性直播通过使得<u>观众进入他人的私人活动空间，刻意暴露出一些属</u><u>于"后台"的生活片段，拉近了受众的心理距离</u>。对于主播而言，通过直播获得关注，同样体现了<u>自身的存在感，获得了精神满足</u>。

知识点 4：VR、AR 的定义及其基本特征

1. 定义

（1）VR 技术是<u>一种建立在计算机模拟和沉浸式多媒体技术基础之上的新型科技</u>，其主要特点在于<u>高度仿真地模拟现实情境</u>，并令其使用者能够对他们无法置身其内的时空（真实或虚拟的）进行身临其境的"体验"，甚至与其进行交互。

（2）AR 技术亦即增强现实技术，是<u>通过计算机系统提供的信息增加用户对现实世界感知</u><u>的技术</u>，将虚拟的信息应用到真实世界，并<u>将计算机生成的虚拟物体、场景或系统提示信息叠</u><u>加到真实场景中，从而实现对现实的增强</u>。

2. 基本特征

（1）沉浸感：<u>全面延伸人的各种感官</u>。<u>虚拟现实技术所带来的感官"沉浸"，能够极大限</u><u>度地唤起受众的主体认知</u>。因此，相比使用传统新闻媒体，受众通过沉浸式新闻能够获得更多的认知细节。近距离地观察新闻主角和场景，并亲自从画面中捕捉细节，将大大减少传统传播路径中信息流失的现象。

（2）主动感：传统媒体的内容由生产者进行引导，但 VR 新闻的视角叙事逻辑将受众代入<u>参与者的位置</u>；让受众与开放文本中的元素进行<u>直接互动与对话</u>；文本的解读方式<u>完全掌握在</u><u>受众自己手中</u>；传统媒介的<u>中介因素消失了</u>。

（3）真实感：虚拟现实的拟真性能在观众与人物和事件之间<u>建立一种独特的移情关系</u>。这种报道方式特别适合<u>情感类内容</u>，比如有关难民的报道，利用新技术可以引发读者的同情和关注。

第 27 天
媒介融合与全媒体

知识点 1：媒介融合的定义

在新技术的发展下，媒介融合的洪流无法阻挡，已经成为一种无所不在、影响巨大的现象。这个概念最早由尼葛洛庞帝提出。

在发展的过程中，由于媒介这个概念的多义性，媒介融合有了两个层面的含义：一种<u>更侧重媒介组织的联合</u>，指各个大众媒介从各自独立经营转向多种媒介联合运作，尤其在新闻采集发布上联合行动，最大限度地减少人力、资金、设备等的投入，如设立大采编室。美国新闻学会媒介研究中心主任安德鲁·纳齐森（Andrew Nachison）将"融合媒介"定义为"印刷的、音频的、视频的、互动性数字媒体组织之间的战略的、操作的、文化的联盟"，他强调的"媒介融合"更多是指各个媒介之间的合作和联盟。另一种则<u>从技术形态上研究，尤其关注数字技术和网络技术带来的媒介形态融合，即媒介融合是在数字和网络技术的背景下，以信息终端需求为指向，由内容融合、网络融合、终端融合所构成的媒介形态的融合过程。</u>

知识点 2：媒介融合的路径

1. 从业务形态上（<u>多媒体化和全媒体化</u>）

（1）多媒体化更多是指信息整合的具体方式，或者说报道形态。它是将多媒体素材集成于一篇报道中，运用相关手段，将它们整合成为一个有机体。多媒体报道是各种传统的单媒体的内容汇聚到一个平台后的自然结果，是对单媒体业务的继承与革新。

（2）全媒体化则是指<u>一种业务运作的整体模式与策略，即运用所有媒体手段和平台来构建大的报道体系。单一报道仍然可以是单媒体、单平台、单落点的，但是它们共同组成一个大的报道系统。从总体上看，报道便不再是单落点、单形态、单平台的，而是在多平台上进行多落点、多形态的传播。</u>报纸、广播、电视与网络是这个报道体系的共同组成部分。

2. 从体制上

<u>根据多媒体内容采集与生产的需要，进行生产流程的改造，重新进行分工规划。</u>媒介融合意味着打破传统媒介所习惯的旧有模式与利益格局，参与全媒体实验的各方就应该忘记原来的"自己"，真正融为一个新的共同体，并且以这个新共同体的利益与发展目标为追求，根据新的业务需要，来进行业务流程再造。

3. 从产品上

集中化市场，个性化满足。媒介融合意味着各种媒体产品有了共同的平台基础，也就是说多种媒体的产品集中到一个共同的渠道有了可能。业务形态的整合也将使各种不同媒体的内容产品最终汇流为一个大市场。原有媒体市场的界限可能不再那么分明。此时，为了满足受众的需要，最重要的就是提高媒介融合时代的产品的丰富性，要充分利用数字化所赋予的产品组合的灵活性。各个媒体的内容应该视需要实现相互嵌入。这不仅可出现在同类产品之间，也可出现在不同类产品之间，例如，在电子报纸中嵌入电视台的节目。跨地域的产品组合也将成为可能。产品的组合策略，应该成为全媒体业务策略中的一个重要方面。

知识点 3：融媒体

1. 新的媒介形态

融媒体是指充分利用媒介载体，把广播、电视、报纸等既有共同点又存在互补性的不同媒体，在人力、内容、宣传等方面进行全面整合，创建资源通融、内容兼融、宣传互融、利益共融的新型媒体。

2. 新的传播手段

融媒体是以信息技术和通信技术的发展、应用和普及为支撑，在跨媒体的基础上通过媒介融合形成的，它真正体现了技术对人类全部传播手段的融合和提升，它可以是跨形式的、跨手段的、跨感觉的。

3. 新的生产方式

融媒体以生产对象的专门化，即受众的信息认知为起点来组织媒体内容生产，它不仅仅是一种媒介形态，更像是一个资源平台，在这里各类存贮的信息资源不断组合，按受众对信息的不同需求，从而不断组合出新的媒介内容。

4. 新的运营模式

融媒体通过媒介形态、内容生产、媒介营销手段的整体融合，形成一个可以输出整合策略以及整合媒介资源的平台。它包括"策、采、编、发"全流程打通的融合机制，跨地域的协作内容生态系统，包括报纸、网站、移动互联网产品以及社交媒体平台在内的多层次、多载体传播系统，个性化的算法推送和精准营销的分发系统，大数据、云计算、数据可视化等新技术。

知识点 4：融媒体的具体操作

1. 重视用户

人是融媒体时代新闻生产及媒体营运的起始点，也是终极目标。融媒体强调用户运营，营造良好的媒体形象，增强用户的认同感与黏性，同时重视用户的数据及反馈，针对用户需求开发个性化的媒介产品。

2. 综合处理

在打破了媒介界限的专业媒体机构，需要建立一个强大的综合指挥中心，对这些开放状态中的信息进行筛选、判断。而这一综合指挥中心的基础是建立一个云端开放的媒介信息收集、汇总、编辑、发布系统，全权统领用户管理、内容管理、线索管理、选题管理、任务管理和数据库管理，并使之一体化运行。

3. 延伸产业

融合媒体应该努力寻求上下游的合作机会，壮大发展产业链。首先，媒体可以向上延伸，挖掘用户需求，争取主动；其次，横向延伸，通过合作，对内容及 IP 进行全方位深层次开发，寻求内容的最大价值；最后，向下延伸，提供各种个性化的增值服务，在流通领域寻找发展空间。

知识点 5：媒介产业融合

(1) 媒体融合的路径构成了我国传媒集团发展的重要思路：应着力调整市场结构、打破传媒产业条块分割的市场格局、鼓励以资本为纽带，实行兼并重组（培育少数规模大、实力强、业务广的大型龙头传媒集团）。应建立能够辐射全国的网络型市场结构体系，鼓励媒介集团跨界合作尤其与互联网企业合作，整合渠道优势，互利共赢。

(2) 相关传媒企业进行媒体融合的过程中，要注重优势互补和资源整合，运用大数据、云计算等新兴技术创新服务模式，引入更多的投资者和合作者，营造大开放、大合作的开放式融合格局。

知识点 6："中央厨房"及其特征

基于以上媒介融合的思路，"中央厨房"成为重要的改革方向——通过内容的集约化制作实现信息的多级开发，以提高传播效果，节约传播成本。各地的"中央厨房"实践不尽相同，但"新旧融合、一次采集、多种生成、多元发布"是基本共识。

特征：

(1) 统一平台：统一技术平台支撑。在集团层面建立一个共享技术平台，核心内容包括数字存储系统和统一发稿、审稿系统。

(2) 统一采制：传统媒体与新媒体混编，成立大编辑部，改变过去集团内各家媒体单兵作战的做法，实现集中采访，采访稿件统一上平台，统一审稿。但子媒编辑部也可以根据自身媒介特点向"中央厨房"提出定制需求。

(3) 多元呈现：由信息员统一调度，最终生成纸媒、互联网、微信、微博、App、客户端等多元产品，在集团拥有的所有媒体平台上发布。

（4）滚动发布：传统媒体集团尤其是纸媒集团成立"中央厨房"后，打破了过去"每天刊发一次"的惯例，实现了网络、移动终端等所有新媒体 24 小时滚动发布。

知识点 7："中央厨房"的价值与问题、提升之道

1."中央厨房"对于传媒转型的价值
（1）"中央厨房"通过集中采购、集约生产能提高新闻素材的利用率，节约人力成本；
（2）"中央厨房"对新闻生产流程进行再造，让流程更快捷，适应用户的阅读习惯和新闻的发展规律；
（3）"中央厨房"集中生产集中发布，可以让价值观通过不同平台辐射出去，统一价值观，形成合力；
（4）"中央厨房"能够提升媒体互联网思维和产品意识，丰富媒介的产品形态。
2."中央厨房"的问题
（1）"中央厨房"报道模式所带来的是新闻生产效率的提升，但部分中央厨房流水线式的内容生产模式不仅无法提升质量，还可能让传统媒体内容更加同质化，进一步丧失内容竞争力；
（2）各地媒体纷纷建设"中央厨房"，资源分散，但成本高昂，最终往往被长期搁置，无法发挥"中央厨房"的核心价值；
（3）"中央厨房"虽然有利于新闻实践的专业化，但割裂了记者编辑之间的关系，记者失去了新闻工作的荣誉感和温度；
（4）编辑缺失对新闻事实的第一手信息，难以做到深入地修改与升华。因此，"中央厨房"仍然没有从根本上解决媒体渠道失灵的问题。
3."中央厨房"的提升之道
（1）提升质量，鼓励原创："中央厨房"不仅是一种内容共享、节约生产成本的报道模式，更是新闻在产品生产与分发中实现媒介特色的个性化制造过程。应保持不同媒介形态的特色与优势，强调对同一新闻素材的多元化生产与发布；建立工作室制度，打破现有部门设置，实现人员"跨部门"组织。
（2）体制机制变革：改造生产流程，进一步整合采编力量。改变考核机制，剔除简单的重复劳动评价，重视内容的创新价值，促进"中央厨房"稿件的优胜劣汰。
（3）增加财政补助。

知识点 8：四全媒体

2019 年 1 月 25 日上午，中共中央政治局就全媒体时代和媒体融合发展举行第十二次集体

学习。习近平总书记在主持学习时强调，全媒体不断发展，出现了全程媒体、全息媒体、全员媒体、全效媒体。"四全媒体"的提法，为我们目前的媒体发展指明了方向。

（1）全程媒体：其内涵主要包括两个方面：一是指媒体应全程关注和报道大众关心、关注的新闻事件。全流程跟踪、全链条报道、全角度切入。在新闻事件发生初期，及时捕捉并迅速报道；在新闻事件发展的中期，要善于做追踪式、连续性报道，密切关注事件的发展进程；在事件结束的时候，要进行总结性报道。二是指媒体所有的工作流程（主要包括新闻策划、采写、编辑、分发和反馈等业务环节）都应协调一致地参与到新闻报道之中。

（2）全息媒体是指全形态呈现、全维度体验，通过图文、语音、视频、VR、AR、MR、智能互联网、传感器和可穿戴设备等多种形态立体化呈现新闻信息，带给用户全息多维感官体验。全息媒体是具有高度融合性、兼备多种传播形式的一种全新的综合性媒体，它以最大限度地满足受众的信息接收和接受为驱动力和目标追求。

（3）全员媒体主要是指所有的受众都自觉地参与到新闻的生产与传播工作中，联合作业，协同创新，成为媒体的操盘手、新闻传播的参与者。它既是一种独立的、全新的传播方式，也可以作为主流媒体生产和传播新闻的辅助渠道，能够弥补主流媒体在信源上的天然不足，真正实现"人人都是新闻记者，个个都有麦克风"的全员媒体图景。

（4）全效媒体是指媒体的传播致效功能已达到最大限度的发挥，通过机器学习、用户画像、个性化分发、精准推送等多样化的新闻生产与传播方式和手段，满足受众需求，提高传播效果。除此之外，全效还意味着媒体属性的扩展，全平台实现服务效用，包含金融、电商、社交等多效用，及从内容属性到社交属性，再到服务属性和金融属性等多种属性。

知识点9：四全媒体的实现

目前的主流媒体距离四全媒体还有不小差距，主要体现在：

（1）条块分割式的新闻采编发模式，不利于发挥新闻统筹的作用，难以形成整合传播能力。

（2）单一化的媒介形态与新闻呈现方式，分散了受众的注意力及其受众市场，难以形成聚合新闻效应。

（3）新闻生产的专业化和垄断性角色定位，消解了受众参与传播的可能性和积极性。

（4）无法把握的低效传播或无效传播，阻碍了对媒介资源和信息资源的有效利用。

如何打造四全媒体？目前看有以下措施可以采用：

（1）全方位、全流程关注与报道社会重大事件，实施新闻生产与传播流程再造与优化，构建"全程媒体"。

（2）多元化的传播方式，满足受众的个性化信息或新闻消费需求，打造"全息媒体"。

（3）形塑传受一体化、混合型角色，强化大众参与感、体验感与社会责任感，推动"全员媒体"。

（4）通过新技术的采用，提高传播效果，打造"全效媒体"。

（5）利用人工智能促进"四全媒体"。例如基于人工智能的选题、写作、评论分析系统，有利于全程媒体；基于云技术、人工智能和大数据的媒介智能生产平台，有利于全息媒体；基于人工智能的全员传播绩效考核系统和网络信息分发众包系统，则有利于全员媒体；人工智能的精准推送反馈分析有利于"全效媒体"。

第 28 天
智能媒体与相关发展

知识点 1：智能化媒体

（1）智能化媒体（也即智能媒体）的驱动力是近几年的各种新技术：语义网、自然用户界面、人机交互（语音、手势、面部、视线）等技术。

（2）智能化媒体的特征包括三个方面：万物皆媒（通过物联网机器各种智能物体都有媒体化可能）、人机合一（人与智能机器共同作用构建新的媒体业务）、自我进化（人对机器的驾驭和机器洞察人心能力逐步推进）。

知识点 2：智能媒体的生产与收集

1. 从信息生产角度看，智媒化将带来几方面的可能

（1）用户分析与匹配的场景化、智能化与精准化：智能化的媒体将更好地洞察每个个体用户在特定场景下的行为与需求，并智能推荐其所需要的信息与服务。

（2）新闻生产的机器化、智能化与分布式：智能化机器进入新闻信息的采集、分析、写作等环节，改变现有的生产模式。另外，由多元主体在去中心化的模式下完成的协作式报道，在未来将更为普遍。

（3）新闻传播的泛在化、智能化与新闻体验的临场化：各种智能物体将成为新闻接收的终端，从而为用户提供无所不在的信息获取，而 VR/AR 等技术将为人们塑造全新的新闻临场感。

（4）互动反馈的传感化与智能化：用户在信息消费过程中的生理反应，将通过传感器直接呈现，用户反馈将进入生理层面。

2. 智能媒体的收集

（1）由人到物：传感器技术优化新闻信息源，社交媒体平台发布信息，每个人都有机会生产内容并可能成为新闻生产（传播）者。而传感器和物联网则可以不仅使人，而且使物也成为新闻信息的提供者。

（2）由主动向被动：智能媒体的基础是对用户数据的收集。大数据技术的发展使得媒体能够随时获取、存储和处理来自用户的实时数据。人们的任何活动，都会生成可被分析的数据，但另一方面一定程度上也造成了用户隐私的单向泄露。

（3）由静态到连续：由传感器获取的信息是动态的、连续的，有利于我们获取趋势。同

时，除获取现在的数据以外，通过判断还可以<u>对未来的环境进行预测</u>。

（4）由人群到场景：除此之外，大数据技术的发展使得媒体能够<u>随时获取、存储和处理来自用户的实时数据，达到对用户需求的深入了解</u>。此前的用户调查基于人群的特征，现在的用户调查可以基于特定场景和特定行为，更为精确。

知识点 3：智能媒体的推送与呈现

1. 智能媒体的推送

（1）内容平台：<u>优化整合各层次新闻信息</u>，媒体中信息的采集节点不再仅仅局限于商业或非商业性机构以及专业化的新闻机构，<u>新闻信息内容及形式变得丰富多样化</u>。

（2）大数据资源平台：大数据资源平台的建构其本质是以大数据与算法为依托，在保证用户流量的基础上，通过利用大数据挖掘和分析技术，对用户行为进行长期的系统跟踪与分析，<u>从而掌握用户的内容偏好，为用户打造个性化"档案"</u>。

（3）用户沉淀平台：<u>增强用户黏性</u>。通过<u>内容个性化推送与用户及时互动</u>，为用户打造特别的新闻阅读体验，提高用户的参与度与满意度，也为媒体生产内容提供及时充分的反馈。

（4）智能平台的形成让用户需求成为总的传播导向，在大数据与算法不断完善的基础上，实现平台的智能化服务，为用户提供特定场景下最优化的需求供给匹配——<u>构建起一个有效的、实现个性化连接的数据通路</u>。

2. 智能媒体的呈现

（1）<u>沉浸式新闻实现场景重构，打造身临其境的在场感</u>：从传统媒体时代文字阅读的"逻辑思考"到新媒体时代视听阅读的"沉浸体验"，受众对信息可感知性的需求增加。虚拟现实技术、增强现实技术与混合现实技术的发展，<u>使得媒体开始尝试利用 VR 与 AR 技术生产"沉浸式新闻"</u>。

（2）<u>第一人称的报道模式</u>：传统媒体时代，为保证新闻信息的客观真实，采用第三人称的报道模式，通过对新闻事件的讲述为受众建构新闻事实或客观世界。而 VR 与 AR 技术的使用，则将新闻报道以第一人称的逻辑展开叙述，使用户由<u>传统媒体时代的被动观看者、局外旁观者变成新闻的"现场"目击者、"事件"参与者</u>。

（3）建构知识图谱实现全新认知体验：通过机器人对于不同语料库进行<u>深度学习</u>，对人的认知逻辑精准定位与区分，构建起用户的认知图谱，从而在新闻信息的生产过程中，<u>自动生成适应不同认知水平人群的报道内容与报道方式，帮助编辑选择最为恰当的表述方式</u>。

知识点 4：虚拟世界与现实世界的同一化

（1）<u>虚拟化生存和互动逐渐现实化</u>：以社交媒体和移动媒体为代表，<u>虚拟空间逐渐引入了</u>

人的现实身份和社会关系，并且提供现实中的社会服务。虚拟空间成为现实世界的延伸，成为人们生活和工作的平台。

（2）虚拟空间和现实空间的同一化：随着 LBS 技术，虚拟空间逐渐与现实空间形成一一对应关系，虚拟世界的互动更多地和现实空间的互动链接起来，成为现实空间互动的前奏。人们通过虚拟空间参与现场活动，也可以在现实世界中切换到虚拟空间，出现了所谓的缺席的在场和在场的缺席。

（3）现实世界通过虚拟化的 VR 技术逐渐形成了对真实的还原。

知识点 5：5G 的定义及其特点

（1）5G，即第五代移动电话通信标准，也称第五代移动通信技术，是 4G 之后的技术延伸和产业发展。

（2）5G 技术高速率、大容量的传播特点，将推动传媒业内容采集、加工体系的重构。5G 的到来将推动新闻"即摄即传"的完全实现。新闻从业者几乎可以不受限制地传输大量数据文件，实现数百条新闻图文或者新闻视频的瞬间传送，新闻传播的效率将大大提高，随时随地编发新闻成为可能。

（3）5G 打破了 4G 的空间局限。5G 网络实现了连续性广域覆盖，数据收集和生产无时无刻不在进行，打造出一个全移动和全连接的智能社会。5G 网络一旦在全球普及，无数传感器会把整个世界连成一体，用户、组织和机器通过接入互联网这个能量场，将会实现全球范围的协作与共振。

知识点 6：5G 带来的影响

（1）5G 将颠覆公众的信息寻求模式，泛视频化传播成为常态。专业化、高质量的视频形式将成为人们获取新闻的首选。同时，未来新闻产品的呈现形式也将更加虚拟化、立体化。

（2）5G 技术将会带来场景化的变革。低时延性将催生和创造出更多的生产与生活的场景，工业 4.0、智慧工厂、车联网、远程医疗等应用，都因为 5G 的超低时延而成为现实。

（3）在 5G 技术的支持下，人类感知、获取、参与和控制信息的能力将达到前所未有的高度。新一轮智能化浪潮不仅能进一步实现人与人之间的无缝连接，还将实现人与物、物与物的高速连接，相应地，信息传播的核心资源从内容、渠道转变为数据。

知识点 7：5G 为新闻业带来的变革

（1）从传播者而言，5G 之后出现的一个更重要的生产类别，就是技术或机器生产内容

（MGC），人工智能、传感器、各种设备成为信源，整个社会呈现出全新样貌，社会管理、社会协同发生巨大改变。

（2）从内容而言，5G 所带来的视频的崛起，势必会使大部分社会核心表达、关键性的交流被视频所取代。非逻辑、非理性的传播将会成为一个趋势，社会话语模式也可能会发生改变。

（3）从媒介而言，基于互联网所带来的深刻改变，媒介开始从一种物理性媒介范畴进入生理性的和心理性的媒介范畴，传感器将无法量化的个人感受转变为可以分析研判的媒介数据。除此之外，万物互联后，我们也可以更深地与物进行互动交流，人的内外因素的深度链接与"跨界整合"将会成为未来媒介理论的研究重点。

（4）从受众而言，流量（用户）在平台上将成为富余资源，数据资源的获取和处理及对用户的精准管理便成为未来发展中的重中之重，需要深入地对用户进行精准洞察与把握（包含其社会特征、生活形态、价值观念、社群交往、行为结构等）。但另一方面，传统媒体由于深耕本地，如果能善用"在地性"和对用户了解深入的优势，就可以在 5G 时代扳回局面。

（5）从传播范围而言，随着传播场景的增多，"场景学"（包括场景发现、场景设计与场景应用），将成为传播学研究的重要内容；电信传播学将在技术改变现实的推动下呼之欲出；最重要的是，随着 5G 时代的来临，从宏观到微观，从整个社会到人片刻的感官刺激全都可以纳入传播的范围，传播学的主导性因素得以升级迭代，相应的机制与规律也势必发生重大改变。

知识点 8：物联网

（1）"物联网"的概念最早出现在 20 世纪 90 年代。2005 年 11 月，国际电信联盟以"物联网"为题发布该年度的互联网产业报告，强调物联网将日常物件和设备与各种类型的网络彼此相连，能够实时探测连接状态下物理实体的变化信息。

（2）相比互联网，物联网将联结更多，植入传感器的实物也被纳入互联网中，从而在无线传感器网络的基础上，突破了传统互联的虚拟界限，实现了虚拟世界与现实世界的信息交流，有望完成人与物的高度整合。在物联网时代，通过在实物中嵌入像人类神经一般"敏感"的感应芯片，人类能够更为智能地获取、传递以及处理各类信息。这种在"人、过程、数据和事物"之间架构起的联系，便是物联网的核心，即"万物互联"的新型网络结构。

第 29 天
技术与社会的关系、英尼斯

知识点 1：技术道德观

（1）技术"善"论：认为<u>技术是一切进步的原动力，技术能够解决人类生存与发展的根本问题，能够保证把人类带向一个理想的社会</u>；科学的技术和方法是决定社会形态和人的命运的根本因素。

（2）技术"恶"论：这是一种从本质上否定技术的观点，认为<u>技术是万恶之源</u>，技术夺走人的职业和饭碗、夺走人的隐私、剥夺人的政治民主权利导致官僚制国家；技术助长物质主义和消费主义价值、降低人的自律、埋没个人和个性，甚至夺走人的尊严；最终，技术将污染自然资源，将人类和地球引向毁灭。

（3）技术"中性"论：认为<u>技术本身无所谓善恶，它无非是中性的工具和手段</u>；<u>技术为人类的选择和行动提供新的可能性</u>，但也使得人类对这些新的可能性的控制处于一种不确定状态。技术产生什么影响、服务于什么目的，不是技术本身所固有的，而取决于人用技术来做什么。

知识点 2：技术与社会的关系

（1）技术决定论：<u>技术是一种按自身逻辑发展的独立力量，技术的后果内在于技术而不取决于人的意志</u>。同时，技术塑造人类发展而不是服务于人类的目的，<u>人必须被动地适应技术条件或技术环境的制约，按照技术的逻辑改变自己的工作、生活方式，甚至是观念价值体系</u>。

（2）社会决定论：技术起源于社会生活，产生于人的特定的价值需求。没有人的社会需求，就不会有技术，这表明了<u>人对技术的主体性：人是技术的主人而不是奴隶</u>。同时，技术不仅仅是工具和手段，它们也是伦理、政治和文化价值的体现。

（3）技术与社会互动论：技术属于生产力的范畴，它通过推动经济成长改变社会利益关系和利益结构，进而推动社会变革。但社会制度与社会形态对技术的发展也有重要的制约作用。技术是人类的主体活动的创造物，人如何利用和控制技术，社会占有结构、所有制关系如何，也反过来规定着技术的特点和性质。

知识点 3: 网络技术与社会

1. 互联网社会的特征

早期的网络更像一个虚拟社会, 在虚拟社会中, 人们创造了新的活动空间和形式, 出现了虚拟社会的虚拟身份、虚拟社群等重要议题。但现在, 网络逐渐走入线下, 诞生了融合虚拟与现实社会的互联网社会。互联网社会的特点主要体现在以下几个方面:

(1) 互联网社会的<u>基本节点是拥有多重虚拟角色、可自我定位的个体</u>。个体是网络的节点, 可以控制或组织信息的流动, 而与其他节点的连接则可以放大个体的作用。个体节点可以在虚拟空间内设定多重角色, 也可以根据自己意愿来设定自己在不同网络空间中的位置。

(2) <u>网络服务平台是互联网社会的枢纽</u>, 它们决定了互动的具体手段和形式, 也决定了人们的关系模式, 每个平台的规则会影响人们关系的深度、持久性与影响力, 而平台的利益因素则会影响人们的互动秩序和模式。

(3) <u>互联网社会空间的特征是解除物理空间的约束的流动空间</u>。

(4) <u>互联网社会的互动是形式多样、结构多元的</u>。

(5) 互联网社会的生态的<u>基本单元是群体而非个体</u>, 群体概念可大可小, 但只有群体才会对网络的整体生态形成影响。

(6) 互联网社会的<u>权力结构是开放、流动的</u>, 但也处在与现实社会的冲突和博弈之中。这种博弈会不断地造成网络权力的调整。

(7) 互联网社会的<u>治理机制是多元的, 但以自组织自治为基础</u>。

2. 新媒体用户的特征

(1) <u>数字化生存</u>: 在网络时代, 数据成为个体的映射和化身, 移动终端刺激个体数据的生成 (包括主动型数据和被动型数据), 数据记录了人们的活动轨迹、社会场景, 是"自我"的网络表达方式。但也会出现可能的个体暴露风险。

(2) <u>表演化生存</u>: 网络用户的表演基于数字化的虚拟空间, 个人可以对自己的角色进行多重设定、自由分解, 在不同环境下扮演不同角色。人们获得角色、扮演角色和转换角色都是自由的。但角色的改变也容易引发人的认知失调。

(3) <u>节点化生存</u>: 用户是社会资源、信息传播、内容－社交－服务的个体节点。每一个个体都能够直接或者间接地连接到其他所有用户, 通过信息网络获取相关信息建立自己整体的意义网络和结构, 或是加入社区或获取其他服务。

(4) <u>并发性生存</u>: 个人在同一时空中进行多项任务, 扮演多重角色。这可以让人激发潜力, 但也可能会造成人们处理任务的效率下降, 进而造成人的记忆力减退。对于提供者来说, 获得脑力资源的挑战在变得更大。

知识点4：多伦多学派

（1）多伦多学派是20世纪60年代由加拿大多伦多大学学者哈罗德·英尼斯创立的。代表人物包括英尼斯、麦克卢汉等。该学派提出了一种在人类文化结构和人类心智中传播居于首位的新理论和新的媒介分析技术，对后来的传播学发展产生了重大的影响。

（2）多伦多学派的总体评价：认为媒介技术的发展是推动历史前进和人类文明形态变革的重要动力；批评文字和书面媒介，赞成口语媒介；认为媒介理论与实证研究无缘，具有"百科全书"的特征。

（3）多伦多学派的意义与不足：a. 开拓了从媒介出发观察人类社会发展的视角，开拓了媒介研究的眼界与范围，也使人们重新审视媒介的作用；b. 过度夸大了技术的力量，忽视了宏观的政治经济脉络与历史情境以及人的主体性，显得过于片面。

知识点5：英尼斯与媒介偏倚论

（1）英尼斯是加拿大经济史学家、政治经济学家，传播学技术学派的先驱。他提出了媒介偏倚论。

（2）英尼斯认为文明的兴起、衰落同占支配地位的传播媒介息息相关，更注重于分析媒介与权力结构之间的关系。新的传播媒介的出现会改变社会组织的形态，促使权力中心的转移，打破旧的垄断权。总体上看，人类传播媒介的演进史，是由质地较重向质地较轻、由偏倚时间向偏倚空间发展的历史，而且与人类文明进步阶梯相协调。

（3）"偏倚时间的"媒介能够克服时间的侵蚀得以长久保存，但质地较重，不利于传播。这种媒介存在于传统社会，强调传播者对媒介的垄断和在传播上的权威性、等级性和神圣性。在此基础上形成的文明的特点是：传统保守、等级森严、讲求共同性。

（4）"偏倚空间的"媒介质地较轻，便于传播，但不便于保存。这种媒介存在于现在和未来，有利于帝国的扩张、政治权威的加强和科技知识的发展，强调世俗化、现代化和公平化，增强权力中心对边陲的控制力，但会造成社会不稳。

（5）权力中心要想确保社会稳定，正确的做法是保持媒介的时间偏倚和空间偏倚的平衡，使之取长补短、互动互助。

（6）对英尼斯的评价：a. 从经济史学和政治经济学视角分析媒介的社会作用，揭示媒介技术对人类文明发展的重要性，将社会中占据主要地位的媒介技术作为划分文明历史时期的重要标志。b. 将媒介研究与文化研究结合，抨击当代西方社会知识机械化的倾向。c. 开拓了媒介研究的新领域。d. 部分说法过分武断，显然是受了科技决定论因果模式的影响。

第 30 天
麦克卢汉

知识点 1：麦克卢汉概述及其代表作

1. 麦克卢汉

加拿大传播学家。20 世纪五六十年代出版一系列著作 <u>《媒介通论：人的延伸》《媒介即讯息》</u> 等，是 20 世纪六七十年代国际传播学界最知名、最具争议的学者，被称为 <u>"现代媒介分析的根"</u>。其理论独特，给人启发，抓住了媒介分析的根本和主体，即研究媒介本身及其如何影响人类社会行为。

2. 代表作

(1)《机器新娘》：批评了 <u>广告对大众文化的影响</u>。

(2)《谷登堡星汉璀璨》：<u>从印刷媒介对社会的影响开始，麦克卢汉正式开始探讨媒介如何改变人类对世界的认知</u>。印刷媒体使得人们使用媒介的感官比例出现了改变，<u>更多依赖于视觉，并且进一步发展了人类的线性和逻辑思维</u>。由于印刷媒介的特征，出现了官僚制度、大众生产和个人主义，塑造了近代以来的西方文明。

(3)《理解媒介》：正式提出了 <u>媒介是人的延伸、媒介即信息、热媒介和冷媒介等麦克卢汉媒介理论的核心观点</u>。

知识点 2：麦克卢汉核心理论

(1) <u>媒介是人体的延伸</u>：媒介具有有机体的性质，是人体的延伸（道路是脚的延伸，衣服是皮肤的延伸，广播电视则是眼耳手的延伸）。<u>一切媒介都是人的肢体部分向公共领域的延伸</u>。<u>更为重要的是人体任何一部分的延伸都会影响人的心灵与社会</u>。

(2) 媒介即讯息：<u>传播媒介真正传递的是媒介的特性，传播媒介本身就是传播内容，内容也是一种媒介</u>。媒介传递的真正讯息是它本身对受众的刺激，而不是它所传递的内容。一种新的传播媒介一旦出现，<u>这种媒介本身，而不是它所传递的具体内容就会给人类社会带来某种信息，引起社会变革</u>。

(3) 媒介即截除：<u>使用媒介延伸自己的能力的时候，人们身体原有的功能就会退化</u>。

(4) 热媒介与冷媒介：<u>热媒介是能够"高清晰度"延伸人体某感官的媒介，提供充分、完善的讯息，受众参与程度低，如照片、广播、电影。冷媒介提供给受众的讯息不充分，需要受众予以补充、联想，受众参与度高，如漫画、电话、电视。冷热媒介提出了媒介与受众的关系问题，是未来的媒介互动性研究的先声，但在当时，此类划分十分牵强。

知识点 3：地球村与部落化

（1）部落化：口头传播时代，人类交流面对面，范围窄（"部落化"阶段）；印刷媒介时代，社会交流扩大范围，个体可以单独脱离开"部落"，人类社会进入了"脱离部落化"阶段；电子媒介出现后，时空距离缩短，文字不再控制一切，人类社会进入"重新部落化"阶段。

（2）地球村："地球村"概念使得人与人、社会与社会、国家与国家的相互依赖性及关系的密切程度大大增强，经济、社会、文化等社会结构要素的形态发生了前所未有的变化。

（3）部落化的补充论述：麦克卢汉认为听觉是最理想的和最平衡的感知世界的方式，听觉是全方位的、整体的；尽管口语传播范围小，但也带来了人与人之间的密切联系，通过非线性的内容完成文化传承，内容丰富、充实。

（4）文字出现之后偏重视觉的媒体会使得人们的感官处于不平衡状态。人们失去了非线性的思维方式，依赖逻辑认识世界。视听分离不仅限制人们获得的信息，也导致知识获取不再依赖共同体的互动，个人主义开始出现。

（5）印刷媒介的发明一方面传播了知识，另一方面也建立了更大范围的共同体，但这个共同体是中心化的，并且以民族语言构成了人类交流的屏障，阻碍了人类文化的交流。

知识点 4：内爆与媒介定律

1.内爆

部落化时代，人类重新走向整体化，并且范围扩大到整个地球。通过全球媒介，远方和本地的距离正在消失，时空急剧压缩。通过电子媒介，人们可以看到模拟出来的真实场景而非有距离感的文字，真实和虚拟的距离也在模糊，因此产生了"内爆"。

2.媒介定律

麦克卢汉提出了四大定律：提升、过时、复活、逆转。（1）提升意味着媒介使我们的身体得到延伸，人类活动与认识能力得到提高。（2）过时意味着过去旧媒介相关的行为会被逐渐淘汰。（3）复活意味着旧媒介的行为会通过新的形式、新的条件以另外的模式表达出来。（4）逆转意味着新的形式的某个特质推向极限后，会出现反向的趋势。

知识点 5：反环境与后视镜

（1）麦克卢汉认为，旧媒介在发展成为新媒介的过程中，面对新技术带来的意识冲击，大部分人浑浑噩噩。唯有艺术家和艺术作品能够超脱媒介环境，避开感官比率和感知模式的改变，泰然自若地面对技术革命带来的影响。

（2）反环境由艺术家所创造，艺术家在艺术创作中充分运用和探索媒介的表达潜力，同时又能与媒介保持距离，因此可以生成一种人工的"反环境"。其次，艺术和艺术家因为对媒介变化具有异常敏锐的感觉，故而能够成为预警系统的建构者、媒介影响的检验者以及媒介环境的批评者。

（3）另一种超脱媒介影响的方式是用"后视镜"，以过去的旧媒介作为参照，审视和分析新媒介的发展过程，了解媒介的演化轨迹和规律。

知识点 6：麦克卢汉的其他理论

（1）大众文化：麦克卢汉把"公众"看成是印刷媒介的产物，而把"大众"看成是电子媒介时代的产物。大众看起来"混乱"，是因为实际上鼓励更多的互动。"电路将人们带入完全卷入的相互关系之中，这使大规模的对话和发现成为可能。公众是一种附加的结构，大众的结构截然不同，它要丰富得多。它能够完成的整合和创造的活动能力，不知要比公众高出多少。"

（2）商品符号化：麦克卢汉在研究广告时发现，信息时代的生产中，商品的好坏不仅取决于其质量，并且取决于在消费者头脑中营造的形象。这间接启发了鲍德里亚提出消费社会理论。

（3）媒介政治：电子媒介的出现，不仅使商品日益符号化，连政治也无法避免。政治变成了"表征"（再现）的政治，起决定作用的不再是如何做，而是如何说。在重新部落化的过程中，政治领导人也逐渐"酋长化"，选民看中的不再是他的能力，而是他的个人魅力等非理性因素。

（4）注意力经济：麦克卢汉指出我们在接受免费信息的同时，实际上也在为媒介支付广告费用，在为媒介打工。技术创造了虚假的"需求"，看上去是受众在自由选择，实际上是把自己的中枢神经租用给媒介公司。这一点与受众商品论有许多类似之处。

（5）全球化：麦克卢汉不仅观察到了全球化这一大的潮流，而且还关注到了电子媒介造成的口语传统与落后地区读写文化的冲突，以及电视出现后方言的复兴。他的这些见解对我们思考全球化与本地文化的冲突，全球化所激发的逆向的全球本地化等问题提供了启发。

知识点 7：对麦克卢汉的评价

1. 积极意义
（1）他将媒介的概念扩大化，对我们认识媒介工具的重要性有启发意义。
（2）他着眼于传播科技历史影响的研究，弥补了以往媒介研究所针对的时间跨度较短的不足。

（3）他的论述是对以往除内容以外的媒介本体认识不足的一种修正和完善。

（4）他预言的"地球村"已经成为现实。

2. 不足

（1）言论如"神谕"，具有极端性。其媒介分析客观性、科学性、实证性不足。冷热媒介的划分比较牵强。

（2）忽视了传播的占有方式及使用情况的重要性，甚至把人类文明发展史等同于传播科技史，从而走向了传播技术决定论的极端。

第 31 天
纽约学派

知识点 1：纽约学派与媒介环境学

（1）纽约学派发端于纽约大学，借鉴了麦克卢汉和英尼斯关于媒介环境学的基本理论框架，在<u>创建媒介环境学会和使其发扬光大方面发挥着不可替代的作用</u>。代表人物：<u>尼尔·波兹曼、约书亚·梅罗维茨、保罗·莱文森、林文刚</u>等。

（2）媒介环境学的定义：波兹曼认为媒介环境学<u>研究人的交往、人交往的讯息及讯息系统</u>。具体地说，<u>媒介环境学研究传播媒介如何影响人的感知、感情、认识和价值。它试图说明我们对媒介的预设，试图发现各种媒介迫使我们扮演的角色，并解释媒介如何给我们所见所为的东西提供结构</u>。

（3）媒介环境学有以下观点：a. <u>传播媒介不是中性的</u>。媒介的物质属性结构和符号形式具有规定性，对信息的编码、传输、解码、储存产生影响，对支撑这些传播过程的物质设备也产生影响。b. <u>传播媒介有偏向性</u>：包括思想情感偏向、时空和感知偏向、政治偏向、社会偏向、形而上偏向、内容偏向、认识论偏向等。c. <u>传播技术促成的各种</u>心理或感觉的、社会的、经济的、政治的、文化的<u>结果，往往和传播技术固有的偏向有关系</u>。d. <u>传播技术对文化会产生影响</u>。

知识点 2：尼尔·波兹曼

1. 尼尔·波兹曼简介
<u>波兹曼是媒介环境学创立者，纽约学派代表人物</u>，代表作：<u>《童年的消逝》《娱乐至死》《技术垄断：文化向技术投降》</u>（尼尔·波兹曼三部曲）。波兹曼深刻地影响了<u>媒介素养和媒介教育</u>，他捍卫印刷媒体的价值，对沉湎于电子媒介的现代社会表示忧虑。

2. 波兹曼的主要观点
（1）媒介即隐喻：媒介对<u>于文化精神和社会物质重心的形成具有决定性的影响，它使用隐蔽但有力的暗示来定义整个现实世界，媒介的形式对某种特殊内容的偏好，会最终塑造整个文化的特征</u>。波兹曼的媒介环境学谋求用保存印刷文化的方法来抗衡电子革命的倾向。

（2）<u>童年的消逝</u>：童年意味着儿童经历长时间学习与训练以成长为成人的过程，但是<u>电视的发明搅乱了童年的信息环境，使他们过早成熟</u>。

（3）娱乐至死：在媒介强大的功能下，深刻的信息往往为呈现一种简单的方式进行，媒介生产出过剩的信息对于受众而言只充当了谈资，却无法促成任何有益的行动，它改变了信息传播促成公共行动的功能，成为娱乐和打发无聊时间的工具，使人们逐渐丧失了改善行动和生活的能力。

（4）技术垄断：技术垄断是指技术对我们今天的世界和生活所实行的独特控制。波兹曼指出随着人类文明的演进，技术对社会的影响力越来越大，早期人类使用技术的目的仅仅是为了解决物质或精神生活中的特定问题，而如今技术已然冲破了文化的樊篱，变得无法驾驭，并试图将其价值观———效率、精确、客观———强加在人类身上，继而还进一步颠覆了文化的权威性，企图构建一种新的社会秩序，使文化生活的所有形式都屈服于技术至高无上的权威。

（5）计算机反思：计算机的发明使得人们陷入对信息的崇拜，人们试图通过增加信息量来获得思考的能力进而解决问题，但庞大的信息超出了人们的认知和管理能力，造成了人们生活的混乱。

知识点 3：约书亚·梅罗维茨

1. 梅罗维茨简介
美国当代传播学家，提出了以"情境"为视角考察媒介的社会影响的一系列观点。
2. 媒介情境论
这一理论是英尼斯、麦克卢汉的媒介理论与社会学家戈夫曼的情境理论的有机融合。具体而言，它吸收了英尼斯和麦克卢汉关于媒介环境、传播范式的观点并融合了戈夫曼的拟剧论，将自然环境和场所研究延伸到传播媒介所造成的社会环境的研究中，以便全面地揭示社会现实。

3. 媒介情境论主要观点
（1）把情境视为信息系统，把媒介作为情境的关键要素。媒介的变化会导致人类行为的变化，而这是以环境（即情境）作为中介的。
（2）媒介决定情境，情境决定适宜的交往行为。不同的情境代表不同的社会角色，一旦重叠会让人不知所措。
（3）电子传播媒介促使许多旧情境合并。电子媒介造成一些场景合并，又造成另外一些场景分离，从而改变人的行为。
（4）强调受众重要性，认为受众的类型、人数的多少和特征实际上影响着传播的方式。因此，在通过媒介进行的传播活动中，应根据受众群的分离和结合形式设计媒介讯息。
4. 对媒介情境论的评价
优点：将媒介研究与社会研究有机结合；以动态的和可变的眼光分析情境与行为的关系；把受众的概念纳入媒介情境的分析之中，突出了受众在整个传播过程中的重要性。

缺点：媒介情境论过于夸大媒介对社会环境和人的社会行为的影响，不提社会制度与媒介制度的联系，无视社会意图对媒介管理、媒介使用情况的影响；部分研究将媒介本身的特点和媒介传递的内容混淆在一起，缺乏连贯性。

知识点 4：保罗·莱文森

1. 保罗·莱文森简介

是美国媒介理论家、科幻小说家、大学教授，北美第三代媒介环境学的代表人物，也是当代纽约学派的领军人物。在当今传播媒介研究领域，被誉为"数字时代的麦克卢汉""后麦克卢汉第一人"。

2. 主要理论

（1）媒介进化论：媒介进化是一种系统内的自调节和自组织，其机制就是"补救媒介"，即后生媒体对先生媒体有补救作用，当代媒介对传统媒介有补救功能。

（2）技术乐观主义：媒介的选择不是自然的选择，而是我们的选择———也可以说是人类的自然选择。适者生存的媒介就是适合人类的媒介。

（3）玩具－镜子－艺术理论：媒介技术发展过程最初往往是不受人们注意的玩具；但在发展中，该技术如果不符合社会需求，或与传统媒介不够兼容，则会被逐渐淘汰，能够被大众认可、能够传达现实且能与现实互动的媒介，则由玩具变为镜子，进入第二阶段；而随着媒介进一步发展，它不仅仅可以反映现实，人们还可以运用该媒介的特征去重新发现、重组现实，这就进入了艺术阶段。在这个过程中，人类的需要始终占据主导地位。

（4）莱文森认为，媒介越是贴近人类交流的原始环境，越容易存活下来，例如广播复原了人们自然的交谈。但另一方面，媒介又需要克服原始环境的局限性，如精准保存人们的信息，扩充传播的范围等。

3. 对移动媒体的分析

莱文森认为手机是超越电脑和网络的革命，它使人们摆脱束缚，离开家宅和办公室，恢复边走边说的天性；它开启了一个心灵感应似的电子社会，这是一个说出心思的社会，而不是解读心思的社会。手机的出现，改变了人们的时空观与注意力分配，它对人们的精神生活和社会交往方式产生冲击，进而影响到人们在公共空间中的身体活动与自我呈现。

4. 新新媒介

新新媒介，即网民通过维基、聚友、脸书、推特等网站平台自行发布信息与产品，生产者即是消费者。在新新媒介上没有自上而下的控制，人人都可以成为出版人、制作人和消费者。新新媒介也是互联网上的第二代媒介。莱文森认为新新媒介相对于新媒介有移动化、社交化等特征。

5. 软媒介决定论

莱文森称自己的媒介演化理论是软媒介决定论，而麦克卢汉的媒介演化理论是硬媒介决定论。硬媒介决定论认为信息系统对社会具有必然的、不可抗拒的影响，软媒介决定论认为媒介是影响社会发展的因素之一，"它们提供事件产生的可能性，事件的状态和影响是诸多因素的结果，而不仅仅是信息技术的结果"。

6. 三个地球村

莱文森用三个地球村的概念补充麦克卢汉的地球村概念。他认为，广播时代是儿童的地球村，电视时代是偷窥者的地球村，网络时代是参与者的地球村。他做了这样的解释：广播是单向媒介，罗斯福发表广播讲话时和民众的关系宛若父子关系；电视也是单向媒介，满足人通过电视节目偷窥他人生活的好奇心；网络才是互动媒介，实现了真正的全球互动。

知识点 5：刘易斯·芒福德

1. 刘易斯·芒福德简介

纽约学派最早的代表人物，被认为是媒介技术研究的先知。他在《城市发展史》及《机器神话（上卷）：技术与人类进步》两本书中强调了容器技术的观点，这成为芒福德最为重要的媒介生态学思想。

2. 主要观点

（1）技术是生命的延伸：人类发明的技术并非独立于生命而存在，其只是生命形态的一种延伸而已。所以，技术和自然生命从来都在一起，从未分离，生命与技术就是统一的自然整体。一种技术是否有利于人性的发展是技术是否合理的标准。芒福德竭力推崇一种高度注意有机体的、生物学的和美学的需要及欲求的技术，并提倡一种"民主的技术"以取代"极权的技术"。

（2）技术的文化编码：芒福德认为技术的文化编码有男女性别之分。他进而认为，工具、武器等的文化编码是男性特征的；容器技术是女性器官的延伸，暗含着一种协调、平衡和比例均衡的观念，也体现了一种女性文化。文化编码呈现女性特征，给人类更多的自由，更加包容人类的生存境遇和文化进程，使人类和媒介技术有机和谐融合。语言文字乃至城市都应该是这样具有包容性的容器技术。

（3）城市与传播：芒福德非常重视交流对文明发展和城市发展的意义。城市是用来进行有意义谈话的最广泛的场所。芒福德认为，城市中最有意义的活动即是对话，对话是城市生活的最高表现形式之一。大众传媒有助于更多的人参与对话，让城市生活充满更多的人格内涵。但由于消费主义入侵，媒介的交流功能被逐渐弱化，成为商品推销和社会控制的渠道，城市的本意也被人遗忘。

第 32 天
其他的技术学派成员及思想

知识点 1：技术意向论

（1）由雷蒙德·威廉斯提出，威廉斯坚持认为<u>应把文化现象置于同所有社会实践进程的联系之中进行研究，应把媒介产生、应用与发展置于社会历史背景中进行透视</u>，不能把科技从社会中抽象出来看问题。

（2）<u>所有技术的创造与发展都是为了有助于已知的人类实践或人类想从事的实践，这是基本的意向因素，但却不是唯一的意向因素。在技术发展过程中，初始的意向会因为其他不同意向的介入而得到修正，这包括政治、经济等各种力量的介入。</u>

知识点 2：媒介失控论

（1）由兹比格涅夫·布热津斯基提出，指美国乃至全球已经处于一种大失控、大混乱的状态，媒介失控只是其中的一个方面。

（2）电视是接触社会和接受教育的最重要的工具。<u>但当代电视已经成为万恶之源，它刺激了攀比欲望，颂扬自我满足，引发全球范围内的精神危机，带来了道德败坏和文化堕落。</u>

（3）解决这一问题的方法有三个：<u>首先要对个人的欲望进行自我控制；其次要强化教育；最后要建立共同的道德共识。</u>

（4）该理论对媒介的弊端剖析入木三分，<u>但实质仍是为美国媒介进入他国进行文化渗透服务。</u>

知识点 3：电子乌托邦

（1）该理论认为，电子传播网络的双向性使每个人既成了传播者又成了受传者，<u>传受平等会使社会趋向平等。</u>

（2）还有的学者认为，<u>新媒介技术将提升受众言论平等权利，并形成"真正的观点的自由市场"。</u>

（3）电子乌托邦的观点对媒介技术的发展寄予无条件的乐观主义期待，<u>认为新的传播技术必将把人类带入一个高度自由、民主和平等的理想国。</u>

（4）但是，社会的变革和完善需要更加复杂的社会条件才能实现，单纯的技术上的可能性并不一定必然保证理想的社会形态就能出现。因此很显然，这种观点夸大了媒介技术在社会发展中的作用。

知识点 4：媒介依存症、电视人、容器人

1. 媒介依存症
媒介依存症指现代人的一种社会病理现象，其特点是：（1）过度沉迷于媒介接触而不能自拔；（2）价值和行为选择必须从媒介中寻找依据；（3）满足于与媒介中的虚拟社会互动而回避现实的社会互动；（4）孤独、自闭的社会性格；等等。

2. 电视人
由日本传播学者林雄二郎提出，这一概念强调电视对现代人社会化过程的巨大影响，指的是伴随着电视的普及而诞生和成长的一代人，他们在电视画面和音响的感官刺激环境中长大。与父辈强调逻辑不同，他们的活动是在背靠沙发、面向荧屏的狭小空间中进行的，这种封闭、缺乏现实社会互动的环境，使得他们当中的大多数人养成了孤独、内向、以自我为中心的性格，比较缺乏社会责任感。

3. 容器人
由日本学者中野收提出，在以电视为主体的大众传播环境中成长的现代人，内心世界好似"罐状"容器，孤立而封闭；即使有交往，也像容器外壁的碰撞，不能深入对方内心；希望与外界尽可能保持一定的人际距离。容器人对任何外部权威都不采取认同的态度，但却很容易接受大众媒介的影响。容器人的概念强调了大众媒介对个人"社会化"和自我形成过程的巨大影响。

知识点 5：传播的仪式观

（1）詹姆斯·凯瑞：文化研究、媒介环境学和整个媒介研究领域的代表人物。a. 凯瑞对传播仪式功能做了阐述：仪式就是共享纽带和符号意义的社会行为，不仅仅具有控制的目的。b. 他认为技术与传播的关系是互相决定的关系，他借用传播史来探索经济与文化之间的张力。c. 他对新闻教育的用处进行了长期而影响重大的检视，指出除了职业培训外，媒介还有服务民主话语的特殊使命。

（2）传播的仪式观：凯瑞在《作为文化的传播》中提出了传播仪式观，主张将传播放在文化视野下进行研究。凯瑞汲取了芝加哥学派的符号互动论和麦克卢汉的思想，认为传播就像参加一场祷告或典礼，通过仪式给参与者带来的精神满足来实现在现实中把参与者维系成为一个整体的目的。个体或组织扮演的不再是发送者或接收者的角色，而是仪式的参与者。传播的最高境界则是通过信息共享，建构并维系一个和谐、有序的世界。

（3）传播仪式观告诉我们：传播就是文化，文化就是人的传播活动。传播与文化犹如一个硬币的两面，传播不仅仅是告知我们发生了什么事情，或改变我们的态度和观点，还能建立人与人之间的连接，使得人们通过符号的象征意义达到某种融合，通过参与仪式获得在现实中的精神慰藉。

知识点 6：德里克·德克霍夫

（1）德克霍夫是加拿大传播学家，多伦多学派第三代代表人物，继承并发展了麦克卢汉的理论，并对网络传播研究多有贡献。

（2）德克霍夫通过语言进一步深化了多伦多学派的研究。他将人类历史划分为三大阶段：口语文化、书面语文化和电子文化。口语文化的语言反映人的身体的特征；读写文化则将语言外化在人体之外，使得语言变得更加准确而又有秩序；电子符号通过复杂的整合和分解模式，解释并且重组语言。

（3）德克霍夫的网络观：a. 集体智能：网络出现不仅加速了个体人脑的运行速度，更加快了连接在一起的群体人脑的速度，电脑和电话相连形成了群体智能。网络媒介将不同的人的智慧聚合在一起，形成了虚拟的集体意识，个人意识在其中不断地进出，但没有影响其结构完整性。b. 连接智能：在集体智能的基础上，连接智能更加有目的性和组织性，试图解决特定问题。知识将不再是个人的财产，而共享将成为社会发展的源泉。

知识点 7：曼纽尔·卡斯特

（1）网络社会：网络社会是新的社会形态和新的社会模式的结合体。一方面，网络社会构成了新的社会形态，因为网络是构成新信息时代功能的基础，是社会变化、发展的根本动力，对网络社会具有支配作用。另一方面，网络社会又呈现一种新的社会模式，其特征表现为经济行为的全球化、组织形式的网络化、工作方式的个体化、职业结构的两极化。

（2）流动空间：网络社会延展了地理空间，构建了新的空间形式——流动空间。流动空间是经由信息流动形成的特殊的空间形式，是信息社会中至关重要的物质形式，以电子网络为基础，具有社会、文化、环境等特征。传统社会的地域特征在新的网络社会结构中逐步消失，地域的概念不再局限于真实的地理空间，也包括了抽象化的时空概念。人们的社会活动可以不受狭小的城市空间所束缚，在网络社会提供的流动空间中得到了极大的拓展。现实空间也被吸入了流动空间，成为流动空间的一部分。

（3）卡斯特将全球范围内出现的新经济，称之为信息化、全球化和网络化的经济。这种新经济体系的基础组织形式是网络，其内在是由信息知识、信息基础与全球化相互关联组成的，其运作机制来自信息等各个关联要素与信息科技革命之间的相互作用，其核心价值强调以知识为基础的生产力所带来的获利功能。

（4）社会网络的作用不仅体现为组织活动和信息分享，还具备生产并传播各种文化符号的功能。各种各样的社会意义要经过多种网络形式进行组织、整合、加工、传播，新的社会认同感便在这个过程中逐步形成。

（5）网络社会理论：

a. 网络企业模式：网络企业组织与传统的企业生产组织模式大不相同，企业在网络组织形式下实现的是弹性生产，根据客户的需求调整生产策略，而不是工业化时期惯常的企业组织大量生产的管理模式，倡导灵活的机制和广泛的网络关系。

b. 网络就业模式：社会的就业结构发生新变化，在信息化的背景下，从事传统的农业制造业的人数逐渐减少，从事社会服务业的人数逐渐增加，信息技术变成劳动过程的关键组成部分，导致人类从事知识和信息的生产成为新的社会分工，由此当代社会的劳动分工和社会分层需要一种新的标准来划分。

c. 网络生产模式：信息化的生产模式带来了劳动的个体化分工，生产工序也得到了分散式的切割与细化。网络社会中的人们运用信息化手段参与工作，工作地点、工作时间、工作单位等都具有极大的灵活性。

d. 网络文化模式：网络社会的社会文化差异的广泛存在，客观上容易造成使用者与受众之间距离感不断加大；经济地位的高低以及文化教育方面的差异都是导致多媒体选用局限的主要影响因素，由此便会自然形成使用者之间的社会分层化。

e. 流动空间会在某个（些）节点周围集中，使得围绕着这个（些）节点的信息流、技术流、资金流等远远高于其他节点位置。而生产化的全球普及则会使得流动空间的整体范围得到进一步拓展，全球的经济、政治、文化之间会有更多的交流。但这种交流是不平等的，第三世界民族国家尽管部分工业融入了全球系统，但内部大部分的人群在流动空间中处于缺位状态。

f. 这种流动空间基础之上的再结构与分化，在提供地方空间发展机会的同时，也可能进一步加剧原有地方空间之间的不平衡，从而在社会中形成"新的断裂"。它最终会使得社会中出现一些特殊的、被排斥和区隔化的、处于流动空间之外的社会空间，卡斯特称其为"第四世界"。

（6）时间观：

卡斯特认为，在网络社会，是空间组织了时间。流动空间借由混乱事件的相继次序使事件同时并存，从而消解了时间，打破了以往工业时代的线性时间，创造了未分化的时间，也将社会设定为永恒的瞬间。在这种认识基础上，卡斯特提出了"无时间的时间"概念。

无时间的时间是信息时代主导的时间类型，即打乱社会行为的顺序，其产生的途径有两条：通过时间的压缩，或者是时间顺序的随机重组。工作时间的弹性化，网络企业的兴起，使得工作时间受到冲击和扭曲，生活周期因此发生节律紊乱，时间的前后关系已与现在的概念大为不同。

知识点 8：马克·波斯特的信息方式理论

（1）信息方式理论是美国学者波斯特用来取代马克思主义的生产方式理论，运用后结构主义的批判策略，对电子媒介时代的社会文化进行批判的新批判理论。波斯特认为，生产方式之所以重要，是因为在 19 世纪，生产是社会生活的中心问题，而现在信息和文化则取代了生产，成为人类社会的中心问题。

（2）信息方式经历了三个主要的发展阶段，而每一个发展阶段都有其自身的结构和特征，包括面对面的口头媒介的交换、印刷的书写媒介的交换以及电子媒介的交换。口头媒介的特点是互动即时，双方同时在场；印刷媒介则通过符号来再现不在场的信息；而电子媒介则是通过电子信号，对信息进行模拟呈现。

（3）电子传播阶段的强大的模拟能力，首先使得人类生活的虚拟和真实的边界模糊，电子媒介给人们带来了不同于传统世界图景的超现实世界，寻求真实变得不可能。其次使得个体被去中心化、多重化、漂流化，既不是口语传播的现场互动者，也不是印刷媒介的理性阅读者，而是可以随意篡改、扮演、恶搞的想象自我，自我从而失去了现代性的稳定的、理性自律的中心地位，这会让自我认知和文化都陷入不稳定的困境。但另一方面，网络传播方式让人们重新理解主体的可变性和社会性，将人们从现实被设定的主体中解放出来，人们从此可以将自我视为多重的、可变的、碎片化的，自我构建本身变成了一项规划。

知识点 9：雷吉斯·德布雷的媒介学

（1）德布雷是法国学者，提出了媒介学理论。他认为媒介学的研究对象是"与传播的技术结构息息相关而又比之高级的社会功能"，主要包括"各种高级社会活动（宗教、政治、意识形态和心态）与信息传播技术结构之间的相互关系"，这也构成了媒介学研究的核心与主题。

（2）德布雷认为传播可以分为传播与传承。传承则属于历史范畴，以技术性能为出发点。在功能上，传承一方面将这里和那里连接起来，形成网络（社会）；另一方面，将以前的和现在的联结起来，形成（文化）延续性。在他看来，以大众媒体全球化为表征的现代"传播社会"的形成，使得人们在征服空间上具有越来越完备的现代性，而在时间掌握上却越来越弱，其具体表现为共享信息变得越来越容易，感受共同的历史却变得越来越困难；可移动的领域越来越大，而历史意识领域却越来越小。这既是德布雷对早期思想传播观念的深化，也是他对一味注重技术属性与商业属性的现代传播观念的批判。

（3）德布雷给出了自己对媒介的界定，即媒介是"使符号具有效力的途径与工具"。在媒介的构成要素上，德布雷将制度化的组织机构纳入了研究视野。在他看来媒介并非仅指信息的发送工具，而是"组织性的材料"和"物质性的组织的结合体"。其中"组织性的材料"指包括电视、电脑在内的"传播的机器"，而"物质性的组织"则指诸如学校、教会等制度化的组织或机构。两者的整合互动构成了现实传播情境中的媒介形态。

（4）德布雷区分了话语圈、图文圈和视频圈三个相继出现又相互交叉的媒介圈，其中话语圈以言语为主要交流和传承手段，图文圈以印刷术和印刷书籍的普及为标志，视频圈则以当下的电子信息技术为支撑。

知识点 10：弗雷德里希·基特勒的媒介理论

（1）基特勒开创性地将技术、话语和权力等问题结合起来进行理论思考，推动了媒介研究在德国的发展。自 20 世纪 90 年代起，伴随着后现代主义的风潮，他的作品被陆续翻译成英语，从此蜚声于欧美学术界，被誉为"数字时代的德里达"。

（2）他从欧洲（主要是德国）不同历史时期中的主导媒介出发，探究"话语网络"与媒介基础的辩证关系，以及不同文化和主体性得以生成的条件。他对欧洲（德国）历史上的两个话语网络——19 世纪话语网络和 20 世纪话语网络进行了细致研究。19 世纪话语网络以书写与印刷媒介为基础，以教育的普及、解释学和浪漫主义为特点；20 世纪话语网络以自动化媒介技术为基础，以大量数据存储与传输、心理分析和现代主义为特点。在他的分析中，不同的媒介和话语网络，决定了欧洲文明的不同构造方式。

（3）信息唯物主义：基特勒的媒介研究区别于传统传播学强调的媒介效果层面、媒介文化研究关注的媒介表征及其背后的权力关系，以物的操作性为基本出发点，强调在物质性的视野下探讨媒介的使用。这里的物质性既包括数字文本的物理形态，也包括那些非物质形态但具有物质特性的事物，例如技术的物质性、文化实践的物质性、感官的物质性等等。基特勒认为，技术不是由政治经济基础决定的附属产品，而是具有了能动性的物质主体，以一种呈现、涌现的方式，改变甚至是控制着我们的生存境况与生活方式。"技术参与到现实的建立中，它'展现'现实，是原意上的真理。"

知识点 11：媒介化理论

（1）媒介化研究正是在"信息化社会"背景下形成的一种新的传播研究趋向。"媒介"或"媒介技术"不再如传播功能主义中被置于中立的工具角色，而是成为人类社会发展的关键节点。

（2）施蒂格·夏瓦强调："媒介化是这样一种发展进程，在它的作用下，社会或文化活动（诸如工作、休闲、游戏等等）中的核心要素采取了媒介的形式。"在媒介化社会中，当媒介逐步渗透到社会生活的方方面面以后，社会也开始依据当前的媒介与传播手段来重新组织其关联方式。社会或文化活动采取了媒介的形式，它们必须通过与媒介的互动得以呈现。

（3）媒介化社会的发展分为四个阶段：在初级媒介化阶段，媒介主要是社会个体获取信息、社会组织与利益相关者沟通的渠道和工具；在中级媒介化阶段，媒介获得了独立地位，开始按照独立的媒介逻辑运行；在高级媒介化阶段，媒介逻辑开始影响社会个人思维逻辑和组织运行逻辑，越来越多的社会生活、社会事件和社会关系都在媒介上展露，媒介所营造的"虚拟世界"与"真实世界"的界限变得模糊，人们甚至无法脱离媒介理解什么是"真实"。随着媒介化程度加深，社会进入完全媒介化阶段，最终人与人之间、社会机构内部、机构与机构之间甚至整个社会的互动都将通过媒介来进行，媒介逻辑内化为社会机构的运行规则。

第 33 天
传播内容

知识点 1：传播内容的特征

(1) <u>综合性</u>。总体而言，大众传播媒介向社会传播的内容是综合的，但在其走向专业化之后，这种综合性特征有所变化。就具体的媒介个体而言，其内容日益专业化，但就整个媒介的内容体系而言仍具综合性，因为<u>越是趋于专业化分工，就越需要各行业媒介的社会整合</u>。

(2) <u>公开性</u>。大众传播的内容是<u>面向整个社会的</u>，因而它必然是公开的。不过根据传播的目的不同，有时可以通过特殊的传播方式与手段，对公开性进行调整，或强化或淡化。

(3) <u>开放性</u>。大众传播的内容是<u>连续不断地进入与输出的</u>，因而它是变化的、开放的系统，需要随着社会的发展而适时变化调整。

(4) <u>大众性</u>。大众传播媒介<u>面对的是大众</u>，它的传播内容必然是以大众作为诉求对象。当然在电视都开始分众化的今天，<u>大众开始转向小众</u>。但即便是由一个个小群体组成的小众或分众，也具有大众的特征。

(5) <u>复制性</u>。大众传播不是指向单个人的，而是<u>同时传递给社会公众的</u>。因此，传播内容产品也不是一次性的，而是可复制的。受众有可能<u>同时或者先后享用完全相同的传播内容</u>。

知识点 2：西方大众传播内容的一般结论

(1) 大众传播媒介所传播的内容，只是<u>它从所能得到的大量信息中做了高度选择的，不能全盘加以反映</u>。同样，<u>潜在的受众所收到和使用的信息，也只是他们从传播媒介的内容中选择出来的</u>。

(2) 大众传播媒介所传播的内容，<u>有相当大的部分是娱乐性的，而不是消息性的</u>。它们更多地是在分散人们对社会、经济、政治等重要问题的注意力。

(3) <u>大众传播媒介通常都要尽力吸收最大量的受众</u>，因而<u>它们的内容在形式上是简单的，在内容上是通俗的、平易近人的</u>，<u>以满足最大多数受众的需要</u>。

(4) 这种状况随着受众文化程度的提高以及社会进入工业化和信息化而有所改变，同时，<u>大众传播日益走向分众化</u>，这就要求传播媒介要面对分众之后的目标受众进行传播，更强调<u>针对性</u>而非<u>普遍性</u>，更强调准确度而非<u>广泛性</u>。

知识点 3：媒介娱乐化及其成因

（1）李良荣指出，媒介的娱乐化"指报纸、电台、电视台娱乐性内容所占的比重越来越大，新闻节目（版面）受到挤压，而且新闻节目本身的娱乐性新闻越来越多，连严肃新闻也竭力用娱乐性来包装"。

（2）林晖认为，在消费逻辑引导下的传媒娱乐化倾向表现为："最初是纯娱乐消闲的娱乐性节目和内容的大幅上升，最终则发展到把距离娱乐性最远的那部分媒介内容——新闻，向娱乐强行拉近，使新闻与娱乐之间的界限变得日益模糊。"

（3）媒介娱乐化的成因：

a. 收视率的诱惑与商业利益的驱使。

b. 制作成本的低廉与业务水平的低下。比起严肃的新闻报道、纪录片和社会教育类节目，制作娱乐化的产品不需要太深的文化底蕴与太强的业务能力，更容易炮制，且制作成本相对较低。

c. 相关体制的不健全。传媒的社会责任感与传播者的专业理念，到现在为止，基本上还停留在"道义与自律"的层面，没有形成有效的制度约束，因而贯彻落实起来成效甚微。

d. 目前我国媒介面临的体制改革问题。

知识点 4：媒介娱乐化的问题及解决方案

1. 媒介娱乐化的问题

（1）廉价占用人们的自由空间，降低大众的品味和修养。大众文化限制了人的文化享受，使人们在大众文化的消费中耗尽了空闲时间，失去了接触高级文化的机会。

（2）造就文化消费的媚俗低级倾向，严重地败坏了大众的品味和文化修养水平。

（3）媒介时尚化使人们失去了个性，片面追逐媒介所提供的时尚内容，在这种统一化、平面化的趋势下，现代人逐渐失去对多元文化的观看与包容能力，失去了对社会的批判能力。

（4）使人处于虚幻的满足状态，起到麻醉作用。人们沉湎于媒介建构出来的虚幻的娱乐天堂，丧失正确的意识，社会功能退化、异化。

（5）媒介自身公信力下降，造成大众文化的低俗化、庸俗化，使大众对重大事件趋于冷漠与无知，民族文化认同感削弱，民族向心力、凝聚力下降。其对辨别能力弱的少年儿童的影响更是让人痛心：制造流行风潮，削弱文化传统，影响其价值观人生观的确立，弱化其判断力与批判精神。

2. 媒介娱乐化的解决方案

（1）明确媒体的社会职责，在公众利益与商业利益的权衡中找准自己的定位。这是遏制媒体过度娱乐化与商业化的第一手段。

（2）提高媒体从业人员的职业道德与社会责任感。这就要求传媒行业协会制定自律章程，加强内部约束与监督，并通过一定的途径，将之内化为媒体从业人员自身的素质与需要。

（3）增强从业人员的业务水平与综合素质，增强从业人员的创新能力，提升娱乐产品的含金量。

（4）注重受众媒介素养的培养。

（5）加强相关制度建设。对媒体和传媒从业者进行硬性约束，这样才能从实质上确保公共利益。

知识点 5：市场驱动的新闻业及其后果

（1）美国学者麦克·玛纳斯对美国新闻业进行研究后发现，美国新闻业是由市场驱动的，体现为新闻越来越多地变成了商品而不是社会教育和引导的工具。

（2）市场新闻模式的核心是新闻部门，新闻部门要执行新闻规范和市场规范，新闻规范要求选择真实、重要、与公众利益相关的新闻，市场规范要求选择引人注目的新闻，例如与娱乐、暴力、灾难和健康等相关的新闻。

（3）将新闻作为商品可能导致四个负面影响：a. 新闻消费者从新闻中获知的信息减少了；b. 受众会被误导，把注意力集中在鸡毛蒜皮的事情，而不是重要的政治经济文化事件上；c. 新闻来源会被施加更多的操纵，影响新闻的公正和客观性；d. 受众对政治更冷漠。

（4）解决方案是：加强对新闻工作者的教育，经营者加强自律，加强政府管制，应用新技术降低垄断，进行公众教育。

知识点 6：大众文化

大众文化是一个特定范畴，主要是指兴起于当代都市、与当代大工业密切相关的、以全球化的现代传媒为介质、大批量生产的当代文化形态，是处于消费时代或准消费时代、由消费意识形态来筹划和引导大众、采取时尚化运作方式的当代文化消费形态。它是现代工业和市场经济充分发展后的产物，是由当代大众大规模共同参与的当代社会文化公共空间或公共领域，是有史以来人类广泛参与的规模最大的文化事件。

知识点 7：大众文化的特征

英国传播学家约翰·斯道雷指出，关于大众文化有七种定义模式：

（1）广泛受到人们喜爱的文化，这也是最为普及的一种关于大众文化的定义。

（2）与高雅的，文化精英喜爱的文化相对应的文化。

（3）从社会环境上看，是<u>大众社会中的商业性的文化</u>。

（4）是法兰克福学派中所批判的对人民进行<u>思想控制和意识麻醉的文化工业</u>。

（5）是<u>文化研究学派，如约翰·费斯克等提出的代表人民大众的，具有普及性和反抗性的文化</u>。

（6）是<u>安东尼奥·葛兰西提出的各个阶级意识形态进行斗争的场域，同时包含着人民对意识形态的反抗及代表统治阶级的意识形态对人民思想意识的收编</u>。

（7）<u>让·鲍德里亚的后现代主义的观点</u>。

知识点 8：媒介消费主义

（1）消费主义指的是<u>"一种价值观念和生活方式，它煽动人们的消费激情，刺激人们的购买欲望，消费主义不在于仅仅满足需要，而在于不断追求难于彻底满足的欲望。换句话说，人们所消费的，不是商品和服务的使用价值，而是它们的符号象征意义。'消费主义'代表了一种意义的空虚状态以及不断膨胀的欲望和消费激情"</u>。

（2）随着<u>中国媒介的市场化进程</u>，与中国经济日益融入全球化，传媒的重点也发生了迁移，由生产性报道、政治性宣传转到满足公众物质和精神消费需求欲望的创造，以及对物的符号意义的强调。

（3）媒介消费主义的表现：

a. <u>传播内容的重点转移</u>。政治性、宣传性的内容逐渐减少，摒弃了英雄的宏大叙事，取而代之的是大量的包括广告在内的"生活方式报道"，对受众实施物质生活消费的诱导。

b. <u>为商品打造品牌</u>。拟定品味，标示档次，<u>构建商品的"符号价值"和"符码世界"</u>，它既开发、诱导人们的物质消费欲望，教育人们接受新的生活方式和品味，同时其符号的象征意义又标志着人的关系和差别性，用商品价值实施社会的认同与分层。

c. <u>媒介主体形象的转换</u>。由过去的工人、农民等生产英雄逐渐变为明星、影视人员或者其他至少是符合中产阶级形象的"成功人士"。

d. <u>媒介形式的转换</u>。市场经济的游戏规则、市场经济所蕴涵的消费主义已在悄然改变新闻传播的传统理念：传媒内容主要着眼于公众物质和精神消费需求欲望的创造和受众作为消费者进入信息的接收活动，以及新闻传播者同时扮演信息推销者的角色。

第 34 天
新媒体的传播内容的新发展

知识点 1：模因

（1）模因（meme）又译迷因、觅母、米姆、迷米、弥母等，牛津英语辞典的解释是"以非遗传的方式（如模仿）传递的文化元素"。1976 年，理查德·道金斯在《自私的基因》一书中首次将通过模仿而传播的文化基因称为模因。他认为模因是一种文化传播或文化模仿的基本单位，从广义上说，模因的传播可以看作从一个大脑转移到另一个大脑，从而在模因库中进行繁殖的模仿过程。

（2）模因库里有些模因比其他模因更为成功。这种过程和自然选择相似，就如基因一样，具有更强生命力的模因的特征包括长寿、具有生殖力和精确的复制能力。从单一的网络词语、句子及其背后的"梗"到整体语言风格，很多时候都基于模因的生产与传播。

知识点 2：表情包

对于表情包的定义，有广义与狭义之分。广义的表情包，包含各类用于表达情感、情绪与态度的图形符号、图片或图文组合等，可以是静态的，也可以有动画效果。而狭义的表情包则常常强调图文的组合。

表情包具有如下特征：

（1）编码的拼贴与杂糅：表情符号的来源往往多样，但表情包的内容往往是在消解图形原有的意义，具有"拼贴"的特点，也就是各种元素的杂糅。这是一种意义的再生产过程，是符号系统和文化规则混合作用的结果。同时个人使用表情包的心态和社交目标也影响表情包传递的含义。

（2）解码的复杂性：表情包属于亚文化，既有一般的虚拟表情的编码规则，也有阶段性或群体性文化的编码规则，在个人的使用情景中，交流双方的熟悉程度、双方的关系性质、双方所属的群体等这些更大的交流"情境"，也都会影响到表情包的"解码"。

（3）标签性：表情包具有区分群体的作用，表情包诞生的过程代表着某个群体的特定行动和其中的集体记忆，因而也成为群体认同的重要标志。

（4）灵活性：表情包有丰富的生产素材，可以灵活地进行图文组合，有可以模仿的生产规则，技术门槛低，易于传播，也容易形成对抗与竞争，因而也成了传播机制中的一种重要手段。

（5）<u>社交性</u>：相比文字，表情包<u>更适合表演</u>，它去除了咬文嚼字的麻烦，抽象为可以信手拈来的脸谱，同时又因为其编码与解码的多义性，可以使发出者和接收者各取所需，发出者可以用其掩藏自己的不良情绪，但接收者却可以从中进行积极解读。与真实的表情相比，表情包可以承载更多的含义，也更容易控制，在网络互动中已成为一种不可替代的表演手段。在基于表情包的表演中，我们常常会看到柔化、夸大、伪装、敷衍等表演情形。

知识点 3：网络视频

网络视频的发展，特别是移动视频的应用，再一次为用户带来了新的权利及权利变现能力。

（1）<u>草根生产</u>：移动时代带来的<u>拍摄工具的随身化、加工工具的傻瓜化、传播平台的社交化</u>，使得视频的生产与传播进一步日常化，也促成了新一波的草根化视频生产浪潮。曾经被作为艺术形式的表演在走向平民化、日常化。人人都获得了在公共空间表演的权利。人们也可以对自己的生活作出真实记录。

（2）<u>增强表达</u>：个体的表达手段<u>从文字转向视频</u>之后，人们在公共空间的表达内容和方式大大丰富，例如体现自身在场、满足自我差异、传播生活方式等，丰富了网络的内容生态，也为人们带来了精神满足和物质收入。

（3）<u>专业内容</u>：过于日常化的呈现也容易产生审美疲劳，因此在视频生产中，一些专业化生产者<u>引入戏剧元素</u>，或是<u>运用专业拍摄技巧提高内容创作的艺术感</u>，提高了视频内容的品质，更好满足受众要求。

（4）<u>视频化生活</u>：网络视频改变人的生活方式，具体而言，人们开始了为了视频拍摄<u>而重新观察和体验生活</u>；视频空间与现实的物理空间相互叠加、渲染，<u>共同制造出新的空间"幻象"</u>；人们的私人空间也就会进一步<u>"公共化"</u>，观看者也因此获得<u>一种俯视、进入他人私人空间的权利</u>；视频造就了<u>理想化的虚拟自我</u>，视频世界里的自我展现与人们的日常生活存在着互动关系，视频化生存的时间越长、沉浸程度越深，这种互动关系也会越密切；相同或相似的人群也可能借视频发现彼此的存在，<u>并形成自己的圈子</u>。

知识点 4：弹幕

（1）弹幕是<u>网络视频用户在观看视频的同时发表简短评论的一种新形式。这些评论即时以字幕形式在屏幕上任何位置滑动，当一段视频积累了足够多的评论数量时，屏幕上滚动的字幕就像子弹飞过一样</u>，因此被称作弹幕。

（2）弹幕的优势：激活视频的<u>双向互动，实时互动</u>。弹幕的传播方式创立了视频传播方式的新维度，在声音和图像上又叠加了文字传播，创造出另一维度的叙事空间和表达进展路径。

（3）对于电视而言，弹幕可以提高电视媒介的<u>娱乐性</u>，提升电视观众与电视媒介的<u>互动效率</u>，同时有助于建立围绕节目的观影社群，提高用户黏度，此外也可以在弹幕中加入广告等。

知识点 5：网络文化的特征

（1）<u>开放性</u>：网络文化的创造过程不再<u>由少数个人或者专业机构所垄断</u>，不再是<u>主流文化自上而下统领</u>，而是<u>一个全体用户参与的过程</u>，是个体文化集聚为集群文化并最终扩散到整体文化的过程。

（2）<u>多元性</u>：网络文化具有多元性，体现为<u>主体、形式、价值取向的多元</u>。

（3）<u>分权性</u>：网络的传播相对稳定，但网络文化中的权力中心是<u>不稳定的</u>，可能会经历"<u>去中心化—再中心化—去中心化</u>"的过程。

（4）<u>集群性</u>：网络文化的主体往往是特定群体，包括社区群体和临时群体。

（5）<u>参与性</u>：网络文化中的用户是积极的参与者。

知识点 6：网络文化发展动因

（1）网络文化发展的原动力是<u>用户的获取诉求</u>，用户诉求的多样性也会导致网络文化的纷繁复杂。

（2）<u>用户互动</u>是网络文化的助推力，用户互动会放大个体行为影响，聚合个体行为能量，传播文化产品，形塑文化精神。这个过程是在网络社区中完成的。

（3）<u>主流文化</u>是网络文化的初始标靶，早期的网络文化会对<u>主流文化进行挑战与解构</u>，以完成自身的建造与成熟过程，而成熟的网络文化会<u>更多从主流文化中吸取经验养分，甚至与之进行合作</u>。

（4）网络文化的发展还<u>离不开数字技术的基础</u>和商业力量的推动，当然也会受到<u>政治力量的约束与管制</u>。

知识点 7：网络文化和大众文化

（1）网络文化的多样化、个性化，挑战了<u>大众文化的标准化和程式化</u>，给人们带来新的文化感受，满足了大众媒体无法满足的受众需求。

（2）但网络文化又无法取代大众文化，原因在于<u>大众媒体生产的文化内容仍然在受众消费中占据主导地位，网络个性化很大程度上只是大众媒体文化的排列组合；用户生产的内容很大程度上在大众文化的惯性和阴影之下进行，无法脱离大众文化的母体；成熟的网络文化，往往会被大众文化所吸纳收编，成为大众文化新文化商品的来源。</u>

第35天
传播受众与受众观

知识点1：传播受众

受众指的是<u>一对多的传播活动的对象或受传者</u>，会场的听众，戏剧表演、体育比赛的观众，报纸刊物的读者，广播电视的收听收看者，网络媒体的用户，都属于受众的范畴。

受众是<u>传播活动中信息流通的目的地</u>，是<u>传播活动产生的动因和中心环节之一，同时又是大众传播媒介积极主动的参加者和反馈源</u>。离开了受众，传播活动就失去了方向和目的，便不能被称为传播。

知识点2：传播受众的需求

(1) <u>获取信息</u>，认识外部世界；

(2) <u>娱乐消遣</u>，满足精神、情感需求；

(3) <u>获取知识</u>，拓宽视野；

(4) 迎合一种已经养成的<u>接触媒介的习惯</u>；

(5) <u>与他人建立和谐关系</u>（例如议程融合）；

(6) <u>获取认同，避免认知不和谐</u>。

知识点3：大众

大众是伴随着大众社会理论的形成而出现的一个特定概念。这种理论认为，<u>19世纪末20世纪初是人类进入大众社会的一个分界点</u>。在这个时代，作为工业革命、资产阶级革命以及大众传播发展的结果，过去的那种传统社会结构、等级秩序和统一的价值体系已被打破，社会成员失去了统一的行为参照系，变成了孤立的、分散的、均质的、原子式的存在，即所谓的"大众"。大众是<u>一种新的未组织化的社会群体</u>，与既有的群体形态相比，有着明显不同的特点。

大众的主要特点是：

(1) <u>规模的巨大性</u>，在人数上超过其他社会群体或集团；

(2) <u>分散性和异质性</u>，广泛分布于社会的各个阶层，其成员具有不同的社会属性；

(3) <u>匿名性</u>，成员之间互不相识，对试图操纵大众的社会精英来说也是难以把握的对象；

（4）<u>流动性</u>，大众的范围随其面对的问题而时有变化，其成员是流动的；

（5）<u>无组织性</u>，大众缺乏明确的自我意识和自我约束，因而不能作为一个主体而自主行动，大众行为主要是在外部力量的刺激和动员下形成的；

（6）<u>同质性</u>，大众成员虽然具有不同的社会属性，但又有同一的行为倾向，因而具有同质性，容易受到外部力量的操纵的影响。

知识点 4：大众社会理论

（1）在大众社会理论看来，<u>现代社会成员主要分成两个部分，一部分是广泛的大众，另一部分是少数的权力精英</u>。权力精英包括政治精英、经济精英和传媒精英，他们<u>永远在试图控制和影响大众</u>；大众<u>虽然是一种被动的、沙粒般的存在，但由于其数量庞大，能够产生不可抗拒的"多数"压力和力量</u>，因此，在现代社会里，谁掌握了大众，谁就掌握了一切。

（2）大众社会理论的一个主要问题是<u>它的精英史观</u>。它虽然把权力精英作为批判的对象，但又<u>把他们看做历史的主导者</u>，而大众则是<u>软弱无力、一盘散沙式的存在，只能被动地接受权力精英的操纵</u>。这种精英史观，与"人民群众创造历史"的唯物史观是格格不入的。

（3）不过大众社会理论的独特视角对我们理解现代社会不无助益，其分析也触及现代社会的许多重要课题：例如产业化的大量生产和大量消费的存在；社会的平权化或民主化的发展；大众传媒的发达和大量信息、娱乐产品的提供等。

知识点 5：拷贝支配

（1）清水几太郎认为，现代社会是一个拷贝支配的社会，而导致这种状况出现的重要原因<u>是生活环境的扩大和社会生活的间接化，这意味着人们与大多数重要的实物不可能保持实际接触，要了解它们只能依靠传媒提供的第二手信息——拷贝</u>。拷贝不是实物本身，而人们又缺乏将之与实物相对照的手段，也只能把他们作为实物的代替物。由于大众传媒的大量生产和大量供给，现代人每日每时都处在拷贝的洪水的包围之中，<u>要躲避它们的影响是不可能的</u>。

（2）清水几太郎认为，拷贝支配也会转化为<u>心理的暴力</u>，这是因为在拷贝制作和提供过程中存在着两条"抽象的原理"：a. <u>利润原理</u>。也就是说，<u>拷贝的收集、制作和提供是作为营利活动来进行的。为了获取利润，传媒必须争取最大多数的受众</u>，因此媒介必须广泛满足受众的特定需求和普遍需求。b. <u>政治或宣传原理</u>。大众传媒通过拷贝的选择和加工活动来潜移默化地进行宣传，在现代资本主义社会，拷贝的制作、采集和分配控制在巨型垄断媒介手中。一般大众只能作为消费者，以完全被动的态度接受单向的拷贝洪流的冲击。

（3）清水几太郎认为，在拷贝带有心理暴力性质的强大支配力面前，现代人<u>"已经屈服于大众传媒机构的庞大规模和它们的垄断地位"</u>，自甘于消极、被动的处境，无条件地放弃了自己的批判能力。

（4）清水几太郎的分析<u>在揭示大众传播的单向性及其社会影响方面是有说服力的</u>，但是<u>他把受众看做绝对被动的存在的观点则失之于偏激</u>。

知识点 6：作为社会群体成员的受众

（1）<u>受众并不是孤立的存在，而是分属于不同的社会集团或群体，有着不同的社会背景。</u>受众对大众传媒的接触虽然是个人的活动，但这种活动通常受到<u>他的群体归属关系、群体利益以及群体规范</u>的制约。

（2）受众个人的群体属性不同，意味着他们所处的时代、社会环境、社会化的条件、社会地位、价值和信念、对事物的立场观点和看法、心理特点和文化背景都有很大的差异，对大众传媒信息的需求、接触和反应方式也是千差万别的。

知识点 7：作为市场的受众

（1）19 世纪 30 年代以后，大众传媒开始向企业经营形态转变，逐渐把受众看作信息产品的消费者和大众传媒的市场。麦奎尔认为，<u>如果从市场的角度考虑问题，受众可以定义为特定的媒体或讯息所指向的、具有特定的社会经济侧面像的，潜在的消费者的集合体。</u>

（2）"受众商品论""免费午餐"：由西方传播政治经济学理论泰斗达拉斯·斯麦兹提出。<u>广告时段或版面价值是传播产生的间接效果，媒介生产的节目、信息、娱乐等不是其主要商品，它们只不过是为吸引受众而提供的"免费午餐"，受众才是媒介的真正产品。</u>

（3）媒介根据受众数量的多少和质量（年龄、性别、收入等）的高低（即购买力的强弱）向广告客户收取费用。在收视率高的时段投放广告不一定就会取得最好的效果，只有有针对性地选择广告时段，吸引广告的目标受众才能更好地达到目的。

（4）在受众需求细分、市场细分的今天，各种商品都有自己较明确的目标销售群体。媒介所起的作用，就是<u>通过自己的节目安排，把庞大的受众群体分为具有不同特征的广告适用人群，然后分别投放广告</u>。在这个过程中，传播者的劳动凝结在了细分后的各种收视群体中，也是我们称之为"受众商品"的根本原因。

（5）受众商品论指出了<u>广告商、媒介与受众之间的关系</u>，对我们考察受众价值具有极高的意义，但它<u>低估了受众在使用媒介时的心理效用</u>。

（6）麦奎尔曾经批判这种观点，因为 a. <u>它容易把传媒与受众的关系固定为"卖方"和"买方"的关系</u>，复杂的社会传播关系被简化成了单纯的买卖关系；b. 过多着眼于与受众的购买能力、消费特点相关的人口统计学属性，<u>而不能反映受众内部更深层次的社会关系和意识形态</u>；c. 这种观点容易把收视率或发行量作为判断传媒成功与否的唯一标准，忽视公益性和社会效益；d. 把受众视为"市场"的观点未从受众的立场出发考虑问题，忽视了受众是拥有传播权利的主体。

知识点 8：作为权利主体的受众

受众不仅仅是传媒信息的使用者或消费者，他们还是构成社会的基本成员，也是参与社会管理和社会公共事务的公众。受众拥有各种正当权利：传播权、知晓权、媒介接近权等。

（1）传播权：社会成员是社会实践和社会生活的主题，他们有权将自己的经验、体会、思想、观点和认识通过言论、创作、著述等活动表现出来，并有权通过一切合法手段和渠道加以传播。

（2）知晓权：从广义上来说，指的是社会成员获得有关自身所处的环境及其变化的信息、保障社会生活所需的各种有用信息的权利；从狭义上来说，指的是公民对国家的立法、司法和行政等公共权力机构的活动所拥有的知情或知察的权利，这是公民的一项基本政治权利，也意味着公共权力机构对公民负有信息公开的责任和义务。

（3）媒介接近权：1967 年美国学者 J.A. 巴隆首次提出"媒介接近权"的概念，即一般社会成员利用传播媒介阐述主张、发表言论以及开展各种社会和文化活动的权利，同时，这项权利也赋予传媒应该向受众开放的义务和责任。

（4）参与、讨论权：公众享有借助媒介表达意见、展示作品、传递信息的权利。公民参政议政的条件是受众真正享有社会民主权利的体现。这一权利还可以保证集体行为的一致性，影响权威人士和决策机构的决定，对于保持社会稳定、提高社会政治生活质量具有重大意义。

（5）监督权：受众享有对大众传播媒介的运作和传播者的传播行为进行监察和督促的权利。

（6）隐私权：受众享有对个人和公众利益无关的私生活进行保密、不受新闻媒介打扰和干涉的权利。

（7）求偿权：在受到新闻侵害时有要求补偿的权利。

知识点 9：分众理论

分众，顾名思义，指的是受众并不是同质的孤立个人的集合，而是具备了社会多样性的人群。

分众观的核心内容是：

（1）社会结构具有多样性，是多元利益的复合体；

（2）社会成员分属不同的社会群体，其态度和行为受群体属性的制约；

（3）分属于不同社会群体的受众个人，对大众传播有不同的需求和反应；

（4）在大众传播面前，受众并不是完全被动的存在，他们在媒体接触以及内容选择、接触和理解上有着某种自主性和能动性。

知识点 10：受众调查

（1）受众研究采用的方法基本上是传播学定量研究的方法，即实地调查、内容分析、控制实验、个案研究。受众调查分为两种：一般的视听率调查和意向调查。

（2）结构性受众调查的目的在于了解受众的需要和兴趣、受众构成以及受众对传播内容和形式的反应等。通过受众调查所反馈的情况，大众传媒可以及时采取措施，根据受众需求对传播内容进行调整，以改善传播效果。

（3）受众调查还可以与控制实验、个案分析相配合，在传播效果研究中把传播内容分析与社会调查结合起来，以进行更为深入的受众研究，奠定开发受众价值的基础。

知识点 11：中国受众调查的历史

（1）1982 年"北京调查"：中国社会科学院新闻研究所与《人民日报》《工人日报》《北京青年报》及北京广播学院组成的调查组针对北京 2 430 名 12 周岁以上居民接触报纸、广播、电视的习惯、渠道、兴趣及对新闻报道的评价，采用随机抽样、统一问卷、直接访问的方法进行了综合性调查。"北京调查"被视为我国受众调研的里程碑，它标志着科学的、系统的受众调查在我国的兴起，在我国新闻史上是第一次，是中国新闻事业一次突破性的行动。

（2）1990 年的亚运会广播电视传播效果研究成为我国受众调研的新起点，受众理论研究与实践从显性向隐性深入。特别是 1995 年以后，各类媒介调查公司大量涌现，受众调查进入市场，并逐步走向科学化、规范化。

第 36 天
受众理论与受众权利

知识点 1：受众的媒介素养

(1) 媒介素养，顾名思义，是人与媒介打交道的能力，具体地说，则是指公众认知媒介、参与媒介、使用媒介的能力。这种基本的能力、素质，包括认知媒介、参与媒介、使用媒介三个层面。

(2) 认知媒介指的是对媒介性质、功能以及对媒介与社会政治、经济、文化等诸多因素互动关系的正确评价。具体包括了解社会政治法律经济制度和思想文化制度与传播制度的关系；认识媒介传播作为制度化传播的基本特征和内在规律；了解外部制度对媒介机构及其活动的控制和影响，以及媒介机构内部运行机制对信息的生产、加工和传播活动的制约；理解媒介反映现实和建构现实的功能，理智地辨别媒介环境和现实环境等等。认知媒介是认识论层面的素养，是媒介素养的前提和基础。

(3) 参与媒介是指参与媒介信息传播，成为媒介信息积极主动的获取者、解读者，以及媒介信息负面印象的自觉抵御者，成为信息时代的媒介公民，这是媒介素养提出的最初动机，也是媒介素养的重心和核心。

(4) 使用媒介是指运用媒介、有效地创造和传播信息的能力，不仅包括操作媒介传播信息的技能，还包括使用媒介进行公众监督、优化传播和社会环境、促进社会民主发展的能力。

知识点 2：影响受众选择的因素

(1) 社会文化因素（社会环境、社会地位、文化背景）：具体而言社会环境和社会地位包括受众所属的社会群体、种族、阶级、性别等，都可能会影响受众的信息选择，相同社会类型的受众大体选择相同的传播媒介、传播内容，并做出近似的反应；文化背景包括宗教信仰、生活习惯、整体教育水平、文化生活方式等。

(2) 心理因素：选择性心理、逆反、从众等等。

知识点 3：受众选择性心理

选择性心理包括选择性注意、选择性理解和选择性记忆。

1. 选择性注意

受众一般选择自己习以为常和喜爱的媒介，以及能支持其信念和价值观的信息。接受同自己已有观念或立场一致的内容及对自己和所属群体有利的信息，排斥与已有观念立场不一致的内容，回避对己有害或不利的内容。

大众媒介出现之后，媒介已经无孔不入，要完全不接受某一种媒介几乎不可能。新媒体的出现给了人们更多的自主权利，每个人可以自由选择传播内容，但这又会造成另外一种"回音壁现象"（即人们接受只和自己观点一致的媒介内容），减少了获取信息的多样性。

2. 选择性理解

指具有不同心理特征、文化倾向和社会成员关系的受众会以不同的方式解释媒介内容。（受众对信息的理解过程，也是一个对信息进行再创造的过程，受众往往会在解码过程中加入主观因素而造成理解的差异）

关于选择性理解，传播者应当尽量在传播活动进行之前进行前馈，即对受众进行调查，明了受众的文化背景、社会环境、群体规范，从而尽量减少传播内容可能产生的歧义，确保传播效果。

3. 选择性记忆

指受众只记忆对自己有利、符合自己意见或兴趣的内容。传播者可以运用反复重复传播内容的方式，来突破受众的选择性记忆。

受众选择信息的三个程序就像保护受众的三个防卫圈，由选择性注意依次向里：对那些可能包含反面信息的刊物或节目，人们会避开；如果不能避开，则在解释信息时进行选择性理解；如果也做不到，就进行选择性记忆，简单地忘掉反面信息。这种选择过程也是受众应对信息超载的一种自我保护机制。

知识点 4：如何突破受众选择性心理

（1）总的来说传播者要控制和引导传播内容，尽量消除和减少造成受众理解偏差的可能，信息编码清晰准确，并尽量减少有人曲解信息后再作二次传播的可能。

（2）在新媒体时代，受众除了选择性的注意、理解、记忆，还有可能进行选择性的二次传播（例如微博转发），并且在二次传播中主动加工内容。对于希望扩大自己的影响力的传播者来说，应当积极利用这一种行为，来扩大自己的传播内容覆盖范围，进而提高传播效果。

知识点 5：受众的逆反心理

逆反心理，是受众对外来的威胁到自己态度体系的信息产生的一种抑制心理。包括五种表现: 不予理睬; 驳斥; 歪曲或从反面理解; 贬损信息来源; 寻求社会支持。

知识点 6: 受众的从众心理

(1) 从众心理,指受众在传播活动中不知不觉地受到群体压力而在行为和观点上发生与群体中大多数人相一致的变化。受众生活在不同的团体中,需要与环境保持一致,得到认可和接纳,以采取与大多数人相一致的心理或行为。因而形成从众心理的根本原因是群体压力。

(2) 群体为保持其共同活动顺利进行和关系状态的稳定,会拥有一些共同的价值观念和行为规范,违反者会受到孤立甚至驱逐,于是人们在保护自己的同时要屈从于团体利益。

(3) 群体意见对个体所形成的压力过程分为四个阶段: 合理辩论、好言相劝、围攻抨击、隔离排挤。由于群体规范压力而形成从众心理和行为的现象在社会生活中较为普遍,在那些文化层次较低的群体中或受众个人缺乏清楚认识的问题上尤其如此。从众心理造成的群体一致性有助于受众的态度定型、实现群体目标以及维护群体稳定,因而对传播媒介能否实现有效的信息沟通具有不可忽视的作用。

(4) 传播者应采取以下措施应对群体心理: 控制群体规模; 增加群体合力; 提供群体信息的权威性; 考虑个人心理因素的作用。

知识点 7: 个人差异论、社会分化论、受众关系论、文化规范论

1. 个人差异论

个人差异论由卡尔·霍夫兰首先提出,梅尔文·德弗勒做修正后形成,以"刺激—反应"理论为基础。该理论认为相同的大众传播内容之所以会在不同受众之间产生不同效果,是由于受众的个人条件、社会关系及所属社会范畴不同,因此在接受信息时所注意和理解的东西就不一样,进而产生的态度和行为也不一样。个人差异论最大的发现在于"选择性注意与选择性理解",要求传播者要尊重受传者并善于了解、利用其经验、态度、立场等。

2. 社会分化论

社会分化论是对个人差异论的修正,由赖利夫妇首先提出,从社会学角度出发,强调个人的社会群体差异,认为受众生活在不同的社会群体中,在行动时必然受到群体规范和压力的影响。同一群体的受众往往具有相似的性格、心理结构、价值观以及行为,不同社会类型的受众趋向于选择不同的媒介内容,并以不同方式去解释同一讯息,采取不同的行动。

对个人产生作用的群体包括基本群体和参照群体。基本群体是长期持续的、亲密的、面对面接触的群体,如家庭。参照群体是个人在其帮助下可以确定自己态度、价值观和行为的群体。作为传播者,大众媒介应考虑到不同群体对信息接收的差异。

3. 受众关系论

受众关系论的起点是拉扎斯菲尔德的伊里县调查，强调群体关系在传播活动中的作用，认为受众所属团体的压力对于受众接受信息时的态度及行为产生很大影响，媒介通常难以改变人们固有的信念。

受众作为个体均有不同的生活圈，受其约束影响，很多受众接受的信息都是经过此生活圈解释和过滤了的，人们接受那些与本团体意向相符的信息，并以本类型人典型的方式来接受之。当有信息攻击该团体观点时，成员就会对不同意见进行修正，削弱传播效果，或排斥这一信息及传播它的媒介。如果团体中有少数人与团体意见向左，也不敢公然去接受那些与团体意见相悖的信息。

群体对受众接受信息产生重要影响，可以使受众态度定型。了解某人所属或认可的团体，可以帮助预测这个人的行为。传播媒介必须认识到，受众不会接受媒介的操纵，只是从传播媒介那里取己所需，并为己所用。

4. 文化规范论

文化规范论与议程设置的理论相关，认为传播内容可以促使对象发生改变，如果大众传播经常报道或强调某事物，就会在受众中造成某事物是社会文化规范的印象，从而促使受众去模仿，结果就形成了间接影响。受众可以从传媒中获得新见解以加强或改变其原有看法，媒介为社会树立了文化规范。人们看待事物时，会受到这种新的文化规范的影响。

文化规范论肯定了大众传播对受众所造成的影响，并认为如果此影响增强，会形成社会"一体化"（即所有的个人、集团乃至国家都从大众传播中获取不同的信息，从而相互了解他人的生活条件、观点与愿望等）。

以上四种理论概括起来就是：不同的受众对传播的内容会有不同反应，但具有共同经验和相同社会关系的受传者的反应相似。

知识点 8：受众参与论

（1）由美国学者巴伦最早提出。他认为，为了维护受众的表现自由，必须承认公民对传播媒介的参与权。受众不是被动的信息接收者，而是积极的大众传播参与者。因此，大众传播媒介应该尊重受众，在形式上尽可能地考虑到受众这种积极参与的愿望和权利。

（2）这是 20 世纪 70 年代以后社会信息化和媒介垄断背景下产生的一种媒介规范理论。该理论认为：任何民众个人和社会群体都有知晓权、传播权、媒介接近权等权利；要求大众传播媒介向一般民众开放，允许民众个人和群体自主参与；媒介应该主要为受众而存在，而不应该主要为媒介组织、广告赞助商而存在；社会各群体、组织、社区都应该拥有自己的媒介。民主参与论的核心价值是多元性、小规模性、双向互动性、传播关系的平等性。在信息已经成为一种基础资源的今天，民众唯有行动起来才能争取到自身的传播权和媒介接近权。

知识点 9：使用与满足

（1）美国社会学家伊莱休·卡茨首先提出。在针对受众使用媒介动机的研究之前，有赫尔塔·赫佐格对美国妇女观看肥皂剧的研究，杰伊·布鲁姆勒和丹尼斯·麦奎尔对英国大选期间政治节目的研究，威尔伯·施拉姆对电视与儿童的研究等。

（2）使用与满足理论将媒介接触过程概括为一个"社会因素 + 心理因素—媒介期待—媒介接触—需求满足"的因果链锁过程，把受众看作有特定需求的个人，把他们接触媒介的活动看成是基于特定需求来使用媒介，从而使这些需求得以满足的过程。

（3）具体而言，人们接触媒介首先是为了满足特定的需求，这一理论具有一定的社会和个人心理起源；这种实际接触行为的发生有两个条件：接触媒介的可能性（如果一种媒介不能够满足自己需求则寻求另外一种），媒介印象（对于媒介是否能够满足自己的需求的评价，通常在以往的媒介接触经验上达成）。根据媒介印象，人们选择特定媒介或内容开始接触行为；接触行为可能满足也可能不能满足，但都会影响到以后的媒介选择和使用行为。人们根据满足结果修正媒介印象，在不同程度上改变自己以后的媒介期待。

（4）使用与满足理论的重要意义：

a. 它认为受众的媒介接触是基于自己需求对媒介内容进行选择的活动，这种选择具有某种"能动性"，这有助于纠正大众社会论中的"受众绝对被动"的观点。

b. 它解释了受众媒介使用形态的多样性，强调了受众需求对传播效果的制约作用，对否定魔弹论起到了重要作用。

c. 指出了大众传播对受众具有一些基本效用，对于纠正有限效果论也有积极作用。

（5）使用与满足理论的局限性：

a. 过于强调个人和心理因素，行为主义和功能主义色彩较浓，忽视了社会条件和社会结构的作用；

b. 脱离传播内容的生产和提供过程，单纯地考察受众的媒介接触行为，不能全面地揭示受众与媒介的社会关系；

c. 仅反映出受众对媒介内容的"选择性接触"，不能反映出受众作为社会实践主体所具有的能动性。

知识点 10：其他相关受众的特殊议题

1. 媒介使用的公共领域和私人领域

私人形态的受众体验根据个人的情绪和环境而建构，它并未牵涉到社会和其他人，更重视自身。而公共形态下的受众，往往更关注社会重要事件、体育节目、娱乐事件的集体经验。这时受众会更加融入国家和群体的公共生活，并且唤醒对于特定环境的身份认同。

2. 亚文化与受众

媒介在推动和强化受众对文化亚文化的认同过程中扮演重要角色。随着商业的发展，媒介将受众自发性生产的亚文化"收编"为针对特定细分群体的商业产品，并且通过品味和生活方式定义出亚文化的"风格"，以此制造潜在的媒介消费者。

3. 性别化的受众

不同性别的受众在使用媒介的过程中会出现一定的差异，针对不同性别的受众也会出现特定的文本。例如父权社会中，女性读者阅读言情小说和观看肥皂剧会满足其逃避现实压力的需求。女性受众的媒介使用习惯也与男性有区别，她们可能会在看电视时交谈，因为电视更多是一种社会性的媒介。

4. 媒介使用与社会交往

媒介可能产生社会隔离，减少人们在现实生活中的社交行为。但媒介也可以成为真实生活社会接触的替代品，并且营造出新的社交场合。受众可能会对媒介中的虚拟人物产生感情，进行准社会交往。

5. 受众和电视的关系

卡尔·罗森格伦和斯文·温德尔概括出四种主要关系：互动，受众感觉自己与屏幕角色互动；认同，受众感到自己和媒介人物的生活牵连；俘获，受众高度认同媒介人物的情况；超脱，俘获的反面，受众低度认同媒介人物。

6. 粉丝

受众有时围绕一个媒介人物或者内容产生高度的情感投入，甚至难以区分对虚构角色和真实人物的感情，就会出现粉丝行为。粉丝最有可能以集体的形式出现，会激发一种有强烈吸引力的、有意识的共同感。粉丝的行为有时会受到媒体的招募和操控。

第 37 天
新媒体环境下的用户变革

知识点 1： 新媒体用户基本特征

（1）**数字化生存**：在网络时代，<u>数据成为个体的映射和化身，移动终端刺激着个体数据的生成</u>（包括主动型数据和被动型数据），数据记录了人们的活动轨迹、社会场景，是"自我"的网络表达方式，但也会出现可能的<u>个体暴露风险</u>。

（2）**表演化生存**：网络用户的表演基于数字化的虚拟空间，<u>个人可以对自己的角色进行多重设定，自由分解，在不同环境下扮演不同角色。人们获得角色、表演角色、转换角色都是自由的。</u>但角色的改变也容易引发人的认知失调。

（3）**节点化生存**：用户是社会资源、信息传播、"内容—社交—服务"的个体节点。每一个个体都能够直接或者间接地连接到其他所有用户，通过信息网络获取相关信息建立自己整体的意义网络和结构，或是加入社区获取其他服务。

（4）**并发性生存**：个人在同一时空中进行多项任务，扮演多重角色。这可以激发人的潜力，但也可能会造成处理任务的效率下降，进而造成人的记忆力减退。对于网络信息的提供者来说，获得脑力资源的挑战变得更大。

知识点 2： 用户的时空问题（1）

（1）移动互联网使得<u>人们不需要按照特定的时间观看媒介内容，打破了传统媒体的播出惯性，更多地体现了用户的个性与意志</u>。但也造成时间碎片化，进而造成了由注意力分散、缺乏共同的"媒介时间"所导致的<u>公共凝聚力下降</u>的问题。

（2）移动互联网使得时间分为<u>私人化的媒介时间和公共的媒介时间，私人媒介时间尊重个体的表达</u>，但也造成对公共事件注意力的下降。

（3）移动互联网强调实时传播带来的<u>连接与仪式感</u>，以至于将这种实时体验通过各种方式保留下来形成"伪实时"。但是人们也会采用延时来缓解社交压力，以便有时间充分考虑问题。

（4）移动互联网使得个人在互联网中的所有信息、数据、活动都被保存下来，但是对个人而言，由于海量信息快速迭代，<u>很难持续关注特定的热点</u>。

知识点 3：用户的时空问题 (2)

（1）移动互联网与基于位置的服务（LBS）技术的发明，使得空间的概念也发生了变化。现实空间拥有了两个方面的新意义：一是空间的流动性，二是空间的精准化。流动性使得用户可以在不同空间中穿梭，进而使得服务者能够根据不同空间提供相应的服务；精准化使得这种服务性质无论在宏观空间还是在结合特定场景的微空间中都变得更加明确。另一方面，移动媒体让人可以随时进入自己的世界，产生了私人化的媒体空间，进而产生手机版本的"流动藏私"。

（2）从虚拟空间看，因为 VR 技术的发展，虚拟空间逐渐变为另一个"现实空间"。现实空间中的内容也可通过自拍、地点、标示等在虚拟空间中起到更大的作用。

（3）新媒体时代，人们更强调在场，而且不仅仅是观看的在场，也不仅仅是通过互动和幕后营造的在场感，而是通过 VR 技术实现真正意义上的"身体在场"。这种对在场的追逐，不仅仅是简单地满足个人心理需求，也是通过参与和分享特定事件彰显个体的存在感与价值的手段，还是建构自我形象以及与他人建立关系的"道具"。相应地，媒体不再只是人们用来认识世界的一种渠道，也是用来实现自我建构和自我认知、建立自己的社会网络、获取社会资本的一种渠道。

知识点 4：新媒体用户的三种节点

（1）传播网络的个体节点：作为个体化的传播中心，是信息的生产者、传播者，也是消费者。从内容的生产与传播角度看，个体节点带来了分布式内容生产与传播。从内容消费角度看，个体节点的选择性更强，但作为信息网络的一部分，会受到社交关系、话题、平台、算法等因素影响，既是主动又是被动的。

（2）关系网络的个体节点：每一个个体都能直接或间接地连接到其他所有的用户，激发集体行动，催生共同体，因而有效地放大个人的影响。另一方面，个人也更容易受到社交网络通过关系链条带来的影响。

（3）服务网络的个体节点：今天的网络，不只是向用户提供内容，还需要向他们提供社交平台以及与生活工作相关的各种服务。

知识点 5：作为传播网络节点的用户

从传播网络节点角度而言，传播网络中的个体化节点，也是新媒体新的传播结构中的基础单元，具有三种角色与功能：信息生产、信息传播、信息消费。

从信息生产角度而言，个体可以通过自己这个节点来发布内容，每个节点即为一个自媒体，从而进行分布式生产，这种生产具有以下特点：

（1）以社会化媒体和区块链作为基础，前者<u>提供了开放的关系结构</u>，<u>后者赋予节点更大的</u><u>内容生产自主权</u>。

（2）个体化节点之间仍然会有<u>话语权差异</u>，某些节点会拥有更强的话语权。

（3）信息生产带有<u>碎片化</u>的特征，它可能带来<u>开放和多元</u>，但也可能<u>激化社会矛盾，不利</u><u>于社会发展</u>。

知识点 6：用户的信息生产、信息传播、信息消费

1. 用户的信息生产

用户生产新闻包括提供线索、参与调查、提供完整新闻报道或是与新闻进行互动，同时可以通过扩散、评论、整合来辅助新闻的再生产过程。

网络用户参与新闻生产的特点：<u>大多数用户参与新闻生产是非制度性的，用户新闻生产的</u><u>能量大小取决于网络聚合的效能（参与人数、群体互动的规模、专业机构的催化），用户新闻</u><u>生产对专业机构具有依附性和嵌入性</u>。

网络用户参与新闻生产的优势：<u>分布式的、无所不在的自媒体，可以延伸媒体的触角，提</u><u>供媒体报道的由头和线索；可以成为检验媒体内容质量的参照物，督促媒体生产高品质内容；</u><u>如果媒体的内容得到很多自媒体节点的呼应，自媒体就可以成为媒体的扩音器</u>。

2. 用户的信息传播

用户会成为信息传播的中介，发挥信息"导体"的作用。这一过程具有以下特点：

（1）<u>注重信息的社交情境与社交价值</u>。除了信息基本价值外，内容的社交谈资价值，对人们的社交形象、社交关系的维护与提升能力将决定它是否会被二次传播。

（2）<u>传播具有"全民投票"的性质</u>，体现了大多数人的集体倾向，但也可能会造成少数人被忽略，内容情绪化、易被操控的问题。

（3）<u>意见领袖具有核心地位</u>，他们既是强势内容源、信息影响放大器，又是意见流向调节阀、意见气候营造者。

（4）<u>自组织和自净力</u>。网民之间会自然形成一种相互协作、相互验证、相互纠正的关系，并由此不断调整目标，校正信息传播中的偏差。

（5）<u>专业媒体的引导作用</u>。在个人门户带来的分布式传播模式中，专业媒体和其他具有专业能力水准的内容生产者仍然具有重要的价值，那就是运用其专业的思维、能力与业务手段，对碎片化信息进行整合，成为信息传播中的引导者。

3. 用户的信息消费

从信息消费而言，用户具有以下特点：

（1）<u>自主性</u>：个体不仅可以自主选择信息渠道，也可以为自己构建起所需的信息网络，包括基于社交关系构建的信息网络、基于兴趣或话题构建的信息网络、基于平台或算法构建的信

息获取路径等。但懒惰、惯性和平台的有意抑制使得<u>用户的个人偏好可能会被平台固化，令人们陷入信息茧房</u>。

（2）<u>社会化</u>：网络用户的选择与整个网络环境关系密切。用户的个别行为会对信息传播的大局产生影响，反过来又通过用户之间相互引导影响个体用户的选择，网络信息消费往往是个人能量聚集为社会能量的一种方式，因此<u>人们的个性化需求表面上是多元性的内核实际上是趋同的</u>。

（3）<u>内容上的矛盾性</u>：用户在内容选择上往往可以<u>设置自己的信息源，按照自己的需求和时间进行媒介消费</u>。但很多时候用户是<u>懒的</u>，行为具有较强的惯性，这使得他们的消费又往往是<u>被动的</u>；用户阅读内容是<u>碎片化</u>的，但是对于感兴趣的议题，会通过整合碎片<u>达成相对完整的认知</u>；用户在大多数时候阅读内容是"<u>浅</u>"的，但他们仍然关注重<u>大问题的深度报道</u>；用户如果把信息消费用作打发时间的由头，会希望信息更丰富，但如果将信息用于严肃的决策目的，则会希望信息更精准更有效；用户喜欢<u>娱乐性</u>的内容，包括网络语言、恶搞文化等，但<u>严肃媒体仍然具有强大影响力</u>，而严肃的政治议题也在逐渐娱乐化；用户时常喜欢情绪化、简单化、标签化的内容，但<u>理性尤其是交往理性和价值理性</u>仍然是我们追求的目标。

知识点 7：作为社会网络节点的用户

新媒体用户不仅是传播结构上的节点，也是社会网络的节点，他们连接、互动、汇聚，形成网络社会，又分化为一个一个的团体。

<u>个体化节点</u>：个体作为网络社会中的节点，<u>建立各种连接、参与各种网络互动，是为了满足自己的现实需求</u>，同时他们又由许多不同的角色组成。

1. 个体

个体化节点的需求：除了基本的信息需求之外，个体化节点还存在着如下许多需求，包括：

（1）<u>自我塑造与存在感</u>，在网络提供的丰富的社交互动中认知自我，塑造理想形象，进行自我表达。

（2）<u>情感表达与情感支持</u>，与现实空间相比，人们在网络中的情绪释放没有社会规范制约，常常显得更为激烈。但人们也需要网络中他人的情感支持。

（3）<u>社会归属感与社会参与</u>，融入某个群体，获得归属感，获得个人权益。

（4）<u>社会网络构建与社会资本获取</u>，获得更多的社会资本、认同、名声、个人利益等。

（5）<u>环境认知</u>，但可能会受到信息茧房和回声室效应的影响，出现失误和偏差。

2. 连接

新媒体发展的线索，正是用户节点间连接的不断演进。从连接的历史来看，是从机器与机器连接，发展到内容与内容连接、人与人连接等，除了连接形式变得丰富外，还包括<u>人与人</u>

连接效率的提升（打破时间、空间、国别障碍）、连接维度的丰富（多媒体、资源互动、陪伴感）、连接体验的变化（阅读到进入）、个体的存在感和能量增强等。

连接类型的演变总体是由封闭圈式到开放链式，具体包含以内容为纽带的群体互动（维基、BBS）、以社交为中心的一对一互动、游戏虚拟互动、个人的表演和观看（微博、博客、直播）、SNS 提供的时空关联、产品的中介链接、标签的隐性链接等。

从关系看，既有现实关系也有虚拟关系，既有匿名关系也有实名关系，既有弱关系也有强关系。

3. 互动

互动包含三种类型：表演、社会关系互动和集体行动。

从表演上看，网络中的表演常常有两种情形：其一是营造出有利于获得情感支持、社会信任与社会资本的个人形象；其二是塑造一种自己希望扮演的角色，获得心理满足。网络的"虚拟性"这一前提，也给人们提供了并发性、可切换的多重表演舞台和基于文字、视觉、签名等的表演手段。表演的结果就是在公共场合营造出的"人设"。尽管虚拟世界给了大众自由扮演角色的空间，但有时表演策略不当，也可能会导致人设崩塌、自我认知失调等一系列负面后果。

从社会关系互动角度，互动既包括一对一的关系，也包括群体关系和整体的社会网络关系。其中：

（1）一对一关系会对个人的心理、态度甚至是行为造成强大影响。

（2）群体关系可能会造成个人的去个体化、群体极化等现象。

（3）在社会网络中，不同的结构位置也会影响个人的行为。

最终人与人可以形成虚拟共同体，虚拟共同体的特点有：空间的离散化；包含直接互动与间接互动；具有共同的利益和情感导向，拥有共同的文化和行动一致等。

知识点 8：分化：圈子与层级

1. 圈子

圈子是以情感、利益、兴趣等维系的具有特定关系模式的人群聚合。圈子的关系模式特点，体现为由圈子成员构成的社会网络结构的特殊性，圈子结构的群体中心性往往很突出，圈子内关系既很亲密又具有一定的权力地位不平等特征，而且往往和现实环境中的权力相关。圈子内关系度很高，关系持续很久，社会关系网的密度很大，而且有一定的自我规范能力。

亚文化有时候也可以构建出圈子，持有特定文化爱好的人群会形成强烈的集体意识，在获得文化消费、生产、归属感等满足的同时，也在追逐着文化资本。圈子外部和圈子内部都存在着围绕亚文化资本形成的区隔与争夺。

2. 层级

新媒体体现着社会阶层，也体现了阶层焦虑：中产阶级的不安全和不满足感，弱势群体面对的媒介资源和社会正义匮乏，再叠加地域发展的不平衡，导致了网络中的阶层冲突；网络环境中网络意见领袖和普通网民之间存在着话语权的矛盾；中老年人和"数字土著"一代存在着代际矛盾；不同人群媒介素养和使用能力的不同也会导致矛盾。

3. 结果

圈层之间的隔阂摩擦不断加剧；圈层加剧了个人信息获取的"同温层现象"；圈层影响个体的判断，最终造成社会的碎片化。

知识点 9：过度连接与反连接

（1）过度连接体现在：高强度连接增加社交负担与维护成本，关系网络中的个人时时处于表演与自我审查之中；网络社交互动在很大程度上增加了个体进行社会比较的广度与频率，进而增加焦虑情绪；并发式连接让人顾此失彼，难以进行有效管理；挤压个人的私人空间和时间；内容过载引发信息过量、信息焦虑、注意力下降、隐私泄露等一系列问题。

（2）人们需要拥有反连接能力：包括隐身权、数据自主控制权和对于连接服务是否启用的控制权；对于网络服务商等，需要限制它们对个人信息收集、保存与扩散的权力，限制信息数据在各产品之间的联通，限制不必要的信息推送。

知识点 10：作为消费网络节点的用户

作为消费网络节点的用户，实际上体现为四种不同的经济类型：共享经济、社群经济、场景经济、数据经济。

（1）共享经济：在需求、服务与资源之间提供实时的高效率匹配和连接，打破了传统私有权的藩篱，使得人们可以共享使用权与创造权。除了实体物品以外，虚拟时间、经验、认知盈余也可以共享，通过移动互联网组织起来分享给其他用户，同时传受位置可以自由变换，创造出更大价值。

（2）社群经济：具有共同目标和群体意识是社群产生共同的行动力甚至生产力的重要基础。社群经济目前主要有三种指向，一是将社群作为服务对象或营销场所，二是挖掘粉丝社群的价值，三是集合社群成员力量来进行共同创造或经营活动，让社群成为一种生产力。

（3）场景经济：移动互联网的应用意味着用户处于极大的流动中，感知用户所处的场景，以便为他们提供更为便利、个性化的服务，也就是移动服务的基本思维。要从场景视角来开发新媒体产品，推进线上、线下经济的融合。

（4）数据经济：对用户的数据采集与利用是互联网发展的重要方向，也是网络改造传统产业基本的"杀手锏"，对数据的深度利用，将是未来信息经济、知识经济、智能经济的基础。

知识点 11：社群经济和粉丝经济

（1）社群经济的基础是社群成员为了达到某个共同目标，高效协作一致行动。为了达到这个目标，社群需要满足受众的需求，拥有紧密的成员关系和若干个中心（意见领袖，KOL），以及共同的文化基础。

（2）社群经济体现为一些具体行为，包括：口碑传播、跟随购买、参与生产、文化建设，这些行为最后又能够实现品牌营销、粉丝经济及协同生产。品牌营销可以通过二次传播提高品牌知名度，提升品牌声誉，产生信任代理。

（3）社群经济还能与粉丝经济产生关联，但粉丝经济更强调通过粉丝对品牌主体的向心性依托而获得经营性收益，更倚重粉丝成员及社群的情感因素，是生产者对消费者情感、记忆和认同的"收编"和商品化。

知识点 12：场景经济

（1）场景经济以场景为出发点来理解用户的行为及需求，这也意味着节点化用户得到了高度重视，其前提是在移动技术的支持下，作为节点的个体所处的场景有了被认识、被量化的可能。梅洛维茨指出场景（情境）是一种信息系统，彭兰老师则指出场景同时涵盖基于空间和基于行为与心理的环境氛围两方面内容。

（2）场景包含共性化场景和个性化场景，具体包括：a. 空间与环境，包括特定环境中人的行为模式；b. 时间，不同时间点需求不同；c. 用户的实时状态，即某时某地的需求；d. 用户生活惯性，人们在各种场景下的需求与行为模式；e. 社交环境中的氛围。针对这些场景，我们可以提供特定内容和服务。

第 38 天
传播效果理论概述与分类

知识点 1：传播效果概述

（1）传播效果是指<u>传播者发出的信息经媒介传至受众而引起受众思想观念、行为方式等的变化</u>。

（2）传播效果有微观效果和宏观效果双重含义：<u>前者指带有说服动机的传播行为在受传者身上引起的心理、态度和行为的变化</u>；<u>后者指传播活动尤其是大众传播媒介的活动对受传者和社会所产生的一切影响和结果的总体</u>。

（3）对效果的研究也包含相互联系又相互区别的两个重要方面：<u>一是对效果产生的微观过程分析</u>；<u>二是对它的综合、宏观过程的考察</u>。前者主要研究<u>具体传播过程的具体效果</u>，后者主要研究<u>综合的传播过程所带来的综合效果</u>。

知识点 2：早期的媒介效果观

（1）<u>媒介的力量</u>：包括一战、二战中纳粹运用媒介进行的宣传服务，以及冷战结束、海湾战争以及科索沃冲突等事件在内，都证实了<u>媒介在任何国际斗争中，均是一种基本且强有力的要素</u>。

（2）<u>传播与社会整合</u>：大众媒介与社会整合之间的关系容易被看作是负面的，会引发犯罪率提升、道德沦丧以及个人主义。但是我们也可以看到现代传播对凝聚力和集体感做出的积极贡献，<u>大众媒介是形成新型凝聚力的潜在力量，能够把同一国家、城市或地方的分散的个体联合起来</u>。

（3）<u>身为大众教育者的大众传播</u>：媒介能够成为大众教化的有效力量，成为<u>一般学校教育、公共图书馆与大众教育的补充及延伸</u>。媒介传播信息与观念、揭露政治腐败，并为一般人提供许多无害的享乐。

（4）<u>成为问题或者替罪羊的媒介</u>：<u>将媒介关于犯罪、性、暴力的报道和社会混乱的表面增长联系起来</u>。

知识点 3：传播效果的三个层面

（1）传播效果依其发生的逻辑顺序或表现阶段可以分为三个层面：

a. 认知层面上的效果：<u>外部信息作用于人们的知觉和记忆系统，引起人们知识量的增加和认知结构的变化。</u>

b. 心理和态度层面上的效果：<u>作用于人们的观念或价值体系而引起情绪或感情变化。</u>

c. 行动层面上的效果：<u>上述两个层面的变化通过人们的言行表现出来。</u>从认知到态度再到行动，是一个效果的累积、深化和扩大的过程。

（2）上述三个层面体现了在综合的、宏观的社会传播过程中呈现的社会效果的三个层面：

a. 环境认知效果（视野制约效果）：在现代社会中，我们对周围世界的知觉与印象在很大程度上依赖于大众传播媒介。<u>传媒报道什么、不报道什么、从什么角度进行报道都在影响着我们对周围环境的知觉与印象。大众传播制约着我们观察社会和世界的视野。</u>

b. 价值形成与维护效果：<u>大众传媒在新闻报道和信息传达中，通常包含着价值判断，客观上起到了形成与维护社会规范和价值体系的作用。</u>这种作用通过传媒的舆论导向功能发挥出来，既可以通过舆论引导形成新的规范和价值，又可以通过舆论监督来维护既有的规范和价值。

c. 社会行为示范效果（社会地位赋予功能）：<u>大众传媒还通过向社会提示具体的行为范例或行为模式来直接、间接地影响人们行动。</u>

知识点 4：传播效果的类型

彼德·戈尔丁将大众传播效果分为四种类型：

（1）短期的预期效果：包括<u>"个人的反应"</u>和<u>"对媒介集中宣传报道活动的反应"</u>两种。前者指<u>特定信息在个人身上引起的认知、态度和行动的变化</u>；后者指的是<u>一家或多家媒介为达成特定目标而开展的说服性宣传活动</u>，这类效果通常作为受众对媒介意图的集合反应来把握。

（2）短期的非预期效果：包括<u>"个人的自发反应"</u>和<u>"集合的自发反应"</u>两类。前者指<u>个人接触特定信息后所发生的、与传播者意图无直接关系的模仿或学习行为</u>，这些行为可能有利于社会，也可能是反社会的。后者主要指<u>社会上许多人在同一信息的刺激和影响下发生的集合现象。</u>

（3）长期的预期效果：指的是<u>就某一主题或某项事业进行的长期信息传播所产生的与传播者意图相符的累积效果。</u>

（4）长期的非预期效果：这种类型指的是<u>整个传播事业日常的、持久的传播活动所产生的综合效果或客观结果</u>，如大众传播对个人社会化过程的影响，传播媒介在社会的政治、经济、意识形态和文化的发展变化中所扮演的角色和发挥的作用等。

知识点 5：麦奎尔的传播效果理论

英国传播学者丹尼斯·麦奎尔认为，关于大众传播的效果和影响问题，主要有三种理论。

（1）常识理论：<u>公众通过日常接触和使用传播媒介的直接体验而形成的一些观点和看法，如对电视节目好坏的评价等</u>。这种"理论"虽然是直观和零碎的，但却以舆论的形式对传媒活动产生重要的影响。

（2）现场理论：<u>也就是在传媒内部工作的人所持的观点，包括对传播活动的目的与性质的理解、信息选择与加工的标准、采编业务技术规程、职业道德规范等</u>。这种理论直接支配着大众传媒的运营和日常的信息传播活动。

（3）社会科学理论：<u>以传播学为代表，社会科学理论是从个人、社会与媒介三者的关系出发，通过对媒介活动及其客观结果的定量定性研究而获得的系统知识，它既避免了常识理论的直观性和零碎性，又与现场理论的业务主义和商业主义倾向保持了距离</u>。

知识点 6：传播效果研究的历史与发展

1. <u>魔弹论</u>（子弹论、皮下注射论）

兴盛的阶段为 20 世纪初至 20 世纪 30 年代末，是传播效果研究的初级阶段，这一时期的核心观点是：<u>传播媒介拥有不可抵抗的强大力量，它们所传递的信息作用在受传者身上就像子弹击中躯体，药剂注入皮肤一样，可以引起直接速效的反应，能够左右人们的态度和意见，甚至直接支配他们的行动</u>。

代表成果：第一次世界大战的宣传战、广播剧《火星人入侵地球》、电影与儿童的佩恩基金会研究等。

2. 有限效果论

这一时期从 20 世纪 40 年代开始，<u>认为大众传播只有通过众多的中介因素才能发挥作用；大众传播最明显的倾向是强化受众的既有态度，而不是改变；传播效果的产生受到心理因素、媒介本身条件的制约；大众传播只有在中介因素不起作用或也在促进态度改变的情况下才能产生效果</u>。有限效果论是对早期魔弹论的否定，它认为传播活动是传受互动的过程，受众是具有不同特点的个体，不是应声而倒的靶子。媒介不是影响受众的直接的和唯一的因素，它总是在特定的社会关系结构和情境下运行的。

代表成果：《人民的选择》、中介因素论、说服性传播的效果研究。

3. 适度效果论

<u>现当代的效果研究摆脱了传者中心论的局限，开始以受众为中心进行研究，并着力于研究大众传播的长效作用，这一时期被称为适度效果论时期</u>，适度效果论时期可以说是美国经验主义传播学最辉煌的时代。在这个阶段，效果研究打破了原有的说服与态度改变的狭义界限，开始向更宏观、更长久的整体效果观演进。

代表理论：创新扩散理论、议程设置理论、涵化理论。

4.强大效果论

强大效果论最初是由德国传播学者伊丽莎白·诺尔-诺伊曼在 1973 年发表的论文《重归大众传媒的强力观》中提出的。强大效果论并不是对魔弹论的复原，而是在适度效果论基础上发展起来的。与早期的媒介万能说不同，它从受众的角度出发，探讨媒介所带来的间接的、潜在的、长期的影响，同时，将传播过程置于整个社会政治经济环境中进行多元化的宏观分析。

代表理论：沉默的螺旋、知识沟、第三人效果。

第 39 天
早期传播效果研究（魔弹论与其衰落）

知识点 1: 早期媒介效果观（见第 38 天知识点 2）

知识点 2: 大众和大众社会理论（见第 35 天知识点 3、知识点 4）

知识点 3: 魔弹论

（1）大众社会理论和达尔文的进化学说，乃至心理学盛行的刺激反应理论共同造成了<u>人们对媒介效果不切实际的估计</u>，这被称为魔弹论。

（2）希伦·洛厄里和梅尔文·德弗勒把魔弹论总结为五点：

a. 生活在大众社会中的人过着相互隔绝的生活。

b. 人类生下来就具有一样的本能。

c. 人们对事件的参与方式差异不大。

d. 人们以相同的方式接受和理解媒介信息。

e. 媒介信息就像子弹一样击中受众，对人类思维产生直接、迅速、一致的巨大影响。

知识点 4: 关于电影与儿童的佩恩基金会研究

（1）是美国电影调查委员会组织的有关<u>电影对儿童影响的大规模调查研究</u>，探讨电影内容<u>及其对不同人群构成的受众产生的效果</u>。

（2）研究结果表明，<u>电影对儿童有巨大的影响，可以直接改变人的态度</u>。

（3）该研究采取了<u>实验法、内容分析法、问卷调查法、自然环境实验法以及布鲁默发明的自传式记录等方法</u>。研究扭转了早期对宣传策略的观点，并预见了<u>意义理论和模仿理论在今天的地位，也是媒介调查领域科学化的先驱</u>。

知识点 5:《火星人入侵地球》

（1）1938 年，<u>哥伦比亚广播公司根据威尔斯的科幻小说《星球大战》改编的广播剧《火星人入侵地球》</u>播出时，引起了全国性的恐慌。

（2）事后，<u>普林斯顿大学广播研究室</u>（阿尔伯特·坎特里尔、赫佐格等）对之进行了跟踪调查，目的是找出广播剧引起恐慌的范围和收听时的<u>心理条件、社会情境</u>，后来发表了研究报告<u>《火星人入侵地球》</u>。

（3）研究采用了<u>个人访谈、抽样调查、对报纸的叙事分析和对邮件进行分析</u>的方法。

（4）研究发现，讯息在一定时间、地点和条件下，对某一类特定受众有很强的影响，这些因素的综合作用可以使某一效果极为突出和明显。这个结果<u>强化了人们对媒介效果的恐惧感</u>。但同时，该研究也证明，受传者自身和社会条件等因素对传播效果有很重要的影响，因此它<u>开启了日后研究选择性影响的方向</u>。

知识点 6：魔弹论的终结

（1）对<u>大众传播过程和效果进行的大规模实验研究</u>开始动摇对于魔弹效果的单纯认识。

（2）心理学和社会学的发展：首先，<u>心理学由"本能论"过渡到"学习论"</u>，人们发现每个人的心理结构如此不同的原因不仅在于遗传，更在于后天由于动机等的不同所进行的学习过程，在此基础上形成了<u>"个人差异论"</u>。其次，大众社会的观点受到挑战，社会学家通过实地调查发现，工业社会人们的非人格关系促成了城市化、现代化以及分工的扩大，阶层区分加剧，社会地位流动性增大，在此基础上形成了传播效果的<u>"社会分类论"</u>。再次，由相关研究所发现的群体关系对于传播过程的影响促成了<u>"社会关系论"</u>的出现。至此，<u>有限效果的观念在诸多中介因素和中介机制的发现中得以形成</u>。

知识点 7：魔弹论的反思

（1）定量研究和有限效果理论尽管对于深入研究传播效果具有较大贡献，但并不能轻易否定批判理论范式所提出的宣传具有强大影响的结论。

（2）社会环境十分复杂，宣传除了有直接影响外，还会通过群体、社会环境等产生种种间接影响，定量研究很难把整合宣传的全部效果准确地从各种社会因素中剥离出来。

（3）定量研究一般只能调查出人们能够用语言表达的态度和行为变化，但对于实践意识和潜意识无法给出精确的描述，而它们往往是宣传效果的主要体现领域。

（4）20 世纪中期的定量研究大多只关注宣传短期的鼓动效果，而很少关注长期的整合宣传的影响，并且忽视了整合思维方式的塑造。

（5）<u>大众传播的有限效果在某些情况下也会失效，拉扎斯菲尔德和默顿列举了导致失效的三个条件：</u>

a. 信息和意见垄断;

b. 引导而不是改变受众的基本价值观念;

c. 面对面接触的补充。

第 40 天
宣传研究

知识点 1：宣传研究

（1）反宣传研究：宣传在美国的兴起引发了人们对于宣传破坏民主基础的担忧，杜威认为应该由人们通过自觉的理性和经验建立对社会的认识，而非由宣传进行灌输。民间开始出现了反宣传的研究组织，如"宣传研究学会"。

（2）专业主义的宣传观：除了反宣传外，部分精英主义者认为普通人是乌合之众，必须由少数明智之士管理和控制，宣传对整个社会是有利的。只要不同的宣传进行相互竞争，言论自由就能得到保障。

（3）作为社会科学研究对象的宣传观：拉斯韦尔开始将宣传纳入正式的社会科学研究范围。二战后法国哲学家雅克·埃吕尔提出，现代化使得社会趋于原子化，但现代社会无论政治还是市场基础又需要统一的民意，对受众个人来说，对世界的求知欲、对融入群体的渴望，都使得宣传在实际上不可避免。宣传并非短期改变态度，而是长期通过间接的方式影响某个群体。他区分了激起短期内行动的鼓动宣传，和让个体接受一定的价值观、意识形态的整合宣传。

（4）新宣传：又称为官僚式的宣传，它具有目标受众细分化、主动向媒介提供信息但不控制媒介、不操纵数据达到宣传效果等特点。目的是维护组织的合法性。

知识点 2：拉斯韦尔的宣传研究

（1）拉斯韦尔在 1927 年发表了《世界大战中的宣传技巧》，描述和分析了第一次世界大战各交战国之间的政治和军事宣传战，肯定了宣传的作用和效果。1935 年又与人合著出版了《世界革命宣传：芝加哥研究》，进一步发展了对宣传进行分析的基本方法。

（2）拉斯韦尔对宣传的定义：就广义而言，宣传是通过操纵表述以期影响人类行为的技巧。这些表述可以采用语言、文字、图画或音乐的形式进行。

（3）在《世界大战中的宣传技巧》中他提出了宣传的四个目标：激起对敌人的仇恨；与盟军保持友好关系；与中立者保持友好关系，并尽可能达成合作；瓦解敌人的斗志。

（4）拉斯韦尔将内容分析的研究方法引入宣传分析，通过宣传分析建立了他对于传播基本过程和结构（即 5W 模式）的认识。

知识点 3：七种宣传技巧

由李夫妇总结于《宣传的完美艺术》中。

（1）辱骂法，指给某思想或某事物贴上一个不好的标签，使我们不经过检查就拒绝和谴责它。

（2）光辉泛化法，也称"晕轮效应""光环效应"，它是将某事物与好的字眼联系在一起，借好事物的"光"，使我们不经证实而接受或赞同这一事物，如罗斯福的"新政"。光辉泛化法的使用极其普遍，在政治、商业、国际关系领域中都有应用，但一般很少有人意识到它。

（3）转移法，将某种权威、约束力或某一令人尊敬和崇拜的事物的权威性转移到另一事物上，使后者更易于被人接受。转移法通过联系过程起作用，但不同于通过联系认定某事物或某人有罪的做法，而更像"通过联系而欣赏某事物或某人"的做法。传播者的目标是将一种观念、产品或某项事业与人们赞赏的东西联系起来，可以使用具有象征性的实物来实行转移。

（4）证词法，即要某些令人尊敬或讨厌的人说出特定的观念、对节目或产品的评价，说人的好话或坏话。证词法在广告和政治宣传中是一种很常用的技巧。

（5）平民百姓法，指讲话者试图让受众相信其想法是好的，因为这些想法是"人民"的想法，是"普通老百姓"的想法。

（6）洗牌作弊法，指选择采取陈述的方式，通过事实或谎言，以清晰或糊涂、合法或不合法的叙述，对一个观念、计划、人或产品做好或坏的说明。洗牌作弊法与普通语义学上的偏向技巧基本类似，它可以支持某种立场的论点和论据，而忽略不支持这种立场的论点和论据。其所选择的论点既可能是对的，也可能是错的。如果论点是对的，则这种技巧可能十分奏效，但还有些同样正确的论点会被忽略。

（7）乐队花车法，就是营造一种"每个人——我们所有的人——正在做它"的氛围，让受众感到如不加入就是在与所有人作对。利用这种技巧，宣传者试图使我们相信，我们所属团体的所有成员都正在接受他的计划。

（8）实验结果表明，一般情况下上述这些技巧会很有效力，不过一种技巧有效与否还受其他因素的影响，这些因素包括消息接受者的特点，如教育程度和对这一问题的最初态度。此外还包括特定情境的影响等。

第 41 天
两级传播论与传播流、效果流、创新扩散

知识点 1：有限效果论

（1）有限效果论又被称为"最小效果定律"。该理论认为：大众传播只有通过众多的中介因素才能发挥作用；大众传播最明显的倾向是强化而不是改变受众的既有态度；传播效果的产生受到心理因素、媒介本身条件的制约；大众传播只有在中介因素不起作用或也在促进态度改变的情况下才能产生效果。

（2）有限效果论并非认为媒介毫无影响力，而是对早期"大众传媒威力论"（魔弹论）的否定，它认为传播活动是传受互动的过程，受众是具有不同特点的个体，不是应声而倒的靶子。媒介不是影响受众的直接和唯一的因素，它总是在特定的社会关系结构和情境下运行的。

（3）中介因素中最基本、最主要的四项是：个人的心理倾向性和选择过程、个人所处的群体及群体规范、人际影响和自由企业社会中的传播媒介。

（4）有限效果论的理论基础包括：个人差异论、社会分化论、社会关系论等。这个时期的经典研究有：伊里县调查、霍夫兰的"说服研究"等。

（5）该理论的不足之处在于：只考虑传播效果对态度的影响；只考虑对个人的传播效果，未考虑对社会和群体的传播效果；只考虑短期的效果，未考虑长期的效果；只从传播者立场来考虑传播效果，没有从受众的角度考虑传播效果；认为传播效果主要体现在态度的转变上，而没有考虑态度的加强。

知识点 2：克拉帕定律

（1）大众传播通常不是效果产生的必要和充分的原因，它只不过是众多中介因素之一。

（2）大众传播最明显的作用不是引起受众态度的改变，而是对他们既有态度的强化；即使在强化过程中，也不是唯一决定因素。

（3）大众传播对人们态度改变产生效果需要两个条件：一是其他中介因素不起作用，二是其他中介因素本身也在促进人们态度的改变。

（4）传播效果的产生，受到某些心理生理因素的制约。

（5）传播效果的产生，还受到媒介本身的条件（信源的性质、内容的组织）以及舆论环境等因素的影响。

知识点3："传播流"研究

（1）19世纪40年代开始，传播效果研究开始进入第二个阶段，社会调查法和心理实验法普遍应用于传播学研究，学者们开始对传播效果产生的过程与机制进行实证考察。

（2）所谓"传播流"，指的是由大众传媒发出的信息，经过各种中间环节，"流"向传播对象的社会过程。构成这项研究的代表性成果包括拉扎斯菲尔德等人的《人民的选择：选民如何在总统选战中做决定》、卡茨等人的《人际影响：个人在大众传播中的作用》、埃弗雷特·罗杰斯等人的《创新的扩散》以及约瑟夫·克拉帕珀（又译为克拉珀）的《大众传播的效果》。

知识点4：伊里县调查

（1）1940年拉扎斯菲尔德、伯纳德·贝雷尔森等人在美国俄亥俄州伊里县进行总统竞选调查，研究报告为《人民的选择》。调查目的（假设）是研究媒介宣传在改变选民决策上所扮演的角色，证明在总统竞选宣传中大众媒介的强效果。

（2）研究发现，在选举过程中，只有8%的人改变了态度，没有任何证据显示媒介在转变人们意见的过程中发挥了重要作用，媒介宣传的主要效果只能在选民既有的政治倾向下发挥同化、维护或催化的作用，并不能轻易改变受众的原有态度。对选民投票起决定性作用的是其社会经济地位等，这说明了媒介效果的有限性，从而动摇了"魔弹论"。

（3）"政治既有倾向"假说：所谓政治既有倾向，指的是人们在接触媒介宣传之前已有的政治态度。拉扎斯菲尔德等人认为，人们在就政治问题做决策时，态度的改变并不取决于一时的政治宣传和大众传播，而是取决于人们既有的政治立场和态度。

（4）"选择性接触"假说：受众并不是不加区别地对待任何传播内容，而是更倾向于选择接触那些与自己的既有立场、态度一致或接近的内容，因而媒介更可能加强而不是改变受众原有的态度。

（5）对大众传播效果类型的概括：研究人员把大众传播可能产生的效果分为"无变化""小变化""强化""结晶"和"改变"五种。其中，"强化"效果指大众传播对受众既有态度的巩固和加强，伊里县调查发现，"强化"而非改变是大众传播最主要的效果；"结晶"效果是使原来意向未明、态度未定者的态度明确起来；"改变"效果指的是使受传者的立场和态度发生逆转性变化。

知识点5：意见领袖及网络意见领袖

（1）在伊里县研究中，人群中那些首先或较多接触大众传播信息，并将经过自己再加工后的信息传播给其他人的人被称为舆论领袖或意见领袖。意见领袖介入传播过程，加快了信息的传播并扩大了影响。他们具有影响和改变他人态度的能力。

（2）意见领袖具有以下特点：容易接近，在社交场合较为活跃；只在某些议题上具有权威性；与受其影响者处于同一团体并有共同的兴趣爱好；通晓特定问题并乐于接受和传播这方面的信息；一般情况下，意见领袖的影响大于大众传播的影响。

（3）网络时代，随着互联网的普及与发展，越来越多的网民借助论坛、博客等平台，就社会、政治、经济和生活等各个领域的问题展开讨论。在讨论中存在着这样一群活跃分子，他们在各自的兴趣领域积极地传播消息和表达观点，凭借发言的质量和频率成为网络舆论的引导者，对其他网民施加个人影响。受传统意见领袖概念的启发，研究者们将这类网民命名为网络意见领袖。

（4）网络意见领袖存在如下特点：网络意见领袖与受其影响者之间的关系缺乏稳定性，受影响者对意见领袖的尊重和认可完全源自意见领袖的意见；网络意见领袖的行为表现非常活跃；网络意见领袖都具有出色的表达能力；网络意见领袖都具有某种专长。

知识点 6：《人际影响》

（1）在《人民的选择》以后，卡茨和拉扎斯菲尔德又对购物、流行、时事等领域进行了多次调查，发现既有倾向的作用、选择性接触机制、意见领袖以及两级传播现象在这些领域也是广泛存在的。

（2）《人际影响》的一个重要贡献是提出了"中介因素"的概念。卡茨和拉扎斯菲尔德认为，制约和影响大众传播效果的"中介因素"主要有四种：a.选择性接触机制；b.媒介本身的特性：讯息的媒介渠道不同，其效果也就不同；c.讯息内容：包括语言和表达等，其方法和技巧不同，会令人产生不同的心理反应；d.受众本身的性质：受众的既有立场和倾向、社会关系尤其是意见领袖的态度，会对大众传播效果发挥重要的制约作用。

知识点 7：两级传播

（1）来自媒介的信息首先抵达舆论领袖，然后由舆论领袖通过人际传播传递给受其影响的追随者，这个过程被称为两级传播。

（2）后来有学者强调受众、传媒和社会环境间的相互影响，认为传受过程可能不止两个阶段。罗杰斯等人将两级传播扩充为"n 级传播"，认为媒介信息传至受众的过程有多种方式，可能由多种传播渠道、多级中介环节组成信息传播链。

（3）两级传播比直接的大众传播更有说服力，因为经过舆论领袖的选择和加工会使信息针对性更强，更容易被采信。

（4）两级传播论也有一些缺陷：a. 大部分新闻报道直接通过大众媒介传播，而不经过舆论领袖；b. 舆论领袖与其追随者难以区分，他们之间更多是分享信息；c. 两级传播论隐含着认为大众传播媒介是舆论领袖的唯一信息渠道，实际上信息来源可能多样化；d. 大众媒介的功能主要是告知，而人际传播在劝服方面更为有效；e. 实际的传播过程可能有更多级。

知识点 8：创新扩散论

（1）创新扩散论也叫采用扩散理论，是罗杰斯于 20 世纪 60 年代提出的一个关于通过媒介劝服人们接受新观念、新事物、新产品的理论，该理论侧重于说明大众传播对社会和文化的影响。

（2）罗杰斯回顾了 1927—1941 年的创新扩散研究（"艾奥瓦杂交玉米种子"研究），通过对农民个人访问证明大众传播可以较为有力地提供新的信息，而人际传播对改变人的态度和行为更有力。

（3）该理论将人们接受新事物的过程分为发觉（获得信息）、感兴趣、估价、试验和采用五个阶段。而一个创新能否被大众接受取决于这几个因素：a. 相对优势；b. 兼容性；c. 复杂性；d. 可试验性；e. 可观察性。换句话说，如果某一群体主观感觉某项创新的价值越大，该创新就越容易被该群体接受。

（4）1962 年，罗杰斯与休梅克合著《创新的扩散》一书，总结了有关创新扩散的研究。该书将创新扩散这一过程分为知晓、劝服、决定、确定四个阶段，并提出了"创新扩散"的基本假设。罗杰斯从技术革新的信息是如何传播、扩散的角度出发，探讨了大众传播和人际传播在技术革新的普及过程中所发挥的不同作用。

（5）20 世纪七八十年代，创新扩散转向在社会和文化境况中研究传播媒介和受众，编码与译码、传媒与社会发展等注重双向性和宏观层面的研究成为热点。

知识点 9：创新扩散的核心内容

（1）大众媒介与人际传播的结合，是传播新观念和说服人们利用这些创新最有效的途径。大众传播可以较为有效地提供新信息，而人际传播对改变人的态度与行为更有利。相对来说，大众媒介渠道和外地渠道比起人际渠道和本地渠道，对早期采用者比对晚期采用者更为重要。总体上看，发挥大众传播媒介即时、迅速、广泛的传播长处，然后再使用人际网络予以劝服，即将大众传播与人际传播相结合，更容易取得最大的传播效果。

（2）大众传播的早期过程比以后更有影响，传播过程呈"S"形曲线，即在采用开始时速度很慢，当其扩大至一半时速度加快，而当其接近最大饱和点时又慢下来。

（3）创新的采用者分为五类：创新者、早期采用者、早期大多数、晚期的大多数和滞后者。另外还有一类变革代表，并不属于创新采用者，但在创新扩散中发挥重要作用，他们往往是一类职业人士，朝着他们认为有利的方向影响人们的采用决定。变革代表常常启用地方意见领袖来协助扩散某项创新或者阻止有害创新的采用。

a. 创新者，具有冒险精神，从系统外引入新观念，启动创新思想在本系统内的扩散，是新思想采纳的"把关人"，尽管他们并不一定受到系统内其他成员的尊敬。

b. 早期采用者，受到其他成员的尊敬，是既成功又谨慎的创新采纳者，在系统中扮演意见领袖的角色，会和周围人谈论自己对于该创新的主观评价，减少创新扩散过程中的不确定性。

c. 早期大多数，起到承上启下的作用，相互影响，谨慎跟随创新潮流但很少引领这种潮流。

d. 晚期的大多数，这个群体与早期大多数一样占全体人数的 1/3，他们对创新持怀疑态度，在大多数成员采用创新后才会跟随。他们采用创新，可能既出于经济利益的考虑，也是因为周围大多数人造成的压力。

e. 滞后者，是系统内最后采纳创新的群体，他们坚持传统，对事物的看法相对最为狭隘，许多几乎是与系统社会网络隔离的"遁世者"，由于财力有限，他们对创新具有一种抵制态度，只有确信不会失败后才会采纳。

知识点 10：创新扩散的其他因素及反思

1. 创新扩散的其他因素

（1）同质性与异质性：创新扩散的网络分为两类，一类是同质性网络，一类是异质性网络。同质性指的是进行沟通的两个个体之间相似程度较高，异质性则是指其差异度较高。大多数人际扩散网络都具有同质性。但是同质性也可能成为信息流动的无形障碍，因为同质性社会成员之间的相互影响是水平流动的，会阻碍创新所需的垂直流动。相反，异质性网络则有利于加快扩散。

（2）弱式链优势理论：在扩散网络中，弱式链在传播信息方面具有相对优势，而强式链在传播人际影响方面具有相对优势。弱式链提供的外部信息为网络内部注入了活力，也促进了创新的扩散。

（3）意义：大众传播对于新思想、新信息、新技术的传递，使得新的生产方式在社会系统中实现扩散，有利于欠发达国家发展经济，进而向现代化过渡；大众传媒有组织地传递科学、文化知识，有利于实现国家的内部变革和观念更新，形成创新机制。

2. 对创新扩散的反思

批判学派尤其是"文化帝国主义"观点持有者则认为，现代化的传播理论（发展传播论）忽视或掩盖了隐藏于传播媒介后面的技术、经济和文化的压迫，发展中国家在现代化的表面下往往丧失自己的文化认同性与生活方式。此外，由于缺少反馈环节和与实际情况不相吻合等原因，该理论存在着一些局限性。

知识点 11：新闻扩散理论

（1）新闻扩散的互动模式可以运用"J曲线"来表达，该曲线的 Y 轴表示从他人口头传播得知某一消息的人所占比例，X 轴指知道该事件人数的比例。观察这一曲线可知，小事件往往人际比例（从他人口头传播得知消息人数所占比例）较高，但中等影响力事件人际比例会下降，而具有较高影响力的重要事件往往大部分人都是通过人际渠道获知事件。

（2）梅尔文·德弗勒曾对从媒介到大众的新闻流程的几十年研究成果做过一次总结。不断进化的媒介技术使人们获知重大事件第一手信息的方式发生了变化；绝大多数人是直接从媒介而非其他人那里获知大部分新闻的；两级传播模式描述的并不是绝大多数日常新闻传至公众的方式；无论第一信源是哪一种，与大多数人利害攸关的新闻事件在人们口中传播的速度和广度都强于新闻价值较低的事件；在不同的时间，人们会利用不同的信源、不同的方式获知同一事件。

第 42 天
说服与态度改变

知识点 1：霍夫兰的说服研究（二战中）

（1）霍夫兰说服研究采用了 20 世纪早期社会心理学的"学习论"为基本框架。学习论认为，人们可以通过了解和认识而形成对某种对象的特定态度，亦即态度形成或改变的过程是个学习的过程。

（2）"我们为何而战"研究：该研究最早开始于 20 世纪 40 年代，耶鲁大学心理学教授霍夫兰等人接受美国陆军部的委托，对其制作的 4 部军事训练影片进行实验，目的是验证影片在传递事实性信息和士气激励方面的效果。研究采取了实验心理学的前后比较法和控制实验法。结果显示，影片在事实性信息的传递方面效果显著，但却没有起到明显的说服（士气激励和激发仇恨）效果。研究小组还进行了短期与长期（发现了"休眠效果"）、一面提示与两面提示的效果研究。

知识点 2：耶鲁研究

（1）耶鲁研究：二战后，霍夫兰在耶鲁继续进行着有关说服和传播的实验研究，即耶鲁研究，从传播者的特性、讯息的内容和结构、受众的反应模式等方面探究传播与说服效果的关系。《传播与劝服：关于态度转变的心理学研究》一书是这项研究的代表性成果。

（2）耶鲁研究在传播史上占有重要地位。其研究发现帮助我们加深了对说服过程的了解，证明了单一的大众传播并不能直接导致人们态度的改变，传播效果具有复杂性和差异性。

（3）另一方面，它大多根据实验数据，与现实的传播环境具有一定的差距。

（4）此外，研究中提出的一些概念，如可信性、对宣传的免疫力、恐惧诉求、睡眠者效应等等，都是引导后人进一步研究的起点。最后，耶鲁研究将严格的控制实验法引入了传播学，在方法上有很大的创新。

知识点 3：霍夫兰说服研究的结果

（1）可信性对说服效果的影响：可信性包括两个要素——传播者的信誉和专业权威性。经过实验研究，霍夫兰等人提出了"可信性效果"，即一般来说，在即时条件下，信源的可信性越高，其说服效果越好；可信度越低，说服效果越差。

（2）睡眠者效应：低可信度信源发出的信息，由于信源可信度的负面影响，其内容本身的说服力不能得以马上发挥，处于一种"休眠"状态，经过一段时间，可信度的负面影响趋于减弱或消失以后，其说服效果才能充分表现出来。霍夫兰发现，这是因为消息来源与观点有分离的倾向，受众对消息来源印象逐渐模糊，只记忆内容本身。这表明信源的可信性对信息传播的短期效果具有重要影响，但从长期效果看，最终起决定作用的仍是内容本身的说服力。

（3）"一面提示"与"两面提示"："一面提示"对于原来就赞同此观点和受教育程度较低的人有较强的说服效果；而"两面提示"对于原来反对此观点和受教育程度较高的人，有较强的说服效果。"两面提示"所显示出来的对反面意见的抵抗力效果后来由麦奎尔发展成为"防疫论"（即预防接种理论）。

（4）是否明示结论：在论题复杂、对象文化水平和理解能力较低的场合，明示结论更好；反之，不明示结论的方法更有效。

（5）先说有利、后说有利：首先提出论点对引起注意是有利的，最后提出论点对被记住是有利的。

（6）情感诉求与理性诉求：从情感诉求出发的说服可以打动受众的感情，改变其态度；从理性诉求出发的说服使其认识深入，改变其观念与行为。

（7）预防接种理论（防疫论）：由威廉·麦奎尔和帕帕·乔吉斯提出，指事先让受众接触暴露于微弱的、能刺激抵抗力形成的、攻击其信念的反面观点。这种方法的说服效果强于事先使受众接触支持其基本信念并继续对该观点予以支持的滋养法。

（8）诉诸恐惧：一则消息中或高或低的恐惧都将导致少量的态度改变，而恐惧刺激若太过于强烈，则可能唤起某种形式的干扰因素，导致说服效果的降低；中等程度的恐惧消息将引起最大限度的态度改变。

（9）重复的效果：重复可以保证信息的到达率，保证受众对获取消息的高可信度来源保持记忆，同时还能有助于受众接受其态度并记住消息本身。

（10）群体归属的影响：霍夫兰等人认为，个人的趋同倾向源于群体归属。群体的组织规范和精神依托是成员拒绝"反规范传播"的主要动因。哈罗德·凯利和沃尔卡特的研究支持了下述假说，即那些对保持自己组织成员资格具有强烈动机的人，最能够抵抗反对组织现行标准的传播。

（11）个性的影响：霍夫兰等人探讨了智力水平和动机对说服效果的影响，认为智力水平高者在强大的逻辑论证面前易被说服，而在不合逻辑、错误的论证面前不易受影响。智力因素和动机之间存在着相互作用。欧文·贾尼斯的实验表明个性特征对说服有很大影响：易被说服的人一般自尊心不强，不能适应社会而难说服的人一般富于攻击性、不喜社交。

（12）主动参与被动参与：主动参与者比被动参与者能更有效地改变意见。

知识点 4：一致性理论

（1）一致性理论注重把态度改变放在<u>认知一致</u>的基础上进行探讨。

（2）一致性理论有三个基本理论设定：<u>客观世界有规律可循、人类行为力求和谐和人类心理上的合理化解释。上述三者都具有一致性。</u>

（3）人们一旦遭遇不一致及不和谐的情况，或出现行为上的不合理之处，就会产生心理压力，并<u>形成对不合理行为的"合理化"解释，以求心理上的平衡和一致。</u>

知识点 5：弗里茨·海德，西奥多·纽科姆，查尔斯·奥斯古德和珀西·塔南鲍姆，以及利昂·费斯廷格相关理论

（1）海德的平衡论：海德认为平衡状态指人的内在心理的和谐，不平衡状态会产生紧张并形成一种力求恢复平衡的力量。该理论的重要之处是暗示了一种态度和抗拒改变的模式。海德提出 P-O-X 模式（P 是分析者，O 是分析对象，X 是观念或事件），<u>三者之间的关系都是肯定的或两种否定一种肯定，则为平衡状态；三者之间的关系都是否定或者两种肯定一种否定，则为不平衡状态。</u>不平衡状态引起的心理紧张，导致一方改变态度向平衡状态转化。

（2）纽科姆的均衡论：<u>纽科姆把海德的平衡论用于人际沟通研究，提出了 A-B-X 模式（均衡论）。</u>他认为，人们意欲相互影响以建立均衡的关系，以保持一致的意见，如果不能通过交流就某个共同关心的事件达成一致，人们就会设法改变那个人或对那个事件的态度，以建立均衡的关系。如 A 和 B 对 X（事件）态度不一，趋向平衡的力量就会促使 A 和 B 调整对 X 的态度，或改变自己或适应对方。<u>跟海德相比较，纽科姆更强调传播的作用。</u>

（3）奥斯古德和塔南鲍姆的和谐论：这是对海德平衡论的拓展，优点是能对态度改变的方面和程度作出预测。他们认为，<u>在受者（P）、信源或传者（S）、传播的对象（O）之间，受者倾向于与其他二者保持一致；受者改变态度以适应信源或传者；是否定还是改变对信源或传者的态度，取决于受者对信源或传者和传播对象的喜爱程度，以及受者所拥有的跟具体传播活动相关的知识结构。</u>

（4）费斯廷格的认知不和谐理论：该理论在所有一致性理论中影响最广泛。费斯汀格认为，<u>人们在追求认知上的和谐，不和谐会形成心理上的不舒服，会促成减轻不和谐的态度改变和主动避开不和谐信源的行为。</u>认知不和谐理论的基本关系有协调、不协调和不相关三种，不协调关系是人们需要设法加以解决的。该理论还指出了做决策时不和谐程度和决策的难度成正向相关，调整不和谐状态的方法往往是寻找有利于决策的依据。

知识点6：卡茨的功能论

（1）卡茨从功能角度综合了学习论和一致论的方法，创立了态度改变的功能论。

（2）假设人的态度形成和改变服从于人的心理需要，只有了解某种态度所基于的心理需求，才能预料态度的变化。

（3）卡茨提出的态度的四大功能系统是：工具性的、调节性的、实用性的功能；自我防卫的功能；表述价值观的功能；知识功能。这四个功能是相互联系的。

知识点7：预防接种理论

（1）由威廉·麦奎尔和帕帕·乔吉斯提出，该理论的目的是寻求抵制劝服和态度改变的有效方法。

（2）当说服对象接触到对于基本信息的攻击，以及这些攻击的反驳（即反宣传）时，原先接受单方面讯息的几乎都受到了相反观点的影响，而那些原先接受正反两方面讯息的人的态度却没有发生明显的变化。

（3）因此，要加强一个人思想上的防疫力，可以使用预防接种（免疫）法，即让他事先接触一种弱性的、刺激其防卫的反面观点。

（4）经过预防接种的人在接触到对基本信息的攻击（反驳）时会形成一种通用的免疫力，这种免疫力足以使这些基本信息在接触到另一种攻击时也不至于改变。

知识点8：态度的经典条件作用理论

（1）卡罗林·K.斯塔茨和亚瑟·W.斯塔茨将经典的条件作用应用于态度的学习。他们指出，在我们每天的日常生活经历中，某些词语总是同时与某些情感经验相配的，当看到或听到这些词语时，会产生正面的或反面的情感。根据经典的条件作用，情感的刺激可以被视为无条件的刺激，诱导出情绪的反应。

（2）斯塔茨的研究为某些宣传技巧提供了理论性的解释。例如光辉泛化法，便是试图将词语或概念与道德性的字眼联系在一起，以产生条件作用；又如诽谤，它企图给人或思想贴上坏的标签，将二者联系起来。

知识点9：态度改变的阶段（拓展）

（1）麦奎尔认为，态度的改变可以分为以下6个阶段：a. 说服性信息必须得到传播；b. 接收者将注意这个信息；c. 接收者将理解这个信息；d. 接收者接受和信服所陈述的观点；e.

新接受的立场得到维持；f. 期望的行为发生。

（2）在传播环境中，任何独立的变量都能对这 6 个阶段中的任何一个产生效果。麦奎尔指出，对一个阶段的影响是正面的自变量，对另一个阶段的影响则可能是反面的。

（3）在此基础上，麦奎尔又于 1976 年提出了信息处理理论的 8 个阶段：接触、感受、理解、赞同、记忆、恢复、决定和行动。

第 43 天
适度效果论、使用与满足

知识点 1：有限效果论转向适度效果论

（1）现当代的效果研究摆脱了"传者中心论"的局限，开始以受众为中心进行研究，并着力于研究大众传播的长效作用。沃纳·赛弗林和詹姆斯·坦卡德认为，该理论的研究包括信息寻求（创新与扩散）理论、使用与满足理论、议程设置理论和文化规范理论等一系列研究。

（2）首先，电视的普及使得通过研究得出的弱效果观受到极大冲击，人们开始反思对于传播效果的定义和实证的测量方式；其次，社会学家开始更多地关注人们的社会化过程，考察人们在社会框架中的相互作用；最后，实证的思潮受到怀疑，历史和人文科学重新抬头，推动了效果研究从短期走向长期、从直接转向间接、从单一过渡到多样，同时成就了批判学派的崛起。

知识点 2：使用与满足

（1）由美国社会学家卡茨首先提出。代表性研究有赫尔塔·赫佐格的美国妇女肥皂剧的研究，杰·布鲁姆勒和麦奎尔的英国大选期间政治节目的研究及施拉姆的电视与儿童的研究等。

（2）将媒介接触过程概括为一个"社会因素＋心理因素—媒介期待—媒介接触—需求满足"的因果连锁过程。

（3）把受众看作有特定"需求"的个人，把它们接触媒介的活动看成是基于特定需求来"使用"媒介，从而使这些需求得以"满足"的过程。

（4）具体而言，人们接触媒介首先是为了满足特定的需求，这类需要具有一定的社会和个人心理起源；这种实际接触行为的发生有两个条件：接触媒介的可能性（如果一种媒介不能够满足自己需求则寻求另外一种），媒介印象（对于媒介是否能够满足自己的需求的评价，通常在以往的媒介接触经验上达成）。根据媒介印象人们选择特定媒介或内容开始接触行为；接触行为可能满足也可能不能满足受众的特定需求，但都会影响到以后的媒介选择和使用行为，人们根据满足结果修正媒介印象，在不同程度上改变自己以后的媒介期待。

（5）从受众角度出发，通过分析受众的媒介接触动机以及这些接触满足了他们什么需求，来考察大众传播给人们带来的心理和行为方面的效用。强调受众的"能动性"，开创了从受众角度考察大众传播的先河。

（6）<u>主动性</u>：使用与满足理论假定个人具有主动性，这种主动性可以分为选择媒介、运用媒介主动满足自己需求、有明确的使用目的、对意义进行重构、积极思考反馈内容等。低主动性也可以产生媒介使用，但是这些使用可能是基于仪式性的，缺乏明确目标。

（7）使用与满足的社会和心理根源：从心理上而言，使用媒介的动机可以分为保持和发展已有认知或保持和发展已有感情。卡茨指出了使用与满足的社会根源：社会所产生的紧张与冲突需要媒介缓解；社会让人们意识到某个问题值得关注；社会无法满足的社交需求需要媒介填充；社会提倡某种价值需要通过媒介学习；社会需要受众通过阅读媒体内容维持群体成员身份。

知识点 3：媒介依赖理论

（1）媒介依赖理论分为宏观与微观两种。前者由鲍尔·洛基奇和梅尔文·德弗勒提出，主要从社会学的角度解释受众与媒介之间的依赖关系；后者由 A. M. 鲁宾和 S. 温德尔提出，主要从社会心理学的角度解释依赖的效果。

（2）媒介依赖理论认为，我们通过使用大众媒体获得特定满足或完成一定的目标，如果<u>受众缺乏其他替代性方式（或资源）完成由媒体提供的满足或特定目标，就会对大众媒体形成依赖。依赖程度越大，大众媒体对个人产生的影响越大</u>；反之，如果对大众媒体的依赖越小，大众媒体对个人的影响也就越小。年龄、健康程度、行动能力、经济状况、社会交往和互动的能力、生活满意度都会影响个人的选择能力和替代性资源的数量，决定个人对大众传播的依赖。

（3）宏观的媒介依赖理论把整个<u>社会系统</u>看做是有机的生态系统，这个生态系统中的组成部分之间存在着复杂的关系。社会不同子系统（在这里是受众个体和大众媒体）之间的依赖关系取决于两个因素：资源和个人目标。洛基奇和德弗勒把资源分成三类：<u>一是收集或创造信息的资源；二是处理信息的资源；三是发布信息的资源</u>。个人的目标也可以分成三类：<u>理解、定向和游戏</u>。

（4）鲁宾和温德尔提出的使用与依赖模式则是从微观的社会心理角度探讨依赖产生的效果。这一模式把<u>个人的需求和传播动机、信息搜寻策略、媒体使用和功能性替代、媒体依赖几个因素联系在一起</u>。根据该模式，如果需求和动机产生了缺乏选择的信息搜寻策略，就会导致个人依赖于某个特定媒体。这种依赖可能引起个人态度或行为变化，并且改变使用者与社会的关系。布鲁姆勒提出了关于媒介使用与效果的三项假设：a. <u>认知的动机会促进信息获取</u>；b. <u>娱乐或逃避动机会促使受众把媒介中对社会的描述当做精确的描述</u>；c. <u>确定个人身份的动机会促进强化效果</u>。

知识点 4：互联网的使用与满足

（1）斯塔福德等人认为，互联网给人的满足来自三个维度，依重要性程度而言分别是：

a. 媒体使用过程中的体验带来的满足；b. 媒体内容带来的满足；c. 社会性的满足。

（2）使用过程是指与内容无关的媒介接触行为，比如互联网提供大量资源、搜索引擎的方便快捷等，这些满足并不来自特定内容，而是来自使用体验本身。媒体内容带来的满足主要是指互联网信息可以满足人们获得教育、信息、知识、学习、研究等方面的需求。社会性的满足主要是指互联网可以用来聊天、与朋友保持联系、增进友谊、与他人互动、了解他人等。研究还发现，对于刚使用互联网的用户来说，对社会性使用的需求比环境监测更重要。

知识点 5：手机的使用与满足

（1）手机（移动电话）在近年来迅速普及，功能也在不断增加，除了传统的语音服务外，各类数据服务也在不断发展，除了文本短信外，还出现了手机电子邮件、多媒体短信、移动互联网门户服务（提供新闻和娱乐信息、内容下载、游戏和搜索定位）、流媒体（视频和音频）等。未来随着带宽和速度的增加，手机还将在我们的生活中起到越来越重要的作用。

（2）在中国香港特别行政区开展的一项调查中，研究者们把手机带来的满足归纳为以下 7 类：a. 时尚和地位。看上去很有型、时尚，象征一定地位，不会被认为老土，使用手机很有趣。b. 感情和社交。感觉和家人更近，改善自己和家人关系，工作时能够照顾小孩，让别人知道你关心他们，你的孩子随时能够找到你。c. 放松。闲聊，打发无聊时光。d. 移动性。不用排队打公用电话，不用换硬币，不用找固定电话，堵车时可以告诉对方。e. 立即使用。别人，如家里的老人和病人能随时找到你。f. 工具性。做生意、谈生意。g. 确认。在紧急状况时感到安全，可以及时改变约会时间和地点。

知识点 6：媒体过度使用问题

（1）进入 21 世纪以后，特别是 2005 年以来，中国的大众媒体上掀起了一股讨伐互联网的潮流。各种青少年因网络犯罪、上瘾的媒体报道经常成为网络存在不良影响的证据，政府对网络的监管措施也更加严格。

（2）目前对所谓"网络成瘾"的研究主要来自心理学界，它又把"网络成瘾"称为病理性互联网使用、网络成瘾障碍、强迫性网络使用等。金伯利·杨把网络成瘾分成五类：a. 网络色情成瘾，指对成人聊天室和网上色情作品上瘾；b. 网络关系成瘾，指过度地卷入网络人际关系中；c. 网络强迫行为，指强迫性的网上赌博、网上购物或网上交易活动；d. 信息超载，指强迫性的网上冲浪或资料搜索；e. 计算机成瘾，指强迫性玩计算机游戏或编制计算机程序。

（3）对青少年使用互联网的调查发现，互联网的使用并没有造成青少年学习成绩、体育锻炼、人际交往时间的明显变化。只要为青少年提供一个健康的生活学习环境，网络并不会造成不良影响。在互联网出现之前，媒体的指责主要集中在"电视上瘾症"上，其背后的原因与互联网基本相同。

知识点 7: 使用与满足的意义与局限性

(1) 根据这一理论，受众面对大众传播活动时并不是被动的，而是主动地选择自己所偏爱和需要的媒介内容和讯息，而且不同的受众还可以通过同一媒介讯息来满足不同的需要，并达到不同的目的。因此，不是媒介操纵受众，而是受众使用媒介，传播活动的主动权不在媒介而在受众。

(2) 理论意义: 它特别强调受众在传播活动中的作用，突出了受众需求对传播效果的制约，对否定"魔弹论"起到了重要作用；另外，也指出了大众传播对受众具有一些基本效用，对于纠正"有限效果论"也有积极作用。

(3) 不足: 过于强调个人和心理因素，忽视了社会条件和社会结构的作用；脱离传播内容的生产和提供过程，单纯地考察受众的媒介接触行为，不能全面地揭示受众与媒介的社会关系；仅反映出受众对媒介内容的"选择性接触"，不能反映受众作为社会实践主体所具有的能动性；它假定受众都知道自己需要什么，并知道如何使用媒介以满足自己的需求，但这在现实中往往不能成立；它的理论前提是受众可以随心所欲地选择讯息，可以按照自己的愿望和需求对讯息进行取舍，但从整个社会背景和媒介环境来看，受众并没有多大的选择余地。

知识点 8: 用户使用媒介的新研究

(1) 信息菜单: 个人倾向于使用一系列不同的信息源（例如电视、报纸、人际沟通）去获取他感兴趣的某一方面的信息。使用者不仅积极地选择多信息渠道，也会自主确定某一方面的信息会固定出现在哪几个信息源上。包含个人因素（例如兴趣、动机、满足感、习惯）与结构性因素（例如受众可支配时间、技术可得性）等。

(2) 媒介啮合: 两种媒介同时存在、共时消费的现象，被詹姆斯·韦伯斯特称为"媒体啮合"，其普遍存在证实了消费者不但在时间和空间上具备了自由消费的能力，甚至能通过啮合消费的行为制造传媒消费的共时现象。

(3) 媒介人格: 用户使用媒介时的价值观。在安德列·马尔扎维奇等人对游戏玩家的研究中，从"其他用户—媒介系统—自主行动—他人互动"的象限出发，用更为人格化的方式描述六种媒介人格，即"社会倾向—个体倾向；利他倾向—利己倾向；建构倾向—解构倾向"。社会倾向者更注重与更多人的互动，进而建立更多的社会关系；个体倾向者更倾向于自我的表达和创造，如在媒介环境中求得遁世等自在表现；利他者倾向于帮助他人，不求回报；利己倾向者只有在有利益时才会行动；建构者倾向于通过努力学习提升自我；解构者表现出无视规约而"越轨"与"反常"的行为或态度等。

（4）自我动机：参照美国社会心理学家安东尼·格林维尔德的理论，"自我"可以从"自我动机"层面区分为"公我""私我"和"群体我"，那么我们针对媒介系统的不同层次，也可以将三重媒介分别命名为：在主动搜索信息、了解事实、浏览新闻、学习知识、自我娱乐等心理上只需一人完成的情境下，选取的"私人媒介"（新闻、知识、自媒体、音视频类）；在发表意见、了解他人观点、沟通信息等心理上需要与他人"对照信息"的情境下，选取的"公共媒介"（论坛、即时通信、微博）；在协商讨论、社群分享、多人娱乐等心理上需要介入集体，满足"社会参与"需求的情境下，选取的"群体媒介"（社群、游戏类）。

（5）观展／表演范式：英国社会学者尼古拉斯·艾伯柯龙比与布莱恩·朗赫斯特在1998年于《受众》一书中提出的观展／表演范式，是继20世纪80年代霍尔提出编码／解码范式后最重要的受众研究范式。两位学者以扩散受众、观展、自恋、表演社会等概念，构建观展／表演范式。该范式认为媒介影像大量进入日常生活，人人直接或间接地成为受众，将自己呈现在他人面前，同时也想象他人如何看待自己，重视受众的媒介消费行为所展现的自我形象的搜寻与建构。观展／表演范式将"消费与认同"的观点纳入受众研究，不仅将受众视为社会建构的产物，更重视受众在媒介消费行为中所产生的再建构过程，其研究焦点在于受众的主体认同。

第 44 天
议程设置理论

知识点 1： 议程设置理论

（1）议程设置的理论最早来源于罗伯特·帕克的《移民报刊及其控制》和李普曼的《舆论学》。后来，伯纳德·科恩发展了这一观点，认为媒介在告诉受众怎样想时可能收效甚微，但在告诉受众该想些什么的方面却效果明显。此后的 1968 年及 1972 年马克斯韦尔·麦库姆斯和唐纳德·肖针对议程设置的思想分别进行了查珀尔希尔研究和夏洛特研究，发表了《大众传播的议程设置功能》一文，提出了议程设置假说。

（2）该理论基于两个基本假设：一是各种媒介是报道新闻的必不可少的把关人（人们的接触范围有限）；二是人们需要把关人帮助决定哪些超过他们有限感受的事件和问题是值得关注和注意的。

（3）大众媒介往往不能决定人们对某一事件或意见的具体看法，但是可以通过提供信息和安排相关的议题来有效地左右人们关注某些事实和意见，以及他们议论的先后顺序。新闻媒介提供给公众的是议程。

（4）大众传媒对事物和意见的强调程度与受众的重视程度成正比，该理论强调：受众会因媒介提供议题而改变对事物重要性的认识，对媒介认为重要的事件首先采取行动。

（5）公众议程与媒介议程对问题重要性的认识与公众接触媒介的多少有关，常接触大众传媒的人，其个人议程和大众媒介的议程具有更多的一致性。

（6）该理论不仅关注媒介强调哪些议题，而且关注这些议题是如何表达的，对受众的影响因素除了媒介所强调的议题外还包括了其他因素；对受众的影响包括对态度和对行为的两种影响。

（7）议程设置的功能：对于新闻记者来说，可提示他们正确地进行议程设置以引导舆论；对于公关人员而言，可提醒他们注重议程设置以实现最大效果；对于社会团体而言，议程设置使得不同团体共同商议某一议题从而达成共识；对于受众而言，他们意识到媒介并非按照本来面目反映现实，促进了公民新闻的出现。

知识点 2： 议程设置理论的意义与局限性

（1）议程设置理论的提出具有以下意义：首先，议程设置理论从考察大众传播在人们认知环境过程中的作用入手，<u>重新揭示了大众传媒的有力影响，为效果研究摆脱"有限论"的束缚起到了重要的作用</u>；其次，这个理论中所包含的传媒是"从事环境再构成作业的机构"的观点，<u>重新提出了大众传播过程背后的控制问题</u>；最后，议程设置理论对我们详细考察传媒的舆论导向过程具有一定的启发意义，它为人们认识传播与社会提供了一个新的角度。

（2）议程设置理论的局限在于：它只强调了传播媒介<u>设置或形成社会议题的一面，而没有涉及反映社会议题的一面</u>；尽管议程设置的功能是强大的，但是<u>不能把它的效果绝对化</u>。

知识点 3：议程设置理论的后续重要研究（1）

（1）议程设置的功能可以分为三个部分：<u>首先，必须设定媒介中将要被讨论的问题的轻重缓急，即媒介议程</u>；其次，<u>媒介议程在某些方面影响公众观念，即公众议程，或者与之发生相互作用</u>；最后，<u>公众议程在某些方面影响政策制定者重视的事物，即政策议程，或与之发生相互作用</u>。人们一般倾向于了解大众媒介注意的那些问题，<u>并采用大众媒介为这些问题所确定的优先次序来确定自己对这些问题的关注程度</u>，而越是具备影响力的媒体，对于公众议程的影响力就越大，因此媒介议程是对公众议程和政策议程产生直接影响的决定性要素。

（2）具体与抽象：艾琳·雅各德和戴维·多齐尔发现<u>具体议程总是比抽象议程更容易产生议程设置的效果</u>。

（3）议程偏颇：<u>媒介对议题进行的突出报道反映了它对特定思想喜爱与否的态度</u>。同时，媒介来源可信度也会影响媒介议程设置效果。

（4）强制性接触：哈罗德·朱克发现，在一个特定议题上，<u>公众的直接经验越少，他们就越是被迫依赖新闻媒介获取该方面的信息</u>。因此媒介对于受众直接接触的强制性议题可能没有议程设置效果，而在受众非强制性接触的议题上会促使其媒介使用及寻求讯息的动机提高，进而提高议题设置的效果。媒体的报道引起个人情绪反应时，可以产生极大的议题设定效果。

（5）议程建构：库尔特·兰和格拉斯迪·兰在 1983 年研究了"水门事件"期间报纸和民意的关系，建议将<u>议程设置改为议程建构</u>。这一观点认为，一个问题从新闻报道成为公众议程的过程需要一段时间，并要经历数个步骤，<u>具体可以分为六个步骤</u>：报纸突出报道某些事件或活动，并使其引人注目；不同种类的议题需要<u>不同种类、不同分量的新闻报道</u>，才能吸引人们的注意；处在关注焦点的事件或活动必须加以<u>"构造"或给予一定范围的意义</u>，从而使人们便于理解；媒介使用的语言能影响人们对一个议题重要程度的感受；媒介把已成为人们关注焦点的事件或活动与政治图景中易于辨认的次级象征联系起来，人们在对某一议题采取立场时，需要一定的<u>认识基础</u>；当<u>知名且可信</u>的人开始谈论一个议题时，议题建构的速度会加快。

知识点 4：议程设置理论的后续重要研究（2）

（1）1991 年，帕梅拉·休梅克和斯蒂芬·瑞斯在吸收了赫伯特·甘斯和托德·吉特林研究成果的基础上，提出了以下五种影响媒介内容的类别：来自媒介工作者个人的影响、媒介日常工作惯例的影响、组织对内容的影响、来自媒介组织之外的组织对媒介内容的影响、意识形态的影响。

（2）影响公众议程设置的五种机制：G. 雷·芬克豪泽认为，除了实际事件的真实流程之外，媒介影响公众对某一议题的关注程度取决于机制，他提出了以下五种机制：a. 媒介顺应事件的流程；b. 过度报道重要但罕见的事情；c. 对总体上不具有新闻价值的事件选择报道其有新闻价值的那部分；d. 伪事件，或称制造具有新闻价值的事件；e. 事件的总结报道，或按具有新闻价值事件的报道方式来描述无新闻价值的事件。

（3）时滞问题：时滞是指媒介对公众的影响从发生到产生效果需要的时间长度。学者斯通和麦库姆斯曾做过一项研究，发现对媒介实务人员而言，时滞是一个重要问题。对公关以及其他信息行业的工作人员而言，了解议程作用的时滞，将有助于提高传播活动的效率。

知识点 5：议程设置理论的后续重要研究（3）

（1）媒介间议程设置：研究表明，影响媒介议程的一支很重要的力量来自其他媒介内容，特别是精英媒介，这种现象被称为媒介间议程设置。一般主流媒介向非主流媒介的议程设置被称作共鸣，非主流媒介向主流媒介的议程设置被称为溢散。

（2）议程设置与舆论导向：议程设置与舆论导向有一定的理论联系。我国的大众传媒把引导舆论作为自己的一项基本任务。相对而言，舆论导向的含义更广泛一些，它包含了对社会认知、价值、态度和行为的全面引导；"议程设置"则是舆论导向的第一个阶段，即传媒通过有选择地报道新闻来把社会的注意力和关心引导到特定的方向。

（3）铺垫作用：铺垫作用就是指媒介专注某些问题而忽略其他问题，从而改变人们对某一事件的评估标准。仙托·艾英戈和唐纳德·金德提出电视新闻的铺垫作用是指通过唤起对某些问题的注意并忽略另外一些问题，影响观众对政府、总统、政治和公职候选人评价的标准。铺垫作用不仅涉及观众对新闻议程重要性的认知，也涉及观众对政治候选人的价值评价标准。铺垫作用认为电视不仅可以成功地告诉人们"想什么"，还能成功地告诉人们"怎么想"。此外，艾英戈和金德认为人们不会对所有事情保持专注，其注意力具有高度选择性。人们在做判断时，一般不会经过全面分析，而是更喜欢试探的分析。试探式分析的一种形式就是依据最容易得到的信息做判断，而大众传媒恰好是现代社会中公众最容易获得的信息资源。

知识点 6：议程设置理论的后续重要研究（4）

（1）议程融合：由麦库姆斯和肖于 1999 年提出，认为现代社会中个人必须加入某个社会群体以获得安全感和确定性，为了融入自己要加入的群体，个体必须接触与这个群体相关的媒体以获得信息，使自己的议程与这一群体的议程相一致。首先个人决定自己的群体归属，然后发现加入该群体所需要的信息，将需求定向以后进行固定的媒介接触，然后发生议程设置第一层和议程设置第二层效果。议程融合理论在新媒体条件下指出了大众媒体的作用，同时强调受众细分时代的社会整合功能。

（2）导向需求：社会成员个人的导向需求，是媒介议程设置功能得以发挥的社会心理前提。一般认为：a.受众个人与对象事物的关联度高，意味着导向需求低，不易接受传媒议程设置的影响；b.对象事物的不确定性高，意味着受众的导向需求也高，传媒更容易发挥影响力；c.媒介使用越方便省力，也就越能适应受众的导向需求。这三种要素的不同组合，可以说明受众个人接受媒介议程设置的人际差异和多样性。

（3）议程的零和博弈：媒介的显著性也是一种资源，人们思考和关注的议程是有限的。不同议程之间存在竞争性。同一议程中的次议程也会存在类似的竞争。

（4）其他可能影响议程设置的因素：a.信源的可信度，信源可信度越高，议程设置效果越好；b.个人媒体接触量，个人媒体接触量越多，越容易受到议程设置的影响；c.人际传播，个人之间的讨论可以强化大众媒体的议程设置效果；d.个人经验，在个人不具有直接经验的议程上，大众媒介更容易设置议程。

知识点 7：议程设置的第二层属性

早期"议程设置"研究主要关注大众传媒从一系列议题中通过凸显某些议题使其成为公众议题的功能，后来的研究则发现，媒介的议程设置效果不仅仅停止在"制约视野"的层面上，还有着更深层次的影响。大众传媒报道的对象事物具有各种各样的属性，有正面的，有负面的，也有中性的；大众传媒对某些特定属性做突出或淡化处理，使对象事物的"主导属性传达给受众，也会影响到受众对事物性质的认识、判断和态度"。麦库姆斯把这种影响机制叫做"属性议程设置"。

知识点 8：网络议程设置

郭蕾和麦库姆斯等学者借鉴网络分析的理论框架，提出了议程设置的第三个层次：网络议程设置理论（或称NAS理论）。其核心观点是：影响公众的不是单个的议题或者属性，而是一系列议题所组成的认知网络；新闻媒体不仅告诉我们"想什么"或者"怎想"，同时还决定了我们如何将不同的信息碎片联系起来，从而构建出对社会现实的认知和判断。

知识点 9：议程设置第二层属性与框架

（1）塞尔玛·甘耐姆把媒体的框架分为四个维度：

a. 新闻涉及的话题（内容的取舍）；

b. 外在表现（编辑中的篇幅和位置）；

c. 认知上的属性（被包含进框架的细节）；

d. 感情属性（全篇的基调）。

（2）可以认为属性的取舍、强调、排列也是框架的一种，但是框架本身所包含的内容要比属性的设置更加丰富。框架除了表现在具体细节中之外，还是一种格式塔（整体的感觉），比如甘耐姆所说的感情属性、风格、语气等。所以议程设置的第二层属性与框架并不能画上等号，框架效果所涉及的影响要大于属性议程设置的影响。此外，框架研究包含的内容也涉及新闻生产、分配和消费以及结果的全过程。

知识点 10：网络中的议程设置

网络的议程设置主要表现为两个方面：一是完全由网络发起的议程设置，二是网络对传统媒体议程设置的放大或削弱。具体而言，网络议程设置有如下特点值得关注：

（1）议程设置的主体多元化与受众地位的上升。除了网站以外，进行议程设置的主体还包括其他传播渠道中的组织和个体；算法虽然不算主体，但有时也会在议程设置中起到一定作用。总体看，"自上而下"由网站进行的议程设置的作用将受到削弱，而"自下而上"的网民的自我设置与选择作用将越来越强。

（2）网络对传统媒体议程设置既有放大作用，也有削弱和重构作用。

（3）网络中"纵""横"议程的交织。网络议程是由"纵向的"（即贯穿所有人群的）议程和"横向的"（只适合于特定人群的）议程共同编织的议程"网络"。既有小众的议程也有公共议程。

（4）网络议程设置并不一定能完全影响现实传统媒体和整个社会的议程，其影响也可能会产生偏移。

（5）网络议程设置具有全球化倾向，某些本属于某个国家的"议程"在全球传播，并成为网络中的公共议程，进而影响全球的政治、经济、文化格局。

知识点 11：网络中议程设置的机制

（1）网络议程设置的基点是议题的形成。网络媒体议程设置中所依托的议题，多是由媒体和公众两种力量提供的。具体而言：一是媒体议题与公众议题的影响不再是单向的，公众议题可以对媒体议题产生影响；二是媒体议题与公众议题在网络平台中的界限有时是不清晰的，有时是在一种互动过程中融为一体的；三是过去在大众传媒中不受关注的"私人议题"和"谈话议题"有时也被放大成了"公众议题"。

（2）网络中的议程设置，是在信息传播和意见传播两个层面上实现的。专业网站可以高频率高强度地传播信息，网民可以二次传播，传播后的信息会在数据库沉淀循环利用。但在意见传播中，网民的意见表达和意见气候决定着传播的成败。

（3）并非所有媒体设置的议题都能影响公众议题，深层原因在于议题自身是否具有"融合"人群的能力。网络的跨时空交流，为网民主动选择自己的归属社区提供了更多的可能性，人们可以在更多局部的（或水平的）议程中获得归属感。大众传媒的议程对人们的"融合"作用，也可能因此而进一步受到削弱。

第 45 天
涵化与文化指标

知识点 1：涵化理论

（1）涵化理论，又称教养理论、教化理论或培养理论等，这一理论的研究开始于 20 世纪 60 年代后期，由传播学家乔治·格伯纳主持。他通过分析暴力片与社会犯罪之间的关系以及暴力内容对人们认识社会现实的影响，来探讨大众传播在形成社会共识方面的作用。

（2）涵化理论论述了关于媒介在社会中所扮演的角色的宏观问题，是对大众传播与文化之间关系的研究的代表理论。文化的变化是一个循序渐进的过程，"涵化"理论揭示了大众传播在文化变化方面所起到的长期的、潜移默化的作用。

（3）在现代社会，大众传媒提示的"象征性现实"对人们认识和理解世界发挥着巨大作用，人们心中的"主观现实"受到大众媒介倾向的影响，因而与客观现实存在着很大偏离，这种影响是长期的、潜移默化的。

（4）大众传媒提供了社会必需的"共识"。通过对象征性事物的选择、加工、记录和传达，大众传媒取代了多样化的社会因素，使人们共享的社会真实趋于同化。

（5）涵化是一个"双向吸引"的过程。"主流化"作用并不是对所有人都有影响，而且其效果也因传播的内容而异。

知识点 2：涵化理论的特点

（1）涵化理论主要关注美国商业体制下电视对观众的影响，针对的是其商业化和同质化的媒介体制特征。基于这一商业体制，整个讯息系统呈现出重复、稳定、固定的模式和立场，这是涵化效果显著的原因。

（2）涵化理论是关于叙事的理论，它涉及所有的电视虚构内容而不仅仅是新闻。

（3）涵化理论认为电视在改变态度和行为方面并设有最显著的效果，效果及而体现在保持受众态度的相对稳定上。它关注讯息系统长期的潜移默化的影响。

（4）涵化理论认为电视在塑造我们关于现实的共同观念上具有累积的影响。

知识点 3：涵化理论的意义与局限

（1）该理论代表着对大众传媒长期、潜在影响的认识，对效果研究具有重大意义。

（2）指出大众传媒所提供的"象征性现实"与客观现实之间是有差距的，传媒的倾向会带来或好或坏的社会效果。

（3）涵化理论的重要目的是揭示大众传播为占统治地位的阶级和意识形态服务的本质，其观点包含对资本主义大众传媒的批判和要求改革，从这一角度出发，它与安东尼奥·葛兰西的"媒介霸权"观有异曲同工之处。

（4）涵化理论可能适合于特定种类的电视节目，但可能并不支持在总体上分析电视内容，期待电视观众整体上都产生涵化效果是不合理的。

知识点 4：涵化理论的附加研究

1. 主流化

指产生于不同社会团体的大量看电视的人群其意见趋同，而他们之间通常由人口和社会因素所造成的对现实认知的差异被抹平了。也就是说，在涵化分析中发现，由文化与社会因素造成的差异，在看电视较多的人中间有消失的趋势。这是因为，特别是对于看电视多的受众而言，电视中的符号垄断并主导着关于世界的信息和观念的来源，最终人们头脑中的主观真实被符号真实所内化，两者进而趋于一致，并且更接近电视中呈现的现实。

2. 共鸣

产生于某些特定群体，由于他们的现实生活经历与电视世界中的情景相吻合，因此涵化效果非常突出。

3. 电视的"3B"

由乔治·格伯纳提出，电视模糊（Blur）了人们看待世界时对传统的区分，复杂的生产和大规模、非人格化的企业取代了个性化的家庭及小型社区；电视将现实混合（Blend）于电视的主流文化中，并使这种主流文化屈服（Bend）于电视及其资助者的机构利益。

4. 第一层级信念与第二层级信念

由格伯纳于 1986 年对涵化理论的修正中提出，它将可能产生的涵化效果分成两种类型，即第一层级信念和第二层级信念。第一层级信念是指人们通过收看电视所形成的对社会现实的表面认识，它主要测量受众对真实世界中事件或事实发生的频率或概率的估计；第二层级信念则是指人们对社会现实态度层面的认识，也就是评估受众对于社会现实的一般信念。这两种信念可能是相互联系的，第二层级信念可能来自对第一层级信念的推论，但是两者之间的相关性并不明显。

5. 新闻折射假说

接触地方新闻内容可能强烈影响对犯罪等行为的理解，因为这种消息具有高度可感觉的现实性，又接近受众的家。研究表明充满罪恶的地方新闻会最强烈地表达罪行危机的发生，并促进人们的虚构体验。

6. 叙事研究

格伯纳提出，构成文化环境的故事具有三种功能：

（1）揭示事情如何发生，如何进展。

（2）描述事情是什么，事情的背景是什么。

（3）告诉我们应该如何做，我们接受什么样的价值和选择。

知识点 5：涵化理论的其他附加研究

（1）为了改变电视体制的现状，格伯纳于 20 世纪 90 年代中期建立了多元性比例表征指标来测量不同的社会群体在电视中的出现比例。该指标发现，所有少数群体在美国的电视中均未得到充分的表现。

（2）格伯纳还发起了"文化环境运动"，希望能够把有识之士联合在一起，改变现有文化环境中的各种问题（比如暴力、色情、种族等）。文化环境运动还提出了著名的《观众权利法案》，号召公民起来改变现有的商业媒体体制中不负责任的内容。

（3）格伯纳还提出了格伯纳传播模式，对传播过程做了这样的表述：某人，感知某事，作出某种反应，在某种场合下，借助某种工具，制作了可用的材料，于某种形式和背景中，传递某种内容，达成某种结果。

知识点 6：涵化批判理论

（1）涵化批判理论：早期涵化理论关注政治经济权力对电视的影响，认为在资本主义商业媒体体制中，电视控制在少数权力集团手中，必将成为经济垄断和政治控制的文化工具。但是，媒体新技术的发展改变了传统媒体的权力结构，新的技术权力主体表达出强烈的利益诉求。比起早期涵化研究中政治经济权力的潜在隐含作用，技术权力的影响更加突出而明显。

（2）研究者通过分析新技术对涵化关系的影响发现，尽管新技术带来了多种可能，但涵化关系在新媒体语境下仍然存在，新技术并没有改变媒体内容被权力精英控制的现状。最近的涵化研究对新媒体技术权力的批判主要体现在：新技术造成媒体所有权集中，媒体内容数量增加的背后是少数垄断性组织的操控；新媒体只是技术上的更新，而媒体内容仍然来自旧媒体；技术总是掌握在拥有最多权力和最强能力的人和组织手中；受众被传统电视培养的行为习惯会延伸到新媒体中；新媒体的赢利模式可能导致其完全被商业主义控制；新技术帮助权力集团更精确地定位受众，其操纵受众的能力由此得以提升。

知识点 7: 文化指标

（1）所谓文化指标，是和经济、社会指标相比较而言的。格伯纳认为，除了衡量国家的经济和社会状况的各种指标如 GDP 以外，还需要一个量化指标来衡量国家的文化状况。由于电视是美国最普及的文化代理人和最显著的文化象征符号的传播者，所以将电视节目内容的衡量及其影响的评估作为文化指标的主要依据。

（2）文化指标研究了体制过程、讯息系统和涵化分析，发现美国大众媒介存在着惊人的同质化。这是由商业竞争的无形力量、新闻叙事的叙事传统，最重要的是不断加剧的行业垄断所导致的。不论电视的频道和节目类型如何多样化，它背后的垄断商业制作体制并没有发生变化，甚至更加集中。因此，涵化是一个通过大众媒体（主要是电视）令人眼花缭乱的故事中隐藏的同质化讯息，使受众潜移默化地接受统治者定义世界的过程。

第 46 天
强大效果论与沉默螺旋

知识点 1：强大效果论

（1）强大效果论最初是由德国传播学者伊丽莎白·诺尔-诺依曼在其 1973 年发表的论文《重归大众传媒的强力观》中提出的。

（2）强大效果论并不是魔弹论的恢复，而是在适度效果论的基础上发展起来的。与早期的媒介万能说不同，它从受众的角度出发，探讨媒介所带来的间接的、潜在的、长期的影响，同时，将传播过程置于整个社会政治经济环境中进行多元化的宏观分析。

（3）支持强大效果论的效果理论包括沉默的螺旋、知识沟和第三人效果理论等，此外学者发现如果根据传播理论的原则审慎地筹划节目或运动，大众传播便能发挥强大的影响力。例如，H.门德尔松等人发现大众媒介对受众的态度和行为产生了巨大的影响。

知识点 2：沉默的螺旋理论

（1）德国传播学者诺依曼于 1973 年在其论文《重归大众传媒的强力观》中首次提出，1980 年在《沉默的螺旋：舆论——我们的社会皮肤》中给予了全面的概括。她认为：大众传播媒介在影响公众意见的方面有强大的效果，她把舆论生成中起重要作用的机制称为"沉默的螺旋"。

（2）她指出，在某一特定时期内，大众媒介所鼓吹的某些观点在社会上占有优势，会对受众造成一种压力。大多数人力图避免因持有某种态度和信念而被孤立，因而在表达支配意见的人数增加时，会放弃原有的想法和态度而选择与主导意见趋同。大众媒介表达支配意见，持非主流观点和态度的人在大众传播的压力下，随着时间的推移而变得越来越少。

（3）沉默螺旋包括五个假定：a.社会使背离社会的个人产生孤独感；b.个人经常恐惧孤独；c.对孤独的恐惧使得个人不断地估计社会接受的观点是什么；d.估计的结果影响个人在公开场合的行为，特别是公开表达观点还是隐藏自己的观点；e.上述四个假定形成、巩固和改变公众观念。

（4）沉默螺旋的三个基本命题：个人意见的表达是一个社会心理的过程，个人在表明观点前要对周围的意见环境进行观察，处于优势则倾向附和，处于劣势则选择沉默；意见的表明和沉默的扩散是一个螺旋式的社会传播过程，一方的沉默造成另一方的意见增强，受群体压力而改变态度的人越来越多，使得优势意见越来越强；大众传播通过营造"意见环境"来影响和制约舆论。

知识点 3：大众媒介与沉默螺旋

（1）大众传播在其中扮演了非常重要的角色，这是因为它是人们寻找并获得舆论传播的来源。大众传播能以三种方式影响沉默的螺旋：a. 对什么是主导意见形成印象；b. 对哪种意见正在增强形成印象；c. 对哪种意见可以公开发表而不会被孤立形成印象。 大众传媒正是在这种潜移默化的累积过程中逐渐渗透，并与受众的从众心理、适宜的传播环境等配合，使大多数人依照大众传媒所表现或指引的方向来认识事物、形成意见和采取行动。

（2）大众媒介产生效果的原因：a. 累积性：同类信息的传达活动在时间上具有持续性和重复性，而产生累积性；b. 普遍性：媒介信息的抵达范围具有空前的广泛性，使选择性接触难以发挥作用；c. 共鸣性：多数传媒报道的内容具有高度的类似性，共鸣是指对一个事件或一个议题的一致反映，它可能发展出一致性，而且这种一致性通常是由不同的报纸、杂志、电视和其他媒介的报道共享的，而共鸣的效果是克服选择性接触。

知识点 4：沉默的螺旋相关概念

（1）害怕孤立：从心理学角度来看，引发人类社会行为的最强烈的动力之一就是不被孤立，个人会因为害怕孤立而改变自己的行动。

（2）意见气候：自己所处的环境中的意见分布状况，包括现有意见和未来可能出现的意见。意见气候的主要来源有两个：所处环境中的群体意见和大众传播。

（3）准感官统计：每个人都具有准感官统计的能力，这种能力能够判断意见气候的状况，判断什么样的行为和观点能被他们所处的环境认同，什么样的意见和行为正在得到强化或弱化。

（4）中坚分子：他们往往可以扭转沉默的螺旋，是某一非主流意见的坚定支持者，表现出意志的坚定性、主张的一贯性和表明态度的强烈性，可以对"多数派"产生有力的影响，甚至可以改变群体已有的合意并推动新的合意的形成。

（5）多数无知：多数无知指的是个人对他人的意见有相同的错误感知，由弗洛伊德·奥尔波特和卡茨提出。多数无知的过程包含如下错误感知：我们认为自己能够估计他人的意见是什么，但实际上错误地估计了他人的意见。 目前研究者发现了三种类型的多数无知：认为其他人的意见与自己的意见一致；认为他人的意见比自己更加保守；认为他人对复杂内容的理解比自己更多。

（6）双重意见气候：接触大众媒体的公众会把媒体的意见误认为是大多数人的意见，这样不同的媒体接触方式就可能导致不同的意见气候，由此可见大众传播的巨大影响。双重意见气候从一个侧面说明了公众准统计感觉的不准确性。

（7）诺依曼的民意观：诺依曼发现，民意除了作为公众的意见表达外，还具有社会整合和社会控制的作用。民意如同皮肤一样保护着我们的社会，使其团结一致，对于受到民意控制的个人来说，必须忍受社会皮肤的敏感性，小心谨慎地感觉周围的主流意见。

知识点 5：网络传播与沉默的螺旋

1. 网络中是否存在沉默的螺旋

关于网络传播中是否存在"沉默的螺旋"，近年来的研究很多，观点也不尽相同。无论是有人认为"沉默的螺旋"在网络中仍然存在，还是有人认为"沉默的螺旋"在网络中被弱化了，都需要注意一个问题：研究网络中"沉默的螺旋"作用，环境与条件是在不断发生变化的。

（1）大众传播层面。传统媒体对舆论的单向影响力受到一定削弱，因此由传统媒体主导意见气候形成的能力可能受到削弱。

（2）从众心理层面。网络的匿名性导致个体对所在空间的依赖程度不高，认知失调发生后可通过转换空间来逃离让自己感到失调的环境，相对来说，从众心理产生的机会较少。

（3）其他形态的传播的层面。特别是从群体传播的层面，由于群体归属感、使强者更强使弱者更弱的"正反馈"效应、人际关系压力与网络意见的发布结构等影响因素，网络中的"沉默的螺旋"不仅可能存在，而且某些时候的力量仍然是强大的。

（4）网络传播的连通性可能使群体传播等空间中产生的意见走向扩散到其他传播渠道，从而影响到整个网络。

2. 网络中沉默的螺旋形成机制

（1）网络中自下而上的意见气候的形成：局部性优势意见的形成、局部性优势意见在网络中的扩散与网络总体意见气候的形成。

（2）网络中环境压力对个体发挥作用的条件：a. 个人因素与环境压力的关系：个体的判断感、个体既有态度倾向的牢固程度和相关行动的风险程度与成本大小；b. 交流情境因素与环境压力的关系：个体对交流情境的依赖感与归属感、交流情境的特质、交流情境中的权力结构与交流情境中的意见发布结构。

知识点 6：网络的反沉默螺旋

（1）社交媒体的虚拟性和互动性为受众赋权，给网民更大的表达意愿和表达自由。个体比在现实环境中更愿意表达和主流意见不同的新的观点。

（2）网络的虚拟群体人数众多，个人即使在主流意见中被排斥，仍然可以在少数与自己意见相似的群体中获得认同和支持，孤立意见的负面效应下降。

（3）网络舆论传播迅速，相对于媒体而言，主流意见在观点的阐述、事实的论证方面往往不够充分，往往会很容易被质疑进而推翻。

（4）网络舆论中存在着沉默的大多数，他们会在主流意见动摇时加入对立意见的一方。

知识点 7：沉默的螺旋理论局限性

沉默的螺旋理论存在很多争议，目前主要集中在理论前提上：

（1）假说中所强调的"对社会孤立的恐惧"（趋同行为的动机）不应是一个绝对的常量，而应是一个受条件制约的变量。

（2）"多数意见"的压力以及对它的抵制力，依问题的类型和性质应有程度上的不同。

（3）"多数意见"社会压力的强弱受到社会传统、文化以及社会发展阶段的制约。

（4）忽略了中坚分子的作用，这些"中坚分子"表现出意志的坚定性、主张的一贯性和表明态度的强烈性时，可以对"多数派"产生有力的影响，甚至可以改变群体已有的合意并推动新的合意的形成。

知识点 8：沉默的螺旋理论意义

（1）它把对舆论形成过程的考察从现象论的描述引向了社会心理分析的领域，强调了社会心理机制在这个过程中的作用。这正是传统的舆论学所忽略的一个重要方面。

（2）它强调了大众传播对舆论的强大影响，并正确地指出了这种影响来自大众传播营造"意见环境"的巨大能力。

（3）假说中对传播媒介的"赋予地位"功能、大众传播的公开性和普遍性、报道内容的类似性和累积性以及由此带来的"选择性接触"的困难所做的分析，对重新评价大众传播的影响和效果具有重要的启发意义。

第 47 天

知识沟与数字鸿沟

知识点 1：知识沟

（1）知识沟（简称为知沟）假说产生于美国社会对于平等教育机会的呼吁。20 世纪 60 年代，美国政府提出通过大众传播手段改变贫困儿童的受教育条件，《芝麻街》节目是其中一个重要的项目。后来发现该节目对贫富儿童都产生了良好的教育效果，但是对节目接触和利用最多，产生更好效果的仍然是富裕家庭的儿童，因此它不但没有缩小不平等，反而扩大了差异。1970 年，菲利普·蒂奇纳、乔治·多诺霍和克拉丽丝·奥里恩通过实证研究在《大众传播流动和知识差别的增长》一文中提出了知识沟假说。

（2）知识沟假说的基本观点：第一，随着大众传播媒介向社会传播信息的增多，社会经济状况好的人将比差的人以更快的速度获取信息，因此两类人之间的知识沟也会扩大；第二，一段时间内媒介大量宣传某话题，文化程度较高的人会比文化程度低的人以更快的速度吸取该话题的知识；第三，在特定时间里，较之未大量宣传的话题，受众在媒介大量宣传的话题上所获知识与受教育程度有更高的相关性；第四，在人人都感兴趣的领域知识沟出现概率大于特定兴趣领域的知识沟出现概率。

（3）知识沟产生的因素：a. 传播技能的差异；b. 已有的信息量的差异；c. 社交范围的差异；d. 选择性接触、理解和记忆的机制所发挥的作用；e. 大众媒介的差异。

（4）知识沟假说的补充：

a. 凡是能引起整个社区普遍关注的议题，有关该议题的知识就更可能得到均衡的分配。

b. 当议题在社会冲突条件下产生时，有关该议题知识均衡的可能性更大。

c. 在一个小型、单一的社区内出现知识均衡的可能性比在一个大型、多元的社区内出现的可能性大。

d. 当公众的关注开始减退时，某一议题中曾出现的知沟可能趋于缩小。

e. 当信息引发广泛关注时，人际传播可能会缩小知识沟。

f. 电视在公共信息和科学领域难以缩小知沟。

（5）知沟产生的过程可以分成两个阶段，一是受众对大众媒介信息的接触，二是受众对大众媒介信息的认知。就某个议题而言，如果与之相关的所有因素在两个阶段都导致不同社会经济地位的群体产生差距，那么知沟将会比较明显，如果两个阶段的作用相互矛盾，那么知沟就会缩小，甚至出现"反知沟"。

知识点 2：如何缩小知识沟

1. 缩小知识沟的条件

一个议题引起的社会关切程度是一个重要的变量。如果引起社会高度关注，知识沟就有希望缩小甚至消除；此外个人动机是寻求信息的一个重要因素，当寻求信息的动机非常强烈的时候，知识沟就会缩小而非扩大。

2. 填补知识沟的方法

让人充分接触媒介；利用明星效应或戏剧性因素促使人们广泛关注某一议题；联系受众的切身利益，以引起广泛关注；明确多个目标受众群体，针对不同受众群体设计不同的传播方案；强调某一信息的用处，提高重要信息的可得性；重要的信息同时用几种语言表达，有助于使用不同语言的受众的信息获得，缩小知识沟。

知识点 3：知识沟假说的优点与缺点

（1）斯坦利·巴兰指出知识沟假说的优点包括：可以识别不同群体间潜在的棘手的知识沟；能为缩小这些知识沟提供意见；假设传播中存在互惠性和受众积极性；建立在系统理论的基础上。除此之外，知沟假说提示我们在研究大众传播的影响时，不要孤立地研究媒体对个体的影响，而要把媒体放到更大的社会背景中加以考察。知识沟告诉我们，大众传播为社会权力和财富分配的不平等提供了知识方面的保证，使既得利益者能够保持其竞争优势，维护了现有社会制度的稳定。

（2）知识沟假说的缺点：假定知识沟的功能是不良的，带有传者本位的色彩；对知识沟的关注体现在新闻和社会冲突上；不能阐明知识沟产生的基本原因。

知识点 4：上限效果

（1）J.S. 艾蒂玛和 F.G. 克莱因于 1977 年提出了"上限效果"假说。这个假说的观点是：个人对特定知识的追求并不是无止境的，达到一个"上限"（饱和点）后，知识量的增加就会减速甚至停止。社会经济地位高者获得知识的速度快，其"上限"到来得也就早；经济地位低者虽然知识增加的速度慢，但随着时间推移最终能够在"上限"上赶上前者。

（2）"上限"在个人对特定知识的追求过程中是存在的，但是在人一生追求知识的总过程中，这个"上限"是否存在则是个疑问。考虑知识的老化和更新的因素，社会经济地位低的人即使后来在一个"上限"赶上了社会经济地位高者，这种知识的实际价值也早已大大打了折扣。因此，认为通过大众传播的"知识平均化"效果可以消除社会知沟，实现普遍社会平等的观点是很幼稚的。

知识点 5：数字鸿沟

（1）**数字鸿沟**：最早是由 Markle 基金会的名誉总裁劳埃德·莫里塞特于 20 世纪 90 年代提出的，意指由于新兴科技不断出现，新的数字落差也将随之出现。由于不同国家、地区、行业的人群对信息、网络技术的应用程度不同，会出现信息落差或称知识区隔。数字鸿沟产生的原因包括信息传播技术基础设施建设、信息传播技术的拥有、信息传播技术使用方面的差距等。数字鸿沟的体现会受互联网接入与使用渠道、数字化时代需要掌握的媒介素养、网络内容和个人动机等的影响。

（2）有学者也认为，数字鸿沟表现在三个方面：

a. 全球鸿沟：是指发达社会和发展中社会在进入网络方面的差距；

b. 社会鸿沟：是指每个国家中由于种族、性别、年龄等造成的信息富有者和信息匮乏者之间的差距；

c. 民主鸿沟：是指那些使用和不使用数字资源去从事、动员或参与公共生活的人们之间的差别。

知识点 6：数字鸿沟的新发展

（1）随着新媒体的普及，数字鸿沟这一概念的体现正在从"用什么"（基础设施和网络接入）转变为"如何用"（媒介素养和媒介内容）。

（2）翟本瑞将数字鸿沟分为两个序位的鸿沟：第一序位的鸿沟存在于信息拥有者和信息欠缺者之间，划分的尺度是人们是否能接近和使用信息中介；第二序位的鸿沟存在于信息工具使用良好者与使用不良者之间，体现的是人们掌握和处理信息的能力和技巧的差别。所以拥有数字基础设施是第一步，而在此基础上个体必须掌握信息技术的使用技巧和方法，才能在信息社会中掌握主动权。

知识点 7：我国弥合知识沟的方式

1. 政府方面

（1）重视知识沟的存在，要树立我国与发达国家在"知识沟"问题上有较大差距的忧患意识。

（2）大力借鉴国际通行的政策，取其精华，走中国特色的信息化之路。

（3）在传播设施等硬件方面对欠发达地区或低收入阶层给予特殊的扶持政策。有关的政策设计必须能够在最大限度上改变经济落后地区和经济发达地区经济发展差异与信息发展差异共存的局面，避免这种现象的延续。

（1）媒介素养综合教育是有效提升媒介素质的重要途径。媒介素养教育应该从学生抓起，从学生阶段提高人们的媒介素养，学校教育也是最迅速地提升媒介素养的途径之一。

（2）必须建立起一套完善的媒介运行机制和媒介活动规范，让人们清晰地认识媒介和接触媒介，进一步保持公民媒介素养的提升。

（3）要达到缩小"知识沟"的目的，还要充分发挥人的主观能动性，激发受众的求知欲望，营造一个学习型的社会。

第 48 天
第三人效果与媒介暴力

知识点 1：第三人效果

(1) 菲利普斯·戴维森在 1983 年提出了"第三人效果"理论。

(2) 1983 年，美国哥伦比亚大学新闻学与社会学教授戴维森在《舆论学季刊》发表了题为《传播中的第三人效果》的文章。他认为，人们在判断大众传媒的影响力之际存在着一种普遍的感知定势，即倾向于认为大众媒介的信息对"我"或"你"未必产生多大影响，然而对"他"人会产生不可估量的影响。由于这种感知定势的作用，大众传播的影响和效果，通常不是在传媒指向的表面受众中直接发生的，而是通过与他们相关的"第三人"的反应行为实现的。

(3) 基本观点：

a. 它指的是一种普遍的感知定势，即在评价大众传播的影响之际，通常会认为最大效果不是发生在自己身上，而是发生在"他人"身上。这意味着人们在判断大众传播的影响时存在双重标准：倾向于"高估"媒介传播对他人的影响而"低估"对自己的影响。

b. 第三人效果也是一种说服或宣传技巧，追求第三人效果的说服性传播，定位的目标人群并不是作为内容对象的"表面受众"，而是与他们相关的"第三人"。

c. 第三人效果指的也是大众传播现实影响的一种发生机制。在许多时候，对大众传播内容产生实质性反应的，往往不是"表面受众"，而是他们的相关者。

(4) 第三人效果假设可以分为两个部分：人们认为大众传播的消息对其他人会比对自己有更大的效果；以及因为有了这样的感受人们会采取各种行动，这些行动就形成了消息原本要产生的效果——虽然是不那么直接的效果。

(5) 对第三人效果的一个有趣的发现是，人们其实比自己认为的更容易受大众媒介的影响。某些情况下，他们可能对自己产生错觉，低估了消息对自己的影响。

知识点 2：第三人效果产生的心理学依据与制约因素

(1) "自我强化"倾向是产生第三人效果的重要心理动因，"自我强化"即人们往往觉得自己高人一等，比他人聪明，自己比别人更能抗拒说服性信息，更不易受到负面信息的影响。自我强化表现有：a. 盲目乐观：与他人相比，自己受负面事件的影响概率较低；b. 虚幻的优越感：习惯用正面方式评价自己；c. 自我服务式归因：即在好事面前容易夸大自己的作用，在坏事面前容易推诿责任。

（2）信息性质：人们对负面信息的影响评估，倾向于认为对别人影响大，容易产生"第三人效果"；而在评估正面信息的影响时，则会出现相反的倾向，即认为信息对自己的影响大。对于后者，有学者称为"第一人效果"或者"反转的第三人效果"。

（3）信源的性质对第三人效果的影响分为两个方面：一是信源的可信度，围绕低可信度信源提供的信息，更容易产生第三人效果；二是信源的说服动机强弱程度，越是说服或宣传色彩强烈的信息（如广告或竞选宣传），越容易引发第三人效果。在这两种情况下，人们更会倾向于张扬自己的判断力和独立性，而同时则认为其他人会受到信息影响。

（4）社会距离（social distance）：即人们感觉与他人的远近亲疏的社会关系或联系的密切程度，在日常生活中，我们常把社会距离表述为"圈内"或者"圈外"。第三人效果研究表明：人们倾向于认为媒介信息对与自己社会距离大的人的影响较大，而对自己比较熟悉的人或群体影响相对较小。

（5）个人因素：年龄越大越容易出现第三人效果认知；教育程度越高的人越倾向于认为媒介信息对他人的影响大于对自己的影响；媒介信息的观点越是与自己的既有立场和态度不一致，越会高估对其他人的影响力，而在观点一致时，则会觉得对自己影响大，出现"反转的第三人效果"；自我关联程度也会影响第三人效果，与媒介信息所涉及的问题关系越密切，越倾向于认为他人会受到影响。另外对相关信息的专业感对第三人效果也会有影响：对媒介信息涉及的问题，一个人越觉得自己是内行或专家，越容易出现第三人效果认知倾向。

知识点 3：第三人效果的社会影响

（1）戴维森认为有两种社会显性行为可能与第三人效果有关：一种是对政府限制媒体的舆论支持；另一种则是与抢购、挤兑等群体现象有关的集合行为。

（2）第三人效果理论提醒我们，大众传媒既要及时传达危机信息，履行"环境守望"的社会功能，又要以慎重、负责的态度处理危机信息，防止由不实报道、炒作式报道引发社会混乱。立法和传播政策的制定是一项科学的活动，它应以民意为基础，但又不能为一时的表层舆论所左右。

（3）第三人效果理论不仅从另一个侧面显示了大众传播的影响力，还揭示了受众媒介认知的多面性，效果产生的间接性和复杂性，以及认知、态度层面上的效果向行为层面的转化机制等。在这些方面，第三人效果有着自己独特的理论贡献，有助于我们加深对人类的传播行为及其规律的理解。

知识点 4：第三人效果在新媒体时代的发展

（1）对第三人效果作用机制的三个环节加以考量可以看到，在新媒体环境下，影响"第三人效果"的因素在不同程度上发生了改变。

a. 新媒体的运用有助于个人形成正确的认知：新媒体的使用会改变个人对信息的认识。信息来源的客观性、权威性会影响第三人效果的强弱，对于权威客观的信息，受众会表现出较低的第三人效果，会倾向于更理性的行为。在以往的大众传播时代，媒体和受众的互动受限，信息传播更容易被理解为宣传、劝服，并且受到地域限制，信息的下达率降低，权威信息的影响力会被削弱，因此会加剧第三人效果。新媒体的使用，一方面为权威信息更快更直接地到达受众提供了便利，另一方面加强了媒体与受众的互动，有助于消除传播隔阂，并且受众之间也可以进行沟通交流，从而减少自己的"盲目乐观"。

b. 新媒体对公众个人特质的影响：大众传播时代，报纸、电视这些媒体是公众信息的主要来源，如果公众对大众媒介的信息存有质疑，公众自己寻求事实的渠道较少，流言就可能产生蔓延。新媒体出现后，公众在获得信息层面更加主动，渠道更加多元，在一定程度上提高了公众科学认知事物的能力。

c. 对社会距离的缩减：在大众传播时代，受众之间的交流更多是在亲朋好友这些有地理接近性的人群之中，陌生人之间的互通信息很少，人与人之间的不了解容易造成误判，产生传播隔阂。新媒体的出现让交往冲破了地理限制，陌生人之间的意见表达更加容易，因此借助新媒体可以消解隔阂，减少受众对第三人效果的误判。

（2）此外，新媒体时代政府及传统媒体的反应能力有所提高，且为多元意见的形成提供了空间，有利于减少受众对第三人效果的误判。

知识点 5：第一人效果和第二人效果

针对这一问题目前有两种说法。一种是第一人效果是媒介对自己的效果；第二人效果是媒介对他人的效果；第三人效果是两者的差值。禹卫华老师则认为：第三人效果指的是媒介信息对其他人的影响大，对受众自我影响小，多发生在传播内容为负面的时候；第一人效果指的是媒介信息对其他人的影响小，对受众自我影响大，多发生在传播内容为正面的时候（例如公益内容）；第二人效果指的是媒介信息对其他人和受众自我的影响几乎一样大，当第二人效果发生的时候，人们会感到自己坚持的是社会共识，因此会更加愿意投身于社会运动。

知识点 6：媒介暴力

（1）媒介暴力（media violence）指"电影、电视、电子游戏、报刊等媒体含有或刊载暴力内容，并对人们正常生活造成某种不良影响的暴力现象"，包括真实暴力和虚拟暴力两种形式：媒介对社会暴力现象的报道属于真实暴力，虚拟暴力则是指文艺节目中包含的暴力现象，如警匪剧、武侠剧、电子游戏中的暴力行为。对少年儿童影响最深的是电视媒介和电子游戏传播的暴力现象。

（2）除了内容上的暴力，媒介暴力还包括另一个很重要的方面：媒介行为的暴力，即媒体报道及受媒体报道所影响的大众或网众对媒介报道事件的行为，包括媒介报道过程中对被报道对象的身份、家庭背景等情况的过度曝光，造成对被报道对象的隐私权的伤害，以及这种行为造成的大众逼视，对事件的各种评论、深挖等行为，对被报道人造成舆论压力等二次伤害。

知识点 7：电视暴力研究

（1）电视暴力研究是针对电视普及以后出现在电视屏幕上的暴力内容过多，可能会给社会特别是缺乏辨别力的受众造成负面影响的现象而进行的。

（2）模仿假说。基于阿尔伯特·班杜拉的"社会学习理论"发展而来的模仿假说指出，人们从电视上习得了侵犯行为，然后再去现实世界照样模仿。社会学习理论通过大量观察和实验说明模仿是存在的，示范是性格发展的一个重要因素。

（3）免除抑制假说。长期暴露于暴力描述，会导致普遍的"感觉迟钝"，以致抵抗暴力的能力降低，容忍暴力行为的能力上升。

（4）净化作用假说。戏剧主人公的侵犯行为替代性地表达了人们内心的暴力倾向，因而通过观看电视暴力，可以降低实际采取侵犯行为的冲动。

（5）预示效果。指人们观看暴力时，会激发或引发其他相关的思想与评价，从而导致人们在人际环境中更倾向于运用暴力。通过媒体产生的预示效果如下：媒介暴力可以在短时间内提高观众对其他人产生敌意的可能，让他们相信侵略性行为可以带来益处，因而更倾向于表现得富于侵略性。

（6）脚本理论。电视暴力可能教导了一种普遍的规范，即暴力是一种人际交往时可以接受的方式。

第 49 天
传播效果理论的其他发展

知识点 1：社会认同模式

（1）在认识到人们会受自己所属的各种宽泛类型群体成员身份的影响后，研究者进一步发现了关于群体影响的一种模式，即社会认同模式。这一模式指出，对群体成员身份的认同主要是一种认知的过程，这个过程通常是人们在回答"我是谁"这样的问题时产生的。

（2）大众传播在带来社会认同以支持舆论形成的过程中扮演着很重要的角色。第一，大众媒介通过描述哪些群体对某一特定议题存在争议，从而显示出这些群体特征与该议题相关。第二，媒介通过描述各种群体是如何对该议题作出反应的，可以指出每一个群体所持的意见，并且告知认同该群体的人们应该遵守的规范。第三，群体的意见规范在受众心目中的感觉很可能被传播夸大。第四，人们自己承担起维护这种被认为是群体规范意见的责任，并且更可能去表达这种夸大的规范。正是这个时候，对不同议题的舆论可能表现得更坚定、更具体。

知识点 2：框架理论

（1）框架指的是人们用来认识和阐释外在客观世界的认知结构和知识体系，人们对于现实生活经验的归纳、总结与阐释都依赖一定的框架，框架使得人们能够定位、感知、理解、归纳众多具体信息。

（2）个人框架指的是我们每个人在"关于存在、发生和意义这些问题上进行持续不断的选择、强调和表现时所使用的准则"。组织框架指的是组织信息处理的认知结构或定性准则，根据这种认知结构或这些准则对信息处理的结果，则体现了一个组织对该信息性质的基本判断以及其动机、立场、倾向和态度。

（3）媒介框架即媒介机构信息化处理的组织框架，它适用于多种类型的媒介信息生产和传播过程研究。这个概念应用于新闻的选择、加工、新闻文本和意义的建构过程的研究，则称为新闻框架。

知识点 3：媒介建构与框架

（1）媒介建构理论认为：长期的媒介效果的产生是"无意的"，这是媒介组织倾向、职业实务、技术现实以及特定新闻价值观、框架等的系统运用所造成的结果。

（2）媒介框架是媒介机构信息化处理的组织框架，即媒介组织信息处理的认知结构或定性准则，根据这种认知结构或这些准则对信息处理的结果，则体现了一个组织对该信息性质的基本判断以及其动机、立场、倾向和态度。

（3）媒介的框架就是进行选择的原则——强调、揭示与表述的符号体系，是新闻媒体对新闻事实进行选择性处理的特定原则，媒介生产者常用它们建构媒介产品与话语，不管是文字的还是图像的。

（4）媒介框架的原则来自新闻媒体的立场、编辑方针以及与新闻事件的利益关系，同时又受到新闻活动的特殊规律（如新闻价值规律）的制约。这些原则，规定着一家媒体对新闻事件的基本态度和本质判断。

（5）框架存在的必然性：媒介框架能够使新闻工作者在错综复杂、经常彼此矛盾的大量信息中进行迅速而"例行"的加工与"打包"。它在诸多属性中抓住事件的若干主要属性，并纳入一定的框架中，因而成为媒介生产的制度化环节。

（6）新闻框架作为媒体为新闻事件定性的主导性框架，对受众认识、理解新闻事件以及对新闻事件作出反应具有重要的影响，这种影响也称为框架效果。

知识点 4：媒介框架的具体内容

（1）罗伯特·恩特曼发现有两种机制对新闻框架的建构与实现有着重要意义。第一种机制是报道规模控制，这是框架建构的"基本"，其主要作用，是通过报道量和报道顺序的控制，来放大或淡化某个新闻事件的重要性或影响。

（2）第二种机制是具体信息的呈现，包括：

a. 行为主体：新闻事件的实施人、责任人或机构。

b. 身份认定：对当事人身份属性的提示和定性。

c. 归类打包：将新闻事件归类于不同性质的范畴贴附标签的过程。

d. 引申泛化：对新闻事件的实质做一般意义上的阐释。具体而言，新闻取材范围、象征符号的运用都可能影响到框架的呈现。

（3）新闻框架的功能：提供问题定义、阐释事件原因、提供道德评价、示意解决方案。

知识点 5：受众框架

（1）受众框架即受众个人接触和处理大众传播信息的认知结构和诠释规则，这种结构和规则来自受众过去社会生活经验的积累、既有的价值观和态度、行为取向，并引导受众个人处理新的信息。

（2）传播效果研究的许多成果都表明，受众在大众传播的信息面前并不是完全被动的，他们对大众传播信息的反应受到既有倾向、群体规范、社会关系网络、选择性接触等因素的影响和制约，而这些因素也是受众框架的重要组成部分。作为不定量多数的个人的集合体，受众框架也是具有多样性的。

知识点 6：当前的媒介效果观发展

传播学研究开创至今，大众媒介效果研究一直在不断地发展，尤其是大众媒介发展成熟之后的研究，更是有了长足的进步。对于 1970 年以后 20 年间大众媒介效果研究的发展，杰克·麦克劳德将其总结为五个方面：<u>效果的拓展，媒介内容的细化，关于媒介生产的阐述，关于受众能动性的概念以及过程、模式和分析层次</u>。他认为，这五个方面综合起来，就可以表明媒介效果是连接媒介生产与受众接收行为效果的一个多层次的过程。

知识点 7：批判学者眼中的媒介效果

在研究者眼中，媒介效果的特点在于其多样性；而在批评家的眼中，则更多看到的是这一研究取向的同质性。这些批判评价中的许多观点正反映了媒介效果研究中存在的局限性。为简明起见，我们将其概括为三种观点：

1. 批判学派的批判

他们大多认为媒介效果研究建立在"刺激—反应"这一学习理论基础上，<u>只局限于两个变量（媒介刺激和效果），没有中介</u>。同时，他们还认为，<u>效果研究在其研究取向上过于偏重个体主义，在方法上又存在简约主义的缺陷</u>；更重要的是，<u>效果研究总是盲目地指责个人在知识和参与方面的欠缺</u>；效果研究的意识形态倾向显示了其号称的客观和道德中立的<u>虚伪性</u>。媒介效果研究正当性与市场和政府政策联系在了一起，因而很难承担起发展理论和改善人类条件的责任。在批判学派看来，媒介效果研究名不副实，<u>它低估了大众媒介的效果</u>。

2. 文化研究学派的批判

媒介效果研究受一种过时的实证主义哲学的局限，反映的是"行为主流霸权"。他们认为，效果研究将内容和受众都简单化了，且效果研究中所使用的量化方法，<u>忽略了受众在接收讯息和意义时存在的重要的质的差异</u>。

3. 行为科学学派的批判

对媒介研究效果最为激烈的批判来自行为科学学者，在他们眼中，效果研究把信息生产过程中的宏观概念和效果的微观概念混为一谈，结果导致了理论上的断裂，<u>背离了建立人类行为的行为主义科学的基本目标</u>。他们还指责效果研究中研究设计薄弱、缺乏全国性样本以及没有采用最佳的统计程序等。

除了对传播效果研究本身的质疑，批判视角下的媒介效果理论的发展亦方兴未艾，尤其是在技术驱动的智能媒体环境下，关于媒介技术对人的异化作用的探讨也越来越丰富。

知识点 8：当前媒介效果研究取向的主要特征

第一，也是最为显著的共性特征，是把对受众的关注放在首位。受众既可以作为所处社会环境中的个体，又可以作为社会或文化的构成部分；既可以被看作一个集合体的大众或公众，也可以被看作受众成员及某些特殊角色的身份，如作为经济或政治经营的决策者。

第二，是对影响一般具有的多种形式做了具体说明：如导致受众心理反应的变化，个体受众在态度、认知、行为方面的变化，各种形式的集体性变化（如社区中同质化的增强、社会中政治不稳定性的增强等）。

第三，关注对特定的现象、形式或内容产生影响或效果的信源的属性，以及媒介讯息系统、单个媒介、内容类型或个人讯息的属性。

另外还有两个方面与效果的研究取向有关："变量"这一术语（例如自变量、因变量、干预性变量）内含多种因果关系，常用来描述最有可能产生效果的过程和条件；另一个是假设的阐述，按通常的理解，这是对效果的经验性检验。

知识点 9：新媒体与新传播效果

（1）今天，尽管大众媒介依旧存在，但新型电子媒介的发展无疑对传播理论以及现存的媒介产业提出了挑战。目前在公共生活领域、个人生活领域以及特定的传播任务上，新媒介正逐渐被大量地运用。这些新媒介既可能扮演辅助的角色，又可能是深度资讯的来源，或是有潜在效果的广告媒介；既可能是弱势群体发言的平台，也可能是提供大众媒介服务与满足的另类渠道。就这些趋势的大部分来看，既存的理论与研究的框架可以轻而易举地用在新媒介身上。

（2）广义地看，新媒介和既有的传统大众媒介一样，可以从社会整合以及其他社会结构来检视。数字化所带来的"整合"概念使不同性质的媒介其任务和功能重新分工，虽然这些趋势现在似乎造成了更大的差异性而非一致性。其他的架构一般也可以从"全球化"和"科技决定论"的现象中发现。来自政治经济学派的理论皆可以用在批判"新"媒介和"旧"媒介身上，尤其是媒介的全球化特质，如跨国性资本和企业利润的发展模式。就较低的理论层次而言，"新"媒介似乎是在"延续"受众的"小众化"和"分众化"，而非"另启"。

（3）适用于新媒介的旧理论框架有以下几个：社会整合与社会结构、政治经济途径、整合性的论题、全球化、科技决定论、去大众化。

第 50 天

传播学史（经验学派与批判学派）

知识点 1：经验学派与批判学派的历史基础

（1）1941 年拉扎斯菲尔德在《论管理的和批判的传播学研究》中提出"管理研究"和"批判研究"，收集了两个学派代表人物的观点，而后发展为我们今天所说的经验学派和批判学派。由 20 世纪以来西方社会及其<u>文化思潮</u>的大趋势驱动，传播学衍生出经验学派和批判学派两股势均力敌的潮流：一是源于"<u>科学—进步—发展</u>"这一现实趋向的科学主义，后来成了以实证主义为标志的传播学经验学派的现实基础；一是植根于"<u>精神—价值—人性</u>"这一永恒主题的人本主义，后来成了以哲学思辨和思考终极价值见长的传播学批判学派的思想根基。

（2）20 世纪经典传播学研究的两大路径：<u>以欧洲为主要阵地的批判研究和以美国为主要阵地的经验研究</u>。两次世界大战彻底改变了欧美国家的知识生态。长期作为西方思想策源地的西欧渐渐倾颓，直到第二次世界大战之后才慢慢恢复思想的活力，在托克维尔眼里没有什么文化的新大陆反而成为西方思想的中心。在战后的十多年中，欧洲传播研究领域曾一度沦为美国传播学的"殖民地"。<u>一些重要的欧洲思想家如卢因（又译作勒温）、拉扎斯菲尔德在战争中逃往美国，在那里建立起了实证主义的传播学思想体系</u>；而另一些批判传统的学者虽然也逃往美国，但他们的思想并不为新大陆所接受，最后还是在<u>战后尤其是新左派运动时期的欧洲开花结果</u>。

（3）经验学派历史基础：经验学派是在 20 世纪初美国五大社会科学（<u>经济学、社会学、心理学、政治学、人类学</u>）强势发展的背景下而形成的，成熟于 20 世纪 40 年代至 50 年代，一度成为传播学主流学派。20 世纪以来，自然科学和技术文明取得了突飞猛进的发展，这样的时代背景孕育了"<u>科学—进步—发展</u>"这一现实趋向的科学主义，<u>经验学派正是秉持着科学主义、技术主义、实证主义思潮，围绕着提高传播效率这一核心目标开展了大量研究</u>。

（4）批判学派历史基础：批判学派起源于 20 世纪 60 年代动荡不安的欧洲。由于当代资本主义矛盾的激化，人类社会在快速走向现代化的过程中面临着一系列棘手的危机，诸如阶级对立日趋严重、消费主义盛行、心灵异化等等。高度的技术文明与深刻的精神危机形成巨大的反差，批判学派根植于面向"<u>精神—价值—人性</u>"这一永恒主题的人本主义，展开对资本主义一系列传播制度的无情批判。

知识点 2: 经验学派及其局限性

(1) 经验学派一词,在广义上指的是主要<u>以经验性方法来考察社会现象</u>的社会科学流派,它与主要以思辨性方法考察社会现象的流派相区别。

(2) 在传播学中,经验学派尤其指以<u>美国学者为代表的主流传播学</u>。它既是一个方法论的概念,又在很大程度上代表了一定的社会观和传播观。四大先驱和施拉姆所开启的传播学研究,是一种以<u>经验主义研究方法研究社会现象和规律的社会科学流派</u>。

(3) 经验学派的首要特征是坚持<u>经验性研究方法</u>,反对从观念到观念地对社会现象做纯主观抽象的说明,强调切实可靠的经验材料或客观数据的重要性,主张从环境或外部条件的变量出发揭示社会现象和社会行为的原因和客观规律。

(4) 美国的经验学派除了在方法论上坚持经验性实证研究立场以外,还有以下两个重要特点: <u>一是采用实用主义的研究目的(行政研究);二是秉持多元主义的社会观</u>。

(5) 但经验学派也有诸多问题: <u>首先是经验主义研究方法的局限性</u>,可观察、可测定、可量化的经验材料是有限的,难以说明社会生活的复杂现状;程序和技术主要是问卷调查或控制实验,不具备自然科学的严谨性;经验研究适合研究微观现象,但对整个社会的历史过程或宏观结构缺乏必要的研究手段;学者的倾向性不可避免,依靠纯自然的科学方法就能解决问题只是幻想。除此之外,美国经验主义学派的多元主义意识形态,<u>决定了他们不可能从批判的立场上研究资本主义制度下的大众传播,也不可能触及资本主义社会的基本矛盾。至多,他们只能出于维护现存制度的目的,从"管理"的角度做一些修修补补的工作</u>。

知识点 3: 批判学派的基本观点

(1) 严格来说,批判学派并非一个"学派",而是不同于美国经验主义研究立场、坚持以批判的观点和方法进行的研究的总称,<u>是不同观点、不同方法的集合体</u>,实际上囊括了西方各种<u>涉及传播问题的具有批判倾向的理论研究</u>,它涉及哲学、社会学、语言学、政治经济学、文化研究等各个层面的社会科学研究。

(2) 批判学派的目标并非解决现实社会问题,<u>而在于思考人的基本价值及大众媒介的社会作用</u>。具体而言,他们认为现代资本主义的一般倾向是促销文化,而他们研究的内容是<u>大众传媒是如何逐渐表现和强化这一倾向的,资本主义垄断媒介是如何剥夺了人的尊严和自由的,以及恢复这些人的基本价值的方法和途径</u>。

(3) 就世界观来看,与经验主义提倡的"多元"不同,<u>批判学派认为资本主义连同其传播制度本身就是不合理的</u>,大众传媒在本质上是少数垄断资本对大多数人实行统治的意识形态工具。大众传媒是社会意识形态斗争的重要一环,它们越来越集中于垄断资本手中并为其利益服务。

（4）总体上看批判学派有一些共同的特点：

a. 都对现行的<u>资本主义制度持否定和批判态度</u>，这也是他们被称为批判学派的最主要理由。

b. 更多地将传播理论和社会理论结合在一起，<u>着重考察与社会结构和意识形态相关的宏观问题</u>，这些问题在经验学派的研究中大多有意无意地受到忽视和回避，但它们本身的重要性和启发意义是不容置疑的。

c. 批判学派在方法论上以<u>思辨为主，反对实证主义态度</u>。

知识点 4：经验学派与批判学派的元理论差异

英国学者詹姆斯·柯兰提出，经验学派和批判学派分别根植于多元主义和马克思主义社会观，它们在<u>价值论、认识论、方法论、本体论</u>这些传播的"元理论"上尖锐对立，几乎是不能兼容的。差异性主要体现在以下几个层面：

（1）<u>价值论层面</u>：经验学派秉承<u>多元主义和实用主义</u>价值观，主张研究者应当客观中立、研究过程中不应当包含价值判断；主要为传播实践及其功能的充分发挥服务，维护现有的传播制度和社会制度，具有明显的实用性和经验性。批判学派秉承<u>道德哲学和公共利益</u>，主张研究者应当促进社会变革、挑战现有统治秩序；研究者是传播现实的参与者和推动者，而非仅仅是观察者或中立者。

（2）<u>认识论层面</u>：经验学派认为<u>真理是客观的</u>，受主观层面的影响，研究目的在于准确描述传播现实和通过经验来揭示普遍性的传播规律；批判学派认为<u>不存在客观真实</u>，真理是建构的，受主观意识影响，个人的主观因素、社会情境在这一构建过程中起到非常重要的作用，因而研究者要认识到是谁在控制传播、这种控制维护了谁的利益。

（3）<u>方法论层面</u>：经验学派倾向于使用<u>定量方法测量短期的、个人的、可测量的变量</u>；批判学派更多地使用哲学式思辨和论证，强调<u>定性分析和价值判断，但不完全排斥定量方法</u>。

（4）<u>本体论层面</u>：经验学派认为个体的行为基本上可以通过环境因素和生理特征来了解，<u>因此个体行为是稳定的、能够运用经验性方法来准确预测</u>；批判学派认为对于个体的理解要<u>置于更广泛的社会文化历史情境之中，个体行为的复杂意义不能简化为可测量的数值</u>。

知识点 5：经验学派与批判学派的分歧与对立

（1）1941 年，拉扎斯菲尔德在美国《哲学与社会科学研究》上发表了一篇题为《<u>论管理的和批判的传播学研究</u>》的文章，首次提出了这两种研究之间的分歧与对立。

（2）拉扎斯菲尔德意识到，两个学派的根本分歧不是方法论之争，而是在于<u>社会观的对立</u>。他早就预见了辩证分析法和经验研究法具有统合的可能性。经验学者认为资本主义社会是多元社会，只要实现多元利益的协调和平衡便能够消除社会矛盾，把传播看作是控制人的行为和实现社会科学管理的重要手段。另一方面，批判学者则认为资本主义制度连同传播制度本身就是不合理的，大众传媒在本质上是少数垄断资本对大多数人实行统治的意识形态工具。与经验学派在现存制度内部寻找解决社会问题对策的立场相比，批判学派是把资本主义制度本身作为变革对象的。

（3）罗杰斯曾经承认，经验学派和批判学派都关心传播的社会控制作用：经验学派的核心课题是如何控制或在多大程度上进行控制；而批判学派关心的焦点则是谁在控制、为什么存在着支配与控制以及为了谁的利益进行控制。这种学术关心的不同，显然是由他们的社会观和意识形态立场决定的。

（4）对二者之间的差异进行归纳，具体为：

a. 研究内容：经验学派关心的是如何传播或如何有效传播的问题，致力于寻求传播活动的自身规律，理论侧重点在传播效果。批判学派关心的是为何传播和为谁传播的问题，落脚点在传播的意义上。

b. 研究方法：经验学派的研究，在研究方法上属于"行为主义"研究方法，是一种经验的、效果性的微观研究，强调"定量研究"。批判研究则属于一种"社会历史"的宏观研究，在方法上多用理论思辨，强调"定性分析"。

c. 研究立场：经验学派是站在现存的传播体制之内探讨传播规律，目的是通过对传播过程的研究来解决实际问题，使大众传播的运用更有效率。批判学派则力图站在现存体制之外，从社会与传播的关联角度，揭示传播的深层背景，揭露传播的阶级性和历史性。

知识点 6：利奥·洛文塔尔对二元对立格局的划定

（1）洛文塔尔划定了学科版图中批判学派与经验学派的二元对立格局。1984 年，洛文塔尔发表了一系列标题为《社会中的传播》的文章，勾勒了传播研究领域的景观，被汉诺·哈特称为"关于批判传播研究的极其卓越的宣言"。如汉诺·哈特所言，洛文塔尔的作品是传播领域知识史的一部分，为传播和通俗文学在社会中的本质和功能作用问题提供了有意义的理论和分析。

（2）洛文塔尔是法兰克福学派在美国传播研究圈子中最引人注目的代表，哈特认为他比其他一些德国学者更懂得如何弥合美国媒介与社会研究领域的社会科学分析的方法论要求，和研究文化或文化生产的性质必需的历史维度这两种研究路径的分歧。

（3）由于"经验研究总是忽视研究现象所处的历史语境"，洛文塔尔期望批判传播研究能够超越对媒介活动所处的显而易见的社会环境的描绘和分析。与他所在的法兰克福大学社会研究所其他批判理论家不同的是，洛文塔尔对经验研究采取的是批判吸收的策略，这种融合的思路无疑为后来文化研究的繁荣以及跨学科的文艺传播研究的出现奠定了基础。

知识点 7：经验学派以前的传播学研究

（1）达尔文：启发了辩证唯物主义，促进了社会学思潮的演进，并且对媒介生态学（启发了许多研究者从生态学角度研究大众媒体）、非语言传播等有很显著的启示作用。

（2）马克思：批判学派的起点，其精神交往论将大众传播活动纳入整个人类精神与物质活动中去研究。他关注大众媒体的所有权和控制问题，并且提示人们注意到传播中不平等、受压迫的部分。他还提出新闻传播中时效的重要性。他的观念成为整个批判学派的核心，其中异化、意识形态、阶级斗争等理论已经成为批判学派的重要概念。

（3）弗洛伊德：奥地利心理学家，其精神分析理论重视无意识对人行为造成的影响，促进了许多心理学及传播学理论的发展。其对于人际传播的看法影响了帕洛阿尔托小组，而法兰克福学派将弗洛伊德与马克思的理论结合起来，建立了批判传播理论。拉斯韦尔的观点也部分来自弗洛伊德。

（4）加布里埃尔·塔尔德：法国社会心理学家，提出了传播是最基本的互动渠道。他的模仿理论对后来从社会心理学角度研究传播，尤其是在人格形成和人的社会化过程中的作用以及后期的创新扩散论具有重要影响；他还对舆论的结构及其形成、运动过程作了详细分析，认为它是报刊上公众的"精神纽带"，报纸把分散的意见和分散的人群结合在一起，在"理性的舆论"形成过程中发挥着重要作用；他还注意到了人际传播的中介作用，发现报纸的影响只有通过人际交谈的协调才能发挥作用。

（5）格奥尔格·西美尔：德国社会学家，最早研究了群体对个人行为的影响；提出了传播网络理论，认为社会上的个人都是由特定信息渠道相互连接的，社会犹如一张巨大的传播网络，就像"舆论的厨房"；除此之外，他对现代性、通俗文化、社交性等都进行了研究，对后来的传播研究有深远的影响。

第 51 天
传播学史（芝加哥学派、李普曼）

知识点 1：芝加哥学派

芝加哥学派是美国 20 世纪社会科学领域最有影响力的学派，对传播的社会功能和地位、媒介技术与社会发展、人际传播等方面的研究都做出了巨大的贡献，具体研究包含人格社会化、实证研究、媒介与民主等方向。与结构功能主义相比，它强调一种视野更为宏大、更加突出人的主体性和互动性的研究方向，对传播学的学科建构与重构影响巨大。除此之外，芝加哥学派在方法论上提倡实证主义，引入了被广泛采用的以田野调查为主的定性研究方法。尽管在以定量研究为主导的新范式面前，具有人文主义色彩的芝加哥学派逐渐衰落，但其对传播学的影响是巨大的。前期代表人物主要有：约翰·杜威、乔治·米德、查尔斯·库利和罗伯特·帕克，后续发展者主要包括赫伯特·布鲁默与欧文·戈夫曼等。

芝加哥学派的主要贡献有：

（1）它代表社会科学在美国的第一次大繁荣，起到了"思想登陆点"的作用；拥有符号互动论、"主线"、"宾线"等理论成就。

（2）芝加哥学派使得美国关于社会问题的社会科学研究有了明确的经验主义方向。

（3）它构筑了以媒介效果为重点的大众传播研究模型，"电影对儿童的影响研究"为传播效果研究开启了理论范式。

（4）它构成了以人类传播为中心的人格社会化的理论概念体系（符号互动论）。

（5）它催生了一批被归为解释学派的传播学者。

（6）芝加哥学派高度重视传播技术对传播与社会的作用，并对传播技术的发展持有乐观态度。这一观点从芝加哥学派的"嫡传弟子"英尼斯那里得到了更为深入的开掘，并最终形成了传播学的技术主义范式（胡翼青）。

知识点 2：杜威

（1）杜威是 20 世纪芝加哥大学的实证主义哲学家、教育家，也被誉为"这个世纪所产生的最广为人知的、最有影响力的哲学家"，是当代传播学的间接先行者。

（2）人物贡献：强调传播对于民主的重要意义。社会在传播中存在，而传播是使人民成为社会的参与性成员的手段。

（3）在杜威的观念中，媒介的职能就是"使公众对公众利益感兴趣"。他认为报纸需要承担更多的功能，它们应该成为公共教育和公共辩论的工具，并应针对重大问题组织公共讨论。

（4）杜威提出的应教育大众对媒介内容以及自己如何使用媒介内容进行批判性思考的观点，正是媒介素养运动的中心环节。

（5）杜威对本能心理学的"刺激—反应"模式表示质疑，强调人对意义解释的重要性。

（6）杜威认为社会存在于传播中，传播使得人们共享经验与观念，彼此连接形成共识，是社会共同体建立的基础；传播技术的发展可以使大众摆脱在工业化后一盘散沙的困境，实现更大范围的重新整合，因此他对传播技术持有乐观态度。这两个观点在芝加哥学派后期代表人物的思想中得以传承和发展。库利、米德延伸了杜威的互动观念，进一步阐明了互动的具体过程；帕克则发展了传播的控制与劝服研究，成为后续的结构功能主义与芝加哥学派的先驱。

（7）杜威的传播观念启发詹姆斯·凯瑞提出传播仪式观；杜威关于新闻与民主的关系也成为大众媒介研究的重要问题。

知识点 3：库利

（1）库利是社会心理学家，自我发展理论的创始人。

（2）镜中我理论：库利认为，我们是通过想象别人是如何感觉我们的行为和外貌来认识我们自己的。因为这部分自我可以说是在反映他人的意见，所以库利把它称为"镜中我"。这说明个人的行为在很大程度上取决于对自我的认识，而这种认识主要是通过与他人的社会互动形成的。

（3）首属群体：由库利提出，指具有亲密的、面对面交往与合作特征的群体。这些群体是人们的自我观念发展的摇篮，在人的早期社会化过程中发挥了重要作用。

（4）库利不仅看到了人际传播和首属群体对个人社会化的巨大影响，而且对大众传播重建共同体寄予厚望。他认为近代传播媒介的发达不仅扩大了人类的交流与沟通，也有利于组织化的舆论，促进社会民主。

（5）库利强调镜中我的目的，正是要指出是传播建立了社会整体。社会是通过人与人之间的互动结合而成的，每个人都无法脱离其他人的影响。这挑战了当时美国的功利主义、个人主义传统，也成为芝加哥学派的思想核心。

知识点 4：米德

（1）米德是美国社会学家、哲学家，是社会心理学中符号互动论的创始人，也是整体的互动理论的创始人之一。米德在库利的基础上进一步阐发观点并加以深化，他关于人的社会化、社会角色取得以及社会自我等理论，对现代社会心理学和传播学具有很大影响。

（2）主我、客我论：主我是个体要对他人作出反应的冲动性趋势；客我是个体之内的合为一体的他人。

（3）角色扮演：在主我、客我理论的基础上，米德提出了角色扮演，即自我个体像对其他人行事那样社会性地对他/她自己行事的能力。米德认为，个体通过与他人的互动而认识自己，通过他人了解自己是谁。个人正是通过扮演他人角色即角色扮演，来获得运用和解释符号的能力，从而来了解社会上的各种行为习惯和规范，最终实现自我的社会化。

（4）内省性思考：即自我反思、总结和改变以往观点以分析新情况、解决新问题的能力。是人对自己的一种反思活动，也是一种重要的人内传播形式。

（5）符号互动论：由米德创立、布鲁默总结提出，人类传播通过符号及其意义的交流而发生，个体并非直接对他人的行为作出反应，而是基于他人对其所具有的意义来采取行动，而这些意义产生于个体之间的社会互动，同时这些意义也通过个体的理解过程得到修正。由于行为具有符号意义，因此行为是社会科学的基本单位。符号互动论强调了人际传播在人格发展中的作用。

（6）米德率先从姿态、语言等方式研究人与人的互动，是人际传播和自我传播的开创者。

知识点 5：布鲁默

（1）布鲁默是芝加哥学派第二代学者，师从米德，其思想深受米德、帕克、欧内斯特·伯吉斯等人的影响，是米德路线和帕克路线的坚定捍卫者。米德述而不作，很多观点皆是由布鲁默帮助他整理出版，尽管符号互动理论的创始人是米德，但符号互动论的名称由布鲁默提出，他也进一步发展了符号互动论，使其成为芝加哥学派的理论标签之一。

（2）在研究方法与研究主题上，布鲁默是传播学史上的一个转折点。尽管布鲁默反对实证研究的方法，但由他主导的佩恩基金会系列研究正是第一个以科学实证的方法研究媒介对受众影响的项目，是大众传播研究的首个里程碑，开创了传播研究领域的效果研究。此外，布鲁默还提出了自传式记录法。

（3）布鲁默除总结并归纳了符号互动理论之外，也试图归纳出可供社会学使用的方法论。他认为人们通过互动对周围的环境和相互间的关系做出解释，定义所处的情境。这一观点直接影响了戈夫曼对情境的理解与阐述。

（4）自我互动理论：布鲁默在 1969 年出版的《符号互动论》一书中提出了这样一个观点：人能够与自身进行互动，即自我互动。他认为，人是拥有自我的社会存在，人在将外界事物和他人作为认识对象的同时，也把自己本身作为认识的对象。"自我互动"在本质上来说是与他人的社会互动的内在化，也就是与他人的社会联系或社会关系在个人头脑中的反映。通过客我和主我之间的互动，我们能够不断认识自己，督促、要求自己，形成自我互动。

知识点 6：帕克

(1) 帕克是两次世界大战之间最具影响力的美国社会学家。他使芝加哥社会学系享有国际声望，并深刻影响了美国经验社会学研究的方向，被称为"大众传播的第一位理论家"。

(2) 开创了关于四个重要论题的学术研究，即大众传播、种族关系、人类生态学和集体行为。

(3) 帕克借用了西美尔的陌生人概念，提出了社会距离的概念，指出边缘人就是生活在两个世界之间，又不属于其中任何一个世界的人。帕克在他对种族关系的分析中使用了"社会距离"的概念。

(4) 他在《移民报刊及其控制》中提出了与后续的传播学理论极有关联的研究话题：

a. 媒体内容如何影响舆论？（议程设置过程）

b. 大众媒体如何受到了舆论的影响？（含有把关的思想）

c. 大众媒体如何导致社会变化？

d. 人际网络如何与大众媒体相联系？

(5) 他提出了传播的概念，将传播限定为"一个社会心理的过程。凭借这个过程，在某种意义和某种程度上，个人能够假设其他人的态度和观点"。

(6) 帕克关注媒介的社会控制功能，他认为媒介的社会控制可以分为三种方式：传统个体受群体和他人的影响、公共舆论以及制度控制。公共舆论的控制有赖于传播技术，公共舆论又是共同体的基础，对传播技术的研究就显得尤其重要。这也为后续的把关理论奠定了基础。

(7) 帕克强调经验研究，奠定了经验主义传播学的主流基调。

(8) 帕克的理念对媒介环境学的产生有很大启发，直接或间接影响了英尼斯、麦克卢汉等媒介环境学派的学者，他也可以被看作媒介环境学的先驱。

知识点 7：戈夫曼

(1) 美国社会学家，被称为"芝加哥学派的最后一位大师"。戈夫曼最重要的理论贡献是发展了符号互动论，提出了戏剧理论 / 拟剧论、框架理论等。这些丰硕的理论成果，促成了芝加哥学派的第二次兴盛。

(2) 戈夫曼提出了框架的概念，将框架定义为"人们用来认识和解释社会生活经验的一种认知结构，它能使它的使用者定位、感知、确定和命名那些看似无穷的具体事实"。此后发展为框架理论。在议程设置研究中，框架分析理论被用来关注媒介议题如何影响受众接收、处理并判断信息的过程。现今对新闻内容的比较分析研究和对新闻知识生产的研究，都离不开戈夫曼的框架概念。

(3) 戈夫曼从框架论述到角色，继而发展出戏剧理论。在框架中，人们需要扮演不同的角色。<u>角色是传播的产物，通过角色，人们能够进行信息传播和交流。</u><u>个体的传播依靠角色来完成，角色被框架所决定</u>，框架所传达出的角色印象应当与个人在实际生活中扮演的角色一致。

（4）前台和后台：戈夫曼论述了前台和后台的表演。框架在戈夫曼的理论中就是剧场舞台，日常社会交往构成人们经验的社会整体，社会互动是舞台上的表演。<u>前台是个体在表演时使用的标准类型的表达装备</u>，角色是个体在社会中的身份地位与举止外表，场景就是表演的情境，人们希望角色与场景达成一致，以实现完美的表演。后台与前台相反，人们在后台的形象往往与在前台的角色相矛盾，在后台，人们不再进行理想化的表演，<u>框架要求的规则和制度在后台表现得不明显</u>，因此人在后台的行为更为真实。

知识点 8：沃尔特·李普曼

（1）李普曼是美国著名政治学家和新闻工作者，传播学史上最具影响力的学者之一，在宣传分析和舆论研究方面享有很高声誉。代表作为 1922 年出版的《舆论学》，在该著作中开创了今天被称为<u>议程设置</u>的早期思想，对成见、兴趣、公意的形成和民主形象等问题做了深刻而精辟的讨论，完成了新闻史上对舆论传播现象的第一次全面的梳理，为后人的研究奠定了基础。

（2）拟态环境：信息环境并非<u>现实环境的"镜子"式再现</u>，而是传播媒介通过<u>象征性事件或信息进行选择和加工，重新加以结构化</u>以后向人们提示的环境。与人们通常的认识不同，大众传播形成的信息环境（拟态环境）不仅<u>制约人的认知和行为</u>，而且通过制约人的认知和行为来对<u>客观的现实环境</u>产生影响。

（3）刻板印象：即人们对特定的事物所持的<u>固定化、简单化的观念和印象</u>，它通常伴随着对该事物的<u>价值评价和好恶的感情</u>。刻板成见可以为人们认识世界提供简便的参考标准，但也起着社会控制的作用。

（4）议程设置雏形：每一份报纸都是一系列把关决定的结果，大众传媒或许在决定我们想什么方面具有强烈的影响。他这样描绘议程设置：这是一个过程，通过它，某个新闻论题被大众传播、公众和政治精英赋予优先的关注。

（5）李普曼的舆论观：李普曼在 1922 年出版的《舆论学》一书中提出：因为新闻受到"刻板成见"和受众心理等因素的影响，美国没有真正的舆论，也就不可能形成真正的民主。李普曼认为，<u>民主只有在良好的公共舆论中才能够形成</u>，而良好的公众舆论的形成依赖于公众对外部世界有清晰的图像，但媒介拟态环境使得它不可能中立客观地反映事实。同时媒介为了盈利，不仅不会改变，还会迎合、强化公众的刻板印象。因此凭借理性公民建立民主注定行<u>不通</u>。

知识点 9：李杜之争

1. 杜威与李普曼论战背景

二人此前在学术研究上有许多共识，杜威还为李普曼就职的《新共和》杂志撰稿，李普曼也对杜威的著作《民主主义与教育》给予了极大肯定。一战后，美国国内外局势动荡不安，二人也都将注意力转到如何创建民主政体上来，都把实现民主社会作为理想，只是在提出实现民主的途径上出现分歧。杜威主张公众共同参与的参与式民主，而李普曼则更为倾向精英主义。

2. 双方观点与争锋点：理性的公众是否存在，参与式民主是否可行

（1）李普曼认为，民主只有在良好的公共舆论中才能够形成，而良好的公众舆论的形成依赖于公众对外部世界有清晰的图像，但媒介拟态环境使得它不可能中立客观地反映事实。同时媒介为了盈利，不仅不会改变，还会迎合、强化公众的刻板印象。因此凭借理性公民建立民主注定行不通。

（2）杜威承认李普曼的部分批判的合理性，但他认为大众媒体具有更强的潜力，大众媒体除了传播信息以外，更重要的是使人们得以跨越时空对共同问题达成共识，促进更大的共同体的形成。专业的观点可以通过改进传播方法、提高受众的认知能力等方式，充分地传达给受众。符号象征手法不一定只会加强人们的刻板印象，也能够用来重建人们对于共同体的认同。

第 52 天
传播学史（四大奠基人）

知识点 1：大众传播学的起始

20 世纪 40 年代美国渐渐产生了大众传播学学科成熟的土壤，这是因为：

（1）政治方面：美国政治家重视利用传播媒介宣传主张、树立形象，大众传播拥有了政治实践基础。

（2）经济方面：美国的广告、调查公司大量产生，企业普遍较关注营销环节中的传播问题，大众传播业迅速发展。

（3）社会与技术方面：广播、电影等电子媒介出现，形成了巨大的社会影响，促使人们思考传播问题。

（4）两次大战使得大量欧洲的传播研究者来到美国，为传播学带来了人才基础；战争客观上促进了人们对于宣传的重视，产生了一系列传播研究成果。

知识点 2："三论"

1. 信息论 / 克劳德·香农

（1）香农是美国数学家，信息论的提出者，提出了信息的概念及信息论的计算公式。

（2）在《通信的数学理论》中，香农提出了传播过程基本模式，开辟了以图解方式建构传播模式的先河。自此之后，图解方式成为建构传播模式的基本方法。他还同时提出了噪声及冗余等新的传播概念。

（3）香农的信息论使信息与人的行为发生了密切的联系，从而为传播学研究开辟了更广阔的视野。

2. 控制论 / 诺伯特·维纳

（1）维纳是美国数学家，代表作《控制论》，被称为"传播学的另一位伟大的工程师"。

（2）维纳的最大贡献是创立了控制论，提出了系统内秩序维持的一般法则及控制规律，极大地影响了传播学研究。现代传播学中几乎所有的宏观、中观和微观研究领域，无不渗透着控制论的观点。

（3）控制论对传播学的另一个重要贡献就是把反馈的概念引进了传播过程研究，这对于认识人类的社会传播过程的双向性和互动性具有极为深刻的意义。

3. 系统论 / 路德维希 · 贝塔朗菲

（1）系统论是研究自然、社会和人类思维领域以及其他各种系统原理、联系和发展的一般规律的学科。

（2）它主要以系统为研究对象，从整体出发研究系统整体和组成系统整体各要素之间的相互关系，从本质上说明其结构、功能、行为和动态，把握系统整体并促进良性发展。

（3）贝塔朗菲认为：系统是相互关联并组成一个整体的一组事物，由客体、属性、联系、环境组成，有严格的等级和层次，处于积极的活动之中，并且与周围环境发生物质与能量的交换关系。

知识点 3：拉斯韦尔

（1）拉斯韦尔是政治学家、社会学家，传播学四大奠基人之一。

（2）他在《传播在社会中的结构与功能》一文中建立了 5W 的传播模式：谁（who）、什么（what）、告诉谁（to whom）、通过什么渠道（in which channel）、取得什么效果（with what effect）。

（3）提出了大众传播的三种功能：监视社会环境、协调社会关系、传衍社会遗产。

（4）拉斯韦尔开创了内容分析方法。他关于政治宣传和战时宣传的研究代表着一种重要的早期传播学类型。他在《世界大战中的宣传技巧》中对宣传进行了全面分析，还为宣传下过这样的定义：宣传就是运用象征符号来控制（人们的）群体态度，广义的宣传，就是运用各种表态方式以影响人们的行动的技术。

（5）宣传的目标：在《世界大战中的宣传技巧》中他提出了宣传的四个目标：激起对敌人的仇恨；与盟军保持友好关系；与中立者保持友好关系，并尽可能达成合作；瓦解敌人的斗志。

知识点 4：拉扎斯菲尔德

（1）拉扎斯菲尔德是美籍奥地利社会学家。他最早将社会调查法和小组座谈法系统地应用于受众研究，他被称为传播学研究的"工具制作者"，贡献在于提出统计调查、抽样分析、数据整理等科学主义的研究方法。

（2）拉扎斯菲尔德和卡茨在美国伊里县进行了选民投票影响因素的研究，发表的研究成果《人民的选择》被看作是传播学史上的一个里程碑。该书提出了先有倾向假说、选择性接触假说、意见领袖和两级传播等概念和观点，结束了魔弹论统治传播研究的时代，开创了有限效果论。同时他也开创了媒体效果研究的传统，这一传统成为在美国大众传播研究中占有统治地位的范式。

（3）拉扎斯菲尔德和他的同事罗伯特·默顿在《大众传播、大众鉴赏力和有组织的社会行动》一文中指出了大众传播的各种功能，其中尤其强调的是两种隐性功能：授予地位的功能和促进社会准则实行的功能，以及一种负功能：麻醉精神的功能。

（4）拉扎斯菲尔德还提出了社会顺从理论。

（5）拉扎斯菲尔德回应马克斯·霍克海默的《传统理论与批判理论》，写下了《论管理的和批判的传播学研究》，将定量的、经验性的研究看作为政府和大众媒体机构服务的重要途径，从而奠定了传播学经验学派和批判学派的分野。

（6）拉扎斯菲尔德除了调查问卷与实地调查法之外，也发明了焦点小组访谈法。他不仅使用定量研究，也使用定性研究。

（7）拉扎斯菲尔德及其建立的哥伦比亚大学应用社会研究所创立了一个新的研究范式，即以涂尔干主义（功能主义）、行为主义和实证主义作为理论基础，以行政研究作为运营方式的新的研究体制。这一范式后来被看作哥伦比亚学派的研究基础。在 20 世纪 40 年代至 50 年代的美国，哥伦比亚学派替代了芝加哥学派成为传播学研究的主流。

知识点 5：库尔特·卢因（也译为勒温）

（1）卢因是德国实验心理学家，是现代社会心理学的开创者。他开创了群体动力学和群体传播的社会心理学研究，创建了参与性组织管理的模式，并提出了"把关人"的概念。

（2）卢因最先提出"场论"和"群体动力论"，并创立了群体动力研究中心。群体动力论主要研究群体与个体之间的关系，特别关注群体规范对个体行为的制约和影响，二战中他将这一理论应用于对军队士气问题的研究，同时还进行了劝诱人们改变饮食习惯的研究。卢因的群体动力论对美国传播学的建立起了一定的推动作用，也为传播学研究提供了一个新的层面和方法。

（3）卢因对传播学的另一个重要贡献是提出了信息传播的"把关人"概念，把关理论成为揭示新闻或信息传播过程内在控制机制的重要理论。

（4）卢因是自然实验法的重要发明和推广者。

知识点 6：卡尔·霍夫兰

（1）霍夫兰是美国实验心理学家，他毕生研究人的心理对人行为的影响，具体研究说服与态度的关系，态度的形成与转变，说服的方式，技巧与能力等，其中又集中在用实验的方法研究人的态度与说服之间的关系上，如二战期间主要研究军队拍摄的军事教育影片对军人的影响，主要研究成果有《我们为何而战》，以及战后的耶鲁研究等。

（2）他对传播学的贡献在于：一是把心理实验方法引入传播学领域，大大开拓了传播学的研究范围；二是他针对信源的可信性、传播技巧、受众属性等影响说服效果的因素进行了大量实验考察，揭示了传播效果形成的条件性和复杂性，为修正早期的魔弹论效果观提供了重要的依据。

（3）霍夫兰创立了传播学的耶鲁学派，围绕霍夫兰的传播与说服领域耶鲁大学涌现出了一批重要的社会心理学家，包括贾尼斯、麦奎尔等，他们进一步推广和发扬了有限效果理论，是 20 世纪五六十年代最著名的传播学流派之一。

（4）霍夫兰将行为主义心理学和传播学结合在一起，行为主义传播学派逐渐挑战和取代了哥伦比亚学派的结构功能主义理论，成为了美国传播学派的主导性研究范式，极大推动了以效果研究为核心、量化研究为主导的美国传播学发展，但也有过分注意个体、脱离社会现实等缺点。

知识点 7：哥伦比亚学派

（1）应用数学博士出身的拉扎斯菲尔德将量化研究方法带到美国，并通过其创建的哥伦比亚大学应用社会研究所，培养出了一代精通实证量化研究方法的美国社会学、传播学研究者。他们引入了控制实验、抽样调查、统计分析量化研究方法，替代了原有芝加哥学派的城市民族志等质化研究方法，代表性学者有拉扎斯菲尔德、默顿、贝雷尔森和卡茨等。

（2）他们主要秉承社会学的研究传统，对于小群体和社会的传播机制、媒介的特征及使用、传播效果理论的实证研究作出了重要贡献。但过于市场化、商业化的研究背景使得这一学派聚焦于媒介的短期效果，失去了媒介研究的宏观视野。

知识点 8：罗伯特·默顿

（1）默顿是 20 世纪最有影响的社会学家之一，也是美国最伟大的社会学家之一，被人认为是美国科学社会学之父，有"美国的涂尔干"之称。他最大的贡献在于提出社会学中指导经验研究的中层理论，提倡从描述个体的行动模式入手，指出行动背后的被支配和排斥模式，进而通过阐释以及评价行动的意图，使得行动模式的显功能得以呈现。

（2）与拉扎斯菲尔德合作超过 35 年，梳理整合了传播研究领域的知识，使之系统化，在两级传播、人际网络、创新扩散等研究领域均有贡献。默顿还与拉扎斯菲尔德创造了焦点小组座谈法，提出了三大隐性功能假说。

知识点 9：伯纳德·贝雷尔森

（1）贝雷尔森是美国传播学效果理论的奠基人，政治传播学的代表人物。

（2）他与拉扎斯菲尔德在伊里县研究中提出了两级传播理论的雏形，对传播学的研究方法具有重大贡献。

（3）他对于内容分析的方法贡献颇多，使其成为了一种成熟的研究方法。在 1959 年，他提出了"传播研究正在枯萎"的问题，诱发了对传播学转型的思考，最终产生了以受众为中心的使用与满足理论。

（4）他对于内容分析的方法贡献最多，使其成为了一种成熟的研究方法。

知识点 10：卡茨

（1）拉扎斯菲尔德之后传播学哥伦比亚学派的代表人物，同时又是法兰克福学派代表人物洛文塔尔的弟子。

（2）他与拉扎斯菲尔德一起推翻了魔弹论，又通过使用与满足理论重建了传播的效果观，堪称传播学史第一人。

（3）开创了积极受众理论，对贝雷尔森的观念进行了回应，提出了从受众出发的使用与满足理论，使传播学的整体面貌焕然一新。

（4）与拉扎斯菲尔德一起进行了两级传播的研究，尤其是意见领袖和传播流的研究，其中传播流指大众传媒的信息仅供各中间环节流向传播对象的社会过程，否定了魔弹论的观点。

（5）提出媒介事件理论，对媒介事件进行了全方位的分析与研究。提出功能论，对态度改变进行了新的解释。

第 53 天
传播学史（施拉姆与其他重要经验传播学者）

知识点 1：威尔伯·施拉姆

（1）施拉姆是人类历史上<u>第一位传播学家，传播学学科创始人</u>，人称<u>"传播学鼻祖""传播学之父"</u>。施拉姆是传播学的奠基人和集大成者，他将四大奠基人的研究加以综合、整理，使其系统化、正规化、完善化，最终创立了一个新的<u>独立的学科</u>——传播学。

（2）施拉姆著述颇丰，他曾主编了世界上最早的一批传播学教材，并曾出版过近 30 部论著，包括<u>《报刊的四种理论》（又译《传媒的四种理论》）、《大众传播媒介与社会发展》、《传播学概论》</u>等。

（3）施拉姆大力推进传播学教育，扩大传播学在教育及学术界的影响，培养了众多知名学者，形成了"施拉姆学派"。施拉姆也是<u>把传播学引入中国</u>的重要人物。

（4）施拉姆开辟了几个新的研究领域，如<u>电视对儿童的影响问题、国家传播中的信息流通问题、传播与第三世界国家发展之间的关系问题</u>等。

（5）施拉姆提出了<u>传播的八个原则 / 认识媒介的八个角度</u>。

（6）施拉姆奠定了经验主义传播学的<u>行政研究色彩</u>，但他的思想中的保守主义成分实际上是为美国二战后的全球扩张服务的，因而他的传播学路径<u>缺乏对资本主义传播体制的反思</u>，这是他的重要局限性。

知识点 2：丹尼尔·勒纳

（1）勒纳是社会学家、传播学家，在<u>现代化理论、传播与社会变迁</u>等方面具有突出贡献，代表著作有<u>《传统社会的消逝——中东的现代化》</u>等。

（2）他指出传播在社会变迁中的重要作用，认为<u>现代化是从传统社会向现代社会演变的过程</u>，而<u>大众媒介</u>在此中扮演重要角色。他提出了传播与资本主义社会发展的理论模式，以城镇化、教育、大众传播、社会参与来解释现代化的过程。其中大众传播不仅促进社会整合，而且不断地向大众传播着新的思维方式和生活方式，推动整个社会的现代化。但<u>批评者认为他是西方中心论者</u>，而西方主宰的现代化正是许多国家受压迫的原因。

（3）他开创了<u>发展传播学</u>这一分支，并且强调传播形态对于社会经济发展的作用，对后续研究产生了巨大影响。

知识点 3：其他传播人物（传播效果领域）

赫尔塔·赫佐格	最早的使用与满足研究——妇女日间广播剧研究
罗杰斯	创新扩散论
麦库姆斯和肖	议程设置论
伊丽莎白·诺尔 - 诺依曼	沉默的螺旋
乔治·多诺霍、菲利普·蒂奇纳、克拉丽斯·奥里恩（明尼苏达小组）	知识沟
戴维森	第三人效果

知识点 4：爱德华·霍尔

（1）霍尔是美国人类学家，<u>跨文化传播之父</u>。

（2）霍尔第一次使用了跨文化传播的概念，并提出了"<u>文化是传播，传播也是文化</u>"的观点。他将注意力集中于探讨<u>文化如何影响面对面交往</u>上。他并不是把文化作为一般的宏观现象加以研究，而是从声调、手势、表情、接触、时间和空间等微观问题入手，传授如何与不同文化背景的人进行沟通，并通过对文化的研究拓展到对传播的研究。

（3）传播的语境：霍尔强调<u>传播中的语境</u>。他是这样定义语境的：语境是有关一个事件的信息，跟该事件的意义密切关联。霍尔认为所有的信息传播都可以分为高、低或者中语境，继而提出了<u>高语境文化与低语境文化</u>的概念。

知识点 5：梅尔文·德弗勒

（1）德弗勒是美国著名传播学家、社会心理学家，当代最著名的传播学者之一。先后参与了<u>传播流研究、电视对儿童的影响研究</u>等。

（2）德弗勒对于传播模式的研究效果颇丰，先后提出了三个传播模式，其中在 20 世纪 50 年代，德弗勒在香农模式的基础上提出了<u>大众传播双循环模式</u>，补充了香农模式缺乏反馈的缺陷。

（3）1966 年，德弗勒提出了<u>美国大众媒介体系模式</u>，用系统论的观点，总结了美国大众传播媒介系统在运行过程中的各组成部分及其相互关系。1975 年，德弗勒又与鲍尔·洛基奇共同提出了<u>媒介系统依赖模式</u>，将媒介作为社会的有机部分加以考察。

（4）德弗勒对受众理论进行总结，将其分为<u>四种类型：个人差异论、社会分类论、社会关系论、文化规范论</u>。其中，文化规范论指大众媒介通过塑造社会的文化规范引发受众模仿，进而对受众产生间接效果。

知识点 6：丹尼斯·麦奎尔

（1）丹尼斯·麦奎尔，<u>英国著名传播学家</u>，欧洲传媒研究小组成员。

（2）<u>受众研究</u>：麦奎尔认为受众既是社会环境（这种社会环境导致相同的文化兴趣、理解力和信息需求）的产物，也是特定媒介供应模式的产物。他把<u>受众分为作为大众的受众、作为群体的受众和作为市场的受众</u>三种。

（3）<u>传播模式</u>：丹尼斯·麦奎尔总结了自从传播学模式研究方法诞生以来所有的传播模式，精心选取了 48 种最具代表性的模式，逐一介绍其含义、演变过程和主要优缺点。

（4）<u>媒介技术</u>：麦奎尔把传播技术称为"历史意义上的革新"，体现出科学主义重视科学技术的立场；他又认为<u>传播技术的发展同文化发展有着密切关系</u>，但并不是其唯一的动力和原因。

（5）注意与另一位麦奎尔——耶鲁研究的代表人物威廉·麦奎尔进行区分。

知识点 7：凯斯·桑斯坦

（1）<u>桑斯坦是美国法学家</u>，对网络传播、网络民主等有诸多贡献。

（2）<u>网络民主</u>：桑斯坦在《网络共和国：网络社会中的民主问题》一书中对网络时代多元信息的价值及网络管制的限度进行了审慎反思，指出<u>网络时代大众对信息的强大过滤、筛选能力会引起网络民主的困境</u>，容易使大众走向非理性的民粹主义，主张通过协商民主的规制实现网络时代的民主价值。

（3）<u>群体极化</u>：桑斯坦继承了詹姆斯·斯托纳提出的观点，认为群体极化是一种<u>持有相同倾向的人在群体讨论结束之后，更趋向保持原有观点且变得更为极端的社会现象</u>。群体极化形成于社会隔离机制与群体的自我确信和确认。

（4）<u>信息茧房</u>：通过对互联网的考察，桑斯坦指出，在信息传播中，公众只注意自己选择的内容和使自己愉悦的信息领域，久而久之，会将自身桎梏于像蚕茧一般的"茧房"中。

知识点 8：克莱·舍基

（1）舍基是美国作家，互联网技术观察者。

（2）<u>虚拟社群的组织力量</u>：舍基在《未来是湿的》一书中围绕"群体行为"如何被赋予组织力量展开论述。他认为，基于爱而开展的群体行为可以看成一个梯子上的递进行为，它们分别是<u>共享、合作和集体行动</u>，并且界定了社会网络的三个组织要素：承诺、工具和规则。

（3）<u>认知盈余</u>：在《认知盈余》中，克莱·舍基认为，<u>社交网络重新组织了人们的生产和生活方式，通过社交网络，人们能够累积自己的自由时间，互通有无，产生新的社会和人力资源</u>。

知识点 9：凯文·凯利

（1）凯利是<u>《连线》</u>杂志创始主编，美国网络文化的观察者，代表作《失控》《科技想要什么》《必然》。

（2）<u>技术元素</u>：凯文·凯利发展了技术的概念，技术元素不仅指硬件，而且包括文化、艺术、社会制度以及各类思想的综合，用技术元素表示整个系统，用科技指代具体技术。他认为技术有自己的生命和需求，它不仅来源于人的意识，而且引领人的意识。

（3）<u>第七王国</u>：凯文·凯利认为技术是<u>第七王国</u>。他认为，现在人类已定义的生命形态仅包括植物、动物、原生生物、真菌、原细菌、真细菌六种，但技术的演化和这六种生命体的演化惊人相似，技术应该是生命的第七种方式。科技系统具有模仿自然的能力；科技如同有机组织，需要连续发展而达到特定阶段；<u>技术是对信息的进一步重组</u>。

（4）技术生命论：随着技术的发展，技术元素日渐成熟，成为自己的主宰。它的持续性自我强化过程和组成部分使之具有明显的自主性。凯利将技术的生命特征概括为 5 个方面，即<u>自我修复、自我保护、自我维护（获取能源、排除废物）、对目标的自我控制、自我改进</u>。

第54天
法兰克福学派

知识点1：法兰克福学派

（1）批判学派的流派之一，1923年成立于德国的法兰克福，代表人物有霍克海默、西奥多·阿多诺、洛文塔尔、赫伯特·马尔库塞、艾瑞克·弗洛姆、瓦尔特·本雅明和尤尔根·哈贝马斯等。这一学派从马克思主义理论出发，从哲学和社会学角度研究和批判现代资本主义社会中的文化危机和现代西方文明。其中对资本主义社会中的工具理性主宰和文化工业现象的研究，对批判的传播研究具有重要影响。

（2）第一代法兰克福学派学者的批判重点在于文化，他们认为高雅文化有它自己的整体性和固有的价值，而大众文化会在吸引大众的同时用美化和宣传资本主义的标准化公式来出版或播出媒介产品。法兰克福学派展示了大众文化的剥削性质，以及文化工业是如何通过宣扬大公司的社会支配权来帮助摧毁个性的，他们批判的目的是反抗这种大众文化和剥削。

（3）第二次世界大战以后，法兰克福学派主要的批判对象是后资本主义，因为后资本主义用大众媒体广告操纵着人们的精神，使人们变为热衷消费的"单向度的人"，丧失批判和抗争性的思想路线。

（4）在哈贝马斯时期，法兰克福学派开始逐渐从文化方面转向，致力于讨论晚期资本主义的合法性问题，主张以交往行为理论来重建历史唯物主义，并提出了公共领域理论。

（5）在此之后，第三代法兰克福学派逐渐失去了学术地位，但仍然有人继续着研究，代表人物是阿克塞尔·霍耐特，但大众媒介研究已不是重心。

（6）法兰克福学派对传播学的影响意义深远，它开创了传媒批判理论的先河，对传媒研究做出了历史性的贡献，深刻地影响了此后各种批判学派的传媒和文化研究取向。

（7）第一代法兰克福学派存在的局限性：他们几乎完全忽略了大众传媒和大众文化积极的一面，因此，他们的批判也仅仅停留在单纯否定性的批判阶段，始终找不到必然的出路。

知识点2：马克斯·霍克海默

（1）霍克海默是法兰克福学派真正意义上的创始人，第一个明确提出批判理论的人，在《传统理论与批判理论》一文中为批判学派正式奠基。他曾资助众多流亡学者，包括阿多诺、马尔库塞等，吸引了一大批有才华的学者，支撑起法兰克福大学社会研究所。

（2）与阿多诺合作撰写《启蒙辩证法》，标志着批判理论的第一个高潮，把批判理论的锋芒指向了整个启蒙理性。

（3）主要的理论贡献大多集中在对马克思主义哲学和他所提出的社会批判哲学的当代阐释之上。具体而言，他认为在现代资本主义社会，艺术取决于娱乐工业的意志。在专制主义社会中，艺术和文化的发展被直接或间接从事宣传工作的管理者所控制，这些宣传本质上与真理无关。

（4）作为启蒙辩证法当代的具体表现，对工具理性的批判是启蒙理性批判的焦点。霍克海默认为，针对工具理性的批判直指整个现代工业文明，包括法西斯的极权主义与美国式的文化工业。

知识点 3：西奥多·阿多诺

（1）阿多诺是法兰克福学派最著名的代表人物之一。批判理论的代表，文化工业批判的奠基人。同时他与拉扎斯菲尔德的合作与分歧代表了两个传播研究流派的分野。

（2）在《论音乐中的拜物教特性与听力的退化》《论流行音乐》等文章中，阿多诺对现代流行音乐以及艺术进行了批判性的研究。在这两篇文章中，他指出，在现代商业社会中，音乐作为商品，其拜物教特征表现为明星崇拜、流行调式的公式化和同一化，现代流行音乐的突出特征表现为标准化和虚假个性。

（3）文化工业：阿多诺在《启蒙辩证法》中的文化工业部分，主张用"文化工业"代替"大众文化"来表现现代大众传媒及其传播的流行文化。阿多诺认为，文化工业的产品不是艺术品，而是商品，其目的是为了交换和实现商业价值，而不是为满足人的真正的精神需要。

概括而言，文化工业这个概念的批判性含义包括两个层面：其一，文化工业以艺术为名义，兜售的其实是可以获取利润的文化商品，使大众的闲暇时间变为另一种被剥削的劳动；其二，文化工业具有浓厚而隐蔽的资产阶级意识形态，在人们忘乎所以地享受文化快感时，隐蔽地操纵了人们的身心乃至潜意识活动。它是一种使控制变得更密不透风，使统治秩序更加坚固的"社会水泥"，这个概念暗示了现代大众文化的本质属性，表明它不过是商品生产与消费体系的产物。

（4）阿多诺的研究开启了对大众文化批判的先河，指出了资本主义社会中文化工业的本质，大众文化与意识形态批判成为此后批判学派的重要主题。但他过高估计了高雅文化的解放意义，低估了受众的主动性及大众文化的潜质，在此后遭到许多评论者的诟病。

知识点 4：文化工业论

（1）文化沦落为商品。文化产品的生产、流通、消费过程都严格按照商品的操作模式进行，其生产目的是与其他商品进行交换。文化的价值由它们的交换价值决定，而不再取决于它们自身的特殊内容和完美的艺术形式。

（2）"文化工业"的文化产品具有隐蔽的欺骗性。它宣称大规模的重复生产是为了满足全体社会成员的需要，实际上是对大众与中间阶层的麻痹与愚弄。

（3）"文化工业"将我们耳熟能详的旧有的文化形式和新技术带来的新形式巧妙地融合到一起。

（4）"文化工业"还不断向消费者许愿，承诺将不断地改变娱乐的形式和派头。媒介是"文化工业"最得心应手的武器。在大众传媒的影响下，文化终于变成精神生活的点缀而不是必需，从而"丧失了更大部分的真理"。

知识点 5：媒介与文化工业

（1）现代传播媒介是文化物化过程最直接的手段，也是文化工业最得心应手的武器。文化工业的统治者会把各种与主流价值观相悖离的文化价值纳入已确立的秩序，并大规模地复制和显示它们。

（2）媒介猛烈的攻势久而久之就会使大众自动放弃思想，变得麻木、平庸，成为文化中的被奴役者。电影用它的内容教育观众，促使观众直接用它去衡量现实；电视用它的价值判断去教育观众接受它的价值标准；报纸更是精心挑选它的内容，在有限的版面上轮番进攻，把报纸塑造成代表民众思考的机构。这样做的后果是"抑制观众的主观创造能力，从而导致文化消费者的想象力和自发力渐渐萎缩"，在大众传播媒介的影响下，文化终于变成精神生活的点缀而不是必需，从而"丧失了更大部分的真理"。

知识点 6：赫伯特·马尔库塞与单向度的人

（1）马尔库塞是法兰克福学派代表人物，被称作"新左派之父"。他深受马克思主义学说影响，出版了《爱欲与文明》，试图将弗洛伊德与马克思主义进行结合，即马尔库塞的"启蒙辩证法"；而后对当代发达资本主义社会意识形态进行集中的批判，其中对于单向度的人的思考，以及对科学技术与意识形态关系的批判是他最有影响力的贡献之一。

（2）马尔库塞最具影响力的代表作为《单向度的人》（1964），集中体现为一种对发达工业社会肯定性哲学的批判。所谓单向度，是指现代社会无论是经济、政治制度，还是科学、工艺、艺术以及哲学和日常思维，都是"单面"的，即只有承认和接受现实的一面，却没有否定的和批判性的一面，这是现代社会最大的危机之一。

（3）马尔库塞认为，对传播和媒介技术的研究是对整个发达工业社会意识形态研究的一个环节和重要组成部分，现代媒介技术是重要的社会控制手段，是发达工业社会意识形态的传声筒。

（4）马尔库塞在虚假需求和真实需求之间作出了区分，虚假的需求是"那些特殊的社会利益集团为了压制个人而加之于个人之上的需要"。现代社会用各种方式引诱人们消费产品，无论这种消费是否出于人们自身的真正需要。在大众传播媒介的引诱下，人们在消费过程中不断得到一种虚假满足。人已经被现代社会所吞没，丧失了自己的灵魂，但人自身却意识不到这种异化状况。

（5）总体上看，马尔库塞对于科学技术作为意识形态承载物的批判是法兰克福学派批判理论的核心主题之一。而在对现代社会的科学技术的理解上，法兰克福学派第二代学者中的哈贝马斯与马尔库塞有着不同的观点，他反对马尔库塞把科学技术的社会功能与传统意识形态的社会功能等量齐观。

知识点7：瓦尔特·本雅明

（1）本雅明是法兰克福学派最著名的思想家之一，研究涉及美学、语言学、哲学、历史等许多领域，对阿多诺有着深刻影响。

（2）在《作为生产者的作者》中，本雅明把艺术创作看成一个生产过程、认为技术在其中起着异常重要的作用的观点一直影响到其后来对于摄影、电影等大众媒介的性质和功能的探讨。在《摄影小史》和《机械复制时代的艺术作品》中，本雅明认为艺术品具有两重价值：崇拜价值和展示价值。机械复制虽然削弱了艺术品的灵光，但是它把人们从对其宗教性的膜拜中解放出来，使得复制品相对于原品同样存在价值。他还肯定了媒介对社会和政治带来革命和解放的潜力。

（3）与法兰克福学派大多数代表人物不同，本雅明对大众媒介批量生产内容并不持完全拒斥的态度。本雅明对于新的媒介技术的论述肯定了媒介和人的知觉之间的互相影响的关系，由肯定媒介的技术价值，进而肯定媒介对社会和政治具有革命和解放的潜力。而且本雅明还从肯定大众受到电影等艺术的影响的角度来肯定大众文化具有一定的正面意义，这与以阿多诺为代表的法兰克福学派的文化精英主义立场截然不同。阿多诺所撰写的《论音乐中的拜物教特性与听力的退化》正是对本雅明《机械复制时代的艺术作品》一文全面、细致的反驳。

知识点8：哈贝马斯

（1）哈贝马斯作为法兰克福学派的第二代旗手，是20世纪下半叶以来西方世界最具影响力的思想家之一。哈贝马斯改良了第一代法兰克福学派学者的激进主义立场和悲观主义态度，把辩证法理论和实证主义哲学、分析哲学、阐释学、语言学等结合起来，实现了批判学派理论的"语言学转向"，以交往行动理论为核心，构建了一个庞大的总体性哲学体系，在批判理论的重建方面产生了世界性的重大影响。

（2）哈贝马斯批判地继承了阿多诺等人对工具理性的批判，主张用交往理性来取代工具理性，从而重建理性在人类生活世界中的基础性地位。

（3）哈贝马斯理论的特色：a. 有破有立，从剖析公共领域的消解——"破"，到通过交往行动重建公共领域——"立"，其思想理论具有连贯性和完整性。b. 从政治的角度研究交往，关注西方民主宪政的实现问题。c. 继承传统又勇于创新，哈贝马斯继承了法兰克福学派对文化工业进行批判的传统，但他反对马尔库塞把科技进步所具有的社会功能等同为传统意识形态所具有的社会功能。d. 具有哲学与传播学的双重特征，在交往理论和语用学基础上重建历史唯物主义。e. 致力于批判学派传播模式的构建，这是哈贝马斯理论的又一大亮点。f. 哈贝马斯批判了经验学派使用的逻辑经验研究方法，简单地把自然科学的研究方法移植到社会科学中来，无疑会导致社会科学中工具理性的膨胀，导致社会科学意义和价值的丧失。

知识点 9：公共领域

（1）"公共领域"的概念最早是由美籍德裔思想家汉娜·阿伦特提出来的，之后约瑟夫·熊彼特、布鲁纳和杜威等人又从不同的角度研究过此问题。哈贝马斯是公共领域理论研究的集大成者，他在《公共领域的结构转型》中，立足于批判的立场对公共领域的历史起源、结构、功能做了透彻的分析和展望。

（2）公共领域是私人领域的一部分，是一个由私人集合而成的公众领域。它与公共权威领域相对立，是公共管理与私人自律紧张关系的反映，其形成的基础是国家与社会的分离。公共领域的精髓在于它的批判性，这里的批判是指公众在理性精神的指引下，基于"公"的目的而进行的交往过程，以此形成对公共事务的一致性意见。

（3）简单地说，公共领域只限于由具有批判力量的私人所构成的针对公共权力机关展开讨论批判的领域，是资产阶级通过公共讨论的方式来调节社会冲突的一个公共话语空间。

（4）局限性：资产阶级公共领域形成的条件是：提供一种平等、自由的交往方式；公众的讨论应限制在一般问题上；公开性。但公共领域不可避免地带有资产阶级的局限性，体现在公共领域得以存在的基础——资产阶级人性观念和私人自律上；公共领域的矛盾还体现在法治国家观念上，诉诸公众舆论的立法只有通过与旧的制度全力斗争才能建立起来，这样立法本身就带上了"强权"色彩；在现实中，进入公共领域的人具有两个标准，一是受过教育，二是拥有财产，对于下层市民来说这个开放的公共领域实际上是封闭的。

（5）对公共领域的批判：

文化学者尼克·史蒂文森指出，哈贝马斯理论存在四个缺陷：

a. 对文化形式及其内容的生产过分关注，以至于忽视了文化接受者（受众）对文化的解读；

b. 起支配作用的意识形态是否如哈贝马斯所说的那样通过大众文化起作用，从而导致公共领域的重新封建化，这一点值得怀疑；

c. 从英国情形来看，公共领域的重新封建化理论是值得怀疑的；

d. 视野过度狭窄，没能考虑到全球性和地方性的公共领域。

约翰·汤伯森则把对哈贝马斯的公共领域理论的批评归结为四个方面：对平民公共领域的忽视；资产阶级公共领域的男性化；误解了大众文化的积极力量；公共领域理论的多义性与模糊性。

第 55 天
文化研究学派

知识点 1：文化研究学派

（1）文化研究作为一个新兴学科和研究流派，起源于 20 世纪六七十年代的英国伯明翰大学当代文化研究中心（CCCS）的研究方向及其研究成果，也被称为"<u>伯明翰学派</u>"。其代表人物有<u>理查德·霍加特、雷蒙·威廉斯和斯图亚特·霍尔</u>。伯明翰学派的影响后来扩展至其他国家，尤其在美国和澳大利亚影响巨大。

（2）文化研究的理论渊源：文化研究学派继承了法兰克福学派对文化工业的意识形态控制的批判，同时更关注<u>受众解码</u>，认为受众的解读蕴涵着反抗意识形态控制的可能性。此外，文化研究学派也承袭了葛兰西、路易·阿尔都塞的观点，认同大众媒介作为意识形态国家机器行使"霸权"功能，但有所发展地指出受众有能力反抗，因而游离于"经济基础—上层建筑"的二元框架之外。

（3）文化研究的五个特点：

a. 具有强烈的<u>跨学科特点</u>，打破学科限制，形成了一个多学科研究的领域；

b. <u>强调广义的而非狭义的文化概念</u>，文化研究主张文化是"<u>人类生活的全部方式</u>"，<u>抵制</u>英国学界主流的<u>文化精英主义</u>，将传统的文化理论不屑一顾的电视、广播、流行音乐、报刊等<u>大众文化纳入文化研究的领域</u>；

c. 文化研究<u>批判了法兰克福学派对文化所持有的精英主义倾向</u>，<u>拒绝文化的高雅和低俗的机械二分法</u>，企图建立一个包含所有文化的共同领域，<u>肯定了大众文化的价值</u>；

d. 文化研究既是经验的又是实践的，不仅研究文化产品本身，同样研究文化产品的<u>生产、流通、消费的全过程</u>，研究人们是如何创造、读解和体验文化的；

e. 伯明翰学派的文化研究带有很强的<u>政治气息</u>，尤其注重文化在社会阶级关系再生产中的作用，强调<u>文化和权力斗争的关系</u>。

（4）文化研究的主要观点：

a. 大众传播是资本主义社会系统的一个重要组成部分，它在规定社会关系、行使政治统治方面发挥着重要的意识形态功能，并具有相对的独立性。

b. 大众传播可以分为两个部分：一是<u>文化产品的生产过程</u>；二是<u>文化产品的消费过程</u>。前者是媒介通过象征事物的选择和加工，将社会事物加以"<u>符号化</u>"和"<u>赋予意义</u>"的过程，后者是受众<u>接触媒介讯息，进行符号解读，解释其意义</u>的过程。

c. 讯息符号是与一定的价值体系或意义体系结合在一起的。在资本主义社会中，既有促进现存不平等关系的"支配性的"价值体系，又有推动人们接受不平等、安居较低社会地位的"从属性的"价值体系，还有不满于阶级支配现状、号召社会变革的"激进的"价值体系。大众传媒的符号化活动，在本质上来说是按照支配阶级的价值体系为事物"赋予意义"。

d. 尽管如此，受众的符号解读过程却不是完全被动的，由于符号的多义性和受众社会背景的多样性，受众可以对文本讯息作出多种多样的理解。

知识点 2：理查德·霍加特

（1）霍加特是 20 世纪英国的一位重要的文学批评家，也是英国当代文化研究中心的主要创始人，被视为伯明翰学派开创者和重要奠基人。他的文化研究思想呈现出早期伯明翰学派的"文化主义"阶段特色，强调一种经验主义式的文化观，即文化的形式和内容来自经验生活。

（2）霍加特从自己的生活经历出发写作《识字的用途》这一著作，深入观察和分析了工人阶级的文化。他将一向受到轻视的工人阶级文化置于学术视野之下，扭转了弗兰克·利维斯的文化精英主义倾向，发展了文化主义的研究范式和民族志的研究方法。他也强烈批判了以美国流行文化为代表的大众娱乐文化对英国工人阶级文化的巨大冲击。

知识点 3：爱德华·汤普森

（1）汤普森是当代英国最著名并享誉世界的马克思主义历史学家之一，也是英国伯明翰学派最重要的奠基者之一。

（2）汤普森反对马克思主义的机械论和经济论的形式，认为传统的经济决定论有失偏颇，马克思主义者要充分重视作为经济基础和上层建筑中间环节的文化、社会因素的能动作用。他创造性地提出了生活方式的概念，认为文化研究者要关注人们具体的生活经验，重新考察那些"日常生活和社会生活赖以构成，以及社会意识形态得以实现并获得表现的复杂的详尽的系统"。

（3）在《英国工人阶级的形成》一书中，汤普森颇为详细地描述了 18 世纪到 19 世纪英国工人阶级的种种经验或经历，分析了他们的阶级经验和阶级意识是如何形成的。

（4）汤普森所持的文化理论属于文化主义范式，认为文化产生于人的整体生活方式。

知识点 4：雷蒙·威廉斯

（1）威廉斯是英国文化研究学派取得重大成就的开拓者之一，伯明翰学派的领袖人物。威廉斯的传播思想主要体现在对文化的重新定义、对"大众"的解构、对传播模式的分析、意识到当代文化与大众传播的紧密结合等方面，他对报纸、电视、广告等大众媒介进行了考察，并提出了词源学和新批评的研究方法。

（2）威廉斯对文化进行了重新定义，在《文化与社会》中提出了文化的四层含义，反驳了利维斯的文化精英主义观点，认为文化可以是一种对于独特生活方式的描述，进而将生产组织、体制结构、交往方式纳入文化范畴。

（3）威廉斯认为实际上没有大众，有的只是把人看成大众的那种看法。把真正的大众（popular）文化纳入虚假的、商业的"大众"（mass）文化之中，才是问题所在。进一步地，他认为媒介是中性的，关键在于如何使用。传播的目的应该是教育、传递信息或见解，其前提是传播的对象是理性的个体。但现实是，受群氓的偏见的影响，传播往往被用于操纵、说服。

（4）威廉斯把传播形式分为三种：权威主义的传播模式、家长制的传播模式、商业化的自由市场模式。他把权威主义模式和家长制模式都称为支配性的传播模式；而商业模式使得新闻媒介不可能真正做到对社会负责。这三种模式都不利于创造文化和民主共同体，所以他提出了第四种模式：民主的模式，以确保实质性的传播自由。

（5）威廉斯意识到当代文化与大众传播的紧密结合，对报纸、广播、电视等进行考察，尤其对电视进行了详细的分析，开创了文化研究学派的电视受众研究的先河。

（6）威廉斯提出了技术意向理论，批判了当时盛行的技术决定理论，重申了技术发展中的社会动因。

（7）同时，威廉斯对于文本分析方法也有诸多贡献。

知识点 5：斯图亚特·霍尔

（1）霍尔是当代文化研究的鼻祖，文化研究学派的领袖人物，提出了编码解码理论。

（2）意识形态的再发现：对大众文化的意识形态分析是霍尔所开创并引领的文化研究领域进行社会批判的主要视角。研究范式转变的关键在于意识形态的再发现，在于揭示语言的社会意义和政治意义，以及符号与话语的政治立场。霍尔真正的目的是要探寻大众生活或是常识中的一般意识形态本质问题，换言之就是意识形态如何通过信息符号的编码与解码，并以大众文化的各种形式呈现出来。

（3）结合（勾连）：霍尔反对将阶级与意识形态简单绑定的观点，他认为意识形态并非特定阶级的相应产物，而是意识形态与阶级结合之后形成的相应阶级的意识形态。意识形态与不同社会阶级之间是一种动态的、复杂的关系，可以通过分析话语来体现这种关系。

（4）霍尔的传播理论给我们最大的启示就是恢复了受众在传播中的本原位置。最初的传播学研究多遵循实用主义和功用主义，力图了解受众、控制受众，注重传播效果。

（5）传统的媒介研究运用的是"主体-客体"思维模式，将传者作为传播过程中的主体，将受众作为客体，发送者和接受者之间只是一条单向直线。而霍尔认为，尽管编码和读解信息是确定的环节，但是仍然会产生不确定的结果。传播学研究的不应该是主客对立意义上的单一主体，而是一种主体间性，应当坚持主体间存在的差异性和多元性，也要强调交往。

（6）霍尔对话语过于重视，反而忽视了物质构造和符号形式间的明确关系，也忽视了研究制度结构和报纸内容之间的连续的关系，从而将真实和符号间的关系夸大了，对符号学的过于关注也阻碍了他对媒介民主化的分析。

知识点 6：编码 / 解码

（1）尽管霍尔指出，大众传媒是当代资本主义的主要意识形态机器，但在分析媒介讯息的阐释实践时，霍尔更强调意义的多样性。

（2）与经典的法兰克福学派的悲观论点不同，霍尔认为现代传媒的受众有可能以自己的方式来对"统治话语"进行解码，受众的反应未必是机械的、被动的。在著名的《电视话语中的编码与解码》一文中，霍尔对电视节目的编码和解码进行了分析。他指出，第一阶段是电视话语"意义"的生产，即电视工作者对节目原材料的加工，也就是所谓的编码阶段；第二阶段是"成品"阶段，霍尔认为，电视节目一旦完成，"意义"被注入节目以后，占主导地位的就是电视作品意义的语言和话语规则，此时节目成为一个开放的、多义的话语系统；第三阶段是最重要的一个阶段，即观众的"解码"阶段，观众必须能够解码才能够获得"意义"，否则观众就没有"消费"，"意义"就没有进入流通领域。

（3）霍尔提出了著名的三种解码方式，即著名的"霍尔模式"：

a. 以霸权为主导的解码，霍尔称之为"支配 - 霸权立场"。受众（解码者）以编码者预设的意义来解读讯息，制码的意图和解码所得的意义两者完全一致。

b. 协商式的解读，霍尔称之为"协商式解码或协商立场"。解码者和讯息编码进行微妙的讨价还价，观众与支配意识形态始终处于一种充满矛盾的协商过程中。

c. 对抗式的解读，霍尔称之为"对抗式解码"。尽管观众能够看出电视话语的编码，但得出的解读意义却与文本（编码者）的愿望格格不入。

（4）霍尔模式表明，意义不是传送者"传递"的，而是接受者"生产"的。阅读文本是一种社会活动，是一个社会谈判和观念博弈的过程。此外，霍尔的理论对传统的文化研究指出了新的研究方向和方法体系，即转向对解码者的民族志的研究。后来戴维·莫利的受众民族志研究都是在霍尔所开创的理论视角下进行的。

知识点 7：从文化主义到结构主义

文化研究的两种范式。在《文化研究：两种范式》中霍尔将文化研究进行了梳理，得出了主要的两种范式：文化主义范式和结构主义范式。

（1）文化主义范式：代表人物有<u>威廉斯、霍加特</u>，认为文化来源于普通人的日常生活，文化是鲜活的经验。<u>文化与社会实践紧密相连</u>，强调"个体经验"——人道主义阶级还原论。但霍尔认为无论是信息编码还是受众的解码都受到多方因素的影响。

（2）结构主义范式：相对于文化主义把经验置于权威的地位，结构主义<u>更注重意识形态的作用</u>，认为人是被定位在特定的关系中的，必须通过思维的实践即"抽象的力量"分析现实的复杂性。文化研究中的结构主义观点认为，文化不是某一社会集团的客观经验，而是一个生产意义和经验的领域。在阿尔都塞看来，宗教、学校等非官方组织均是<u>意识形态国家机器的中介机构</u>，这些机构通过各种隐秘的方式使主体在潜移默化中认同主导性的社会秩序，这样意识形态便"通过一个不为人知的过程而作用于人"，通过它，社会现实被建构、被生产、被阐释。

知识点 8：路易·阿尔都塞

（1）阿尔都塞是<u>结构主义的马克思主义或称科学主义的马克思主义</u>的奠基人。

（2）阿尔都塞认为<u>文化是意识形态控制的一部分</u>，意识形态对人的控制是隐蔽的、被内化了的，作为主体的个体不能意识到它的存在的效果，意识形态是无意识的。意识形态从外部构成我们的"本质"自我，因此我们所谓的本质自我不过是一种虚构，占据它位置的实际上只是一个拥有社会生产身份的社会存在。

（3）阿尔都塞在《意识形态与意识形态国家机器》中指出，意识形态总是通过意识形态国家机器表现出来。意识形态国家机器为个体在这架机器中提供了一个位置，唤出个体并赋予一个名称，然后提供给个人一种抚慰性的幻景，其目的是<u>确保统治阶级在意识形态中的主导地位</u>。阿尔都塞重新解释马克思上层建筑的概念，他沿用葛兰西的模式，将上层建筑一分为二：<u>一是强制性国家机器，另一是意识形态国家机器</u>。阿尔都塞认为意识形态不仅要通过语言和再现系统来研究，同时也要通过它的物质形式，如它的体制和社会实践方式来研究，并取得了重要的理论成果。

（4）阿尔都塞提出了<u>意识形态无意识理论</u>。他认为，意识形态对于人的控制是隐蔽的，被内化了的，作为主体的个体不能意识到它的存在和效果，意识形态是无意识的。意识形态从外部构筑我们的"本质"自我，我们依赖于教育我们的语言和意识形态来看待自己的社会身份，我们对自身的看法不是由我们自己产生的，而是由文化赋予的。因而我们是文化的"主体"，但却不是它的创造者。

知识点 9：戴维·莫利

（1）英国学者莫利是当代文化研究的代表人物之一，早年<u>师从伯明翰学派的领袖人物斯图亚特·霍尔</u>。

（2）莫利试图将霍尔的解码模式运用到时事谈话节目《全国新闻》上面去，这一研究确立了莫利在当今文化研究领域的地位。在这项研究中，他让不同阶段的受众观看两期《全国新闻》节目，结果发现银行经理的解读与霍尔所说的主导性解读几乎一致，而工会积极分子的解读是对抗性解读。但是和霍尔的模式不一致的是，印刷管理受训人员也形成了对抗性的解读，而接受继续教育的学生之间对文本的解读几乎没有统一性。在此，莫利对霍尔模式存在的问题提出了批评。

（3）莫利指出：与其说存在着主导性解码，不如说信息内容受制于编码者有意识的意图；与其说存在着三种彼此不连续的解码模式，不如说存在着一条连续的意义的"输送带"；如果文本和受众没有产生共鸣，其意义就会被忽视；单一性、封闭性的各种叙事文本的主导意义容易被觉察，肥皂剧等开放性文本可能产生抵抗性意义的阐释。

（4）一般认为，莫利的受众研究融合了传播研究的经验学派的和批判学派的长处，结合了定量方法和批判的阐释方法，把微观和宏观、经验方法和批判取向结合起来，从而别具一格。

知识点 10：安东尼奥·葛兰西

（1）葛兰西曾任意大利共产党总书记，也是文化研究学者。他提出"文化霸权"，又译作"文化领导权"，主要指在意识形态、文化和价值领域里，官方与民间、国家与社会的广泛而密切的联系中既有斗争又有广泛的共识和认同的辩证关系。葛兰西的"霸权"是指社会统治集团可以使用的各种社会控制模式，它的产生背景是社会冲突。霸权观念的关键不在于强迫大众违背自己的意愿和良知，屈从于统治阶级的权力压迫，而是让个人心甘情愿、积极参与，被同化到统治集团的世界观或者说霸权（意识形态）中来。因此，所谓文化霸权，其实质就是一种意识形态领导权。

（2）葛兰西认为文化霸权并不是一种简单的、赤裸裸的压迫和支配，而是要去争得一种领导地位。它要求赞同，但并非不允许不同声音的存在；它需要遏制对立面，但并非要剪除对立面。为了获得霸权，统治集团不得不对被统治集团的利益和需求作出一定的让步。因此在葛兰西看来，文化既是支配的，又是对抗的，它的内容是由统治集团获得霸权的努力和被统治集团对各种霸权的抵抗共同构成的。

（3）葛兰西的两种机器论。葛兰西把上层建筑分为两个部分，一个可称作"市民社会"，即通常被称作"私人的"组织的总和，另一个是"政治社会"或"国家"。这两个阶层一方面相当于统治集团通过社会行使的"霸权"职能，另一方面相当于通过国家和"司法"政府所行使的"直接统治或管辖职能"。

（4）葛兰西转向：葛兰西的"霸权"概念在 20 世纪 70 年代重新走入人们的视野，被引入英国文化研究中，形成了葛兰西文化研究学派。霸权概念的提出，使得大众文化研究从相互敌对的困境中解脱出来，他们用霸权理论来阐释大众文化，大众文化不再是一种阻碍历史进程的、强加于人的政治操纵文化，也不是社会衰败和腐朽的标志，而是抵抗和融合之间一种不断变化的力量平衡。进入 20 世纪 80 年代以后，霍尔等英国文化研究学派思想家，在阿尔都塞的意识形态理论的基础上，进一步发展了葛兰西的"霸权"理论，形成了新葛兰西主义。作为新葛兰西文化研究学派的代表人物，霍尔认为各种文化作品不带有"含义"的痕迹，也不是由生产意图始终决定的。"含义"是一种社会生产、一种实践。由于同样的一件文化作品或一种实践可以具有各种不同的"含义"，所以这个"含义"就成为斗争的场所和产物。

知识点 11：约翰·费斯克

（1）费斯克是当今文化研究特别是大众文化研究领域的领军人物之一，著有《解读电视》《理解大众文化》《电视文化》等多种影响广泛的著作。他尝试建立不同于法兰克福学派的大众文化理论，倡导积极快乐和随意休闲的大众文化理论，推崇日常狂欢的大众消费精神，试图在大众文化研究中的精英主义和悲观主义之间做出一种超越。

（2）费斯克试图在霍尔模式的基础上建立通俗文化理论，他认为，权力集团批量复制的文化产品和"民众"的抵抗性意义生产活动有质的差别。大众文化并不是文化工业生产的，而是消费行为产生的。大众在解读大众文化的时候会把它们放在不同的社会层理和文化效忠从属关系中做不同的理解。于是，大众文本呈现出"多义的开放性"。

（3）费斯克的快感理论宣称快感和意义的生产是在大众文化所提供的资源中进行的，文化工业所批量炮制的流行文化在费斯克看来就是人民自己的文化，是人民颠覆和反抗资本的有力武器。在他看来，商业流行文化从本质上讲即使不是激进的，也是进步的。他的研究注重观众的能动性，强调受众在媒介文化中的积极作用。他认为大众是具有创造性的，大众传媒的文本建构并不是由媒介单独完成的，而是由大众共同完成的。大众文化的最大驱动力在于其能给大众提供快感，文化经济中运作着能为大众拥有的意义、符号和价值。费斯克创造性地提出了"生产式文本""大众文化快感理论"来阐明大众在消费过程中所进行的抵抗。

（4）在《理解大众文化》一书中，费斯克还提出"两种经济"理论。所谓两种经济，一是"金融经济"，一是"文化经济"。以电视作为文化产业的例子，费斯克指出，在资本主义社会中，电视节目作为商品，生产和发行于这两种平行且共时的经济系统中，其中金融经济重视的是交换价值，流通的是金钱，而文化经济重视的是使用价值，流通的是"意义、快感和社会认同"。从这一理论出发，费斯克认为，观众既是消费者又是生产者。观众在观看，即消费电视节目的时候，同时作为节目意义的生产者而存在。这样，资本主义从工作世界扩展到了休闲领域，人们通过观看电视参与到了商品化的过程中。

（5）总体上看，费斯克的积极受众观推动了受众研究从使用与满足到生产性受众观的更替，承认受众的主动性，肯定了大众文化的积极功能，但却高估了这一力量。

知识点 12: 亨利·詹金斯

(1) 亨利·詹金斯是美国著名的传播与媒介研究学者, 现任美国南加州大学传播、新闻、电影艺术和教育学院的教授。

(2) 亨利·詹金斯对于流行文化的研究涵盖了众多领域, 包括歌舞剧与流行电影、漫画、电子游戏及游戏暴力、跨媒体、参与式文化、粉丝文化、新媒体素养、融合文化研究等等。他曾出版十余部关于媒介和流行文化各个方面的著作, 包括影响力巨大的《文本盗猎者: 电视粉丝与参与式文化》《在通俗文化中起舞: 通俗文化的政治与乐趣》等。

(3) 在社会学和流行文化领域, 《文本盗猎者》被认为是研究粉丝文化的"开山之作"。该书反对将粉丝看作愚昧、盲目的"文化白痴", 而是将电视粉丝看作是对节目主动的消费者、熟练的参与者, 是从借来的材料中建构自己文化的游猎式的文本盗猎者, 是勇于争夺文化权力的斗士。詹金斯具体分析了《星际迷航》《侠胆雄狮》《双峰》等电视节目, 对粉丝群体进行了一次以民族志研究方法为主的叙述和考察, 重点关注其社会机制、文化实践以及与大众媒体和资本主义消费者之间的复杂关系。

(4) 在詹金斯看来, 粉丝既不是单纯的制作商和大众文化宣传的意识形态接受者, 也不能被看作毫无理性的群体, 而是积极的创作者和意义的操控者。他把媒体粉丝文化界定为一种广泛而多样的亚文化, 它对传统文化、主导文化、大众文化构成了抵抗。粉丝圈同时从正、负两面为粉丝赋权, 它的体制既允许粉丝们表达反对的东西, 也能表达为之奋斗的东西。媒体粉丝圈形成了一种参与式文化, 将媒体消费变成了新文本、新文化和新社群的生产, 不断将他人眼中无足轻重、毫无价值的文化材料构造出意义。

(5) 参与式文化具体指的是以 Web2.0 网络为平台, 以全体网民为主体, 通过某种身份认同, 以积极主动地创作媒介文本、传播媒介内容、加强网络交往为主要形式所创造出来的一种自由、平等、公开、包容、共享的新型媒介文化样式。

(6) 詹金斯主要借鉴了米歇尔·德·塞尔托关于"消费者二度创作"的理论和葛兰西的文化领导权理论等, 激活了"战术""战略""盗猎"和"游击战"等术语, 强调受众的抵抗式解读, 把大众媒介消费看成是一个权力的战场, 具有强烈的文化乐观论倾向, 与受众研究脉络中的文化悲观论(以阿多诺等人为代表)和伯明翰学派的市场收编理论(以迪克·赫伯迪格为代表)形成了鲜明对比。

第 56 天
政治经济学派

知识点 1：传播政治经济学派

（1）传播的政治经济学研究，顾名思义，就是从政治经济学的角度来考察传播现象，是将传播活动作为一种经济活动，以研究生产、分配、流通、交换及其宏观决策活动这种政治经济学的思路来观察媒介及其传播行为。

（2）政治经济学研究首先把人类传播，特别是资本主义制度里主流媒体的传播看成是一种生产活动，它对社会的影响和控制，是由其对媒介的所有权所决定的。所有权最终决定了信息和文化产品的形式和内容。因此，传播研究应首先着眼于媒介的组织和经济活动。

（3）传播政治经济学派则对以欧洲学者为代表的结构主义和文化批判研究提出了批评，认为后者对信息和文化产品内容的分析缺乏坚实的物质基础。文化产品和信息中所承载的意识形态并不具备自主的特性。忽略了对媒介的经济活动的研究，是结构研究和文化批判研究的盲点所在。

（4）早期对传播的政治经济学研究大约开始于 20 世纪 30 年代。与传播学的总体研究一致，它的发源地是现代传播活动最为活跃的北美。有学者认为，对政治经济学派的形成具有重大影响的历史原因有三点：a. 传播媒介从小规模的、家庭经营的企业发展成为 20 世纪的新型大工业；b. 国家政权作为传播过程中的生产者、分配者、消费者和控制者日益参与到传播活动中；c. 传播大工业的发展和资本主义国家利益的扩张所造成的世界范围内的传播的不平等和"文化帝国主义"现象。

（5）传播政治经济学从媒介组织与社会政治经济权力机构的关系出发，关注社会政治经济力量与媒介组织的相互作用，揭示媒介的所有权及其生产过程对媒介内容、社会公共利益的影响。也就是说传播政治经济学试图回答关于大众传播是怎样在社会中发生的、谁在什么条件下为了什么目的限制它、对社会造成什么后果等问题。

（6）在传播政治经济学者看来，在西方社会，大众传播业作为利润丰厚的产业部门，总是处于一定的政治经济权力结构中，考察大众媒介就要考察它作为一个内容生产组织是如何与政治、经济权力机构互动的。

（7）政治经济学派主要围绕以下方面展开批判：a. 大众传播业生产与消费；b. 国家、企业与大众传播关系；c. 大众传播与民主；d. 跨国垄断媒介公司；e. 传播的阶级分析。

（8）当代传播政治经济学的代表人物有美洲的达拉斯·斯麦兹、赫伯特·席勒、文森特·莫斯可、诺曼·乔姆斯基，以及法国的阿芒·马特拉、英国的尼古拉斯·加汉姆、格雷厄姆·默多克、彼得·戈尔丁等。

知识点 2：达拉斯·斯麦兹

（1）<u>斯麦兹是北美传播政治经济学</u>代表人物，他开辟了传播政治经济学研究领域，建立了传播政治经济学研究的批判学派。他参与并影响了呼吁建立世界新闻新秩序的国际运动，并始终关注传播领域的公共利益和公共控制，其提出的一系列理论观点产生了广泛的学术和社会影响，他最有代表性的理论是受众商品论。

（2）<u>受众商品论</u>：斯麦兹认为<u>商业大众传播媒介的主要产品是受众的人力（注意力）</u>，这也奠定了受众商品理论的理论基础。1977 年他发表了《传播：西方马克思主义的盲点》一文，标志着受众商品理论的形成。斯麦兹指出，广告时段的价值是传播产生的间接效果，而广播电视节目则是"钓饵"性质的"免费午餐"，它们都不是广播电视媒介生产的真正商品。<u>以广告费支持的电视媒介提供的"免费午餐"是喜剧、音乐、新闻、游戏和戏剧，其目的是引诱受众来到生产现场——电视机前</u>。与此同时，测量受众的公司便能够计算他们的数量多寡，并区分各色人等的类别，然后将这些数据出售给广告商。

（3）斯麦兹认为，在发达的资本主义社会，所有的时间都是劳动时间。由此，他得出了下面在常人看来更加惊人的结论："免费午餐"的享用者不仅仅是在消磨时光，他们还在工作，创造价值。这种价值，最终是通过购买商品时付出的广告附加费来实现的。其不公平处在于，受众在闲暇时间付出了劳动，为媒介创造了价值，但没有得到经济补偿，反而需要承担其经济后果。

（4）<u>媒介依附理论则是以资本主义在全球范围内扩张的视角去探讨国与国之间传媒产业的相互关系</u>。斯麦兹在他的《依附之路》一书中提出了媒介依附理论，指出加拿大的报刊、书籍和广播电视电影业都是美国市场的附庸，其背后的原因是加拿大经济对美国垄断资本主义的依附。

（5）在取得巨大影响力的同时，斯麦兹的分析也遭受了批评，被批评为庸俗政治经济学，批评者说他的观点将意识形态降低为经济基础，<u>同时将能动的人降低为无生命的被动商品，是经济决定论</u>。它把受众完全视为被操纵的对象，剥夺了受众的主体性选择及由此所带来的享受，因而走到了另一个极端。

（6）斯麦兹在《现代媒介人与政治过程》中指出，文化工业可以将政治候选人转变成与其他商品具有相同特征的商品。电视辩论实际上不仅不能提供候选人系统表达自己政治观点的机会，还会把政治作为娱乐产品来消费。<u>商业力量通过大众媒介和广告业完成对政治的操控</u>。

（7）在《恐怖的上升与大众媒介》中，斯麦兹探讨了冷战时期美国的大众媒介在美国对外政策中的作用。大众媒介部分有计划、部分无意识地服务于冷战宣传路线，这强化了普通公众的"思想壁垒"，客观上推动了美国的冷战政策的出台。

（8）对技术决定论斯麦兹持一种批判态度，在他看来技术与科学密切相关，与科学一样是高度政治化的。尽管技术通常被看作是"应用科学"，意味着"研发"以及各种研发成果的创新和应用，但是，研发什么、怎样用、为了什么目的却最终要由社会的权力机构所决定。斯麦兹指出，技术与发展密切相关，采用不同的技术，会导致不同的意识形态效果。如果发展中国家希望采用西方的先进技术生产消费品，它将不可避免地接受西方资本主义体系的价值观。

知识点 3：赫伯特·席勒

（1）赫伯特·席勒作为传播政治经济学研究的开创者之一，在当代西方传播批判领域占有十分重要的地位，是美国批判学派的先驱。

（2）作为美国传播政治经济学批判学派的奠基人之一，席勒的诸多著作界定了美国大众传播媒介的种种政治经济特征，对世界范围内批判思想的发展产生了深远的影响。用他自己的话说，他所做的就是试图阐释各个领域（包括电影、电视、新闻、教育以及出版行业）中强有力的传播系统是如何构成与创造不平等，或者至少证明了其合理性的。

（3）席勒在他的成名作《大众传播与美帝国》中指出了美国文化输出和美国的帝国主义扩张之间的关系，即传播帝国主义表现在以下几个方面：与文化输出有关的大众传播媒介，很多是受美国国防部和跨国公司控制的；美国提倡的信息自由流通实际上是美国意识形态君临他国的代名词，因为发展中国家大众传播事业不发达，没有什么信息可以流入美国；美国向发展中国家倾销电视节目，使一些国家的传统文化濒于灭亡。该书揭示了大众媒介与美国政府、军事工业构成联合体，共同控制美国社会的传播实质。通过对传播这种独具慧眼的分析，席勒呈现了这样一个事实：国家是处于资本主义社会互相联系的结构之中的。

（4）席勒认为，美国媒介向海外输出思想，其基本的动力来自大单广告和大公司。凡是美国大公司存在的地方，就有美国广告的影子，就有美国媒体的声音。在加拿大，在亚洲和非洲，当地面临的不仅仅是消费品市场日渐被美国产品所占领，其文化市场、思想市场也逐渐被美国文化和媒介所掠夺。

（5）除此之外，席勒较为关注媒体的集中化趋势，他分析指出，造成媒体集中和垄断趋势的根本原因是媒体对广告利润的追逐以及对大企业的服从。他认为，经济和政治使媒体作为"第三种权力"或"第四部门"的想法只能是一种幻想。

（6）在学术研究上，席勒毫不掩饰他对全球性的媒介产业化的反对以及对有别于商业文化的文化形态的期盼；在治学上，他也期盼建立一种有别于传统的传播学教育体系，因而在1970 年创办了加州大学圣地亚哥分校的传播学系。尽管他的治学理想最终受阻于传播学的新保守主义，但是席勒的思想影响了一批在那里就读的学生，包括引导自己的儿子丹·席勒也走上了传播政治经济学的研究之路。

知识点 4: 文森特·莫斯可

（1）文森特·莫斯可是加拿大传播学者，当代传播政治经济学的代表理论家之一，研究领域主要在传播的政治经济学、传播政策、传播信息的技术给社会带来的冲击等方面，其代表性著作是《传播政治经济学》。

（2）莫斯可的首要贡献在于对传播政治经济学这一研究领域的发展历程、研究成果进行了系统梳理。在《传播政治经济学》中，莫斯可针对传播政治经济学的理论框架提出了三种过程：商业化、空间化、结构化，由此，对传播商品的考察也分为三个层次：媒介内容的商品化、受众的商品化、传播劳动的商品化。传播的商品化指的是传播媒介逐渐把一切文化物品转化为可以销售的商品；传播的空间化指的是大众媒介和传播技术克服了空间的限制，尤其是大众媒介的全球扩张；传播的结构化指的是围绕大众传播媒介的社会阶级、性别、种族和其他社会关系问题，例如新媒介技术加剧了社会中的阶级不平等。

（3）关于传播新技术，莫斯可认为，所谓技术神话是人们相信技术能够解决生活中的许多问题，能够消除许多冲突。在某种意义上，现代技术正在取代宗教，甚至取代意识形态。但这种技术神话具有明显的局限性，技术不可能解决历史、地理、政治等问题。

（4）20 世纪 80 年代初，莫斯可对斯麦兹的受众商品论进行了补充性解释，提出控制性商品的概念，认为传媒和广告客户之间的交易是通过收听收视率行业进行的商品交换，由这种交换过程产生的是收听收视率这种信息性、资料性商品，而非有形的商品。他认为大众传媒生产的产品，并不是实际的受众（即受众的人数），而是关于受众的信息（受众的多少、类别、使用的媒介的形态）。而且受众是一种延伸化的商品过程，这一商品化过程延伸到了机构领域，如公共教育、政府信息、媒介、文化、电子传播等领域，还延伸至公共空间，甚至身体和身份的转型中。

（5）莫斯可认为，当代西方国家对传播业的建构可以从商业化、自由化、私有化和国际化四方面来加以说明。商业化：是国家取消公共利益、公共服务原则，确立市场原则的过程，媒介的赢利原则取代公共服务成为第一原则；自由化：国家介入为市场引进新的竞争者，增强市场竞争；私有化：国家以各种形式卖掉国有企业或公有企业；国际化：国家组成联盟，放松跨国企业限制，为传播业的跨国发展提供了前提，也为强国影响世界传播业的发展创造了条件。这"四化"会导致媒介内容和服务质量的下降，对公共利益、民主平等造成危害。

（6）莫斯可建构了与传播政治经济学接壤的两种路径——文化研究和政策研究——的关系。他认为政治经济学应该学习文化研究的哲学路径，坚持现实主义的认识论，坚持历史研究的价值，考虑具体的社会统一性，克服社会研究和社会实践的分野。政治经济学研究应该像文化研究一样关注普通人，怀抱道德义务，对社会机构负责，不回避和忽视对劳动和劳动过程的研究。他对于传播政治经济学的建议是：开始于一种现实主义的、包容的和批判的认识论，采取一种本体论的姿态，坚持一种以商品化、空间化和结构化为切入点的坚固立场。

知识点 5：诺曼·乔姆斯基

（1）著名语言学家乔姆斯基的"宣传模式"对自由主义传播理论，特别是新闻自由等美国主流的新闻学观点进行了尖锐的抨击。在与爱德华·赫尔曼合著的《制造共识：大众传媒的政治经济学》一书中，乔姆斯基就市场力量对于媒体内容的影响提出了批评，提出了新闻的"宣传模式说"。

（2）乔姆斯基认为，正是通过这种模式，企业与国家权力结合起来，自由市场经济将不可避免地产生导致程式化与狭隘报道的条条框框，他将此总结为五大"新闻过滤器"：媒体的所有权与利益驱动、广告的影响、专家的作用、炮轰作为媒体自律的手段、反共的修辞策略。很明显，乔姆斯基的宣传模式说很大程度上是基于冷战时期的美国新闻体制的。他认为，国家—企业宣传体系在冷战时期担当着重要角色，而媒体自然是这个体系的核心。他不仅怀疑媒体抑制民众，不让他们了解实际情况，甚至怀疑其"延长"了冷战。

（3）近年来，乔姆斯基根据冷战后新的国际形势对原来的宣传模式学说与"新闻过滤器"说又做了一些修订。针对新兴技术对于传播的影响，他认为，新传播科技——特别是电子邮件的应用和通过电脑网络来交换意见与获得资讯——能否成为人类解放而非控制和支配人类的工具，取决于是谁来操纵它们。除非大众力量组织起来控制它们，否则新通信科技的前景多半也会像过去的大众媒体一样成为私人利益的工具。乔姆斯基对此持有悲观的立场。

知识点 6：阿芒·马特拉

（1）阿芒·马特拉是法国著名左翼学者，他是巴黎第八大学信息传播学教授，长期以来从事媒介、文化和传播研究。

（2）马特拉在《世界传播与文化霸权》中分析全球传播的三个维度：第一，战争对传播具有推动作用。战争对信息传播的功能性需求，首先是缩短时空距离，同时战争期间对鼓舞士气的要求也促进了宣传鼓动的发展，甚至衍生出心理战这个专门学科。第二，发展主义的神话使金融资本走向经济全球化，从而模糊了民族国家的边界，最终是跨国的信息传播新网络按照经济资本和文化资本的生产和分配重新分割世界。第三，信息文化尤其是视听文化的全球流动引发了文化身份和文化认同的危机。在商品的标签下，跨国传媒集团用工业化方式推广的文化，成了普遍的文化消费资料，而"消费者权力"成了文化传播的动力。

（3）马特拉着力观察和批判了传播强国的跨国媒体集团为了主宰其他民族的、地方的或群体的文化，而在强制性传播中掀起的全球化运动。跨国媒体集团所标榜的所谓"现代化的取舍"，虽然看似重视了信息接受者的权利，但却忽视了一个更加重要的问题：真正的信息传播应该是接受者和传播者之间的互动的对话过程。而在信息交流的不平等背后，马特拉预言了人类将面临重重危机。

（4）马特拉提出用<u>阶级分析的方式分析大众传播</u>，对大众传播的功能的研究不能脱离它所处的具体的社会政治背景。传播的阶级分析的一个重要内容就是批判在西方资本主义和帝国主义制度下大众传播扮演的意识形态机器的角色，批判在资本主义和帝国主义体制之下运行着的传播机制及其造成的压迫，并揭示在阶级对抗的背景下大众传播体系的变化。

（5）在很大程度上，马特拉对传播学科建制的贡献主要体现为<u>他一方面推动着有别于美国主流范式的传播学在非英语世界的发展</u>，另一方面则反思了当下传播学科的发展。马特拉并没有垂直勾勒出一条连续的发展脉络，而更多地采用横断面式的研究阐述各个时期的学科条件，尤其突出了知识与权力如何构建出特定的传播话语。在马特拉的传播系谱中，主要有四个维度：<u>流动性、普遍联系、可测量的个体、地缘政治或地缘经济</u>。由于马特拉的思想史提供了一种有别于主流的视角，如今其传播学史著作也成了反思学科诞生与发展的重要参照之一。

知识点 7：尼古拉斯·加汉姆

（1）加汉姆是<u>威斯敏斯特学派</u>的顶梁柱和核心人物。他创立了《媒体、文化与社会》刊物，吸收了众多学者加盟，引入布尔迪厄和哈贝马斯的思想，推动了媒体研究的繁荣。

（2）他的代表性著作包括《电视的结构》《电视经济学》《资本主义和传播：全球文化与信息经济》等，这些著作广泛涉及<u>政治传播、文化实践、产业结构、技术革新、新媒体的发展、国家权力和资本积累的逻辑</u>等领域，研究了被我们称作"公共领域"的媒体空间的物质基础，<u>将新闻机构与娱乐生产机构视为处于媒体政策与规制中的资本主义企业，以政治经济学的研究路径加以分析</u>。加汉姆经常将"传播政治经济学"与"传播与文化的政治经济学"作为互相替代的概念。

（3）加汉姆认为政治经济学的路径就是<u>"始终关心对社会关系和社会权力的结构的分析。特别关心对那个叫做资本主义的社会权力系统的独有特点的分析"</u>。他认为政治经济学的前提假设是，"历史上可观察到的剩余产品的不平等分配……其实是伴随历史发生的，是生产模式的特定结构所导致的结果"。他进一步解释说这种"不平等"以这样的方式体现在传播中："<u>追求特定经济或者政治目的的特定的社会群体，决定什么样的意义可以流通而什么不可以，什么样的故事可以被讲述，什么样的论点会被突出，什么文化资源是可获得的并且谁能获得它</u>。对这个过程的分析对于理解权力关系而言十分关键，这些权力关系涉及文化以及它们与更广泛的主控结构的关系。"

（4）加汉姆的政治经济学路径极大地影响了威斯敏斯特学派和媒体研究领域，在很长时间内，学者们都跟随他的脚步，直到 20 世纪 90 年代以后才开始出现多元化的研究方法。由加汉姆所引领的这一支传播政治经济学的队伍，与由戈尔丁和默多克所代表的莱斯特学派一起构成英国传播政治经济学的主体。

知识点 8: 格雷厄姆·默多克和彼得·戈尔丁

（1）默多克是英国传播政治经济学的重要奠基人，与戈尔丁共同组成莱斯特学派。

（2）自 20 世纪 70 年代开始，默多克和戈尔丁等人撰写了大量著述，依据马克思主义理论对资本主义社会的大众传播与阶级关系、文化产品的生产过程及其结构进行批判性剖析。他的理论贡献主要集中在以下几个方面：一是对现代性理论的发展；二是批判地使用马克思主义理论，以英国媒介作为研究对象，关注英国媒介所有权和控制权对社会可能造成的巨大影响，从而拓展了英国传播政治经济学的研究领域；三是基于文化和经济相互作用的整体架构，对文化研究的现状和发展方向提出质疑。

（3）他们关注现实社会中的传媒产业发展，关注英国大众媒体的集中化和行业结盟现象，他认为大众传媒是一种特殊的资本主义生产部门，它生产的产品对受众的思想和文化产生巨大影响，但也具有走向垄断和集中的必然性。在这一点上，他们揭示了所谓资本主义大众媒介"所有权分散论"与"管理革命论"的虚伪性，并通过经验研究证实了大众传播产业的所有权和控制权集中在相对较小的经济和金融强势集团手中。

（4）无论是对于媒体与文化研究，还是默多克及莱斯特学派，《示威游行与传播：一项个案研究》都是一部具有里程碑性质的作品。这一研究采用了传统社会学的研究方法，通过量化和非量化的取样途径，剖析了英国的报刊和电视因受其行业自身利益和逻辑的局限对学生反对越战游行示威所做的失实和歪曲报道。

（5）尽管默多克与戈尔丁与法兰克福学派同属批判阵营，但是他们对法兰克福学派的部分观点和方法持批评态度。他们认为，法兰克福学派的学者们过分夸大了文化形式的自律性，而没有充分认识到大众文化的物质生产，与各种包含着生产的经济关系对大众文化的影响。

（6）默多克致力于以一种"媒介非中心化"的视角来研究大众传播媒介的行为，并在漫长的研究生涯中身体力行。他和他的重要同事兼合作伙伴戈尔丁发表了多篇论文和专著，从马克思主义政治经济学的角度对传媒现象进行研究，奠定了传播政治经济学理论的基础，开辟了欧洲学界除批判学派之外的另一个重要的传播学研究领域。

知识点 9: 格拉斯哥媒介研究小组

（1）崛起于 20 世纪 70 年代的格拉斯哥媒介研究小组是英国媒介研究领域的一支重要力量。

（2）格拉斯哥媒介研究小组以电视新闻作为主要研究对象，以敏锐而犀利的笔锋"穿透了新闻媒介表面上所声称的中立和平衡，发现了新闻报道中充满偏见和限制的事实"。该小组批判电视新闻的真实性和客观性，以及围绕电视新闻生产过程的信息采集、信息传播、信息接受和信息控制等。

（3）媒介研究小组通过对英国媒体在 1982 年福兰克岛事件、北爱尔兰的媒体事件、1984 年的煤矿工人罢工事件的报道中参与者形象的分析研究，发现了政府部门对新闻的控制——政府对不同新闻记者采取等级制度，以影响不同的受众群体；政府通过要求媒体对不同事件给予不同的报道而避重就轻，借此对新闻信息和传播进行控制；政府控制媒体发布虚假和歪曲信息，影响罢工工人形象，进而瓦解罢工活动。

（4）从思想贡献上看，格拉斯哥媒介研究小组秉承着英国媒介研究的意识形态批判传统，同时又不局限于微观分析，而是在宏观上揭示权力和意识形态的控制，这种方法有助于揭示媒介的中长期影响。他们呼吁媒体应该自觉抵制市场力量的侵蚀，在促进民主进程方面继续发挥教育和启蒙的重要功能。

知识点 10：丹·席勒

（1）丹·席勒是著名传播政治经济学学者赫伯特·席勒之子。丹·席勒是开辟信息政治经济学研究领域的代表性学者，他在理论上的重要贡献包括两个方面：对信息政治经济学领域的研究以及从马克思主义理论角度切入的对传播批评史的梳理。

（2）丹·席勒对 20 世纪 60 年代末开始兴起的"信息社会"理论进行了批判，提出要把信息定义为导致社会变革的决定性因素。随着科技推动社会进步的进程加快，信息、信息技术和信息社会越来越难以让人忽视，信息政治经济学由此应运而生，这一研究领域囊括了对信息系统结构和信息商品化过程的关注，并致力于重点分析信息生产、传输、消费过程中的政治经济权力控制现象。丹·席勒虽然继承了其父赫伯特·席勒的批判性研究取向，但重点关注的是美国信息产业和信息科技的现状，致力于揭示资本主义市场中信息工业运作背后的政治权力控制，延伸传播政治经济学在信息（数字）时代的研究意义。

（3）丹·席勒的《数字资本主义》（1999）把网络技术的发展置于社会经济和制度的互动之中进行考察，提出了一种关于互联网的政治经济学理论，在西方学术界和网络业界产生了较为广泛的影响。《数字资本主义》扎扎实实地从分析网络在其发端地美国兴起到在全世界蓬勃发展的历史着手，展示互联网技术同宏观经济与制度的关系。他发现电脑网络与现存的资本主义联系在一起，大大拓宽了市场的有效影响范围。事实上，互联网恰恰是构成跨国程度日益提高的市场体系的核心的生产和控制工具。

（4）首先受到质疑的是互联网环境的输出，即从美国和发达国家向发展中国家输出新自由主义经济制度，从而为发达国家的跨国企业建构发展的空间。丹·席勒对数字化的又一个方面的质疑是，网络和传统传媒系统的联姻并没有改变广告商通过广告费和赞助形式操纵商业化媒介的现象。在书的结尾部分，他所给的结论是：数字资本主义不仅没有消除市场制度的长期弊端——不平等、以强凌弱，还助长了这一趋势。

（5）丹·席勒是信息政治经济学的开创者，也是传播政治经济学的第二代代表性学者。他的研究不但拓展了传播政治经济学的研究版图，使这一学说谱系更加完整，还对马克思主义理论在新时期的发展起到了重要的补充和延续作用。此外，他还指出，信息资本主义的跨国性与中国国家发展目标之间存在不可避免的矛盾，这些看法对于中国传播学研究而言值得关注。

第 57 天
其他批判学派学者

知识点 1：居伊·德波

（1）法国哲学家德波利用"景观社会"这个概念，透视当代西方社会境况，由此展开了他所提出的社会批判理论中的"意识形态"批判。

（2）弗尔茨和斯蒂芬·贝斯特认为"景观"指"少数人演出而多数人默默观赏的某种表演"。所谓的少数人，是指作为幕后操控者的资本家，他们制造了充斥当今全部生活的景观性"演出"，而观众则是沉默的大多数。

（3）景观的这种作用并不是一种外在的强制手段，它既不是暴力性的，不受政治意识形态控制，也不是商业过程中看得见的强买强卖。然而，正是在这种不干预中实现了隐性控制，这形成了最深刻的"奴役"。

（4）在景观所造成的广泛"娱乐"迷惑之下，"大多数"会偏离自己本真的批判性和创造性，沦为"景观控制"的奴隶。

（5）电视等大众传媒的发展，特别是时尚与广告的弥漫，使得人们的消费主要被广告引导，广告中所宣传的产品意象成为人们消费的依据。因此，消费不再只是商品使用价值的消费，而首先变成了是否合乎时尚、得以在文化时尚中表现由其引导的"身份"需要的消费；凡是不能经过广告符号与意象加工的物品，也就不具有消费的优先权。

（6）因此，德波把他所理解的马克思有关人们普遍受到"抽象统治"的看法，发展为受到"意象统治"。正是在这个意义上，当物的消费以意象为中介时，物往往是"意象"地将自己表现出来，即不只直接表现自己的"使用价值"，也表现自己的"意象价值"，意象的生产也就变成了"表现的垄断过程"。如果说商品社会是"抽象统治一切"的话，那么在这时的社会则是"意象统治一切"，以致资本本身成了意象。德波讲，这种情况下的社会就是他要论述的作为"意象统治一切"的社会，也就是"意象社会"，即"景观社会"。

（7）在德波看来，在"景观社会"中，景观创造了一种"伪真实"，这就是通过文化设施和大众传播媒介构筑起的一个弥漫于人的日常生活中的"伪世界"，人们必须从中解放出来。德波强调，面对"景观社会"的内在分离，他的理论意图就在于超越意象与幻觉的统治，这就要有一种带有"革命性"的"总体策略"。

知识点 2：让·鲍德里亚

1. 消费社会体系

（1）二战后，西方社会由于科技进步和自身制度调整，逐渐步入了一个物质富裕、文化繁荣的新时期。消费取代生产，成为整个资本主义社会体系运转的主导力量。鲍德里亚认为，在这样的消费社会里，人们的消费活动更多是在符号层面而非物质层面上，即消费物品的意义。物/符号体系的中心是物体，即一种符号。

（2）整个物/符号体系分为功能型系统、非功能型系统、后设及功能失调体系、物品及消费的社会意识形态体系四个亚体系，阐释了物向符号的转化。这四种模式也是物向符号转化的四种模式。消费是在生产符号、差异、地位和名望。

（3）消费文化以资本主义商品生产增衍为前提。资本主义生产的扩张，提供了大量可供消费的产品，建立了大量为消费而设的场所。社会消费中普遍存在"零和博弈"的现象，人们通过社会差异的表现来取得某种社会认可，显示自身。这一需求使得商品需要通过符号表达差异性。鲍德里亚认为商品除了使用价值和交换价值外，还拥有符号价值，而符号价值是消费社会里的终极价值。

（4）消费社会又是一种广告社会，广告让产品形成了边缘化差异，个性化使消费者形成自恋情节；它十分重视对消费者的行为心理调查，不断完善对消费者的渗透力。鲍德里亚在广告的解构上比别人更进了一步，不再把广告视为资本或人的思维的创造物，而是独立的符号结构并能对主体施加决定性的影响。广告成为一种新的图腾形式，令消费者顶礼膜拜。

2. 仿真、内爆、超真实

（1）所谓"仿真文化"，就是先进的电子媒介为大众建造了一个虚拟、幻象的世界，它是目前的历史阶段被符号主宰的主要方式。仿真不是针对某种物质的，而是对人们在现实中接触的物质现象的第一手感知和幻想的模拟，它通过一系列的仿真技术，让人们在缺席于某种场景时，能获得临场的感官享受和神经快感。

（2）仿真产生了一种普遍的"超真实"的幻境。超真实是仿真的特性，是许多类像共同组成的一种新的现实次序。所谓超真实，就是真实与非真实之间的界限已经模糊不清，非真实已经超过了真实。超真实的形成过程就是真实与非真实的内爆过程。

（3）内爆概念来自麦克卢汉，主要是相对于信息的"外爆"提出来的。现代传媒技术使信息量的增加达到无以复加的程度，电视、网络、通信系统等等媒介承载着政治、经济、娱乐各个方面的信息，信息宛如宇宙大爆炸无终止地向外扩张。内爆就是消除区别的过程，政治领域、公共领域、商业领域相互渗透。鲍德里亚比麦克卢汉更加激进地看待瞬间传播技术，如电视、互联网。他的内爆理论所描绘的是一种导致各种界限崩溃的社会"熵"的增加过程，包括意义内爆在媒体中，媒体和社会内爆在大众中。他甚至认为，"整个社会都已内爆"。

3. 鲍德里亚的学术意义

（1）与其他媒介社会理论相比，鲍德里亚的极度悲观主义对某些沉迷于符号的受众理论家来说无疑是一剂清醒剂，在这个意义上，在观察分析日益浮躁、玩世不恭的流行文化的消费者时，他的著作包含着某种描述上的合理性。

（2）鲍德里亚对消费社会新颖独到的剖析，对媒介仿真文化的精彩论说是极富价值的，特别是他讨论仿真、超真实以及内爆的著作，抓住了当代资本主义社会向仿真和超真实转变的特征，对于分析当代媒体和文化趋势非常有效。超真实就是网络的根本常态，正是由于网络的出现，人类社会正在逐步逼近鲍德里亚描绘的虚无世界。

4. 鲍德里亚的局限性

鲍德里亚所提出的反抗方式除了城市中的涂鸦外，便无具体的革命策略和实践方针，他唯一能够推荐的实践方式就是全盘拒绝、全盘否定以及其他一些激进的乌托邦幻想。自身理论上的悖论，注定了鲍德里亚所认定的具有意义的符号也将失去意义，消解在所谓全能符码的支配之中，而逃脱这种悖论的唯一途径就是死亡。

知识点 3：让·弗朗索瓦·利奥塔

（1）利奥塔是当代法国著名哲学家、后现代思潮理论家。

（2）利奥塔认为后现代是终结技术理性和工具理性的思想趋向，它瓦解了自由解放和追求真理的"宏大叙事"。而这将意味着一个尊重差异、文化多元的新时代的来临。

（3）利奥塔认为后现代的文化是一种"无所谓"的文化，一种松弛懈怠的文化。但他又认为后现代应当表现崇高。这种崇高是后现代性生活中不可呈现的东西，是超越"在场"，表现在场之外的东西，通过感觉的瞬间来感受人类的存在价值。

知识点 4：弗雷德里克·詹明信

（1）詹明信是当代美国著名的马克思主义文论家和后现代主义理论家，他从马克思主义的经济基础决定上层建筑的观点出发，提出后现代主义是晚期资本主义的文化逻辑。

（2）詹明信认为市场资本主义时期的主导文化是现实主义，垄断资本主义时期的主导文化是现代主义，而随着资本主义进入晚期资本主义阶段，它的文化发展也相应地进入第三阶段。美学领域完全渗透了资本和资本逻辑，商品化的形式在文化、艺术、无意识等领域无所不在。同时，新的技术如计算机不仅在表现形式方面提出了新的问题，而且造成了对世界完全不同的看法。

（3）詹明信认为，后现代主义是一种反等级、反权威、消解深度的平民化的哲学思潮，而大众文化则是这种哲学在文化领域的具体实践和表征。

知识点 5：雅克·德里达

（1）德里达，法国哲学家，解构主义代表人物。

（2）德里达怀疑和挑战本质的观念，他认为对语言的研究实际上忽略了语言的本性的流动性和不准确性，是对语言自然方法的否定。他认为语言是不安分的，语言背后没有本源。因此，我们借以作出判断的主体，也是开放的和不固定的，哲学家需要揭露和反思这种对于真理的人为划分，通过分析建构这些语言和历史的原理和力量来分析这些概念的发展过程，这就是"解构"。

（3）在文化研究中，解构可以帮助人们确定和揭露意识形态中特有的语言概念，揭穿权力借助二元对立话语背后的意义压迫。

知识点 6：米歇尔·福柯

（1）福柯是法国著名的哲学家，被称为"马克思逝世之后最卓越的思想巨人"。

（2）福柯坚持认为，没有权力就根本不会产生"真理"，所以并非知识产生权力，而是权力生产关于主体性的科学，以便为了生产主体。

（3）福柯发展出"全景敞视主义"的概念。受众从某种意义上说，是在相对封闭的私有空间中消费媒介产物的，所以受众的观看活动似乎与象征权力的媒介之间形成了某种关系。简单说，就是受众借助电视媒介监视社会中的其他人，使得原本私人化的、隐秘的生活变得常态化了。

（4）福柯提出了媒介与规训的关系，媒介往往通过传播特定立场的话语，建构虚拟的真实而运作，媒介再现特殊观念和意向，能够影响人们的思想和行动，因此媒介被认为能够施展话语或意识形态的力量，受众依据媒介所传递的"真相"对世界发生的事件进行判断，媒介也协助人们建立关于世界的常识，同时协助建构人们的认同与趣味。

（5）福柯最重要的贡献是话语理论。福柯认为语言的实际社会应用问题比语言本身更重要，语言的基本问题，不是语言的形式结构，而是它在社会实际应用中同社会文化因素的实际关联；这是西方社会和文化，特别是现代资本主义社会中各种社会制度、法制、道德规范以及知识体系之所以能够有效地维持社会秩序及为社会服务的关键问题。

（6）福柯把知识归结为一种最重要的"话语"体系，在他看来，每门科学都是一种话语。现代知识有独一无二的话语结构，凭借着这些话语结构和模式，它将知识的学习传授和扩散过程，同社会成员个人的主体化过程相结合，同个人的思想行动和生活的方式相结合。

（7）福柯认为，要彻底揭示现代知识的奥秘，就必须解析它的话语模式和结构及其产生的社会机制，揭露其话语的性质和诡辩多样的策略手段，以及它们的实践的具体策略和技巧。

知识点 7：话语与权力

（1）话语是在特定环境中，由社会中占据一定社会文化地位的一个或一群特定的人（说或写的主体），就一个或几个特定的问题，为特定的目的，采取特定的形式手段和策略而向特定的对象，说或写出的话语。

（2）话语总是包含着形成、产生和扩散的历史过程，包含着相关的认知过程，包含着相关的社会关系，包含着环绕着它的一系列社会力量及其相互争斗与勾结。

（3）换言之，话语是在特定社会文化的历史条件下，由某些人根据具体的社会目的，使用特别的手段和策略所制造出来；它们被创造出来，是用来为特定的实践服务的。

（4）所以，话语从来就不是孤立的语言力量，而是与社会文化网络中的一系列力量纠缠在一起的，是活生生的力量竞争和紧张关系，是靠特定的策略和权术来实现的，话语的形成、传播、转换、合并等过程势必搅动一系列的社会文化因素。

（5）福柯的话语理论对新闻传播研究产生了重要而深远的影响。它开阔了新闻传播研究的视野，启发了新闻传播研究的思路。福柯的话语理论打破语言学的窠臼，引入社会和实践向度，极大地解放了人们的思想，开阔了人们的眼界。一方面，它激发人们去置疑那些曾经不容置疑的事理，去讨论那些不容讨论的问题，并探索真实背后的真实，揭开新闻传播实践中被压抑的层面；另一方面，启示人们把新闻传播活动、新闻传播现象作为一种话语，从社会关系、权力运作和话语策略等更深、更广的视阈去观照新闻传播实践，从话语实践的视角来审视和探寻新闻传播中的意识形态问题。

知识点 8：吉尔·德勒兹

（1）德勒兹是对世界影响巨大的法国后现代主义大师级学者，被认为是 20 世纪后期最有影响力的哲学家。代表作有《资本主义与精神分裂（卷二）：千高原》等。

（2）生成观念：德勒兹认为，西方哲学错误地设想有一个真实的世界隐匿在生成之流背后。大千世界除了生成之流以外余无他物。虚拟和现实是混杂一块的，它是现实的一部分，两者之间可互相转换。大众传播中描绘的世界是一个虚拟的多样性和现实的多样性并存的世界。符号的制造与流通不是对真实世界的虚拟，其本身就是真实世界的一部分。

（3）块茎观：德勒兹用"块茎"比喻无中心化的现代文化，与秩序呈现为树状不同，块茎本质上是不规则的、非中心的、多元化的，并且块茎可以自由组合形成新的文化形态。电子媒介的传播互动方式取代了传统媒介的单向性的传播方式，传播主控权力被削减。电子媒介的传播方式消解了传统媒介造就的"中心 - 边缘"二元对立结构，使这种结构造成的文化和信息的垄断和独裁被彻底打破，这与德勒兹的块茎观不谋而合。

（4）条纹空间与光滑空间：德勒兹认为，现代文化使人们有机会摆脱传统的等级制、科层化、封闭结构和静态系统，由关注宏大叙事的条纹空间转向自由、无中心化，关注微观的光滑空间。其中，电子媒介的多媒体性、超链接性、虚拟性、互动性可以解除传统文本的封闭性。网民作为空间的"游牧者"，不断地游走、流动，打破旧空间，又链接和创造出新的空间和意义。

知识点 9：后殖民主义：爱德华·萨义德

（1）萨义德于 1978 年出版的《东方学》一书通过对东方学殖民话语的分析，在东西方关系、文化与帝国主义的研究等方面，开启了一种新的文化研究视阈，确立了一种新的话语系统，也就是通常所说的后殖民主义。

（2）东方学是一种建立在东方和西方二元对立的基础上的学科。这些对立包括：理性、发达、文明、高级的西方与非理性、落后、野蛮、低级的东方；不断进步的西方与永恒如一始终不变的东方；自我界定的西方与没有能力界定自己的东方。它对有关东方的事务进行裁断，并以此为理论的、政策的依据，对东方进行殖民统治。在此意义上，东方学是西方用以控制、规划和君临东方的一种机制。

（3）西方发达国家凭借其在世界经济、科技体系中的优势地位，在把商品、资本、技术输入到相对落后的发展中国家时，也在进行公开的文化传输和潜移默化的观念渗透，倾销资本主义的价值观和欧洲中心主义的意识形态。发展中国家不仅在经济、政治上受到压迫，在思想市场上也被边缘化，不得不接受带意识形态的"东方学"的质疑与扭曲，甚至迎合这种不平等关系。

知识点 10：女性主义

（1）女性主义是一种学术作品与实践体系，其中女权主义批评是最重要的组成部分。它反对自古以来的"男性中心说"，主张将女性世界和女性话语作为研究对象，重新解读西方文艺传统的实践，透视陈旧的社会文本和文化语境，向传统的文学史和文学理论挑战。

（2）女权主义更是一项关于妇女遭受压迫和以何种方式赋予妇女权利的政治运动。从哲学渊源来看，女权主义是西方父权制残余同西方社会个体化发展相互矛盾、相互冲突的产物，是西方个体主义的一个分支。

（3）传统的女性主义主要分为三个流派：马克思主义女性主义、激进的女性主义、自由主义女性主义。随着理论的进一步发展，还可以对女性主义批判理论的类型加以细分，如精神分析女性主义、存在主义女性主义、后现代主义女性主义、生态女性主义等等。尽管女性主义的类型多样，但其普遍使用的研究方法却主要只有三种：内容分析批判、精神分析批判以及意识形态分析。

知识点 11：青年亚文化

（1）亚文化是一种意义系统、表达方式或生活风尚，它们与占主导地位的文化相对立，是由从属结构地位的群体发展起来的。亚文化的内容反映了从属地位的群体企图解决产生于广泛社会关系中的各种结构矛盾。由青年群体所创造的青年亚文化对主流文化具有一定的颠覆性和批判性。

（2）青年亚文化表现为一种反抗的激情。它呈现在代际反抗之中，存在于浪漫化的暴力偶像身上，最集中地表现在"怪异行为"之中。青年亚文化犯罪受到了世代冲突、媒介统治、景观表演等多种现代社会因素的驱动而带上了越来越强烈的反抗性，被看作是一种对主导文化、权威文化、强势文化的反抗。青年亚文化是各个时期处于边缘地位的青年群体的文化，它由青年亲身创造，往往会被媒体宣传、放大，也会被收编。

（3）亚文化的抵抗虽然主要停留在符号层面，但它对传统和体制有侵蚀和疏离作用，对主导文化或支配文化造成了威胁。因此，当亚文化自下而上开始传播时，主导文化不会坐视不理，媒体、司法、市场从各个层面试图对亚文化进行界定、贴标签、遏制、散播、利用，试图把亚文化的风格整合和吸纳进统治秩序中，这一过程就是收编。

（4）收编分为两种方式：意识形态和商品方式。在意识形态收编中，支配集团（官方、媒体、司法系统等）对亚文化的风格和越轨行为进行界定、贴标签、去风格化和妖魔化，通过媒体引发道德恐慌，将亚文化作为替罪羊，将其重新安置、定位，导致其失去抵抗意义；在商品收编里，亚文化符号（服饰、音乐等）被转化成商品，亚文化风格变成了消费风格，从而改弦更张。前者是一种棒杀，通过道德恐慌和舆论对亚文化进行打压和遏制，后者是一种捧杀，在广告宣传与模仿中抹杀亚文化风格的独特性。二者都根植于更深的社会和文化危机，都旨在缓解亚文化的危险，设法消除阶级的具体真实性，使之失去原本的抵抗意义。

（5）网络与亚文化：在传统媒介信息环境中，亚文化的产生与发展极为缓慢。亚文化群体主要是协会或团体，一般都拥有实体场所，有固定行政人员，要经过行政审批。在新媒介信息环境中，亚文化传播绕过了行政审批，所属群体不需设置实体场所，在虚拟社区中互动。这样的媒介环境让那些一直处于小众和尴尬境地的亚文化有了展现自我的舞台。

知识点 12：皮埃尔·布尔迪厄的场域理论

（1）布尔迪厄是继福柯之后，法国又一具有世界影响的社会学大师，他的思想和著述在国际学界广受重视。

（2）场域是布尔迪厄社会学理论中的核心概念之一，他这样定义场域："从分析的角度来看，一个场域可以被定义为在各种位置之间存在的客观关系的一个网络，或一个架构。正是在这些位置的存在和它们强加于占据特定位置的行动者或机构之上的决定性因素之中，这些位置得到了客观的界定。"

（3）社会行动者一旦进入某个场域，必须表现出与该场域相符合的行为，以及使用该场域中特有的表达代码。场域的概念意在指出，外在客观条件常常以惯习发挥作用后的结果来影响惯习，这种内在性外化的过程形成场域的"游戏规则"。

（4）场域有其自身的特征。首先场域是一个永恒斗争的场所，其次场域具有相对自主性，任何一个场域，其发生发展都经过了一个为自己的自主性而斗争的历程，这也是摆脱政治、经济等外部因素控制的过程。在此过程中，场域自身的逻辑逐渐获得独立性，也就是成为支配场域中一切行动者及其实践活动的逻辑。

（5）"场"这个概念所涉及的是对人们的关系、地位的分析，对行动者占据的位置的多维空间的阐述。每个场都处于权力场中，处于阶级关系场中。每个场都是斗争的场所。场域可被看作是生产符号暴力的场所，生产者生产的符号产品成为胜利者后，必然要向社会扩散。场域不同，生产的符号也不同，这样就造成场与场之间的斗争。

知识点 13: 酷儿理论

（1）酷儿理论的定语"酷儿"，是英文"queer"一词的音译，原义是"异常的，行为古怪的"，长期以来一直被用作贬损同性恋者的形容词，也常被用作名词用以指称同性恋。

（2）酷儿理论来源于对性别认同的反思。在西方传统文化中，性别泾渭分明，酷儿理论则对这种貌似自然秩序的一致性提出质疑，并对"正统"同性恋与其他性反常者之间的二分或二元对立式思维提出挑战。

（3）酷儿理论将性与政治联系起来，分析文化当中的压迫性结构如何影响了女性和性少数群体的政治表达，以及这些表达如何影响了个人的性别认知，和他们为了共同的政治目标而协作奋斗的能力。

第58天
国际传播

知识点 1：国际传播的定义

（1）国际传播是以国家社会为基本单位，以大众传播为支柱的国与国之间的传播。

（2）国际传播的主体包括国家机构、超国家机构、同盟或地区集团、跨国组织和运动、国内各种集团、个人等。

（3）国际传播具有很强的政治性，与国家民族利益密切相关。

知识点 2：国际传播的历史

（1）开端：国际通讯社时期，1835 年电报实验成功标志着国际传播的开始，哈瓦斯社、沃尔夫社、路透社的兴起标志着国际性通讯社的建立。19 世纪中叶，随着殖民运动的开展，国际传播成为列强控制殖民地、制定世界秩序的工具。在这一阶段，电报、电话、无线电是主要的技术工具。

（2）战争、广播与宣传时期：两次世界大战及冷战期间，各国利用国际传播进行心理战、宣传战，国际传播的宣传价值被挖掘出来。各国成立了战时情报与宣传机构，以广播为主题的宣传手段得到充分利用，以这种宣传为中心的国际传播模式延续到冷战期间，成为不同意识形态和国家集团争夺世界霸权的工具。在这期间，广播、电视、卫星等逐渐被引入国际传播。

（3）现代化与发展传播时期：亚非拉民族解放运动后产生了新的国家，现代化理论为这些国家提供了发展道路和理论。而其中，大众媒介被视为国家发展的重要工具，传输了西方的科学技术、意识形态，对传统文化和生活方式进行改造。但这一理论逐渐被批判，指出它实际上的受益者不是第三世界国家，而是西方媒体和传媒公司。

（4）依附理论和文化帝国主义时期：依附理论指出，发达资本主义国家处于世界经济体系的中心，而发展中国家处于外围和边缘，中心和边缘是不平等的。前者通过不合理的经济分工和不公正的贸易规则剥削后者，使得后者依赖前者，造成发展中国家愈发贫困。这一理论为建立世界传播新秩序提出了依据。

（5）争取国际传播新秩序的斗争时期：发展中国家逐渐认识到，要真正改变受压榨、受控制的局面，必须改变现行不平等的信息传播体制。1973 年，第四次不结盟国家首脑会议在阿尔及尔召开，会上通过了下述宣言："现存的传播渠道不仅是罪恶的殖民地时代的遗产，而且阻碍着各国之间自由、直接而迅速的传播与沟通；发展中国家必须共同采取行动，来改变现存的传播渠道。"之后的《关于信息非殖民化的新德里宣言》与联合国教科文组织的《大众传媒宣言》，以及 1980 年"麦克布莱德委员会"报告书《多种声音 一个世界》均反映了发展中国家的立场、观点、要求，发展中国家和发达国家的观点对立逐渐变得尖锐。虽然美英退出联合国教科文组织使得这一过程遭受极大挫折，但国际传播新秩序的观念仍然存在，并在互联网时期具有新的意义。

（6）全球性商业媒体时期：20 世纪 80 年代末 90 年代初，随着各国放松管制，媒介私有化、集中化趋势明显，全球性商业媒体系统（即跨国媒介集团）开始形成，个人主义、女权主义、少数民族自决等含西方价值观的政治观点与消费主义、资本主义的意识形态随着全球性商业媒体系统的建立而传播到全球。全球商业媒体系统形成在极大增强媒介产品全球贸易的同时，也导致全球媒体系统高度的不平衡，第三世界文化更加边缘化。带有商业性的文化将观众视为消费者而不是公民，放弃了大众媒体作为公共领域的社会责任。

知识点 3：争取国际传播新秩序的一系列宣言

1.《阿尔及尔宣言》

于 1973 年第四次不结盟国家首脑会议中提出，认为现存的传播渠道不仅是罪恶的殖民地时代的遗产，而且阻碍着各国之间自由、直接而迅速的传播与沟通；发展中国家必须共同采取行动，来改变现存的传播渠道。

2.《关于信息非殖民化的新德里宣言》

这个宣言提出了以下一些重要论断：世界上的信息流通处于严重的不合理和不平衡状态，信息传播手段集中在极少数发达国家手中，绝大部分国家只是发达国家传播的信息的被动接收者，而这种状况有使殖民地时代的统治与依附关系恒久化的危险；在信息手段受到少数国家控制和垄断的状况下，所谓"信息自由"只是少数发达国家根据自己的意志选择和传播信息的自由等。

3.《多种声音 一个世界》（又称麦克布莱德报告）

由麦克布莱德委员会于1980年在联合国教科文组织贝尔格莱德大会上提出，内容包括：

a.不平衡是现行国际信息秩序的基本特征，必须加以改变；

b.不管是公共还是私人性质的，过度的集中垄断都会产生负效果，必须加以消解；

c.为了保证信息与观念的自由而平衡的流通，必须从内部和外部清除这些障碍；

d.必须保障信息来源与传播渠道的多元化；

e.应保障传播媒介中的新闻工作者的自由，而这种自由与责任是不可分割的；

f. 发展中国家必须通过改进自己的信息设施和媒介、训练人才等措施来提高自己改变现状的能力；

g. 发达国家应该为实现上述目标而显示自己真正的诚意；

h. 必须尊重<u>不同民族的文化特点</u>，以及各民族向世界人民传达自己的利益、愿望以及社会和文化价值的权利；

i. 必须尊重所有国家的人民在<u>平等、公正、互惠的基础上</u>参与信息的国际交流与交换的权利；

j. 任何民族、种族、社会群体以及个人都拥有<u>接近信息来源以及积极参与传播过程的权利</u>等。

《多种声音 一个世界》以及教科文组织大会决议在许多方面反映了发展中国家的立场、观点、要求。可以说，报告和决议的通过，意味着发展中国家在新世界信息秩序之争中取得了重大胜利。

知识点 4：文化帝国主义

（1）文化帝国主义研究，是把<u>个别传播大国对世界信息流通系统的支配看做是推行文化扩张主义的过程，而把发展中国家的牵制和反抗看做是抵制文化侵略的过程</u>。文化帝国主义最早由赫伯特·席勒在 1976 年出版的《传播与文化支配》中提出。

（2）文化帝国主义有三个特点：第一，<u>它是以强大的经济、资本实力为后盾，主要通过市场进行的扩张过程</u>；第二，它是一种文化价值的扩张，<u>即通过含有文化价值的产品或商品的销售而实现的全球性文化支配</u>；第三，由于信息产品的文化含量最高（或者说信息本身就是文化产品），那么很明显，这种文化扩张主要是通过<u>信息产品的传播而得以实现的</u>。

（3）在文化扩张的过程中，由于大众传播媒介是一种最有力的制度化手段，因此不少学者也把文化帝国主义称为"媒介帝国主义"。媒介帝国主义有两个重点：<u>一是跨国传播媒介的高度集中和垄断，二是由这种垄断体制所形成的信息单向流通所产生的文化后果</u>。

知识点 5：国际传播中的新闻价值问题

（1）流通于世界的国际新闻的绝大部分，都是<u>根据少数西方发达国家的新闻价值标准选择和加工出来的</u>；它们服务于<u>少数发达国家的利益和目标</u>，并对<u>广大发展中国家的社会发展</u>有着严重的危害。

（2）发展中国家<u>不但存在感弱，而且往往受到歪曲性的报道</u>。西方资本主义媒介并不是"公正""客观"地报道国际新闻的，而是有着自己的一套新闻价值体系。

（3）新闻信息的传播，<u>不仅是少数发达国家维护自己现存的支配地位和利益的手段，而且是推行新的全球战略的工具</u>。

知识点 6：信息主权

信息主权是卡拉·诺顿斯登和赫伯特·席勒在《国家主权与国际传播》中提出的概念，简言之即<u>一个国家对本国的信息传播系统进行自主管理的权利</u>，这是信息时代的国家主权的重要组成部分。一般来说，信息主权包括三个方面的内容：（1）<u>对本国信息资源进行保护、开发和利用的权利</u>；（2）<u>不受外部干涉，自主确立本国的信息生产、加工、储存、流通和传播体制的权利</u>；（3）<u>对本国信息的输出和外国信息的输入进行管理和监控的权利</u>。其中第三项内容直接涉及跨国界传播，<u>其功能包括保护国家机密和排除危及国家安全的有害信息等</u>重要方面。

知识点 7：全球传播

（1）全球传播是<u>国际传播的扩大和发展</u>，它既包括传统的国际传播的各个领域，又拥有自己的全新课题。

（2）传播主体<u>变得多元化，甚至一般个人也可作为传播主体（但跨国垄断媒介集团起到重要的作用）</u>。

（3）从传播技术来看，<u>卫星通信技术、跨国广播电视、互联网</u>等新媒介的发达和普及，形成了一个<u>全球性</u>的信息传播系统，尤其是具有多种媒体功能的互联网，正在成为全球传播的大平台，发挥着越来越大的影响力。

（4）在传播内容上，体现为<u>不同国家、民族和个人之间的跨国界信息交流的普遍化和日常化</u>。人们关心的对象与范围已经不再局限于本国和本民族，他们还必须作为"地球村"的一员而思考和行动。

（5）全球传播同样具有很强的政治性，<u>国际政治和国际关系依然占据着核心地位</u>。但与此同时，不同国家、民族之间的<u>文化接触、摩擦、碰撞和融合以及由此产生</u>的世界影响等问题，越来越占据重要的位置。

知识点 8：国家形象与对外传播

（1）国家形象为<u>某一国家外部公众对该国政治、经济、社会、文化与地理等方面状况的认识与评价</u>，它取决于但绝不等于<u>国家的综合国力与实际状况</u>，主要体现在本国的对外媒介和别国的<u>大众传播媒介上</u>，所以在某种程度上是可以被塑造和扭曲的。

（2）对外传播是<u>国家形象建构的主要力量</u>。对外传播<u>不仅仅是外部公众获知他国资讯的主要渠道之一，也是一国形象进入国际社会的重要通道</u>。对外传播尽管主要传播的是信息，但受众在接收事实信息的同时，也不知不觉地接受了传播者的思想和观点。因此，对外传播<u>具有左右外部公众的权力，不仅仅是一般的中介</u>，更是一国国际行为的重要组成部分，在国家形象建构过程中起着非常重要的作用。

知识点 9：公共外交

（1）我国的公共外交是以政府为主导，以外国政府和公众为对象，以国际传播、公关和交流援助为手段，以影响外部公众态度、推进本国外交工作为目的，由社会各界普遍参与的对外介绍我国国情和理念的外交活动。

（2）传统的政府外交，是一种少数对少数的、领导人或外交官之间的外交，倚重的是领导人和外交官的能力；而公共外交既继承了传统外交工作的诸多特征，又倚重和借助大众传播，实现国家层面对国外大众的外交。二者核心的本质区别就是是否通过传播来影响国际公众的态度，塑造本国形象。

（3）要做好公共外交，需要做到几点：立足点从"以我为主"转向"以国外受众为主"；要重视研究国外受众的接受习惯；内容要从"政经利益"走向"文化交流"，传播模式要从"被动应付"走向"主动设置"，传播方法从"讲道理"转向"说故事"等。

知识点 10：中国对外传播实力不足的原因

（1）从宏观来看，我国对外传播所需要的电台、电视台在管理机制上存在一些小而杂的问题，管理机制也相对陈旧；相对跨国媒介集团实力较为弱小，规模有限，资金投入也并不充裕；收集信息和受众调查意识不够，思想观念陈旧，策略意识欠缺；对外传播人才流失严重，急需一支高素质的国际传播人才队伍。

（2）从微观来看，多语言本地化的程度较弱，新闻时效性十分低下。最重要的是，指导国际传播与国内传播使用同一套理论，因此报道内容不符合国外实际和受众心理；不了解国与国之间的关系与他国的意识形态，以宣传来夸大成就掩饰缺点，把对外报道简单等同于对外宣传；报道内容缺乏针对性，空讲道理并强加于人，不善于寓事实于观点之中，报道十分呆板等等。

知识点 11：中国对外传播实力提升的策略

（1）从宏观而言：a. 改革对外传播体制，建立长期的对外传播发展战略和规划。统一对外传播的管理机制，加强与外交政策的关联，积极发挥对外传播机构的积极性和主动性。加快对外传播立法工作，加强对外传播法制化、规范化管理。b. 加大对外传播的资金投入，促进对外传播媒介集团的跨越式、集团式的发展。c. 加强对外传播信息搜集与管理，加大对外传播基础理论研究。d. 建设一支优秀的对外传播先进人才队伍，以及整体的教育、培训、管理、竞争机制。与高校关联建设真正符合对外传播需要，政治上过硬、业务上精通的对外传播人才培养体系。

（2）从微观而言：a. 加强基础硬件的建设，搭建由广播、电视和网络构成的立体化传播渠道，并且充分利用互联网的对外传播优势。b. 彰显民族文化魅力，打造具有中国特色的民族传媒品牌，将中国的传统文化与现代形象结合融入传播内容。c. 以巧妙的文化转换取得文化认同，在保持民族特色、达到宣传目的的基础上，结合当地文化和习惯进行文化转换，展示普遍性，理解差异性。d. 吸收西方对外传播的经验，改进宣传技巧，树立全局观念、平等观念、公开观念、平衡观念。

第 59 天
其他各类传播

知识点 1：发展传播学

（1）发展传播学将<u>大众传播视为世界经济与社会发展中的有力工具</u>。

（2）认为媒介能有效率地<u>传播关于现代性的信息</u>，并且有助于<u>将民主政治制度、实践及市场经济传送到经济落后的国家去</u>，尤其是第三世界国家。

（3）和发展经济学一样，发展传播学理论的出现是"<u>应决策者的需要而生的，他们要建议政府该如何做以使自己的国家摆脱长期的贫困</u>"。

知识点 2：发展传播学的三大模式

（1）主导模式：以勒内、罗杰斯及其他传统学派为代表，以"现代化理论"为核心，主张<u>应当通过大众传播引进新思维和新做法，加速现代化进程</u>。大众媒介是<u>加速国家发展和社会变革的重要手段</u>。这一思想迎合了 20 世纪 70 年代刚刚结束殖民社会，渴望经济发展又无力进行自由市场改革的发展中国家。但由于忽视了当地情况，这一模式遇到了挫折。

（2）依赖模式：20 世纪 60 年代，现代化理论遭到批评。发展中国家通过大众媒介寻求发展目标没有成功，反而发现<u>大众媒介正在变成发达国家输出意识形态和文化的工具</u>，于是发展理论需被重新评价。其一，当时的工业化主导模式<u>造成了发展中国家落后的局面，而发展中国家的现代化所推动的大众传播事实上加剧了这种落后局面</u>。其二，与大众传播相比，<u>地方权力结构、传统价值观与经济体制对于社会变革制约更大</u>，发展中国家发展媒介也会受到社会结构<u>和成本的限制</u>。其三，随着大众媒介的全球化，对国际传播不平等状态的忧虑更使<u>大众传播与文化帝国主义相连接</u>。

（3）参与模式：20 世纪 80 年代出现于南美，强调基层的媒介实践，引入发展传播是为了<u>持久提高人类的生活质量，提高公民意识，普及知识，推动社区媒体发展，扶植民间文化</u>等。

知识点 3：政治传播

（1）所谓政治传播，从其字面意义上来说，是指<u>政治信息的传播</u>。广义的政治传播不仅包括大众媒介参与的政治信息的传播，也包括通过正式和非正式的渠道对政治信息的传播。狭义的政治传播是指大众媒介产生以后政治信息的传播，也就是大众传媒产生以后政府和公众之间进行的政治信息的传递和反馈。

（2）在政治传播过程中有三个主要因素，即政府（政治家、政治组织等）、媒体（通常是大众传播媒介）、公众。政治传播可以看成是这三个要素之间进行政治信息传播和反馈的过程，因此我们可以认为政治传播是政治传播者利用意义符号，通过媒介向社会成员传播政治信息的行为过程。

（3）传统的政治传播以政治信息为主要内容，为建立、巩固国家政权服务，并通过国家政权的力量强化传播效果。但另一方面，政治传播也是平民参与政治的过程，是一种平民运动，政治传播目的是形成由上而下、由下而上的双向沟通渠道。政府、组织或者是个人，借助于大众传播媒介将信息传输给受众，试图引导、说服受众，使其支持自己，为自己所控制，形成有利于自身的社会舆论，进而对反对派施加压力，保证政府、组织的政策的贯彻执行。

知识点 4：健康传播

（1）根据罗杰斯的定义，健康传播是一种将医学研究成果转化为大众的健康知识，并通过态度和行为的改变，以降低疾病的患病率和死亡率、有效提高一个社区或国家生活质量和健康水准为目的的行为。其研究议题涉及广泛，既包括以艾滋病预防为龙头的疾病预防，也包括药物滥用预防、医患关系研究、计划生育、癌症的早期发现、戒烟等内容。这一定义反映出研究者明显的社会学研究视野和倾向，关注个人、健康、社会三者之间的交互关系，以"提高大众健康水平"为出发点和归宿。罗杰斯又补充，健康传播是以传播为主轴，借由四个不同的传递层次将与健康相关的内容发散出去的行为。这四个层次是自我个体传播、人际传播、组织传播和大众传播。

（2）在健康传播中有三种模式最为突出：健康"知—信—行"模式、健康信念模式、健康行为转变的阶段模式。a."知—信—行"模式认为，健康知识和信息是人们形成积极、正确的健康信念和态度的基础，而正确的健康信念和态度则是行为改变的动力，因此需要发现不同的健康传播影响因素，改进健康行为。b.健康信念模式是基于社会心理学的研究成果而提出的，强调人的心理和信念对个体行为的影响，该模式认为：强烈的信念可以导致个体的行为改变。相较于"知—信—行"模式，该模式更加关注"信"和"行"过程中的外部因素。c.健康行为转变模式，认为个体的行为转变是一个连续的过程而非单一的事件，并且将其划分为五个阶段。除上述三种模式外，又有"系统—反馈"模式和传播生态模式等。

知识点 5：科学传播

（1）所谓的科学传播，广义来说是指科学知识、科学方法和科学精神在各类公众之间的传播。传统的科学传播研究认为科学对个人、国家和社会都有至关重要的价值，主要的研究问题是使用何种传播手段克服障碍（包括各种迷信和神秘主义），更有效地传播科学，以获取公众对科学的赞赏和支持。新兴的科学传播研究则坚持"科学传播是社会各主要行为主体（如科学共同体、媒体、公众、政府及公司和非政府组织）之间就科技内容进行双向的平等的交流过程"。

（2）科学传播经历了三个时代：a. 科普时代：公众在知识方面的"缺失"需要科学家去填补，这就是所谓的"缺失模型"。缺失模型隐含了"科学知识是绝对正确的知识"这一潜在假定，这个时期强调公众应该具有读写方面的科学知识储备，侧重点在于教育性议程的设定以及促进科学教育的发展。b. 公众理解科学：1985 年英国皇家学会的《公众理解科学》报告认为科学传播目标是对科学的进展进行阐释并让其对非科学家来说更易于理解，此"理解"的目的不在于使公众赞赏科学、支持科学的发展，而是通过揭示科学的风险与不确定性，促使公众全面认识科学。c. 科学传播：新媒体时代传播的便利，加之公民意识的觉醒，人们呼吁对科学不仅要"知其然"，更要"知其所以然"，这也促使科学传播摆脱传统的"缺失模型"，转变为双向互动的科学传播。

知识点 6：公益传播

（1）公益传播是指具有公益成分、以谋求社会公众利益为出发点，关注、理解、支持、参与和推动公益行动、公益事业，推动文化事业发展和社会进步的非营利传播活动。大众传媒作为公益传播的载体，在公益传播过程中起着至关重要的舆论导向作用。

（2）具体而言，公益传播包括四大功能性主体：a. 媒体公益传播。凭借强大的话语和舆论权，媒体占据了公益传播过程中不可或缺的位置，在新闻传播过程中努力维护公共利益，营建公共领域空间。b. 企业公益营销。企业通过建立基金、设立相关组织以及投资公益性社会活动等，在公益传播过程中树立品牌形象、增强行业竞争力、优化内部管理。c. 政府公益管理。在我国的行政体制中，事业单位基本发挥着国家公益性职能机构的作用，在科研、教育、文化、卫生等方面进行公益管理，如规定公益事业税收方法等。d. 民众公益参与。得益于新媒体的崛起和热心公益的中产阶层的出现，规模化、有组织、有代表性的民众公益参与在公益传播中成为可能。

知识点 7：跨文化传播及其相关理论

（1）跨文化传播其实代表的是一种过程：文化形式穿越时间与空间而移动，在某个特定的时空中，这些文化和其他文化形式与环境产生互动、彼此影响，创造出新的文化形式，并改变了文化环境。

（2）佛罗伦斯·克拉克洪与弗雷德·斯多特贝克的六大价值取向理论将人类的价值取向分

为 6 个维度：对人性的看法、人们对自身与外部自然环境关系的看法、人们对自身与他人关系的看法、人的活动导向、人的空间观念、人的时间观念。而不同文化中的人群对这 6 大问题的观念、价值取向和解决方法都不尽相同，正是这种不同体现出这些群体的文化特征。

（3）爱德华·霍尔的高低语境模式：霍尔认为，不同的文化可以划分为高语境文化和低语境文化。在高语境文化中，传播过程的绝大部分信息或存在于物质的语境中，或内化于正在进行传播的人身上，只有极少数的信息通过编码符号清晰直接地传达出来。低语境文化正好相反，在其中进行的传播活动中，几乎所有的信息都通过清晰的编码符码体现出来。前者更含蓄，后者更直接。

（4）吉尔斯·霍夫斯泰德的文化维度模式：霍夫斯泰德将各国文化中的差异确定为文化维度，即"权力差距""个体主义 - 集体主义""男性化 - 女性化""回避不确定性"和"长期取向 - 短期取向"维度。他认为这 5 个维度分别从不同的角度反映出各个国家的文化特征，并以可预见的方式长期影响人们的思想、情感、行为以及组织行为模式。

知识点 8：风险传播

风险传播是个体、群体以及机构之间交换信息和看法的相互作用过程；这一过程涉及多侧面的风险性质及其相关信息，它不仅直接传递与风险有关的信息，也包括表达对风险事件的关注、意见以及相应的反应，或者发布国家或机构在风险管理方面的法规和措施等。

大众传播在风险传播中发挥着核心作用，在对抗风险、揭露风险、治理风险中担负着重要责任。但大众传播也面临新挑战：一是随着新媒体发展，风险传播逐渐向风险沟通转变，社会大众在风险传播中扮演越来越重要的角色。二是媒体的缺乏专业知识、信源过于单一、报道过度戏剧化等缺陷，会造成风险传播的问题。

知识点 9：危机传播

危机传播，即针对突发公共事件的信息传播。突发公共事件是指突然发生，造成或者可能造成严重社会危害，需要采取应急处置措施予以应对的自然灾害、事故灾难、公共卫生事件和社会安全事件。危机传播具有如下的特征：（1）公众对信息的饥渴性。突发事件的危害性事关社会成员的切身利益，事件发生之初往往会引发公众对信息的渴求。（2）媒体报道的热衷性。受众高度关注突发事件，使之成为新闻媒体最为关注的热点，报道突发事件也是媒体吸引受众、扩大影响的极佳时机。（3）政府信息发布的权威性。传统突发事件中，政府因其社会管理者和信息传播者的双重角色，掌控新闻来源，影响力最大，信源最可靠。（4）信息传播的先入为主性。在突发事件发生时，公众对信息如饥似渴，饥不择食。这时谁先发布消息，谁就能够占据主动地位。

第60天
媒介经济基础

知识点1：传媒产业的商业模式

（1）广告支撑型：该模式突出的特征是商品经历两次售卖，即"二次售卖模式"。受众作为社会人，有信息、娱乐、社会化和教育等方面的需求，媒体向受众提供可满足其上述需求的产品与服务，受众付出自己的注意力，使媒介产品和服务所附带的广告信息有机会接近自己。广告主向媒体支付广告费，以换取广告版面或时段，获得接近受众的权利。受众在第一个市场中"付出"的注意，恰是第二个市场中广告版面或时段所愿意承载的、广告主有购买意愿的"物品"。二次售卖模式揭示了在采用广告支撑型模式的媒介组织中，管理者重视媒介产品与重视受众的一致性。受众与消费者两种身份在这种模式中是重合的。

（2）内容支撑型：即依靠内容开展商业获得的媒介所采纳的商业模式。在此模式中，受众购买图书、唱片或订购付费电视所提供的产品或服务，同时支出相应的费用。与广告支撑型模式相比，由于广告主的退出，该模式中媒介与受众的交易关系直接而明了。受众放弃低价或免费享受这些传媒产品或服务的可能，作为回报，他们可以不必忍受广告的骚扰。

（3）执照费支撑型模式：是内容支撑型模式的一种变形。它与一般的内容支撑型模式不同的地方在于：执照费并不完全表达受众的支付意愿；执照费虽是供应媒体的主要收入源但不是全部。

知识点2：注意力经济

（1）传媒产业的特殊性在于，在现代市场经济运行过程中，支持传媒业发展所必需的有形的生产要素不难获得，真正稀缺的是当代人的"注意力"资源。因此，传媒经济领域研究的重点，除了作为稀缺资源的"生产要素"的配置外，更重要的是稀缺注意力资源的配置问题。

（2）媒介消费者面临的预算约束，除了有效可支配收入外，同时还有有效可支配注意力。作为同一个个体，其媒体的有效可支配注意力则面临着刚性约束，因此个体注意力的预算约束与优化配置是传媒经济的分析重点。

知识点 3: 如何赢得受众的注意力

(1) 受众媒介赢得注意力资源的三个层面: a. 尽可能进入主题的信道组合中（三个选择性机制、使用与满足中的媒介印象、选择或然率）; b. 降低主题接触的成本，提高回报（使用与满足、选择或然率、知识沟）; c. 媒介本身提供帮助受众优化注意力的内容（关于信息的信息，如今日头条）。总体上说，媒介要赢得主体的注意力资源，需要在形成媒介自身特色、降低主体接触媒介的各种成本、提高现实和预期回报等方面做出努力。

(2) 提升注意力资源价值的途径: a. 通过受众媒介接触行为与日常生活的彼此渗透，提高有效可支配注意力的时间长度。b. 通过提升内容与广告之间的内在关联性及其与传播环境在培育社会偏好过程中的内在一致性，提高媒体所凝聚的有效可支配注意力的使用效果。c. 注重场景适配，将广告信息内容以不同的表达方式、内容、角度、诉求、风格等分别与属性适合的媒介终端进行结合。

知识点 4: 传媒双边市场

传媒是一种双边市场，它具有如下特点:
(1) 传媒平台联结的主要参与者包括用户与广告主。传媒平台提供专业化的资讯等服务来满足用户需求，用户为平台贡献自己的注意/时间；广告主给传媒平台支付费用（包括广告费、赞助费等）以获得将广告信息展露在用户面前、占据用户注意力的机会。
(2) 传媒平台的参与者间存在间接网络外部性，从广告主角度来说，广告主的收益受到用户数量的正向影响，同时由于媒体内容精准，也可以获得更有价值的用户。对用户来说，一个传媒平台吸引的广告主越多，则意味着其财力越雄厚，越有可能制作或开发出高水平的传媒产品或服务，但也可能带来负面后果。

知识点 5: 传媒市场的结构

(1) 在一个行业或者一个市场上，不同的竞争与垄断程度会形成不同的市场结构。通常，按照竞争减弱的次序，可以划分出完全竞争、垄断竞争、寡头和垄断四种市场结构。
(2) 完全竞争市场中，由于参与竞争者众多，且内容缺乏差异性，因此竞争者无法自由标定价格，而会有一个由市场供求力量确定的行业价格。
(3) 垄断竞争市场中，参与竞争者众多，但竞争者生产差异化产品（不同种类产品），每个厂商都因产品差异化而享有一定的品牌忠诚，因而能够设置各自的价格。
(4) 寡头市场指的是几个生产差异化产品的大厂商主导一个产业。它们设立进入壁垒使长期和短期实现经济利润成为可能。由于只存在几个大的生产商，一个企业的价格、产量和其他竞争性行为的变化会对其他企业产生显著影响。

（5）垄断市场中，垄断者是唯一的销售者，没有生产相近替代品的竞争性厂商。进入壁垒保护着垄断地位，使获取长期的经济利润成为可能。

（6）各种市场结构的利弊：完全竞争市场资源配置效率高，价格最低，生产效率最高，但媒介产品的高成本、高风险性可能使得竞争生产者因生产成本过高而拒绝生产高质量产品；垄断市场中坐拥规模经济优势的垄断者有最好的生产条件，但不一定会生产最多商品（由于缺乏竞争）；寡头市场最有利于创新的出现，因为竞争者有实力且有竞争性，但垄断可能降低竞争者生产效率和改善产品的意愿；垄断竞争市场中的价格低于寡头市场中的价格，寡头垄断厂商长期享受经济利润，而垄断竞争市场对消费者相对公平。从文化的角度看，垄断和寡头垄断集团会造成媒介内容商业化、单一化、观点多元化减弱，受众的民主参与能力减弱。

知识点 6：传媒生产要素

传媒生产基本要素主要包括传媒劳动力、传媒资本、土地（自然资源）、企业家才能等。具体有如下重要特征：

（1）传媒业产出质量高度依赖劳动者个性化的知识经验积累和创意能力，劳动力价格分层和市场供求结构性失衡是常态现象，往往出现创意型、复合型人才供不应求而普通传媒劳动力供过于求的局面。

（2）传媒资本在整个要素体系中不只提供资金支持，还能借助资本的逐利本能和一系列制度安排，优化其他要素资源的配置效率和产出效能，具有发现价格、风险分层与风险管理、激励约束等功能。

（3）就要素构成而言，轻资产和智力密集型产业属性凸显，融资操作处于不利地位。就风险因素而言，价值变现影响因子较多，要素投入与最终产出绩效之间存在不确定性。

知识点 7：传媒产品生产的特点

（1）生产周期短，并且随着互联网的发展生产节奏越来越快。

（2）知识密集性：媒介为受众提供信息服务，信息或知识的准确性直接决定产品价值，因此生产者的素质是媒介价值的核心。

（3）思想指导性：媒介产品必须遵守所在国家的意识形态、文化、宗教、法律等的约束。

（4）程序灵活性：媒介生产是开放的，随时在发生变化。

知识点 8: 传媒市场定位

(1) 媒介市场竞争激烈，受众需求分化，形成了不同的受众群体。而事实上，任何媒介都不可能同时满足不同受众群体的需求，媒介只能根据自身条件和特点，准确无误地选择和确定自己的经营目标，满足目标市场的需求，塑造媒介在目标受众心目中的良好形象和合适的位置，这就是媒介定位。

(2) 媒介定位至关重要。在激烈的市场竞争中，它有利于塑造和树立媒介组织的形象，提高媒介组织的知名度和美誉度；有利于同竞争对手在市场上决一高低，赢取应有的市场份额；有利于充分发挥自己的资源和优势，最大限度地争取目标受众和其他顾客。

知识点 9: 传媒品牌与形象

(1) 媒介的品牌，代表着媒介产品或某一产品要素的具体形象，是媒介的节目、栏目品质与感性特点相联结所形成的一个或一组整体的、鲜明有力的识别标识。媒介品牌经营的中心任务是树立品牌个性。品牌营销的成效，要以消费者对该品牌的认识、理解、熟悉、记忆和较高的评价为衡量的尺度，具体体现为三个方面：品牌印象（对品牌的接受与认同）、产品特色（产品的差异化）、服务的便捷与多样化。

(2) 媒介形象是媒介根据自身文化和经营管理的需要，在社会和市场中刻意树立的，用以影响大众和表现自我的精神与物质的姿态和形象。媒介形象的构成要素主要有两个方面：一方面是媒介内在的总体特征和风格（公众对媒介及其行为的概括性认识），另一方面是媒介外在的总体特征和风格（产品品质、设备状况）。

知识点 10: 传媒战略

(1) 媒介集团化：通过优势整合，以一个或若干个大中型媒介组织为核心，与其相关联的媒介组织通过自愿平等互利原则，多层次多形式联合，形成媒介集团。媒介集团化意味着打破原有的组织链条，在服从市场规律的前提下，以资源互补、功能叠加的方式实现资源的优化配置。

(2) 媒介并购战略：媒介可以通过横向并购其他媒介，扩大市场份额增强实力；也可以通过纵向并购，合并原料、生产、发行等多个环节，扩大经营规模，节约生产成本费用，缩短生产周期；媒介还可以购买与媒介无关的部门，多产业运营，降低风险。

(3) 媒介多角化战略：通过战略性资产重组或者资源整合，生产新的产品和服务，涉足多个行业或部门，实现规模优势，降低组织风险。具体包括：在内部开发新的媒介产品；购并其他媒介组织或经济实体，以扩大经营规模和经营范围，这是最直接、最迅速的一种方式；两个或两个以上对等实力的媒体之间实现战略联合，各自发挥自己最大优势，降低成本。

（4）媒介品牌战略：媒介找到准确的品牌定位，进行<u>差异化发展</u>；通过新闻传播工作和关注社会正义，<u>提高媒介在受众心中的美誉度，提升媒介形象</u>；<u>选择适当的领域实行品牌延伸</u>，不断对媒介产品进行研发创新，提升媒介品牌力。

知识点 11：传媒产业与产业化

（1）传媒产业：<u>适应传播活动的需要所形成的庞大的知识产业系统，它包括传统的知识传媒产业和电子媒介产业</u>。媒介产业规模日趋庞大，主要包括信息制造机构——报刊、书籍、广播、电影、电视等。在经济全球化的背景下，媒介产业应该是公共产业、信息产业和营利产业的综合体。

（2）媒介产业化：<u>是指从单纯的文化、精神生产事业的媒介单位沿着经营合理性的轨迹向企业状态过渡的一种现象</u>。媒介经营的个体发展到一定阶段，必然向独立的企业法人过渡，并以市场平等竞争的原则建构内外关系，从而形成经济学意义上的"同类企业的集合体"。（实现途径：理念创新、体制创新、资本运作、集团化经营和全球化竞争）

知识点 12：文化折扣

（1）文化折扣，又称文化贴现，即<u>在国际文化贸易中，会因为其内蕴的文化因素不被其他地区受众认同或理解，从而带来产品价值的减损。语言是文化折扣的重要组成部分</u>。

（2）文化折扣直接影响受众的接受、产品市场效益的实现和企业的规模收益。文化折扣现象也使得国际文化产品的倾销问题变得十分复杂。

（3）为了减少文化折扣，应该尽量减少文化产品中与制造商当地文化直接相关的成分，<u>多利用普世的、广为接受的价值</u>。此外，通过吸纳不同文化背景的表演者、国际联合生产和格式销售，<u>也能降低文化折扣的不良影响</u>。文化折扣其实会随着生产者和消费者的接近而变化，<u>文化之间越接近，文化理解上的差距越小</u>，对文化贸易越有利。

知识点 13：市场失灵

从经济学角度看，导致市场失灵的因素主要有<u>垄断、外部性和公共物品</u>。这些因素在传媒产业中也都普遍存在。

（1）垄断：除了影响效率，人们十分关注大众传媒中的垄断对观点多元化的影响。例如：运转良好的政治体制要求它的公民拥有广泛的信息来源和意见；当众多独立的声音能被听到、意见的自由市场存在时，民主才会最有效地运行。垄断还会造成严重的<u>商业化娱乐化问题</u>。

（2）外部性：<u>媒介的竞争会使得它违背自身伦理</u>，如竞争性电视市场为了吸引受众，会放映过多的暴力节目，描绘大量的暴力事件。长期收看这类暴力节目可能导致观众对暴力现象麻木不仁，或者越来越倾向于使用暴力。有一些观众会把社会的暴力程度想象得比影片、节目严重得多，这些人可能会对社会过于警惕，减少社会交往，与其他社会成员越来越疏远，进而削弱生活质量。

（3）公共物品：由于媒体内容尤其是互联网中的媒体内容更多属于公共物品，传统媒体获得的广告收入完全取决于受众的数量而不用考虑受众收看节目后获得的价值，<u>这导致媒体为了扩充用户数量不择手段</u>。

图书在版编目（CIP）数据

60 天带你搞定传播学 . 答案本 / 冯尚钺主编 . -- 北
京：中国人民大学出版社，2022.7

ISBN 978-7-300-30746-6

Ⅰ . ① 6… Ⅱ . ① 冯… Ⅲ . ① 传播学 Ⅳ . ① G206

中国版本图书馆 CIP 数据核字（2022）第 104065 号

60 天带你搞定传播学

答案本

主编：冯尚钺

参编：彭乐怡 张帆 张毅 袁如月

60 tian Daini Gaoding Chuanboxue

出版发行	中国人民大学出版社			
社　　址	北京中关村大街 31 号		**邮政编码**	100080
电　　话	010-62511242（总编室）		010-62511770（质管部）	
	010-82501766（邮购部）		010-62514148（门市部）	
	010-62515195（发行公司）		010-62515275（盗版举报）	
网　　址	http://www.crup.com.cn			
经　　销	新华书店			
印　　刷	涿州市星河印刷有限公司			
规　　格	185mm×260mm　16 开本		**版　　次**	2022 年 7 月第 1 版
印　　张	17 插页 1		**印　　次**	2022 年 7 月第 1 次印刷
字　　数	372 000		**定　　价**	119.00 元（全二册）

版权所有　侵权必究　印装差错　负责调换